러닝
Running

생체역학과 운동생리학적 접근

프란스 보쉬, 로날드 클롬프 지음
장은욱, 성종훈 옮김

대성의학사

Contents

역자 서문

달리기, 가장 원초적인 움직임에 담긴 과학적 원리를 탐구하다

인간의 가장 기본적인 움직임인 달리기. 우리는 태어나서 자연스럽게 걷고 달리게 되기에, 달리기를 '배워야 하는 기술'로 깊이 생각하지 않는 경우가 많다. 2000년대 초반부터 선수 트레이닝 분야에 몸담으며 수많은 전문 선수들과 함께 땀 흘려왔지만, 달리기의 과학적 원리에 대한 갈증은 늘 마음 한편에 자리하고 있었다. 선수들의 경기력 향상이라는 목표를 향해 나아갈수록, 가장 기본이 되는 달리기에 대한 정확한 이해가 얼마나 중요한지 절감했기 때문이다. 2008년, 더 깊이 있는 지식을 탐구하고자 떠났던 미국 유학길에서 선수 트레이닝과 생체역학Biomechanics을 본격적으로 공부하기 시작했다. 특히 생체역학 기반의 부상 예방 연구에 매진하면서, 인간 움직임의 효율성과 안정성을 높이는 원리를 파헤치는 데 몰두하게 되었다. 이러한 과정 속에서 '달리기'는 단순한 이동 수단을 넘어, 선수들의 퍼포먼스를 극대화하고 부상 위험을 최소화하는 데 있어 가장 핵심적인 열쇠임을 다시 한번 깨닫게 되었다.

이 책, 프란스 보쉬Frans Bosch와 로날드 클롬프Ronald Klomp가 저술한 『러닝: 생체역학과 운동생리학적 접근』은 바로 이러한 오랜 고민과 탐구에 명쾌한 해답을 제시해준다. 달리기가 그저 '자연스럽게 하는 것'이라는 통념을 넘어, 얼마나 정교한 과학적 원리 위에 구축되어야 하는지를 명확히 보여주는 역작이다. 번역자 모두 이 책을 통해 선수들뿐만 아니라 달리기를 사랑하는 모든 분들이 달리기의 기본 지식을 완벽하게 습득하고, 이를 통해 더 안전하고 효율적으로 달릴 수 있기를 바라는 마음으로 번역을 진행하였다.

『러닝』은 다음과 같은 핵심적인 질문들에 답하며 독자들을 달리기의 세계로 깊이 안내한다. 첫째, 움직임의 기본 원리와 우리 몸의 운동 기관은 해부학적으로 어떻게 구성되어 있으며, 관절은 어떤 방식으로 움직이는가? (1장. 운동기관의 해부학과 기본 운동 원리) 이를 통해 우리는 달리기 동작에 대한 근본적인 이해를 다질 수 있다. 둘째, 달리기에 필요한 에너지는 어떻게 생성되고 활용되는가? (2장. 에너지 생성) 효율적인 에너지 시스템의 이해는 지치지 않는 달리기의 바탕이 된다. 셋째, 효율적인 달리기 기술이란 무엇이며, 어떻게 훈련하고 적응해나가야 하는가? (3장. 달리기 기술을 위한 훈련, 4장. 훈련과 적응) 다양한 달리기 기술을 소개하고, 신체가 훈련에 어떻게 적응하는지 그 원리를 파헤친다. 넷째, 이러한 달리기 기술을 실제 현장에서는 어떻게 적용하고, 러너를 위한 근력 훈련은 어떻게 구성해야 하는가? (5장. 실제적인 달리기 기술, 6장. 달리기 선수를 위한 스트렝스 트레이닝) 이론을 넘어선 실제적인 적용 방법과 보강 훈련의 중요성까지 놓치지 않는다.

이 책을 번역하는 과정은 달리기의 과학적 원리들을 다시 한번 체계적으로 정리하고 되새기는 소중한 시간이었다. 저자들의 깊이 있는 통찰과 방대한 연구 결과를 한국 독자들에게 온전히 전달하고자 노력했다. 부디 이 책이 선수들의 경기력 향상을 고민하는 지도자들과 트레이너들, 자신의 한계를 넘어서고 싶은 열정적인 러너들, 그리고 달리기를 통해 건강한 삶을 꿈꾸는 모든 분들에게 훌륭한 길잡이가 되어주기를 소망한다.

『러닝』을 통해 달리기에 대한 과학적 이해를 넓히고, 이를 바탕으로 더욱 즐겁고 안전하며 효과적인 달리기를 경험하시기를 진심으로 응원한다. 특히 이 책의 번역에 한마음으로 끝까지 참여하신 성종훈 교수님과 끊임없이 트레이닝의 이론과 현장 적용에 영감을 주는 동반자, 정연창 코치에게 감사를 드린다.

2025년 9월
대표 역자 장은욱

역자 약력

장은욱
- 인하대학교 스포츠과학과 교수
- 오레곤 주립대학교 스포츠과학 신경역학 전공 박사
- 버지니아 대학교 선수트레이닝 석사
- 前 위스콘신 대학교 – 밀워키, 선수트레이닝 전공 교수
- 前 서울삼성썬더스 프로농구단 체력트레이너

성종훈
- 인하대학교 스포츠과학과 교수
- 일리노이 주립대학교 스포츠과학 박사
- 前 아이다호 주립대학교 휴먼퍼포먼스 스포츠 스터디학과 교수
- 前 일리노이 주립대학교 스포츠 메디슨팀 선수트레이너(ATC)
- 前 NFL 뉴잉글랜드 패트리어트 선수트레이너

서문

2년 동안 나는 로날드 클롬프의 지도하에 훈련을 받았다. 꽤 많은 경험을 쌓은 후였기에 더 배울 것이 많지 않다고 생각했지만, 그것은 큰 착각이었다. 로날드의 눈에 비친 나의 협응 능력은 우리가 길에서 마주칠 수 있는 네발로 제대로 서지도 못하고 계속 넘어지던 어린 강아지에 비유되었다. 이런 평가를 들었을 때 당연히 기분이 상했지만, 솔직한 로날드의 평가였다는 것을 부정할 수 없었다. 그리고 그는 훌륭한 통찰을 가지고 있었다. 처음 몇 달은 정말 힘들고 고통스러웠으며, 그 모든 이상한 운동들이 나를 거의 미치게 만들었지만, 그 훈련의 결과는 분명히 나타났다.

몇 년 전, 내가 처음 육상 클럽에서 훈련을 받을 때, 테니스화를 신고 경기장에 나갔었다. 그게 나쁜 생각이라는 걸 전혀 몰랐었다. 몇 주 후 돈을 모아 진짜 러닝화를 샀고, 즉시 차이를 느낄 수 있었다. 이것은 내 눈을 뜨게 해주었지만, 동시에 내가 러닝이라는 스포츠에 얼마나 무지했는지도 깨닫게 해주었다. 모두가 뛸 수 있지 않은가? 다른 것이 필요 없지 않은가? 여전히 많은 사람들이 이렇게 생각한다. 어떤 사람들은 러닝에 대해 이렇게 많이 쓸 것이 있는지 궁금해하기도 한다. 러닝은 언제나 쉬워 보인다. 힘들 수는 있지만 그렇게 어렵지는 않지 않은가? 하지만 그렇지 않다! 러닝은 단순히 한 발을 다른 발 앞에 내딛는 것보다 훨씬 더 많은 것을 내포하고 있다. 사람은 재능만으로, 단순히 많이 훈련하는 것만으로 빠르게 달리고 좋은 퍼포먼스를 낼 수 없다. 러닝과 관련된 세부 사항이 매우 중요하며, 그것이 러닝을 계속 즐길 수 있을지, 퍼포먼스가 향상될지, 그리고 부상에서 몸을 보호할 수 있을지를 결정한다. 누군가 도와주면 즐거움과 발전이 훨씬 더 커질 수 있다.

이 책은 바로 그 세부 사항에 관한 것이다. 복잡하고 이해하기 어려운 이론들과 실제 러닝의 실천 사이의 영역을 다루고 있다. 저자들에 따르면, 이 책은 러닝에 관한 궁극적인 책이다. 이런 주장은 기대감을 불러일으키지만, 바로 그 점이 로날드와 프란스 보쉬가 추구하는 바이다. 그들은 자신들의 글에 대해 확신을 가지고 있다. 이 책을 쓰기까지 그들은 긴 여정을 걸어왔다. 로날드와 프란스는 정상급 선수들과 오랫동안 함께 일하며, 그들의 첫걸음부터 최고의 퍼포먼스를 내기까지 함께 지도해왔다. 그들은 선수의 발전 과정의 모든 단계에서 함께했고, 국제 대회에 참석해 많은 시간을 할애하며 최고의 선수들이 시합 준비를 하는 모습을 지켜보았다. 그들은 선수가 어떻게 움직이는지, 가장 효율적으로 달릴 수 있는 올바른 기술이 무엇인지 관찰했다. 이러한 경험을 바탕으로 이 책을 썼다.

이 책을 읽고 달려라!

2001년 여름

엘렌 반 랑겐Ellen van Langen

서론

1983년에 열린 중·장거리 달리기 심포지엄에서 세바스찬 코Sebastian Coe(당시 800m, 1500m 세계기록 보유자)의 아버지이자 코치인 피터 코Peter Coe는 다음과 같이 말했다.

코칭은 예술이다. 비록 과학에 기반을 두고 있지만, 여전히 예술이다.

프란스 보쉬라는 '예술가'와 로날드 클롬프라는 '과학자'의 만남으로 탄생한 이 러닝에 관한 책도 같은 특성을 지니고 있다. 직관, 관찰, 경험, 그리고 추측이 과학적 기초 위에 모여 과학적 배경을 가진 실용적인 책이 탄생했다.

해부학과 생리학에 대한 일반적인 지식에서 시작해, 러닝 퍼포먼스를 향상시키기 위한 구체적인 훈련 방법의 적용으로 발전한다. 이 책은 레크리에이션 러너부터 최정상급 선수, 물리치료 환자, 스포츠인, 그리고 학교 청소년들의 러닝 퍼포먼스에 관한 것이다. 이 책에서 제시하는 정보를 사용하여 트레이너, 물리치료사, 체육 교사들은 첫눈에는 간단해 보일 수 있는 러닝에 대한 더 나은 통찰을 얻을 수 있다. 더불어, 이 책은 특정 목표 그룹의 러닝 퍼포먼스를 적절하게 향상시키기 위한 다양한 방법을 제시한다.

이 책의 각 장은 독자의 관심 분야와 지식 수준을 고려하여 구성되었다. 예를 들어 해부학 및 운동생리학에 대한 지식이 풍부한 독자라면 1장과 2장은 건너뛰고 참고 자료로 사용할 수 있다. 특정 훈련 형태의 실용적인 적용에 특히 관심이 있는 독자는 4장부터 6장을 읽을 것을 권장한다. 여기서 선택된 운동 형식에 대한 정당성은 3장에서 논의된 러닝 모델에서 찾을 수 있다는 점에 유의해야 한다.

1장에서는 러닝을 이해하는 데 중요한 여러 해부학적 및 생체역학적 원리가 논의된다. 이러한 기본 데이터는 해부학 및 생체역학에 대한 일반적인 정보와 함께 러닝 모델을 구성하는 기초가 된다.

2장에서는 러닝 중 중요한 역할을 하는 운동생리학적 체계를 제시한다. 예를 들면 에너지가 어떻게 생성되는지, 심폐 시스템이 어떻게 작동하는지에 대한 설명이 포함된다.

3장에서는 러닝 모델이 설명된다. 관련 해부학적, 생체역학적, 생리학적 데이터를 가능한 한 이 모델에 통합하기 위해 노력하였으나, 확실하고 입증된 시스템이 아닌, 모델로만 이야기할 수 있다. 과학이 러닝의 전체 패턴을 완전히 입증할 수 있을지는 여전히 미지수다. 설명은 주로 높은 속도에서 일정하게 달리는 러닝에 집중한다. 반응성의 역할, 방해가 되는 회전 회피, 공중 및 지지 구간 동안의 움직임이 텍스트와 삽화를 통해 상세하게 설명된다.

4장에서는 훈련의 일반 원칙이 제시된다. 훈련의 결과로 나타나는 적응에 대해 철저히 다루며, 마지막으로 훈련 중 적용할 수 있는 수단들이 도출된다.

5장에서는 러닝 지도가 논의된다. 여기서 신체 상태, 감각 시스템, 협응 관계가 설명된다. 과부하 원칙, 특이성 원칙, 훈련 전이 원칙이 러닝 기술 지도를 설명하는 데 적용된다. 러닝 기술의 기본 구성 요소, 전체 러닝 동작, 그리고 출발 및 가속에 초점을 맞춘다.

6장에서는 근력과 근력 훈련에 대해 논의된다. 근력의 발현이 설명되고, 훈련 과정에서의 적용 가능성에 따라 분석된다. 또한, 근력 훈련에 따른 적응이 논의되며, 근력과 조정 간의 관계에 중점을 둔다. 이 장의 후반부에서는 특정 작업에 특화된 다양한 근육과 근육 그룹 간의 관계와, 그러한 특성을 사용하는 근력 훈련 형태가 설명된다. 이후, 가장 중요한 근육 그룹에 적합한 근력 훈련 형태의 원리가 언급된다. 개별 근육들이 근력 훈련 중 함께 작용하는 패턴이 제시되며, 마지막으로 러닝과 관련된 근력 훈련 형태가 논의된다.

프란스 보쉬 & 로날드 클롬프

Chapter 1
운동 기관의 해부학과 기본 운동 원리

협응 능력과 러닝: 기계학인가 생체역학인가?

보조 도구 없이 러닝의 역학을 연구한다면, 우리는 신체의 외부 표면만을 관찰할 수 있을 것이다. 얼핏 보면 사지의 상하 진동이 보일 것이다. 이런 신체 부위는 일정한 불변의 질량을 가진 고정된 단위로 간주될 수 있으며, 그 움직임은 그래프로 표현할 수 있다. 예를 들어 허벅지는 상하로 진동하며 그 속도가 가속하거나 감속한다. 비디오카메라를 사용하면 러닝 중 고관절의 각속도 변화를 기록할 수 있다. 이러한 관찰을 통해 얻은 정보를 바탕으로 움직이는 다리의 진자 운동에 필요한 에너지를 추론할 수 있다. 그러나 어느 근육이 필요한 힘을 제공하는지는 구체적으로 결정하는 것은 어려울 것이다. 근육이 표면에 가까이 있는 경우에는 수축하는 것을 쉽게 관찰할 수 있지만, 더 깊이 위치한 근육의 경우는 표면에서 활동의 징후가 보이지 않는다. 근육 활동을 정확하게 기록하기 위해서는 근전도(EMG)와 같은 기술 도구가 필요하다. 표면 가까이에 위치한 근육은 비교적 쉽게 근전도로 기록할 수 있지만, 예를 들어 장요근iliopsoas과 같은 근육의 활동을 기록하는 것은 매우 어렵거나 불가능하다. 특정 근육의 활동에 대한 더 정확한 정보가 필요하다면, 근육을 해부한 후 분리된 조직으로 연구하는 실험실 기반의 실험이 필요하다. 그러나 이러한 방식으로 근육 조직을 더 깊이 연구할수록 실제 기능적 움직임에서 더 멀어지게 된다. 매우 정밀한 관찰(예: 분리된 근섬유에 대한 연구)을 할 수는 있지만, 스포츠에서 근육이 어떻게 기능하는지에 대한 중요한 결론을 도출하기는 어렵다.

러닝에 대한 기술적 설명은 종종 신체 표면에서 관찰할 수 있는 것만을 포함하며, 근전도 연구와 근육 활동에 대한 모델이 제공할 수 있는 정보를 고려하지 않는다. 이러한 접근 방식은 신체의 단순한 상하 움직임에만 초점을 맞추기 때문에 분석의 결과는 본질적인 문제에서 그 목표를 놓치게 된다. 스프린트 러닝에서는 지지 구간의 끝이 추진력의 중요한 순간으로 여겨진다. 상체를 똑바로 세우거나 심지어 약간 뒤로 기울인 채 지지 구간이 끝날 때, 다리가 완전히 펴지면서 밀어내지 않는 미국 스프린터들은 종종 기술적으로 약하다고 판단된다. 처음에는 러닝의 역학 분석이 이 의견을 뒷받침하였는데, 지지 구간의 끝에서의 추진 방향이 중요한 것으로 여겨졌기 때문이다. 따라서 지지 구간의 끝은 큰 힘을 가하기에 좋은 시간처럼 보인다. 그러나 근전도를 사용하여 햄스트링(추진력을 유리하게 발휘할 수 있는 근육 그룹, '생체역학적 측면' 354쪽 참조)의 활동을 분석하면, 이 근육들은 그 시점에 이미 활동을 멈춘 상태라는 것을 알 수 있다. 이 시점에서는 이미 다른 요인들이 작용하고 있으며, 이는 지지 구간이 앞으로의 추진에 유리한지 여부를 결정하는 데 중요한 역할을 한다. 이들 요인의 대부분은 신체 내부에 '숨겨져' 있다. 예를 들어 중요한 요인으로 여겨지는 햄스트링은 고관절 지레팔의 움직임에 영향을 미치는데, 이 근육은 추진이 끝날 즈음에는 덜 유리하게 작용한다.

따라서 러닝의 역학은 신체 표면에서 관찰할 수 없는 요인들에 의해 중요한 영향을 받는다. 러닝 기술이 효과적인지 이해하려면, 근육이 움직여야 하는 관절에 어떻게 지레팔이 작용하는지, 그리고 지레팔이 어떻게 변화할 수 있는지, 추진력에 필요한 총 에너지가 어떻게 저장되었다가 방출되는지, 하나의 근육 그룹이 운동 중에 다른 근육 그룹에 어떻게 이심성 모멘트를 가할 수 있는지, 또는 골반을 앞으로 기울이면 등 근육이 햄스트링에 어떻게 이심성 모멘트를 가하여 이후 반응성 측면에서 더 잘 작동하도록 할 수 있는지(골반의 지렛대 작용) 등을 이해해야 한다. 따라서 신체 깊은 곳에서 작동하는 많은 메커니즘이 있으며, 이들이 러닝에 결정적인 영향을 미친다. '생체역학biomechanics'이라는 단어의 'bio'라는 접두사는 '러닝 기술'이라는 개념을 잘 이해하는 데 필수적이다. 러닝에 관여하는 전체 움직임 패턴의 대부분은 여전히 알려지지 않았다. 신체는 운동을 수행할 때 에너지를 효율적으로 사용하도록 설계되었지만, 그 대가는 움직임의 전체 기계적 패턴의 복잡성이 강화되는 것이다. 그렇기 때문에 러닝은 백플립, 스케이팅, 수영 등 인간의 자연적이지 않은(학습이 필요한) 움직임보다 더 복잡하며, 또한 배우기 어려운 것이다. 러닝 기술은 실제로 측정된 패턴이라기보다는 운동 모델에 가깝다. 러닝의 비밀을 풀어내는 것은 덜 자연적인 움직임의 비밀을 푸는 것보다 더 어려운 과제가 될 것이다.

관절의 구조와 움직임 방식

관절이 움직일 수 있는 범위는 관절 구조가 허용하는 움직임에 크게 좌우된다. 관절의 구조에 의해 제한될 뿐만 아니라, 근육의 범위에 의해서도 관절의 움직임이 제한될 수 있다. 기능적인 움직임을 위해서는 각 관절이 움직이는 정도가 정확하게 조정되어야만 서로 잘 협력할 수 있다. 러닝 중에 단일 관절에서 발생하는 현상을 분석하는 것은 그 움직임을 다른 관절의 움직임과 관련지어 고려할 때만 의미가 있다. 러닝 기술에 대한 분석은 모든 관절에서 발생하는 움직임을 통합적으로 다뤄야 한다.

번역 참고 사항: 네덜란드어 원본에서 자주 사용된 두 가지 기술적 용어인 명사 'reactiviteit'와 형용사 'reactief'는 여기서 각각 '반응성'과 '반응적인'으로 번역되었다. 영어에서 'reaction'은 거의 항상 신경학적으로 매개된 반응을 의미한다. 그러나 이 책에서 'reactivity'는 신경학적 반응이 아닌, 근육 교차다리cross-bridges가 이미 활성화된 상태에서 신장에 대한 거의 즉각적인 저항을 의미한다. 따라서 가해진 부하에 대한 반응은 신경학적으로 매개된 능동적인 과정이 아니라, 특정 순간 근육의 특성에 대한 수동적인 반영이다. 물론, 이러한 특성은 신장이 가해지는 순간 근육에 작용하는 신경 활성화와 근육의 길이에 크게 좌우된다. 이 신경 활성화는 근육이 '반응'을 준비하게 하고, 그동안 본질적으로 일정하게 유지된다. 따라서 그 반응은 활성화의 변화로 인해 발생하는 것이 아니다. 따라서 독자들은 여기서 언급된 '반응성'을 이해할 때 근육이 긴장하여 충격에 대해 단단히 대비한 상태를 의미하며, 이완되어 쉽게 늘어나는 상태가 아니라는 점을 염두에 두어야 한다. 이 현상에 대한 전체적인 설명은 '수동 조직과 그 기능'(37쪽)에서 다루어진다.

엉덩이, 등, 그리고 골반

엉덩이 관절은 기능적인 구형 관절로, 6가지 방향으로 움직일 수 있다.

- 굴곡(최대 120° 가능)
- 신전(최대 13°)
- 내전(최대 20°)
- 외전(최대 40~60°)
- 내회전(최대 13~40°)
- 외회전(최대 36~60°)

엉덩의 굴곡 상태에서는 외전, 내회전, 외회전에 대한 움직임이 더 자유롭게 이루어진다. 대퇴골은 비틀린 뼈로, 엉덩이 관절이 신전된 상태에서는 대퇴골두가 전방을 향해 있으며, 전면 평면과 평균 12°의 각도를 이룬다. 이 위치에서는 외회전(36°), 내회전(13°), 외전(40°)에 대한 움직임 범위가 더 적다. 엉덩의 관절의 굴곡은 의도한 방향으로 더 큰 움직임 범위를 허용한다. 외전과 내전을 위한 최적의 각도는 약 60°이며, 내회전과 외회전은 약 90°이다.

스프린터가 스타트 블록에서 출발한 후 첫걸음에서 엉덩이는 발이 지면에 닿는 순간 약 90°로 굽혀진다. 속도가 증가함에 따라 발이 지면에 닿을 때 엉덩이 관절의 굴곡 각도는 감소하고, 일정한 속도에 도달하면 발 착지 시 약간의 굴곡만 나타난다. 출발 직후 첫걸음에서 스프린터는 발을 지면에 놓을 때 발을 외회전시킨다(엉덩이의 외회전과 외전, 하퇴의 외회전). 이는 엉덩이가 굴곡 상태일 때 관절의 움직임 자유도가 더 크기 때문에 가능하다. 스프린터들이 왜 이러한 동작을 하는지는 명확하지 않다. 그 이유는 스타트 시 지지 구간의 끝에 엉덩이와 무릎이 꽤 많이 신전되면서 엉덩이에 강한 내회전이 발생하기 때문일 수 있다. 다리를 외회전 위치에서 지면에 놓으면 밀어낼 때 내회전 정도를 제한할 수 있다. 이는 운동선수가 내회전의 상한선(36°)에 도달하기 위해

그림 1.1 스타트 시 움직임의 범위

스타트를 할 때 발이 지면에 닿는 순간(오른쪽 주자), 엉덩이와 무릎은 굽혀져 있어 관절의 움직임 범위가 크게 확보된다. 엉덩이는 외회전되고 벌려지며, 하퇴는 외회전된다. 발은 지면에 닿을 때 외측으로 회전되어 있다(외번). 지지 구간의 끝(가운데와 왼쪽 주자)에서는 엉덩이와 하퇴가 외회전에서 중립 위치로 되돌아온다. 푸시오프 끝에 발꿈치는 바로 뒤쪽을 향하게 된다. 이 전형적인 움직임의 순서는 대부분의 운동선수들이 스타트할 때 관찰된다.

그림 1.2 골반의 전방 기울임

엉덩이 관절 앞에 위치한 인대는 신전을 최대 13°까지만 허용한다. 골반이 앞으로 기울어지면 발을 뒤로 움직일 수 있는 범위가 넓어진다. 골반을 앞으로 기울이는 근육들은 러닝 시 중요한 역할을 한다.

밀어내지 않아도 된다는 것을 의미한다. 또한, 스탠스 다리의 외회전이 가속을 위한 더 큰 힘을 발휘할 수 있게 해줄 가능성도 있다. 운동선수가 원하는 속도에 도달하게 되면 엉덩이의 외회전은 생략할 수 있다. 이제 지지 구간 동안 발은 운동선수가 달리는 방향(즉, 전진하는 선)으로 향할 수 있다. 하지만 많은 운동선수들이 속도를 내며 달릴 때도 발을 지면에 놓기 전에 엉덩이를 외회전시키기도 한다. 세계 수준의 선수들 중 일부는 발 착지 시 각각의 다리를 다른 위치에 놓는 방법을 사용한다. 예를 들어 엉덩이를 더 이상 외회전하지 않고 발을 앞으로 향하게 놓는 경우와, 다리를 강하게 외회전한 상태(발이 외측으로 향한 상태)에서 발을 놓는 경우가 있다(Lohman, 1977; Tittel, 1990; Rozendal & Huijing, 1996).

엉덩이가 신전된 상태에서는 내회전, 외회전, 그리고 내전을 위한 움직임의 자유도가 매우 적다. 이는 엉덩이 관절 앞에 위치한 중요한 강력한 인대들(장골대퇴인대, 치골대퇴인대, 좌골대퇴인대)이 더 큰 움직임을 제한하기 때문이다. 특히 엉덩이 관절의 신전 움직임이 13°로 제한된 것은 러닝 시 나타나는 전체 움직임 패턴에 중요한 영향을 미친다. 이는 발이 지면을 떠날 때까지 스탠스 다리를 뒤로 움직이는 것이 골반을 앞쪽으로 기울임으로써 부분적으로 이루어진다는 것을 의미한다. 골반 기울임은 러닝 기술에 대한 이론적 논의에서 중요한 역할을 해야 한다. 러닝 동안 엉덩이 관절의 모든 움직임이 사용된다. 지지 구간에서는 내회전, 외전, 신전이 발생하며, 스윙 구간에서는 굴곡, 외회전, 그리고 내전이 발생한다.

엉덩이 관절의 움직임은 골반의 움직임으로도 전환될 수 있다. 결국, 골반을 앞쪽으로 기울이면 엉덩이 관절이 움직여 허벅지가 앞으로 굽혀진 것과 같다. 골반을 뒤로 기울이는 것은 엉덩이 관절의 신전에 해당한다. 한쪽 다리로 서 있을 때, 반대쪽 자유로운 엉덩이를 여러 방향으로 움직이면 엉덩이 관절도 다양한 방식으로 움직인다. 즉, 자유로운 엉덩이를 앞으로 회전시키면 내회전이 발생하고, 뒤로 움직이면 외회전이 발생하며, 들어 올리면 외전, 내려놓으면 내전이 발생한다. 엉덩이가 움직일 때 다리 또는 골반이 자세를 바꾸는지는 그 동작이 수행되는 상황에 따라 달라진다. 열린 사슬 운동(스윙 다리의 엉덩이)에서는 외전을 일으키는 근육을 충분한 힘으로 조이면 다리가 옆으

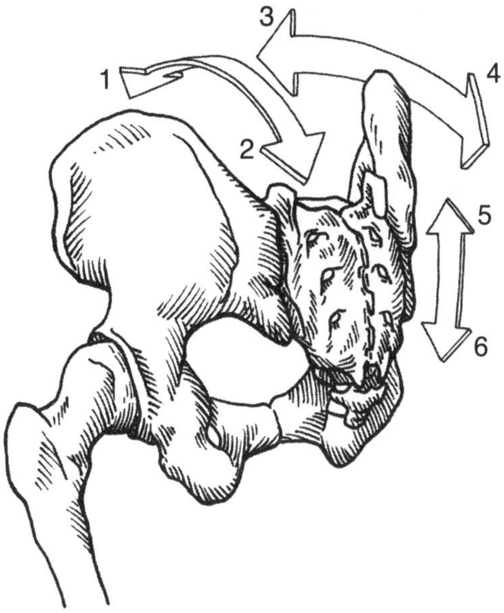

그림 1.3 한쪽 다리로 설 때 골반의 움직임 방식

(1) 앞쪽으로 기울이는 골반 기울임과 (2) 뒤쪽으로 기울이는 골반 기울임은 엉덩이 관절의 굴곡과 신전과 동일하다. (3) 앞으로, (4) 뒤로, (5) 위로, (6) 아래로 움직이는 자유로운 엉덩이의 움직임은 각각 엉덩이 관절의 내회전, 외회전, 외전, 그리고 내전과 동일하다.

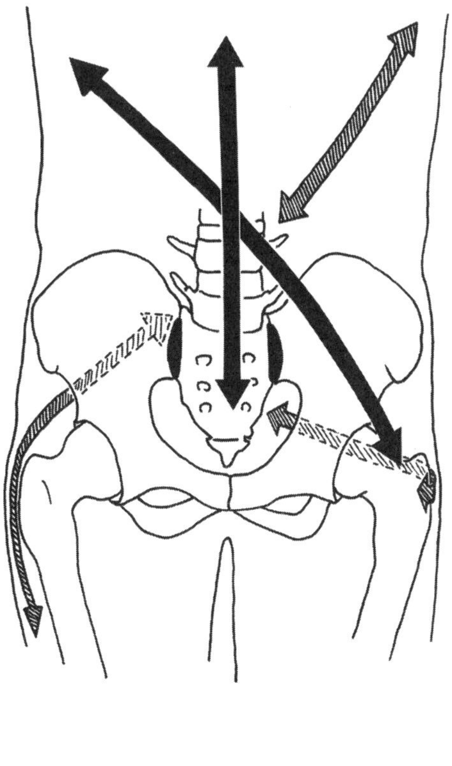

그림 1.4 골반 주변 근육의 경로

엉덩이 주변의 많은 근육은 몸 안에서 대각선으로 뻗어 있다. 이 근육들은 천장관절을 가로지르며, 따라서 천장관절에 영향을 미친다.

로 들어 올려진다. 닫힌 사슬 운동(스탠스 다리의 엉덩이)에서는 자유로운 쪽 골반이 위로 오르락내리락한다. 러닝을 제대로 이해하기 위해서는 엉덩이 관절 움직임의 두 가지 가능한 결과(다리의 움직임과 골반의 움직임)를 모두 분석에 포함해야 한다. 운동선수에게 러닝을 훈련하는 방법론에서는 엉덩이 관절의 움직임을 두 가지 관점에서 접근하는 것이 유용하다. 즉, 다리가 어떻게 움직이는지(무릎에서, 다리의 빠른 진자 운동 등)와 골반이 어떻게 움직이는지(등 근육, 복근, 소둔근의 사용 등)를 살펴보아야 한다.

골반은 대퇴골뿐만 아니라 천장관절을 통해서도 척추와 연결된다. 이 관절의 정확한 기능에 대해서는 아직 많은 부분이 밝혀지지 않았다. 천장관절은 매우 작은 범위(2~4° 회전) 내에서만 움직일 수 있지만, 제한된 움직임에도 불구하고 일정한 기능을 가지고 있다. 골반이 큰 지레팔을 가진 지렛대로 작용하기 때문에 작은 움직임도 전체 운동 시스템에 큰 영향을 미칠 수 있다. 또한, 천장관절은 중요한 감각 기능도 가지고 있다. 여러 근육 그룹(대둔근, 외복사근, 복횡근, 햄스트링, 장요근, 광배근 등)이 다양한 방향에서 힘을 가하기 때문이다. 천장관절은 여러 힘의 경로가 만나는 지점에 위치해 있다. 러닝과 관련해서, 천장관절은 문제가 발생했을 때만 주목받는다. 러닝에 매우 중요한 외복사근과 대둔근은 천장관절의 기능에도 영향을 미친다. 이 근육들을 전문적으로 훈련시키면 천장관절 문제를 예방하는 데 도움이 될 수 있다(Snijders 등, 1995).

척추에서는 굴곡, 신전, 측면 굴곡, 그리고 축 회전(즉, 세로축을 중심으로 한 비틀림)이 모두 일어날 수 있다. 움직임의 정도는 척추뼈가 연결된 관절 표면의 위치에 크게 좌우된다. 특히 척추에서는 굴곡, 신전, 측면 굴곡이 일어날 수 있으며, 회전이나 비틀림은 주로 흉추에서 발생한다. 게다가 측면 굴곡은 항상 약간의 회전이 동반되고, 그 반대도 마찬가지이다. 러닝에서는 굴곡과 신전(특히 요추), 그리고 회전(특히 흉추)이 중요하다.

러닝 중에는 엉덩이, 골반, 그리고 척추의 움직임이 밀접하게 연관된다. 시상면에서는, 스탠스 다리 엉덩이의 신전, 골반의 앞쪽 낙하, 그리고 척추의 신전이 모두 동시

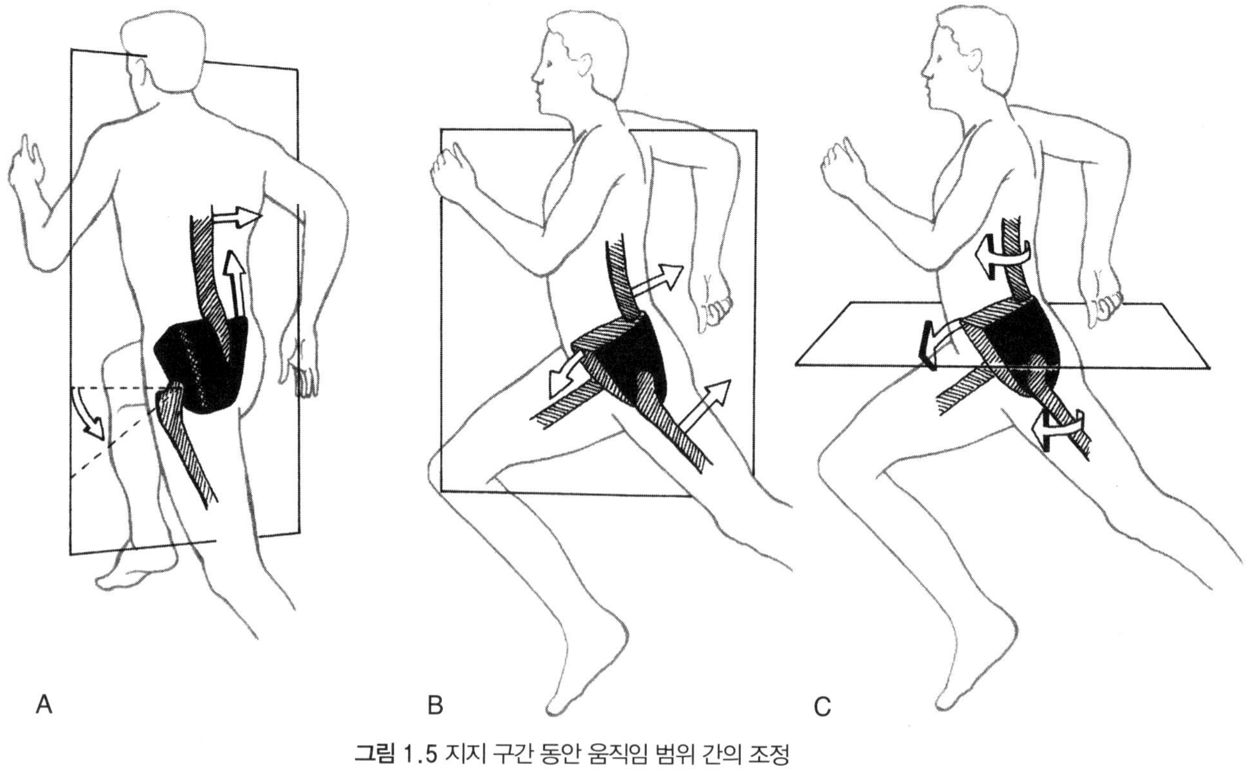

그림 1.5 지지 구간 동안 움직임 범위 간의 조정

(A) 관상면: 엉덩이 관절에서 외전(자유로운 쪽의 골반이 올라감), 척추의 측면 굴곡
(B) 시상면: 엉덩이 관절의 신전, 골반이 앞으로 기울어지고 척추가 신전됨
(C) 횡단면: 엉덩이 관절의 내회전(자유로운 쪽의 골반이 앞으로 굽혀짐), 척추의 비틀림(회전)

에 푸시오프push-off 동안 발생한다. 횡단면에서는 스탠스 다리의 엉덩이에 내회전이 일어나고, 반대쪽 자유로운 골반은 앞으로 이동하며 척추는 반대 방향으로 회전한다. 관상면에서는 스탠스 다리의 외전과 척추의 측면 굴곡이 발생하며, 반대쪽 자유로운 골반은 위로 물결치듯 올라간다. 엉덩이 관절의 움직임과 골반 및 척추의 움직임 사이의 관계는 몸이 움직일 때 골반이 지렛대로 작용하는 완전한 그림을 제공한다.

근육들이 골반에 부착되어 있기 때문에, 근육은 엉덩이 관절이나 척추에 대해 매우 큰 지레팔을 가질 수 있다. 먼저, 근육은 이 큰 지레팔을 사용하여 그들이 가로지르는 관절에 영향을 줄 수 있다(예: 척추에 영향을 미치는 복근, 엉덩이 관절에 영향을 미치는 대둔근, 대퇴직근, 햄스트링). 또한, 골반의 특정 구조로 인해 근육은 그들이 가로지르지 않는 관절에도 영향을 미칠 수 있다(예: 골반을 앞뒤로 회전시켜 엉덩이 관절에 영향을 미치는 등근육과 복근). 이와 같은 방식으로 골반은 상체에서 다리로, 혹은 몸의 왼쪽에서 오른쪽으로 힘을 전달하는 역할을 한다. 예를 들어 오른쪽 다리로 서 있을 때 반대쪽 척추기립근이 강하게 수축하면 왼쪽 골반이 올라가면서 오른쪽 엉덩이에서 외전이 발생한다. 서 있는 상태에서 왼쪽 다리를 앞으로 들어 올리면 반대쪽 다리의 햄스트링이 골반을 뒤로 당겨 움직임의 범위를 더 크게 할 수 있다. 이렇게 지렛대로 기능하는 골반의 특성은 러닝 기술에 대한 추가 논의에서 중요한 역할을 한다.

무릎

무릎에서 가장 중요한 움직임은 스윙 구간에서 발생한다. 이 단계에서 무릎의 위치는 지지 구간의 끝에서 거의 펴진 상태로 시작하여 스윙 구간 중간에 상당히 굽혀지고, 다음 발 착지 시에는 약간 굽혀진 상태로 변한다. 스피드 러닝 중에 나타나는 최대 굴곡 정도는 선수마다 크게 다르다. 일부 주자는 무릎을 굽혀 발뒤꿈치가 거의 엉덩이에 닿을 정도로 굽히는 반면, 다른 주자는 무릎을 90° 까지만 굽힌다. 지지 구간 동안(특히 빠르게 달릴 때), 무릎의 각도 변화는 훨씬 더 제한된다.

대퇴골의 측과condyle는 옆에서 보면 달팽이 껍질처럼 생겼는데, 이 구조 때문에 무릎이 펴질 때 인대가 팽팽해진다. 이러한 긴장 외에도, 측면 대퇴골두와 내측 대퇴두의 구조적 차이는 무릎을 안정적으로 유지하는 데 기여하며(즉, 횡단면 및 관상면에서 움직임이 없음), 무릎이 펴진 상태에서 관절을 적절히 보호해준다. 따라서 빠른 속도로 달리는 선수가 발을 외번된 상태로 착지할 때, 이는 횡단면에서의 무릎 움직임 때문이 아닌 엉덩이 관절의 강한 외회전의 결과이다.

무릎이 굽혀지면 굴곡과 신전 외에도 다른 움직임을 할 수 있다. 하퇴는 안쪽 또는 바깥쪽으로 회전할 수 있어 경골 결절이 각각 안쪽이나 바깥쪽으로 이동한다. 기능적인 움직임 동안 무릎의 내회전(90° 굴곡 시 최대 30°)과 외회전(90° 굴곡 시 최대 45°)은 항상 발의 내번과 외번을 동반한다.

이러한 회전 외에도, 무릎이 굽혀졌다가 펴질 때 경골과 대퇴골 사이의 미끄러짐 Gliding이 발생한다. 무릎 관절은 다양한 움직임을 허용하는 복잡한 기계 장치이다. 반월판은 이러한 미끄러짐, 회전, 구르기 운동을 수행하는 데 중요한 역할을 하며, 그 과정에서 반월판은 변형되고 위치가 이동한다. 무릎 부상을 방지하려면 다양한 움직임을 정확하게 조정해야 한다. 예를 들어 무릎이 굽혀지고 하퇴가 외회전될 때(예: 스쿼트 자세), 내측 반월판의 형태가 심하게 변형되고 위치가 많이 이동한다. 이후 다리가 펴질 때 하퇴에서 내회전이 일어나야 내측 반월판이 제자리로 돌아갈 수 있다. 이러한 내회전이 일어나지 않으면 반월판이 손상될 수 있다(Snijders 등, 1995; Rozendal & Huijing, 1996).

앞서 언급한 바와 같이, 스프린터는 출발 직후 첫걸음에서 발을 외번시킨다. 발꿈치는 지면에 닿을 때 내번된다. 무릎이 굽혀진 상태에서는 하퇴의 외회전이 일어난다. 발이 푸시오프를 할 때 발꿈치는 다시 외번되며, 하퇴는 내회전된다. 이 내회전의 한 가지 목적은 반월판을 원래 위치로 되돌리는 것이다. 테니스 선수들에서도 푸시오프 중에 발 앞부분을 이용한 유사한 회전을 관찰할 수 있다. 이는 상대의 예상치 못한 드롭샷을 받아내기 위해 빠르게 스프린트를 시작할 때 나타난다. 반면, 스케이터는 스케이트 날을 회전시킬 수 없기 때문에 푸시오프 중에 발꿈치를 외번하는 것을 피해야 한다. 하퇴의 외회전을 사용할 수 없기 때문에 푸시오프 동안 필요한 내회전을 만들 수 없게 된다. 출발 시 뒤쪽으로 충분한 추진력을 가하기 위해서는 발이 지면에 닿을 때 여전히 외번된 상태여야 한다. 이 문제를 해결하기 위해, 스케이터는 처음 출발할 때 엉덩이를 강하게 외회전시켜 무릎이 더 바깥쪽을 향하게 한다.

발목과 발

발은 매우 복잡한 구조로, 12개의 뼈, 14개의 발가락뼈, 그리고 108개의 인대로 이루어져 있다. 발의 움직임과 발의 각 부분 간의 관계는 매우 복잡하기 때문에 발의 기능을 이해하려면 크게 단순화된 모델을 사용하는 것이 가장 좋다.

우선, 상부 족근 관절과 하부 족근 관절을 구분해야 한다. 상부 족근 관절에서는 경골과 비골의 끝부분이 거골의 상부 면과 맞닿아 있다. 이 관절은 경첩 관절이지만, 관절 움직임에 중요한 구르기와 미끄러짐 움직임이 가능하다. 이를 위해, 회전 축은 고정되어 있지 않고, 발의 위치가 바뀔 때마다 상황에 맞게 적응한다. 대략적으로 축은 내측 복사뼈 수준에서 가로 방향으로 놓여 있다. 상부 족근 관절에서는 배측굴곡과 저측굴곡이 가능하다. 이 관절은 그 구조로 인해 배측굴곡 상태에서 가장 안정적이다.

하부 족근 관절에서는 거골(근육이 붙지 않는 뼈)이 주상골과 종골과 맞닿아 있다. 이 관절의 축도 움직임에 따라 변화하며, 뒤쪽에서는 종골을 통해 가로 방향으로 올라가고, 앞쪽에서는 주상골을 통해 내측으로 올라간다. 발이 자유롭게 흔들릴 때, 이 축을 중심으로 5°의 외번(회내+외전+배측굴곡)과 20°의 내번(회외+내전+저측굴곡)이 발생한다(Snijders 등, 1995; Rozendal & Huijing, 1996).

발의 아치는 단단한 구조가 아니며, 실제로 아치의 모양은 변할 수 있다. 발 앞부분에 서 있을 때 내측 아치가 올라가고 내려가면 하부 족근 관절에 일정한 정도의 움직임이 발생할 뿐만 아니라 족근골과 중족골의 모든 관절의 위치가 변한다. 족근골과 발의 아치에서 일어나는 모든 회전과 변형은 회외와 회내로 설명할 수 있다. 발의 아치를 평평하게 만드는 움직임을 회내라고 하고, 아치를 움푹하게 만드는 움직임을 회외라고 한다.

발의 모든 관절이 함께 움직일 수 있는 방식은 발이 러닝 중 기능해야 하는 조건에 최적으로 적응할 수 있게 해준다. 다양한 지면, 서로 다른 달리기 속도, 속도 변화에 맞춰 발이 자신의 형태를 왜곡할 수 있는 능력에 지속적으로 다른 요구가 가해진다. 발이 지면에 닿을 때, 족근 관절, 족근골, 그리고 발의 아치가 매우 유연하게 움직이는 것이 분명하게 관찰된다. 발이 형태를 변형하는 능력 덕분에 발은 지면 상태나 몸의 자

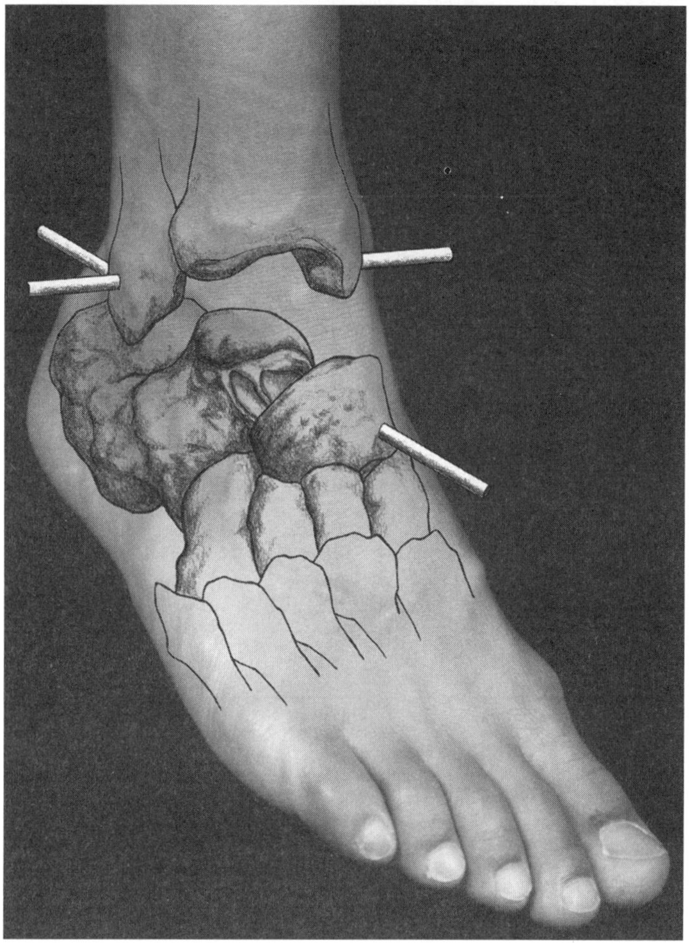

그림 1.6 상부 및 하부 족근 관절의 축
거골을 제외한 발목 주변의 뼈들이 묘사되어 있다.

세 등의 요구에 잘 적응할 수 있다. 발 착지 시 발 아치가 약 1cm 평평해지면 강력한 인대와 근육의 작용에 의해 에너지가 흡수된다. 여기서 흡수된 에너지는 마찰열로 사라지지 않고, 이후 푸시오프 시 방출될 때까지 탄력 조직에 저장된다(McNeill Alexander, 1987; Snijders 등, 1995). 이후 지지 구간 동안 발은 덜 유연해진다. 상부 족근 관절은 배측굴곡 상태를 취하는데, 이때 관절이 가장 안정적이지만 유연성은 가장 제한된다. 발바닥 널힘줄plantar aponeurosis(발바닥 아래에 있는 매우 강한 구조물)이 팽팽해지면 발의 유연성은 더욱 제한된다. 이 강력한 널힘줄은 발뒤꿈치 결절에서 시작해 중족지관절metatarsophalangeal joint까지 발바닥 아래를 가로지른다. 근육의 힘과 함께 발바닥 널힘줄은 발 아치 구조가 평평해지지 않도록 막는다. 지지 구간이 끝날 때쯤 중족지관절의 굴곡이 시작하면 발바닥 널힘줄이 팽팽해지며 발의 아치도 매우 단단해진다. 지지 구간이 끝날 때 발이 더 단단해지면, 지면에 힘을 훨씬 더 잘 전달할 수 있다. 빠르게 달리기를 하게 되면 발의 에너지 저장과 방출의 주기가 매우 짧아지는데, 이 에너지 전환 주기를 빠르게 완료하려면 운동선수는 발이 지면에 닿기 전부터 발목 주위의 힘줄에 큰 예비장력과 긴장을 생성해야 한다. 따라서 발이 착지하기 전에 하퇴 근육에 이미 긴장이 있어야 한다. 발의 형태가 변형되고 에너지가 지면으로 전달되는 주기를 조절하는 것은 상부 족근 관절의 위치를 조절하는 것과 밀접하게 관련된다.

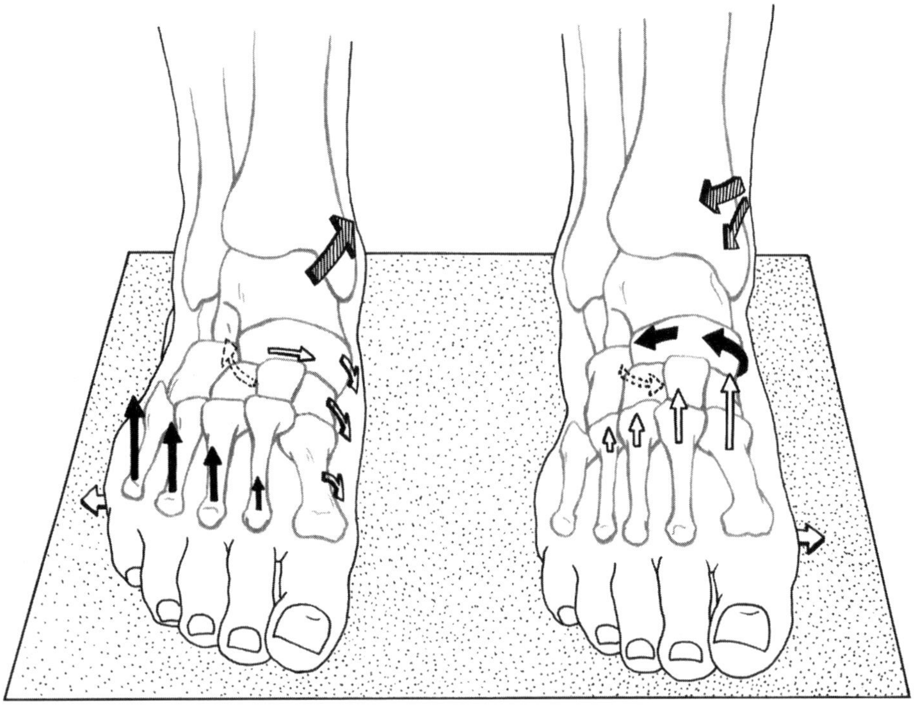

그림 1.7 발이 움직일 수 있는 방식

발의 움직임은 함께 고려해야 한다. 왼쪽에서는 하퇴가 내회전한다(경골 결절이 방향을 알려주는 기준점이며 내측으로 회전한다). 내회전은 족근골을 중립 위치에서 안쪽과 아래쪽으로 돌려 발을 평평하게 만든다. 하퇴의 회내는 발을 평평하게 만들며, 주로 발 앞부분이 족근골에 대해 움직일 때 발생한다(검정색 화살표). 족근 관절(흰색 화살표)은 약간만 움직인다. 오른쪽에서는 하퇴가 외회전한다. 외회전은 족근골을 중립 위치에서 위쪽과 바깥쪽으로 돌려 발 아치를 둥글게 만든다. 이 전체 발의 변형은 회외라고 불리며, 주로 족근 관절의 움직임에 의해 발생한다(검정색 화살표). 발 앞부분(흰색 화살표)은 약간만 움직인다. 발이 자유롭게 매달릴 수 있을 때, 회내는 외번을 동반하고, 회외는 내번을 동반한다.

하퇴의 움직임도 족근골과 발 아치의 형태에 영향을 미친다. 서 있을 때 하퇴가 내회전하면 발의 아치가 평평해지고(회내), 외회전하면 발의 아치가 움푹해진다(회외). 발이 지면에서 떨어져 있을 때는 하퇴의 외회전이 발의 외번과 함께 일어난다(Rozendal & Huijing, 1996).

요약하면, 발의 움직임은 하퇴, 상부 및 하부 족근 관절, 발 아치, 그리고 족근골의 움직임의 조합으로 이루어지며, 이들은 서로에게 강한 영향을 미친다.

근육 수준에서의 힘 생성

러닝에 관여하는 모든 근육이 힘을 생성하는 방식은 속도의 증가와 유지를 결정한다. 속도는 반대 힘(예: 공기 저항과 접촉 마찰)을 극복하고, 신체 일부가 계속해서 가속하고 감속할 때 발생하는 내부 에너지 손실을 보상할 만큼 정확히 충분한 힘이 있을 때 일정하게 유지된다. 반면, 대항하는 힘으로 낭비되는 에너지를 보상하고도 남을 만큼 충분한 힘이 있을 때 속도는 증가한다. 이 단원에서는 근육 수준에서의 힘(P)에 중점을 두어 설명할 것이다. 근육 수준에서의 힘은 생성된 힘(F)과 근육 수축 속도(v)에 의해 결정된다. P = Fv.

근육의 형태는 생화학적 또는 생리학적 요인과는 별개로 근육 수축의 힘과 속도에 큰 영향을 미친다. 러닝과 같은 기능적 움직임에서 근육 형태에 따른 역할을 이해하려면, 먼저 근육 조직의 구조와 기능을 미세한 수준에서 연구해야 한다. 아래 논의는 근절sarcomere 수준에서 시작하여 근육-힘줄-뼈 복합체로 확장되며, 그 과정에서 여러 중간 단계를 거친다. 각 단계에서 힘과 속도를 결정하는 요인을 식별할 수 있으며, 최종적으로 이러한 요인들이 러너를 위한 근력 훈련 프로그램을 설정할 때 어느 정도 적용될 수 있는지를 파악할 수 있다.

근절 수준에서의 힘과 속도

골격근은 작은 다발로 모여 있는 근섬유로 구성된다. 근섬유는 직경이 10~80μm인 길쭉한 세포로, 여러 개의 핵을 가지고 있다. 근섬유는 근초sarcolemma라는 막에 둘러싸여 있으며, 근세포의 액체 성분인 근형질sarcoplasm을 포함하고 있다. 근형질에는 아미노산, 미네랄, 다양한 세포소기관, 글리코겐, 지방 외에도 근원섬유myofibril가 들어 있다. 이 수축성 단백질의 실타래는 근섬유의 전체 길이에 걸쳐 뻗어 있다. 하나의 근섬유는 수백에서 수천 개의 근원섬유를 포함할 수 있다. 근원섬유는 다시 근절로 구성되며, 근절은 골격근의 가장 기본적인 기능 단위로 간주된다. 근절에는 세 가지 유형의 단백질이 존재한다.

(1) 근절 내에서 수축 과정에 직접 관여하는 단백질
(2) 이러한 과정을 조절하는 단백질(Jones & Round, 1990; Huijbregts & Clarijs, 1995; Brooks 등, 1996)
(3) 근세포 내에서 공간 구조를 유지하는 역할을 하는 단백질(Huijbregts & Clarijs, 1995)

이 책에서는 (1)과 (2)로 나열된 단백질 유형에 초점을 맞춘다. 세 번째 범주의 단백질에 대한 자세한 정보는 생리학 교과서(Wilmore & Costill, 1994; Brooks 등, 1996; Fox 등, 1996)에서 찾을 수 있다.

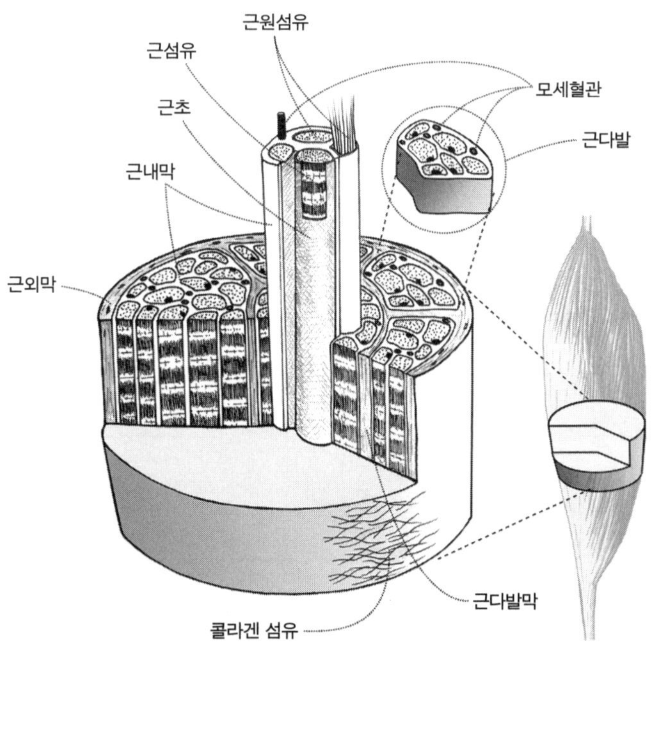

그림 1.8 근육 단면의 도식적 설명
근섬유 경로와 결합 조직 층이 표시된 근육의 한 단면을 보여준다. 하나의 근다발에 속한 작은 섬유 다발이 묘사되어 있다.

수축성 단백질

근절에서 근육 수축에 관여하는 가장 중요한 단백질은 미오신과 액틴이다. 일반적으로 약 1500개의 미오신 필라멘트와 3000개의 액틴 필라멘트가 근원섬유 단면에서 나란히 배열되어 있다. 그러나 근육 단백질의 질량을 기준으로 하면, 근육 단백질의 2/3가 미오신으로 구성되어 있기 때문에 이 수치는 다소 오해의 소지가 있다(Wilmore & Costill, 1994). 미오신은 두꺼운 근섬유 필라멘트의 주요 구성 요소이며, 액틴은 얇은 근섬유 필라멘트의 주요 구성 요소이다. 힘의 생성과 수축 속도를 이해하려면 두꺼운 필라멘트와 얇은 필라멘트의 구조와 기능을 자세히 살펴볼 필요가 있다.

두꺼운 근섬유 필라멘트

미오신 분자는 동일한 길이의 두 개의 꼬인 사슬로 구성되어 있으며, 끝부분에 구형의 머리가 있다. 미오신 사슬은 상대적으로 가벼운 꼬리 부분(경미오신$_{\text{light meromyosin}}$)과 상대적으로 무거운 머리-목 부분(중미오신$_{\text{heavy meromyosin}}$)으로 구성된다. 머리-목 부분에서는 두 가지 구성 요소, S1과 S2를 구분할 수 있다. S1은 실제 미오신 머리로, 근원섬유의 길이에 대해 90°로 형성되며, 이 각도에서 액틴과 결합할 수 있다. 또한, 여기에는 효소인 미오신-ATPase가 위치한다(미오신-ATPase의 역할은 25~26쪽에서 설명됨). S2는 목 부분으로, S1과 유연하고 탄력적인 연결을 형성한다. S2 구성 요소의 탄력적 특성은 슬라이딩 필라멘트 이론(Huxley & Huxley, 1957)의 일부이다(23~25쪽 참조). 근육 수축의 다양한 형태는 이 이론을 통해 설명할 수 있다. S1 단위가 액틴과 교차 결합을 시작할 때 근원섬유에 대해 직각으로 배치되면, S1과 S2를 합쳐 '교차 다리'라고 부른다.

두꺼운 필라멘트는 200~300개의 미오신 분자의 꼬리 부분이 서로 얽힌 꼬임으로 구성되어 있다. 교차 다리는 끝부분에 위치하여, 꼬리의 꼬인 몸체만 중간 부분에서 발견된다. 따라서 이 영역(전체 길이의 10%)에서는 교차 다리가 액틴 필라멘트와 결합할 수 없다.

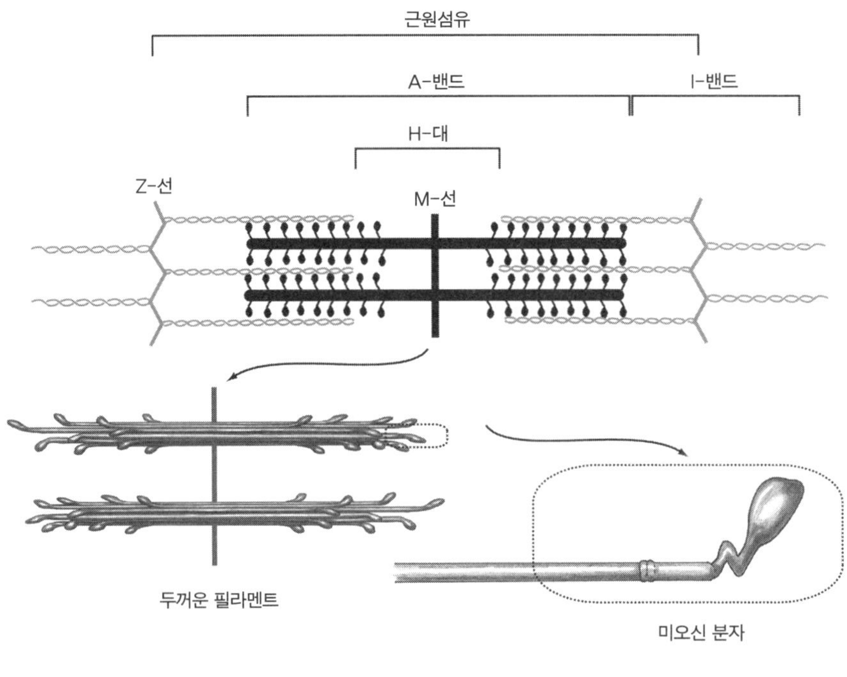

그림 1.9 근절의 2차원적 구성

근절은 Z선 사이에 위치한다. 미오신이라고 불리는 두꺼운 근섬유 필라멘트가 묘사되어 있다.

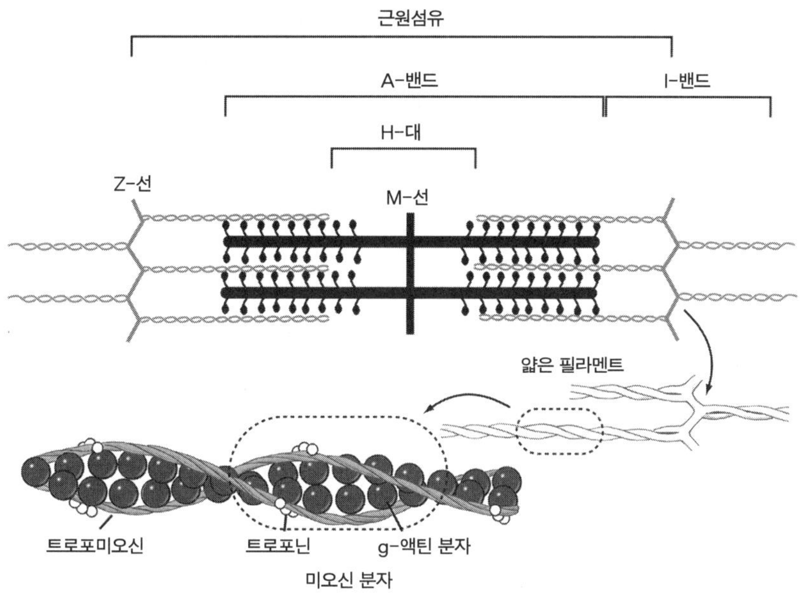

그림 1.10 근절의 2차원적 구성
액틴이라고 불리는 얇은 근섬유 필라멘트가 묘사되어 있다.

얇은 근섬유 필라멘트

얇은 근섬유 필라멘트의 주요 구성 성분은 구형 단백질인 액틴이다. 근절 내에서 액틴은 사슬 모양의 필라멘트성 액틴으로만 존재한다. 얇은 근섬유 필라멘트는 주로 두 개의 꼬인 필라멘트성 액틴 사슬로 구성된다. 이 구조를 쉽게 시각화하려면 액틴이 각각의 진주를, 필라멘트성 액틴이 전체 목걸이를 나타내는 진주 목걸이를 상상하면 된다.

두 개의 필라멘트성 액틴 사슬이 꼬여 형성된 홈에 트로포미오신이라는 길쭉한 조절 단백질이 자리 잡고 있다. 액틴을 따라 일정한 간격마다 트로포닌 복합체라는 또 다른 조절 단백질이 있는데, 이는 트로포닌-C, 트로포닌-I, 트로포닌-T라는 하위 단위로 구성되어 있다. 이 조절 단백질들은 액틴과 미오신 필라멘트 간 결합을 허용하는 데 관여한다.

액틴 필라멘트는 한쪽 끝에서 Z선Z-line에 모여, 다음 반쪽 근절의 4개의 액틴 필라멘트와 결합한다. Z선은 근절의 경계로 간주된다(Jones & Round, 1990).

슬라이딩 필라멘트 이론

과거에는 '근육 수축'이라는 현상을 설명하기 위한 여러 모델이 제시되었다. 가장 빈번하게 제기된 질문은 "액틴과 미오신 필라멘트가 어떻게 상호작용하는가?"였다. 1954년, 헉슬리는 여러 놀라운 발견을 하였고, 이는 결국 슬라이딩 필라멘트 이론으로 이어졌다. 이 이론의 증거 중 하나는 수축에 관여하는 근절 구조에서 나타나는 입체적 변화였다. 또한, 이 이론의 기초는 다양한 길이로 설정된 근섬유에서 등척성 수축의 힘을 측정한 실험에서 형성되었다. 후자는 '다양한 근육 구조'(33쪽)에서 더 자세히 설명되며, 첫 번째로 언급된 슬라이딩 필라멘트 이론의 증거(즉, 근절 구조)를 먼저 심도 있게 설명할 것이다.

액틴과 미오신 필라멘트의 크기, 밀도, 분포 차이는 근절에서 현미경으로 관찰할 수 있는 줄무늬의 원인이 된다(Martini, 1998). 근절 구조의 도식적 모델은 이 현상의 원인을 보여준다. 어두운 부분은 A-밴드A-band라고 불리며, 밝은 부분은 I-밴드I-band라고 한다. A-밴드는 미오신 필라멘트와 액틴 필라멘트가 부분적으로 겹치는 영역을 포함한다. 이 겹치는 영역에서는 빛이 덜 통과할 수 있으며, I-밴드는 액틴 필라멘트가 주요 구성 요소이기 때문에 빛이 더 쉽게 통과한다. 추가로 설명하면, A-밴드 안에는 미오신 필라멘트만 있는 H대H-zone라는 영역이 존재한다.

근육 수축 중 근절 구조에서 다음과 같은 변화가 일어날 수 있다.

- H대와 I-밴드가 짧아진다.
- 액틴과 미오신이 겹치는 영역이 증가한다.
- Z선이 서로 더 가까워진다.
- A-밴드의 너비는 변하지 않는다.

헉슬리(1954)가 근육 수축 중 근절 구조에서 관찰한 변화는, 얇은 필라멘트가 두꺼운 필라멘트를 따라 근절 중심으로 실제로 미끄러져 이동해야만 설명될 수 있다. 즉, 액틴과 미오신 필라멘트의 길이는 변하지 않는다. 액틴과 미오신 필라멘트가 어떻게 상호작용하는지에 대한 발견은 해부된 근섬유의 수축성 부분을 실험한 결과였다. 활동성 근섬유가 총 섬유 길이의 1%만큼 빠르게 단축될 때, 생성된 힘은 일시적으로 0으로 떨어졌다가 다시 증가한다. 만약 액틴과 미오신 필라멘트가 수축 중에 긴 스프링 구조를 가진다면, 근섬유의 전체 길이가 1% 단축될 때 힘은 1%만 감소할 것이다. 이 발견은 짧

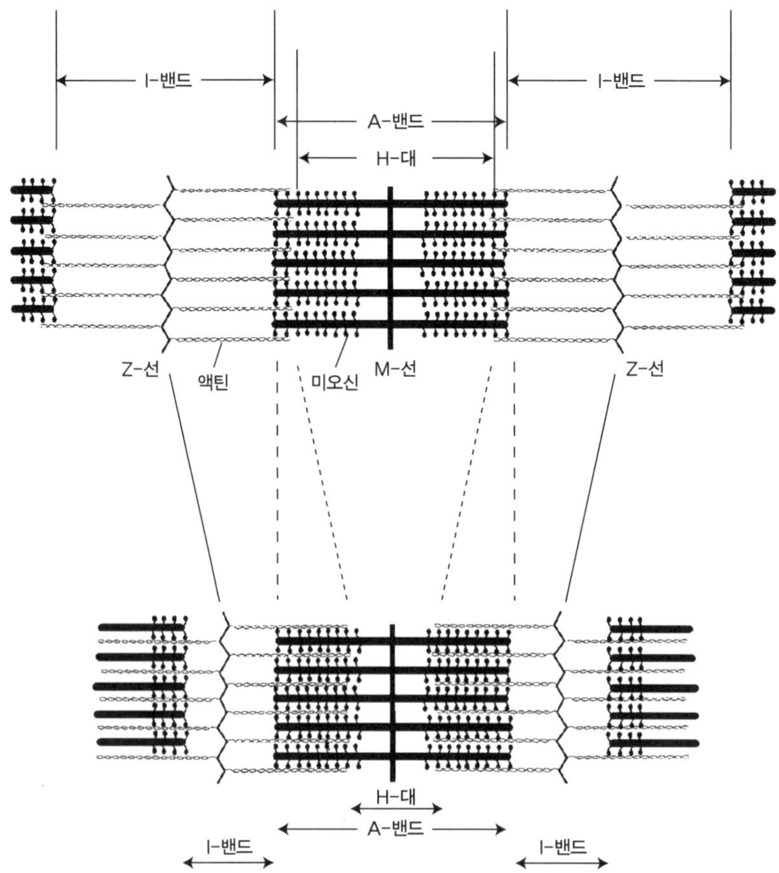

그림 1.11 수축에 의해 짧아진 근절의 단면

미오신과 액틴 필라멘트의 길이는 변하지 않는다. 필라멘트는 서로를 따라 미끄러지며(A-밴드는 그 길이를 유지하고 H대와 I-밴드는 짧아진다), 이를 슬라이딩 필라멘트라고 한다.

은 경로를 따라 힘을 생성하는 많은 짧은 구성 요소가 존재한다는 것을 시사했다. 이 짧은 힘 생성 구성 요소는 S1 부분으로, 구형 미오신 머리가 액틴 필라멘트의 자유 결합 부위에 결합한 후 H대를 향해 넘어져 액틴 필라멘트를 근절의 중심으로 끌어당긴다. 전체 교차 다리 사이클에 대해서는 아래에서 논의된다.

교차 다리 사이클

교차 다리 사이클은 미오신 머리가 액틴에 결합하는 순간부터 그 결합이 끊어지고 과정을 반복해야 하는 순간까지의 일련의 단계들로 구성된다(Brooks 등, 1996).

근육 수축을 시작할 만큼 신경계의 신호가 충분히 강하면, 근육 세포 내에서 여러 과정이 시작된다. 먼저, 근소포체에서 칼슘 이온이 저장된 곳이 자극을 받아 칼슘 이온이 근형질로 방출된다. 이 칼슘 이온은 액틴의 트로포닌 복합체 중 트로포닌-C에 결합한다. 그 결과 트로포닌 복합체의 입체적 변화가 일어나며, 트로포미오신이 마치 액틴 필라멘트의 홈 안쪽으로 조금 더 당겨지는 것처럼 움직인다. 그 결과, 이전에 트로포미오신에 의해 가려져 있던 액틴의 결합 부위가 이제 구형의 미오신 머리와 결합할 수 있게 된다. 미오신-ATPase가 ATP를 ADP와 무기인산(Pi)으로 가수분해해 미오신 머리를 활성화시키면, 액토미오신 복합체가 형성된다. 이 과정은 쥐덫의 스프링을 조이는 것과 비슷하게 비유할 수 있다. 미오신 머리가 활성화되어 액틴의 결합 부위를 향해 움직여 약한 결합을 형성한다. 이때 미오신 머리는 미오신 필라멘트와 90°를 이룬다. 미오신 머리에서 무기인산이 방출되면 파워 스트로크가 시작된다(즉, 미오신 머리가 넘어지면서 액틴을 근절 중심으로 끌어당긴다). 파워 스트로크가 끝나면 ADP와 무기인산이 방출되고, 액틴과 미오신 사이에 강한 결합('경직 복합체')이 형성된다. 이 결합을 끊고 이완을 발생시키기 위해서는 ATP가 필요하다.

신경계의 지속적인 자극을 통해 충분한 칼슘 이온이 계속 공급되면, 교차 다리 사이클은 계속 반복된다(빈도는 약 5회/초). 미오신 머리는 액틴에서 떨어져 원래 위치로 돌아가고, 미오신-ATPase에 의해 다시 활성화되어 액틴 필라멘트에서 더 멀리 떨어진 새로운 결합 부위와 결합한다. 이 과정에서 액틴 필라멘트는 미오신 머리가 노를 젓는 것처럼 근절 중심을 향해 이동한다. 충분한 칼슘 이온이 있으면 교차 다리 사이클은 미오신 필라멘트가 Z선에 도달할 때까지 계속 반복될 수 있다. 운동 신경 다발에 의해 근육이 천천히 활성화되기 시작하거나, 활성화가 완전히 멈추면, 근형질 내 칼슘 이온 농도는 감소한다. 이는 칼슘 이온이 지속적으로 근소포체로 다시 펌핑되기 때문이다. 트로포닌-C에 결합된 칼슘 이온이 방출되면, 트로포미오신은 원래 위치로 돌아가 액틴의 결합 부위가 다시 미오신 머리와의 상호작용에서 가려진다(Fox 등, 1996).

수축력과 근절 구조

근절이 생성하는 최대 힘은 근섬유의 길이와 수축 속도에 따라 달라진다(Rozendal & Huijing, 1996). 하나의 근절이 정적 상태에서 생성할 수 있는 힘은 고정된 값으로, 단면적당 22~28N/cm²이다. 또한, 느린 근섬유와 빠른 근섬유 간에 차이는 없다. 그러나 근절의 배열은 생성되는 힘뿐만 아니라 수축 속도에도 영향을 미친다. 근섬유 내에서 근절 배열이 어떻게 영향을 미치는지는 '근섬유 수준에서의 힘과 수축 속도'(29쪽)에서 논의된다. 등척성 조건에서 다양한 길이의 근절을 사용해 단일 근절 수준에서 생성된 힘의 차이가 기록되었다. 힘과 근절 길이 간의 관계는 다음 절에서 더 자세히 논의된다.

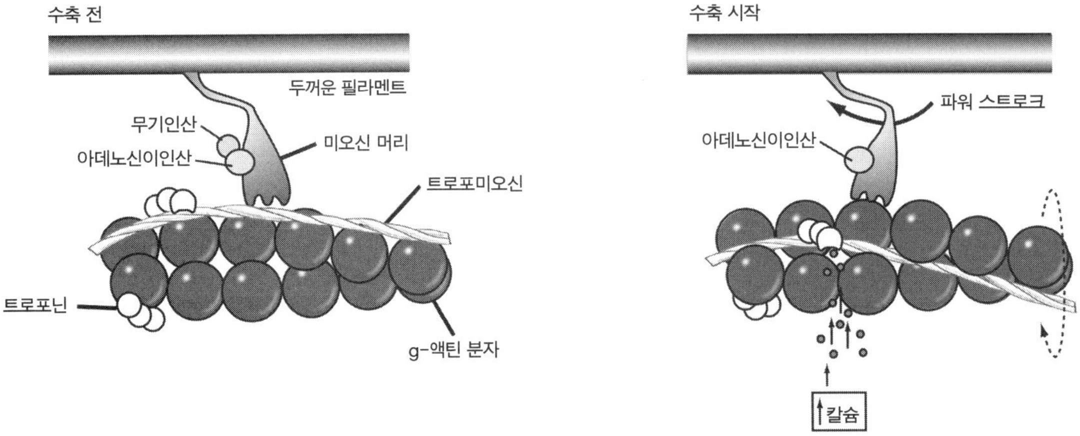

그림 1.12 액토미오신 복합체 형성

칼슘 이온이 액틴 위 트로포닌 복합체의 트로포닌-C에 결합하면 트로포닌 복합체의 구조가 변화한다. 이로 인해 이전에 트로포미오신에 의해 가려져 있던 액틴의 결합 부위가 미오신 머리와 결합할 수 있게 된다.

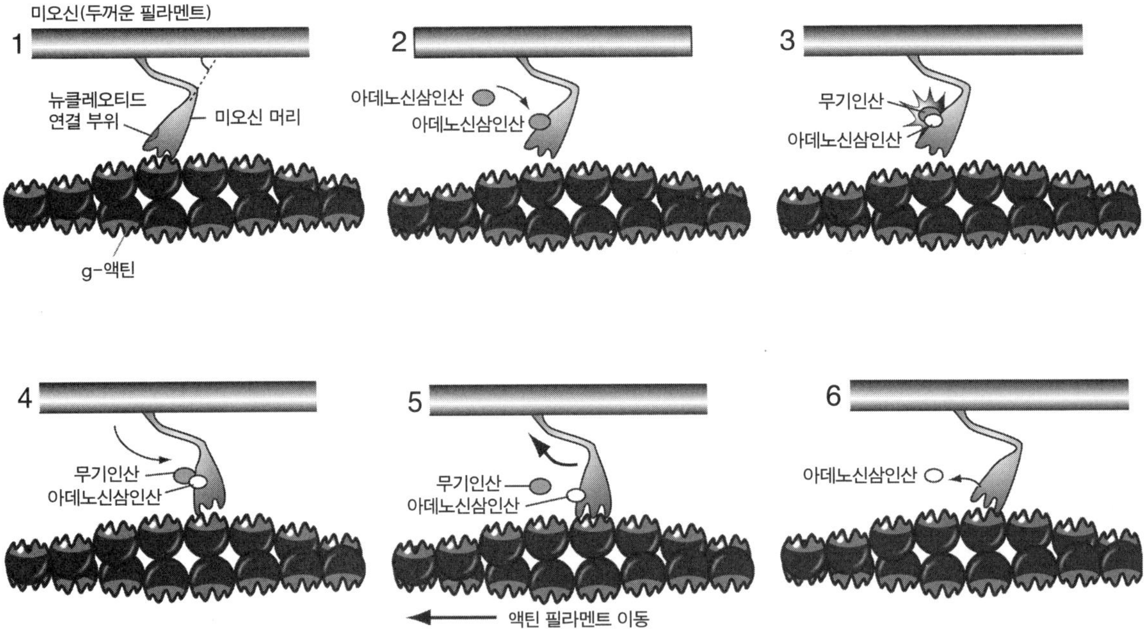

그림 1.13 근육 수축의 분자적 기초

1. 경직 복합체$_{\text{rigor complex}}$ 형성
2. ATP의 도움으로 경직 복합체를 분리
3. 미오신-ATPase의 도움으로 ATP를 가수분해하여 미오신 머리 활성화
4. 미오신 머리와 액틴 사이에 약한 결합이 시작됨
5. 파워 스트로크 발생
6. 미오신 머리에서 ADP가 방출되며, 파워 스트로크 끝에 경직 복합체 형성

각 근절에는 수축 속도의 한계가 있으며, 이는 주로 미오신-ATPase의 특이적인 활성에 의해 결정된다. 미오신-ATPase는 수축 속도를 결정하는 여러 동형체(구조상의 작은 차이)를 가지고 있다. 느린 근섬유와 빠른 근섬유('근섬유 수준에서의 힘과 수축 속도' 29쪽 참조)는 미오신 머리에서 발견되는 특정 미오신-ATPase 동형체를 기준으로 분류할 수 있다. 근육이 짧아지는 속도는 생성된 힘과 반비례 관계에 있으며, 이는 '다양한 근육 구조'(33쪽)에서 자세히 다뤄진다.

힘-길이 다이어그램

근절에서 힘-길이 관계를 발견하게 된 실험은 근절의 등척성 활동을 측정하기 위해 수행되었다. 근섬유의 양 끝을 고정하고, 한쪽 끝에 힘을 측정하는 장치를 부착한 상태에서(Rozendal & Huijing, 1996), 최대 자극을 가한 후 등척성 수축 동안 생성된 힘을 측정했다. 근섬유에 있는 여러 근절의 길이가 동일할 것이라고 가정했으나, 근섬유 끝에 위치한 근절은 가운데에 있는 근절보다 더 짧은 것으로 나타났다.

각 교차 다리 상호작용에서 생성되는 힘이 동일하다고 가정할 때, 근절이 생성하는 힘은 가능한 교차 다리 상호작용의 수에 따라 달라진다. 즉, 총 힘은 액틴과 미오신 필라멘트 간의 겹침 정도에 달려 있다. 모든 교차 다리가 액틴 결합 부위와 결합할 수 있을 때 최대 힘이 생성된다(즉, 액틴과 미오신 필라멘트의 겹침이 최대일 때 근절은 최적의 길이를 갖는다). 근절의 길이가 달라질 때 근섬유가 생성할 수 있는 등척성 힘은 힘-길이 다이어그램으로 나타낼 수 있다.

힘-길이 다이어그램에서 나타나는 특징적인 패턴은 근절이 최적의 길이보다 짧거나(그림 1.14, 왼쪽), 길면(그림 1.14, 오른쪽) 힘이 감소한다는 것을 보여준다. 근절이 최적의 길이보다 길면 액틴과 미오신 간의 겹침이 줄어들기 때문이다. 반대로 근절이 너무 짧아지면 미오신 필라멘트가 Z선에 부딪혀 더 이상의 단축이 불가능해진다. 이런 상황이 도달하기 직전, 근절이 조금 더 길면 서로 나란히 위치한 액틴 필라멘트가 이미 일부

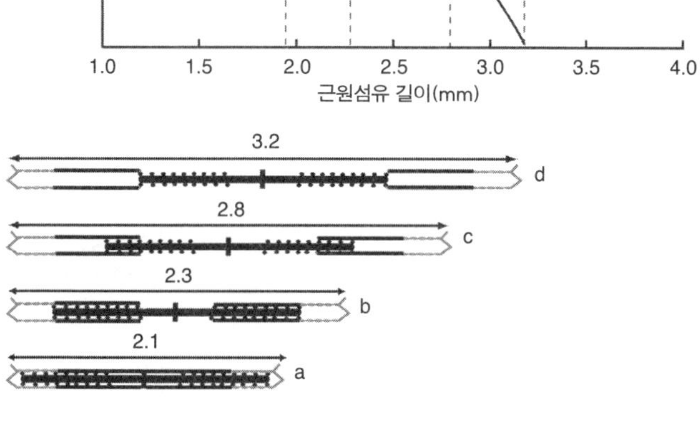

그림 1.14 근절에서의 힘-길이 관계

근절에서 힘과 길이의 관계는 액틴과 미오신 필라멘트 간의 겹침 정도에 의해 설명된다.

겹쳐져 있어 정상적인 두꺼운 필라멘트와 얇은 필라멘트 간의 상호작용이 불가능해진다.

힘-속도 다이어그램

앞서 설명한 것처럼, 근절이 생성하는 힘은 액틴과 미오신 필라멘트 간의 겹침 정도에 따라 달라진다. 또한, 생성되는 힘은 근섬유가 짧아지거나 길어지는 속도에도 영향을 받는다. 근육이 최적의 길이로 신장되었지만 자극 중에 그 길이가 고정되지 않은 상태에서는 다양한 수축 속도에서 생성되는 힘을 측정할 수 있다. 연구 결과, 최대 힘과 수축 속도는 반비례 관계에 있다는 것이 밝혀졌다. 즉, 수축 속도가 높아질수록 생성되는 힘은 감소한다. 반면, 근육이 활성화된 상태에서 신장될 때 생성되는 힘은 등척성 수축 값보다 50~100% 증가한다(그림 1.15, 왼쪽). 근섬유의 힘-속도 다이어그램에서 각 좌표는 P = Fv라는 식의 곱으로 나타내어진다. 이 힘 곡선에 대해서는 '해부학과 훈련'(79쪽)에서 논의된다.

힘과 수축 속도의 관계를 설명할 수 있는 방법 중 하나는 교차 다리의 운동학이다. 이 과정에서 탄력적인 S2 세그먼트가 중요한 역할을 한다. 등척성 조건에서 구형의 미오신 머리는 액틴의 활성 결합 부위를 잡는 회전 기어와 비교될 수 있다. 이때 액틴 필라멘트는 제자리에 남아 있고, 교차 다리의 탄력적인 S2 세그먼트가 신장된다. 근절이 짧아질 때는 교차 다리 상호작용이 줄어들고, S2 세그먼트는 신장할 시간이 줄어든다. 수축 속도가 빠르면 미오신 머리가 제때 결합을 풀지 못해, 필라멘트들이 서로 미끄러지면서 S2 세그먼트가 구겨지게 되어 움직임이 방해될 수 있다. 수축 속도가 증가할수록 이러한 방해를 일으키는 교차 다리의 수가 증가하고, 힘은 더욱 감소한다.

근절이 길어질 때는 S2 세그먼트가 더 많이 신장되어 더 높은 긴장을 발생시킨다. 또한, 미오신 머리가 반대 방향으로 회전하여 하나의 교차 다리 상호작용 동안 액틴의 여러 자유 결합 부위와 접촉할 수 있는 것으로 생각된다. 이러한 방식으로 근절이 짧아질 때보다 하나의 교차 다리 사이클에서 더 많은 힘을 생성할 수 있다.

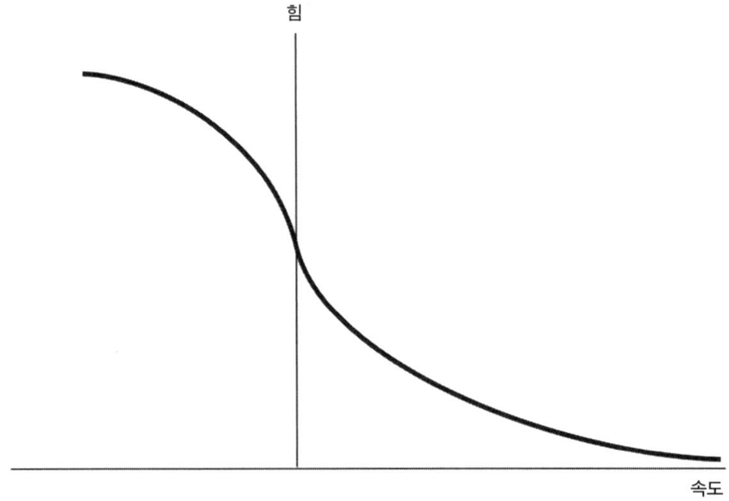

그림 1.15 힘-속도 다이어그램

근섬유 수준에서의 힘과 수축 속도

근섬유는 근원섬유로 구성되어 있으며, 다양한 방식으로 배열될 수 있다. 여기서는 수축성 물질이 어떻게 배열되는지에 초점을 맞추며, 탄성 요소의 효과는 고려하지 않는다. 두 근절의 접합부가 일렬로 연결되면 생성될 수 있는 총 힘은 하나의 근절이 생성하는 힘과 같다. 결국, 공통 Z선에 가해지는 힘은 서로 반대 방향이기 때문에 총 수축력에 기여하지 않는다. 길이의 변화는 합산될 수 있어, 평행으로 연결된 두 근절의 길이의 총합은 두 배가 된다(Rozendal & Huijing, 1996). 여러 근절이 일렬로 연결되면, 중앙에 위치한 근절은 등척성 힘이 필요할 때 강력한 연결점으로 작용할 수 있다(Jones & Round, 1990). 이미 언급한 바와 같이, 근섬유를 따라 근절의 길이가 균일하게 분포되지 않기 때문에, 이미 최대 겹침에 도달한 근절을 활성화하면 아직 최대 겹침에 도달하지 않은 다른 근절에 편심 효과를 미친다. 이러한 상황에서는 근절 길이가 균일하게 분포된 경우보다 더 큰 힘이 생성된다(Huijbregts & Clarijs, 1995). 특히, 근섬유 길이가 거의 최대일 때 이러한 상황이 발생한다고 할 수 있다.

두 근절이 평행으로 연결되면 상황은 반대로 진행된다. 즉, 길이 변화는 단일 근절의 변화와 동일하지만, 생성되는 힘은 일렬로 연결된 두 근절의 힘보다 두 배 크다. 따라서 근력은 근육의 길이보다는 단면적에 비례한다. 힘-길이와 힘-속도 다이어그램의 특성은 최대 근섬유 자극 조건에서 실험적으로 결정되었다(Rozendal & Huijing, 1996). 자극의 정도 또한 수축 시 생성되는 힘의 양을 결정한다.

신체 내에서 근력은 두 가지 방식 중 하나로 조절될 수 있다. 첫째, 근육은 더 많은 근섬유를 동원하여 근력을 발휘하려고 한다. 근섬유는 운동 단위motor units로 조직되어 있으며, 하나의 운동 단위는 신경 세포와 근섬유 다발을 지배하는 운동 신경으로 구성된다. 운동 단위 내 모든 근섬유는 동일한 생화학적, 생리학적 특성을 가지고 있다

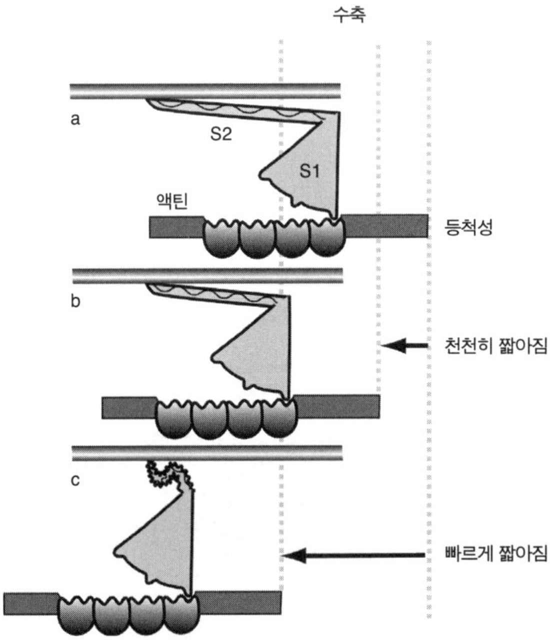

그림 1.16 수축의 종류

교차 다리의 탄성 S2 세그먼트가 다양한 종류의 수축 동안 어떻게 행동하는지를 보여준다.

(Brooks 등, 1996). 느린 연축 섬유(ST) 운동 단위는 10~180개의 근섬유 다발로 이루어져 있는 반면, 빠른 연축 섬유(FT) 운동 단위는 최대 300~800개의 근섬유 다발을 포함한다. 운동 단위는 크기 원리size principle에 따라 활성화되는데(Henneman 등, 1974), 이는 활성화 순서가 신경계에서 발생하는 자극의 크기와 밀접하게 관련되어 있음을 의미한다. 각 운동 단위에는 최소 자극 역치가 있으며, 이 역치를 초과하여 실무율all-or-none의 원칙에 따라 활성화가 이루어진다. 이 자극 역치는 신경 세포체의 크기와 밀접하게 관련되어 있으며, 세포체가 작은 느린 연축 섬유 운동 단위는 자극이 증가함에 따라 세포체가 큰 빠른 연축 섬유 운동 단위보다 먼저 모집된다. 운동 단위의 선택적 모집은 요구되는 수축력에 의해 결정되며, 움직임의 속도에 의해 결정되지 않는다(Gollnick 등, 1974). 생성해야 하는 힘은 단순히 운동 단위를 선택적으로 모집하는 것만으로 조절될 수 없다. 다양한 운동 단위의 활동은 동기화도 필요하다. 그러나 근육 내 모든 운동 단위를 100% 동기화하는 것은 불가능하며, 이것이 불가능한 이유는 근육과 힘줄에 손상을 줄 수 있기 때문이다.

운동 단위의 선택적 모집 및 동기화 외에도, 근활성 빈도를 조절하여 근력을 변화시킬 수 있으며, 이는 신경계에서 제어된다(레이트 코딩rate coding). 운동 신경을 통해 운동 단위가 활성화되면, 단일 수축이 발생한 후 근섬유의 긴장이 풀린다. 만약 근육이 이완되기 전에 자극 역치를 초과하는 새로운 자극이 주어지면, 두 자극이 생성하는 힘이 합산된다. 근활성 빈도가 증가하면 수축력도 증가한다.

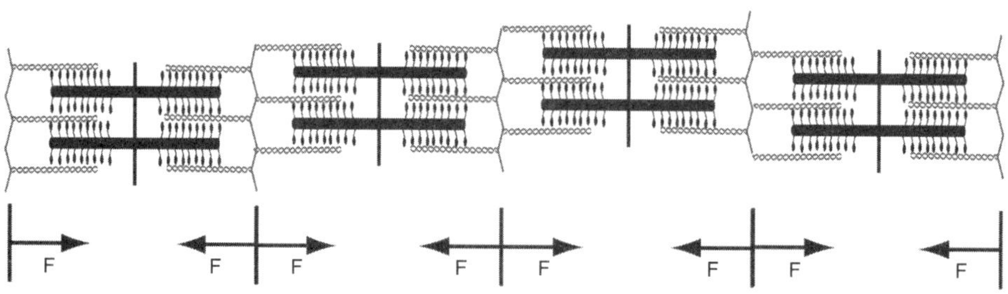

직렬 상태의 근원섬유

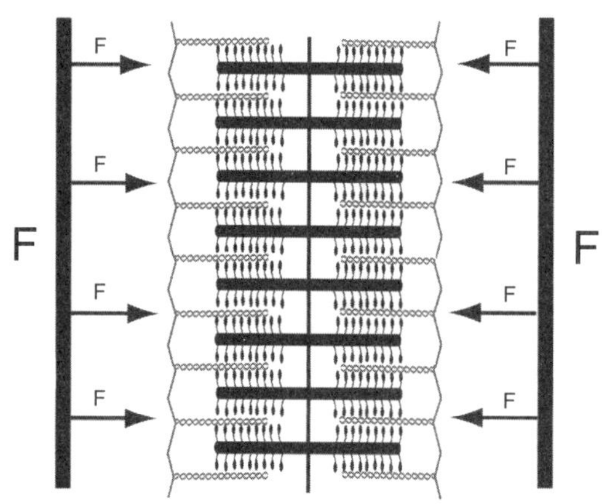

병렬 상태의 근원섬유

그림 1.17 근절에 의한 힘 생성

일렬(직렬) 및 평행으로 연결된 근절에 의한 힘 생성을 보여준다.

느린 근섬유와 빠른 근섬유

앞서 언급한 바와 같이, 근육에는 느린 근섬유와 빠른 근섬유가 모두 존재한다. 빠른 근섬유는 a, b, c의 세 가지 유형으로 더 세분화할 수 있다. 영어 문헌에서는 느린 근섬유와 빠른 근섬유를 각각 느린 연축 섬유(ST)와 빠른 연축 섬유(FT), 또는 타입 I와 타입 II로 분류한다. 다양한 근육 조직 유형을 구분하기 위한 여러 분류 체계가 있지만, 이 책에서는 조직화학적 정보에 기반한 분류를 사용했다. 이 분류는 수축성 근육 특성에 기반한 분류와 강한 연관성이 있다. 이 유사성은 두 분류를 따로 논의할 필요가 없을 정도로 충분히 크다. 수축성 근육 특성을 분류 기준으로 사용할 때, 근섬유는 다음과 같이 분류될 수 있다.

- 느린 근섬유
- 빠르고 피로 저항력이 있는 근섬유
- 빠르고 쉽게 피로해지는 근섬유

조직화학을 기준으로 분류할 때, 근섬유는 다음과 같이 구분된다.

- 느린 산화성 섬유(타입 I, ST)
- 빠른 산화성 해당작용 섬유(타입 IIa, FTa)
- 빠른 해당작용 섬유(타입 IIb, FTb)

느린 산화성 섬유(ST)는 낮은 강도의 장기간 운동에 적합하다. 이러한 근섬유는 피로에 매우 강하며 탄수화물과 지방으로부터 산소호흡을 통해 효율적으로 ATP를 생

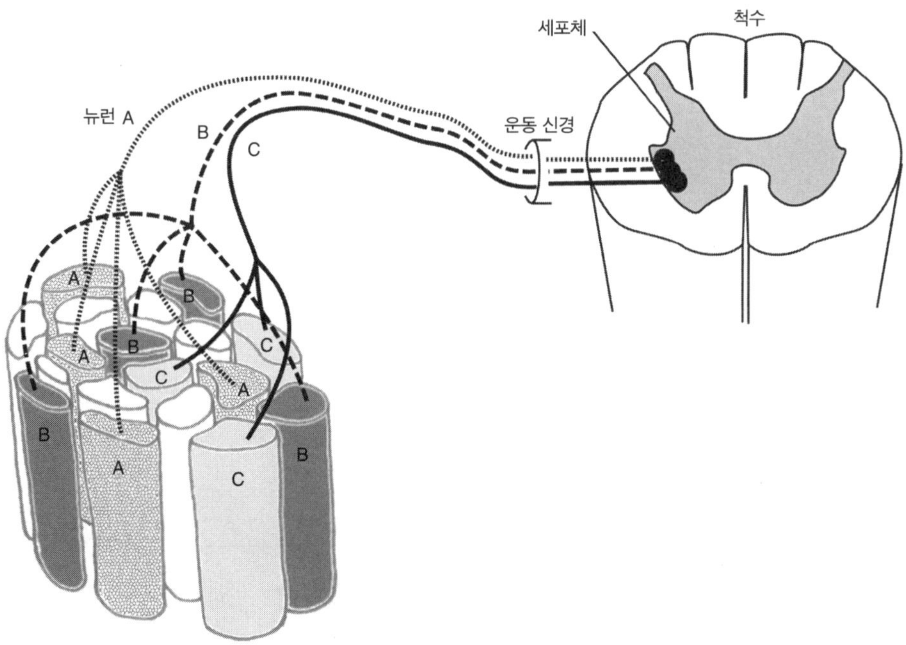

그림 1.18 운동 단위

세 개의 운동 단위가 각각 세포체, 운동 신경, 그리고 신경지배를 받는 근섬유로 구성되어 있다.

성한다(2장 참조). 이 근섬유는 에너지를 산소호흡을 통해 제공하는 데 특화되어 있으며, 산화 효소의 농도는 빠른 연축 섬유보다 느린 연축 섬유에서 더 높다. 빠른 연축 섬유에 비해 느린 연축 섬유는 더 많은 지방 저장소, 미토콘드리아, 그리고 모세혈관망을 가지고 있다. 또한 느린 연축 섬유의 Z선이 빠른 연축 섬유보다 더 두껍다는 점도 주목할 만하다. 이는 지속적인 운동에 의해 발생한 적응 과정에서 그 원인을 찾을 수 있다.

빠른 산화성 해당작용 섬유(FTa)는 강도가 높은 운동 중에 사용되며, 산화성 및 해당작용 효소가 공급되기 때문에 무산소 및 산소호흡 과정 모두를 통해 에너지를 생성할 수 있다. 세 가지 유형의 근섬유 중 FTa 섬유는 다재다능한 성능을 가지고 있으며, 느린 산화성 근섬유(ST)처럼 산소호흡을 통해 에너지를 생성할 수 있고, 빠른 해당작용 섬유(FTb)처럼 무산소 과정을 통해 에너지를 생성할 수 있다. 그러나 두 경우 모두 빠른 산화성 해당작용 섬유는 특화된 섬유에 비해 성능이 떨어진다.

빠른 해당작용 섬유(FTb)는 모집하기 가장 어려운 섬유이다. 높은 자극 역치 때문에, 이 섬유는 수축이 강력할 때만 활성화될 수 있다. 높은 농도의 해당작용 효소 덕분에 이 유형의 근섬유는 무산소 과정으로 에너지를 생성하는 데 특히 적합하지만, 쉽게 피로해지는 단점이 있다.

'느린'과 '빠른' 연축이라는 용어는 단일 연축(수축)의 속도를 나타낸다. 등척성 조건에서, 빠른 연축 섬유는 단일 연축 동안 느린 연축 섬유보다 더 빠르게 최대 수축력을 달성한다. 그 이유는 미오신 머리의 미오신-ATPase의 동형체 차이에서 찾을 수 있다. 빠른 연축 섬유는 높은 미오신-ATPase 활성을 특징으로 하는 동형체를 가지고 있는 반면, 느린 연축 섬유는 더 낮은 미오신-ATPase 활성을 특징으로 하는 동형체를 가지고 있다. 또한, 빠른 연축 섬유는 더 빠르게 이완할 수 있으며, 이는 운동 단위(느린 연축 섬유 또는 빠른 연축 섬유로 구성된)를 자극하여 수축력이 최대 수준에 도달하게 할 때 필요한 근활성 빈도에 직접적인 영향을 미친다. 빠른 연축 섬유는 이완하는 데 더 짧은 시간이 필요하므로, 수축력이 최대 수준에 도달하기 위해서는 더 높은 근활성 빈도가 필

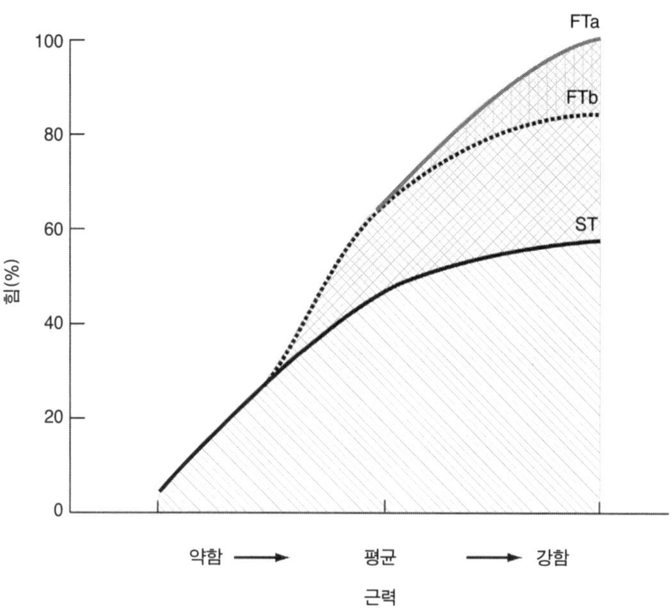

그림 1.19 운동 단위의 선택적 모집

운동 단위는 필요한 수축력에 따라 선택적으로 모집된다. 느린 연축 섬유(ST) 운동 단위가 먼저 모집되며, 자극이 강해질수록 빠른 연축 섬유(FTa와 FTb)가 뒤따라 모집된다.

요하다. 앞서 언급했듯이, 다양한 운동 단위의 모집 순서는 자극 역치의 차이에 따라 결정된다. 근활성 빈도는 수축력에 미세한 차이를 만들 수 있는 추가적인 역할을 한다. 빠른 연축 섬유 내 모집 순서는 빠른 산화성 해당작용 섬유(FTa)가 먼저, 그다음 빠른 해당작용 섬유(FTb)이다. (FTc 섬유는 근육 조직의 작은 부분[<3%]만 차지하며, 그 특성에 대해서는 거의 알려지지 않았기 때문에 여기서는 다루지 않는다.) 수축 속도가 더 빠를 뿐만 아니라, 빠른 연축 섬유로 구성된 운동 단위는 더 큰 수축력을 제공할 수 있으며, 이는 더 많은 빠른 연축 섬유가 존재하기 때문이다. 각각의 느린 연축 섬유 또는 빠른 연축 섬유가 발휘하는 힘은 크게 차이가 나지 않는다.

훈련되지 않은 사람들의 근육에는 느린 연축 섬유와 빠른 연축 섬유가 거의 동일한 비율로 존재한다. 장거리 러너의 경우, 느린 연축 섬유/빠른 연축 섬유 비율은 느린 연축 섬유에 유리하다(국제 대회에서 경쟁할 수 있는 마라톤 주자의 종아리 근육 조직 중 90%는 느린 연축 섬유로 구성된다). 반면, 정상급 스프린터의 경우 빠른 연축 섬유가 더 많다(스프린터의 종아리 근육 조직 중 거의 80%가 빠른 연축 섬유이다). 연구자들은 근육 생검(빈 바늘을 사용해 근육 조직의 일부를 제거하는 방법)을 분석하여 특정 거리를 달릴 수 있는 운동선수의 재능을 결정할 수 있을 것이라는 아이디어를 제안했다. 그러나 이러한 방법은 협응력, 근육 단면적, 심혈관 능력 등 성과를 결정하는 많은 요인을 고려하지 않기 때문에 한계가 있을 것이다. 더욱이, 근섬유 유형을 차별화하는 정교한 기술이 발전함에 따라, 세 가지 또는 네 가지 섬유 유형이 아니라 연속체로 존재한다는 증거가 늘어나고 있다. 특히, 미오신-ATPase의 활성은 낮음에서 높음까지 범위를 가진다. 마지막으로, 스프린트에서 빠른 연축 섬유가 속도를 제공하고 성과를 높인다는 논리는 반응성, 탄력성, 사전 신장prestretch, 지연 회피rise delay가 중요한 역할을 한다는 사실을 간과하고 있다('근육의 구조와 분화, 관절 모멘트, 그리고 수동 조직 기능' 33쪽 및 '탄성 및 반응성 근육 작용' 58쪽 참조).

근육의 구조와 분화, 관절 모멘트, 그리고 수동 조직 기능

다양한 근육 구조

인체의 근육 형태는 매우 다양하고 놀라워서, 왜 이러한 분화가 존재하는지 의문을 제기하게 된다. 가장 단순한 기본 개념은 힘줄-근육-힘줄 복합체로 연결된 구조이다. 인간의 운동 장치에서 각 근육은 이 기본 개념의 독특한 변형을 나타낸다. 근섬유가 힘줄과 이루는 각도, 근섬유의 수와 길이는 다양할 수 있다. 이는 힘줄의 수, 길이, 구조, 관절에 대한 지레팔lever arm, 근육 안팎의 수동 조직에도 해당된다. 때로는 변형이 너무 뚜렷하여 기본 개념을 찾아내기가 어려울 정도이다.

근육 구조의 차이로 인해 모든 근육이 동일한 유형의 작업에 적합한 것은 아니다. 한 근육은 상대적으로 적은 힘으로 큰 범위에서 동심 수축(예: 봉공근)할 수 있는 반면, 다른 근육은 더 큰 힘으로 작은 범위에서 수축하거나(예: 대둔근) 반응성 근육 작용에 더 적합할 수 있다. 근육이 반응성으로 작용하려면 먼저 외부 힘에 의해 신장되어야 한다. 신장되면 근육의 탄성 부분에 에너지가 저장되었다가 근육이 짧아질 때 방출된다(예: 가자미근). 근육의 이러한 깊이 있는 특화는 기능적 움직임에 많은 영향을 미친다.

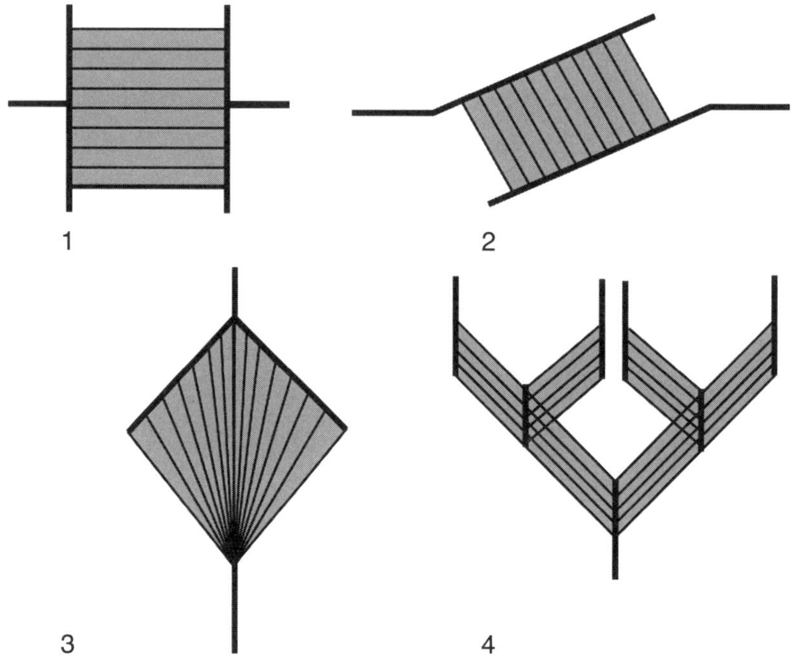

그림 1.20 다양한 유형의 근육 구조
1. 평행 섬유형
2. 단일 깃털형
3. 방추형
4. 다중 깃털형

설계되지 않은 방식으로 근육을 수축시키면 근육은 효율적으로 작동할 수 없다. 스포츠에서 어떤 기술을 올바르게 사용할 수 있는지 분석하고 배우려면, 먼저 서로 다른 근육 그룹의 구조와 특화를 이해해야 한다(Rozendal & Huijing, 1996).

운동 기관에 속하는 근육은 구조에 따라 세 가지 범주로 나눌 수 있다.

- 평행 섬유형
- 깃털형:
  — 단일 깃털형(섬유가 하나의 그룹으로 배열됨)
  — 이중 깃털형(섬유가 두 개의 그룹으로 배열됨)
  — 방추형(섬유가 방추 모양으로 배열됨)
  — 다중 깃털형(섬유가 여러 그룹으로 배열됨)
- 윤근Orbicular형 또는 괄약근형

깃털형과 방추형 근육은 근섬유가 힘을 발휘하는 방향(즉, 힘이 가해지는 방향)과 각도를 이루는 것이 특징이다. 근섬유와 힘의 작용선 사이의 각도가 클수록 근육은 더 강한 깃털형이라고 할 수 있다. 평행 섬유형 근육에서는 근섬유가 힘의 작용선과 평행으로 배열된다. 깃털형과 평행 구조의 '특성'을 비교하려면 다음 사항을 고려해야 한다(Rozendal & Huijing, 1996).

- 근육이 생성할 수 있는 힘과 근육의 생리적 단면적(근섬유 길이에 대해 직각으로 자른 근육 단면으로, 최대한 많은 근섬유가 평행하게 배열된 모습을 보여줌) 사이에는 직접적인 관계가 있다. 근육의 생리적 단면적이 클수록 더 많은 등척성 힘을 생성할 수

있다.

- 일렬로 연결된 근절의 총 길이와 근육이 짧아지는 속도 사이에는 직접적인 관계가 있다. 근절의 사슬이 길수록 근육이 더 빠르게 수축할 수 있다. 예를 들어 20개의 근절이 일렬로 연결되어 있을 때, 하나의 근절이 1초 내에 1단위만큼 짧아지면, 전체 수축 길이는 20단위가 된다. 10개의 근절이 일렬로 연결된 경우, 동일한 시간 동안 수축되는 총 길이는 10단위가 된다.
- 일렬로 연결된 근절의 총 길이와 근육이 큰 힘을 발휘할 수 있는 범위 사이에도 직접적인 관계가 있다. 20개의 근절이 일렬로 연결된 경우, 섬유가 10단위만큼 짧아지려면 각 섬유는 0.5단위만큼 수축해야 하며, 10개의 근절이 일렬로 연결된 경우 같은 효과를 내기 위해서는 각 근절이 1단위씩 짧아져야 한다. 힘은 섬유의 길이와 관련이 있으므로('근절 수준에서의 힘과 속도' 21쪽 참조), 짧은 사슬보다 긴 사슬이 10단위만큼 짧아지는 동안 더 일정한 힘을 유지할 수 있다.

따라서 큰 힘을 생성하고 빠르게 수축하며 넓은 범위에서 힘을 발휘해야 하는 근육은 큰 생리적 단면적뿐만 아니라, 일렬로 연결된 많은 근절을 필요로 한다(예: 대둔근처럼 질량이 크거나 부피가 큰 근육). 신체의 거의 모든 근육은 하나의 특화를 가지고 있으며, 생리적 단면적 또는 길이에 맞게 설계되어 있다. 근육의 구조를 살펴보면 그 근육이 수행할 수 있는 작업의 유형을 부분적으로 추론할 수 있다. 평행 섬유형과 깃털형 구조는 근육 특화의 표현이다.

평행 섬유형 근육

근육 구조가 평행 섬유형일 때, 근섬유가 짧아지면 전체 근육 길이가 가장 크게 감소한다. 일정한 질량 내에서 평행 섬유형 근육은 짧고 두껍거나 길고 얇을 수 있다. 첫 번째 경우에는 근육이 더 강한 힘을 발휘할 수 있지만, 속도는 덜 발휘하며 짧은 범위에서만 작동한다. 근육이 길고 얇을 때는 일렬로 연결된 근절이 더 많아져, 근육이 더 빠르게 짧아지고 더 긴 범위에서 힘을 발휘할 수 있다. 이러한 긴 평행 섬유형 근육이 제공할 수 있는 최대 힘(질량과 관련된)은 적다. 예를 들어 봉공근은 대퇴직근처럼 무릎과 엉덩이 관절을 가로지르며, 이 특성을 충족하는 근육 중 하나이지만 독특한 방식으로 나타난다.

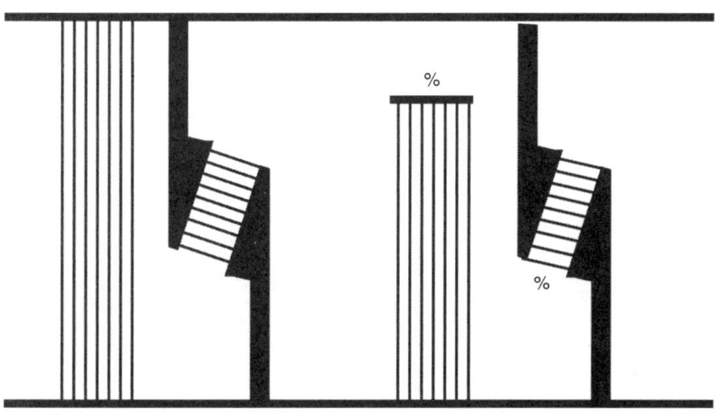

그림 2.21 동일한 길이의 두 근육

왼쪽 근육은 평행 섬유형(예: 봉공근), 오른쪽 근육은 깃털형 구조(예: 대퇴직근)를 가지고 있다. 두 유형의 근육에서 섬유가 동일하게 짧아질 때(예: 10%), 평행 섬유형 근육이 깃털형 근육보다 더 많이 짧아진다. 따라서 평행 섬유형 근육은 동심성 및 편심성 작업에 더 적합하고, 깃털형 근육은 등척성 작업에 더 적합하다.

깃털형 근육

강한 깃털형 근육은 다음과 같은 특징을 보인다.

- 강한 깃털형 구조(즉, 섬유의 길이와 힘이 작용하는 선 사이에 상대적으로 큰 각도가 형성됨)는 근육이 큰 생리적 단면적을 가질 수 있게 하여, 근육의 기시부와 정지부가 너무 가깝지 않고 뼈에 부착되는 부위가 크지 않을 때 특히 유리하다. 큰 생리적 단면적으로 인해 이러한 근육은 비교적 가벼운 질량에 비해 상당한 힘을 생성할 수 있다.
- 그러나 깃털형 구조의 단점은 근섬유뿐만 아니라 생성된 힘도 근육의 작용선과 각도를 이루게 된다는 것이다. 각도가 30°일 때, 힘의 87%만이 종방향으로 남는다(코사인 30°=0.87). 깃털각이 30° 미만일 경우, 질량당 더 큰 생리적 단면적(따라서 더 큰 힘)을 갖는 이점이 불리한 힘의 방향으로 인한 단점을 상쇄시킨다. 따라서

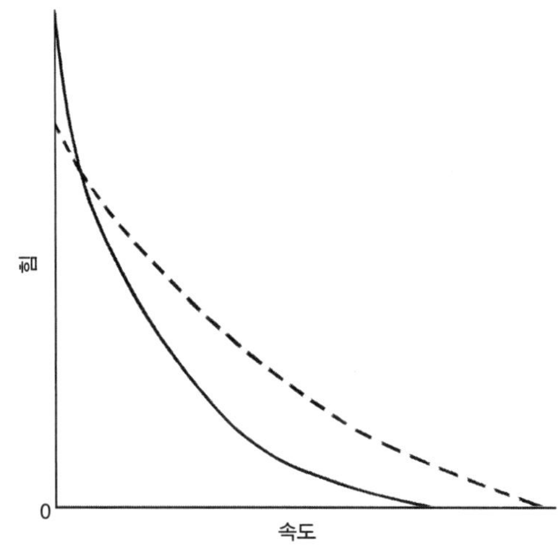

그림 1.22 힘-속도 다이어그램
평행 섬유형 근육(점선)과 깃털형 근육(실선)의 힘-속도 다이어그램이다. 두 근육이 동일한 총 질량을 가질 때, 깃털형 근육은 더 큰 생리적 단면적을 가지고 있으며, 등척성에 가까울 때 더 많은 힘을 발휘할 수 있다. 수축 속도가 더 빠를 때는, 평행 섬유형 근육이 일렬로 연결된 근절의 사슬이 더 길기 때문에 더 많은 힘을 계속 발휘할 수 있다.

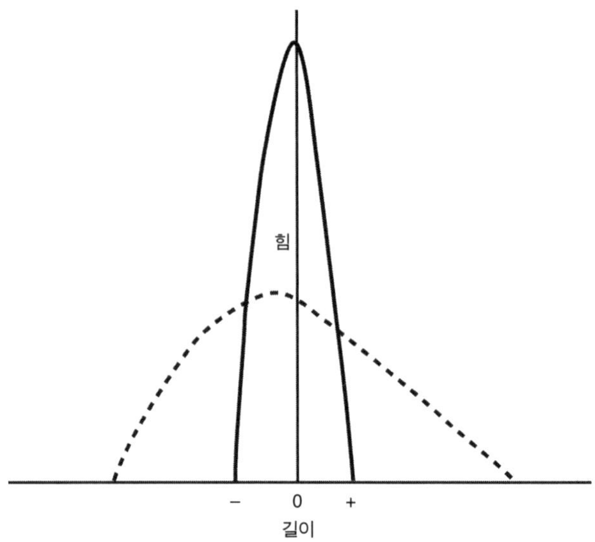

그림 1.23 근육의 힘-길이 다이어그램
O선은 근섬유가 최적의 힘을 발휘할 수 있는 길이에 배치되어 있다. 비슷한 질량의 깃털형 근육과 달리, 평행 섬유형 근육(점선)은 더 넓은 범위에서 힘을 발휘할 수 있지만, 최적 범위 내에서는 깃털형 근육만큼 많은 힘을 발휘하지 못한다. 근육은 특정 작업을 수행하도록 특화되어 있으며, 기능적 움직임은 근육의 특화된 능력에 최대한 가깝게 맞추어진다.

30° 까지의 각도에서는 깃털형 구조가 작용선에 직접적으로 전달될 수 있는 힘의 크기에 유리하다.

- 강한 깃털형 구조는 빠른 단축에는 적합하지 않다. 그 이유는 두 가지다. 첫째, 일렬로 연결된 근섬유의 총 길이가 제한되며, 섬유 길이의 변화량도 작다. 둘째, 섬유가 작용선과 이루는 각도를 통해 섬유를 짧아지게 하는 것은 근육 전체의 길이를 단축하는 효과가 제한적이다. 이런 관점에서 깃털형 근육의 역학은 매우 복잡하다. 수축 중에 근섬유, 힘줄, 그리고 작용선이 이루는 각도는 변한다. 이 책의 목적을 고려할 때, 이 복잡한 내용에 더 깊이 들어가는 것은 운동에서의 결과를 명확히 하는 데 도움이 되지 않으므로 여기서 더 다루지 않겠다(예: Rozendal & Huijing, 1996 참조).
- 근육이 강하게 깃털형 구조일 경우, 제한된 범위에서만 힘을 발휘할 수 있다. 그 이유는 일렬로 연결된 근절의 길이가 제한적이며, 섬유와 근육의 작용선 사이에 형성된 각도 때문이다.

대퇴직근은 엉덩이와 무릎 관절을 가로지르며, 강한 깃털형 구조를 가지고 있어, 등척성에 가깝고 최적 길이 근처에서 많은 힘을 생성하는 데 특히 적합하다. 이러한 등척성에 대한 적합성은 근육의 이관절성biarticular nature과 완전히 일치한다. 한 관절에서의 움직임은 다른 관절에서의 움직임으로 보상될 수 있으며, 근육은 최적 길이 근처에 머물 수 있다(Zuurbier & Huijing, 1992; Rozendal & Huijing, 1996).

요약하자면, 근육의 구조적 특성은 다르며, 수행해야 하는 작업에 대한 적합성도 다르다. 적합성의 차이는 근육 자체의 구조로 인해 특히 중요할 수 있다. 깃털형 근육은 섬유가 작용선과 큰 각도를 이루고 있어 제한된 범위에서 등척성 작업을 더 잘 수행할 수 있다. 반면, 평행 섬유형 근육은 일렬로 연결된 긴 근절 사슬을 가지고 있어 비교적 적은 힘으로 빠른 단축 수축을 수행하는 데 더 적합하다(근육의 전체 질량과 관련).

수동 조직과 그 기능

해부학에서 운동 기관에 속하는 수동 조직(힘줄, 근막, 널힘줄, 결합 조직)이 많은 관심을 받고 있다. 과거에는 이러한 조직이 다소 소홀히 다뤄졌는데, 이는 해부학 교과서의 그림에서 그린 훌륭한 그림들을 통해 확인할 수 있다. 해부학 교과서의 그림은 교육 목적으로, 그림과 해부 과정에서 가능한 한 명확성을 추구하려 했다(즉, 명확성을 방해하는 모든 요소를 제거했다). 근섬유를 볼 때 방해가 되는 결합 조직은 종종 제거되었으며, 이는 근육의 경계를 흐릿하게 만들었다. 결국 해부학 그림에 남은 것은 근육의 근복과 그 끝에 위치한 힘줄뿐이었다. 이러한 다양한 수동 조직을 생략함으로써, 이러한 조직의 기능성은 반복적으로 간과되었다. 오늘날에는 결합 조직과 근막이 협력하는 운동 기관의 구성 요소들 간에 중요한 연결을 형성한다는 것을 인식하고 있다. 이러한 조직 덕분에 관절 주변의 운동 역학이 이전에 가정했던 것보다 훨씬 더 복잡하다는 것을 알게 되었다. 또한, 작은 구조뿐만 아니라 큰 구조들에 대한 해부학적 관점도 변화하고 있다. 예를 들어 장경인대와 같은 큰 구조들도 이제는 새로운 관점에서 접근되고 있다.

러닝 이론에서는 수동 조직의 구조, 특히 그 탄성 특성이 점점 더 중요해지고 있다. 특히, 반응성(즉, 신체에 작용하는 힘에서 에너지를 흡수하고, 그 에너지를 이용해 움직임을 만드는 개념)은 속도가 중요한 스포츠에서 큰 역할을 한다. 수동 조직이 어떻게 작동하는지, 그리고 탄성과 근력이 기능적 움직임에서 어떻게 상호작용하는지는 아직 충분히 연구되지 않았다. 우리는 확실히 '반응성' 개념을 이해하고 있지만, 실제로 그것이 어떻게 작동하는지에 대해서는 충분히 알지 못한다. 그럼에도 불구하고, 훈련 실천에서 이 현상은 자주 적용되고 있다. 또한, 우리는 어떤 접근법이 효과가 있고, 어떤 접근법이 실패하는지에 대해 이미 구체적인 그림을 형성해왔다. 이 점에서, 훈련에서의 반응성 사용은 이론적 이해보다 한 발 앞서 있다.

수동 조직이 움직임에 미치는 영향은 두 가지 범주로 나눌 수 있다. 힘의 전달과 힘의 지연.

힘의 전달

수동 조직은 근섬유에서 뼈로 힘을 전달하는 역할을 한다. 수동 시스템이 더 복잡하고 얽혀 있을수록 힘 전달이 더 복잡해진다는 점은 분명하다. 근육에서는 결합 조직이 힘의 흐름을 우회시켜 생리적 단면적을 확대하는 역할을 할 수 있다. 근섬유가 일렬로 연결되지 않더라도, 한 섬유에서 다른 섬유 주변의 수동 조직을 통해 힘을 우회할 수 있다면 힘 전달이 가능하다. 이 방식으로, 서로 종방향에 있는 섬유들이 여전히 평행으로 연결되어 생리적 단면적이 확대될 수 있다. 예를 들어 복직근의 근복은 머리에서 발끝까지 이어져 있지만, 복직근초Sheath of rectus에 부착되어 있어 평행으로 연결된 것처럼 작동한다. 근육이 생성할 수 있는 힘은 근복이 생성하는 힘의 총합과 거의 같다. 근육 외부로 힘이 전달될 때, 수동 조직은 근육에서 뼈로 힘을 전달할 뿐만 아니라 한 근육에서 다른 근육으로도 힘을 전달한다. 수동 조직의 중요한 기능 중 하나는 움직임 중에 이러한 힘의 흐름을 통합하는 것이다.

예를 들면 다양한 복근의 수동 조직은 강하게 융합되어 있어, 복근이 하나의 기능 단위로 작동할 수 있다. 기능적 관점에서, 이들의 활동 본질은 각각의 근육이 독립적으로 작용하여 몸통을 특정 방향으로 움직이는 것보다 몸의 모양을 조절하고 유지하는 더 집합적인 성격을 띤다. 대둔근은 부분적으로 대퇴부와 장경인대에 부착되는데, 장경인대는 무릎 관절을 가로지른다. 따라서 이 강력한 근육의 힘은 엉덩이 관절뿐만 아니라 무릎 관절에도 작용할 수 있다. 이러한 힘의 분할은 닫힌 사슬 운동(예: 점프나 달리기)에서 중요한데, 이 경우 두 관절에 관련된 모든 힘이 잘 조율되어야 한다(Snijders 등, 1995; Rozendal & Huijing, 1996; Bogduk, 1997).

힘의 지연(탄성 및 등척성)

어느 정도까지는 모든 수동 조직이 신장될 수 있다(즉, 이들은 탄성을 가진다). 이러한 탄성 덕분에, 수동 조직은 근육의 길이 변화 방식과 힘이 쌓이는 방식에 중요한 영향을 미친다. 조직의 탄성은 근섬유의 활동적인 기능과 함께 수축이 진행되는 방식을 결정한다. 일반적으로 힐Hill의 근육 모델이 근육 수축을 설명하는 데 사용된다. 이 모델에서는 다음과 같은 요소들을 구분할 수 있다(Ingen Schenau 등, 1995; Jacobs 등, 1996; Rozendal & Huijing, 1996).

- CEcontractile elements: 수축 요소(근섬유)
- SECSeries-linked elastic components: 일렬로 연결된 탄성 요소(CE에 연결)

- PEC Parallel-linked elastic components: 평행으로 연결된 탄성 요소(CE에 연결)

힐의 근육 모델은 해부학적 모델이라기보다 행동적 모델이다. 이 모델이 작동하는 방식에 있어서 SEC의 정확한 위치는 그다지 중요하지 않다. 힘줄과 널힘줄뿐만 아니라, 근복에서도 SEC 활동을 보여주는 요소가 존재할 수 있다.

탄성 요소(SEC와 PEC)는 근육 작용에 두 가지 방식으로 영향을 미칠 수 있다.

(1) SEC와 PEC는 신장 중 에너지를 저장할 수 있다.
(2) SEC는 신장 및 단축 수축 동안 근섬유 길이 변화에 영향을 미친다.

(1)에 관해서, 힘줄, 널힘줄, 근막, 근복의 SEC 요소 등은 모두 에너지를 저장하기 위해 신장될 수 있다. 이러한 신장은 근섬유의 수축에서 발생하는 힘과 외부 저항에

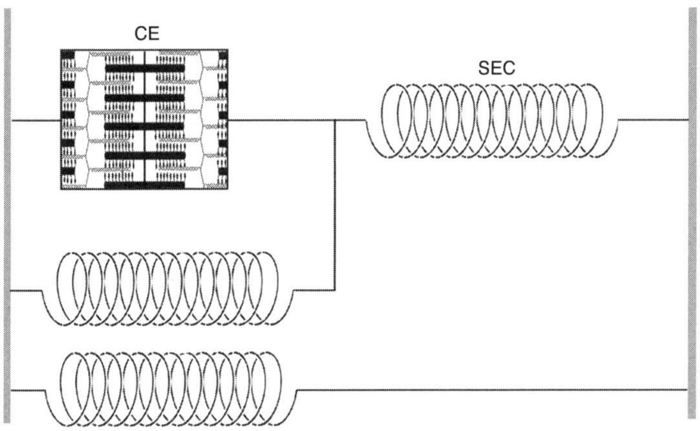

그림 1.24 힐의 근육 모델

- CE: 수축 요소
- PEC: 평행으로 연결된 탄성 요소
- SEC: 일렬로 연결된 탄성 요소

이 도식에서, PEC는 CE와 평행으로만 연결된 부분과 CE 및 SEC 모두와 평행으로 연결된 부분으로 나뉜다. SEC와 PEC 요소는 각각 개별적으로 구분할 수 있는 다양한 세그먼트로 더 나눌 수 있지만, 전체 모델의 작동 방식을 이해하는 데는 이 정도로 충분하다. SEC는 탄성 특성을 강조하기 위해 코일로 표현되었다.

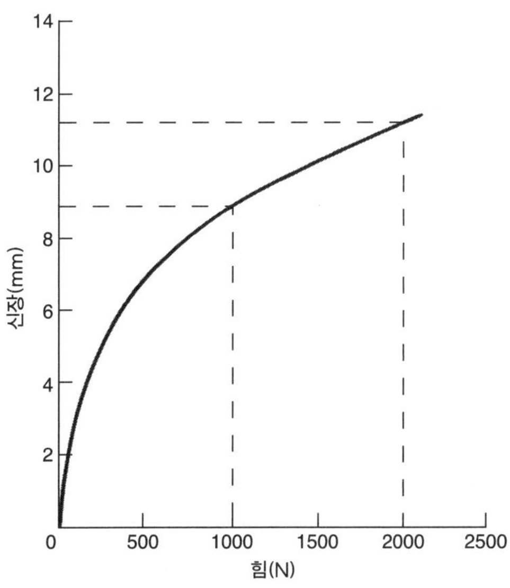

그림 1.25 탄성에서 에너지 저장

SEC 요소가 신장되면 근육 조직에 에너지가 저장된다. 신장된 밀리미터당 저장된 에너지의 양은 선형적으로 증가하지 않는다. 신장 초기에 상대적으로 적은 에너지가 저장되다가, 구조가 점점 더 단단해지면서 신장된 밀리미터당 적재 용량이 크게 증가한다. 고속 달리기와 같이 근육 반응성이 극도로 요구될 때는, 근섬유가 먼저 긴장(즉, 외부 힘을 흡수하기 전에 예비장력이 요구됨)되어야 한다. 근육에는 충분한 예비 장력이 있어야 SEC 요소가 외부 에너지를 적절한 신장 범위 내에서 저장하고 이를 방출할 수 있다. 그래프의 선은 SEC 요소가 신장의 최대 용량에 도달하면 갑자기 끝난다. 더 큰 외부 힘이 가해지면 근육이 파열될 수 있다.

그림 1.26 에너지의 저장과 반환

발이 땅에 닿기 직전, 하퇴부가 바깥쪽으로 움직일 때(a와 b), 햄스트링이 긴장하면서 근육이 길어지고, SEC 요소에서도 일부 신장이 발생할 수 있다. 햄스트링의 사전 신장은 착지 순간까지 이어진다. 떠있는 단계 동안, 신체의 질량 중심은 먼저 위로 이동한 후 다시 내려온다(c). 착지 시, 낙하로 인한 운동 에너지도 근육의 탄성 요소에 저장된다(d). 다리의 진자 운동과 낙하로 생성된 모든 에너지는 다음 발구르기에서 다시 사용된다. 발구르기에는 제한된 양의 작업만 필요하며, 발구르기에 필요한 상당한 양의 에너지는 근육 탄성에서 나온다.

서 발생하는 힘 때문에 발생하는데, 외부 저항의 힘은 근섬유의 힘과 반대 방향으로 작용한다. 수동 조직의 탄성 특성은 매우 다양할 수 있다. 대부분의 조직은 휴지 상태에서 약간만 신장되어도 많은 에너지를 저장할 수 있다. 일부 조직은 유연하여, 에너지를 많이 저장하지 않고도 상당히 많이 신장될 수 있지만, 신장이 진행되면 더 많은 에너지를 저장하게 된다. 다른 조직은 단지 약간의 신장 후에도 많은 에너지를 저장할 수 있을 만큼 단단하다. 일렬로 연결된 세그먼트, 특히 힘줄과 널힘줄은 평행으로 연결된 세그먼트보다 더 큰 영향을 미치며, 평행 연결된 세그먼트는 근섬유가 꽤 많이 신장된 후에야 에너지를 저장할 수 있다.

힘줄과 널힘줄은 에너지를 저장하는 중요한 저장고의 역할을 할 뿐 아니라, 신장이 끝난 후 수축 시 다시 그 에너지를 재전환할 수 있는 능력을 가진다. 신장 후, 저장된 에너지의 최대 93%를 재사용할 수 있으며(예: 아킬레스건. McNiell Alexander, 1987, 1988), 나머지 에너지는 마찰열로 손실된다. 에너지 저장과 반환 사이에는 제한된 시간이 주어지며, 시간이 너무 오래 걸리면 에너지가 열로 소실된다(Aruin & Prilutskii, 1985). 그러나 달리기에서는 지면과의 접촉 시간이 매우 짧기 때문에 에너지 손실이 드물고, 에너지가 효과적으로 전환된다.

근육이 외부 힘(예: 달리기 중 강한 발 구름)에 의해 신장될 때, SEC가 신장된다. 이러한 신장은 근섬유가 함께 신장되지 않을 때 최적화되며, 근섬유가 편심성으로 작동하면 근육은 SEC의 신장을 희생하면서 길어진다. 근섬유의 편심성 활동은 SEC의 에너지 저장을 방해한다. 등척성(및 외부 힘이 낮을 때 일어나는 동심성 활동)과 탄성 세그먼트의 예비 부하는 상호 호환되는 과정이다(Ingen Schenau 등, 1995). 달리기와 관련하여, 이

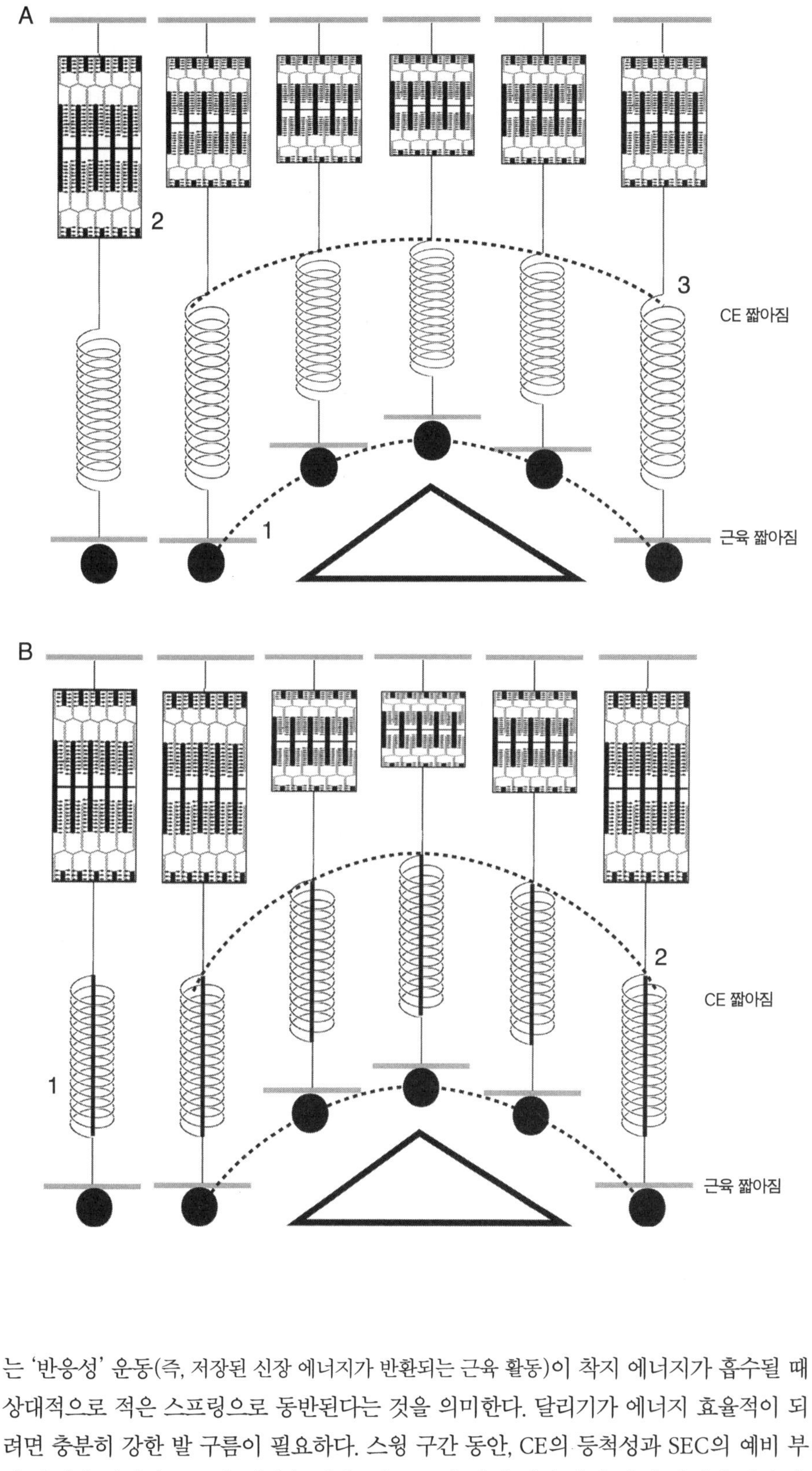

그림 1.27 SEC의 신장과 세그먼트의 단축

(A) 근육 수축의 힘과 속도는 상호 호환되지 않는 과정이다(1.3절 참조). 무게를 빠르게 들어 올릴 때(A1), 이 문제는 부분적으로 해결된다. 근섬유가 먼저 단축되면서 SEC가 사전 신장되고 예비 부하가 걸린다(A2). 이후 무게가 움직이기 시작하면 SEC 세그먼트가 부하를 풀고 단축되어, CE가 외부 무게를 일정 속도로 움직이기 위해 더 빠르게 단축할 필요가 없어진다(A3). 이 메커니즘(일부 움직임이 탄성 세그먼트의 신장에 의해 발생)을 사용하면, 힘과 속도 사이의 매우 부정적인 관계를 부분적으로 회피할 수 있다. 이러한 '등척화'는 달리기 모델을 설명하는 데 중요한 역할을 한다(3장 참조).
(B) 만약 SEC 세그먼트가 탄성 잠재력을 가지고 있지 않다면(B1), CE 세그먼트가 단축해야 하는 경로는 움직이는 물체의 변위와 동일하게 된다(B2).

는 '반응성' 운동(즉, 저장된 신장 에너지가 반환되는 근육 활동)이 착지 에너지가 흡수될 때 상대적으로 적은 스프링으로 동반된다는 것을 의미한다. 달리기가 에너지 효율적이 되려면 충분히 강한 발 구름이 필요하다. 스윙 구간 동안, CE의 등척성과 SEC의 예비 부하 사이의 연결이 중요한 역할을 한다. 예를 들어 발이 땅에 닿기 직전 다리의 진자 운동 중에 햄스트링이 신장된다(Chapman & Caldwell, 1983). 이때 CE 요소가 최대한 등척성(비편심성)으로 작동하면 탄성 세그먼트가 거의 최적으로 부하될 수 있다. (느린 달리기 중에는, 스윙 구간에서 햄스트링이 경골에 가하는 힘이 신체 무게와 거의 동일하다.) 만약 러너가 스윙 동작 중에 다리를 너무 많이 이완시키면, CE의 편심성 활동으로 인해 SEC 세그먼트의 부하가 방해된다(진자 운동이 충분히 느려지지 않음). 많은 트레이너들이 선수들에게 연습 중 최대한 이완하라고 지시하는 것은 잘못된 방향이다. 스윙 구간 끝에서의 사전 신장은 종종 과소평가되는 중요한 요소이다.

SEC가 러닝의 능력에 얼마나 기여하는지를 정량화하는 것은 매우 어렵고, 이와 관련된 추정은 매우 신중하게 이루어져야 한다. 지구력 달리기 동안 신체의 다른 부위를 가속하고 속도를 줄이는 데 필요한 에너지를 추정할 수 있다. 그런 다음, 대사 과정을 통해 필요한 에너지를 생산하기 위해 달리기가 얼마나 많은 산소를 흡수해야 하는지 계산할 수 있다. 실제로는 필요한 산소량의 절반 정도만 실제로 흡수된다는 사실이 밝혀졌다. 이 발견은 탄성이 기능적 움직임에서 중요한 역할을 한다는 것을 나타낸다(Cavagna 등, 1964; Cavagna, 1977).

(2)와 관련하여, 일렬로 연결된 수동적 구성 요소들은 필요한 에너지에 기여할 뿐만 아니라 다양한 상황에서의 근육 길이 변화에 부분적인 책임을 가지고 있다(Ingen Schenau, 1983; Ingen Schenau 등, 1984; Bobbert 등, 1992).

외부 힘의 작용으로 근육이 신장될 때, 근육의 신장은 부분적으로 SEC에 의해 흡수된다. 근육이 반응 단계에서 단축될 때, SEC의 단축으로 인해 근섬유에서 요구되는 동심성 반응이 줄어든다. 탄성 조직의 신장으로 인해 근섬유는 사전 신장 후에 더 낮은 수축 속도로 작동할 수 있으며, 따라서 더 큰 힘을 발휘할 수 있다(반응성 근육 활동).

외부 힘이 작용하지 않는 수축 동안에도, CE는 SEC를 신장시키거나 예비 부하를 걸기 위해 먼저 작동하게 된다. 다음 단축 수축 동안, SEC가 이완되어 단축됨으로써, CE는 총 단축이 능동적이라고 가정할 때보다 더 낮은 수축 속도로 작동할 수 있다. SEC는 CE가 제공하는 힘을 지연시키고, 그 활동을 등척화한다.

수축 속도의 감소는 매우 중요한데, 이는 힘과 수축 속도가 경쟁하는 과정이기 때문이다(힘-속도 다이어그램 참조, '근절 수준에서의 힘과 속도' 28쪽). 많은 힘을 제공해야 하는 근섬유는 약간 그리고 천천히 수축할 때 가장 잘 기능한다. SEC의 '유연성'은 CE 세그먼트의 활동을 촉진하는 역할을 한다.

상승 지연, 사전 신장, 그리고 탄성

탄성이 움직임에서 차지하는 역할에 대한 논의는 많이 이루어져 왔다. 근육 활동 중 탄성 요소가 관여하며, 그 역할이 중요하다는 것은 분명하다. 그러나 이 탄성이 얼마나 기여하는지는 여전히 불분명하다. 근육은 반대 운동의 힘(즉, SEC 요소가 먼저 신장된 경우)을 받은 후 더 잘 작동하며, 사전 신장 없이 기능하는 경우보다 더 나은 성과를 보인다. 이를 SEC 요소의 저장 능력에만 귀속시키는 것은 옳지 않으며, 여기에는 또 다른 중요한 현상인 상승 지연 우회가 중요한 역할을 한다(Ingen Schenau 등, 1984; Bobbert 등, 1996).

근육이 수축하기 전에 동심성 수축이 일어나야 근육이 기본적인 길이에 도달하게 된다. 또한, SEC 요소를 적절한 수준으로 신장시켜야 한다. 이때 수축한 근섬유를 작업 가능한 길이로 단축시키는 데 걸리는 시간을 상승 지연이라고 한다. 근육이 활동할 시간이 적을 때(예: 폭발적인 움직임이나 달리기 중 짧은 지면 접촉 시간), 상승 지연으로 인해

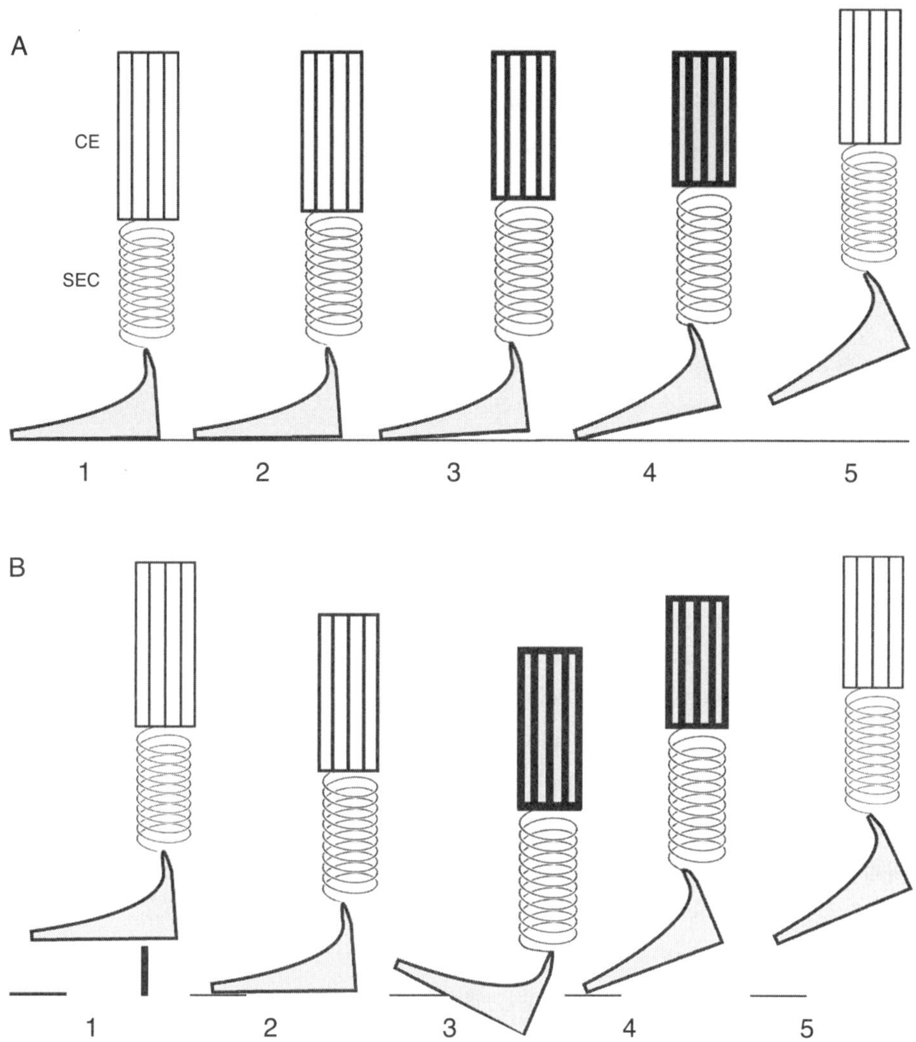

그림 1.28 상승 지연 문제

(A)시리즈 A1–A5는 사전 신장 없이 수직으로 점프하는 과정을 보여준다. SEC 세그먼트는 CE 세그먼트에서 수축력이 증가하면서 신장된다(A2). 그러나 수축이 최대 수준에 도달하는 데 시간이 걸리기 때문에 점프 높이는 제한된다.

(B)시리즈 B1–B5는 반응성 수직 점프를 보여준다. 낙하(B1)에서 SEC 세그먼트가 신장된다(B2). 사전 신장 덕분에 CE 세그먼트는 근섬유가 먼저 단축될 필요 없이 바로 힘을 쌓을 수 있다(B3). 이를 통해 상승 지연을 피할 수 있다.

퍼포먼스가 저하될 수 있다. 폭발적인 수축이나 지지 구간에서 근육이 최적의 힘을 발휘하는 데 시간이 걸리기 때문이다. 하지만 반대 운동의 힘(즉, SEC 요소를 신장하고 근섬유를 작업 가능한 길이로 수축시키는 것)이 사전 신장을 제공하면 상승 지연은 짧아진다. 다시 말하면 상승 지연이 우회된다. 이를 통해 근육은 폭발적인 움직임이나 지지 구간의 시작부터 높은 힘을 생성할 수 있으며, 결과적으로 근육은 사전 신장 후 더 나은 퍼포먼스를 발휘할 수 있다.

근육 내 반대 운동의 힘을 만들어내는 외부 힘은 달리기 중 천천히 쌓이지 않고, 매우 짧은 시간 내에 최대치에 도달한다. 스프린트 중에는 이러한 힘의 최대치가 더 크고, 느린 달리기보다 더 짧은 시간 안에 발생한다. 근섬유에서 편심성 반응(SEC 요소의 신장에 불리함)이 발생하지 않도록 이러한 힘의 최대치를 흡수하기 위해서는, 외부 힘이 신체에 영향을 미치기 전에 충분한 긴장이 근육에 있어야 한다. 이러한 예비장력(또는 강직성)은 스프린터에게 매우 중요하며, 지구력 운동선수들도 이를 간과해서는 안 된다.

반응성 운동(예: 기술적으로 잘 수행된 플라이오메트릭 허들 점프) 중 다음과 같은 관찰을 할 수 있다.

- 발 착지 직전 몸이 떨어질 때, 착지 시 반응적인 지면 힘을 예상하면서 근육에 많은 예비장력이 생기며, 이로 인해 SEC 세그먼트가 어느 정도 사전 신장된다.
- 착지 시, 외부 힘이 SEC 세그먼트를 더욱 신장시키며 근섬유에 편심성 운동이 일어나지 않도록 CE 세그먼트에 대항 모멘트를 가한다.
- 외부 힘이 흡수된 직후, CE 세그먼트는 곧바로 최대 힘에 도달하고 SEC 세그먼트는 에너지를 방출하며, 이후 CE 세그먼트에서 또 하나의 동심성 수축이 발생한다.
- 지면 접촉 시간은 매우 짧고, 관절의 움직임 범위는 제한되며, 몸은 계속해서 직립 자세를 유지하려는 경향이 있다. SEC 세그먼트의 탄성과 등척성에 가까운 수축 세그먼트의 결합으로 인해 근육은 반응적이고 빠르며 강한 힘을 발휘할 수 있다. 반응성을 제대로 훈련받은 운동선수는 그렇지 않은 선수들보다 적은 노력으로 달리거나 점프하는 경향을 보인다.

대항 모멘트를 만드는 외부 힘이 상승 지연 문제를 해결할 수 있기 때문에, 스프린터가 높은 비율의 빠른 연축 섬유(FT)를 가져야 한다는 전제는 의문이 생길 수 있다. 단지 빠른 근섬유가 속도와 성과를 제공한다는 이유는 충분하지 않다. 상승 지연을 피할 수 있는 느린 연축 섬유(ST)도 반응성 근육 활동에 적합하다. 이러한 생각은 느린 연축 섬유가 빠른 연축 섬유에 비해 더 강한 Z-디스크를 가져 더 큰 외부 힘을 흡수할 수 있다는 사실에 의해 뒷받침된다. 또한 느린 연축 섬유는 켜지는 데 시간이 걸리지만, 꺼지는 데도 시간이 걸려, 스프린터에게 중요한 근육 형태를 유지하는 데 도움이 된다(Ingen Schenau 등, 1984; Jones & Round, 1990; Bobbert 등, 1996).

비복근$_{\text{soleus}}$은 그 반응적 기능에 최적화된 구조로 매우 특화된 근육이다. 특히 아킬레스건은 길이가 길며(약 37cm), 많은 에너지를 저장할 수 있고, 근육 길이의 변화를 잘 흡수할 수 있다. 강한 깃털형 구조를 가진 짧은 근섬유는 동심성 단계 동안 거의 길이가 변하지 않는다. 위에서 언급한 이유로, 깃털형 구조와 많은 탄성 구조의 존재는 근육 기능에 있어 상호 보완적이다.

몇 가지 주요 사항

설명된 근육 활동 유형에 사용된 용어가 혼란스러울 수 있다. 플라이오메트리$_{\text{plyometry}}$와 편심-동심 활동$_{\text{eccentric-concentric activity}}$과 같은 용어는 수축 근육 세그먼트에서 많은 움직임이 일어난다는 인상을 주고, 근섬유에서 편심성 움직임이 발생한다고 암시할 수 있다. 그러나 힐의 모델을 기반으로 반응성이 등척성에 가깝게 작동하는 활동 세그먼트와 연결된다고 가정할 수 있다. 이 가정은 훈련 현장에서도 확인되었다. 실제로 근육에 매우 많은 에너지가 가해지는 운동 형태(예: 1.5m까지의 매우 높은 낙하에서 반응성 점프)가 사용될 때 추가적인 효과가 나타나지 않는다는 것이 드러났다. 근섬유가 이러한 과부하에서 발생시키는 편심성 활동은 근육의 반응적 특성을 향상시키는 것과는 명백히 잘 맞지 않았다. 이제 일반적으로 낙하 높이와 흡수되는 에너지의 양은 근육이 등척성으로 견딜 수 있는 한도를 넘지 않아야 한다는 규칙이 적용된다. 따라서 반응성 점프 훈련 시에는 짧은 지면 접촉 시간이 요구된다. 또한 신체의 협응이 매우 중요하다. 수축하는 세그먼트는 편심성 단계가 없어야 하며, 탄성 조직이 어떻게 부하를 받고 에너지를 사용하며, 동시에 발생하는 길이 변화와 정확히 일치해야 한다.

훈련을 통해 모든 점프 자세에서 반응성 근육 활동을 동일하게 달성할 수 없다는 것이 명확해졌다. 반응성 점프에서 생성된 낙하 에너지는 신체 자세가 거의 직립 상태일 때(즉, 엉덩이와 무릎을 뻗고, 발목이 중립 상태에 있을 때) 가장 잘 흡수된다. 반면, 무릎과 엉덩이를 구부리고 상체를 앞으로 기울인 스쿼트 포지션에서, 외부 힘을 적절히 흡수하고, 상승 지연을 피하며, 반응성이 주는 이점을 제대로 활용하는 것은 매우 어렵다. 따라서 이러한 자세를 반응성 근육 활동에 사용하는 것은 비현실적으로 보인다. 이러한 관점에서 보면, 측정 시 자주 사용되는 카운터 무브먼트 점프$_{\text{counter-movement jump}}$가 다소 이상하게 보인다. 이 점프는 먼저 앉았다가 몸을 아래로 밀어내고 나서 수직으로 튀어 오르는 방식이다. 반응성 점프에서 외부 힘의 충격은 몸을 펴서 뛰는 점프와는 달리 '부드럽게' 진행된다. 카운터 무브먼트 중 외부 힘의 충격은 신체가 흡수할 수 있는 것보다 훨씬 낮으며, 반응성 점프에서 가능할 법한 급격한 추진력 전환도 거의 일어나지 않는다. 카운터 무브먼트 점프는 부드러운 표면에서 새는 공이 튀는 것과 비슷하게, 몸을 뻗은 채 튀는 점프는 단단한 표면에서 튀는 거대한 고무공에 비유될 수 있다. 따라서 실제로 카운터 무브먼트 점프는 비기능적 움직임이며, 반응성과 관련해 운동선수의 실력을 평가하는 데 큰 의미가 없다고 할 수 있다(Bobbert 등, 1996).

관절에서의 모멘트

근육의 생리적 단면이나 근육의 구조가 깃털형인지 여부는 근육이 움직임 중에 어떻게 작용하는지를 결정하는 유일한 요소가 아니다. 근육이 움직여야 할 관절과 관련된 모멘트 또한 중요하다. 근육 주변의 수축성 및 수동성 구조 외에도 기능적 움직임에 영향을 미치는 요소를 설명하려면, 먼저 근육이 이동시켜야 하는 뼈 및/또는 관절과의 위치 관계를 고려해야 한다. 이를 위해 '모멘트'라는 용어를 명확히 정의해야 한다.

근육이 만들어내는 대부분의 움직임은 축을 중심으로 한 회전이며, 이 축은 보통 관절에 위치한다. 그러나 달리기 동안에는 신체의 무게 중심을 수평 또는 수직으로 이동시키는 것과 같은 전환이 거의 항상 목표가 된다. 근육의 수축력이 회전 운동에 미치는 효과는 힘의 크기뿐만 아니라 생성된 힘이 작용하는 선과 회전축 사이의 거리에도 관련이 있다. 이것은 중심에 X라는 점이 있고, 이 점을 축으로 회전이 가능한 상태로 지지된 무게가 없는 판을 예로 들어 쉽게 설명할 수 있다. 동일한 무게의 추를 판의 양 끝에 X점으로부터 같은 거리만큼 매달면 판은 균형을 유지한다. 그러나 한쪽의 무게를 두 배로 하면, 다른 쪽의 추는 균형을 유지하기 위해 X점으로부터 두 배의 거리에서 매달려야 한다. 회전축 X에서 힘이 작용하는 선까지의 가장 짧은 거리를 그 힘의 지레팔이라고 한다. 힘과 지레팔을 곱한 값은 회전축 X에 대한 힘의 모멘트이다. 이 계산을 관절에 위치한 회전축에 대한 근육의 힘 모멘트로 전환하면, 힘 모멘트는 뼈에 대해 직각으로 측정된 힘의 구성 요소와 회전축에서 근육의 삽입부까지의 가장 짧은 거리를 곱한 값이 된다.

대부분의 근육은 관여하는 관절에 대해 상대적으로 짧은 모멘트 암$_{\text{moment arm}}$을 가지고 있기 때문에(Ingen Schenau & Tousaint, 1994), 외부 힘이 상대적으로 작더라도 근육은 매우 강해야 한다.

또한, 수직 방향의 힘 성분은 움직임 동안 관절에서의 각 모멘트에 따라 달라진

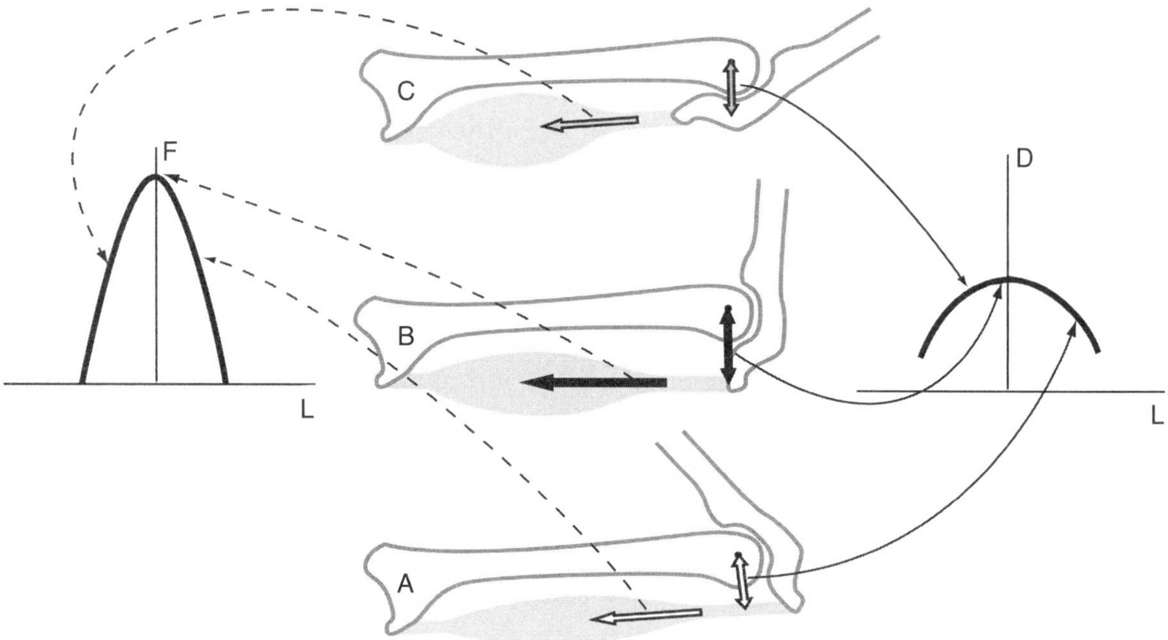

그림 1.29 회전축과 지레팔의 관계

관절의 위치가 변하면, 근육의 관절에 대한 지레팔과 근육이 생성할 수 있는 힘의 양도 함께 변한다. 따라서 근육이 관절에 대해 발휘할 수 있는 힘의 양은 근육의 힘-길이 특성(왼쪽)뿐만 아니라 관절에 대한 지레팔이 어떻게 변하는지(오른쪽)에도 달려 있다.

다. 이는 모멘트 암에도 동일하게 적용된다. 일반적으로, 모멘트 암은 한 극단의 위치에서 최대치로 증가한 후 다른 극단의 위치에 가까워질수록 다시 감소한다(Rozendal & Huijing, 1996). 근육의 힘 모멘트와 모멘트 암은 동일한 패턴을 따르지 않는데, 그 이유는 근육의 힘과 근육 길이 사이의 관계에 따라 근육의 강도를 나타내는 값이 근육이 움직이는 궤적을 따라 변화하기 때문이다. 이는 기능적 움직임 동안 근육을 효율적으로 사용하는 데 여러 제약 요인이 존재할 수 있음을 의미한다.

잘 달리는 능력의 핵심은 근육의 효율성을 전체 기능적 움직임 패턴 내에서 통합하는 능력에 있다. 근육은 매우 큰 오케스트라의 악기와 같아서, 아름다운 음악이 연주되려면 작곡된 대로 정확하게 악보를 따라야 한다.

달리기에 중요한 근육

척추기립근

척추기립근erector spinae 그룹은 개별적으로 구분된 여러 근육으로 구성되어 있으며, 이 근육들은 척추에 가까운 복잡한 경로를 따라 이어진다. 아래쪽으로는 넓은 건막aponeurosis을 통해 골반 가장자리(장골능iliac crista), 천골, 그리고 요추의 가시돌기에 부착되어 있으며, 이 건막은 흉요근막thoracolumbar fascia과 융합되어 있다. 광배근latissimus dorsi과 복근의 후방 부분도 흉요근막에 부착된다. 특히 요추 부위에서는 이 근육이 복잡한 경로를 따라 많은 결합 조직 층을 형성하고 있다. 척추기립근은 기점에서 시작하여 두

그림 1.30 척추기립근의 연결부
경기 시작 시, 등은 상당히 둥글게 굽혀져 있고 골반은 뒤로 기울어져 있어 등쪽 근육들이 적극적으로 작용하지 못한다. 상체는 가속 중에 거의 기여하지 않으며, 시작은 수동적인 것으로 보인다.

개측 외측craniolaterally으로 뻗어나가며, 흉부를 가로질러 이동하면서 점차 작아지며 경추 부분으로 이어진다(Bogduk, 1997; Lohman, 1977).

척추기립근 그룹의 가장 중요한 기능은 중력에 대항해 몸통을 똑바로 유지하는 것으로, 이는 척추를 신장시키는 활동과 유사하다. 스프린트 시작 시, 상체는 앞으로 기울어져 있다. 이 자세는 척추를 상당히 굽히고 골반을 약간 앞으로 기울이는 방법 또는 골반을 많이 앞으로 기울이고 척추는 거의 굽히지 않거나 전혀 굽히지 않는 방법으로 이루어진다. 등을 신전한 상태(약간의 굴곡)로 스프린트 시작의 장점은 척추기립근이 매우 활발하게 작용하여 밀어내는 힘에 기여할 수 있다는 점이다. 척추가 많이 굽혀질수록 척추기립근의 활동은 감소한다. 척추가 완전히 굽혀지면 척추기립근의 기능은 팽팽하게 당겨진 등쪽 인대가 완전히 대신하게 된다. 따라서 등을 둥글게 구부린 상태로 스프린트를 시작하는 것은 등을 더 곧게 한 상태로 시작하는 것보다 더 수동적이며 덜 효과적이다.

척추기립근에 의한 척추의 신전은 골반을 앞으로 기울이게 할 수도 있다. 고관절이 고정되어 있을 때, 이 골반 기울임은 같은 쪽 다리를 뒤로 움직이게 한다. 골반이 약간만 앞으로 기울어져도 발은 상당히 뒤쪽으로 이동하게 된다. 결과적으로, 달리기 중에는 척추기립근이 뒤로 밀어내는 동작을 지지하는 역할을 한다.

게다가 척추기립근의 작용을 통해 회전 및 측면 굴곡을 시작하거나 저항할 수 있다. 회전 시 척추의 움직임과 골반의 가로면에서의 움직임이 기능적 단위를 이룬다. 몸이 똑바로 서 있을 때 축 회전을 할 경우, 척추기립근과 복근은 항상 함께 작용한다. 척추와 관련된 복근의 지레팔은 척추기립근 그룹의 지레팔보다 훨씬 크다(Snijders 등, 1995).

그림 1.31 등쪽 근육의 연결부
등쪽 근육이 활성화되면 골반이 앞으로 기울어질 수 있다. 고관절이 고정된 상태에서는 골반의 기울어짐이 다리를 뒤로 움직이게 한다. 골반의 약간의 움직임만으로도 발이 상대적으로 크게 이동하게 된다. 이러한 방식으로 등쪽 근육은 달리기 중 밀어내는 동작을 지지하는 데 도움을 줄 수 있다.

달리기에서 척추기립근이 하는 역할은 자주 과소평가된다. 척추기립근이 골반을 통해 밀어내는 힘에 기여할 수 있는 양은 달리기 중 상당히 크다. 상위 스프린터들의 등쪽 근육은 매우 잘 발달되어 있으며, 이 근육들의 움직임을 최적으로 조율하는 능력은 좋은 성적을 내기 위해 매우 중요하다.

요추 부위에서 척추기립근은 뼈(골반 가장자리, 천골, 그리고 척추의 가시돌기)에만 부착되는 것이 아니라 강한 건막에도 부착되어 있다. 이러한 방식으로 근육의 생리적 단면이 크게 확대된다. 게다가, 요추 수준에서 척추기립근은 복잡한 경로를 따라 연결된 많은 결합 조직을 가지고 있다. 이 결합 조직에 부착된 근육 섬유들은 수축 시 힘을 효과적으로 전달할 수 있다. 이러한 힘은 결합 조직을 통해 근육이 부착된 지점으로 전달된다. 이로 인해 근육 섬유들이 서로 길이 방향으로 나란히 놓여 있지만 실제로는 직렬로 연결되지 않은 상태일 수 있다. 다시 말해, 결합 조직의 존재로 인해 생리적 단면이 확장된다. 따라서 척추기립근은 수축 경로와 속도는 제한적이지만, 상당한 양의 힘을 제공할 수 있는 근육 그룹이다.

장요근과 복근

장요근은 상체를 앞쪽으로 굴곡을 일으킬 수 있는 가장 중요하고 강력한 근육이다. 이 근육은 평행 섬유 구조를 가지고 있으며, 비교적 넓은 범위에 걸쳐 힘을 발휘할 수 있다. 장요근은 큰 근육이기 때문에 생리적 단면적도 크다. 장골근iliacus 부분은 골반의 안쪽에서 시작되며, 대요근psoas major 부분은 척추의 앞쪽에서 시작한다. 두 부분 모두 대퇴골에 부착된다. 대요근은 고관절에서 뒤쪽으로 굴곡을 일으키는 것 외에도 척추를 신전시킬 때 편심성 긴장을 받는다. 반면에, 장요근은 고관절에서 앞으로 굽히는 작용을 하며, 복근이 비활성화된 상태에서는 등이 움푹 들어가는 형태를 만든다. 복근이 활

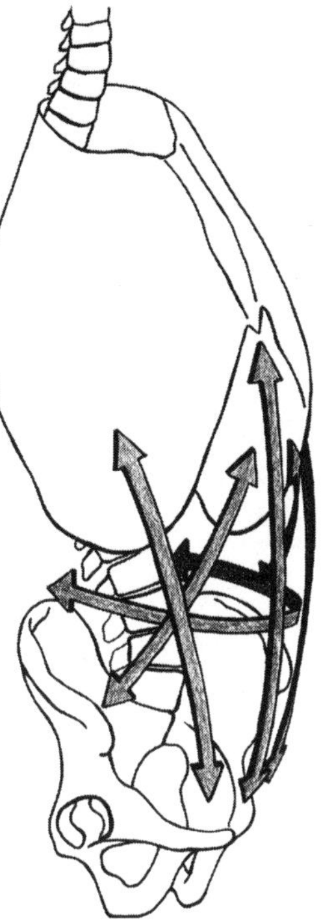

그림 1.32 복근 간의 상호관계
다양한 복근들은 서로 강하게 얽혀 있다. 이 복근들은 여러 방향에서 작용할 수 있으며, 따라서 어떤 방향에서든 가해지는 외부 힘을 흡수할 수 있는 코르셋처럼 기능한다.

성화될 때는 고관절의 굴곡이 척추의 굴곡과 동반된다(Lohman, 1977; Snijders 등, 1995; Bogduk, 1997).

복근은 생리적 단면이 작지만, 척추 관절과 관련된 지레팔이 매우 크다. 복직근 rectus abdominis 부분은 흉부와 몸통 사이에 전면에 위치하며, 다른 부분들은 전면뿐만 아니라 옆쪽, 등쪽으로까지 이어져 척추기립근 그룹까지 위치한다. 복직근의 근섬유는 수직으로, 복횡근transversus abdominis의 근섬유는 수평으로 배열되어 있다. 내복사근obliquus internus abdominis의 근섬유는 대각선으로 외측 하방으로 향하며, 외복사근obliquus externus abdominis의 섬유는 이에 수직으로 아래쪽으로 내부를 향한다. 복근 섬유는 복벽의 다양한 결합 조직 층과 강하게 얽혀 있다. 그들의 구조와 기능 측면에서 복근은 긴밀하게 상호 연결되어 있으며, 따라서 하나의 기능적 단위를 형성한다. 근섬유들이 서로 수직으로 교차하기 때문에, 이들은 함께 몸통 자세를 잘 유지하는 데 적합하다. 이는 일반적으로 실제로 움직임을 생성하는 것보다 움직이는 동안 자세를 유지하는 데 더 중요하다.

기능적 움직임 동안 복근은 항상 다른 근육들과 함께 작용한다(예: 척추 굴곡 시 장요근과 함께, 축 회전 시 척추기립근 부위와 함께).

근력 훈련 중에는 복근을 고립하여 수축시키는 운동을 자주 찾게 된다. 신체가 움직일 때 협력근이 지배적인 역할을 한다는 점을 고려하면 이는 이해할 만하지만, 기능적인 관점에서 훈련 중 복근을 고립시키는 것은 (특히 잘 훈련된 운동선수에게는) 매우 제한적인 효과만을 가져온다.

게다가, 복근은 달리기 중에 결코 고립되어 작용하지 않는다. 사실, 푸시오프가 끝날 때 복근은 반응적으로 작용하며, 특히 상체가 똑바로 유지될 때 더욱 그러하다. 따라서 달리기 동안 복근에게는 강하게 수축할 수 있는 능력보다 반응성 부하를 다룰 수 있는 능력이 더 중요하다. 훈련 중에 외부 힘과 함께 작용하는 방법을 배우려면, 복근이

그림 1.33 달리기 중 복근의 코르셋 역할

상체가 똑바로 유지될 때, 서 있는 다리가 뒤쪽에 위치하기 때문에 복근에 큰 외부 힘이 가해진다. 이러한 근육들은 대각선으로 번갈아가며 가해지는 힘을 흡수한다.

장요근과 동시에 작용할 수 있어야 한다. 복근을 올바른 형태로 유지하지 못하는 선수들은 이러한 근육에 편심성 또는 반응성 긴장이 가해지는 것을 피하기 위해 달리기할 때 몸을 앞으로 기울이려는 경향이 있다.

장요근은 복근의 협력근이다. 달리기 중 이 두 근육 그룹은 긴밀하게 함께 작용하며, 장요근의 수축성 활동(모든 근육에서처럼)은 예를 들어 근육의 사전 신장 정보를 해석함으로써 제어된다. 이러한 데이터는 장요근을 사전 신장하는 것만으로는 충분히 얻어지지 않는다는 주장에 무게가 실린다. 하지만 다리의 신전이 최대일 때, 척추의 과신전이 동시에 일어나지 않는 한 대요근에 큰 스트레칭이 가해질 수는 없다. 고관절의 신전은 인대에 의해 제한된다. 또한, 장요근은 긴 평행 섬유 구조를 가지고 있기 때문에 상당히 멀리까지 쉽게 늘어날 수 있다.

이러한 데이터를 종합하면, 장요근을 사전 신장하는 것만으로는 정확한 제어를 보장하기에 충분하지 않다는 설득력 있는 결론에 도달할 수 있다. 지지 구간이 끝날 때 복근의 사전 신장은 무릎의 움직임을 잘 맞추기 위한 추가적인 중요한 정보를 제공한다. 복근의 구조(섬유와 결합 조직의 구조 사이의 강한 상호 관계 및 섬유가 모든 방향으로 뻗어 있는 경로)는 복근이 감각 시스템으로부터 자극을 수용하는 데 적합하게 만들어 준다.

대둔근, 대퇴근막장근, 그리고 장경인대

대둔근gluteus maximus은 고관절에서 가장 강력한 신전을 제공할 수 있는 근육이다. 또한, 고관절의 측면 회전을 가능하게 한다. 이 근육은 거친 평행 섬유 다발로 구성되어 있으며, 여러 강한 결합 조직에 의해 결합되어 있고, 거친 신경 분포를 가지고 있다. 따라서

그림 1.34 대둔근과 대퇴근막장근
이 근육들이 장경인대에 부착되는 해부학적 부착 지점을 보여주는 그림.

대둔근은 매우 강하게 수축할 수 있도록 특화되어 있으며, 넓은 범위에서 작용할 수 있다. 대둔근은 달리기 중 가장 중요한 힘의 원천으로 간주된다. 이 근육은 골반과 천골에서 시작해 대퇴골의 상부 1/3 지점까지 이어지며, 고관절에 대해 매우 큰 지레팔을 가지고 있다. 주로 장경인대iliotibial tract에 부착된다. 대퇴근막장근tensor fasciae latae 또한 이 강력한 대퇴근막의 두꺼운 부분에 부착된다. 장경인대는 무릎을 가로지르며 경골의 외측 관절융기에 부착된다. 이렇게 해서 대둔근은 고관절뿐만 아니라 무릎에도 작용한다.

일반적으로 장경인대는 무릎에 안정성을 제공하는 역할로만 인정받지만, 이렇게 크고 강한 구조가 하는 역할을 과소평가하는 것은 아닌지 의문을 제기할 수 있다. 장경인대의 탄력성은 아킬레스건과 비교할 수 있으며, 양관절 근육biarticular muscles의 작용과 유사하게 푸시오프 동작에서 아래로 힘을 전달하는 데 중요한 역할을 한다.

소둔근small gluteal muscles은 한쪽 다리로 서 있을 때, 그리고 달리기의 지지 구간 동안 가장 중요한 기능을 한다. 이 근육들은 지지다리의 반대쪽 골반이 위로 움직일 수 있게 하며, 달리기 중 신체의 무게 중심을 수직으로 이동시키는 데 필요한 에너지의 상당 부분을 제공한다.

햄스트링

햄스트링은 대퇴이두근biceps femoris, 반막양근semimembranosus, 그리고 반건양근semitendinosus으로 구성된다. 햄스트링은 골반의 좌골결절에서 시작하여 고관절과 무릎관절을 지나며, 하퇴부에 반막양근과 반건양근은 내측에, 대퇴이두근은 외측에 부착된다. 따라서 햄스트링은 양관절 근육인데, 대퇴이두근의 짧은 머리short head는 예외다. 최근 몇 년 동안 양관절 근육의 기능에 대한 이해가 깊어졌으며, 특히 달리기와 관련하여 그 중요성이 부각되고 있다. 햄스트링의 구조와 기능을 잘 이해하는 것은 달리기를 분석하는 데 필수적이다.

햄스트링의 고관절에 대한 지레팔은 고관절의 위치가 변함에 따라 변화한다. 고관절이 굽혀질 때(앞쪽으로 90° 굴곡) 햄스트링의 고관절에 대한 지레팔은 고관절이 신전될 때보다 훨씬 크다. 반면, 햄스트링의 무릎에 대한 지레팔은 무릎의 각도가 변할 때도 거의 일정하게 유지된다. 따라서 기능적 움직임이 닫힌 사슬 내에서 발생할 때, 햄스트링은 고관절이 앞으로 굽혀진 상황에서 특히 많이 사용되며, 무릎이 다양한 각도를 형성할 때에도 활발히 작용해야 한다.

햄스트링은 양관절 근육이기 때문에 두 관절의 움직임 범위와 관련이 있다. 근육이 단관절 근육monoarticular muscle일 때, 작동하는 근육이 가하는 힘의 양과 그 힘이 관절에 미치는 영향 사이에는 단순한 관계가 존재한다. 저항을 이길 수 있는 충분한 힘이 있으면 근육은 동심성으로 수축한다. 이 힘들이 같으면 근육은 등척성으로 수축하고, 힘이 부족하면 편심성으로 수축하게 된다. 그러나 양관절 근육의 경우, 힘의 양과 관절에 미치는 영향 사이에 이러한 선형 관계가 없다. 또한, 근육의 길이와 관절의 위치 사이에도 직접적인 관계가 없다. 한 관절이 움직이면 근육의 기점은 부착점에 더 가까워지지만, 동시에 다른 관절의 움직임은 기점을 부착점에서 멀어지게 한다. 이로 인해 양관절 근육은 같은 길이를 유지하면서 두 관절에서 움직임이 발생한다.

햄스트링의 동심성 수축은 두 관절 중 어느 하나의 움직임 정도와 선형적으로 관련되지 않는다. 무릎 관절이 다른 근육에 의해 고정되어 있으면, 햄스트링의 동심성 작용은 고관절의 신전을 일으킨다. 반대로 고관절이 고정되어 있으면, 햄스트링이 동심성으로 작용할 때 무릎이 굽혀진다.

그림 1.35 햄스트링의 기능

(1) 기능적 움직임에서 햄스트링의 작용 방식은 예를 들어 고관절에 대한 지레팔에 의해 결정된다. 이 지레팔은 앞으로 굽힐 때 가장 잘 작용하며, 뒤로 굽힐 때는 작아진다. 따라서 달리기 중이 근육 그룹은 푸시오프의 시작 부분에서 가장 효과적으로 작용한다.

골반이 앞뒤로 기울어질 수 있는 다양한 방식 때문에, 몸이 특정 자세를 취할 때 햄스트링의 길이는 달라진다. 예를 들어 똑바로 서 있는 동안 골반을 기울이면 상체의 위치를 변경하지 않고도 고관절의 각도와 햄스트링의 길이를 조절할 수 있다. 따라서 햄스트링의 길이는 무릎과 고관절의 위치가 서로 어떻게 상호작용하는지에 따라 영향을 받으며, 고관절의 위치는 골반이 다른 방향으로 움직일 수 있기 때문에 허벅지와 몸통이 이루는 각도와 직접적으로 관련되지 않는다.

무릎 각도, 고관절 각도, 햄스트링 길이 사이의 이 '삼각관계'로 인해, 실제로 기능적 움직임 중에 햄스트링의 작용을 향상시키는 것은 단관절 근육의 경우보다 훨씬 더 복잡하다. 움직임 중에(달리기를 포함하여) 햄스트링을 잘 사용하는 법을 배우는 데는 많은 노력이 필요하다. 따라서 햄스트링은 예를 들어 '멍청한' 둔근과 달리 '지능적인' 근육이라고 불릴 수 있다. 기능적 움직임 중에 햄스트링을 잘 제어하는 법을 배우는 것이 더 많은 힘을 발달시키려는 시도보다 훈련에서 더 중요하다. 특히 빠른 속도로 달릴 때 햄스트링을 정확하게 사용하는 법을 배우려면, 신체가 어떻게 움직이는지에 대한 정교한 지도가 필요하다('푸시오프 시 힘의 크기와 방향' 64쪽~'무릎 신전' 69쪽 참고).

햄스트링은 깃털형 구조를 가지고 있다. 하지만 대퇴직근보다는 덜 깃털형이다. 햄스트링의 내측 부분(반막양근과 반건양근)의 이름에서 알 수 있듯이, 햄스트링은 크고 중요한 결합 조직 구조를 가지고 있다. 힘줄은 두 개의 부착 지점에서 시작하여 부분적으로 서로 겹쳐지며 힘줄판을 형성한다. 이 힘줄판 사이에 위치한 섬유는 근육이 작용하는 선과 각을 이루고 있다. 햄스트링은 생리적 단면적은 크고, 길이-힘 범위는 평행 섬유 근육에 비해 작으며, 적은 힘을 수반하는 빠른 단축에 적합하지 않다. 수동적 구조가 존재하기 때문에, 이 근육 그룹은 사전 신전 상태에서 작용하는 데 적합하다.

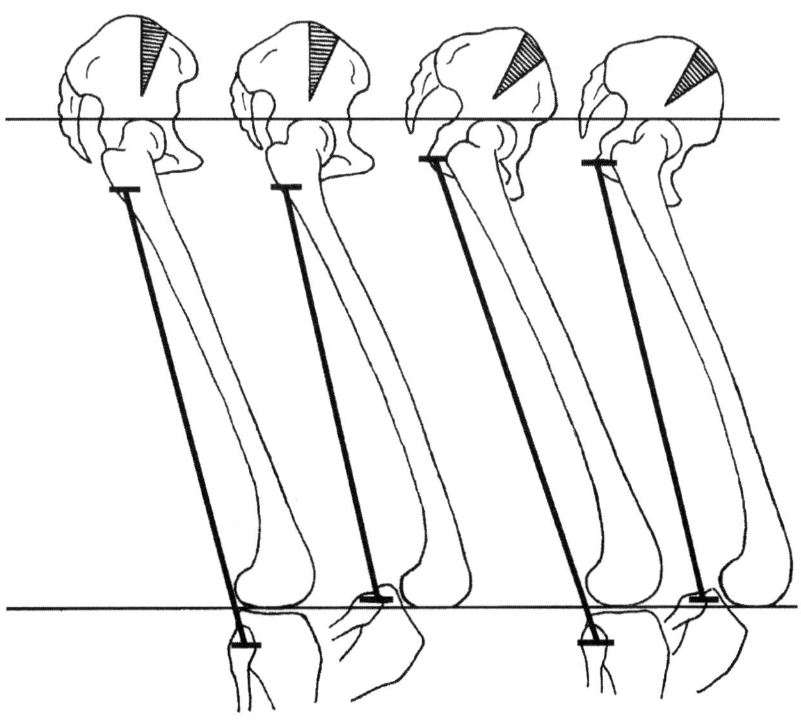

그림 1.36 햄스트링의 기능

(2) 네 개의 그림에서 허벅지의 위치는 동일하다. 그러나 골반이 앞뒤로 움직일 수 있고, 무릎이 구부러지거나 펴질 수 있기 때문에, 허벅지의 이 한 가지 위치에서 햄스트링의 길이는 크게 달라질 수 있다. 따라서 햄스트링은 간접적인 요소들에 의해 조정되며, 이 조정 과정은 매우 복잡하다.

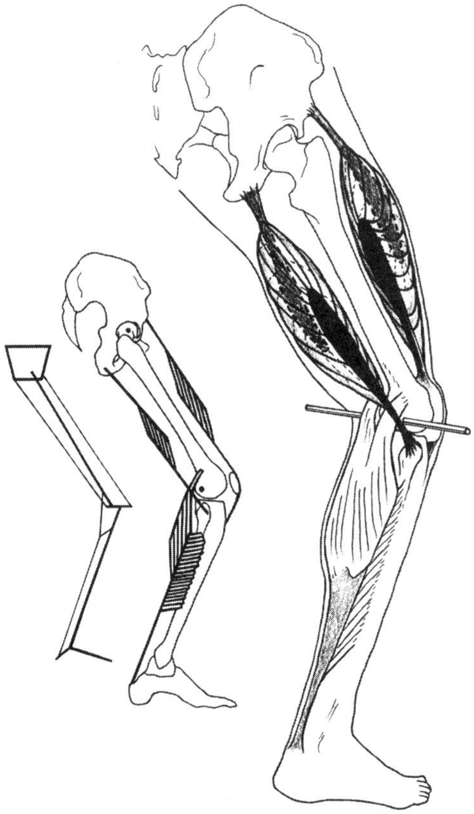

그림 1.37 하퇴세갈래근, 대퇴직근, 그리고 햄스트링의 기능

달리기 중 하퇴세갈래근$_{\text{triceps surae}}$, 대퇴직근, 그리고 햄스트링은 중요한 역할을 한다. 이 근육들의 공통점은 깃털형 구조, 중요한 조직(SEC)의 탄성, 그리고 양관절 근육이라는 특성이다. 따라서 이들은 외부 에너지를 저장하고 움직임 중에 이를 방출할 수 있다. 이러한 근육 그룹은 마치 고급 고무줄처럼 작용한다.

앞서 언급했듯이, 햄스트링은 고관절과 무릎 관절을 가로지르는 양관절 근육이다. 달리기의 지지 구간 동안, 무릎의 신전이 고관절의 신전과 동시에 발생한다. 무릎을 신전시켜 근육이 늘어나는 것은 고관절이 뒤쪽으로 굽어질 때 근육이 단축되면서 보상된다. 따라서 지지 구간에서 무릎과 고관절이 거의 동시에 신전될 때, 햄스트링은 길이 변화를 거의 일으키지 않고 반응적으로 작용할 수 있다. 이 때문에 햄스트링의 구조는 기능적으로 적합하다.

또한, 햄스트링의 고관절과 무릎에 대한 지레팔은 이들 관절의 위치에 따라 달라진다. 고관절이 굽혀졌을 때 지레팔은 크고, 고관절이 신전되었을 때(신전) 지레팔은 작다. 이 사실은 달리기 중 힘 전달 과정에서 햄스트링의 기능에 중요한 영향을 미친다. 햄스트링은 주로 지지 구간의 시작 부분에서 작용한다.

햄스트링의 구조, 양관절 근육이라는 특성, 그리고 기능적으로 움직일 수 있는 능력은 모두 밀접하게 상호 연관되어 있다. 이러한 양관절 근육의 특성과 깃털형-탄성 구조를 가지고 있기 때문에, 햄스트링은 특별한 방식으로 훈련되어야 한다. 이 경우, 수동 조직과 능동 조직의 움직임이 잘 조율되는 것이 매우 중요하다. 햄스트링을 그 구조와 기능에 맞지 않게 훈련하면 효과가 없을 뿐만 아니라 부상을 초래할 수 있다. 레그 컬 장비를 사용하여 운동하는 것은 권장되지 않으며, 이는 패시브 구조에 비기능적인 긴장을 유발하고, 근육이 수동적 불충분성$_{\text{passive insufficiency}}$ 범위에 가까운 상태에서 수축하게 만들 수 있다.

대퇴사두근

대퇴사두근quadriceps femoris은 네 개의 부분으로 구성된다. 대퇴직근rectus femoris은 양관절 근육으로, 무릎과 고관절을 가로지른다. 햄스트링에 비해 대퇴직근의 고관절에 대한 지레팔은 작고, 무릎에 대한 지레팔은 크다. 이 근육은 고관절의 굴곡, 무릎에서는 신전의 역할을 한다. 슬개골patella은 대퇴사두근의 회전 지점으로 작용하여, 슬개골이 없을 경우보다 대퇴사두근의 무릎에 대한 지레팔이 더 크게 만들어진다.

대퇴직근은 햄스트링과 유사하게 강한 깃털형 구조를 가지고 있다. 나머지 세 개의 머리 부분은 단관절 근육이며, 역시 깃털형 구조로 매우 큰 생리적 단면을 가지고 있다. 대퇴사두근의 경우 속도보다는 힘이 더 중요하다. 대퇴사두근의 단관절 부분은 중요한 SEC 부위를 가지고 있지 않기 때문에 반응적으로 작동하지 않는 대신 무릎의 각속도를 상대적으로 낮게 유지하면서 큰 힘을 발생한다.

대퇴사두근은 무릎이 굽혀져 있을 때 특히 높은 힘을 발휘하는 데 매우 능하다. 따라서 달리기에서 대퇴사두근의 작용은 특히 시작 단계에서 중요한데, 이때 무릎이 잘 굽혀져 있을 때 푸시오프 동안 상당한 신장이 발생하기 때문이다. 속도가 붙으면, 세 개의 단관절 부분은 주로 안정화 기능만을 수행한다. 달리기 중 신체의 무게 중심은 매 걸음마다 수평으로 움직일 뿐만 아니라, 수직으로도 위아래로 움직인다. 발을 디딜 때 대퇴사두근은 다른 근육들과 함께 신체의 무게 중심이 내려가는 것을 완화해준다. 그러나 대퇴사두근은 푸시오프의 마지막 단계에서 무릎을 신전하는 데 거의 기여하지 않는다. 실제로 무릎 신전에는 대둔근과 비복근gastrocnemius이 중요한 역할을 한다.

내전근

허벅지의 내전근adductors은 달리기 사이클 전체에서 지속적으로 활성화되는 유일한 근육 그룹이다. 이 근육들의 주된 기능은 균형을 유지하는 것인데, 다리의 내전뿐만 아니라 굴곡, 신전, 외회전, 내회전도 가능하게 한다. 추진력 단계에서는 내전근이 수행하는 역할이 명확하지 않지만, 중요한 역할을 하지는 않는다(Mann 등, 1986).

가자미근과 비복근

가자미근과 비복근은 모두 아킬레스건에 부착되어 있다. 가자미근은 하퇴골에 부착되며, 짧은 근섬유와 큰 생리적 단면적을 가지고 있다. 비복근은 두 개의 머리가 무릎 관절을 가로지르는 양관절 근육으로, 햄스트링과 대퇴직근처럼 작용한다. 따라서 비복근의 길이는 무릎 관절이나 발목 관절의 위치에 직접적으로 관련되지 않으며, 햄스트링처럼 무릎과 발목 관절의 위치와 근육 길이 사이의 삼각관계를 형성한다. 비복근은 기능적으로 작용하며 햄스트링과 밀접하게 관련된 활동을 한다. 두 근육 모두 무릎이 굽혀지거나 펴지는 속도를 늦출 수 있다. 아킬레스건은 약 37cm 길이로 발꿈치뼈에 부착되고, 처음에 좁아졌다가 위쪽으로 올라가면서 넓어지며, 비복근 아래쪽을 지나간다. 또한 종골결절calcaneal tubercle의 가장 등쪽에 부착되어 있어 상부 족근 관절에 대해 큰 지레팔을 제공한다. 아킬레스건은 두 근육의 근복에 비해 상대적으로 길다. 힘줄이 제공하는 신장 가능성 덕분에 근육은 중요한 탄성 특성을 보여준다('탄성 및 반응성 근육 작용' 58쪽 참고).

가자미근은 명확한 깃털형 구조를 가지고 있으며, 짧은 근육 다발과 큰 생리적 단면적을 가지고 있다. 결과적으로 이 근육은 제한된 범위에서 거의 등척성에 가까운 강한 작용을 할 수 있다. 비복근의 구조도 깃털형 구조이지만, 섬유와 작용선 사이의 각도는 더 작고, 섬유 길이는 가자미근보다 길다. 두 근육 모두 아킬레스건에 부착되므로, 최적의 협력 작용을 위해서는 이들이 잘 조율되어야 한다.

두 근육의 구조가 다른 이유는 가자미근과 달리 비복근은 무릎 관절을 가로지르고 대퇴골에 부착되기 때문이다. 달리기와 점프의 지지 구간과 같이 기능적 움직임을 할 때, 가자미근-비복근 복합체의 활동은 무릎 신전과 함께 일어난다. 이로 인해 비복근은 편심성으로 작용하며, 두 근육의 협력을 방해하게 된다(무릎 신전은 가자미근에 영향을 미치지 않는다). 비복근의 섬유는 좁은 각도와 긴 길이를 가지고 있으므로, 이러한 방해를 수용할 수 있어 비복근과 가자미근이 아킬레스건과 발목에 대해 협력하는 타이밍을 잘 맞출 수 있다('양관절 근육의 작용' 61쪽 참고).

참고로, 무릎이 신전될 때 무릎 관절의 축은 뒤에서 앞으로 이동하여, 비복근의 회전축에 대한 힘의 모멘트가 증가한다(반대로, 무릎 신전에 대한 저항 모멘트도 비복근에 대해 증가하여, 비복근이 이를 지탱하게 된다)(Lohman, 1977; Rozendal & Huijing, 1996).

하퇴부 근육

가자미근과 비복근 외에도, 하퇴부에는 비골과 경골에서 시작해 힘줄이 발목을 지나 발에 부착되는 여러 작은 근육들이 있다. 이 근육들은 족근 관절, 발의 아치, 족근골의 안정화에 중요한 역할을 한다(Lohman, 1977; Wingerden, 1999).

저속 달리기 시, 발의 굴곡은 먼저 발바닥 쪽으로(저측굴곡), 이후 발등 쪽으로(배측굴곡), 지지 구간의 마지막에는 다시 발바닥 쪽으로 이루어진다. 또한 발 전체의 아치가 평평해져 발의 회내pronation가 발생한다. 상부 족근 관절을 지나가는 앞쪽 근육들(전경골근, 장무지신근, 장지신근)은 발이 착지할 때의 움직임을 늦춘다. 이후 발생하는 배측굴곡은 상부 족근 관절 축의 뒤쪽을 지나가는 근육들(후경골근, 장지굴근, 장무지굴근 내측, 장비골근, 단비골근 외측)에 의해 제어된다. 이는 가자미근-비복근 그룹의 강한 활동과 함께 발생한다. 속도가 감소하면서 근육에 탄성 에너지가 저장되며, 푸시오프 끝에서 발목을 신전시키면서 에너지가 변환된다.

족근 하부 관절에서는 표면 상태, 발이 땅에 닿는 방식, 그리고 발의 이동 방향에 따라 회내와 회외supination가 번갈아 발생한다. 앞서 언급한 근육들은 하부 족근 관절에 대해서도 힘의 모멘트를 제공하며, 그 주변의 움직임을 안정화시킨다.

마지막으로, 하퇴부 근육들은 발의 구조적 아치에 중요한 역할을 한다. 발의 작은 근육들은 발에 가해지는 큰 힘(때때로 체중의 몇 배에 달하는 힘)을 흡수할 만큼 강하지 않다. 하퇴부 근육들의 힘줄은 인대와 함께 발에 가해지는 힘을 흡수하며, 이는 마치 케이블 다리의 구조와 유사하다. 고강도 하중이 가해질 때, 발의 아치는 하퇴부 근육의 팽팽한 힘줄에 의존하게 된다. 전경골근, 장지신근, 장무지신근은 발 아치의 위쪽에 부착되어 있으며, 후경골근과 장비골근은 발 아치의 아래쪽에 부착된다. 장지굴근과 장무지굴근은 발 아래를 지나가며 발가락까지 이어진다. 예를 들어 무지외전근abductor hallucis과 족저근막과 함께, 이러한 모든 근육들은 발이 착지할 때 약 1cm 이상 처지지 않도록 하며, 이후 이 에너지를 푸시오프 힘으로 변환하여 방출할 수 있다.

모든 하퇴부 근육들은 길고 끝이 뾰족한 힘줄을 가지고 있으며, 힘줄은 상당히 머리 쪽으로까지 뻗어 있다. 따라서 근육 섬유는 상대적으로 짧으며, 깃털형 구조를 가지고 있다. 결과적으로 이 근육들은 많은 단축 없이 강하게 수축할 수 있도록 설계되

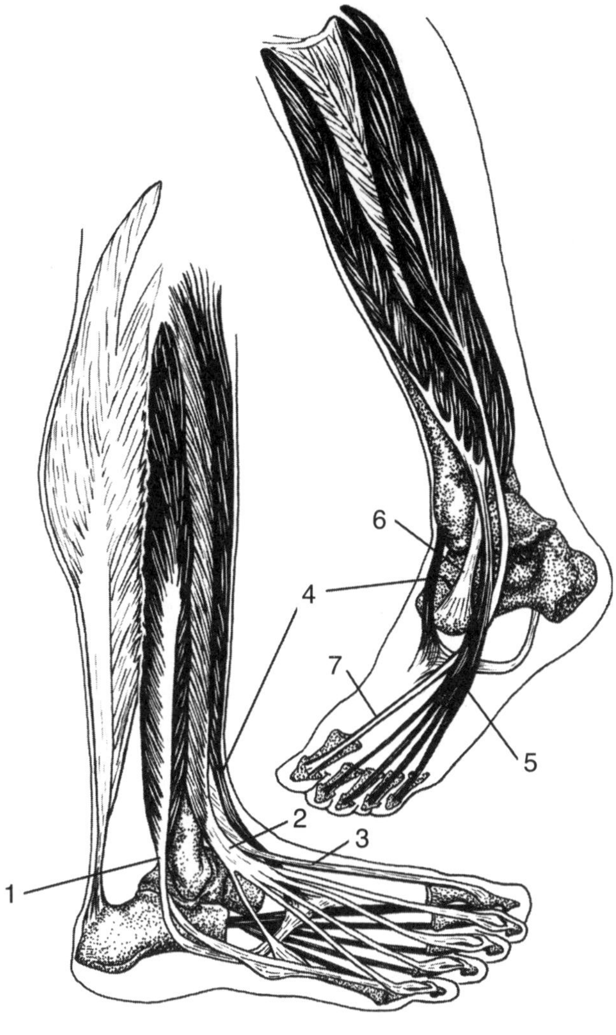

그림 1.38 하퇴부 또는 종아리의 근육
1. 장비골근peroneus longus과 단비골근 peroneus brevis
2. 장지신근extensor digitorum longus
3. 장무지신근extensor hallucis longus
4. 전경골근tibialis anterior
5. 장지굴근flexor digitorum longus
6. 후경골근tibialis posterior
7. 장무지굴근flexor hallucis longus

어 있다. 하퇴부 근육들이 힘을 발휘할 수 있는 범위는 이들의 구조에 의해 제한된다. 따라서 발이 충분히 배측굴곡(중립 상태에 가까운 위치)되었을 때만 발이 제대로 긴장할 수 있다.

요약

몸이 잘 움직이기 위해서는 근육이 특화되는 것이 매우 중요하다는 결론을 내릴 수 있다. 인간의 운동 기관계의 근육은 동물원에 비유될 수 있다. 각기 고유한 특성과 특수성을 지닌 다양한 근육 유형들이 존재한다. 동물원이 성공하려면 각 동물이 자신의 개별적인 행동에 맞는 방식으로 관리되어야 하듯이, 기능적 움직임도 근육이 자신의 구조와 능력에 맞게 작용할 수 있을 때만 효과적일 것이다. 동물원 사육사와 운동선수 트레이너 모두 근육 군집의 다양성을 고려해야 한다. 동물은 소화 기관의 특성에 맞는 음식을 먹어야 하며, 근육 군집은 그들의 적응 가능성에 맞는 방식으로 육체적 부담을 받아야 한다. 개별 근육 간의 큰 차이는 특히 근력 훈련에서 중요하다. 일부 근육 그룹(예: 둔근 그룹)은 최대 동심성 근력 훈련을 통해 잘 훈련될 수 있다. 반면, 다른 근육 그룹(예: 햄스트링)은 최대 동심성 근력 훈련이 매우 해로울 수 있으며, 최대 등척성 힘과 충격 강도를 활용하는 것이 효과적일 수 있다.

많은 중요한 근육들이 깃털형 구조를 가지고 있다는 사실을 고려하면, 관절 움직임의 범위(특히 여러 관절에 걸친 움직임)와 관절의 각속도를 제한할 수 있을 때 근육의 탄성 특성이 잘 활용되고 있다는 신호일 수 있다.

탄성 및 반응성 근육 작용

달리기 동안 저항을 극복하기 위해 힘이 가해진다. 생성된 총 에너지 중 5~10%는 발 착지 시 충격을 흡수하는 데 필요하고, 10~15%는 공기 저항을 극복하는 데 사용되며, 80%는 다리의 움직임을 가속하고 감속하는 데 쓰인다. 인간의 운동 시스템에서 움직임을 위해 필요한 에너지(80%)와 효과적인 추진을 위한 에너지(10~15%) 사이의 관계는 달리기가 매우 에너지 비효율적인 과정임을 의미한다. 그러나 측정 결과, 지구력 달리기 중에 신체는 근육에 필요한 에너지를 유산소 대사를 통해 충분히 공급하는 데 필요한 산소의 약 절반만을 사용한다는 것이 밝혀졌다(Cavagna 등, 1964; Cavagna & Kaneko, 1977; Williams & Cavagnagh, 1987). 이 에너지 요구의 중요한 부분은 근육의 작업에 의해 생성되는 것이 아니라 탄성에서 비롯된다. 즉, 필요한 에너지의 중요한 부분은 달리기 사이클 중에 운동 에너지와 위치 에너지를 '재사용'함으로써 얻을 수 있다.

탄성 요소는 스프린트에서도 크게 기여한다. 또한, 탄성 요소는 근육 길이의 변화를 부분적으로 흡수할 수 있다('수동 조직과 그 기능' 37쪽 참조). 이러한 특성은 특히 스프린트에서 중요하다. 스프린트 중에는 고관절의 각속도와 고관절 주변 근육 길이의 변화가 시간당 매우 커지며, 이는 퍼포먼스를 제한하는 요인이 될 수 있다.

물론 근육의 탄성 특성은 전체 운동 기구에서 관찰되며, 움직임의 효율성에 집합적인 영향을 미친다. 달리기와 관련하여 몇몇 구조들은 특별한 주목을 받을 만하다.

발의 탄성

러닝 사이클의 지지 구간 동안 발의 형태가 변한다. 중거리 달리기 속도에서 발 전체가 땅에 닿을 때, 지지 구간의 중간쯤에 발의 아치가 약 1cm 정도 평평해지는 것으로 보인다. 발 착지 시 발에 축적되는 에너지는 주로 발의 강한 인대(예: 족저건막)의 신장에서 저장된다. 이 인대들은 주로 콜라겐 조직으로 구성되어 있으며, 힘줄과 유사한 탄성 특성을 가지고 있다. 지지 구간이 끝날 때쯤, 발은 원래의 형태로 돌아가며, 저장된 에너지의 약 80%를 반환하게 된다. 지지 구간 동안 발은 스프링처럼 작용하며, 이 스프링에서 에너지가 축적되고 방출되는 과정은 하퇴부 근육들에 의해 중요한 정도로 조절된다. 발 착지 전에 이러한 근육들을 잘 긴장시킬 수 있는 능력은 발의 위치와 밀접하게 관련되어 있다('달리기에 중요한 근육' 46쪽 참고).

달리기 속도가 빠를 때(약 5m/s), 발에 가해지는 지면 반작용력의 크기는 체중의 약 2.8배에 달한다. 지지 구간 동안 신체의 운동 에너지와 위치 에너지의 총량은 처음에는 감소하다가 이후 다시 증가한다. 주자는 한 걸음마다 약 100줄(J)의 에너지를 편

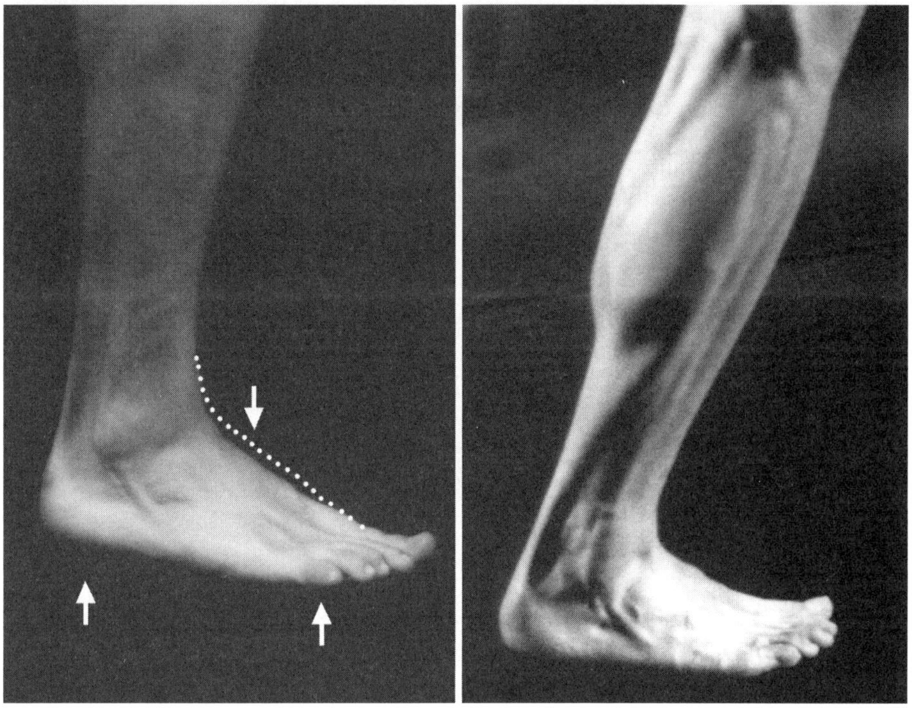

그림 1.39 발의 탄성

발이 착지할 때 발의 아치가 약 1cm 정도 낮아진다. 종골결절calcaneal tubercle 아래에서 발뒤꿈치 쿠션도 변형된다. 발의 인대와 힘줄(그중 장비골근과 단비골근의 힘줄이 보인다) 등에 저장된 에너지는 몸이 코일 스프링처럼 움직이면서 다시 방출된다. 발 전체가 스프링과 같은 기능을 한다. 오른쪽에서 아킬레스건이 팽팽해져 있으며 잠재 에너지가 축적되어 있는 모습을 볼 수 있다. 푸시오프에 필요한 에너지의 약 절반은 발과 하퇴부의 스프링 같은 작용에 의해 공급된다.

심성 근육 작용 때문에 잃을 수 있는데, 예를 들어 착지 시 신체가 처지거나 스윙 구간에서 발의 진자 운동이 감속할 때 그러하다. 이 에너지의 상당 부분은 탄성을 통해 회복된다. 발의 아치가 이 에너지를 회복하는 데 약 17J를 기여하는 것으로 추정된다. 즉, 한 걸음마다 잃는 총 에너지의 약 17%는 발의 스프링 같은 작용을 통해 회복될 수 있다(Ker 등, 1987; McNiell Alexander, 1987). 게다가, 달리기의 전체 움직임 패턴을 수행하려면 실제로 100J 이상의 에너지가 필요하며, 이는 대사 과정에 필요한 에너지도 생성해야 하기 때문이다.

발의 아치가 효과적으로 스프링처럼 작용하는지는 하퇴부 근육들이 얼마나 정밀하게 제어하느냐뿐만 아니라, 운동선수가 신는 신발에 따라서도 달라진다. 신발은 일반적으로 발의 스프링을 지원하는 데 적합하지 않다. 신발 밑창이 에너지를 잘 흡수할 수 있지만, 종종 불충분하거나 타이밍이 맞지 않아 탄성이 긍정적인 영향을 주지 않기 때문이다. 다른 한편으로는 발 아치가 처지는 것을 방지하는 신발 구조 때문에 발의 스프링 같은 작용이 방해될 수 있다. 실제로 흡수 능력이 부족한 신발을 자주 착용하고 달리면, 신체적인 부담이 한쪽으로 치우쳐 부상을 초래할 수 있다. 따라서 운동선수는 발을 지나치게 보호하는 것과 발의 스프링 같은 움직임을 훈련하는 것 사이에서 균형을 찾아야 한다. 신발 유형을 교대로 사용하는 것이 매우 중요하다(즉, 반응성과 속도를 배울 때는 스파이크 슈즈를 신되, 발에 가해지는 부담을 줄여야 할 때는 보호 신발을 착용하는 것). 무엇보다도 발의 자연스러운 스프링 같은 움직임을 최적화하는 달리기 훈련이 필수적이다. 또한 발 자체가 착지 시 충격을 흡수하는 능력을 가지고 있다는 것을 기억해야 한다. 발꿈치뼈 아래에는 이중 나선 형태의 약 2cm 두께의 구조물이 있으며, 착지 에너지의 일부를 흡수하기 위해 변형될 수 있다(Snijders 등, 1995).

아킬레스건의 탄성

가자미근-비복근 복합체의 말단 힘줄인 아킬레스건은 탄성 에너지를 반환하고 근육 길이의 변화를 흡수하는 데 특히 적합하다.

빠르게 달릴 때(약 5m/s), 아킬레스건은 지지 구간 동안 약 5% 늘어나며, 이때 힘줄에 가해지는 당기는 힘은 체중의 7배에 이를 수 있다. 아킬레스건은 저장된 에너지의 매우 높은 비율을 반환할 수 있다. 캥거루 힘줄에 대한 측정 결과에 따르면 에너지를 93%까지 반환할 수 있다고 한다. 인간의 아킬레스건은 한 걸음당 잃을 수 있는 총 에너지의 약 35%를 반환할 수 있으며, 달리기 중 반응성에 중요한 역할을 한다. 발의 아치에서 기여하는 17%의 에너지 반환과 함께, 무릎 아래 탄성 요소에서 약 절반의 에너지가 반환된다는 것을 의미한다(McNiell Alexander, 1987). 비복근은 아킬레스건에서 방출되는 에너지 흐름을 조율하는 데 중요한 역할을 한다. 비복근은 지지 구간에서 무릎이 신전될 때 가장 활발하게 작용하므로, 발의 움직임 동안 이 근육의 작용이 잘 조율되어야 한다('양관절 근육의 작용' 61쪽과 '고속 달리기' 130쪽 참조).

햄스트링의 탄성

햄스트링의 구조는 이 근육 그룹이 반응적으로 잘 작용할 수 있음을 보여준다. 실제로 달리기 중에는 햄스트링의 탄성 기능을 측정하기가 어려운데, 그 이유는 햄스트링이 달리기 중에 매우 복잡한 기능을 하기 때문이다(Chapman & Caldwell, 1983). 햄스트링은 양관절 근육이므로, 햄스트링 길이의 변화는 두 관절의 움직임에 의해 발생한다. 이 중 한 관절에만 주의를 기울이면, 햄스트링이 어떻게 반응적으로 작동하는지를 설명하는 단서를 찾을 수 없다. 햄스트링의 작용을 설명하기 위한 적절한 모델을 얻으려면, 무릎과 고관절의 복합적인 움직임(골반 기울기를 포함)과 그에 따른 지레팔의 변화를 모두 고려해야 한다. 햄스트링은 무릎에서 고관절로 에너지를 전달하는 데 중요한 역할을 한다. 속도가 빠른 달리기 중에는 이러한 에너지 전달이 매우 빠르게(몇 초의 10분의 1 단위로) 이루어진다. 반응성은 이러한 빠른 과정에 근육이 저항하는 힘의 모멘트를 흡수하지 않고 작동하는 것보다 훨씬 더 적합하다. 햄스트링이 빠르게 작동하려면 힘의 반대 모멘트에 대처할 때 상승 지연(근육 수축이 시작되기까지의 지연)을 피하고, 예비장력을 줄 수 있어야 한다. 달리기 사이클에서 햄스트링의 탄성 및 수축성 요소에 긴장을 조절할 수 있는 또 다른 중요한 시점은 리드하는 스윙 다리의 종아리가 바깥쪽으로 진자 운동을 할 때 발생한다. 이 진자 운동의 에너지는 햄스트링의 탄성 요소가 신장됨에 따라 저장된다.

장경인대의 탄성

장경인대iliotibial tract에 대해서도 햄스트링과 마찬가지로 어느 정도 동일하게 설명할 수 있다. 이들의 구조는 탄성에 적합하다는 것을 보여주며, 이 경우에도 상당히 복잡하다. 골반이 관상면에서 움직일 수 있기 때문에, 장경인대는 발 착지 시 신체 중심의 하강 움직임을 푸시오프 끝에서 상승으로 변환하는 역할을 할 수 있다.

달리기 중 반응성

모든 건강한 사람이 어린 나이부터 빠르게 달릴 수 있다는 사실을 바탕으로, 달리기가 단순한 움직임 패턴이라고 쉽게 생각할 수 있다. 하지만 그러한 결론은 사실과 거리가 멀다. 달리기의 역학과 협응은 에너지를 보존하기 위한 탄성의 작용 방식 때문에 매우 복잡해진다. 달리기 중 근육의 작용은 러너가 극복해야 하는 저항과 일부분만 직접적으로 관련된다. 이 작업의 중요한 부분은 간접적인데, 즉 탄성 조직에 예비장력을 만드는 것, 힘을 관절을 통해 전달하는 것, 그리고 다른 근육을 편심성으로 긴장시키면서 보조하는 것 등이 있다. EMG(근전도) 데이터에 따르면, 중요한 근육들은 지지 구간의 시작 부분에서 활발히 작용하며, 이는 착지 중 탄성 요소에 지면 반작용 에너지가 저장되는 시점과 거의 일치한다. 이러한 극도의 탄성 사용으로 인해 달리기는 매우 정밀한 타이밍을 요구한다. 근육 작용의 전체 패턴은 매우 복잡하며, 확실히 다른 몇 가지 동작(예: 백플립, 수영, 스케이팅)보다 간단하지 않다. 이러한 동작들은 배우기가 훨씬 더 어렵다. 그럼에도 불구하고 빠른 속도로 달리는 것이 기본적인 능력이라는 사실은 생물학적 진화에서 큰 우선순위로 부여되었음을 시사한다.

달리기를 스케이팅보다 더 빠르게 배울 수 있다는 사실 때문에, 일부 육상 코치들은 달리기 기술을 아이스 스케이팅 기술보다 덜 중요하게 여기는 경향이 있다. 이는 분명히 잘못된 생각이다. 최고 수준의 경기력에서도 반응성은 운동선수가 속도를 유지하고 증가시키는 능력에 큰 영향을 미친다. 이것은 스프린터뿐만 아니라 중거리 주자에게도 해당된다. 최적의 타이밍에서 몇천분의 1초라도 벗어나면 각 걸음마다 많은 에너지가 보상 없이 손실될 수 있다. 따라서 러너에게 기술 사용을 가르치는 것은 완성될 수 없으며, 그가 기술을 향상시킴으로써 계속해서 발전할 수 있다.

양관절 근육의 작용

생체역학적 측면

신체의 많은 근육은 한 개가 아닌 두 개 이상의 관절을 가로지른다. 가자미근처럼 상부와 하부 족근 관절을 가로지르는 일부 근육의 경우, 움직임에 실질적인 영향을 미치지 않는다. 이 관절들이 매우 가까이 위치해 있고, 그 축이 서로 거의 직각을 이루기 때문에, 어느 한 관절에서의 움직임이 다른 관절에 미치는 영향은 거의 없거나 전혀 없다. 그러나 관절이 멀리 떨어져 있고 그 축이 평행하거나 평행하게 될 수 있는 경우, 양관절 근육은 움직임의 역학에서 특별한 기능을 발휘한다. 중요한 양관절 근육으로는 상완의 상완이두근biceps brachii, 상완삼두근triceps brachii, 허벅지의 대퇴직근, 하퇴부의 비복근, 그리고 햄스트링이 있다. 양관절 시스템의 역학을 차트화하는 과정은 현재 잘 진행되고 있으며, 이러한 근육들이 매우 중요하다는 것은 의심할 여지가 없다. 양관절 근육의 역학은 점진적이지만 분명하게 다양한 스포츠 기술에 관한 의견에 적용되고 있다. 가장 잘 알려진 예로는 '클랩 스케이트'의 개발이 있으며, 이러한 원리가 차세대 스프린트 스파이크 설계에도 도입되고 있다.

햄스트링과 대퇴직근이 달리기 모델에서 가장 중요한 근육으로 다루어지지만, 치

그림 1.40 양관절 근육 그룹의 역학 1

달리기에 가장 중요한 양관절 근육 그룹(즉, 햄스트링, 대퇴직근, 비복근)은 검정색으로 표시되어 있다. 양관절 근육은 단관절 무릎(대퇴사두근)과 고관절(대둔근) 신전근이 생성한 에너지를 한 관절에서 다른 관절로 전달할 수 있다. 흰색 화살표는 닫힌 사슬 내에서의 에너지 전달 방향을 나타낸다. 대퇴직근은 고관절 신전을 늦추고 이를 무릎 신전으로 전환할 수 있다. 반대로, 햄스트링은 무릎 신전을 늦추고 이를 고관절 신전으로 전환할 수 있으며, 비복근은 무릎 신전을 늦추고 이를 발목의 저측굴곡으로 전환할 수 있다.

골근gracilis, 봉공근sartorius, 그리고 어느 정도 장경인대를 통해 작용하는 대둔근 또한 고관절과 무릎을 가로지른다. 달리기 중에는 대퇴직근과 햄스트링 외에도 무릎과 발목을 가로지르는 비복근의 양관절 특성이 매우 중요하다. 양관절 근육이 작용하는 방식과 근육의 탄성 잠재력 덕분에 달리기 중 에너지를 경제적으로 관리할 수 있다.

만약 신체의 모든 근육이 단관절 근육이라면, 중력의 영향을 받지 않는 모든 움직임은 근육이 생성하는 힘으로 감속해야 할 것이다. 운동으로 생성된 에너지는 열 에너지로 변환되며, 근육이 편심성으로 작용해야 하기 때문에 많은 에너지가 손실될 것이다. 반면, 양관절 근육은 한 관절에서 발생한 반대 방향의 힘 모멘트(그 관절의 움직임이 감소할 때)로 인해 방출된 에너지를 사용하여 다른 관절에서 움직임을 일으킬 수 있다. 따라서 양관절 근육은 에너지를 한 관절에서 다른 관절로 전달할 수 있다.

무릎 신전 시 비복근은 닫힌 사슬에서 작용하여 반대 방향의 관절 모멘트에 의해 긴장된다. 근육이 편심성 움직임을 저항하기 위해 긴장하면 발목의 저측굴곡이 발생한다. 이러한 방식으로 비복근은 에너지를 무릎에서 발목으로 전달한다. 대퇴직근은 고관절과 무릎 관절 사이에서 동일한 방식으로 에너지를 전달한다. 고관절이 신전될 때 대퇴직근은 길어지려 하지만, 근육이 길이를 유지한 채로 긴장하면 무릎 관절에 대해 신전력을 가하게 된다. 햄스트링은 무릎 굴곡근으로, 무릎 신전이 반대 방향의 관절 모멘트를 일으킨다. 근육이 길이를 유지한 채로 긴장하면, 고관절에 대해 신전력 모멘트가 생성된다.

에너지 전달을 통해 대퇴직근과 햄스트링은 고관절과 무릎의 신전과 굴곡을 조율할 수 있다. 고관절 신전에 많은 에너지가 필요할 때, 햄스트링은 팽팽해지면서 대퇴사두근의 에너지를 고관절 신전으로 전환하는 데 도움을 준다. 반대로, 무릎 신전에 많은 에너지가 필요할 때는 대퇴직근이 고관절 신전근으로부터 에너지를 무릎 신전으로 전환한다. 이와 같은 양관절 근육의 에너지 전달 메커니즘은 다양한 움직임에서 에너지를 효율적으로 보존하면서 관리할 수 있게 해준다. 달리기는 이러한 양관절 근육의 기능을 통해 에너지를 효율적으로, 그리고 손실 없이 수행할 수 있는 움직임 패턴이다(Prilutskii & Zatsiorsky 등, 1994; Doorenbosch 등, 1997).

게다가 양관절 근육의 기능은 몸이 원위부(다리 아래쪽)에 적은 질량만 필요하도록 설계될 수 있게 한다(즉, 달리기가 더 효율적으로 된다). 인간의 경우, 달리기에 필요한 에너지의 약 80%는 다리의 진자 운동에, 15%는 추진력에 사용된다. 그러나 달리기에 특화된 동물(즉, 고속으로 달리는 포식 동물)에게는 이러한 비율이 훨씬 더 유리하다. 고속 동물의 뒷다리는 달리기 중 다리가 상하로 흔들리면서 에너지가 거의 손실되지 않도록 설계되어 있다. 추진력을 위한 근육 덩어리는 골반 근처에 집중되어 있다. 양관절 근육은 긴 힘줄을 통해 힘을 전달할 수 있기 때문에, 원위부에 위치한 관절 주위에는 상대적으로 작은 근육이나 심지어 근육이 거의 필요하지 않다. 말조차도 거의 근섬유가 없는 양관절 근육을 가지고 있으며, 실제로 '양관절 힘줄'이라는 용어가 더 적절할 수 있다. 말의 다리는 매우 길고 가늘며, 원위부에 위치한 진동 질량이 매우 적다. 이러한 구조는 에너지를 덜 사용하게 해준다. 이는 고속으로 달릴 수 있는 동물(예: 말, 타조, 토끼)뿐만 아니라, 적은 에너지를 사용하면서 먼 거리를 이동해야 하는 동물(예: 누, 순록)에게도 해당된다. 후자의 동물들은 골반을 사용하지 않고도 이동할 수 있어 더 많은 에너지를 절약할 수 있다

인간의 몸은 달리기에 특별히 맞춰져 있지는 않지만, 인간에게도 양관절 근육의 특성은 달리기에 필요한 총 에너지량에 큰 영향을 미치는 여러 적응을 가능하게 한다. 하퇴부는 허벅지보다 훨씬 얇고, 인간의 경우에도 가장 큰 조직 덩어리는 골반 근처에 위치한다(골반은 신체에서 가장 무거운 부분이다). 신체 원위부의 무게를 제한하는 중요성은 달리기용 신발을 설계할 때도 고려된다. 발은 달리기 중 극도로 빠른 속도로 가속 및 감속되기 때문에, 발의 무게를 조금만 줄여도 성능에 큰 영향을 미칠 수 있다.

사지에 가능한 적은 질량이 있도록 신체가 설계된 것은 특히 지구력 성능에 효과

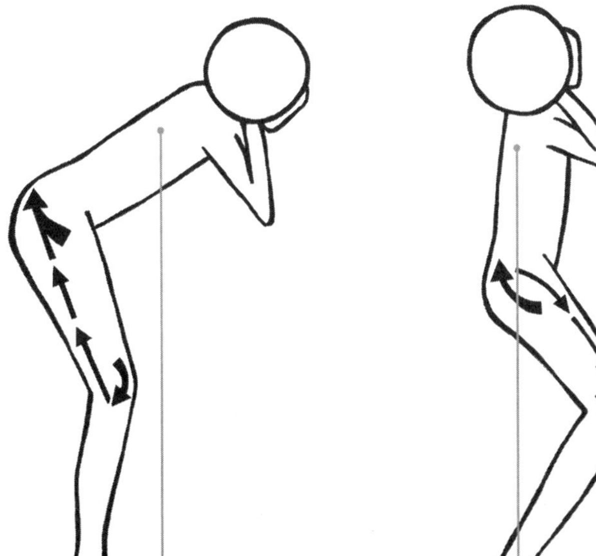

그림 1.41 양관절 근육 그룹의 역학 2

A 자세에서는 고관절 신전에 많은 에너지가 필요하다. 대퇴사두근을 수축함으로써 햄스트링에 반대 방향의 모멘트가 가해지고, 햄스트링이 팽팽해지면서 이 모멘트는 고관절 신전 모멘트로 전환될 수 있다. B 자세에서는 무릎을 펴는 데 많은 에너지가 필요하다. 대둔근을 수축하면 대퇴직근이 편심성으로 부하되고, 그 후 대퇴직근이 팽팽해지면서 이 에너지를 무릎 신전 모멘트로 전환할 수 있다.

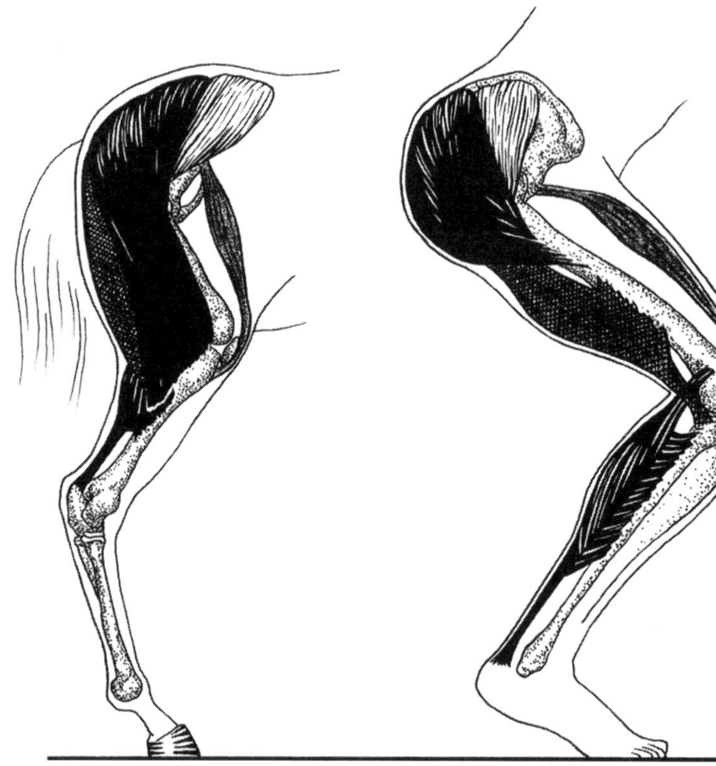

그림 1.42 '전문가'인 말과 '다재다능한' 인간의 비교

말의 경우, 더 많은 근육이 고관절 주변에 집중되어 있다. 달리기 중 흔들리는 다리의 원위부에는 거의 근육이 없기 때문에 이러한 움직임은 적은 에너지를 사용한다. 양관절 근육 덕분에 신체는 이러한 구조를 가질 수 있다.

적이라는 것을 증명한다. 빠른 가속이 요구되고 많은 동심성 힘이 필요할 때는 사지 관절 주위에 많은 근육 덩어리가 필요하다(예: 스프린터의 허벅지)(Martin & Cavanagh, 1990).

달리기 중 양관절 근육이 어떻게 작용하는지는 지지 구간에서 발생하는 여러 문제를 바탕으로 아래에서 논의된다.

푸시오프 시 힘의 크기와 방향

지지 구간 동안 앞으로 나아가는 추진력은 발이 지면에 가하는 힘의 크기와 방향에 따라 달라진다. 힘이 클수록, 그리고 그것이 뒤쪽으로 잘 방향을 잡을수록 더 효과적인 추진력이 발생한다. 빠른 달리기 중에는 추진력의 크기가 클 때 그 방향을 주자의 이점으로 돌리기가 어렵다. 이를 다음과 같이 분석할 수 있다.

신체가 발이 지면에 닿은 상태에서 폐쇄 사슬closed chain을 형성하고 있으며, 속도가 빠른 달리기 중에도 신체 중심이 지지점 바로 위에 놓이게 되는 자세를 취한다고 가정할 수 있다. 이때 몸통(골반 포함)과 지지 발이 고정된 지점으로 간주된다. 발은 마찰력으로 인해 지면에 고정되고, 몸통은 질량 관성과 팔의 움직임('고속 달리기' 130쪽 참조)으로 인해 안정적으로 유지된다. 만약 지지 구간 동안 고관절 주변의 신전을 제공하는 근육(예: 대둔근)만이 활동한다면, 힘은 허벅지를 뒤로 당기게 되어 고관절과 무릎에 관절 모멘트가 발생한다. 두 관절 모두 신전 힘 모멘트를 경험하게 되며(무릎 신전, 고관절 신전), 지면에 가해지는 힘의 투사선은 하퇴부와 일치하게 된다. 다리에서 지면으로 힘이 전달될 때, 반대 방향으로 반작용력이 발생한다. 이 경우 반작용력은 발목과 무릎을 통과하게 된다. 하퇴부와 수직면이 이루는 각이 작을 때(빠른 달리기 중처럼), 반작용력의 방향도 수직이 된다. 만약 고관절 신전근이 큰 힘을 발휘하면, 지면에 전달되는 힘도 커지게 된다. 그러나 달리기 중 고관절 신전근만이 작용한다면, 몸이 움직이는 방향은 결코 유리하지 않다.

달리기 중에는 뒤쪽으로 향하는 힘이 필요하다. 지면에 가해지는 힘이 충분히 뒤쪽으로 향할 때, 지면 반작용력은 고관절과 무릎 앞을 지나게 된다. 지면 반작용력 모멘트는 고관절을 굽히고 무릎을 신전하려는 경향을 나타낸다. 또한, 고관절을 신전시키면서 동시에 무릎을 더 강하게 굽히면 반작용력이 증가할 수 있다. 만약 고관절과 무릎 주

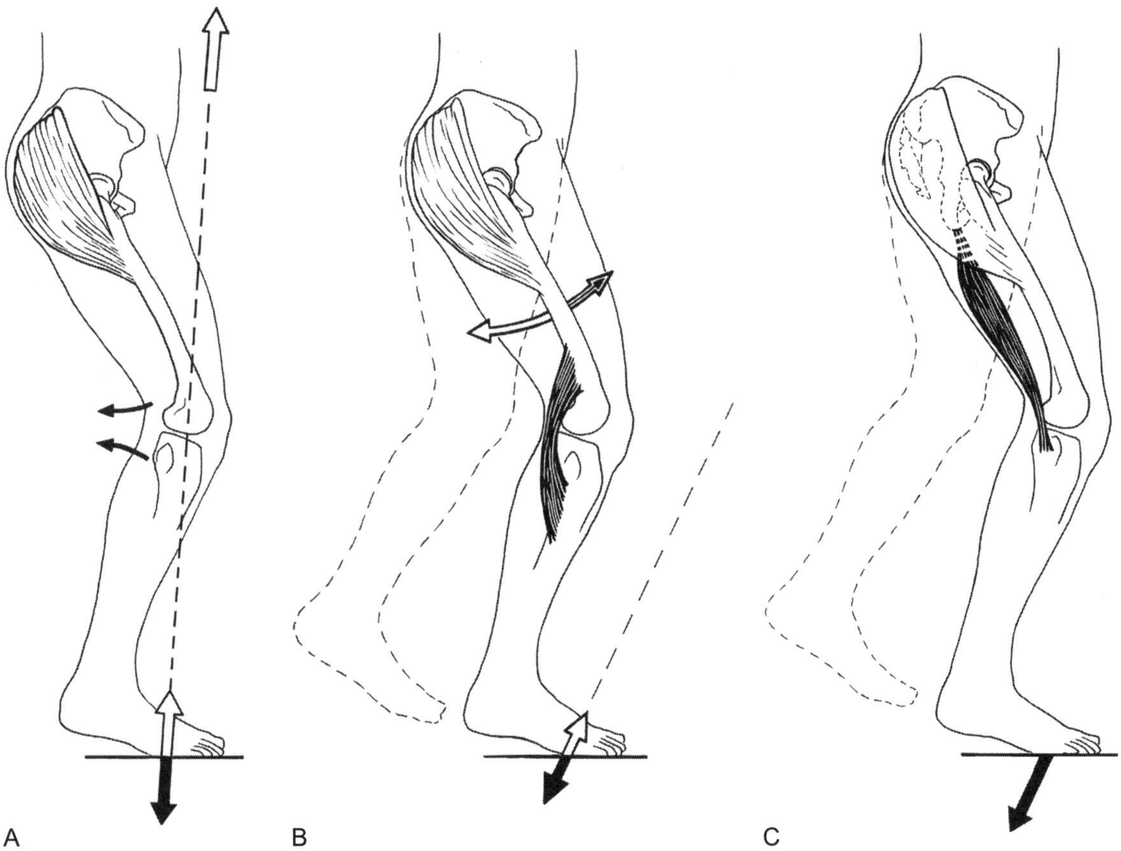

그림 1.43 빠른 달리기 시의 추진력

(A) 신체가 똑바로 세워진 상태에서 대둔근만이 활성화되면, 무릎과 고관절에 신전 모멘트가 발생하고 지면 반작용력이 무릎을 통과하게 된다.
(B) 푸시오프 힘을 뒤쪽으로 향하게 하려면, 고관절을 신전시키고 무릎을 굽히는 힘이 필요하다. 단관절 무릎 굴곡근은 단관절 고관절 신전근과 정반대로 작용한다(허벅지의 화살표를 참조). 이러한 굴곡근이 동시에 작용하면, 남는 에너지는 거의 없다. 단관절 근육 시스템에서는 푸시오프 힘을 뒤쪽으로 향하게 하면 항상 추진력에 사용 가능한 에너지가 감소하게 된다.
(C) 대둔근의 위치를 유지하는 데 도움이 되는 힘은 무릎에 신전 효과를 미친다. 햄스트링은 무릎 신전을 억제하고 무릎 신전에서 발생한 에너지를 고관절로 전달하여 고관절 신전에 기여한다. 햄스트링은 고관절 신전근과 대항하지 않으면서 힘을 유리한 방향으로 전환할 수 있다. 햄스트링은 에너지를 손실시키지 않고 무릎에 굴곡 모멘트를 생성할 수 있다.

변의 작업을 담당하는 근육들이 모두 단관절 근육이라면, 이 근육들은 서로 대항하여 작용하게 된다(즉, 고관절 신전근은 고관절을 신전시키고 간접적으로 무릎을 신전시키려 하고, 무릎 굴곡근은 무릎을 굽히고 간접적으로 고관절을 굽히려 할 것이다). 이 경우 근육들이 길항적으로 작용하여 많은 에너지가 내부 마찰열(저항을 받으며 근육이 신장될 때 발생하는 열)로 손실될 것이다. 고관절 신전근이 동심성으로 작용하고 무릎 굴곡근이 편심성으로 작용하기 때문에, 무릎 굴곡으로 인해 발생하는 에너지가 손실된다. 이 에너지는 고관절 신전근에 의해 생성된 것이다. 따라서 단관절 무릎 굴곡근이 작용할 때, 힘이 뒤쪽으로 더 많이 향할수록 그 힘은 더 적어진다. 이것이 운동기구에 강한 단관절 무릎 굴곡근이 없는 이유이다.

이 문제의 해결책은 햄스트링의 구조에서 찾을 수 있다. 햄스트링 근육군은 무릎과 고관절을 동시에 가로지르기 때문에, 무릎을 굽히면서 고관절을 신전시키는 역할을 동시에 수행한다. 강력한 고관절 신전근(대둔근)이 무릎에 미치는 간접적인 신전 효과는 햄스트링에 의해 상쇄된다. 이를 달성하기 위해 필요한 에너지는 내부 마찰열로 소모되지 않고, 대신 고관절로 전달되어 고관절 신전을 강화하는 데 사용된다. 이 방식으로, 무릎을 신전해야 할 때 속도가 감소하더라도 에너지 손실 없이 지면에 가해지는 힘을 뒤쪽으로 향하게 할 수 있다. 햄스트링은 필요에 따라 고관절 신전근이 생성한 총 힘을 무릎과 고관절에 나눌 수 있다.

특히 고속 달리기에서는 이러한 메커니즘이 햄스트링을 매우 중요한 근육으로 만든다. 고속에서 추진이 일어날 수 있는 시간은 필연적으로 매우 짧기 때문에, 앞으로의 회전이나 축 회전에 대한 보상을 할 시간이 충분하지 않다. 몸통이 앞으로 기울어지면 앞쪽 회전이 발생하므로, 상체는 똑바로 유지해야 한다. 축 회전은 지지 구간 끝에 힘이 가해질 때 발생한다. 따라서 추진은 지지 구간 초반에 일어나야 한다('고속 달리기' 130

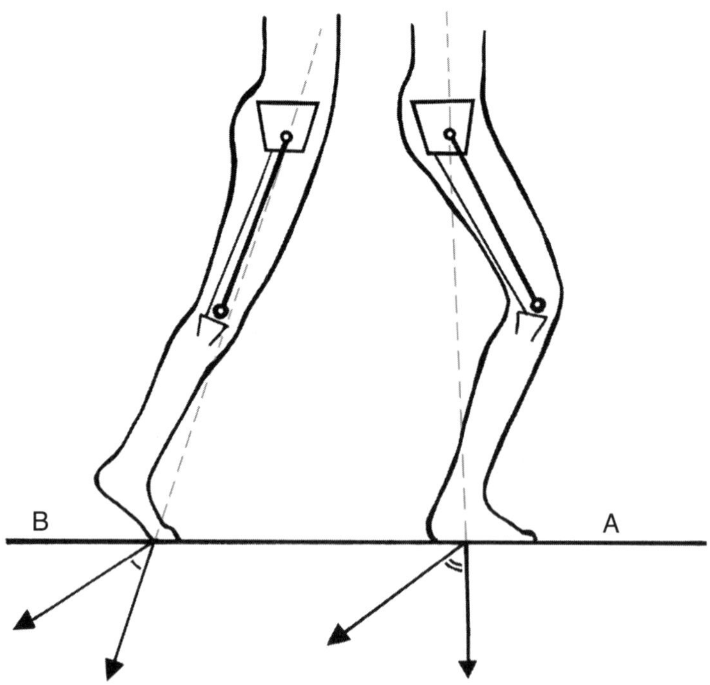

그림 1.44 '햄스트링으로 달리기'

푸시오프의 첫 부분(A)에서는 햄스트링이 고관절에서 큰 지레팔을 가지지만, 그만큼 푸시오프 힘을 뒤쪽으로 향하게 하는 능력과 힘에 큰 부담이 주어진다. 푸시오프 끝(B)에서는 더 이상 많은 힘이 필요하지 않으며, 푸시오프를 유도할 필요도 줄어든다. 그러나 이때는 햄스트링의 고관절에 대한 지레팔이 매우 작아져서 햄스트링이 효과적으로 작동할 수 없다. 따라서 햄스트링은 푸시오프의 첫 부분에서만 작용한다.

쪽 참조). 신체의 자세가 똑바로 서 있고 지면 접촉 초기부터 추진력을 가해야 하기 때문에, 푸시오프 순간에 고관절과 발을 잇는 가상의 선은 지면과 약 90°의 큰 각을 이룬다. 지면에 가해지는 힘이 뒤쪽으로 잘 향할 때, 고관절에서 발까지의 선과 추진력 방향이 이루는 각도는 크게 형성된다. 이 상황에서 햄스트링의 힘 방향 전환 능력이 크게 요구된다. 이러한 근육들은 이 작업에 매우 적합한데, 이는 지지 구간 초반에 고관절에 대해 유리한 지레팔을 가지고 있기 때문이다. 그러나 지지 구간이 끝날 때쯤 되면 이 지레팔은 더 이상 유리하지 않다. 따라서 빠른 속도로 달리는 것을 '햄스트링으로 달리기'라고 할 수 있다.

속도가 빠른 달리기에서는 추진력이 지지 구간 초반에 발생하게 된다. 그 이유는 햄스트링이 고관절 신전근으로서 제대로 기능하려면 고관절에 대해 큰 지레팔을 가져야 하기 때문이다. 뒤로 굽힐 때 지레팔은 작고, 앞으로 굽힐 때는 크다. 지지 구간 끝에 고관절과 발을 잇는 선이 지면 반작용력과 이루는 각도는 다소 유리하지만, 이 시점에서 햄스트링의 고관절에 대한 지레팔은 너무 작아져서 고관절에 힘을 거의 가할 수 없게 된다(Rozendal & Huijing, 1996). 근전도(EMG) 연구 데이터도 햄스트링이 지지 구간 초반에 특히 활발히 작용한다는 것을 보여주며, 이는 탄성 에너지가 방출되는 순간에 요구되는 반응성과 일치한다.

몸의 질량이 고관절에 집중됨

앞서 언급했듯이, 다리의 원위부에 질량이 집중되는 것은 달리기의 효율성에 좋지 않다. 또한, 움직임의 체인은 약한 고리를 견딜 수 없다는 사실도 중요하다. 고관절 주변에서 생성된 힘이 지면에 얼마나 전달될 수 있는지는 무릎과 발목 주변에서 생성된 힘의 양에 달려 있다. 만약 발목의 저측굴곡근(발목을 아래로 굽히는 근육)이 매우 약하다면, 고관절에서 생성된 힘은 강한 배측굴곡(발목을 위로 드는 움직임)으로 인해 무효화되어, 편심성 근육 작용을 통해 마찰열로 소모된다. 양관절 근육을 통해 한 관절에서 다른 관절로 에너지를 전달함으로써, 근육 자체가 크지 않아도 발목과 무릎 주변에서 많은 힘을 생성할 수 있다.

대퇴직근은 슬개골(회전 지점 역할을 하는)의 존재 덕분에 무릎에 대해 비교적 큰 지레팔을 가지고 있다. 고관절에 대한 지레팔은 햄스트링보다 작다. 고관절의 신전은 대퇴직근이 작용하는 방향과 반대되는 관절 모멘트이다. 대퇴직근이 팽팽해지면 이러한 반작용 움직임이 무릎에 신전력을 발생시킨다. 따라서 대퇴직근은 특히 고관절의 신전과 무릎 신전이 동시에 필요한 움직임에서 에너지를 적극적으로 전달한다. 처음에 주자가 몸을 앞으로 기울였을 때, 고관절과 발을 지나는 가상의 선은 추진력 방향과 비교적 작은 각을 형성한다. 따라서 반작용력은 무릎 뒤쪽과 고관절 앞쪽을 지나게 된다. 그 결과, 고관절과 무릎 신전은 서로 호환되며, 대퇴직근은 고관절에서 무릎으로 에너지를 적극적으로 전달할 수 있다. 스프린트의 첫걸음에서 대퇴직근에 의한 에너지 전달은 무릎 관절의 총 힘 모멘트의 약 30%를 기여하는 것으로 측정되었다(Jacobs & Ingen Schenau 등, 1992; Ingen Schenau 등, 1995; Jacobs 등, 1996). 빠른 속도에서 지지 구간의 첫 부분 동안, 무릎 신전과 고관절의 신전은 햄스트링이 힘을 조정하는 것과 관련하여 확실히 서로 호환되지 않는다. 따라서 대퇴직근은 덜 활발하게 작용하며, 주로 푸시오프 끝에서 가장 많이 작용하게 된다.

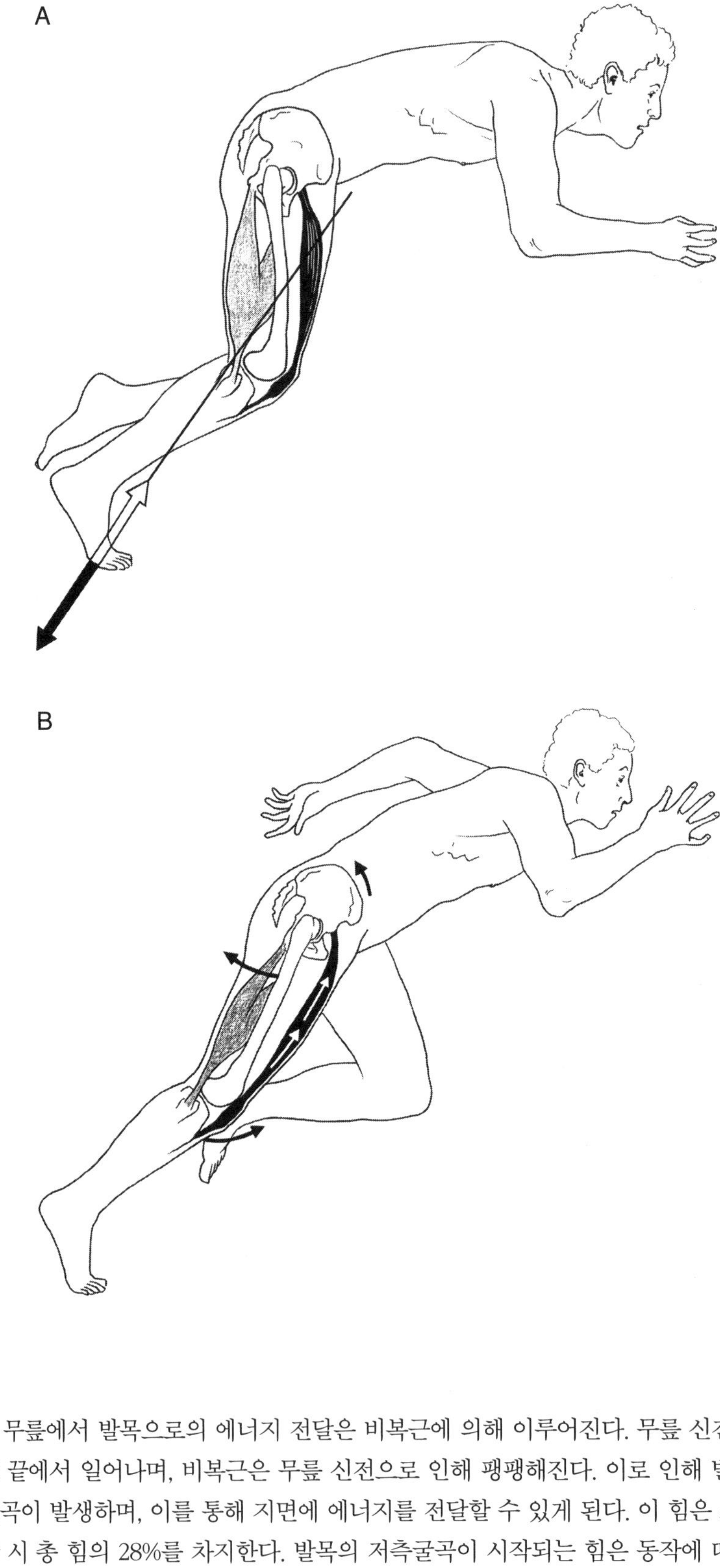

그림 1.45 고관절과 무릎 주변의 힘

(A) 처음에 몸이 앞으로 기울어져 있을 때, 지면 반작용력은 무릎 뒤쪽과 고관절 앞쪽을 지나간다. 이때 고관절과 무릎을 동시에 신전시키면 푸시오프 힘을 다시 방향 조정하지 않고도 더 강하게 만들 수 있다.
(B) 단관절 무릎 신전근은 고관절 신전근보다 적은 힘을 발휘할 수 있다. 고관절 신전은 대퇴직근의 작용을 상쇄하는 모멘트를 만들어내며, 대퇴직근은 길어지지 않으려 하며 팽팽해진다. 이렇게 해서 대퇴직근은 무릎에 신전 모멘트를 생성하게 된다. 에너지가 고관절에서 무릎으로 전달된다. 이 전달을 조절함으로써 고관절과 무릎 신전을 조율할 수 있다.

무릎에서 발목으로의 에너지 전달은 비복근에 의해 이루어진다. 무릎 신전은 푸시오프 끝에서 일어나며, 비복근은 무릎 신전으로 인해 팽팽해진다. 이로 인해 발목의 저측굴곡이 발생하며, 이를 통해 지면에 에너지를 전달할 수 있게 된다. 이 힘은 스프린트 시작 시 총 힘의 28%를 차지한다. 발목의 저측굴곡이 시작되는 힘은 동작에 따라 다르다. 한 다리로 하는 수직 점프에서 발목 관절에 대한 파워의 최대값은 약 1150W로 측정되었고, 스프린트 시작 시에는 2050W, 달리기 중에는 2625W로 측정되었다. 수직 점

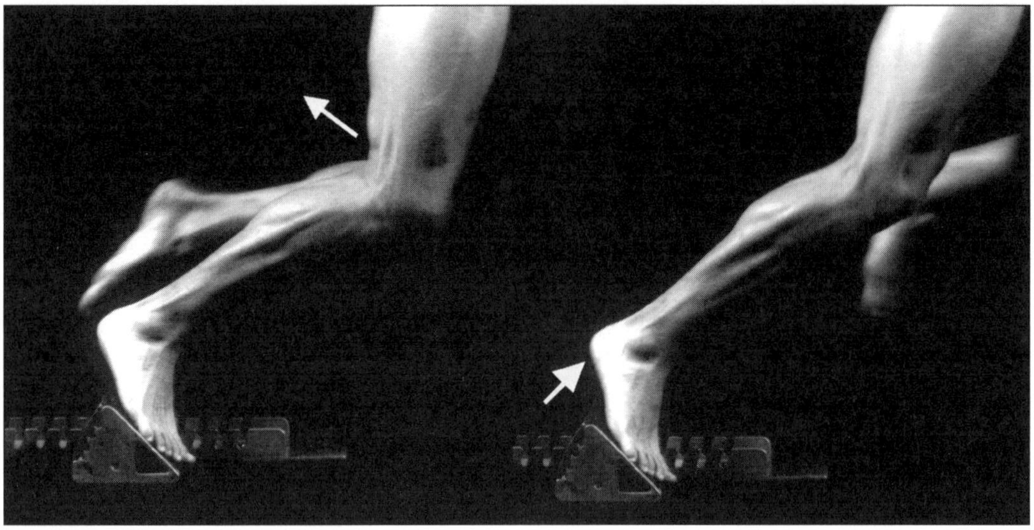

그림 1.46 시작 시 비복근의 역할

무릎이 빠르게 신전될 때 세 가지 문제가 발생한다. (a) 무릎 신전이 결국 멈춰야 한다, (b) 신전에서 발생한 에너지가 손실되지 않아야 한다. (c) 신전 끝에서 무릎의 방향이 진행면과 맞지 않게 된다. 무릎 신전은 비복근에 편심성 모멘트를 가한다. 비복근이 팽팽해지면, 무릎 신전에서 발생한 에너지를 발목으로 전달하여 무릎 신전을 늦추고 발목의 저측굴곡을 위한 에너지를 제공한다. 이는 진행면에 대한 움직임을 강화하는 역할을 한다.

프에서는 무릎 신전이 비교적 느리기 때문에 하퇴세갈래근과 아킬레스건에 가해지는 당기는 힘이 제한적이다. 스프린트의 시작 시점에 많은 사전 스트레칭이 발생하긴 하지만, 비복근은 이 시점에서 달리기 중보다 덜 활발하게 작용하는데, 그 이유는 스프린트 시작 시 비복근이 너무 강하게 작용하면 무릎 신전을 지나치게 방해하여 지면으로의 힘 전달에 불리한 영향을 미칠 수 있기 때문이다. 에너지 전달과 탄성은 달리기 중에 가장 크게 기여한다(Bobbert 등, 1986; Jacobs 등, 1993). 무릎 신전 시 에너지 전달과 탄성에서 기여하는 힘은 달리기 중 발목 관절에 필요한 총 힘의 최대 75%를 제공할 수 있다. 하퇴부 근육은 상대적으로 짧게 수축하기 때문에 강한 깃근$_{\text{pennate}}$ 구조를 가질 수 있으며, 또한 큰 질량이 필요하지 않다(Hof 등, 1983; McNiell Alexander, 1987).

무릎 신전

앞서 논의한 에너지 전달 외에도, 비복근은 푸시오프 단계 끝에서 발생하는 두 가지 문제를 해결한다.

첫째, 발이 땅에서 떨어지기 직전의 빠른 무릎 신전이 흡수되어야 한다. 근력으로 그것을 흡수하지 못하면, 강하고 단단하며 유연성이 부족한 수동적 구조에 의존해야 할 것이다. 비복근(무릎 굴곡근)에 의한 에너지 전달은 무릎 뒤쪽의 수동적 구조에 큰 부담을 주지 않고 무릎 신전 속도를 줄이는 효과를 가져온다. 따라서 이 경우에도 에너지가 마찰열로 손실되지 않고 '재사용'될 수 있다.

둘째, 무릎 신전이 진행될수록 신체 중심을 이동시키는 데 기여하는 정도가 줄어든다. 무릎 주변에서 발생하는 힘은 목표한 방향으로의 가속에 점점 덜 기여하게 된다. 발목으로의 힘 전달이 적절한 타이밍에 이루어지면, 추진력을 올바르게 유지할 수 있으며 더욱 효과적이다.

비복근의 세 가지 기능(에너지 전달, 무릎 보호, 가속 방향 유지)은 밀접하게 상호 연결되어 있다.

요약

요약하면, 양관절 근육의 작용과 운동기구의 탄성 특성은 달리기 동안 매우 중요한 역할을 한다고 할 수 있다. 이들은 더 정확한 협응을 도와 푸시오프를 더 효과적으로 만든다. 동작이 시작되는 타이밍을 정확히 맞추는 것이 매우 중요하다. 움직이는 관절에 대한 지레팔이 유리해야 하며, 근육은 추진력이 크고 올바르게 방향을 잡을 수 있도록 작동해야 한다. 에너지가 전달될 때, 다양한 관절의 힘 모멘트 간에 일관성이 있어야 한다. 앞서 언급한 것처럼, 탄성의 기능과 함께 달리기는 매우 복잡한 협응된 움직임 패턴으로 볼 수 있다.

러닝의 조절 방식

움직임이나 달리기는 중추신경계(CNS)에 의해 조절된다. 최종적인 움직임 패턴은 특별히 교차 연결된 경로를 통해 만들어진다. 그 이유는 운동계가 자신의 구조에 의해 결정된 요구와 가능성에 적응해야 할 뿐만 아니라, 작동해야 하는 주변 환경과도 조화를 이루어야 하기 때문이다. 주변 환경이 요구하는 사항에 맞추어 의도된 패턴을 조정하려면, 움직임 패턴에 영향을 미치는 여러 요소를 유연하게 다룰 수 있어야 한다. 신체 자체뿐 아니라 환경도 큰 영향을 미치기 때문에, 예를 들어 달리기 중에는 스윙 다리의 움직임이 스탠스 다리의 움직임에 맞춰져야 하고(신체 내부의 적응), 불균일한 표면에 맞춰 보폭을 조절하는 등 환경이 요구하는 사항에도 적응해야 한다. 운동계는 움직임 패턴이 엄격히 프로그래밍되지 않아야만 충분히 유연하고 표현력 있게 기능할 수 있다. 따라서 프로그램에서 실행까지의 경로에 여러 피드백 루프를 포함시켜, 피드백과 수정이 이루어질 수 있도록 해야 한다. 신경계의 구조와 기능에 대한 우리의 이해는 여전히 불완전하며, 근방추muscle spindle의 기능처럼 이해된 것으로 여겨졌던 시스템들도 더 면밀히 살펴보면 이전에 생각했던 것보다 더 다양한 기능을 가진 것으로 드러나고 있다. 신경과학에서는 종종 연구의 기초로서 현실을 단순화한 모델을 사용한다.

아래에서는 달리기와 관련된 신경지배의 몇 가지 측면을 제한적으로 논의하며, 특히 달리기와의 연관성에 초점을 맞춘다.

구심성 및 원심성 신경지배: 운동 및 감각 시스템

운동 기구를 신경지배하는 신경 다발은 크게 두 그룹으로 나눌 수 있다.

- 구심성afferent 다발: 운동 기구로부터 중추신경계(CNS)로 정보를 전달한다(운동감

각, kinesthesia). 근방추, 힘줄과 관절의 센서를 통해 근육 길이의 변화, 힘줄의 긴장, 관절 위치 등의 정보가 전달될 수 있다.

- 원심성efferent 다발: 중추신경계에서 근육으로 운동 자극을 전달한다. 같은 운동 신경에 의해 신경지배를 받는 모든 근섬유는 하나의 운동 단위(MU)를 형성하며, 이는 크거나 작을 수 있다. 근육의 힘은 많은 또는 적은 운동 단위를 수축시킴으로써 조절할 수 있다. 근육에 서서히 힘을 가해야 할 때는 작은 운동 단위가 먼저 활성화되며, 더 큰 힘이 필요할 때는 큰 운동 단위가 작동한다. 이러한 '크기 원칙size principle'은 생성되는 힘의 양을 정밀하게 조정하는 역할을 한다. 움직임 조절의 기본 원리(Fox 등, 1996; Cranenburgh, 1997a, b)는 적용되는 힘의 타이밍과 양을 조절하는 것이다.

운동 기구 자체에서 직접 오는 정보는 다른 감각 데이터로 보완된다. 시각, 청각, 촉각, 전정기관(평형) 정보가 운동감각 정보를 보완한다.

운동 및 감각 시스템은 밀접하게 얽혀 있다. 운동 자극이 단순히 뇌에서 하향 전달되어 움직임을 만들어내는 것이 아니다. 만약 그렇다면 움직임 패턴은 경직되며 특정 순간의 요구에 맞게 조정될 수 없을 것이다. '운동 제안'efference copy은 운동을 수행해야 하는 상황에서 감각 기관이 제공하는 피드백과 연결될 수 있으며, 여러 수준에서(감각 피질, 시상, 망상체, 배측 기둥, 배측각, 척수 등) 피드백과 연결된다. 이로써 운동 자극은 다양한 수준에서 조정되어 그 상황에 맞춰진다.

감각 정보는 기능과 움직임과 관련된 두 가지 범주로 나눌 수 있다.

- 재구심성 정보Re-afference: 운동 시스템 자체에서 생성되는 정보. 신체가 움직일 때(예: 관절 위치 변화, 균형을 담당하는 내이 기관, 발바닥, 걸음 소리 등에서), 생성된 감각 정보는 운동-감각 시스템으로 피드백되어 운동계의 추가 조정에 사용된다. 재구심성 정보는 간접적으로도 얻을 수 있다. 운동선수는 자신의 신체에서 일어나는 일을 직접 관찰할 필요 없이, 자신의 성과나 외부에 저장된 데이터(예: 비디오 녹화 또는 코치의 관찰)를 통해 기술의 정확성을 판단할 수 있다.
- 외감각Exteroception: 움직임에서 직접적으로 발생하지 않는 정보(예: 지면의 불규칙성, 다가오는 커브, 상대방의 속도에 관한 시각적 데이터).
  — 불규칙한 지면(예: 숲이나 언덕지대)에서 달릴 때, 외감각적 감각 시스템은 움직임 발달에 큰 역할을 한다. 지면의 불규칙성이나 상태에 대한 정보(예: 시각 및 청각 정보)는 근육의 기본 긴장도와 균형을 유지하는 데 필요한 자세 변화를 좌우한다.
  — 규칙적인 조건(예: 안정된 날씨에 육상 트랙)에서 달릴 때는 외감각적 정보의 영향이 줄어든다. 이런 상황에서는 재구심성 감각 시스템의 정보에 집중하는 것이 더 유리하다(예: 무릎이 충분히 굽혀졌는가? 발착이 충분히 강한가?).

효율적으로 달리는 방법을 배우기 위해서는 운동선수가 두 가지 감각 시스템을 모두 활용할 수 있어야 한다. 외감각적 정보는 코치가 운동선수의 움직임 패턴을 조정하는 데 도움을 줄 수 있다(예: 걸음 길이를 지정하거나 스윙 다리 굴곡을 강조하기 위해 15cm 높이의 장애물을 2.5m 간격으로 설치하는 등). 하지만 좋은 달리기 기술을 배우려면 재구심성 감각 시스템이 더 중요하다. 달리기는 순환 운동이기 때문이다. 순환 운동에서는 각 동작이 새로운 자율적 자극에서 시작되지 않고, 이전 움직임에서 이어지기 때문이다. 한 사이클의 시작은 사실상 이전 사이클의 끝이다. 따라서 순환 운동에서는 움직임 자체에서 얻은 정보가 새로운 자율적 자극에서 시작하는 움직임보다 더 중요하다. 효율적인 달리기 기술을 개발하려면 운동선수가 재구심성 정보에 민감해야 한다. 훈련 중에 외부 자극(예: 앞서 언급한 장애물 사용)이 도입되더라도, 달리기 패턴을 조정할 때는 여전히 재구심성 자극이 더 중요하며 항상 충분히 주의를 기울여야 한다(예: 발목에 긴장 유지, 고관절의 올바른 위치, 짧고 강한 지면 접촉). 훌륭한 운동선수는 자신의 신체 내부에서 일어나는 변화에 민감하다. 기술 훈련은 이러한 감각을 개선하여, 외부 환경으로 인해 주의가 산만해질 수 있는 상황에서도 재구심성 정보를 잘 활용할 수 있도록 하는 데 중점을 두어야 한다.

다음은 운동선수가 보폭을 매우 길게 유지하면서(예: 2.50m) 지면 접촉 시간을 매우 짧게 하여 고속으로 달리는 과제를 수행하는 예이다(15cm 높이의 장애물이 2.50m 간격으로 배치되어 있고, 이 사이에서 단 한 번만 지면에 닿는다). 운동선수는(다소 어려움이 있지만) 이 과제를 수행할 수 있다. 그러나 자세가 올바르지 않아 한 걸음으로 과제를 완수할 수 있을 만큼 지면 접촉 시간이 짧지 않다면, 그다음 걸음에서도 짧은 지면 접촉을 유지하기 어려울 것이다. 신체의 올바른 자세와 긴장도에 대한 필요한 정보를 제공하는 감각 피드백 루프가 방해를 받아 즉각 회복하지 못하게 된다. 운동선수는 어느 걸음에서 목표했던 달리기 패턴이 깨졌는지 직감적으로 배우고, 달리기 중에 더 나은 자세와 적절한 긴장도를 유지하는 법을 익힐 수 있다. 15cm 높이의 장애물은 간격을 2.25m부터 시작해 5cm씩 늘려 2.75m까지 늘려 배치할 수도 있다. 운동선수의 과제는 변함없이 빠르게 달리면서 짧은 지면 접촉 시간을 유지하는 것이다. 이러한 연습을 통해 운동선수는 보폭을 얼마나 늘리면서도 짧은 지면 접촉을 유지할 수 있는지 감각을 익힐 수

그림 1.47 릴레이 교대 중 외부 및 내부(재구심성) 정보

- 재구심성: 오른쪽 무릎의 움직임을 왼쪽 다리의 신전과 조율하며, 지면 접촉 시간을(왼쪽 주자는 길고 오른쪽 주자는 짧음) 상체가 앞으로 기울어진 자세(왼쪽) 또는 똑바로 선 자세(오른쪽)와 연결.
- 외부: 자신의 속도를 출발하는 릴레이 주자의 속도와 비교하고 배턴을 건네야 할 시점을 예측.

있다. 이러한 외부 자극(연습용 허들)을 통해 운동선수는 어떤 보폭과 지면 접촉 시간의 조합이 최적인지를 감지할 수 있게 된다(재구심성 감각 시스템).

근방추와 골지건 반사

운동 시스템은 흥분 또는 자극 패턴에 따라 조절되며, 이를 통해 신경 자극이 하나의 신경 세포에서 다른 세포로, 또는 신경계의 한 영역에서 다른 영역으로 전달된다. 운동 시스템의 조절에서는 자극의 전달뿐 아니라 자극을 억제하거나 차단하는 역할도 중요하다. 신경계의 모든 수준에서 기능은 자극과 그 전달 방식뿐 아니라 자극이 어떻게 소멸되거나 차단되는지에 의해 결정된다(Burgerhout 등, 1995; Fox 등, 1996; Rozendal & Huijing, 1996; Cranenburgh, 1997a, b).

신경계는 중추신경계(CNS)와 말초신경계로 나눌 수 있다. 여기서는 CNS(뇌와 척수)에 대해 더 깊이 다루지는 않지만, 자극 전달과 관련된 말초신경계의 몇 가지 측면(근육과 같은 말초 구조를 다루는 척수의 분할)에는 주목한다.

척수 수준에서 연결되는 말초 구조의 수용체는 다음과 같이 구분할 수 있다.

- 내수용기$_{\text{interoceptors}}$: 장기 내의 센서(여기서는 다루지 않음)
- 고유수용기$_{\text{proprioceptors}}$: 근방추, 골지건 기관, 관절 센서
- 외수용기$_{\text{exteroceptors}}$: 촉각, 통각 등

근방추는 몇 mm 정도의 길이로, 근육 내 섬유와 평행하게 위치한 수용체이다. 구조상 근방추는 근육의 길이 및 길이 변화에 민감하다. 구심성 Ia 섬유는 근육이 얼마나 멀리, 얼마나 빠르게 늘어나는지를 감지하고 정보를 전달하며, 구심성 II 섬유는 근육 길이 증가에 대한 정보를 전달한다. 이러한 정보는 근방추 내의 신장 수용체에 의해 제공된다.

근방추의 길이는 이를 신경지배하는 원심성 감마(γ) 운동 뉴런의 영향으로 변화할 수 있다. 그러나 근방추 내 신장 수용체의 길이는 근방추 자체의 길이가 변하더라도 그대로 유지된다. 이렇게 함으로써 수용체는 계속 신장에 민감한 상태를 유지한다. 근방추의 길이를 특정 상태로 조정하면, 전체 근육의 길이 또는 길이 변화에 민감하도록 설정할 수 있다. 예를 들어 크게 단축된 근육의 길이 변화를 감지해야 할 경우, 근방추 자체를 감마 운동 뉴런 자극에 의해 먼저 단축시켜야 한다. 그런 다음, 근방추 내 근섬유의 길이는 일정하게 유지되고 전체 근육의 길이 변화는 근육의 신장 수용체에 의해 감지된다. 이후 근육이 더 늘어난 상태에서 작용해야 할 경우, 근방추는 그 신장 수용체를 통해 근육의 새로운 위치를 측정하기 위해 먼저 길어져야 한다.

근육 길이 및 길이 변화를 신장 수용체가 감지하여 이를 척수에 전달한다. 이 정보는 중추신경계의 상위 수준으로 전달될 뿐 아니라 척수 수준에서 알파(α) 운동 뉴런을 활성화해 근육을 자극하고 수축시킨다. 이를 근방추 반사$_{\text{myotatic reflex}}$라고 한다. 근방추는 길이를 유지하는 기능도 한다(즉, 급격히 신장된 근육은 근방추의 신호로 인해 불수의적으로 수축된다). 따라서 근육은 두 가지 경로를 통해 조절될 수 있다. 알파 운동 뉴런 자극(뇌에서 직접 조절됨)과 감마 운동 뉴런 자극(근방추의 민감도를 조정하여 알파 뉴런을 간접적으로 조절). 후자의 메커니즘을 알파-감마 동시활성$_{\text{a-y coactivation}}$이라고 한다.

실제로 근방추의 기능은 매우 복잡하다. 활성화된 근방추는 더 높은 수준의 신경계와 연결되어 있으며, 근방추를 조정함으로써 알파-감마 결합과 근방추 반사에 중요한 영향을 미친다. 의식적인 등척성 수축이 수행되면 근방추 활동이 근육 긴장을 지지한다. 의식적인 동심성 수축이 수행되면 근방추 활동이 사라진다(중추에 의해 조절됨). 이 현상은 대부분의 반복적 움직임에 중요한 역할을 한다. 이전에 근방추가 척수 수준에서 주로 반사에 의해 작용한다고 생각했으나, 이제는 이 시스템이 더 복잡하고 상호작용적이며 유연한 모델로 바뀌어야 한다는 인식이 높아지고 있다. 척수 수준의 활동은 전체 과정의 일부일 뿐이다.

반사보다 더 중요한 점은 근방추 시스템이 외부 힘과 상관없이 근육을 특정 길이로 조정할 수 있는 간접적인 방법을 제공한다는 것이다. 운동계의 더 넓은 관점에서 보면, 근방추 시스템은 운동 시스템이 외부 요인의 영향을 배제하고, 특정 과제를 성공적

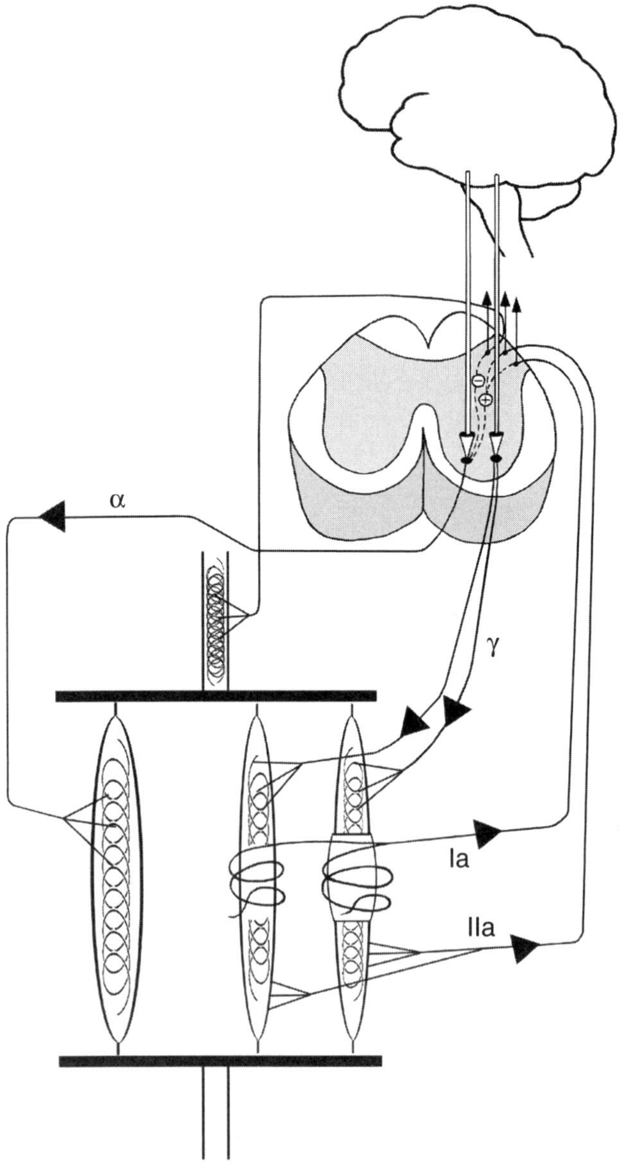

그림 1.48 근방추 시스템과 알파-감마 결합 도식

뇌에서 근육을 조절하는 신호 경로는 두 가지가 있다. 첫 번째 경로(α)는 알파 운동 뉴런을 통해 뇌에서 직접 근육으로 전달된다. 두 번째 경로(γ)는 간접 경로로, 뇌에서 감마 운동 뉴런을 거쳐 근방추에 도달하여 특정 범위 내에서 길이 변화를 감지하도록 민감하게 만든다. 이후 신장 시 Ia 및 IIa 섬유가 알파 운동 뉴런의 활동을 강화하는 신호를 보낸다. 이 간접 경로는 운동 시스템을 외부 영향에서 거의 독립적으로 만들며(외부 힘에 관계없이 근육이 의도한 길이에 도달하게 함), 따라서 의도한 대로 움직임을 구현하는 중요한 수단이 된다.

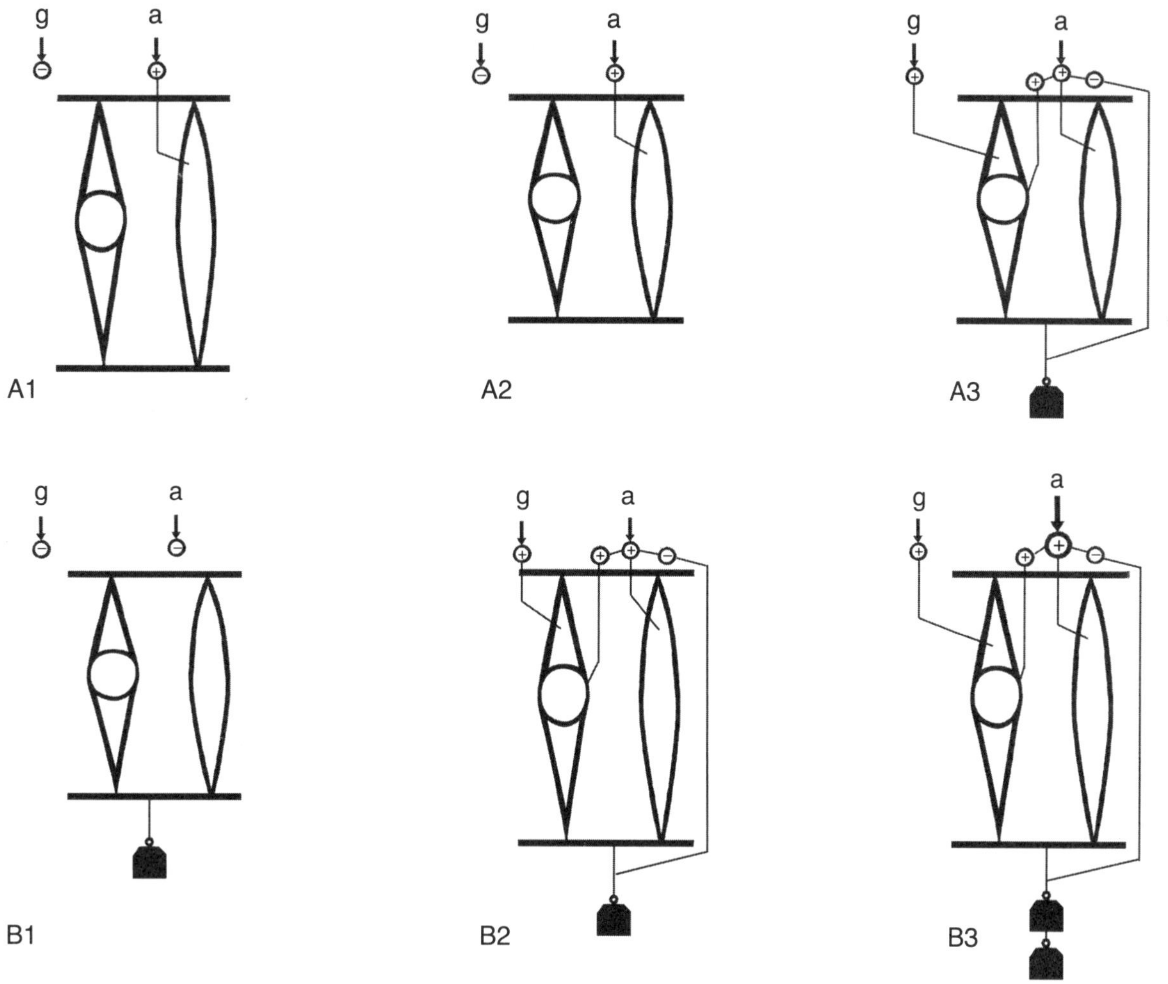

그림 1.49 알파-감마 결합의 두 가지 예

(A1) 근육이 외부 저항 없이 목표한 길이로 단축된다. (A2) 단축은 목표 길이에서 멈추고, (A3) 근육을 더 늘리려는 외부 힘이 더해지더라도 이 길이가 유지된다. 알파-감마 결합이 등척성을 유지한다.

(B1) 근육이 외부 힘에 의해 저항 없이 길어진다. 목표한 길이에 도달하면 근육이 갑자기 고정되며(B2) 더 이상 늘어나지 않는다. 이는 알파-감마 결합에 의해 발생한다. 외부 힘이 더 강해져도 (B3) 알파-감마 결합은 등척성을 유지한다.

으로 수행하는 데 필요한 외부 요인에 대한 적응을 포함하여, 사전에 계획된 대로 운동계를 조정할 수 있도록 돕는다.

게다가, 근방추는 '자신의' 근육을 불수의적으로 활성화하는 것 외에도 길항근에 억제 효과를 미친다. 척수 수준에서 억제는 흥분만큼이나 중요하다. 예를 들어 다리의 신전 동안 대둔근의 근섬유가 활성화될 때, 동시에 장요근의 섬유에 대해서는 억제 효과가 나타난다.

골지건 기관은 긴장을 제한하는 역할을 한다. 근육이 수축하면 힘줄이 늘어나면서 골지건 기관이 활성화된다. 골지건 기관은 척수 수준에서 피드백을 통해 근육을 억제하는 방식으로 작용한다. 이 시스템은 이전에 생각했던 것보다 훨씬 민감하게 작용한다.

즉, 골지건 기관은 단일 운동 단위의 활동으로 발생하는 긴장 증가도 감지할 수 있다.

근방추와 골지건 시스템은 본질적으로 보수적인 특성을 가지고 있다. 이들은 근육 길이와 긴장의 급격하고 극단적인 변화를 저항하려고 한다. 앞서 언급했듯이, 뇌의 운동 시스템은 이러한 두 보수적 시스템을 무효화할 수 있다. 이는 근방추와 골지건 시스템이 보내는 신호를 뇌가 예상할 수 있는 상황에서 가장 잘 이루어진다. 즉, 움직임이 익숙할수록 근육은 긴장과 이완을 더 빠르게 할 수 있고, 긴장과 이완의 차이가 큰 폭으로 발생할 수 있다. 그러나 특히 움직임이 순환적일 때, 비록 익숙한 동작이라 하더라도 예기치 못한 외부 요인이 뇌의 제어 능력을 방해할 수 있다. 예를 들어 100m 단거리 경주에서 평균 약 1.50m/s의 뒷바람이 불면 기계적 이점(저항 감소)이 생긴다. 그럼에도 불구하고 바람이 규칙적으로 부는지, 불규칙한 돌풍으로 부는지에 따라 큰 차이가 있다. 경기 중 실제 측정된 뒷바람이 1.50m/s이더라도, 그 바람이 불규칙하고 돌풍으로 불면, 많은 경우 모든 선수들(특히 기술적으로 뛰어난 선수들)이 기대 이하의 기록을 내는 경우가 많다. 이는 두 보수적 시스템에서 오는 신호가 불규칙하게 변화할 때 운동 시스템이 이를 예상하여 적절히 반응하지 못해 근육 긴장과 이완을 최적으로 조절할 수 없기 때문이다. 결과적으로 뒷바람으로 인한 이점은 운동 패턴이 교란될 때 부분적으로 상쇄된다. 육상 경기 중 바람을 측정하는 것은 선수의 성과에 환경이 미치는 영향을 대략적으로만 평가할 수 있는 방법일 뿐이다.

육상 훈련에서는 근방추 시스템의 영향을 강조하는 관점이 자주 등장하며, 이를 통해 근방추 반사 고리를 활용한다. 탄성 있는 스트레칭 운동은 긴장을 증가시킨다는 이유로 자주 권장되지 않는다. 일부 장비는 진동을 통해 근육 긴장을 높여 운동선수의 힘 수준을 향상시킬 수 있다고 알려져 있다. 근방추 반사가 지배적으로 작용한다고 전제하는 훈련 방식이 실제 운동 중 근육과 힘줄의 센서가 작동하는 방식에 대한 변화하는 이해와 어떻게 일치하는지 평가하는 것은 유용할 것이다.

관절의 센서

관절 센서는 관절 위치에 대한 중요한 정보를 제공한다(예: 달리기 중 발이 지면에 닿을 때 무릎 각도에 대한 민감도). 이러한 정보는 달리기 중에 이루고자 하는 동작과 실제로 발생하는 동작을 비교할 때 필수적이다. 관절 위치에 대한 정보가 부족하면 근육이 제대로 기능하지 못한다. 따라서 주요 센서가 위치한 무릎의 전방 십자인대가 파열되면 무릎이 불안정해질 수 있다. 무릎을 보조기나 테이프로 지지하는 것은 부드러운 바깥쪽 조직에만 영향을 미칠 뿐, 기계적인 관점에서 무릎의 안정성에는 크게 기여하지 않는다. 하지만 이러한 보조 장치는 무릎 관절낭 및 피부의 고유수용감각을 개선(촉진)하여 효과를 발휘한다. 이러한 센서는 근육의 긴장 효과를 강화하여 간접적으로 관절의 안정성에 영향을 미친다.

외부 감각 수용기, 특히 발바닥의 센서가 달리기 기술에 미치는 영향도 중요하다. 스파이크 운동화를 착용하면 지면에 대한 접지력을 높일 뿐만 아니라 발바닥에서 운동계로 명확한 신호를 전달할 수 있다. 반면, 강한 충격 완화 기능을 갖춘 운동화는 발에서 오는 일부 감각 정보를 잃게 만드는 단점이 있으며, 이는 근육 활동 및 기술적 숙련도 저하로 이어질 수 있다. 요즘 단거리 선수들은 훈련용 스파이크와 경기용 스파이크 신발을 더욱 구분해서 착용한다. 경기용 스파이크는 발 앞부분에 더 빨리 압력을 느낄 수 있도록 설계되어 있다. 이러한 (착각을 일으키는) 자극을 통해 달리기의 순환 운동이 '촉진'된다. 달리기는 자연스럽게 진행되지만, 이러한 스파이크를 항상 착용하는 것은 권장되지 않는다. 이러한 긍정적 효과는 일시적이며 너무 자주 사용하면 사라질 수 있기 때문이다.

운동 패턴 비교

운동 패턴에서는 흥분뿐만 아니라 억제도 중요한 역할을 한다. 두 요소의 조정은 특정 움직임 패턴에 따라 더 중요한 역할을 할 수 있다. 특히 빠른 속도 달리기에서는 보수적인 시스템(근방추와 골지건 기관)을 제어하는 능력이 여러 이유로 매우 중요하다.

- 빠른 속도 달리기에서는 근육이 강하게 수축하기 전에 상당한 신장이 가해진다. 신장으로 발생하는 탄성 에너지를 유지하기 위해 근육이 얼마나 늘어나는지를 조정하는 것이 특히 중요하다. 근육은 직렬로 연결된 탄성 요소에만 신장이 제한되도록 하려고 하며, 길이에 어느 정도 보수성이 필요하다. 하지만 지나치게 보수적인 접근은 달리기 중 몸이 경직되는 결과를 초래할 수 있다. 따라서 운동선수는 탄성 에너지를 보존하기 위한 신체의 긴장과 빠른 수축을 허용하기 위한 긴장 해제 사이에서 완벽한 균형을 찾아야 한다.
- 달리기는 순환적 움직임이다. 이는 이전의 움직임이 다음 움직임에 큰 영향을 미친다는 것을 의미한다. 운동 시스템은 다음 동작을 수행하기 전에 이전 걸음에서 얻은 정보를 필요로 한다. 몸은 이러한 움직임 패턴을 지속적으로 복제하도록 설계되어 있으며, 근방추 수용체에서 예상되는 정보와 실제 제공되는 정보가 일치하는 한 이 과정은 계속된다. 따라서 달리기 중 특정 리듬을 유지하는 것이 갑작스러운 리듬 변경보다 더 쉽다. 잘 수행된 효과적인 보폭을 지속적으로 복제하면 예상 정보와 실제 정보 간 차이를 최소화할 수 있다(불규칙한 바람이 경기력에 미치는 영향에 대해서는 '근방추와 골지건 반사' 73쪽 참조). 이러한 원리는 달리기 시작 후 한 다리로 점프할 때에도 적용된다. 푸시오프 전 마지막 몇 걸음 동안 보폭 빈도와 고관절 및 무릎의 움직임 정도가 점차 증가하여, 푸시오프 시 다리의 가위 움직임이 더 강하게 수행될 수 있다. 이를 통해 푸시오프가 '초가속'되며, 일명 '와인드업wind-up 기술'이 실행된다(Cranenburgh, 1997a).

비틀림 반사

척수 수준에서는 근육과 길항근 사이에 상호 억제 작용이 연결되어 있다. 이러한 흥분과 억제 시스템은 비틀림 반사stumble reflex라는 더 큰 시스템에서도 작용한다. 예를 들어 길을 걷다가 돌출된 보도를 보지 못하는 상황을 상상해보자. 넘어지지 않기 위해 스윙 다리(앞으로 나아가던 다리)가 돌출된 가장자리에 걸리게 된다. 이때 넘어지지 않기 위해, 뒤쪽으로 굽히며 몸을 지탱하던 스탠스 다리(발이 뒤로 움직이는 과정에 있던 다리)가 앞쪽으로 빠르게 움직여 몸을 지탱한다. 스탠스 다리가 앞으로 이동하는 이 과정은 생각하거나 의도한 것이 아니라, 본능적인 반응(불수의적 동작)이다. 한쪽 다리의 예기치 않은 신전이 다른 다리의 계획되지 않은 굴곡을 유발하는 것이다. 이는 길항근 사이의 불수의적 반응일 뿐만 아니라 양쪽 다리 사이에서도 발생하는 불수의적 반응이라 할 수 있다. 이러한 비틀림 반사는 규칙적인 움직임 패턴에 잘 통합될 수 있다. 즉, 스탠스 다리에서 빠른 신전(강력한 푸시오프)을 수행하려면 스윙 다리의 강한 굴곡과 함께 이루어지는 것이 가장 효과적이다. 두 동작은 긴밀하게 불수의적으로 연결되어 있다(Burgerhout 등, 1995; Cranenburgh, 1997a, b).

비슷한 불수의적 반사 반응은 한쪽 다리의 굴곡과 다른 쪽 다리의 신전 사이에서도 나타난다(역방향 신전 반사inverse-extension reflex). 누군가 예기치 않게 날카로운 물체를 밟으면, 통증 자극을 받은 다리는 본능적으로 굽혀지고, 다른 다리는 반사적으로 뻗게 된다. 스탠스 다리가 지지의 끝에서 강하게 뻗을 수 있는 것은 스윙 다리가 고관절과 무릎에서 강하게 굽혀질 때 더욱 강화된다. 이 과정의 시작 시점에서 특히 역방향 신전 반사가 매우 중요하게 작용한다.

스프린트는 비틀림 반사와 역방향 신전 반사의 더 정교한 구현이다. 반사 작용의 지원을 통해 달성할 수 있는 수준은 다른 방법으로는 달성할 수 없다. 흥분과 억제(즉, 긴장과 긴장의 해제)가 달리기 중에 매우 빠르게 연속적으로 일어나고, 그 강도가 크게 변화하기 때문에, 좋은 반사 반응을 발달시키는 것은 필수적이다. 달리기 기술 훈련에서는 푸시오프 동작이 스윙 다리의 동작과 잘 조정되어야 반사 반응이 최적으로 작동할 수 있다. 또한 근력 훈련 시 불수의적 동작이 포함될 수 있는 운동 유형을 찾는 것은 충분히 가치 있는 일이다. 특히 속도와 힘이 결합된 훈련이 확실하게 촉진될 수 있다. 실제 달리기 교육에서는 앞서 언급한 두 가지 반사가 밀접하게 연관되어 있음이 입증된다(스윙의 시작에서 스윙 다리의 무릎이 강하게 굽혀지면, 고관절의 굴곡도 힘 있게 시작된

그림 1.50 비틀림 반사

비틀림 반사(흰색 화살표)와 역방향 신전 반사(검정색 화살표)는 주행 중 운동량이 최고조에 이를 때 발생한다.

다). 따라서 달리기 기술을 가르치는 가장 좋은 접근법은 전체적인 움직임 패턴을 먼저 익히는 것이다.

해부학과 훈련

이전 섹션에서는 달리기 성능을 결정할 수 있는 일련의 해부학적 데이터에 대해 검토했다. 여기에는 분리된 근섬유에서 측정된 특성적인 힘-속도 관계부터 관절에 대한 근육의 힘 모멘트 변화 효과, 불수의적 움직임이 근육의 출력을 어떻게 변화시키는지에 대한 효과가 포함된다. 트레이너와 훈련 이론에 대한 지식을 가진 사람들이 이러한 모든 요소를 최대한 통합해 전체 훈련 프로그램을 구성해야 한다고 생각할 수도 있다. 하지만 특히 스프린트 훈련에서는 분리된 근섬유의 힘-속도 관계를 가장 중요한 출발점으로 선택하는 것이 거의 전통처럼 여겨져왔다. 특히 근력 훈련에서 그러하다. 이에 따라 근력 훈련에 대한 이론적 근거와 실용적 접근법을 다음과 같이 제안한다.

달리기, 특히 스프린트는 운동선수가 제한된 시간 내에 가능한 최고 속도까지 가속해야 한다는 특성이 있다. 이는 가속이 최대화되어야 함을 의미한다. 달리기 선수의 훈련 접근 방식은 근력 훈련을 통해 실제로 가속 잠재력을 길러야 한다는 것이다. 물리학 분야에서는 오래전부터 질량(m)을 가속하기 위해 힘(F)이 필요하다는 사실이 알려져 있다. F=ma, 여기서 a는 가속도이다. 이는 힘이 클수록 가속 잠재력이 더 크다는 것을 의미한다. 예를 들어 출발 시 최대의 힘을 적용하면 더 높은 속도에 도달하는 데 도움이 된다. 이때 속도가 빨라지면서 더 이상 절대적인 최대 힘을 활용할 수 없게 된다(Loo, 1996). 또 다른 예로는 바벨을 몸 옆으로 들어 올릴 때, 동작이 가속되어 바벨이 무릎 바로 위에서 절대적인 최대 힘으로 신장 순서를 거쳐 더 빠르게 움직인다. 그러나 동시에 바벨이 속도를 얻어 더 이상 그 신장 순서에서 발생한 최대 힘을 적용할 수 없

그림 1.51 고반발$_{\text{push-off}}$ 방식

오늘날 거의 사용되지 않는 기술로, 신전된 다리를 위쪽으로 휘두르는 방식이다. 스윙 다리를 신전된 상태로 유지하는 기계적 이점(더 큰 수직 충격)이 실제로는 최적화된 역방향 신전 반사를 사용하는 것보다 열등한 것으로 보인다.

는 지점에 이르게 된다. 따라서 이미 일정 속도에 도달한 질량(몸)을 가속하는 능력이 스프린트와 같은 경기에서 성능을 크게 좌우할 것이라고 결론지을 수 있다. 스프린트에서는 시간이 매우 중요한 요소이므로, 가능한 최고 수준의 힘을 생성하는 능력보다는 가장 높은 파워를 생성할 수 있는 능력이 더 중요하다. 물리학에서 파워는 힘과 속도의 곱으로 정의된다(P=fv). 달리기 선수에게 맞춘 근력 훈련에서는 이제 선수에게 필요한 파워의 구성 요소로서 속도에 더 많은 주의를 기울이고 있다.

실제 근력 훈련에서는 외부 부하를 이동시키는 속도를 다양한 기기를 사용해 기록할 수 있다(Biorobot, Muscle Lab). 가변적인 외부 부하(예: 바벨 디스크)를 사용하여, P=Fv 공식에 따라 파워를 계산할 수 있다. 측정 장비는 훈련 중 테스트를 하거나 피드백을 제공하는 용도로 사용할 수 있다. 선수 테스트 시에는 매우 가벼운 것에서 무거운 것에 이르는 다섯 가지 부하를 사용해 생성된 파워를 기록할 수 있다. 이러한 데이터는 힘-속도 다이어그램과 파워 곡선을 작성하는 데 활용할 수 있으며, 이후 근력 훈련을 파워에 맞추어 조직할 수 있다(Kraaijenhof, 1994). 예를 들어 최대 파워를 훈련할 수 있는 중량을 선택할 수 있다. 컴퓨터 소프트웨어와 목표 파워의 95~110% 범위를 사용하여 선수의 시도가 성공적이었는지 확인할 수 있다. 일반적으로는 파워에 관한 피드백을 소리나 빛 신호로 제공하는 장비를 사용하여, 선수가 제공하는 파워에 대해 실시간으로 정보를 얻을 수 있다. 예를 들어 파워 수준이 목표에 미치지 못할 경우 선수가 더 빠르게 움직여 목표 수준에 도달하도록 할 수 있다. 또는 목표 수준에 도달하지 못할 때 시리즈를 일찍 끝내는 데도 피드백을 사용할 수 있다. 동일한 다섯 가지 중량과 같은 테스트를 사용해 파워를 다시 평가하면, 힘-속도 다이어그램 및/또는 파워 곡선의 변화를 통해 훈련 효과를 판단할 수 있다. 힘-속도 다이어그램의 데이터가 위쪽과 오른쪽으로 이동하면, 최대 수축 속도(부하 없이)는 그대로이지만 훈련이 효과적이었음을 나타낸다.

그러나 근력 훈련을 목표로 하는 달리기 선수에 있어 근섬유의 힘-속도 관계와 파

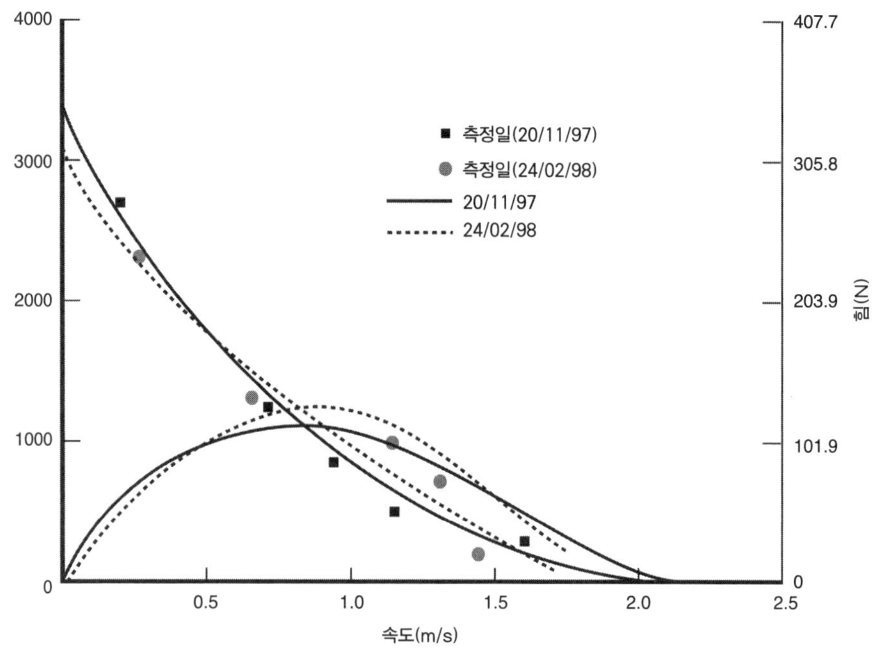

그림 1.52 힘-속도 다이어그램과 파워 곡선

훈련 시즌 중 두 가지 다른 시점에서 측정된 힘-속도 다이어그램과 파워 곡선. 각 힘-속도 다이어그램과 파워 곡선은 에르고미터를 사용하여 다섯 가지 부하(가벼운 것부터 매우 무거운 것까지)를 기준으로 작성되었다. 측정값은 다양한 외부 부하의 속도를 기록한 것이다.

워 곡선이 근육 사용 방식을 정확히 나타내는지 의문이 생길 수 있다. 최대 수축을 고려할 때는 정확할 수 있으나 이는 단관절 근육에 해당하며(Poel, 1993), 단관절 근육에 가해지는 부하가 운동 전체에서 일정해야 한다는 조건이 따른다. 그러나 노력이 최대치가 아닌 경우 힘과 속도 간 명확한 관계가 나타나지 않는다. 근육 부하가 일정해야 한다는 요구 조건은 실제 불가능하며, 이는 관절 회전축과 근육 부착부 간 최단 거리인 지렛대 길이와 근육 길이와 힘 간 관계가 지속적으로 변화하기 때문이다. 특히 달리기와 같은 복잡한 움직임에서는 이중관절 근육이 주도적인 역할을 하며, 해부된 근섬유의 힘-속도 관계를 통해 이러한 근육의 실제 동작을 예측하는 것은 불가능하다(Poel, 1993).

이러한 정보가 파워 훈련 중 고려되지 않을 뿐 아니라, 이 훈련 개념을 사용할 때 자주 간과되는 또 다른 요소는 SEC와 PEC의 탄성 및 CE가 작용하는 방식에 미치는 영향이다('수동 조직과 그 기능' 37쪽 참조). 또한 반사가 근육의 작업 능력에 미치는 영향을 고려해야 한다.

소수의 단관절 근육만이 파워 훈련에 적합하며, 이들 근육 내부에 최종 성능을 제한하는 요인이 존재하는지 의문이 생길 수 있다. 해부학적 데이터가 근력 훈련 계획에 미치는 영향은 6장에서 더 다루어진다.

근력 훈련 프로그램을 조직하는 데 있어 힘-속도 다이어그램에 너무 많은 비중을 두는 것은 다른 관련 해부학적 데이터에 대한 육상계의 관심 부족을 보여준다. 이러한 정보가 훈련에 대한 현재 사고방식에 통합되면, 새로운 통찰과 유용한 방법론이 도출될 수 있을 것이다.

Chapter 2
에너지 생성

서론

전통적으로, 컨디셔닝 훈련에서 중요한 기본 운동 특성은 선수가 특정 달리기 거리에서 얼마나 성공적으로 수행할 수 있는지 결정하는 요인을 연구할 때 출발점으로 사용되어 왔다(Goolberg & Swinkels, 1994). 훈련 프로그램이 어떻게 구성되는지는 각 기본 운동 특성(힘, 속도, 유연성 및 지구력)에 할당된 비중에 따라 달라진다. 이러한 접근 방식을 통해 직관적으로 스프린트 훈련에서는 힘과 속도가 핵심 요소가 될 것이고, 중·장거리 주자 훈련에서는 지구력이 중요하다는 것을 알 수 있다. 일반적으로, 앞서 언급한 네 가지 운동 특성은 서로 다양한 조합을 통해 보다 구체화될 수 있으며(Goolberg & Swinkels, 1994), 이를 통해 힘을 유지하는 능력, 빠르게 힘을 생성하는 능력, 속도 지구력 등과 같은 복합적인 스포츠 관련 운동 특성이 형성된다.

후자의 특성들을 정의하는 것은 매우 까다롭다. 또한 기본 운동 특성을 간단하게 정의할 수 있다고 해도, 이를 정량적으로 측정하는 일은 달리기 수행과 관련된 복합적인 스포츠 운동 특성을 정의하는 것만큼이나 어렵다. 따라서 훈련 관련 문헌에서는 운동수행에 제한을 줄 수 있는 요소를 파악하기 위해 기본 운동 특성이 어떻게 나타나는지 보여주는 다양한 기준을 사용하여 추가적인 구분을 하는 경우가 많다(Vrijens, 1984; Kloosterboer, 1996). 예를 들어 기본 운동 특성인 '속도'는 반응 속도, 힘의 이동 속도, 최대 속도, 속도 유지 능력 등 여러 형태로 세분화될 수 있다(Swinkels, 1980). 하지만 대부분의 형태에 대해 이 개념들을 명확히 구분하는 것은 거의 불가능하다. 또한, 어떤 형태가 실제로 활용 가능한지 결정하는 방법에 대한 합의도 없어, 다양한 현상들로 이루어진 복잡한 숲을 마주하게 된다. 가장 먼저 떠오르는 예는 운동 특성인 '지구력' 또는

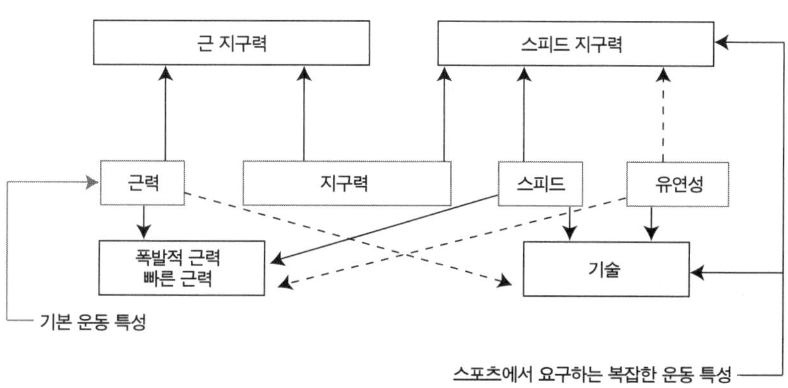

그림 2.1 스포츠와 관련된 운동 특성 도식

네 가지 기본 운동 특성은 조합을 통해 세분화될 수 있다. 이러한 방식으로 스포츠에 필요한 복합적이고 정의하기 어려운 운동 특성들이 개발될 수 있다.

'스태미너'이다.

운동 특성은 사용된 근육량, 근육 수축 유형, 예상되는 훈련 효과, 경기 지속 시간, 또는 지배적인 에너지 생성 과정에 따라 구분될 수 있다. 따라서 지구력은 국소적 vs. 일반적, 정적 vs. 동적, 일반적 vs. 특이적, 단기 vs. 중기 vs. 장기, 무산소 vs. 유산소로 더욱 세분화될 수 있다(Zintl, 1995).

경기 성과를 결정하는 요소를 규정할 때 기본 운동 특성과 그 발현의 상대적 기여도가 여전히 출발점으로 사용되기 때문에, 이는 잘못된 훈련 목표의 선택으로 이어질 수 있다. 특히, 기본 운동 특성과 그 발현을 명확하게 정의하지 못하는 것이 문제이다. 예를 들어 기본 운동 특성인 '스태미너' 또는 '지구력'을 피로감을 저항하는 능력으로 정의한다면(Zintl, 1995), 마라톤 선수의 지구력을 향상시키기 위해서 이 능력을 훈련의 목표로 결정하게 된다. 피로를 견디는 능력에 너무 집중한 나머지 그것이 목표가 되며, 훈련 중 마라톤 선수는 대규모 피로를 초래하는 도전에 반복적으로 노출되어야 한다. 훈련의 가시적인 결과(즉, 선수가 지쳐있음)만이 중요하게 여겨지므로, 훈련의 구체적인 내용에 대해 더 이상 세부적인 요구가 제시되지 않는다. 위의 예는 다소 과장된 부분이 있지만, 기본 운동 특성과 그 발현을 사용해 성과 결정 요소를 정량화하는 방식에는 많은 한계가 있으며, 훈련 프로그램을 잘못 해석하게 만들 수 있음을 보여준다.

위에서 설명한 많은 문제들은 경기 성과를 결정할 요인을 선택할 때 다른 접근 방식을 취함으로써 피할 수 있다. 중요도가 다양한 수많은 요인들을 식별할 수 있기 때문에, 어떤 훈련 방법론을 따라야 할지 결정할 때 어디서부터 시작해야 할지 명확히 이해하기가 어렵다. 이 요인들을 줄여 주요한 영향을 미치는 요소 하나로 집중하면 더 명확한 방향을 제시할 수 있다. 훈련을 통해 자신의 달리기 능력을 향상시키고자 하는 선수에게 가장 중요한 과제는 일정한 거리를 달릴 때 속도를 어떻게 높일 것인가에 있다. 이는 스프린터뿐만 아니라 장거리 선수에게도 마찬가지이다. 달리기 중 실현할 수 있는 속도가 핵심 문제로 부각된다. 이 속도는 선수가 도달할 수 있는 절대적인 최고 속도와 동일하지 않으며, 특정 거리를 달리는 평균 달리기 속도를 의미한다. 따라서 훈련 프로그램을 계획할 때, 항상 가장 먼저 물어봐야 할 질문은 '달리기 중 속도를 어떻게 높일 수 있는가'라는 것이다. 이 질문에 종합적인 답변을 제공하기 위해서는 속도를 세 가지 단계로 구분해야 한다.

(1) 초반
(2) 중반
(3) 후반

단계와 상관없이 항상 최대한 많은 파워를 발휘하는 것에 초점을 맞춰야 한다. 여기서 파워란, 선수가 단위 시간당 수행할 수 있는 일로 정의된다. 그림 2.2에서는 훈련된 선수와 훈련되지 않은 선수 간의 차이를 명확히 볼 수 있다. 첫째, 훈련된 선수는 더 많은 파워를 발휘할 수 있어 더 높은 최대 속도에 도달한다. 둘째, 훈련된 선수는 준최대 속도에서 생성된 에너지를 더 효율적으로 처리하는 것으로 보인다. 대부분의 준최대 속도에서, 훈련되지 않은 선수는 더 많은 에너지를 사용하게 된다. 생성된 파워가 반대하는 힘을 극복하기에 정확히 충분할 때, 선수는 속도를 유지할 수 있다. 달리기 선수가 반대하는 힘에 의해 소모되는 양보다 더 많은 파워를 발휘할 수 있다면, 속도가 증

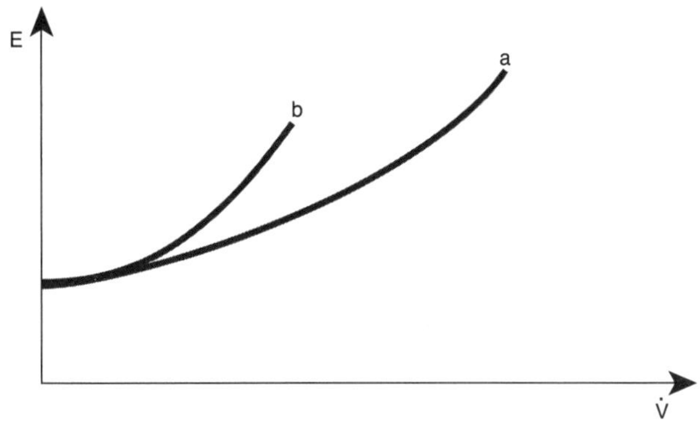

그림 2.2 에너지와 속도 간의 관계를 나타내는 그래프

생성된 에너지(E)(즉, 파워)가 속도(v)에 따라 훈련되지 않은 주자(b)와 훈련된 주자(a)에 대해 표시되어 있다.

가하게 된다. 따라서 훈련 프로그램의 목표는 항상 제공할 수 있는 파워를 증가시키는 것이다. 용어를 정확히 사용하려면 파워의 개념을 더 구체화할 필요가 있다. 여기서 대사적으로 생성된 파워와 기계적으로 생성된 파워를 구분해야 한다. 대사적으로 생성된 파워는 글리코겐과 지방 같은 영양소의 분해로부터 방출된 에너지를 말한다. 이와 같이 방출된 에너지의 일부만이 달리기 동안 신체를 앞으로 이동시키는 데 사용할 수 있다(즉, 기계적 파워를 제공한다는 의미). 결국 음식물에 포함된 에너지 중 기계적 에너지로 변환되는 비율을 기계적 효율성mechanical efficiency이라 한다(Ingen Schenau & Toussaint, 1994). 근육 수준에서의 기계적 효율성은 약 25~30%로 추정되며, 음식물에서 방출된 에너지의 상당 부분은 열로 소실된다.

그림 2.3 달리기에 필요한 파워

생성된 대부분의 파워는 다리가 가속하고 감속하는 데 소모된다. 남은 파워는 충격을 흡수하고 공기 저항을 극복하는 데 사용된다.

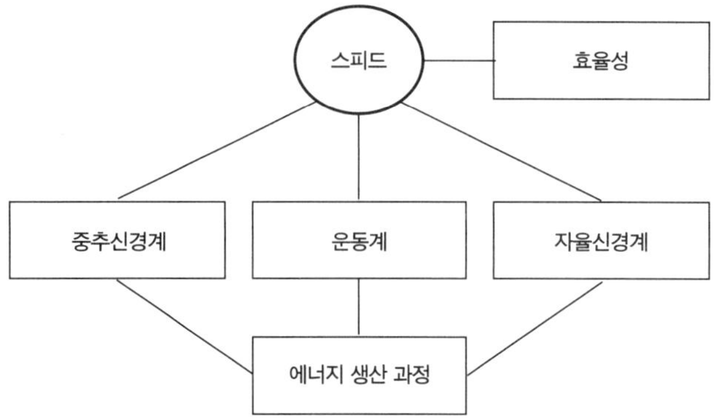

그림 2.4 달리기 속도를 결정하는 요인
속도를 결정하는 다양한 요인들과 그 상호 관계.

운동 속도는 주로 중추신경계(CNS), 운동계locomotor system, 그리고 자율신경계vegetative system의 기능에 의해 결정된다. 자율신경계 중에서(즉, 신체 생명을 유지하는 데 관여하는 시스템), 이 책에서는 심폐계cardiorespiratory system만 다룬다. 심폐계는 심장, 혈액순환, 폐를 포함하며, 달리기 거리가 짧아질수록 그 중요성이 감소한다. 예를 들어 100m 달리기를 하는 선수에게는 심폐계가 더 이상 경기 성과를 결정짓는 요소가 아니다. 중추신경계, 운동계, 심폐계가 기능하려면 에너지가 필요하다. 이 장에서는 에너지 생성 과정과 최대한의 파워를 전달하려는 노력에서 심폐계가 하는 역할에 대해 논의한다. 중추신경계와 운동계의 기능 방식에 대해서는 1장에서 다루었다.

에너지

에너지는 일을 수행할 수 있는 능력으로 정의될 수 있는 추상적인 개념이다. 에너지는 다음의 6가지 주요 형태로 존재한다.

- 열에너지Thermal
- 화학에너지Chemical
- 기계에너지Mechanical
- 전기에너지Electrical
- 복사에너지Radiation
- 원자에너지Atomic

인체에서는 특히 화학적 에너지와 전기에너지가 신체를 움직이는 데 사용되며(근육 수축), 활동적 수송을 제공하고, 특정 분자를 생성하는 생합성biosynthesis을 수행한다(Stryer, 1995). 한 형태의 에너지를 다른 형태로 변환하는 과정에서 에너지는 생성되거나 소멸되지 않는다. 일반적으로 에너지 변환(한 형태의 에너지를 다른 형태로 변환하는 것)은 상당히 비효율적인 과정이다. 예를 들어 인체에서 화학에너지가 기계에너지로 변환될 때, 많은 화학에너지가 열에너지 또는 열로 전환된다. 불행히도, 인간의 몸은 열을 다른 형태의 에너지로 변환할 수 있는 능력을 갖추고 있지 않다. 이러한 관점에서 볼 때, 열에너지는 인체에 큰 가치를 지니지 않는다고 할 수 있다. 그럼에도 불구하고 열에너지는 생물학적 시스템에서 필수적이다. 근육 수축과 효소 반응과 같은 많은 과정은 온도에 크게 의존한다. 이러한 과정은 약 37℃라는 좁은 온도 범위에서만 최적으로 작동할 수 있다. 이론적으로는 35℃보다 50℃에서 근육이 더 빠르게 수축할 수 있어야 하지만, 실제로는 그러한 고온에서는 근육 내 단백질 구조의 변성denaturation으로 인해 불가능하다(Brooks 등, 1996). 또한 열은 체온을 약 37℃로 유지하는 데 사용된다. 요약하면, 인체에서 에너지 교환은 작업 수행에 사용할 수 있는 형태의 에너지로 변환되는 것과, 작업에 사용할 수 없는 열(heat)로 표현되는 열에너지로 변환된다. 생물학적 시스템에서 사용할 수 있는 형태의 에너지는 '자유 에너지free energy'라고 불린다.

효소

생물학적 시스템에서는 에너지를 시스템 내 여러 위치로 전달하기 위해 화학 반응이 필수적이다(Silverthorn, 1998). 다양한 에너지 시스템에 대한 더 깊은 통찰을 얻기 위해, 에너지 교환 동안 인체에서 발생하는 화학 반응을 더 깊이 살펴봐야 한다. 에너지가 생성되고 생체분자의 화학 결합에 저장되는 화학적 과정을 대사라고 한다. 화학 반응에서는 분자가 반응하여 다른 분자를 형성한다. 새로운 생성물은 기질substrates의 분자 결합이 끊어지면서 형성된다. 아래는 이러한 화학 반응의 예로, 기질 A와 B가 반응하여 생성물 C와 D가 생성된다.

$$A + B \rightarrow C + D$$

생성물의 에너지 수준이 기질의 에너지 수준보다 높을 수 있는데, 이는 반응 중에 에너지가 추가로 필요함을 의미한다. 이러한 반응은 작은 분자가 큰 분자로 합성되는 반응이며, 이를 흡열 반응Endergonic reaction이라고 한다. 예를 들어 포도당 분자들이 결합해 글리코겐을 형성하는 과정이 흡열 반응의 한 예이다.

생성물의 에너지 수준이 기질보다 낮으면 에너지가 방출되며, 이러한 반응을 발열 반응Exergonic reaction이라고 한다. 글리코겐이 포도당으로 전환될 때, 글리코겐 분자의 결합에 임시로 저장되었던 에너지가 방출된다. 따라서 포도당-글리코겐 반응은 두 가지 방향으로 진행될 수 있다. 포도당 → 글리코겐 반응은 흡열 반응이고, 글리코겐 → 포도당 반응은 발열 반응이다. 양방향으로 진행될 수 있는 화학 반응을 가역 반응Reversible reaction이라고 하며, 생물학적 시스템에서 가장 빈번하게 발생하는 반응 유형이다. 이러한 가역 반응은 반대 방향을 가리키는 이중 화살표로 표시된다.

$$A + B \leftrightarrows C + D$$

비가역 반응Irreversible reaction은 에너지가 크게 교환되는 것이 특징이다. 반응이 진행되면서 많은 에너지가 방출되거나 추가되어야 하기 때문에, 반응은 한 방향으로만 진행된다. 따라서 많은 에너지가 방출되는 반응이 자연적으로 반대 방향으로 진행될 가능성은 매우 낮다. 이는 반대 방향으로 진행되기 위해 대량의 에너지가 추가로 필요하기 때문이다. 비가역 반응은 생물학적 시스템에서 거의 발생하지 않는다(다음 단락 참고).

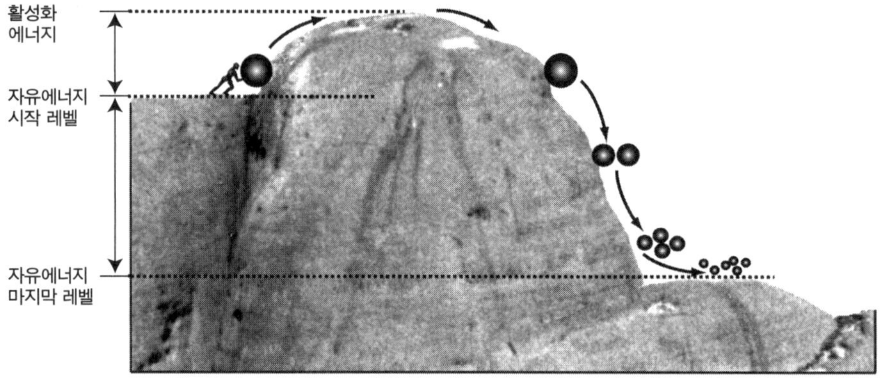

그림 2.5 활성화 에너지

인체에서 대부분의 화학 반응이 일어나기 위해서는 일정량의 에너지(즉, 활성화 에너지)가 추가로 필요하다. 관련된 기질은 먼저 더 높은 에너지 수준으로 올려져야 하며, 이는 그림에서 돌을 언덕 위로 굴리는 것으로 묘사되어 있다. 돌은 언덕 아래로 굴러 내려오며 여러 개의 작은 조각으로 부서진다. 이 비교는 화학 반응 중 생성물이 형성되는 과정을 나타낸 것이다.

대사의 특징 중 하나는 흡열 반응Endergonic reaction과 발열 반응Exergonic reaction이 서로 연결된다는 점이다. 따라서 대사는 서로 결합된 반응들로 구성된 네트워크에 비유할 수 있다.

화학 반응의 속도는 기질 A와 B가 소멸하고 생성물 C와 D가 생성되는 속도로 측정된다(위의 공식 참조). 인체의 온도가 비교적 낮은 37℃이기 때문에 대부분의 화학 반응이 매우 느리게 진행될 것으로 예상할 수 있다. 낮은 온도에서는 분자 간 충돌이 적게 발생하므로, 특정 반응에 필요한 기질이 올바른 반응 상대를 '만날' 가능성이 줄어들게 된다. 많은 화학 반응을 시작하려면 먼저 일정량의 활성화 에너지Activation energy를 추가로 공급해야 한다.

특정 기질을 변환하여 하나의 반응에서 의도된 생성물을 형성하려면, 너무 많은 활성화 에너지가 필요해 인체의 온도가 지나치게 높아질 것이다. 이 문제에 대한 인체의 기발한 해결책은 많은 작은 단계를 거쳐 분자를 변환하는 것이다. 이 과정에서 매 단계마다 소량의 활성화 에너지만 사용된다. 효소는 활성화 에너지를 낮춤으로써 화학 반응을 가속화하는 데 중요한 역할을 한다. 많은 활성화 에너지를 필요로 하는 화학 반응은 효소 없이는 발생하지 않거나 매우 느리게 진행된다. 효소의 촉매(가속화) 작용이 없었다면 인체의 세포는 생존할 수 없었을 것이다. 숫자를 통해 효소가 생명에 얼마나 중요한지 이해할 수 있다. 효소 한 분자가 존재할 경우, 1초 안에 100만 개의 생성물이 생성될 수 있다. 반면, 효소가 없을 경우, 동일한 반응에서 100초에 단 한 개의 생성물만 생성될 것이다. 효소는 기질을 결합시켜 화학 반응에 이상적인 상태로 자리 잡도록 돕는다. 효소가 없다면, 기질이 정확한 자세로 서로 충돌할 확률에 의존해야만 한다. 효소는 특정 화학 반응 또는 매우 유사한 반응들의 그룹만 촉매할 수 있다. 또한, 효소가 화학 반응에 참여하더라도 자체 구조는 변화하지 않는다. 에너지 시스템 내 화학 반응은 일반적으로 효소 반응의 연쇄 과정chain reaction으로 이루어진다. 각 단계에서 형성된 생성물 또는 중간 생성물은 연쇄 반응 내 특정 효소의 활성을 조절할 수 있다.

화학 반응에 영향을 미치는 조절 또는 변조 과정regulatory or modulatory processes에는 두 가지 유형이 있다. 첫째, 생성물이나 그 중간 생성물이 효소의 기질 결합 부위를 사용해 경쟁적 억제제competitive inhibitor로 작용할 수 있다. 이 경우, 효소-기질 복합체enzyme-substrate complex의 수가 감소하며, 이는 기질이 결합할 수 있는 가능한 부위의 수가 줄어들기 때문이다. 둘째, 생성물이나 중간 생성물이 알로스테릭 조절자allosteric modulator

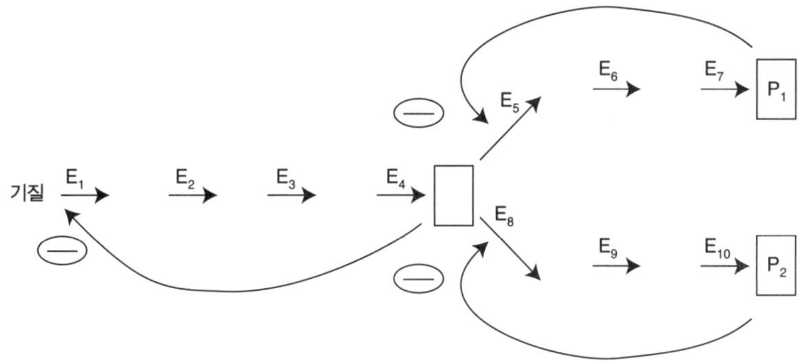

그림 2.6 효소 연쇄 반응의 예

생성물 P_1과 P_2는 각각 효소 E_5와 E_8에 억제 효과를 미쳐, 부산물 F와 H의 형성이 줄어들게 한다. 또한, 부산물 D는 효소 E_1^+에 부정적인 영향을 미친다.

로 작용하여 효소 활성을 자극하거나 억제할 수 있다. 알로스테릭 조절자는 기질이 결합하는 부위가 아닌 다른 부위에 결합하며, 이러한 결합은 기질 결합 부위를 활성화하거나 비활성화하여 효소 활동에 영향을 미친다. 이외에도 효소 활성에 영향을 미치는 다양한 요인이 존재한다. 예를 들어 수소 이온의 존재나 온도가 37℃ 이상으로 상승하면 효소의 입체 구조spatial structure가 변형되어 효소 활동이 억제될 수 있다(Newsholm 등, 1994).

세포 내 효소와 기질의 농도는 화학 반응의 속도에 직접적인 영향을 미친다. 효소의 농도가 높아지면 기질의 촉매 작용을 위한 결합 부위가 더 많이 제공된다. 효소 분자의 가용성은 한편으로는 생성 속도, 다른 한편으로는 분해 속도에 의해 조절된다. 효소 농도가 일정하게 유지되는 경우, 생성 속도와 분해 속도가 같아지며 이는 평형equilibrium 상태라고 한다. 이와 같은 상황에서, 기질의 농도가 낮을 경우, 기질 농도가 증가하면 반응 속도는 선형적으로 증가한다. 그러나 기질의 농도가 일정 수준에 도달하면, 사용 가능한 모든 효소가 기질로 포화되어 반응 속도가 최대값($\dot{V}_{max}$)에 도달한다. 이와 같은 효소의 특성은 그림 2.10에 나타나 있으며, 여기서 반응 속도가 기질 농도에 따라 어떻게 변화하는지가 그래프로 표시되어 있다.

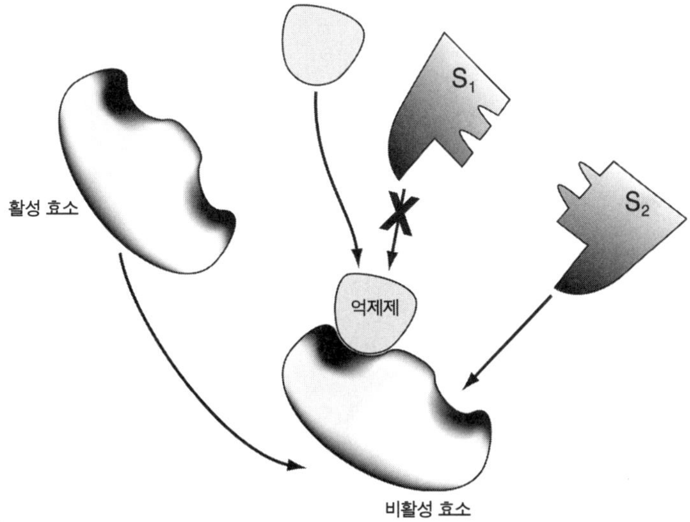

그림 2.7 기질과 효소의 결합 1

경쟁적 억제제가 기질을 위한 결합 부위에 효소와 결합한다.

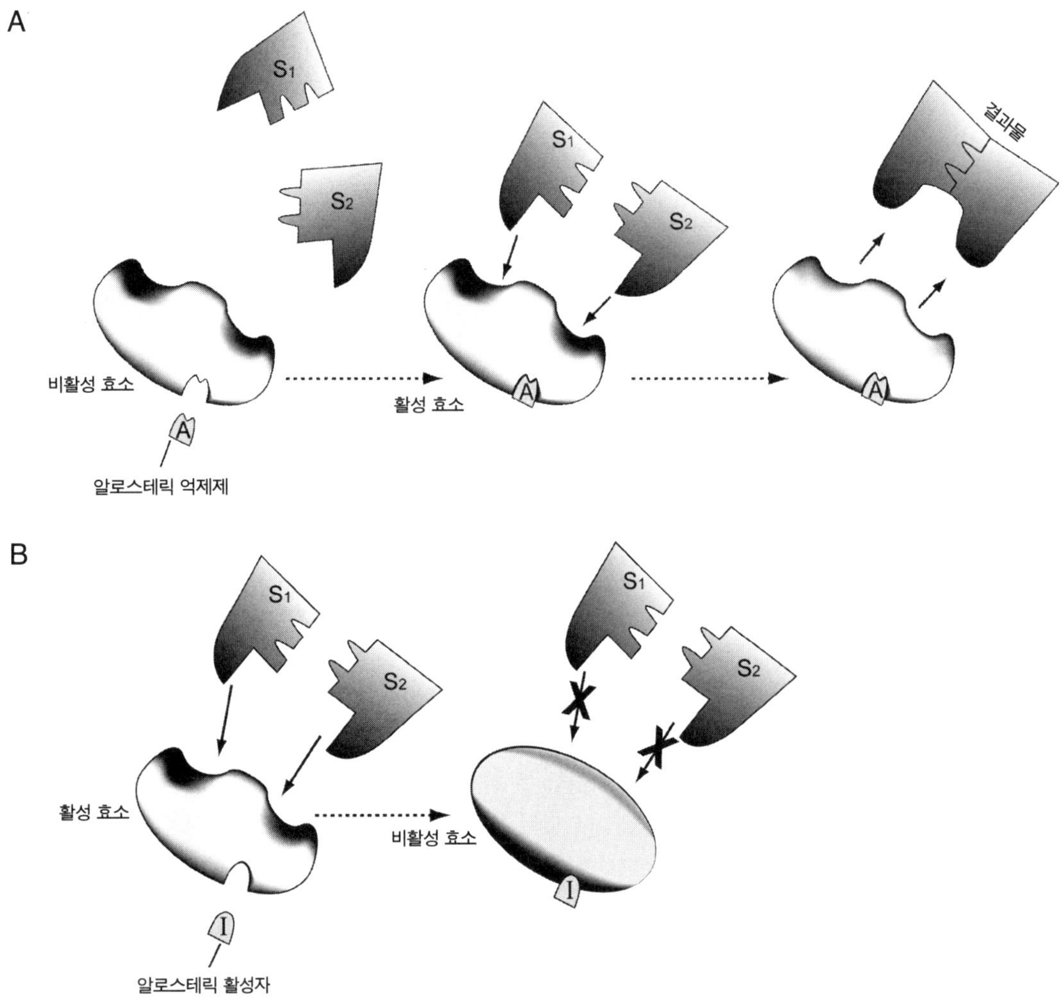

그림 2.8 기질과 효소의 결합 2

알로스테릭 조절자는 기질을 위한 결합 부위가 아닌 곳에 효소와 결합한다. 그러나 이 조절자는 기질과 추가 반응을 할 수 있는 적합한 결합 부위를 활성(A) 또는 비활성(B) 상태로 변화시킨다.

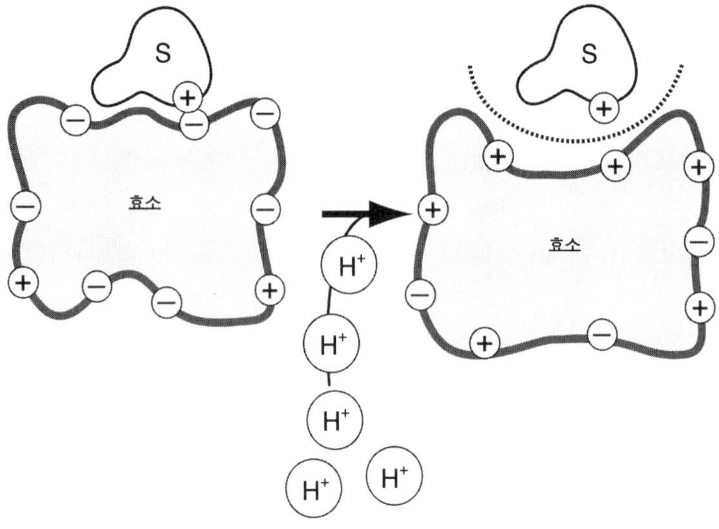

그림 2.9 기질과 효소의 결합 3

수소 이온 농도가 증가(pH가 낮아질 때)하면, 효소의 일부 음전하 그룹이 양전하 그룹으로 교체되어, 양전하를 띤 기질이 결합하기 어려워진다.

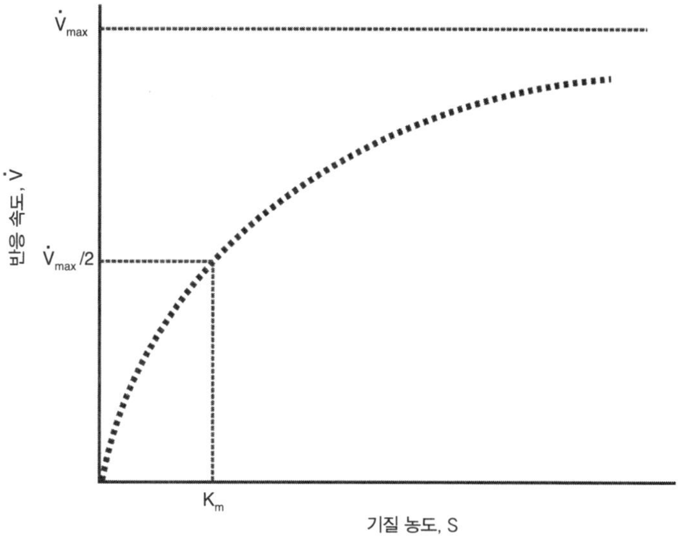

그림 2.10 기질과 효소의 결합 4

대부분의 효소 특성은 K_m과 $\dot{V}_{max}$ K_m이라는 용어로 정량화할 수 있다. $\dot{V}_{max}$은 화학 반응 속도가 최대 속도의 절반에 이를 때의 기질 농도를 나타낸다. $\dot{V}_{max}$ K_m는 반응 속도의 최대값을 의미하며, 기질 농도가 매우 높아져 사용 가능한 모든 효소가 포화 상태에 이르렀을 때 달성된다.

각 효소는 $\dot{V}_{max}$(최대 반응 속도)와 K_m(기질 농도가 최대 반응 속도의 절반에 이를 때의 기질 농도)로 표현될 수 있는 특정한 특성을 가지고 있다. K_m 부근에서는 기질 농도가 약간만 변해도 반응 속도가 상당히 변화할 수 있다. 반면, $\dot{V}_{max}$ 부근에서는 기질 농도가 증가해도 반응 속도에는 거의 영향을 미치지 않는다.

아데노신 삼인산(ATP)

에너지 교환은 인체의 거의 모든 세포에서 일어나기 때문에, 생성된 사용 가능한 에너지를 저장하고, 에너지가 필요한 과정에 이를 방출하는 역할을 하는 물질이 필요하다. 아데노신 삼인산(ATP)은 인간 세포에서 이러한 중간 역할을 거의 항상 담당하며, 이화작용$_{\text{catabolic reaction}}$과 동화작용$_{\text{anabolic reaction}}$을 연결하는 역할을 한다. 이화작용은 에너지가 풍부한 결합을 분해하여 더 낮은 에너지를 가진 산물을 생성하고 에너지를 방출하는 과정이다. 동화작용은 더 높은 에너지를 가진 산물을 생성하는 과정으로, 에너지 공급이 필요하다.

동화작용에 필요한 에너지는 이화작용 과정에서 방출된 사용 가능한 에너지를 간접적으로 공급받는다. 이 과정에서 에너지가 간접적으로 공급된다는 사실은 ATP가 수행하는 역할과 관련이 있다. 이러한 과정에서 에너지가 풍부한 결합은 에너지를 받는 역할과 주는 역할을 동시에 수행한다. 지질(또는 지방)과 탄수화물의 분해 동안 에너지가 방출되지만, 이 에너지는 직접적으로 근육 수축에 사용될 수 없다. 이는 방출된 에너지의 양이 근육 수축을 일으키기에 충분하지 않기 때문이다. 이러한 이화작용에서 방출된 사용 가능한 에너지는 일시적으로 ATP 형태로 저장된다.

이후, ATP는 근육 수축을 위한 보편적인 에너지 공급원 역할을 한다. 근육은 화학 기계에 비유될 수 있는데, 그들이 수행하는 기계적 작업은 화학적 에너지의 공급에 의존한다. 근육이 작동하는 데 필요한 에너지는 ATP의 분해에서 비롯된다. ATP의 역할은 우리 사회에서 돈의 역할에 비유할 수 있다. 노동이 제공되면 돈이 지불되고, 이후

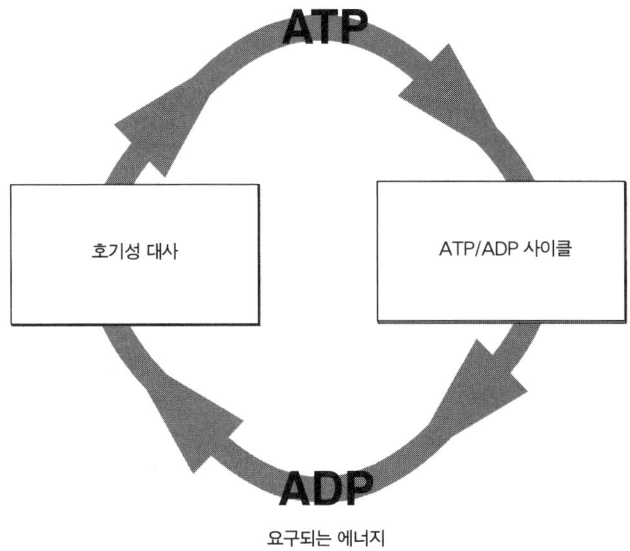

그림 2.11 ATP/ADP 순환

ATP/ADP 순환은 ATP가 소비되고 다시 합성되는 지속적인 과정이다. 이 그림은 음식물의 호기성 대사를 예로 들어 설명하고 있다.

원하는 방식으로 사용할 수 있는 것과 같다. ATP는 세포 내 화학에너지를 교환하는 수단으로 사용된다. 에너지를 생성하는 시스템은 아데노신 이인산(ADP)과 무기 인산(Pi)으로부터 ATP를 합성하며, 에너지를 소비하는 시스템은 ATP를 분해하여 ADP와 Pi를 생성한다.

화학식: $ATP + H_2O \rightarrow ADP + P_i + H^+$ + 에너지

ATP는 근육 내에 적은 농도로만 존재하기 때문에, 소비 속도와 동일한 속도로 이화작용에 의해 지속적으로 재합성되어야 한다. 근육 세포에 저장된 ATP는 100g을 넘지 않으며, 마라톤을 완주한 후 한 운동선수가 소비하는 ATP의 양은 약 75kg으로 계산된 바 있다(Newsholme 등, 1994). 세포 내 ATP의 저장량이 적기 때문에, 아주 적은 양의 ATP만 사용해도 농도가 비교적 크게 감소하게 된다. 이로 인해 즉각적으로 이화작용이 촉진되며, 결국 동화작용의 감소와 결합될 가능성이 있다.

ATP는 에너지를 요구하는 과정과 에너지를 제공하는 과정 간의 '에너지 다리' 역할을 하는 것 외에도, 동화작용과 이화작용의 조정 역할을 한다. 이를 완전하게 이해하려면, ADP와 무기 인산(Pi)의 세포 내 농도도 중요한 역할을 한다는 점을 알아야 한다. 대사 과정은 인산 잠재력$_{\text{phosphate potential}}$에 의해 조절되는데, 이는 한편으로는 ATP와 다른 한편으로는 ADP 및 Pi 간의 관계를 나타낸다. 다시 말해, 인산 잠재력은 에너지의 생산과 사용을 모두 조율한다.

ATP 재합성

ATP를 재합성하기 위해 신체에서는 네 가지 과정이 지속적으로 작동한다. 에너지가 풍부한 결합을 형성함으로써 에너지를 저장하는 일반적인 과정을 인산화$_{\text{phosphorylation}}$라고 한다. 인간의 근육 세포에서 인산화를 가능하게 하는 네 가지 과정은 다음과 같다.

- 크레아틴-포스포키나아제 반응
- 아데닐레이트 키나아제 반응
- 해당작용glycolysis
- 호기성 경로aerobic pathway

비록 ATP를 재생성하는 네 가지 과정이 동시에 일어나지만, 이들의 상대적인 기여도는 신체 운동의 지속 시간과 강도에 따라 달라진다(Thoden, 1991; Spurway, 1992). 근육 세포는 운동이 짧고 폭발적이든, 길고 낮은 강도의 운동이든 상관없이 항상 충분한 양의 ATP를 재생성할 수 있는 능력을 가지고 있다. 이러한 현상을 에너지 연속체 개념energy-continuum concept이라고 한다. 근육 내 ATP의 재합성을 담당하는 네 가지 에너지 시스템은 다음과 같은 비유로 설명할 수 있다. 작은 욕조(근육 내 ATP 공급원)에서 물이 배출되는 수도꼭지(에너지 사용량)를 통해 물이 흘러나오며, 이 수도꼭지의 조절이 가능하다. 이때 작은 욕조의 수위를 일정하게 유지하기 위해 네 개의 유입 수도꼭지(네 가지 에너지 시스템)가 사용된다. 각 유입 수도꼭지는 서로 다른 크기의 개구부(에너지 시스템의 파워)와 서로 다른 용량의 물 저장소(에너지 시스템의 용량)를 가지고 있다. 이 두 가지 개념은 이 장의 후반부에서 더 자세히 논의된다.

크레아틴-포스포키나아제 반응

단기 최대 운동 동안 ATP를 재합성하는 데 주로 기여하는 것은 거의 예외 없이 크레아틴 인산(CrP)의 분해이다. 특히 운동 초기 몇 초 동안 CrP가 매우 빠르게 분해된다(Greenhaff 등, 1993). 근육 세포 내 초기 ATP 저장량은 매우 낮으며, 최대 운동 중에도 ATP 공급은 거의 일정하게 유지된다는 것이 측정 결과 확인되었다. 따라서 에너지 요구량이 몇 밀리초 내에 500배 증가하더라도 ATP는 빠르게 재합성되어야 한다.

크레아틴-포스포키나아제 반응의 주요 기능은 ATP 버퍼 역할을 하는 것이다. 이를 통해 해당작용이 에너지를 제공하기까지 몇 초간의 지연을 대처할 수 있다(Meyer 등, 1984; Marsh 등, 1993; Balsom 등, 1994; Greenhaff, 1995). ATP가 빠르게 재합성될 수

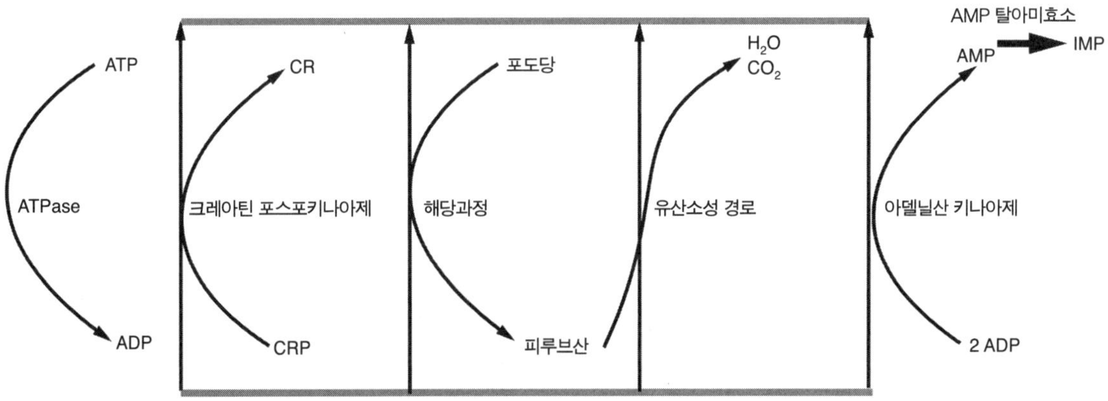

그림 2.12 ATP 재합성 1

ATP 재합성을 담당하는 네 가지 과정은 크레아틴-포스포키나아제 반응, 해당작용 경로, 아데닐레이트 키나아제 반응, 유산소 경로이다.

있는 이유는 필요한 효소 반응이 많지 않기 때문이며, 또한 크레아틴 인산(CrP)이 근세포의 세포질cytoplasm에 위치하기 때문이다(반응 비교 참조). 하지만 CrP의 저장량은 제한적이다.

크레아틴-포스포키나아제 반응의 두 번째 기능은 근세포 내의 양성자(수소 이온)를 완충하는 것이다. 이는 글리코겐이 젖산으로 분해되면서 발생하는 양성자를 처리하는 역할을 한다(Harris 등, 1992; Maughan, 1995; Vandenberghe 등, 1996).

$$CrP + ADP + H^{+} \rightarrow Cr + ATP$$

이와 같은 방식으로 근육 내 완충 능력을 향상시켜 산성화의 정도가 임계값에 도달하는 속도를 늦출 수 있다. 근육 내 pH가 감소하면, Ca^{2+}이 트로포닌-Ctroponin-C와 결합하는 능력이 떨어지며, 근육 세포 내의 효소 작용 과정이 억제된다. 크레아틴-포스포키나아제 반응은 근육 내 pH 감소를 어느 정도 상쇄한다.

크레아틴-포스포키나아제 반응의 세 번째 기능은 미토콘드리아에서 에너지를 ATP가 사용되는 위치로 전달하는 것을 촉진하는 것이다(Harris 등, 1992; Maughan, 1995; Vandenberghe 등, 1996). 예를 들어 ATP는 미토콘드리아에서 미오필라멘트로 이동해야 한다. 미토콘드리아는 산소 대사 경로를 통해 많은 ATP를 재합성하는 장소이다('ATP 재합성' 92쪽 참조). ATP와 비교했을 때 CrP(크레아틴 인산)는 분자가 더 작기 때문에 근육 세포 내를 확산을 통해 훨씬 더 쉽게 이동할 수 있다. 추가적인 이점은 CrP의 인산기를 ADP로 전달하는 효소를 가진 구조물만이 이 에너지 셔틀로부터 이득을 얻을 수 있다는 점이다(Billeter & Hoppeler, 1991). 미오필라멘트는 이 CrP 셔틀을 활용할 수 있도록 이러한 효소를 갖추고 있다.

근육 내 CrP의 가용성은 단기 고강도 근육 활동에 있어 성능을 제한하는 주요 요인으로 여겨진다. CrP가 고갈되면 ATP를 충분히 빠르게 재합성할 수 없는 상황이 발생할 수 있기 때문이다(Greenhaff, 1995). 그러나 근육 내 CrP의 농도 및 고갈 정도에 대

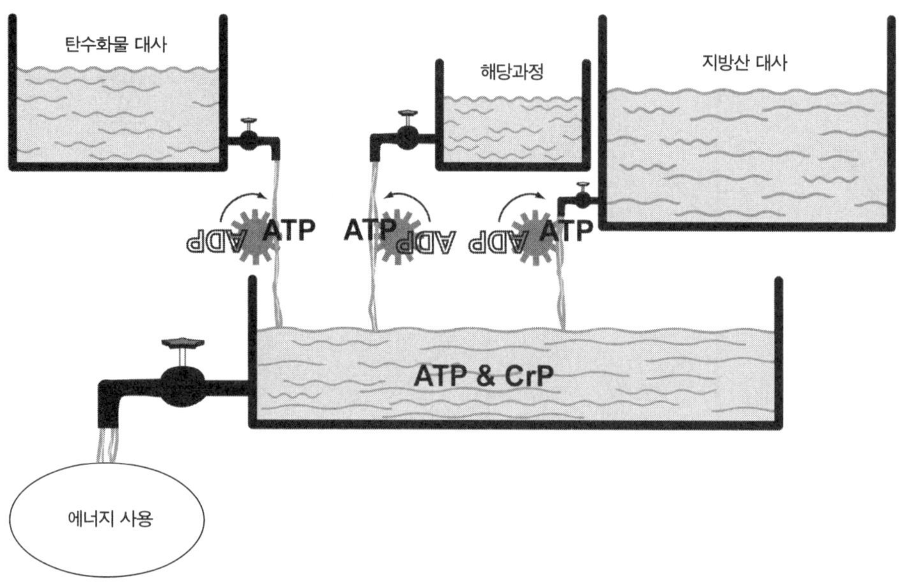

그림 2.13 ATP 재합성 2

사용되는 에너지의 양에 따라 네 가지 에너지 시스템이 각각 ATP의 재합성을 담당한다(하단의 욕조 물 수위는 일정하게 유지되어야 함). 각 수도꼭지의 직경과 물 저장고의 크기는 각각 에너지 시스템의 파워(힘)와 용량을 나타낸다.

한 연구 결과는 일관되지 않다('용량과 파워' 110쪽 참조).

아데닐레이트 키나아제 반응

근육 세포 내에는 또 다른 직접적으로 사용할 수 있는 에너지원이 존재한다. 아데닐레이트 키나아제(근육에서 '마이오키나아제'라고 불림)라는 효소는 두 개의 ADP 분자에서 한 개의 ATP 분자를 생성할 수 있다.

$$\text{ADP} + \text{ADP} \xrightarrow{\text{마이오키나아제}} \text{ATP} + \text{AMP}(\text{아데노신모노포스페이트})$$

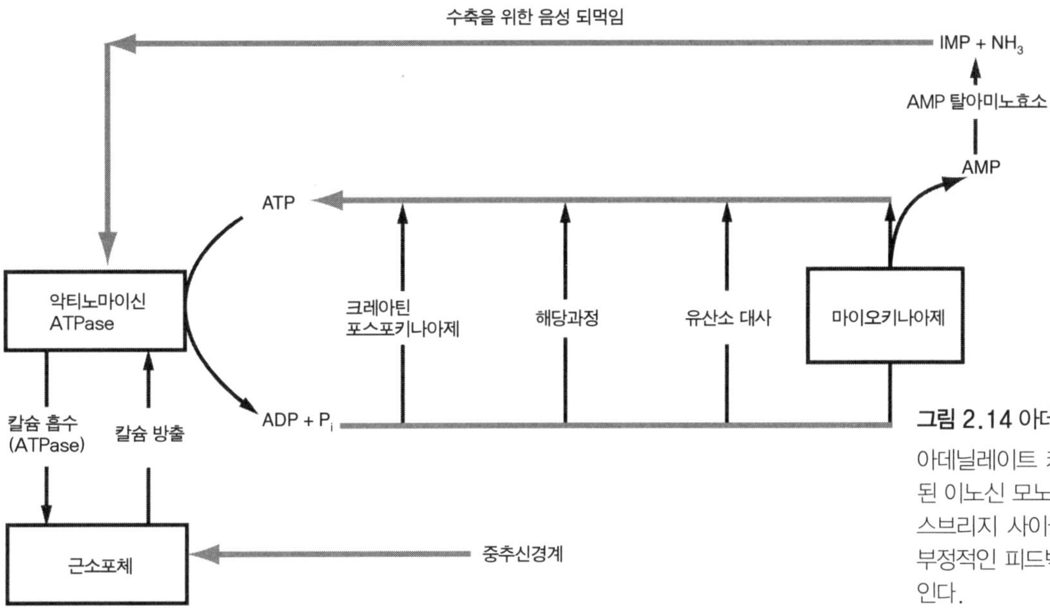

그림 2.14 아데닐레이트 키나아제 반응
아데닐레이트 키나아제 반응 중에 생성된 이노신 모노포스페이트(IMP)는 크로스브리지 사이클cross-bridge cycle에 대해 부정적인 피드백을 제공하는 것으로 보인다.

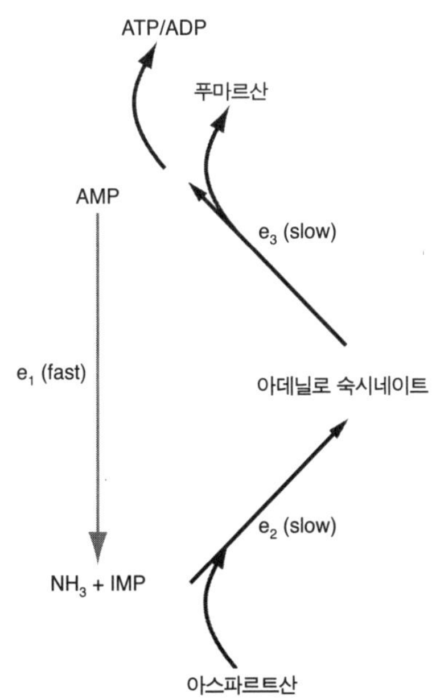

그림 2.15 AMP로부터 ATP와 ADP의 재합성
AMP로부터 ATP와 ADP가 재합성될 때, IMP가 합성되는 연쇄 반응의 첫 번째 단계는 빠르게 진행되지만, 이후 단계는 더 느리게 진행된다.

이와 같은 방식으로 높은 인산 잠재력을 유지할 수 있다. 아데닐레이트 키나아제 반응은 격렬한 신체 운동 중에 발생한다. 단점은 아데노신(ATP, ADP, AMP)과 결합된 고에너지 인산 결합의 총량이 일시적으로 감소한다는 점이다. 이 반응에서 생성된 AMP는 다시 이노신 모노포스페이트(IMP)와 암모니아(NH_3)로 전환된다. IMP는 근육 수축 동안 액틴과 미오신 간의 상호작용에 직접적인 부정적 피드백을 주는 것으로 보인다(Westra, 1993).

이러한 방식으로 값비싼 에너지 운반체가 소모된다. IMP로부터 ADP와 ATP를 재합성하는 데 관여하는 효소는 AMP를 IMP로 변환하는 효소보다 느리게 작동한다. ATP와 ADP의 회복은 실제로 휴식 기간에 들어서야 본격적으로 시작된다. 이 사실의 실질적인 결과는 중거리와 장거리 달리기에서 가장 좋은 기록을 내려면 가능한 한 일정한 페이스로 달리는 것이 중요하다는 것이다. 만약 출발 속도가 너무 빠르면, IMP가 즉시 형성되어 이후 레이스 동안 근육 수축을 방해한다. 이로 인해 근육 세포 내 IMP 농도를 ADP와 ATP로 전환하는 과정이 매우 느리기 때문에, 그 시점부터 생성할 수 있는 힘이 줄어든다.

해당과정

크레아틴-포스포키나아제 반응은 ATP를 재합성할 수 있는 시간이 짧게(5~15초) 유지된다. 아데닐레이트 키나아제 반응은 비상 시스템으로서 ATP를 잠시 동안 소량만 재합성할 수 있다. 따라서 다른 비산화적 에너지원이 ATP를 재합성하기 위해 빠르게 동원되어야 한다. 근육 세포 내에서 글루코스와 글리코겐이 피루브산으로 분해되면서 에너지가 방출되고, 이를 통해 ATP가 재합성된다.

포도당/글리코겐 → 피루브산

사용되는 기질에 따라 이러한 과정은 해당과정(기질: 포도당) 또는 글리코겐분해(기질: 글리코겐)라 불린다. 근육 세포 내에서 자유 포도당의 농도는 낮은 편이므로, 비산화적 에너지원은 본질적으로 저장된 형태의 포도당(즉, 글리코겐)으로 구성된다. 그러나 이에 더하여, 간이나 소화관에서 유입되는 혈류를 통해 포도당이 추가적으로 공급될 수 있다.

피루브산이 생성된 순간부터 반응은 두 가지 경로로 진행될 수 있다. 피루브산은 (1) 근육 세포 내 콩 모양의 세포 소기관인 미토콘드리아로 운반되어 유산소 경로aerobic pathway에서 대사되거나, (2) 락트산 탈수소효소(LDHlactate dehydrogenase)의 도움으로 락트산과 수소 이온으로 직접 전환될 수 있다. 오랜 기간 동안 피루브산의 운명이 결정되는 유일한 기준은 산소의 존재 여부라고 여겨졌다. 산소가 없는 조건(무산소 상태)에서는 피루브산이 락트산과 수소 이온으로 전환되고, 충분한 산소가 존재하는 조건(유산소 상태)에서는 피루브산이 유산소 경로로 진입한다고 생각되었다. 이 장의 후반부에서, 왜

그림 2.16 해당과정(대폭 간소화됨)

근육 세포 내에서 포도당과 글리코겐은 피루브산으로 분해되며, 이 과정에서 ADP를 ATP로 재합성하기 위한 에너지가 방출된다.

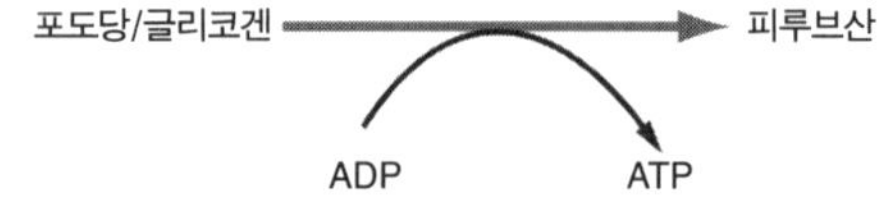

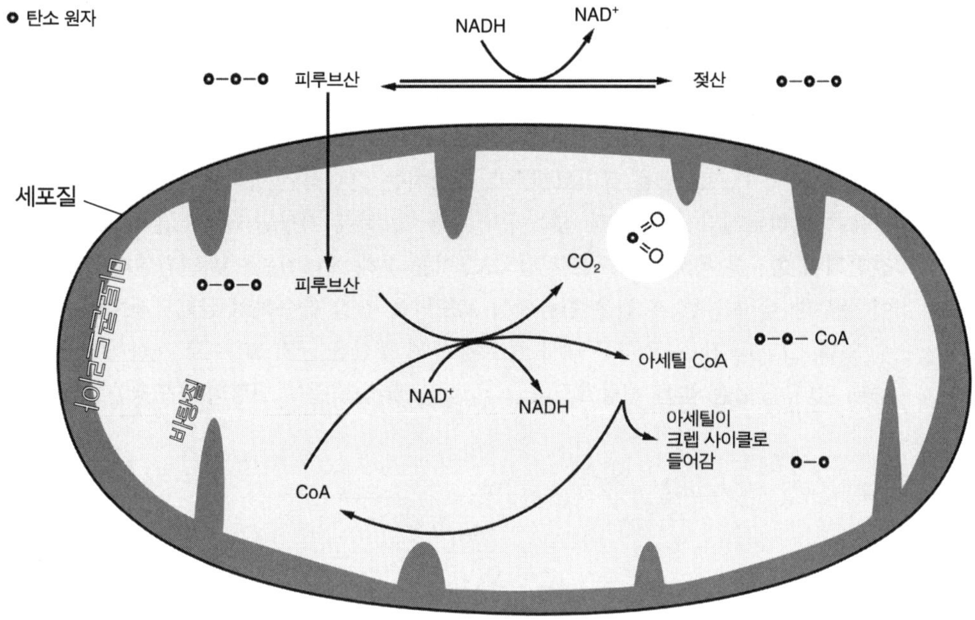

그림 2.17 해당과정을 통한 피루브산 합성
해당과정에서 생성된 피루브산은 두 가지 경로 중 하나를 선택할 수 있다. 첫 번째 경로는 젖산 탈수소효소$_{\text{lactate dehydrogenase}}$의 도움을 받아 젖산으로 전환되는 것이며, 두 번째 경로는 미토콘드리아로 들어가 호기성 경로에서 추가적으로 처리되는 것이다.

산소의 존재가 피루브산 운명을 결정짓는 유일한 기준으로 오랫동안 간주되었는지에 대해 설명할 것이다.

아래에서 논의할 에너지 시스템들과 마찬가지로 해당과정을 포함한 해당 에너지 시스템도 근육 세포의 세포질$_{\text{cytosol}}$에서 진행된다. 이 시스템에서 ATP가 ADP로 전환되는 미오필라멘트$_{\text{myofilaments}}$까지의 거리는 매우 짧다. 그러나 크레아틴-포스포키나아제반응에 비해 해당과정을 통한 에너지 방출 속도는 다소 낮은데, 이는 포도당$_{\text{glucose}}$ 또는 글리코겐$_{\text{glycogen}}$의 분해가 더 복잡한 과정을 필요로 하기 때문이다. 크레아틴-포스포키나아제 반응은 근육 세포 내에서 많은 특수 구조의 도움 없이 빠르게 진행되는 반면, 해당과정은 세포질에서 12단계의 효소 반응이 연속적으로 일어난 후에야 에너지를 방출할 수 있다.

역사적 관점에서 해당과정은 항상 두 가지 형태로 구분된다.

(1) 무산소성 해당과정$_{\text{anaerobic glycolysis}}$
(2) 유산소성 해당과정$_{\text{aerobic glycolysis}}$

파스퇴르$_{\text{Pasteur}}$와 같은 저명한 과학자들은 단세포 생물의 대사를 연구하며 '유산소(산소 존재)'와 '무산소(산소 부재)'라는 용어를 도입하였다. 그러나 이 두 용어는 운동생리학과 운동 훈련의 실천 영역에서 많은 혼란을 야기하였다. 파스퇴르는 산소가 없는 실험 조건에서 젖산이 형성된다는 사실을 발견하였다. 이후 이 관찰 결과는 근육 세포 대사로 확장 적용되었고, 젖산이 형성된다면 이는 근육 세포 내 산소 부족 때문이라는 결론이 도출되었다. 이러한 잘못된 추론은 현재까지도 지구력 훈련에 대한 관점에 제한을 초래하고 있다.

근육 세포 내 산소 부족은 젖산생성의 원인 중 하나에 불과하다. 젖산(1.0~2.9 mmol/L)은 완전히 유산소 상태인 안정 시에도 생성된다(Connett 등, 1990). 안정 시 젖산 생성은 간이 포도당을 글리코겐으로 저장하는 간접적인 방식과 관련이 있다. 간과 근육은 글리코겐의 주요 저장 장소이며, 운동 중 간에 저장된 글리코겐은 포도당으로 전환되어 혈류를 통해 근육으로 전달되고, 이를 통해 에너지원으로 전환된다. 탄수화물이 풍부한 식사를 한 후 간은 혈류에서 포도당을 직접 흡수하여 글리코겐으로 저장할 수 있다. 그러나 간은 또 다른 대사 경로를 통해 젖산을 글리코겐으로 전환하여 저장할 수도 있다. 근육은 높은 해당효소glycolytic enzyme 활성 덕분에 대량의 포도당을 젖산으로

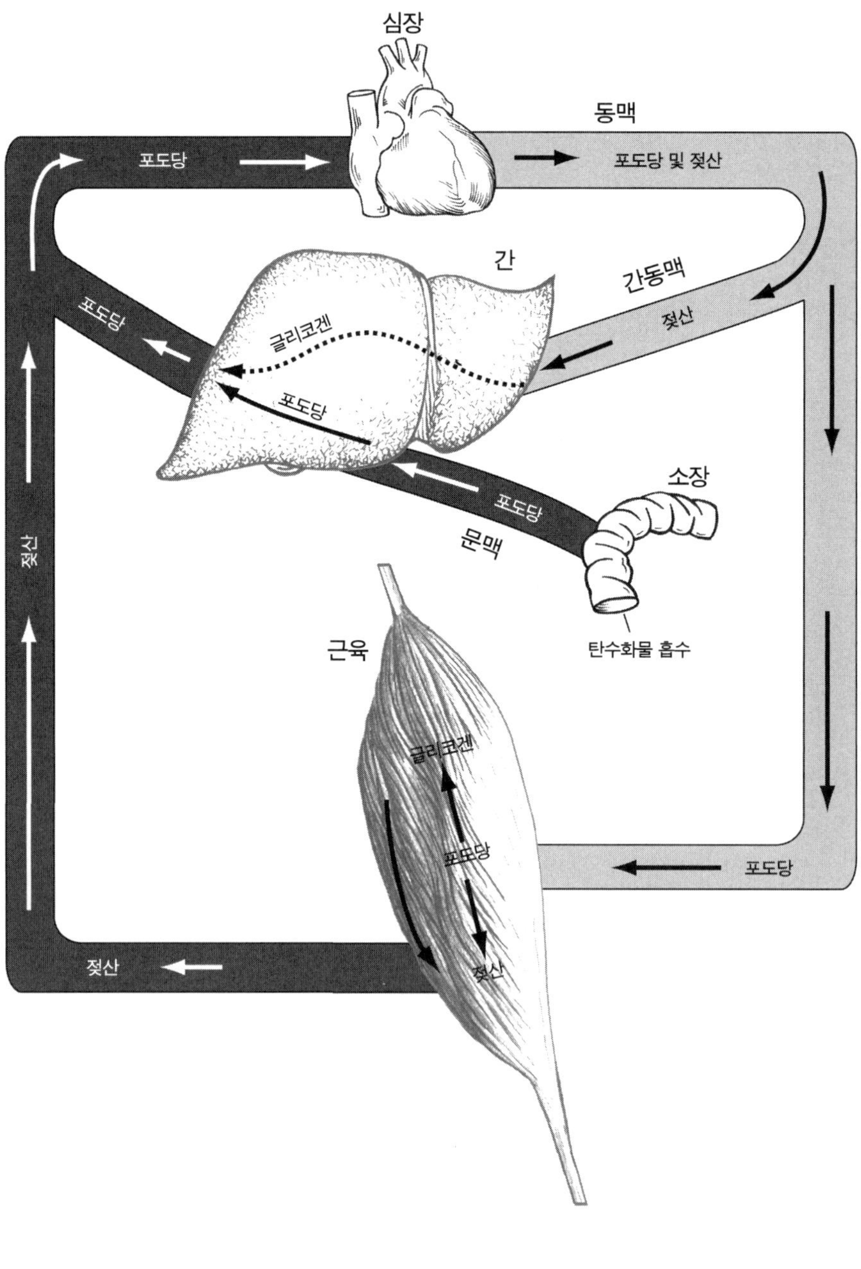

그림 2.18 포도당 역설

간은 혈당을 글리코겐으로 직접 저장하는 저장소 역할을 할 뿐만 아니라, 또 다른 간접적인 대사 경로를 이용할 수 있다. 즉, 근육에서 높은 해당작용 효소 활성으로 인해 포도당이 젖산으로 변환될 수 있다. 이후 젖산은 혈류에서 제거되어 간에서 글리코겐으로 저장된다.

전환할 수 있으며, 이는 간이 글리코겐 저장을 보충할 수 있는 간접적인 방법이 된다. 이 현상은 포도당 역설glucose paradox이라고 불린다.

젖산의 기능에 대한 다른 방식들은 '젖산성 무산소 반응 훈련'(114쪽)에서 추가적으로 논의된다. 현시점에서는 젖산을 단순한 최종 대사산물, 즉 노폐물로 간주하지 않는 것이 중요하다. 에너지 생성에서 젖산이 차지하는 중요성은, 이를 단순히 무산소 해당과정 쓸모없는 부산물로 여길 수 없을 정도로 크다.

'무산소 해당작용'과 '유산소 해당작용'이라는 용어는 부정확하다. 이러한 용어는 서로 다른 두 종류의 해당작용이 존재하며, 하나는 산소가 존재할 때, 다른 하나는 산소가 없는 상태에서 발생한다고 암시하기 때문이다. 그러나 근육 세포 내에 충분한 산소가 존재하든 그렇지 않든, 해당작용은 포도당을 피루브산으로 변환하는 연쇄 반응이다. 이 대사 경로에는 산소가 관여하지 않는다. 이러한 점을 강조하기 위해, 일부 문헌에서는 해당작용을 '비산소non-robic' 과정이라는 용어로 설명하기도 한다(Brooks 등, 1996).

'빠른' 해당작용과 '느린' 해당작용

여기에서는 포도당이 피루브산을 거쳐 젖산과 수소 이온hydrogen ions으로 전환되는 과정을 논의한다. 피루브산이 미토콘드리아로 운반되는 대사 경로는 아래에서 다룬다(103~108쪽 참조).

이미 언급한 바와 같이, 이화작용 중에 방출된 에너지는 ATP로 전달된다. 에너지 전달은 일반적으로 에너지-풍부 전자를 운반하는 매개체를 통해 간접적으로 진행된다. 이러한 전자 운반체 중 하나인 NADH(니코틴아미드 아데닌 다이뉴클레오타이드nicotinamide adenine dinucleotide는 해당작용에서 중요한 역할을 한다. 해당작용의 효소적 연쇄 반응 중간 단계(6단계)에서 에너지-풍부 전자는 NAD^+를 통해 NADH로 전달된다.

휴식 시 또는 운동 강도가 높지 않을 때, NADH에 결합된 전자와 H^+(수소 이온)는 미토콘드리아로 운반된다. 그러나 운동 초기 미토콘드리아의 활동이 여전히 낮거나, 고강도 부하 중에 미토콘드리아의 활동이 충분하지 않을 경우, 미토콘드리아를 통한 NAD^+ 재합성이 이루어지지 않거나 부족할 수 있다. 세포 내 NAD^+의 농도는 제한적이며, NAD^+의 재생 여부는 전자와 H^+를 NADH로부터 방출하는 과정에 전적으로 의존한다. NAD^+를 재생하여 해당작용이 멈추지 않도록 하는 대체 경로는 피루브산을 젖산으로 전환하는 것이다. 이 과정에서 젖산은 NADH로부터 전자와 H^+를 수용하는 역할을 한다.

$$\text{피루브산} + NADH + H^+ \xrightarrow{\text{LDH 효소}} \text{젖산} + NAD^+$$

따라서 젖산의 생성 여부는 미토콘드리아의 상대적 활성도와 관련이 있으며, 산소의 존재 여부와는 관련이 없다. 이러한 경우, 피루브산이 젖산으로 전환되는 과정을 '무산소성' 해당과정이라기보다는 '빠른' 해당과정이라 부르는 것이 적절하다. 해당과정이 최대치에 도달했음에도 불구하고, 미토콘드리아의 활성도가 NADH를 충분히 활용할 만큼 높지 않을 경우, 존재하는 피루브산의 많은 부분이 LDH(젖산 탈수소효소)에 의해 젖산으로 전환된다. 이는 LDH가 해당과정에서 가장 높은 $\dot{V}_{max}$ 값을 갖는 효소이기 때문이다. 한편, 피루브산이 미토콘드리아로 들어간 이후에는 호기성 경로에 참여하게 되며, 이 과정은 '빠른' 해당과정보다 약 2.5배 더 느리게 진행된다. 이러한 이유로, 포도당이나 글리코겐의 호기성 분해 과정을 '느린' 해당과정이라 부른다.

'빠른' 해당과정으로 생성되는 ATP의 양은 크레아틴-포스포키네이스 반응으로 생성되는 양보다 많지만, 호기성 경로로 생성되는 양보다는 훨씬 적다. '빠른' 해당과정에서 1몰의 포도당을 분해하면 순수 2몰의 ATP가 생성되지만, 호기성 경로를 통해서는 순수 36~38몰의 ATP가 생성된다. 해당과정은 최대 운동 시작 시 지배적인 에너지 시스템으로 작용하며, 운동 시작 후 첫 몇 초부터 약 1분까지 지속적으로 주요 역할을 한다.

'빠른' 해당과정의 부산물로 생성되는 젖산은 해당하는 pH에서 빠르게 해리된다. 방출된 수소 이온은 pH를 낮추는 부정적인 영향을 미치며, 근육 세포 내에서 효소 활성에 악영향을 주고 트로포닌-C가 칼슘과 결합하는 친화도를 감소시킨다. 근육 세포에 축적된 젖산은 일정 시간 지연 후 혈류와 주변 근육 섬유로 확산된다. 혈액 내의 수소 이온은 완충 작용에 의해 pH 감소가 최소화된다. 혈액의 완충 능력에 대한 논의는 본 장의 후반부에서 다룬다.

젖산의 처리 과정에 대해서는 점차 명확해지고 있다. 과거에는 젖산이 '빠른' 해당과정의 최종 대사산물 또는 폐기물로 간주되었다. 그러나 신체가 젖산과 같은 고에너지

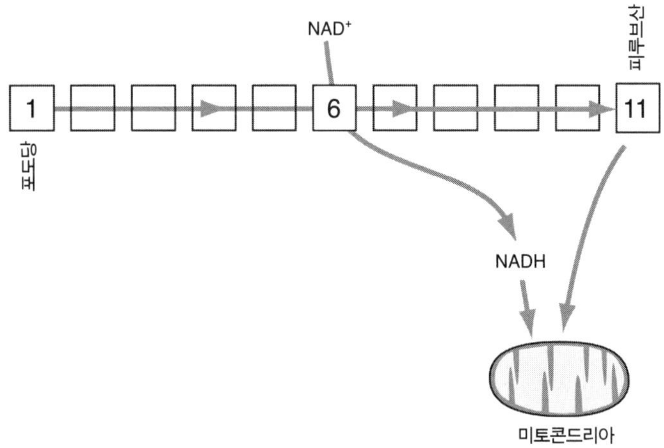

그림 2.19 느린 해당과정

해당과정이 중반에 접어들면, 에너지가 풍부한 전자가 NAD에서 NADH로 전달된다. 러닝 강도가 너무 높지 않을 경우, 미토콘드리아가 NADH와 피루브산의 수용체로 작용할 수 있다. 이 과정에서 NAD가 재합성됨으로써 해당과정이 경로의 여섯 번째 단계 이후에 중단되지 않도록 한다.

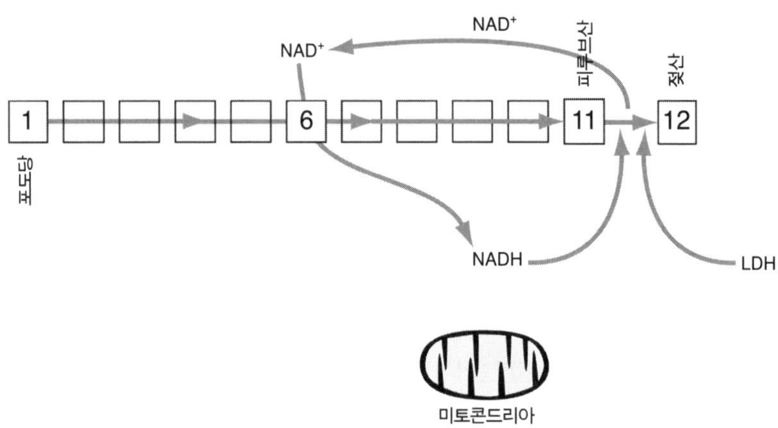

그림 2.20 빠른 해당과정

예를 들어 미토콘드리아가 낮은 효소 활성으로 인해 충분히 작동하지 못할 경우, NAD는 젖산이 NADH로부터 전자와 H를 수용함으로써 재합성된다.

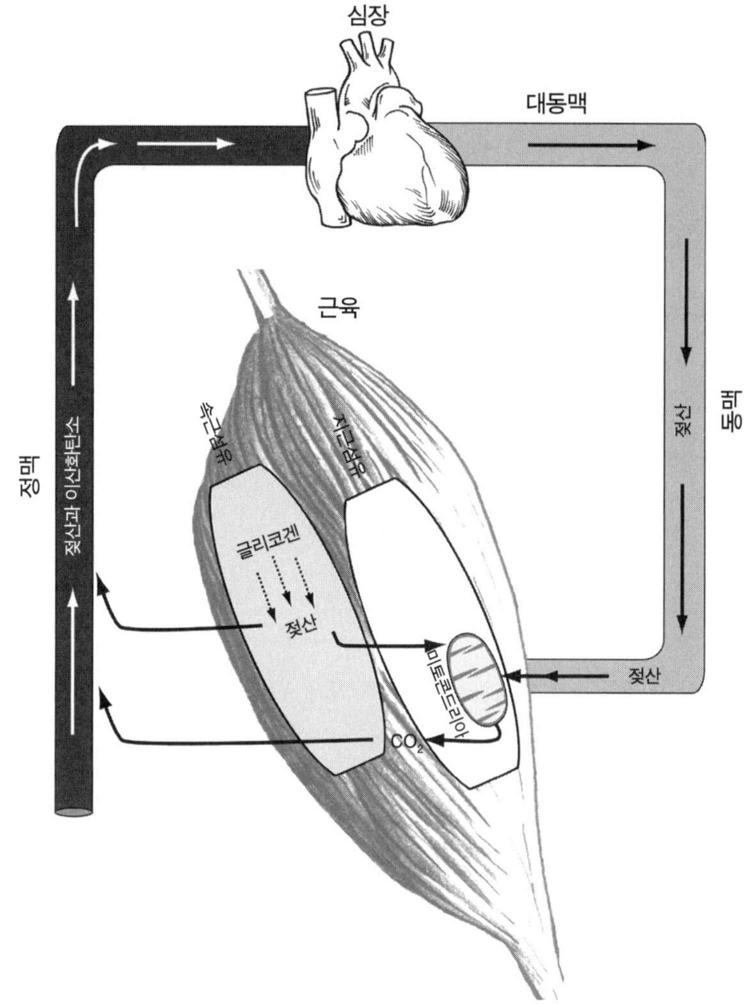

그림 2.21 젖산 셔틀

FT(속근) 근섬유에서 생성된 젖산은 인접한 ST(지근) 근섬유로 이동하여 산화적 에너지의 원천으로 사용될 수 있다.

기질을 쓸모없는 최종 산물로 생산한다면 이는 에너지 경제성이 낮다는 것을 의미한다. 젖산은 혈류로 확산되어 간에서 글리코겐으로 전환될 수 있다. 또한 젖산은 심장과, 특히 지근(ST) 근섬유에서 연료로 사용된다. 흥미롭게도 IIb형 근섬유에서 생성된 젖산은 주변 I형 근섬유로 확산되어 직접적으로 산화적 에너지원으로 사용될 수 있다. 이러한 방식으로 생성된 젖산은 정맥혈과 접촉하지 않는다. 이 현상을 '젖산 셔틀lactate shuttle'이라고 한다(Brooks, 1985). 이로 인해 혈중 젖산 농도는 '빠른' 해당과정의 기여도를 나타내는 지표로서 상당한 한계를 지닌다.

젖산 측정

모세혈관 혈액의 젖산 농도는 간단한 장비를 사용하여 측정할 수 있다. 스포츠 훈련 중, 현장 테스트 또는 실험실 조건에서 다양한 테스트 프로토콜을 사용하여 여러 달리기 속도에서 혈중 젖산 농도를 측정할 수 있다. 이러한 테스트 결과는 특히 지구력 운동에 대한 최적의 달리기 강도를 결정하고, 반복적인 테스트를 통해 퍼포먼스의 향상을 파악하는 데 사용된다. 달리기 속도의 증가에 따른 젖산 농도를 그래프로 그렸을 때 나타

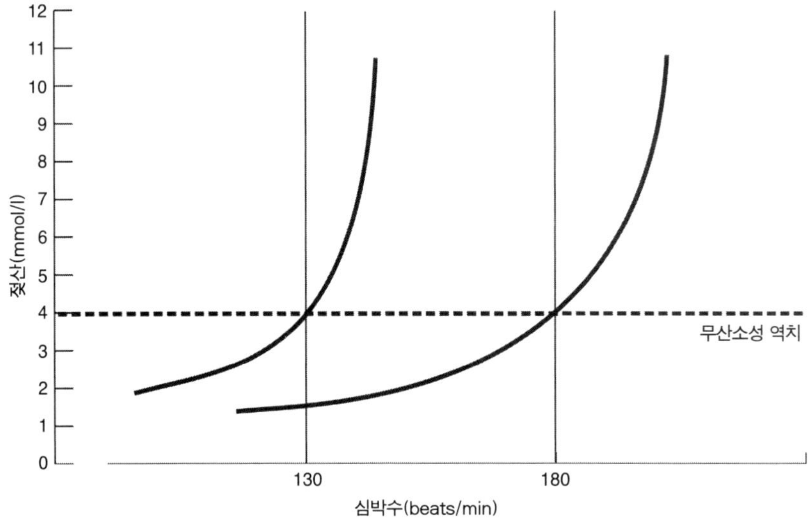

그림 2.22 젖산 역치. 달리기 강도가 높아짐에 따라 혈중 젖산 농도에 나타나는 특징적인 변화. 젖산 농도가 기하급수적으로 증가하기 시작하는 지점(여기서는 4mmol/L)을 흔히 '무산소 역치' 또는 '젖산 역치'라고 한다.

나는 특징적인 패턴을 통해 결과를 해석할 수 있다. 달리기 강도가 증가함에 따라 젖산 농도는 특정 달리기 강도에 도달하기 전까지는 상대적으로 낮고 일정하게 유지되다가, 그 이후 기하급수적으로 증가한다. 많은 선행 문헌들에서(Brooks, 1985; Anderson & Rhodes, 1989; Tanaka, 1990; Ohira & Tabat, 1992; Spurway, 1992; Loat & Rhodes, 1993; Myers & Ashley, 1997; Basset & Howley, 2000) 이러한 젖산 농도의 급격한 증가에 대해 '혈중 젖산 축적 시작 지점', '젖산 역치', '무산소성 역치', '유산소-무산소 전환$_{\text{aerobic-anaerobic transition}}$' 등 다양한 명칭으로 지칭되었다. 이러한 현상은 특정 달리기 강도에서 유산소 에너지 시스템만으로는 에너지를 공급하기에 불충분해지기 때문에 '빠른' 해당과정의 도움이 필요하게 되고, 이로 인해 젖산이 근육 세포에 축적되어 혈류로 확산되는 것이다. 다시 말해, 혈중 젖산 농도는 총 에너지 공급에 대한 '빠른' 해당과정의 기여도를 정량화하는 데 사용될 수 있다.

대사 과정을 단순화하여 설명할 경우 여러 중요한 사실이 간과될 수 있다. 첫째, 혈중 젖산 농도는 젖산의 생산량에서 제거량을 뺀 결과이다. 젖산 생성에 대한 명확한 판단은 어렵다. 이는 심장, 간, 그리고 지근섬유(ST 근섬유)에서 얼마나 많은 젖산이 흡수되고 사용되는지를 정확히 파악하기 어렵기 때문이다. 둘째, 젖산이 혈류로 확산되는 데 걸리는 시간적 지연이 고려되지 않는다. 젖산 생성 후 즉각적으로 혈중 농도에 반영되는 것이 아니기 때문에 시간적 지연은 중요한 변수이다. 셋째, 시간 경과에 따른 '빠른' 해당과정의 기여도를 파악하는 데 한계가 있다. 그림 2.23에서 1번과 2번 지점을 근거로 '빠른' 해당과정의 기여가 없었다고 해석할 수밖에 없는 상황이 이를 예로 들 수 있다. 이는 대사 과정의 동태적 변화에 대한 심층적인 통찰을 어렵게 만든다. 넷째, 검사 프로토콜의 설계 방식이 혈중 젖산 농도 측정에 큰 영향을 미친다. 예를 들어 작업부하를 일정한 단계로 나누고 각 단계의 지속 시간을 조절할 경우, 동일한 주행 속도를 유지하더라도 혈중 젖산 농도에 상당한 차이가 발생할 수 있다.다양한 검사 프로토콜을 기반으로 주행 속도와 혈중 젖산 농도를 비교하여 산점도를 그릴 경우, 두 변수 간의 상관관계는 약하게 나타난다. 이는 젖산 농도가 단순히 주행 속도와 비례적으로 연관되지

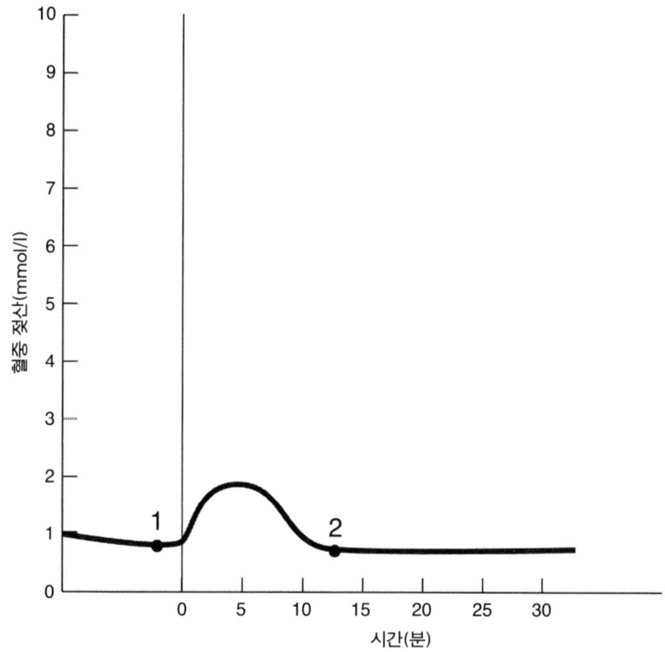

그림 2.23 젖산 농도 변화

혈중 젖산 농도가 시간에 따라 변화하는 양상을 나타낸 그래프이다. 그래프는 휴식 상태에서 시작해 낮은 강도의 러닝 작업부하를 수행한 후의 변화를 보여준다. 좌표 1(휴식 상태)과 좌표 2(10분간 러닝 후)의 측정값이 동일하게 나타난 것을 기준으로 보면, '빠른' 해당과정이 기여하지 않았다고 해석될 수 있다.

않음을 시사한다. 결론적으로, 젖산 농도는 단순히 '빠른' 해당과정의 기여도를 평가하기 위한 지표로 사용하기에는 한계가 있다. 젖산 생산, 제거, 확산의 역학을 정확히 이해하고 이를 해석하기 위해 다양한 변수들을 종합적으로 고려해야 한다.

젖산 농도를 기반으로 최적의 강도(예: 노력 지속 시간)를 선택하는 것은 불확실성이 큰 작업이다(Hoogeveen 등, 1997). 표준화된 조건(예: 동일한 테스트 프로토콜)에서 반복적으로 측정된 젖산 농도는 동일한 방식으로 기록되었을 경우에만 비교 가능하며, 그 비교는 단순히 높고 낮음에 한정될 수 있다. 따라서 이를 초과하는 해석이나 '빠른' 해당과정의 기여도나 유산소 대사 경로의 한계에 대해 진술하는 것은 정당하지 않다.

지금까지는 적용된 테스트 프로토콜을 제외하면, 젖산 측정에 간섭을 줄 수 있는 기타 외부 변수들은 고려되지 않았다. 여기에는 온도, 피로, 영양과 같은 변수가 포함된다. 특히 피로와 영양은 근육 내 글리코겐 저장량 유지와 밀접하게 관련되어 있다. 글리코겐은 '빠른' 해당과정의 가장 중요한 기질이므로, 글리코겐이 부족할 경우 동일한 아운드맥스 러닝 속도에서 측정된 혈중 젖산 농도가 낮아지게 된다. 이와 같은 상황에서는 이전 테스트에서 기록된 최대 러닝 속도에 도달하지 못하며, 혈중 젖산 농도 역시 이전 테스트보다 낮은 최대치를 나타낼 것이다. 이러한 현상을 '젖산 역설'$_{\text{lactate paradox}}$이라고 한다(Jeukendrup 등, 1992). 젖산 농도 측정을 선호하는 사람들은 젖산 곡선이 우하향으로 이동할 경우 훈련 효과가 긍정적이라고 간주하지만, 근육 내 글리코겐 저장량이 충분히 채워지지 않은 경우에도 동일한 곡선 이동이 나타날 수 있다.

유산소 경로

유산소 경로와 달리, 앞서 설명한 에너지 시스템들은 ATP 재합성을 위한 에너지를 제공하는 데 있어 산소의 존재에 의존하지 않는다. 근육 세포에 존재하는 미토콘드리아는 여러 과정을 통합하여 수행하는 주요 장소로, 여기에서 영양소가 분해되고 산소가 흡

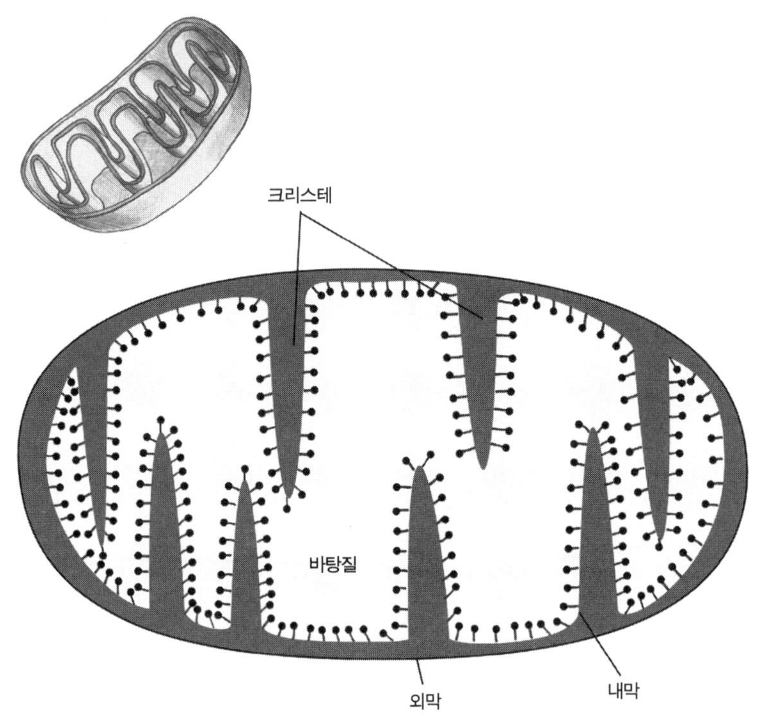

그림 2.24 미토콘드리아의 구조

미토콘드리아는 매끄러운 외막과 강하게 주름진 내막으로 구성된다. 이 주름 또는 돌출부는 크리스테cristae라 불린다. 미토콘드리아의 내부는 매트릭스matrix라 불리며, 여기에서 여러 에너지를 생성하는 유산소 과정이 이루어진다.

수되며 ATP와 크레아틴 인산(CrP) 수준이 유지된다. 미토콘드리아에서 진행되는 유산소적 에너지 제공 과정은 '세포 호흡cellular respiration'이라고도 불리며, 이는 심장과 폐가 최적의 기능을 발휘하는지 여부에 따라 크게 좌우된다. 해부학적 관점에서 유산소 세포 대사가 이루어지는 미토콘드리아는 심혈관계와 상대적으로 거리가 있는 것으로 간주된다. 심혈관계는 미토콘드리아로 산소를 운반하는 역할을 하며, 이는 유산소 경로가 시작되는 데 있어 지연 요인이 된다. 심장과 폐가 활성화되기 위해 호르몬과 신경계의 자극이 필요하고, 이 과정이 일정 시간이 소요되기 때문이다. 또한, 미토콘드리아 자체도 활발히 작동하기까지 시간이 걸린다. 일반적으로 유산소 경로가 완전히 활성화되는 데에는 약 2분이 걸리는 것으로 추정된다. 이러한 점은 운동 초기 단계에서 무산소 시스템의 우위를 설명하며, 유산소 시스템이 활성화될 때까지의 과도기를 명확히 이해하는 것이 중요하다.

글리콜리시스의 마지막 단계에서 형성된 피루브산은 운반체를 통해 미토콘드리아로 이동한다. 피루브산은 매끄러운 외막과 복잡하게 주름진 내막을 통과하여 매트릭스matrix 내부에서 추가적인 활용 과정을 거친다. 근육 세포에서 미토콘드리아는 에너지를 요구하는 근원섬유myofilaments와 에너지를 소비하는 이온 및 대사물질의 능동 수송active transport이 이루어지는 근육막 근처에 위치한다. 본 교재에서는 특히 근원섬유와 근접한 근원섬유간intermyofibrillar 미토콘드리아에 주목한다.

미토콘드리아의 활성도는 ATP/ADP 비율에 의해 결정된다. 따라서 미토콘드리아 활동이 실제로 증가하려면 몇 가지 조건이 충족되어야 한다. 이러한 조건으로는 산소, 기질, ADP의 존재가 포함된다. 에너지를 제공하는 과정 중에서 미토콘드리아의 활성은 항상 근육 원형질 내에서 직접적으로 이용 가능한 에너지를 제공하는 과정보다 늦게 나타난다.

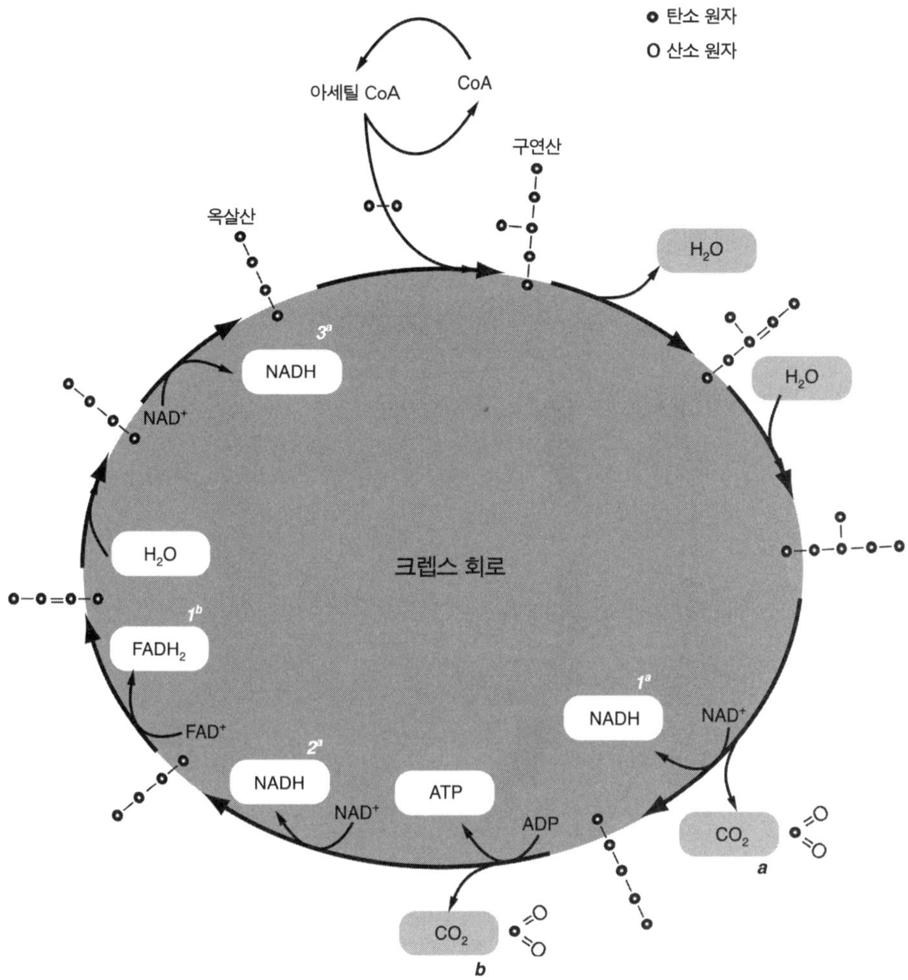

그림 2.25 크렙스 회로

크렙스 회로는 연속적으로 일어나는 효소 반응의 순환 과정으로, 각 순환에서 다음과 같은 결과를 생성한다. ATP 1분자, CO_2 2분자, 그리고 에너지가 풍부한 전자가 결합된 NADH 3분자와 전자 수용체로 작용하는 FAD-H_2 1분자.

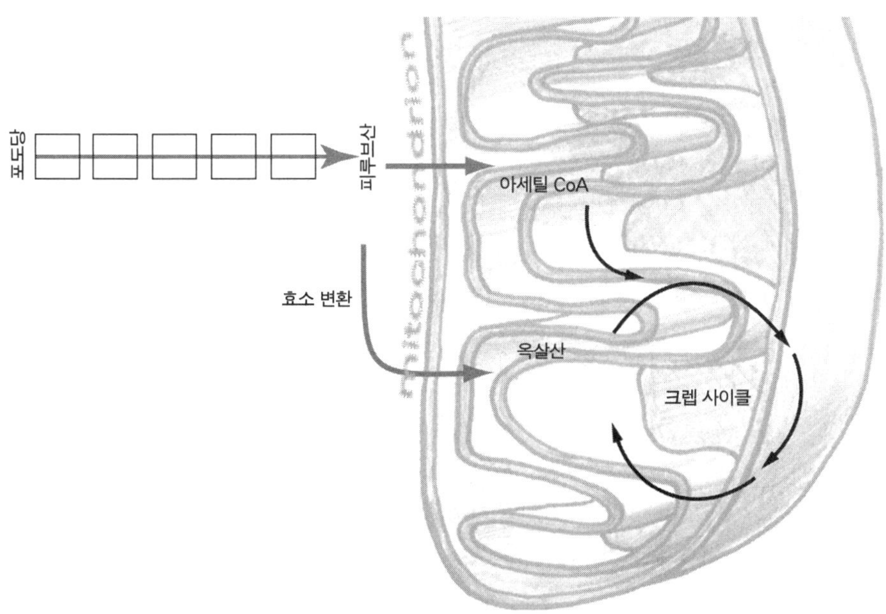

그림 2.26 옥살아세트산이 크렙스 회로로 들어가는 대사 경로

이 그림은 피루브산이 옥살아세트산oxaloacetate으로 전환되어 크렙스 회로로 공급되는 대사 경로를 보여준다.

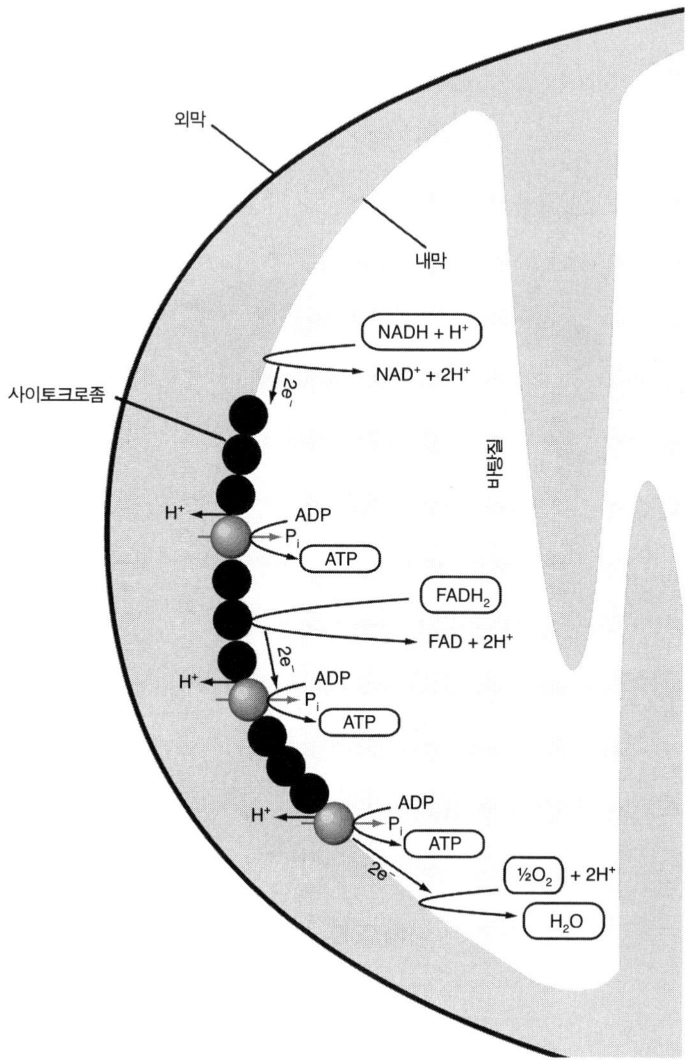

그림 2.27 호흡 사슬 또는 전자 전달 사슬

직접 이용 가능한 에너지를 사용하면 ATP 농도가 감소하며, 이는 ATP/ADP 비율을 낮추어 미토콘드리아를 활성화한다. 특히 '느린' 글리콜리시스를 개선하려는 목표를 가진 인터벌 트레이닝에서는 반복 운동 간에 너무 긴 휴식을 취하지 않는 것이 중요하다. 낮은 강도로 5분간 휴식할 경우 ATP가 재합성되어, 다음 반복 운동 시 초기 단계에서 '빠른' 글리콜리시스의 기여도가 증가하게 된다. 반면 휴식 시간이 더 짧다면 인산 포텐셜이 완전히 회복되지 않고 미토콘드리아가 계속 활성 상태를 유지하게 되며, 결국 유산소 경로에 의한 에너지 공급이 지배적으로 작용하게 된다.

미토콘드리아 기질에서 피루브산은 아세틸-CoA(아세틸 조효소 A)로 전환된다. 이 발열 반응exergonic reaction 동안 이산화탄소가 방출되고 NADH가 생성된다. 아세틸 단위(탄소 2개)는 크렙스 회로에 들어가 옥살아세트산과 결합하여 시트르산을 형성한다. 크렙스 회로는 연속적인 효소 반응으로 이루어진 끝없는 순환 과정이며, 한 사이클 동안 ATP 한 분자, 이산화탄소 두 분자, 그리고 에너지 풍부한 전자가 각각 NADH 세 분자와 FAD-H_2 한 분자(유사한 전자 수용체)에 결합한 형태로 생성된다. 크렙스 회로의 속

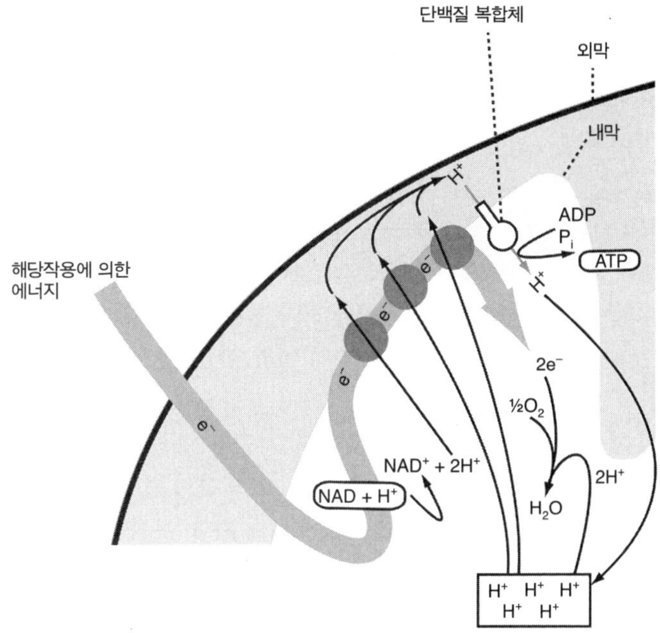

그림 2.28 호흡 사슬을 통한 ATP의 재합성

H^+ 이온은 미토콘드리아 내막에서 밖으로 펌핑된 후, 단백질 복합체를 통해 다시 기질$_{matrix}$로 유입된다. 이 유입 과정에서 방출된 에너지는 ATP를 재합성하는 데 사용된다.

도는 옥살아세트산 농도에 의해 결정되며, 이는 신체 운동 중 증가해야 한다. 옥살아세트산의 증가는 주로 해당작용에서 비롯되며, 피루브산이 효소에 의해 대사 경로를 통해 옥살아세트산으로 전환된다. 지방산이 아세틸 단위로 변환되어 크렙스 회로에 들어가는 몇 가지 대사 변환 과정도 존재한다('지방 대사' 108쪽 참조). 그러나 마라톤을 달리는 동안 근육 글리코겐이 부족할 때 지방산 산화만으로 에너지를 사용하는 것은 불가능하다. 해당작용의 기여가 없으면 옥살아세트산 농도가 감소하고 크렙스 회로가 정지하며, 결과적으로 아세틸-CoA가 근육 세포 내에 축적된다. 따라서 글리코겐 대사가 없는 지방 연소는 불가능하며, 세포 내에서 에너지 위기를 초래한다. 옥살아세트산 농도가 감소하면 과도한 아세틸-CoA가 케톤으로 전환된다. 지방 대사 속도가 높으면 항상 불완전 산화로 인해 케톤이 생성되며, 이는 일부 장거리 주자들이 장시간 운동 후 발산하는 아세톤(케톤의 일종) 냄새로 알 수 있다. 실질적인 결과로, 마라톤 후반부에는 반드시 포도당을 섭취해야 한다.

크렙스 회로 동안 한 분자의 ATP가 생성된다. 그러나 더 중요한 점은 NADH와 FAD-H_2에 결합된 고에너지 전자의 생산으로, 이는 유산소 경로의 다음 단계인 산화적 인산화$_{oxidative\ phosphorylation}$에서 재사용될 수 있다는 점이다. 유산소 경로의 이 단계에 도달해서야 비로소 다량의 ATP가 생성된다. 산화적 인산화의 원리는 수소가 산소와 결합하여 물을 형성할 때 방출된 에너지를 ATP로 전환하는 것이다(Vander 외, 1994). ATP의 재합성 과정에서, 크렙스 회로 동안 형성된 NADH와 FAD-H_2에서 수소 이온이 추출된다. 크렙스 회로를 계속 진행하려면 NAD^+와 FAD^+가 전자 수용체 역할을 해야 한다. 만약 산소가 존재하지 않으면, 산화적 인산화를 통해 NAD^+와 FAD^+가 생성되지 못한다. 이 경우 크렙스 회로와 산화적 인산화는 중단될 수밖에 없는데, 이는 미토콘드리아가 NADH와 FAD-H_2로부터 NAD^+와 FAD^+를 다른 경로로 생산할 수 없기 때문이다.

산화적 인산화 과정의 마지막 단계에 관여하는 단백질 구조는 미토콘드리아 내막에 존재한다. 이 단백질들(사이토크롬)은 주로 철과 구리를 포함하고 있어 전자를 전달하는 컨베이어 벨트처럼 작동할 수 있다. 전자는 철 또는 구리 이온으로 이동한 후 최종적으로 산소 분자에 흡수되며, 이 과정에서 '호흡 사슬respiratory chain' 또는 '전자 전달 사슬electron-transport chain'이라는 이름이 붙었다(Vander 등, 1994). 호흡 사슬의 시작에서 전자는 NADH와 FAD-H_2가 크렙스 회로에서 형성할 때 얻어진 수소 이온(H^+)에서 분리된다. FAD-H_2는 전자 전달 사슬에서 NADH보다 한 단계 뒤에서 시작되므로, NADH에 비해 약간 적은 에너지를 제공한다. 이는 전자 전달 사슬에서 전자가 각 사이토크롬으로 전달되는 과정에서 단계적으로 에너지가 방출되기 때문이다. 호흡 사슬에서는 방출된 에너지를 이용해 수소 이온이 미토콘드리아 기질에서 내막과 외막 사이의 공간으로 능동적으로 펌핑된다. ATP의 재합성은 호흡 사슬의 세 군데에서 이루어지며, 매우 정교한 메커니즘에 따라 진행된다. 농도 구배가 형성되면서 펌핑된 수소 이온은 단백질 복합체로 이루어진 통로를 통해 다시 기질로 흐르게 된다. 이 수소 이온의 이동에서 발생하는 에너지는 ADP와 P_1(무기 인산)을 ATP로 변환하는 데 사용된다. 호흡 사슬을 통해 NADH 한 분자로부터 전달된 전자 쌍은 ATP 세 분자를 생성할 수 있고, FAD-H_2로부터 전달된 전자 쌍은 ATP 두 분자를 생성할 수 있다.

지방 대사

인체 내 전체 에너지 저장의 80%는 중성지방triglycerides 형태로 저장되며, 이는 피하 지방 조직, 골격근, 간과 같은 여러 부위에 분포한다. 이 에너지원의 용량은 약 70,000~75,000kcal로 추정되며, 사실상 고갈되지 않는 것으로 간주된다. 그러나 미토콘드리아에서 지방산을 산화하기 위해 동원하는 과정은 매우 느리게 진행된다. 중성지방이 피하 지방 조직 등 효율적으로 저장된 형태에서 근섬유에서 사용 가능한 에너지로 전환되기 위해서는 다수의 변환 과정이 필요하다. 근섬유 내 또는 주변에 저장된 중성지방의 양은 매우 적다. 이러한 중성지방은 피하와 심부 지방 조직에 저장된 중성지방과 함께 지방 대사를 위한 주요 에너지원으로 작용한다. 중성지방은 직접적으로 유산소 경로에서 사용될 수 없다. 아세틸-CoAacetyl-CoA로 변환되어 크렙스 회로에 직접 진입할 수 있도록 일련의 반응을 거쳐야 한다(Fox 등, 1997). 이 시점부터 지방 대사는 '느린' 해당과정slow glycolysis과 동일한 대사 경로를 따른다. 피하 중성지방이 근육으로 운반되기 위해서는 먼저 글리세롤과 유리지방산free fatty acids으로 분해되어야 한다. 지방은 물에 잘 녹지 않거나 불용성이기 때문에, 유리지방산은 알부민albumin 단백질과 결합하여 혈액에서 운반된다. 근섬유로의 빠른 흡수는 근육 세포막(사코렘마sarcolemma)에 존재하는 특정 지방산 수용체에 의해 촉진된다. 근육 세포 내로 들어온 지방산은 먼저 CoA와 결합하여 높은 에너지 상태로 전환된다. 이 과정은 ATP 한 분자를 소모하며, 활성화된 지방산을 생성한다. 활성화된 지방산은 운반 단백질에 의해 미토콘드리아로 이동하며, 긴 탄소 사슬의 끝부분에서 탄소 두 개가 반복적으로 분리된다. 이 과정에서 CoA의 도움으로 아세틸-CoA가 생성되어 크렙스 회로에 진입한다. 이 과정은 탄소 사슬이 완전히 분해될 때까지 반복된다. 활성화된 지방산이 미토콘드리아에서 아세틸-CoA로 전환되는 이러한 일련의 반응을 베타 산화beta-oxidation라고 한다.

체내에서 자주 발견되는 16개의 탄소 원자를 가진 지방산인 팔미트산은 베타 산화

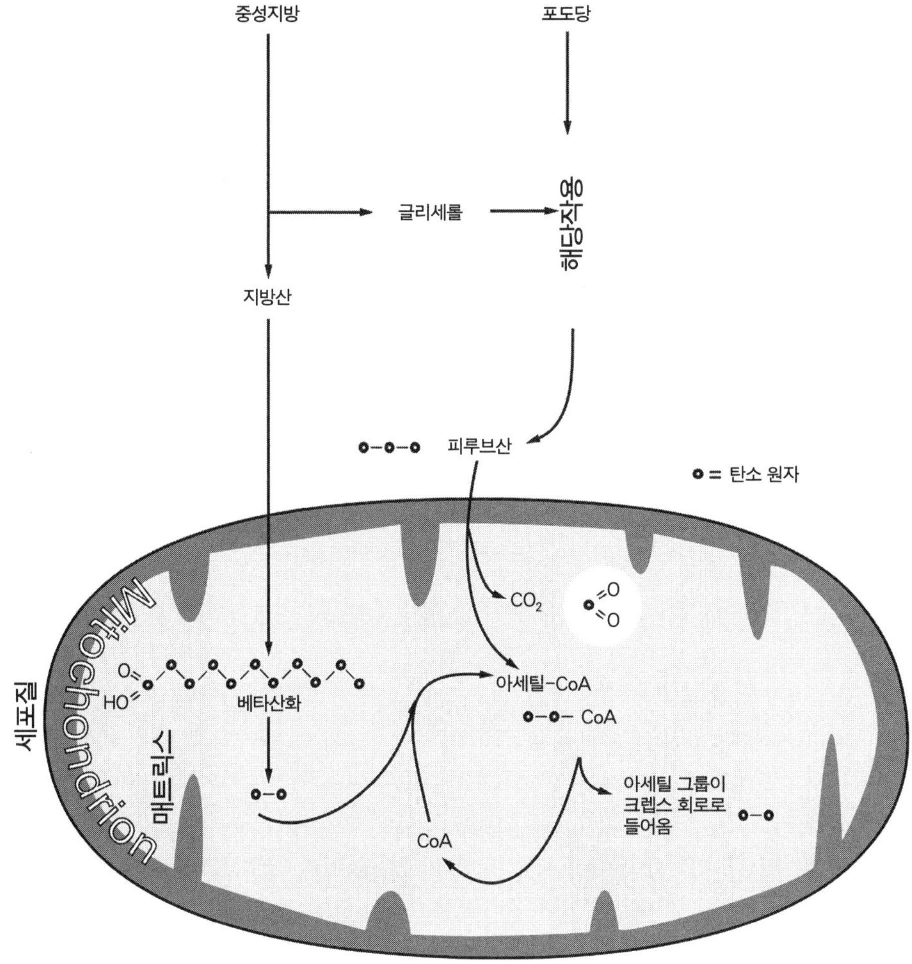

그림 2.29 베타 산화

변환된 지방산은 크렙스 회로에 참여할 수 있다.

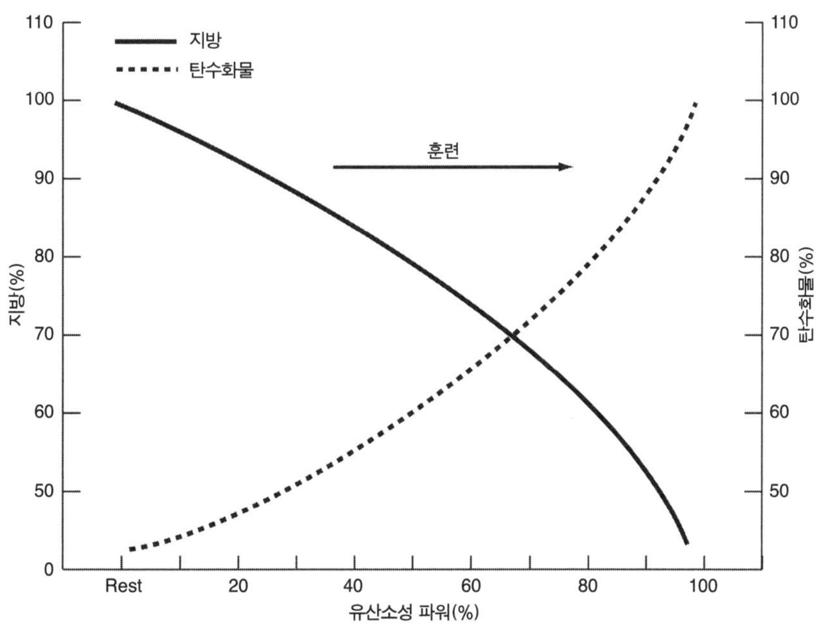

그림 2.30 훈련이 기질 사용에 미치는 영향

다양한 달리기 강도에서 지방과 탄수화물이 총 에너지 공급에 기여하는 비율을 나타낸다. 유산소 능력을 향상시키는 훈련은 최대하강도 하중에서 에너지 생성에 지방산 산화의 기여도를 증가시킨다.

과정을 7번 거칠 수 있다. 각 주기마다 NADH와 FAD-H_2가 각각 한 분자씩 생성되며, 산화적 인산화를 통해 이를 통해 총 5개의 ATP 분자가 생성된다. 또한, 크렙스 회로와 호흡 사슬을 거치면 아세틸-CoA 한 분자당 12개의 ATP가 생성된다. 결과적으로, 팔미트산 한 분자의 분해는 총 129개의 ATP 분자를 생성한다[(7×5=35)+(7×12=84)=129]. 지방 대사는 한 지방산의 분해 동안 많은 양의 아세틸-CoA가 생성되기 때문에 상당량의 ATP를 재합성할 수 있다. 하지만 합성 속도가 느리기 때문에, 고강도 운동 시에는 글리코겐이 더 선호되는 기질로 작용한다. 지방 대사는 저강도 장시간 운동과 휴식 상태에서 우세한 대사 과정으로, 휴식 시 총 에너지의 50~60%를 제공한다. 운동 강도가 최대 산소 섭취량($\dot{V}O_{2\,max}$)의 50% 수준에 이를 때까지 지방 대사가 제공하는 에너지는 증가하지만, 더 높은 강도에서는 기여도가 일정하거나 감소한다. ATP 재합성을 위해 글리코겐/포도당과 지방산 중 어느 기질이 선호될지는 혈액 내 젖산 농도와 베타 산화로부터 형성된 시트르산의 양에 의해 조절된다. 혈액 젖산 농도가 증가하면 글리세롤이 자유 지방산으로 전환되는 과정이 억제되어 혈중 자유 지방산 농도가 감소하게 된다. 이는 결과적으로 지방 대사를 억제한다. 반대로, 글리코리시스는 베타 산화로 생성된 시트르산의 농도에 의해 인산과당분해효소phosphofructokinase의 활성도가 억제될 때 감소할 수 있다.

유산소 능력을 증가시키는 데 초점을 맞춘 훈련의 결과로, 지방산 산화는 최대하 수준submaximal의 러닝 시 에너지 공급에서 점점 더 큰 비중을 차지하게 된다. 이는 장거리 달리기 선수들에게 글리코겐 절약 효과를 제공하여 장거리에서의 경기력에 긍정적인 영향을 미친다. 근육 내 글리코겐 고갈은 피로와 이에 따른 수행 능력 감소의 주요 원인 중 하나이다. 이러한 훈련 효과는 지방산 산화를 위한 미토콘드리아 활성 증가로 설명할 수 있다. 연구에 따르면 훈련 후 미토콘드리아 활성은 비훈련자와 비교하여 2배 증가한다. 훈련의 중요성 외에도, 전체 근육량에서 느린 연축 섬유(ST)의 비율 또한 중요한 요소이다. ST 섬유는 지방산을 기질로 사용할 수 있는 능력이 빠른 연축 섬유(FT)보다 8~10배 더 크다. 근섬유 분포는 상당 부분 유전적으로 결정되므로, 지방 대사로부터 에너지가 기여하는 비율은 유전적 요인과 훈련 수준에 따라 달라진다. 글리코겐과 비교했을 때, 지방의 분해는 더 많은 산소를 요구한다. 이는 지방산의 많은 탄소 원자를 처리하는 데 더 많은 산소가 필요하기 때문이다. 산소 1분자당, 지방산 1분자는 5.6분자의 ATP를 생성할 수 있는 반면, 글리코겐 1분자는 6.3분자의 ATP를 생성한다. 글리코겐 분해와 달리, 지방 대사는 순전히 유산소 과정이다. 만약 사용 가능한 산소가 부족해지면, 전자전달 사슬이 멈추고 NAD^+와 FAD가 생성되지 않아 크렙스 회로가 정지한다. 이 경우, 지방산 산화를 지속할 수 있는 다른 방법은 존재하지 않는다.

용량과 파워

실제로 에너지 시스템 훈련에서는 '용량capacity'과 '파워power' 개념을 표준적으로 사용한다. 용량은 에너지 저장 물질(에너지 풍부한 기질)의 공급량으로 정의되며, 파워는 단위 시간당 에너지 저장 물질로부터 방출될 수 있는 에너지를 의미한다. 용량의 또 다른 일반적인 정의는 파워를 유지할 수 있는 지속 시간이다(Bon, 1998). 이 개념을 이해하는 데 도움을 주는 비유로는 컨베이어 벨트가 장착된 사일로(silo)를 들 수 있다. 여기서 용량은 사일로의 내용물, 즉 저장된 양을 나타내며, 파워는 컨베이어 벨트의 너비를 의미한다. 위에서 언급한 세 가지 에너지 시스템(크레아틴-인산 경로, 해당과정, 유산소 경로)을 용량과 파워 개념과 연결하면 훈련으로 영향을 줄 수 있는 여섯 가지 매개변수를 도출할 수 있다.

- 무산소 알락틱 파워: 단위 시간당 크레아틴-포스포키나아제 반응에서 얻어지는 에너지로 정의된다.
- 무산소 알락틱 용량: 근육 세포 내 크레아틴 인산(CrP)의 저장량을 의미한다.
- 무산소 젖산 파워: 가능한 한 빠르게 최대량의 젖산을 생성하는 능력을 말하며, 즉, '빠른' 해당과정에서 에너지를 생성하는 속도가 중요하다.
- 무산소 젖산 용량: 엄밀히 말하자면 근육과 간에 저장된 글리코겐의 양을 뜻한다. 일반적으로 이 매개변수는 '빠른' 해당과정이 총 에너지 공급에서 가장 큰 비중을 차지할 수 있는 시간을 의미한다.
- 유산소 파워: 단위 시간당 유산소 경로에서 제공되는 에너지를 말한다.
- 유산소 용량: 글리코겐과 지방의 저장량을 의미한다.

목표는 특정 러닝 거리에서 필요한 가장 관련성 높은 에너지 시스템의 용량과 파워를 모두 향상시키는 것이다. 일반적으로 에너지 시스템의 용량을 증가시키기 위한 훈련은 파워를 증가시키기 위한 훈련보다 선행된다. 이는 에너지-풍부 기질energy-rich substrates의 공급량을 먼저 늘린 후, 훈련을 통해 에너지 시스템의 파워를 증가시키기 위한 것이다. 하지만 역순으로 작업(즉, 에너지 시스템의 파워를 먼저 증가시키고 이후에 용량을 늘리는 방식)도 가능하다. 이 접근 방식의 논리는, 파워가 증가하면 훈련 중 에너지 시스템의 용량을 더욱 고갈시킬 수 있다는 것이다. 더 큰 과부하가 걸리면, 훈련의 효과가 스트레스를 받는 에너지 시스템의 용량을 확대하는 데 반영될 수 있다. 이러한 방식은 훈련의 강도가 용량을 증가시키기 위한 훈련보다 파워를 증가시키기 위한 훈련에서 더 크기 때문에 드물게 적용된다. 따라서 에너지 시스템의 용량을 늘리기 전에 파워를 증가시키는 것은 훈련의 논리적인 순서로 보기는 어렵다.

질문은 세 가지 에너지 시스템을 용량과 파워라는 개념과 연결하는 것이 생리학적 관점에서 올바른지에 관한 것이다. 이는 훈련의 수단과 방법에 대한 해석에 중대한 영향을 미칠 수 있다. 가장 중요한 비판의 초점은 각 에너지 시스템이 마치 '독립적'인 특성을 가지며, 각각을 개별적으로 훈련할 수 있다는 개념에 있다. 에너지가 연속체라는 개념에 따르면, 세 가지 에너지 시스템은 최대 운동maximum exercise 중에 동시에 작동하기 시작하며, 특정 지속 시간 동안 기여도가 시간에 따라 다르게 나타난다. 예를 들어 산소성 경로aerobic pathway는 작동을 시작하는 데 가장 느린 에너지 시스템이며, 반면에 크레아틴-키나아제 반응creatine-kinase reaction은 매우 빠르게 진행된다.

그림 2.31은 세 가지 에너지 시스템 각각의 파워power와 용량capacity 간의 관계를 보여준다. 크레아틴-키나아제 반응creatine-kinase reaction과 지방을 기질로 사용하는 산소성 경로aerobic pathway는 극단적인 사례이다. 크레아틴-키나아제 반응은 가장 많은 에너지를 생성하지만, 단위 시간당 용량은 가장 작다. 반면, 산소성 경로에서 지방의 분해는 적은 파워를 제공하지만, 저장된 중성지방triglycerides의 공급량은 사실상 고갈되지 않는 수준이다.

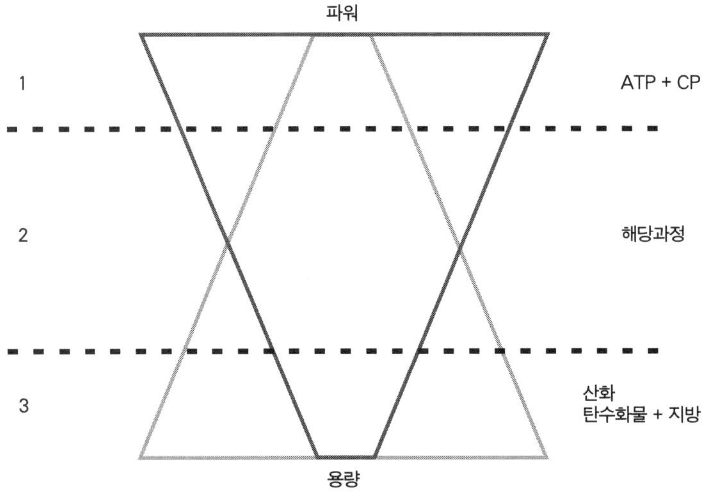

그림 2.31 에너지 생성 시스템의 파워와 용량

세 가지 에너지 생성 시스템의 파워power와 용량capacity을 도식적으로 나타낸 그림.

훈련 방법이 에너지 시스템의 파워 또는 용량을 목표로 하는지 판단하기는 어렵다. 예를 들어 동일한 훈련 방법(예: 30분 템포 지구력 훈련)은 산소성 파워aerobic power와 산소성 용량aerobic capacity을 모두 증가시키는 데 사용될 수 있다. 이러한 훈련은 글리코겐 저장량(용량)을 늘리는 것을 목표로 할 수도 있고, 산소성 파워를 향상시키는 것을 목표로 할 수도 있다.

더 나아가, 에너지 시스템으로서 '빠른' 해당작용의 용량과 파워를 구분하는 것은 인위적인 측면이 있다. 이 시스템에서 사용되는 기질의 공급량은 제한 요인이 아니다. 또한, 피루브산을 젖산lactate으로 변환하는 과정에 관여하는 효소 LDH(젖산탈수소효소)는 $\dot{V}_{max}$가 매우 높아, 기질 농도가 증가해도 반응 속도에 미치는 영향은 거의 없다.

이 장에서 이미 언급한 바와 같이, 화학 반응 속도는 효소와 기질의 농도에 직접적으로 영향을 받는다. 따라서 에너지 시스템의 파워는 이러한 농도에 의존하게 된다. 이에 따라, 용량을 기질 농도로 정의한다면, 파워와 용량을 구분하는 것이 불가능하다. 즉, 에너지 시스템의 용량이나 파워를 개별적으로 조절하기 위한 훈련 방법을 적용하는 것은 불가능하다는 결론에 이르게 된다. 다음 세 가지 섹션에서는 세 가지 에너지 시스템에서 기질 농도의 변화에 대한 훈련의 가능한 영향을 검토한다. 지금까지 논의된 내용을 기반으로, 파워와 용량이라는 용어는 동의어로 간주된다.

크레아틴-포스포키나아제 반응 훈련

크레아틴-포스포키나아제 시스템을 단독으로 훈련하는 것은 불가능하다. 22.5초 동안의 운동 후에는 '빠른' 해당작용(글리콜리시스)이 이미 총 에너지의 50%를 공급하고 있다. 훈련 관련 문헌에서는 크레아틴-포스포키나아제 반응이 최대 노력 시 처음 10~15초 동안에만 에너지를 공급할 수 있다는 인상을 주는 경우가 많다. 이 기간 이후에는 근육 세포 내의 CrP(크레아틴 인산) 공급이 소진되며, 이를 거의 완전히 회복하려면 약 2분의 휴식이 필요하다. 크레아틴-포스포키나아제 반응의 용량은 10~15초 동안 지속되는 달리기 노력에서 성과를 결정하는 주요 요인으로 간주된다. 이러한 관점에서, 200m

달리기 선수를 위한 중요한 훈련 목표는 근육 세포 내 CrP의 저장량을 증가시키는 것이다. 예를 들어 무산소성 해당작용 용량alactic anaerobic capacity을 증가시키기 위한 훈련 방법으로는, 60m를 최대 속도의 약 95%로 달리는 4번의 반복을 3세트로 수행하며, 반복 사이에는 2분의 휴식, 세트 사이에는 6분의 휴식을 둔다. 이러한 훈련 형태로 인한 적응은 근육 세포 내 CrP 공급량을 증가시키는 결과를 가져와야 한다. '글리코겐 고갈' 훈련 후 간 및 근육 글리코겐 공급이 초과 회복overshoot되는 것과 유사한 현상이 근육 내 CrP 공급에서도 발생할 것으로 기대된다.

많은 과학 연구(Cheethan 등, 1986; Tesch 등, 1989; Soderlund 등, 1992)에서 얻어진 데이터에 따르면, 전력 질주sprint와 같은 최대 노력 동안 근육 내 CrP(크레아틴 인산) 공급이 완전히 고갈되지 않는 것으로 나타났다. 문헌에서는 휴식 상태와 최대 단시간 운동 후 근육 조직에서 측정된 CrP 농도에 대해 다양한 수치를 보고하고 있다. 이러한 범위는 부분적으로 개인 간의 변동성interindividual variability에 기인하는 것으로 보인다(Maughan, 1995). 게다가 CrP 농도를 측정하는 데 사용된 방법에도 한계가 있다. 근섬유 내에서 무슨 일이 일어나는지 알아내기 위해서는 근육 조직을 생검해야 한다. 국소 마취제를 적용한 후, 중공 바늘hollow needle을 사용하여 분석을 위한 소량의 조직 샘플(생검)을 채취한다. 이 조직 샘플은 조직화학적histo-chemical 및 생화학적biochemical 기술을 사용해 분석된다. 운동 종료 시점과 생검 샘플을 채취하는 시점 사이에는 항상 일정한 시간 지연이 존재하며, 생검이 이루어지는 순간에는 CrP의 재합성이 이미 활발히 진행 중이다. 따라서 CrP 소진에 대한 측정값은 대부분 과소평가된 것으로 간주된다. 전력 운동, CrP 농도, 생성된 파워 사이에 강한 상관관계가 나타났지만, 인과적 연관성은 발견되지 않았다. CrP 고갈이 단독으로 생성 파워의 감소를 초래했다는 것을 생화학적으로 입증할 수는 없다. 근육 내 CrP 농도가 낮아도 ATP 농도는 높은 수준을 유지하는 것으로 나타났다(Hitchcock, 1989). 또한, ST(type-I) 섬유와 FT(type-II) 섬유의 CrP 농도를 휴식 상태와 최대 단시간 운동 후에 구분해야 한다. 휴식 상태에서 FT 섬유의 CrP 농도가 일반적으로 더 높다. FT 섬유 비율이 높은 스프린터의 대퇴사두근에서는 더 높은 CrP 농도가 측정되었다(Bemus 등, 1993). 그러나 장거리 주자에서는 휴식 상태에서 ST 섬유의 CrP 농도가 더 높게 나타났다(Rehunen 등, 1982). 이러한 관찰에 대한 설명으로, 장거리 주자의 경우 저강도 지속 운동 훈련이 ST 섬유에 특히 영향을 미칠 수 있기 때문에 ST 섬유에서 CrP의 사용, 재합성 및 저장이 개선된다는 것이다. 전력 운동 동안 CrP 사용 속도는 ST 섬유보다 FT 섬유에서 더 빠르다.

CrP(크레아틴 인산)의 재합성 속도에 대한 합의는 이루어지지 않았다. CrP 공급이 거의 회복될 때까지 필요한 시간은 2분에서 7분까지 다양하다. 회복 곡선은 빠른 요소와 느린 요소를 모두 포함하고 있다(Balsom 등, 1994). 회복의 첫 번째 단계에서는 빠른 회복이 진행되며, CrP 공급은 1분 이내에 휴식 상태 값의 50%까지 회복된다. 두 번째 단계에서는 재합성이 지수적으로 진행되며, 최대 30초간의 운동 후 60분이 지나도 CrP가 휴식 상태 값에 도달하지 못한다(Tesch 등, 1989). 이 경우에도 근섬유 구성은 회복 과정에 영향을 미칠 수 있다. 근육 내 ST(type-I) 섬유의 비율이 높은 주자는 CrP 공급이 더 빠르게 회복되는 경향이 있다. 이는 CrP 수준의 회복이 산소에 의존하기 때문이다. ST 섬유는 FT(type-II) 섬유보다 혈액 공급이 더 잘 이루어지며, 따라서 산소 공급도 더 원활하다.

젖산성 무산소 반응 훈련

엄밀히 말하면, 젖산성 무산소 용량 훈련은 근육 내 글리코겐 저장량을 늘리는 데 초점을 맞춘다. 이론적으로 '빠른' 해당과정은 글리코겐 1분자당 2~3분자의 ATP를 생성한다. 반면에 '느린' 해당과정은 같은 양의 글리코겐으로 약 12배 더 많은 ATP를 생성할 수 있다. 간과 근육에 저장된 글리코겐은 '느린' 해당과정을 통해 약 75분 동안 ATP를 재합성할 수 있는 에너지를 제공한다. 이를 바탕으로 계산하면, '빠른' 해당과정은 근육에 저장된 글리코겐으로부터 약 6분 동안 에너지를 방출할 수 있다(75분의 1/12)(Newsholme 등, 1994). 그러나 '빠른' 해당과정은 최대 속도로 약 45~90초 정도만 작동할 수 있다. 이는 '빠른' 해당과정에서 에너지가 방출되면서 내부 환경에 부정적인 변화가 일어나고, pH가 감소하기 때문이다. 이러한 pH 감소는 해당과정의 속도를 조절하는 주요 효소인 인산과당분해효소phosphofructokinase에 부정적인 피드백을 유발한다(Zintl, 1995).

유산소 경로의 용량

에너지 저장 기질은 지방과 글리코겐에서 공급된다. 지방산의 산화는 해당과정 없이는 불가능하다고 이미 언급한 바 있다. 그러나 장거리 달리기 중 글리코겐의 심각한 고갈은 운동 수행을 제한하는 요인으로 간주된다. 훈련된 주자는 '느린' 해당과정을 통해 60~90분 동안 에너지를 생성할 수 있다. 이는 어느 정도 숙련된 주자라면, 글리코겐 고갈 없이 하프 마라톤을 완주할 수 있다는 것을 의미한다. 그러나 준비 운동을 제대로 하지 않았거나 너무 빠른 속도로 출발한 경우에는 상황이 상당히 달라진다. 이 경우, 하프 마라톤의 전반부에서 '빠른' 해당과정이 훨씬 더 큰 비중을 차지한다. 동일한 양의 ATP를 생성하기 위해 '빠른' 해당과정은 18~19배 더 많은 글리코겐을 필요로 한다. 경주의 초기 몇 km 동안 '빠른' 해당과정이 큰 비중을 차지하면 근육 내 글리코겐 공급에 상당한 타격을 입히게 된다. 근육 글리코겐은 해당과정 기질의 최소 80%를 공급하며, 이는 장시간 운동 중 발생할 수 있는 피로의 가장 중요한 원인 중 하나를 형성한다.

훈련이 글리코겐 저장 용량에 미치는 영향은 적지 않다. 훈련되지 않은 개인의 경우 간에 약 80g, 근육에 약 350g의 글리코겐이 저장된다. 반면, 훈련된 주자의 경우 이러한 수치는 각각 120g과 650g까지 높아질 수 있다(Zintl, 1995).

심폐 시스템

심폐 시스템의 가장 중요한 기능은 신체에 산소를 공급하는 것이다(Zintl, 1995). 에너지를 제공하는 유산소 과정이 산소에 의존하기 때문에, 심폐 시스템은 지구력 수행 능력에 큰 영향을 미친다. 특히, 심폐 시스템의 핵심 구성 요소인 심장과 폐의 기능은 최대 산소 섭취량($\dot{V}O_{2\,max}$)의 수준에 큰 영향을 미친다. $\dot{V}O_{2\,max}$는 폐를 통해 산소를 흡수하고 이를 혈액으로 운반하여 근육에서 사용하는 최대 용량으로 정의된다. 심장과 폐는 산소 교환뿐만 아니라 체내 이산화탄소와 대기 공기 간의 교환에도 중요한 역할을 한다.

산소와 이산화탄소의 운반은 심혈관계와 호흡계를 통해 다음의 네 가지 독립적인 과정을 통해 이루어진다(Costill & Wilmore, 1994; Martini, 1998).

- 호흡respiration: 폐를 통해 공기를 흡입하고 배출하는 과정
- 확산diffusion: 폐와 혈액 간에 기체가 교환되는 과정
- 운반transport: 산소와 이산화탄소가 혈액을 통해 운반되는 과정
- 모세혈관 교환capillary exchange: 모세혈관과 활성 근육 조직 간에 기체가 교환되는 과정

호흡

환기ventilation 또는 호흡respiration의 주요 목적 중 하나는 혈액(폐 모세혈관)과 대기 공기 간의 산소와 이산화탄소를 교환하는 것이다(Brooks 등, 1996). 이를 위해 폐 내부의 공기는 지속적으로 신선한 공기로 교체되어야 하며, 이는 공기의 이동에 의해 이루어진다. 폐 내부의 공기는 흡기와 호기라는 호흡 운동을 통해 주기적으로 교체된다.

흡기inhalation는 휴식뿐만 아니라 운동 중에도 폐의 부피를 증가시키는 능동적인 과정이다. 폐 부피가 증가하면 폐 내부의 압력이 감소하여 대기압과의 차이가 발생하며, 그 결과 외부 공기가 폐로 유입되어 압력 차이가 균형을 이룰 때까지 진행된다. 폐의 부피 증가에는 주로 횡격막diaphragm과 늑간근intercostal muscles의 활동이 기여한다. 횡격막과 늑간근은 흉강thoracic cavity을 확장시키는데, 폐는 흉막pleura을 통해 흉강에 간접적으로 연결되어 있다. 운동 중 러닝 강도가 높아질 경우, 흉강 확장은 전거근serratus anterior이나 흉쇄유돌근sternocleidomastoid과 같은 보조 호흡근auxiliary respiratory muscles의 도움을 추가로 받게 된다.

휴식 시 호기는 수동적 과정이다. 그러나 신체가 운동 중일 때는 복부 근육과 늑간 근육(내늑간근)의 도움으로 능동적 과정이 된다. 휴식 상태에서는 흉곽이 중력의 영향을 받아 탄성 복원력에 의해 자연스럽게 원래의 형태로 돌아가면서 호기가 이루어진다.최고 수준의 육상 선수들은 분당 150~200리터의 환기를 할 수 있으며, 이 과정에서 흉강 내 압력은 흡기 시 -30mmHg, 호기 시 +100mmHg에 이른다. 반면, 휴식 상태에서는 흡기 시 압력 차가 약 -1mmHg, 호기 시 약 +1mmHg 정도로 작다. 중·장거리 주자들에게 환기가 성능을 제한하는 요인으로 작용할 수 있는지에 대한 내용은 이 책의 4장에서 더 자세히 다룬다.

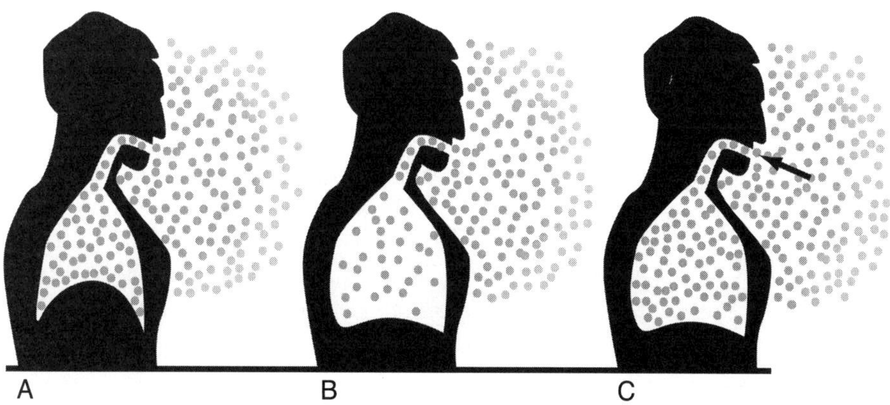

그림 2.32 흡기의 과정
(A) 안정 상태에서는 폐 내부 압력이 대기압과 동일하다.
(B) 횡격막의 수축과 같은 작용으로 폐의 부피가 증가하면 폐 내부 압력이 대기압보다 낮아진다.
(C) 대기압과 폐 내부 압력의 차이가 균형을 이룰 때까지 대기 공기가 폐로 유입된다.

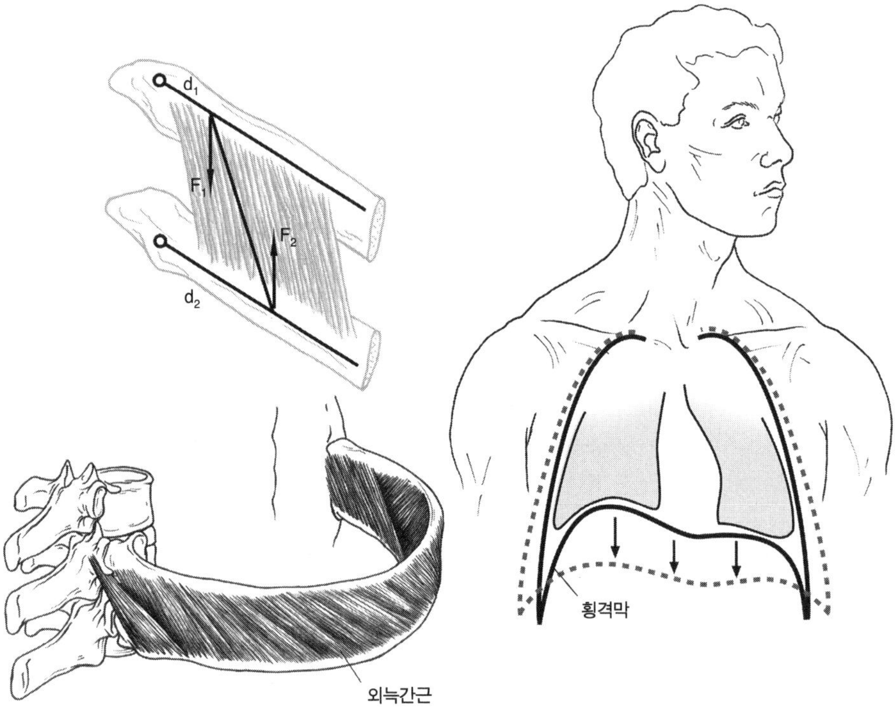

그림 2.33 흉강 확장
흉강은 횡격막과 호흡 근육(외늑간근)의 수축으로 인해 확장된다.

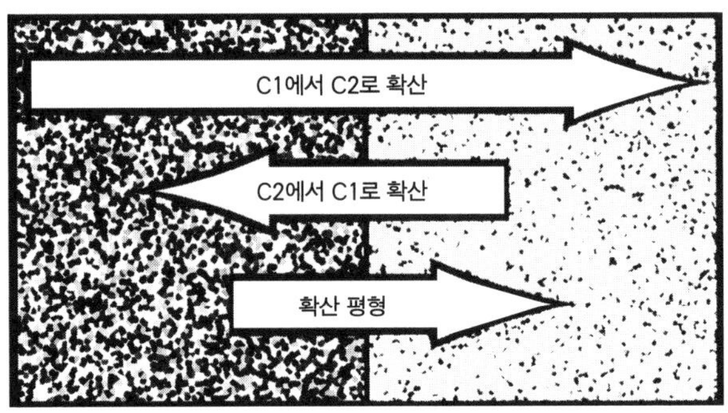

그림 2.34 가스 확산
가스는 고농도에서 저농도로 퍼져나가며, 결국 평형 상태에 도달하는 특성을 가진다.

기체의 확산

기체의 특징 중 하나는, 높은 농도에서 낮은 농도로 확산한다는 점이며, 이는 두 연결된 공간의 기체 농도가 같아질 때까지 진행된다. 생리학에서는 기체의 농도보다는 부분압partial pressure이라는 개념을 더 자주 사용한다. 흡입된 공기는 여러 기체로 구성된 혼합물이며, 각 기체는 농도에 따라 특정한 압력을 발휘한다. 혼합 기체의 전체 압력은 그 안에 포함된 개별 기체들의 부분압 합으로 계산된다. 예를 들어 바닷가에서 기압은 760 mmHg이며, 공기 구성 성분은 아래와 같다.

- 질소: 79.04%
- 산소: 20.93%

• 이산화탄소: 0.0396%

이를 바탕으로 질소, 산소, 이산화탄소의 부분압은 각각 600.7mmHg(0.7904×760), 159.0mmHg(0.2093×760), 0.3mmHg(0.003×760)가 된다. 따라서 기체는 부분압의 차이에 따라 높은 부분압에서 낮은 부분압으로 이동한다. 이때 두 공간 사이의 압력차pressure gradient가 클수록 기체는 더 빠르게 확산된다. 해발 2000m 이상의 고지대에서는 기압이 달라져 이러한 부분압에도 변화가 생긴다. 해발 2000m에서 기압은 약 596mmHg로 낮아지며, 이에 따른 산소의 부분압은 약 124.9mmHg로 감소한다. 비록 공기 중 산소의 비율은 해수면과 동일하게 20.93%로 유지되지만, 산소의 부분압이 낮아지면서 폐포(폐 속의 공기 주머니)에서 모세혈관으로 산소가 확산되는 속도가 줄어든다. 이로 인해 모세혈관이 폐포를 지나는 동안 산소로 완전히 포화되지 않을 가능성이 있다. 따라서 기체 확산이 중요한 생리학적 과정에서, 기체의 비율 대신 부분압 개념을 사용하는 것이 더 유용하다.

해수면에서 폐포 내 산소의 부분압은 약 105mmHg이다. 이는 대기 중 산소의 부분압이 159mmHg에서 폐 속 공기가 섞이면서 감소한 값이다. 달리기와 같은 최대 운동을 하는 동안에도, 환기를 통해 폐포 내 산소의 부분압은 105mmHg 수준을 유지할 수 있다. 산소가 부족한 모세혈관 내 혈액은 산소 부분압이 약 40~45mmHg 수준이다. 이로 인해 약 55~65mmHg의 압력 차이가 발생하며, 이를 통해 모세혈관 내 혈액은 거의 완전히 산소로 포화된다. 따라서 폐를 통과한 혈액이 심장으로 돌아갈 때 산소의 부분압은 약 100mmHg가 된다.

폐포 내 이산화탄소의 압력 차는 5mmHg로, 산소가 적은 모세혈관 혈액과 비교했을 때 상대적으로 낮다. 그러나 이산화탄소는 혈액에 용해되는 속도가 산소보다 20배

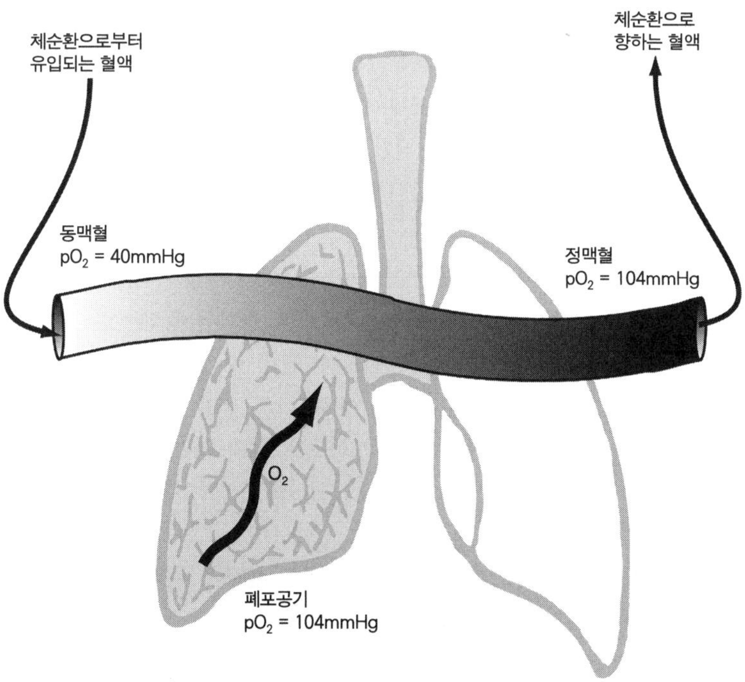

그림 2.35 산소 확산
폐 모세혈관 내 혈액에서 산소 부분압의 변화를 나타낸다.

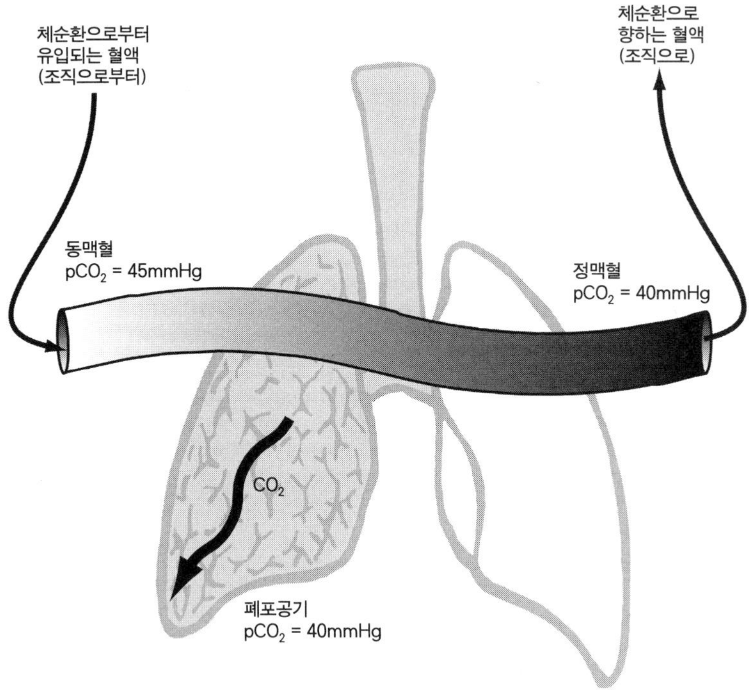

그림 2.36 이산화탄소 확산
폐 모세혈관 내 혈액에서 이산화탄소 부분압의 변화를 나타낸다.

더 빠르기 때문에, 호흡막(모세혈관과 폐포 사이의 장벽)을 통한 이산화탄소의 확산은 산소보다 훨씬 더 빠르게 이루어진다.

혈액 내 산소와 이산화탄소의 운반

지금까지 설명된 모든 과정은 대기 중 공기가 폐와 혈액으로 이동하거나 그 반대로 이동하도록 한다. 이 절에서는 산소와 이산화탄소가 혈액 내에서 어떻게 운반되는지를 설명한다(예: 산소가 활동 중인 근육 조직으로 공급되고 생성된 이산화탄소가 어떻게 제거되는지). 심혈관계는 이산화탄소와 산소의 운반에 중요한 역할을 한다. 따라서 운동 중 가스 교환이 최적 상태를 유지하도록 심혈관계가 적응하는 메커니즘을 자세히 논의한다.

산소 운반

폐를 떠나는 혈액은 해수면에서 96~98%의 산소 포화도를 가진다. 혈액에 흡수된 산소의 대부분은 적혈구(적혈구 세포) 내의 헤모글로빈에 결합된 상태이다. 혈장에서 산소가 용해되는 정도는 매우 낮아, 산소의 약 3%만이 직접 혈액에 용해될 수 있다. 이는 혈장 내 산소의 용해도가 낮기 때문이다. 산소가 헤모글로빈에 결합하는 정도는 혈액 내 산소의 부분압과 헤모글로빈과 산소 간의 친화도에 의해 결정된다(Costill & Wilmore, 1994). 혈액 내 산소 부분압과 헤모글로빈의 산소 포화도 간의 관계는 산소 해리 곡선으로 나타낼 수 있다.

헤모글로빈의 산소 친화도와 산소 해리 곡선의 형태는 여러 요인에 의해 영향을 받는다. 혈액 온도의 상승과 혈액 pH의 감소는 헤모글로빈의 산소 친화도를 낮추는 주요 요인이다. 이러한 조건은 활동적인 근육 조직에서 흔히 나타난다. 즉, 이러한 상황에

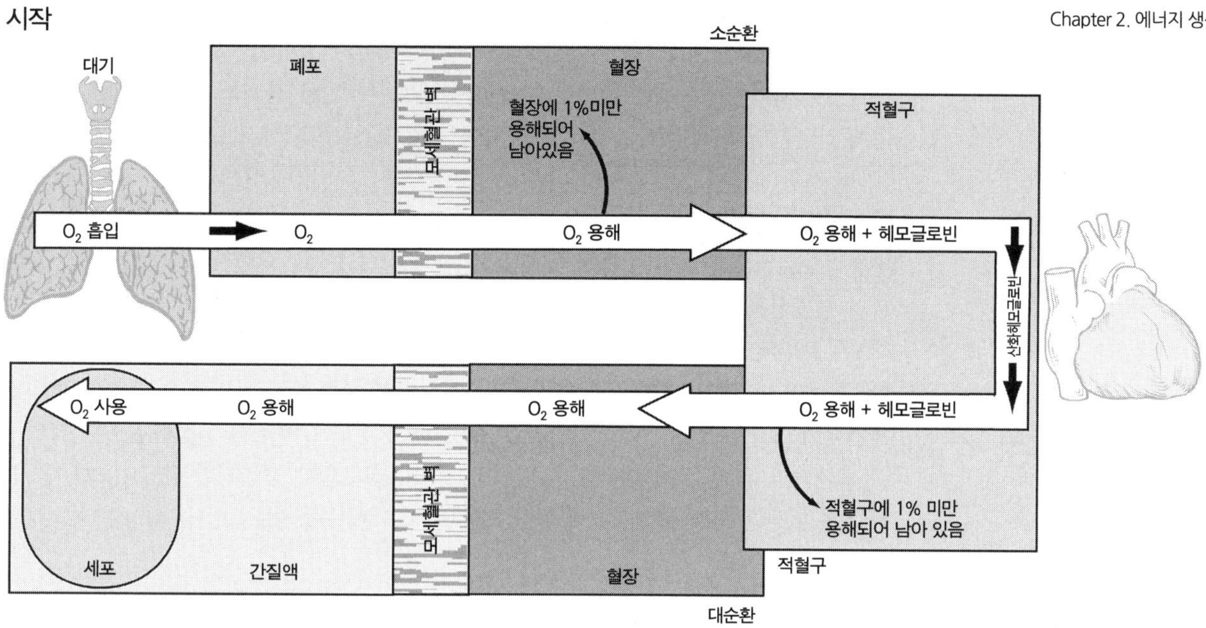

그림 2.37 대기 중 산소의 운반

산소는 폐(소순환)를 통해 조직(대순환)으로 운반된다.

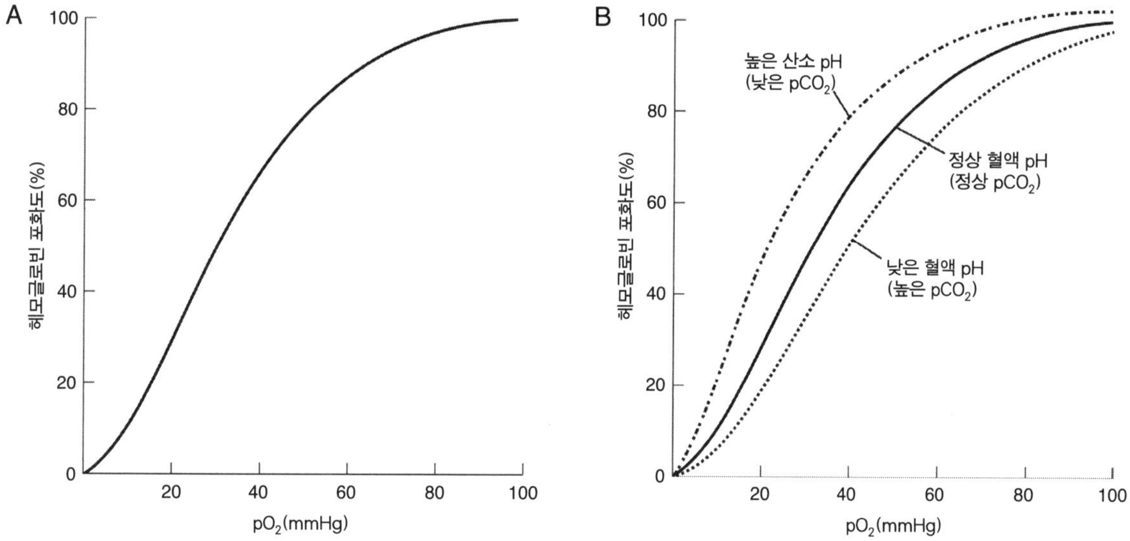

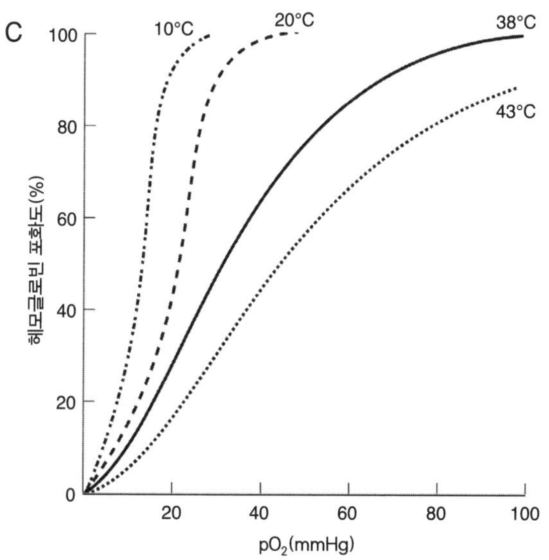

그림 2.38 산소 해리 곡선

(A) 혈액 산소 분압과 헤모글로빈 산소 포화도 사이의 관계

(B) 혈액 pH 변화가 산소 해리 곡선에 미치는 영향

(C) 혈액 온도 변화가 산소 해리 곡선에 미치는 영향

서 산소 해리 곡선은 오른쪽으로 이동하며, 헤모글로빈은 산소를 활동적인 조직에 더 쉽게 전달한다. 결과적으로, 이러한 영역에서 헤모글로빈의 산소 포화도가 감소한다.

이산화탄소 운반

전통적으로 헤모글로빈은 혈액 내 산소 운반과 강하게 연관되었으며, 이산화탄소 운반과의 연관성은 상대적으로 덜 강조되어 왔다. 이는 생성된 이산화탄소 중 단 25%만이 헤모글로빈에 결합하여 카르바미노헤모글로빈carbaminohemoglobin이라는 복합체를 형성할 수 있기 때문일 것이다. 생성된 이산화탄소의 70%는 중탄산 이온(HCO_3^-)의 형태로 제거되며, 5%만이 혈장에 용해된다. 이로 인해 생성된 대부분의 이산화탄소는 적혈구로 확산되어 헤모글로빈과 직접 결합하고, 물(H_2O)과 함께 불안정한 탄산(H_2CO_3)을 형성한다. 탄산은 즉시 분해되어 중탄산 이온(HCO_3^-)과 수소 이온(H^+)을 생성한다.

$$CO_2 + H_2O \rightarrow H_2CO_3 \rightarrow HCO_3^- H^+$$

이후 헤모글로빈은 H^+와 결합하여 완충 작용을 한다. 혈액이 이산화탄소 분압이 낮은 폐에 도달하면, 반응은 역방향으로 진행되어 이산화탄소가 폐포로 방출될 수 있게 된다.

심혈관계

혈액 내 산소와 이산화탄소의 운반은 심혈관계가 이러한 가스를 운반할 수 있는 능력에 크게 의존한다. 헤모글로빈이 96~98% 포화 상태라고 가정하면, 100ml의 혈액에 약

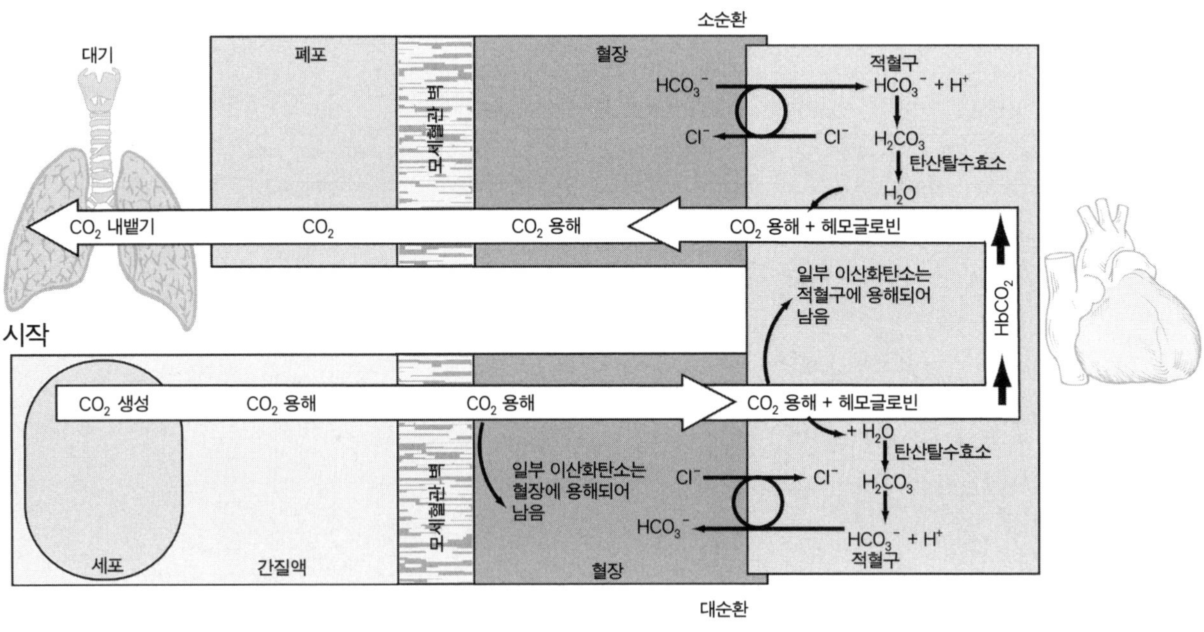

그림 2.39 이산화탄소 운반

이산화탄소는 폐(소순환)를 통해 대기에서 조직(대순환)으로 운반된다.

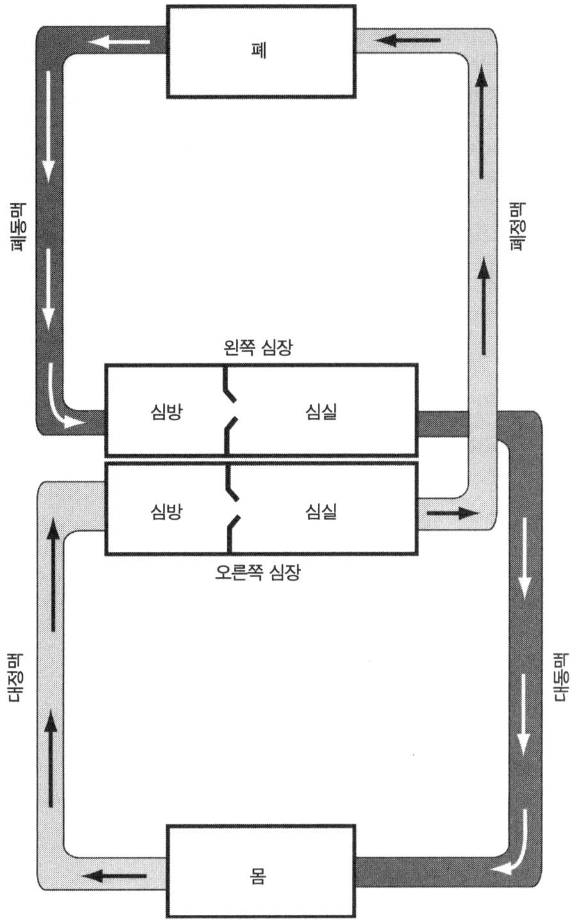

그림 2.40 혈액 순환의 개략적 설명
심장은 직렬로 연결된 두 개의 펌프로 비유할 수 있다.

20ml의 산소가 포함된다. 따라서 산소 운반량은 순환량(즉, 심장이 1분당 신체를 통해 펌프질하는 혈액량, l/min)에 직접적으로 의존한다. 운동 중에 순환량(V_{circ})이 40l/min이라면, 분당 약 6리터의 산소를 운반할 수 있다(산소 20ml/100ml 혈액×30l 혈액/min = 6l 산소/min). 하지만 실제 산소 섭취량은 명확히 이보다 적은데, 이는 심장으로 되돌아오는 정맥혈에도 여전히 상당량의 산소가 포함되어 있기 때문이다(Brooks 등, 1996).

심박출량의 값은 심박수와 1회 박출량(V_{stroke})에 의해 결정된다. 1회 박출량은 심실이 한 번 박동할 때 방출되는 혈액량을 의미하며, 이는 이완기말 용적(V_{ED})과 수축기말 용적(V_{ES})의 차이이다. V_{ED}는 심장 박동 시작 직전에 심실이 채워지는 혈액의 양을 의미한다. 심장은 두 개의 직렬로 연결된 펌프로, 정맥혈과 폐혈이 각각 우심방과 좌심방으로 유입된다. 이후 혈액은 심방에서 심실로 이동한 다음, 좌심실에서 대동맥으로, 우심실에서 폐동맥으로 펌핑된다. 수축 후 좌심실에 남아 있는 혈액량이 V_{ES}이다. 따라서 1회 박출량(V_{stroke})은 V_{ED}와 V_{ES}의 차이로 정의된다.

$$V_{stroke} = V_{ED} - V_{ES}$$

낮은 강도의 달리기에서 심박출량 증가의 주요 요인은 1회 박출량(V_{stroke})의 증가이다. 심박수는 운동 강도와 선형적으로 증가하지 않는다. 심박수가 약 120회/분에 도달하기 전까지는, V_{stroke}가 증가하고 V_{ES}가 약간 감소하면서 심박출량은 계속 증가한다. 그러나 심박수가 120회/분을 초과하면, 심박수와 운동 강도 사이의 관계는 선형적으로 변한다. 운동 중 1회 박출량의 증가는 부분적으로 자동 조절에 의해 이루어진다. 예를 들어 심실로 유입되는 혈액량(V_{ED})이 증가하면 좌심실 벽이 더 늘어나게 되어 더 강한 수축이 유도된다. 이를 프랭크-스타를링 메커니즘Frank-Starling Mechanism이라고 한다. 120회/분 이상의 심박수에서 나타나는 심박수와 운동 강도 간의 선형 관계는 심박수를 이용해 올바른 운동 강도를 결정하는 데 활용될 수 있다. 운동 강도는 최대 심박수(HR_{max})의 일정 비율에 기반하거나, 심박수 예비량(HRRHeart Rate Reserve)을 기준으로 결정할 수 있다. 심박수 예비량은 안정 시 심박수(HR_{rest})에서 HR_{max}까지 증가할 수 있는 심박수의 차이를 의미한다. 즉, HRR은 다음과 같이 계산된다.

$$HR_{reserve} = HR_{max} - HR_{rest}$$

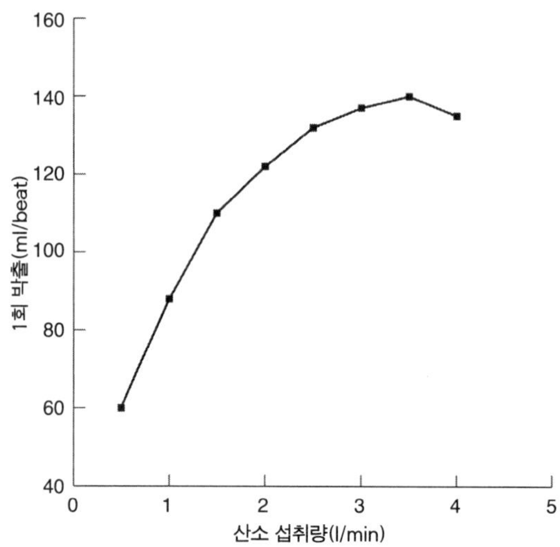

그림 2.41 1회 박출량과 달리기 강도 간의 관계

1회 박출량과 달리기 강도 간의 관계를 산소 섭취량으로 표현한 그래프이다. 달리기 부하 강도가 낮을 때는 심장이 1분당 펌핑하는 혈액량이 주로 1회 박출량의 증가를 통해 증가한다.

예시: 러너 A의 최대 심박수(HR_{max})는 200bpm이고, 안정 시 심박수(HR_{rest})는 50bpm이다. 그의 심박수 예비량(HRR)은 HR_{max}(200)에서 HR_{rest}(50)을 뺀 값으로 150(200-50=150)이다. 이는 안정 상태에서 최대 심박수에 도달하기까지 심박수가 150회 증가할 수 있음을 보여준다. 지구력 훈련에서 HRR의 60~70% 강도로 훈련할 경우, 심박수는 HRR의 60~70%인 150의 60%에 해당하는 90회(0.60×150=90)에서 70%에 해당하는 105회(0.70×150=105)만큼 증가할 수 있다. 이 값에 HR_{rest}를 더해야 하므로, 심박수는 90+50=140bpm에서 105+50=155bpm 사이가 된다. 따라서 러너 A의 지구력 훈련에 적합한 심박수 강도는 140~155bpm 사이이다. 이와 같은 방식으로 훈련 강도를 결정하는 것은 대부분의 에너지가 유산소 대사에서 공급되는 훈련에 적합하다. 그러나 무산소 대사가 주요 에너지원이 되는 훈련에서는 심박수를 강도 조절 지표로 사용하는 것이 적합하지 않을 수 있다. 이 책의 뒷부분(4장)에서는 심박수를 강도 측정 수단으로 활용하는 다양한 방법과 훈련 방식에 대해 더 자세히 다룬다.

모세혈관의 가스 교환

모세혈관 혈액과 활동 중인 근육 조직 간의 산소 교환은 혈액 내 산소의 부분압, 혈액의 pH 및 온도, 그리고 근육 조직으로의 혈액 공급량에 따라 달라진다. 운동 시작 시 근육의 산소 요구량이 증가하면, 혈액의 pH가 낮아지고 온도가 상승하면서 더 많은 산소가 공급되어 이 요구를 충족한다.

근육 조직이 혈류에서 산소를 추출하는 정도는 동맥혈과 정맥혈의 산소 함량 차이($_{a-v}\dot{V}O_2$)로 측정된다. 휴식 상태에서 동맥혈은 혈액 100ml당 약 20ml의 산소를 포함하고 있다. 혈액이 정맥에 도달할 때에는 이 값이 혈액 100ml당 15~16ml의 산소로 감소한다. 따라서 휴식 상태에서 $_{a-v}\dot{V}O_2$는 약 45ml로, 이는 혈류를 공급받은 조직이 혈액 100ml당 4~5ml의 산소를 흡수했음을 나타낸다. 최대 신체 활동 시에는 $_{a-v}\dot{V}O_2$가 혈액 100ml당 15~16ml에 이를 수 있다. 특히 활동 중인 근육에서 산소의 부분압이 낮아지는 것이 헤모글로빈이 산소를 방출하도록 촉진하는 데 중요한 역할을 한다.

유산소 경로에서 생성된 이산화탄소는 확산에 의해 혈액으로 흡수된다. 근육 조직과 혈액 간의 이산화탄소 압력 차이가 이산화탄소가 혈액으로 확산되는 과정을 결정한다.

최대 산소 섭취량($\dot{V}O_{2\,max}$)

어떤 운동선수가 다른 이들보다 더 빠르게 달릴 수 있는 이유는 무엇일까? 이 질문은 단순히 더 빠른 주자가 더 재능이 뛰어난 사람이라는 가정으로 쉽게 답할 수 있을 것이다. 그러나 재능은 전체 그림의 일부에 불과하다. 훈련 또한 운동선수의 달리기 성과에 영향을 미치며, 어떤 주자는 훈련 덕분에 더 빠르게 달릴 수 있다.

지구력 성과에 대한 훈련의 영향을 연구하기 위해 운동생리학자들은 평가를 위한 단일 기준을 찾고자 했다(Costill & Wilmore, 1994). 이 기준은 지구력 스포츠에서 재능을 예측하는 데에도 활용될 수 있다. 대부분의 운동생리학자들은 최대 산소 섭취량($\dot{V}O_{2\,max}$)을 평가에 가장 적합한 기준으로 간주했다. 이제 질문은 $\dot{V}O_{2\,max}$ 값이 얼마나 달리기 실력을 평가하는 정보를 제공할 수 있는지, 그리고 이 기준이 훈련의 지침으로서 실질적으로 얼마나 적용 가능한지에 있다.

$\dot{V}O_{2\,max}$: 달리기 재능의 예측 지표로서의 역할

$\dot{V}O_{2\,max}$를 측정하는 것은 생리학 연구실에서 가장 빈번하게 시행되는 테스트 중 하나이다. 일반적으로, $\dot{V}O_{2\,max}$는 심장과 폐의 기능적 능력을 결정하는 가장 좋은 척도로 간주된다(Howley 등, 1995). 빠르게 먼 거리를 주파할 수 있는 능력은 $\dot{V}O_{2\,max}$ 수준에 크게 좌우된다고 알려져 있다(Arts & Kuipers, 1994). 연구에 따르면, 체중 대비 $\dot{V}O_{2\,max}$ 값을 기준으로 했을 때, 가장 뛰어난 성적을 기록한 러너들이 가장 높은 값을 보인다(Noakes, 1988). 따라서 실질적으로 $\dot{V}O_{2\,max}$ 값은 러너들의 재능을 측정하는 훈련 지표로 활용될 수 있다. 체중 대비 $\dot{V}O_{2\,max}$는 상대 $\dot{V}O_{2\,max}$라 불리며, 체중 1kg당 1분 동안 소비되는 산소량(ml/kg/min)으로 표현된다. 반면, 절대 $\dot{V}O_{2\,max}$는 체중과 무관하며 분

당 산소 소비량(ml/min)으로 나타낸다. 달리기에서는 체중을 지속적으로 이동시켜야 하므로, 상대 $\dot{V}O_{2\,max}$가 더 관련성 있는 매개변수이다. 이후 이 섹션에서 $\dot{V}O_{2\,max}$를 언급할 때는 상대 $\dot{V}O_{2\,max}$를 지칭한다.

$\dot{V}O_{2\,max}$를 지구력 달리기 재능을 예측하는 지표로 사용하는 데는 한계가 있다. 한 가지 문제는 $\dot{V}O_{2\,max}$가 성과 수준이 다양한 이질적인 그룹에서는 훌륭한 예측 지표가 될 수 있지만, 성과 수준이 균질한 그룹에서는 상대적으로 예측력이 떨어진다는 점이다(Costill & Winrow, 1970). 예를 들어 마라톤을 같은 시간 안에 완주할 수 있는 사람들 사이에서도 $\dot{V}O_{2\,max}$ 수준에 뚜렷한 차이가 나타날 수 있다. 이러한 차이는 달리기 중 에너지 소비량의 차이와 레이스 전체를 $\dot{V}O_{2\,max}$의 몇 퍼센트 수준에서 지속할 수 있는지에 따른 차이로 설명될 수 있다. 일반적으로 마라톤은 $\dot{V}O_{2\,max}$의 평균 82% 수준(범위 76~87%)에서 완주된다(Noakes, 1991).

달리기 경제성에 영향을 미치는 요인은 다음과 같다. 러너의 달리기 기술, 다리 길이와 같은 생체역학적 요인, 체중 분포, 착지 시 에너지를 효과적으로 활용하는 능력. 착지 에너지는 다리가 지면과 접촉할 때 몸의 탄성 구조(예: 힘줄)에 저장되는 에너지를 의미한다. 이 에너지는 다음 스텝에서 추진력을 얻기 위해 재사용된다. 러너들 간에 착지 에너지를 활용하는 능력의 차이는 중요하며, 이는 달리기 중 에너지 소비량의 개인 차이를 설명할 수 있는 중요한 요인일 가능성이 있다.

훈련받지 않은 건강한 젊은 남성의 $\dot{V}O_{2\,max}$ 평균 값은 약 45~55ml/kg/min이다. 이는 근육이 체중 1kg당 매 분 45~55ml의 산소를 흡수할 수 있음을 의미한다. 반면, 엘리트 러너에서는 약 80ml/kg/min의 값이 측정되었다. 훈련을 통해 $\dot{V}O_{2\,max}$가 얼마나 개선될 수 있는지는 문헌에서 5~20%까지 다양하게 보고되었다. 이는 훈련받지 않은 젊은 남성($\dot{V}O_{2\,max}$ 45~55ml/kg/min)이 가장 최적의 훈련을 받더라도, 엘리트 러너들의 $\dot{V}O_{2\,max}$ 수준에 도달하기 어려움을 시사한다. 즉, 장거리 달리기에 대한 재능은 상당 부분 유전적으로 결정된다. 결론적으로, $\dot{V}O_{2\,max}$ 값은 달리기에 재능이 있는 사람과 그렇지 않은 사람을 구별하는 데 유용할 수 있으나, 성과 수준의 작은 차이를 감지하는 데는 적합하지 않다.

$\dot{V}O_{2\,max}$: 훈련 가이드로서의 역할

실제 훈련 현장에서 코치는 훈련 과정을 최적화하기 위해 활용할 수 있는 정보를 끊임없이 탐구한다. 이는 주로 선수가 추구하는 훈련 효과를 평가하는 것뿐 아니라, 어떤 훈련 강도가 선수의 수행 능력을 더 빠르게 향상시킬 수 있을지를 결정하는 데 중요한 역할을 한다. 따라서 핵심 질문은 $\dot{V}O_{2\,max}$ 값이 훈련 중 주로 산소를 사용하는 유산소 운동의 강도를 최적화하는 데 사용될 수 있는지 여부이다.

$\dot{V}O_{2\,max}$를 활용한 최적 훈련 강도 설정

현재까지 $\dot{V}O_{2\,max}$는 전체 훈련 과정을 위해 활용할 수 있는 정보로는 그리 많은 이점을 제공하지 못하는 것으로 보인다. 그러나 빌라트Billat 등(1994)의 연구는 집중 훈련 세션 동안 사용할 최적 강도를 결정하는 데 $\dot{V}O_{2\,max}$를 활용할 수 있는 긍정적인 가능성을 제시했다. 이 연구에서 저자들은 $\dot{V}O_{2\,max}$ 자체를 연구한 것이 아니라, 훈련된 러너가 처음

$\dot{V}O_{2\,max}$를 달성했을 때의 속도(즉, $_v\dot{V}O_{2\,max}$)를 조사했다. 이어서 두 번째 테스트를 통해 워밍업 후 러닝 벨트를 해당 속도로 설정한 뒤, 러너가 이 속도를 유지할 수 있는 시간을 연구했다(즉, $_{tlim\ v}\dot{V}O_{2\,max}$). 이 두 변수($_v\dot{V}O_{2\,max}$와 $_{tlim\ v}\dot{V}O_{2\,max}$)를 바탕으로, 주간 훈련 중 가장 강도가 높고 중요한 훈련 세션을 설계할 수 있었다. 이 두 변수는 각각 다음과 같이 정의된다. $_v\dot{V}O_{2\,max}$는 $\dot{V}O_{2\,max}$에 도달할 수 있는 최소 러닝 속도를 의미하며, $_{tlim\ v}\dot{V}O_{2\,max}$ 는 러너가 $_v\dot{V}O_{2\,max}$에서 유지할 수 있는 시간을 나타낸다.

$_v\dot{V}O_{2\,max}$라는 개념 자체에 효율성 요소가 포함되어 있으며, 여기에 $_{tlim\ v}\dot{V}O_{2\,max}$라는 중요한 지구력 요소가 추가된다. 이러한 방식으로, 동일한 $\dot{V}O_{2\,max}$ 값을 가진 러너들 사이에서 에너지 소비량의 차이로 인해 나타나는 수행 능력 차이 문제를 회피할 수 있다. $\dot{V}O_{2\,max}$ 측정하면 러닝 중 에너지 소비량만 알 수 있을 뿐이며, 이는 큰 실용성을 갖지 못한다. 그러나 $_v\dot{V}O_{2\,max}$와 $_{tlim\ v}\dot{V}O_{2\,max}$에는 에너지 소비와 지구력 요소가 모두 내재되어 있다. 이러한 변수는 러너들 간의 수행 능력 차이를 설명하거나 지구력 스포츠에서의 잠재력을 예측하는 데 유용한 도구가 될 수 있다. 또 다른 장점은 $_v\dot{V}O_{2\,max}$와 $_{tlim\ v}\dot{V}O_{2\,max}$를 활용하여 훈련에 필요한 인터벌 작업의 최적 강도와 부하량을 설정할 수 있다는 점이다. 빌라트 등(1999)의 연구에 따르면, 훈련 효과는 운동선수가 $_v\dot{V}O_{2\,max}$ 강도로 설정된 5회의 반복 세션(지속 시간은 $_{tlim\ v}\dot{V}O_{2\,max}$의 절반, 부하/회복 비율은 1:1)으로 구성된 주 1회 세션을 수행했을 때 매우 긍정적으로 나타났다. 빌라트 등의 연구에서 훈련받은 8명의 운동선수는 $_v\dot{V}O_{2\,max}$가 3% 향상(20.5km/h에서 21.1km/h로 증가), 러닝 중 에너지 소비량이 6% 개선, 최대하 운동($\dot{V}O_{2\,max}$의 70%) 동안 심박수가 4% 감소와 같은 개선을 보여주었으며, $\dot{V}O_{2\,max}$ 자체에는 변화가 없었다.

Chapter 3
달리기 기술

서론

달리기는 풍향(순풍과 역풍), 경사(오르막과 내리막), 지면의 상태(단단함, 부드러움, 울퉁불퉁함, 평탄함)등의 다양한 환경적 요인에 따라 움직임 패턴이 조정되는 매우 유연한 형태의 동작이다. 보폭step length, 분당 발걸음 수cadence, 러닝 자세body posture 등은 환경에 최적으로 적응하기 위해서는 변경될 수 있다. 상체를 앞으로 숙이는 자세가 유리할 수 있는 상황도 있으며, 반대로 몸통을 똑바로 세우고 달리는 자세가 필요할 때도 존재한다. 때로는 발이 바닥에 닿는 지면 접촉 시간을 매우 짧게 유지해야 하는 상황도 있고, 지지 구간의 끝end of the support phase까지 발목을 길게 밀어내는 동작이 필요한 경우도 있다. 달리기 기법의 분석에서 위와 같이 영향을 주는 모든 요인을 포함시키는 것은 불가능에 가깝다. 달리기에 필요한 최적의 기법을 설명하려 할 때도 마찬가지의 문제에 직면하게 된다. 따라서 일정한 표준화 작업이 필요하다. 달리기 기법을 설명하려고 할 때, 선수가 표면이 일정하고 단단한 필드에서 선형으로 달리고 있다고 가정할 수 있다. 하지만 바람과 공기 저항 또는 장애물들은 고려 대상이 아니다.

환경적 조건을 제외하면 어떤 기법을 결정할지 두 가지 요인의 그룹이 남게 된다. (1) 속도의 영향과 변화, (2) 운동 장치locomotor apparatus의 형태와 기능의 영향. 속도(속도의 변화)가 선수의 달리기 방식에 영향을 줄 것으로 예상되는 상황은 다음과 같이 분류된다.

- 고속 달리기high-speed running
- 출발 및 가속start and acceleration
- 지속적인 저속 달리기constant low-speed running

선수들 사이에 운동 장치의 구조와 형태는 서로 많은 유사점을 가지고 있다. 하지만 개인 간의 몇 가지 차이점이 존재한다. 그러나 훨씬 더 많은 유사점을 가지고 있으며 거의 모든 사람들의 운동 장치 구성은 동일하다. 이러한 유사성은 인체 골격근의 해부학적 구조를 보면 분명해진다. 인간은 모두 깃형 구조pennate structure의 햄스트링과 달팽이 껍질 모양의 대퇴골 상과를 가지고 있다. 인간 이동 그 자체뿐만 아니라 인간 이동 시스템 제어 또한 거의 동일한 패턴을 따른다. 근육과 반사 신경 사이의 협응과 이동(운동) 중 탄성을 키네틱 에너지로 전환하는 과정도 모든 인간에게 동일 한 방식으로 수행된다. 이와 같은 유사성은 올바른 달리기 기법을 설명하는 기본을 이룬다. 그러나 선수 개인 마다 가지고 있는 차이점은 명확하다. 가령 신장이 크고 체중이 무거운 선수가 있는가 하면, 작고 가벼운 선수도 있다. 긴 팔과 다리를 가진 선수는 긴 지렛대를 지니고 있는 것과 마찬가지이다. 선수들 각자 개인이 가지고 있는 이러한 다양성과 변형들은 선수만의 특정한 기술의 구현으로 이어진다. 이것은 개개인의 특이적인 달리기 스타일에 대한 차이로 귀결된다.

스타일과 기법은 달리는 동안 상호 밀접하게 연관되어 있다. 개인의 스타일은 올바른 달리기 기법을 방해하지 않는 경우에만 용인되며 올바른 것으로 여겨진다. 그러나 달리기 중 각각의 스텝마다 착지 에너지landing energy가 많이 소모되거나 제대로 이용하지 못하며 사라지는 선수는 특이적인 스타일의 문제라고 주장해서는 안 되며 달리기 기법이 좋지 못함을 인정해야 한다. 따라서 트레이너는 운동선수에게 필요한 올바른 기술적 능력과 선수 개인의 특정 스타일 사이의 관계성에 대한 통찰력을 반드시 갖추어야 한다. 즉, 선수 개인의 특정 스타일로 인정할 수 있는 움직임 패턴(수정할 필요 없는)과 달리기 기법의 결함이 있다고 판단하고 수정해야 하는 패턴의 구분이 중요한 과제이다(형태학적 및 기능적 측면에서 상반되는 패턴). 달리기 오류의 수정 외에도 선수의 좋은 자질을 극대화하는 것이 실제 경기력에 어느 정도 기여하는지에 관한 이해 또한 중요하다. 예를 들어 중거리 선수에게 근육의 반사성을 가능한 높은 수준으로 훈련시키는 방식이 도움이 될까? 그렇지 않다면 어느 정도 도움을 줄 수 있는지에 대한 의문을 가질 필요가 있다.

어떤 의미에서, 인간 이동 시스템은 여러 겹으로 둘러쌓인 커널kernel(움직임 이동 계획)로 설명할 수 있다. 외부의 관찰자 입장에서 인체의 움직임을 관찰하면 인체의 분절body segments이 진동oscillating, 병진translating, 회전rotating, 가속accelerating, 감속decelerating하는 동작을 볼 수 있다. 외부에서 관찰할 수 있는 구성 요소는 인간 이동 시스템 모델의 첫 번째 즉 가장 바깥쪽 겹에 속한다. 모델의 가장 바깥쪽 겹 아래 두 번째 겹이 있다. 움직임은 다양한 근육 간의 협력으로 발생하며(근육 간 협응intermuscular coordination) 단관절과 다관절 근육 사이에 협력 작용과 같이 매우 복잡하다. 협력 작용은 외부에서는 거의 관찰되지 않는다. 근전도(EMG)를 사용하면 모델 내의 근육 간 작용에 초점을 이동하여 중간 겹을 관찰할 수 있다. 또한 인간 이동 시스템에서 세 번째 겹인 근육 내 협응도 볼 수

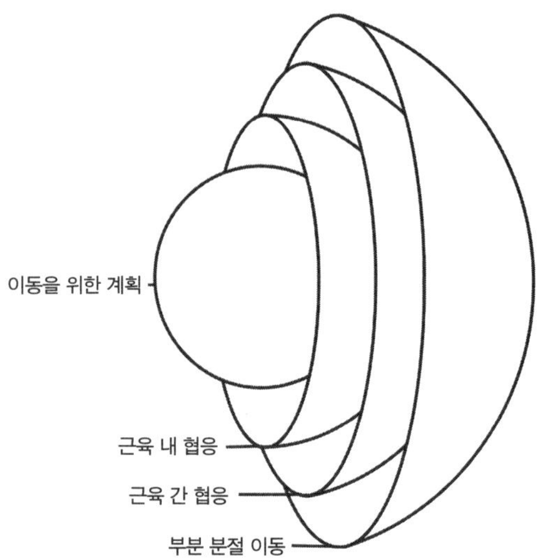

그림 3.1 협응의 형성 및 기능을 3개의 겹으로 둘러쌓인 대략적인 커널로 설명하는 모델 방식

모델의 중심은 움직임의 계획 및 설계를 의미한다. 첫 번째(가장 바깥쪽) 겹은 진동하는 모든 신체 부위를 나타낸다. 해당 겹은 신체의 부분적인 분절의 움직임만을 관찰되기 때문에 가장 바깥쪽에 위치한다. 두 번째 겹은 근육 사이의 협응이 결정된다. 세 번째(가장 안쪽) 겹은 개별 근육 내의 능동 및 수동 조직의 모든 조절을 뜻한다.

그림 3.2 토-오프 순간
일반적으로 토-오프 순간은 달리는 동안 푸시오프를 설명하는 데 사용된다. 그러나 토-오프는 추진력과 관계가 없으며, 토-오프 순간의 신체 위치는 러닝의 기술적 완성도를 거의 나타내지 않는다.

있다. 모델의 겹과 관련되어 예비장력pretension과 탄성elasticity 같은 현상에서 중요한 역할을 하는 근육의 능동 부분과 수동 부분 간의 교차 작용을 설명할 수 있다.

달리는 동안 우리 신체에서 실제로 발생하는 일은 측정에 의한 데이터를 통해 단편적으로만 도출된다. 해당 주제에 대해서는 아직도 알려지지 않은 사실들이 많다. 달리기를 이해하기 위한 대다수의 측정과 연구는 신체의 외부 모습에만 국한되어 있다(모델에서 가장 바깥쪽 겹 또는 첫 번째 겹). 해당 연구들은 달리는 동안 신체의 어떤 분절이 변하지 않으며 또 다른 분절은 어떻게 변화하는지 동작을 알아내는 시도이다. 신체 일부분 분절의 상하 진동 동작을 연구하여 몇몇 정보를 얻어낼 수 있지만 우리 신체 안에서 발생하는 매우 중요한 생체역학적인 부분도 존재한다('협응 능력과 러닝: 기계학인가 생체역학인가?' 11쪽 참조). 일반적으로 가장 중요한 관절은 많은 수의 근육과 연결되어 있다. 러닝 중 발생하는 신체 외부의 변화를 관찰하여 어떤 근육이 어떠한 움직임에 해당하는지 정확히 파악하는 것은 거의 불가능에 가깝다(소위 모델의 두 번째 겹의 결정력 부족 문제). 우리가 많이 사용하는 근전도(EMG)조차도 신체 내부에서 일어나는 현상에 대해서 완전한 정보를 제공하지 못한다. 따라서 러닝의 기술적 측면에 대한 의견을 제시하는 입장은 측정되는 많은 데이터를 가능한 끼워 맞추려는 움직임 모델에 지나지 않는다.

현재 러닝 기술을 연구하는 데 사용되는 모델은 근육의 탄성 퍼텐셜elastic potential(세 번째 겹: 근육 내 협응intra-muscular coordination)에 대해 전혀 고려하지 않는다. 지구력 달리기에 사용되는 기술은 주기 운동cyclic motion을 가능한 '원형'으로 진행하여(바퀴의 움직임을 모방한) 에너지를 가장 효율적으로 사용할 수 있는 방법을 시도한다. 보폭은 롤링roll한다. 발은 최대한 부드럽게 지면에 접촉시키고 발을 지면에 어떤 방식으로 완전하게 접촉하는지를 중요시 여긴다. 스프린트에서는 항상 푸시오프의 끝 지점에서 추력thrust을 강조한다. 이것을 강조하기 위해서 토-오프 순간을 캡처한 사진이 자주 활용되지만 실제로는 가속 단계에서 촬영한 경우가 많았다.

고속 달리기에서는 가속 단계와는 다른 요인들이 결정적인 영향을 미친다. 다양한 이유로 고속 달리기에서는(최대 800~1500m의 페이스까지), 지지 단계support phase가 시작할 때 추력이 발생한다. 현재까지 달리기 모션은 3단계로 나누는 모델이 사용되었으며 착지landing, 추력thrust, 스윙swing(유각)으로 나누어진다. 착지 단계 동안 생성된 에너지는 추력 단계에서 근육이 동심적으로 사용되는 데 작용하여 전방 추진력을 얻을 수 있어야 했다. 달리기에서 푸시오프와 스윙 그리고 착지 단계를 위해 설계된 모델과 실제 발생하는 상황과는 일치하지 않는다는 사실은 점차 분명해졌기 때문에 지지 구간과 스윙 구간의 전진 단계와 후진 단계를 모두 포함하는 더욱 세부적인 모델이 제안되었다. 그러나 이러한 모델조차 너무 기계적이었으며 통합적인 관점을 보여주지 못했다. 달리기의 효율성은 달리는 중에 일어나는 모든 동작(스윙과 지지 다리, 축 회전을 중심으로 한 팔과 몸통의 움직임, 골반 기울기 및 푸시오프)들 간의 상호 협력에 달려 있다. 따라서 좀 더 통합적인 모델이 필요했다.

육상은 모든 스포츠 중 가장 발전된 움직임이라는 명성을 가지고 있으나 달리기의 생체역학적 측면은 다른 신체 운동의 지식 수준과 비교해보아도 뒤쳐져 있다. 생체역학 분야에서 육상에 관한 연구는 산적한 과제에 둘러쌓여 있다. 이런 상황에서 앞으로의 연구는 다양한 움직임 사이에 상호 협력에 대한 새로운 데이터의 제공에 초점을 맞춰야 한다.

이번 장에서는 달리기 기술을 총제적으로 분석할 것이다. 무엇보다도 전방 추력 동안 몸통, 골반 그리고 스윙 다리가 어떤 역할을 수행하는지 그리고 달리는 동작 동안 신체의 근육들의 반응 특성이 어떤 형식으로 최적화되는지 관찰할 것이다. 이와 같은 접근 방식은 달리기 기술 연습과 파워 트레이닝의 형태와 형식에 광범위하게 영향을 미칠 수 있는 모델을 제공할 수 있어야 한다.

고속 달리기

움직임 패턴은 하나의 결정적인 모멘트에서 다음 모멘트로 나아가며 진행되고, 결정적인 모멘트란 동작이 시작되거나 크게 바뀌는 순간을 의미한다. 결정적인 모멘트는 완전히 의식적으로 선택될 필요가 없으며, 움직임이 진행되는 동안 자동적으로 조절될 수 있다. 움직임 비 순환적일 때 연속되는 결정적인 순간을 쉽게 인식할 수 있다. 예를 들어 던지는 동작을 생각해보면 연속적으로 움직임이 반복되지 않으며 팔을 뒤로 젖히고 앞다리가 지면을 지지하면서 던지는 동작이 시작되고 공을 손에서 놓으면 팔 스윙이 느려진다. 던지기 동작은 명백하게 순차적인 시리즈로 진행되며 자동으로 진행되어 관찰하기 어렵지 않다. 반면 달리기는 주기적인 순환 동작이며 각 단계의 결정적인 모멘트의 전환이 다소 모호하여 결정적인 모멘트를 식별하기 더 어렵다. 주기적으로 빠른 움직임인 달리기 사이클 내에서 무작위로 달리기 분석을 시작하는 것은 다소간의 문제를 내포하고 있다. 그럼에도 불구하고 특정 달리기 기술이 올바른 이유를 설명하기 위한 출발점으로 달리기의 개별적이며 특징적인 구간(단계)을 사용하도록 선택되었다. 그러나 단계와 구간으로 나뉘었다 하더라도 이전 단계의 결정적인 모멘트에 의해서 다음 단계가 어떠한 영향을 받고 그다음 단계에 영향을 미치는지 강조하게 될 것이다. 여기서 선택된 출발점은 푸시오프가 끝나는 시점(즉, 토-오프 모멘트), 스탠스 다리stance leg의 발이 지면에서 공중으로 떠나는 모멘트이다.

이어지는 달리기 분석에서는 '스윙 구간'과 '부양 구간floating phase'의 개념을 사용한다. 스윙 구간은 다리의 움직임만을 묘사하는 데 사용되며 두개의 다리 중 한 다리가 지면을 떠난 기간(즉, 한 다리의 발이 다시 지면으로 돌아올 때까지 걸리는 시간)이다. 부양 구간이라는 용어는 몸 전체가 잠시 동안 공중에 떠 있는 기간을 의미한다. 부양 구간은 양쪽 발이 지면에서 떨어져 있는 한 지속된다.

달리기 중 몸통의 자세

고속 달리기 동안 몸통의 자세는 아주 약간 앞으로 구부리거나 아주 약간 뒤로 젖힘까지 정도만 변경할 수 있다. 몸통을 뒤로 젖히는 자세는 기술적으로 오류가 있는 것으로 해석되기도 하지만 해당 의견이 어느 정도까지 용인되는지는 의문을 가질 필요가 있다. 몸통의 뒤로 젖혀짐에 대한 부정적인 의견이 엄격한 논거를 가지고 있지 않다는 사실 외에도(아마도 푸시오프가 좋지 못할 것이다), 다수의 세계 최고 수준의 단거리 선수들이 완전히 의식적이든 자동적이든 약간 뒤로 젖히는 경향이 있는 것으로 보인다(특히 400m 마지막 구간에서 더욱 그렇다). 어떠한 경우에서도 고속의 달리기에서는 어느 정도 똑바로 세워야 한다는 점은 분명하며 아래 열거된 이유를 증거로 설명할 수 있다.

- 고속의 달리기 중 몸통이 앞쪽으로 기울어지면 인체 무게 중심의 투영선(프로젝션 projection: 넓은 범위의 움직임을 통해 지면에 큰 힘을 발생시켜 스텝을 밟을 때마다 더 멀리 이동하는 수평 방향의 움직임을 의미한다. 이는 주로 엉덩이 수평 변위와 스텝 길이의 조합으로 이뤄진다)이 발을 지면에 딛는 순간에 신체의 지지점 앞 지면에 닿게 된다. 몸통의 무게 중심이 지레팔을 가지게 되므로 전방 회전 모멘트가 발생하게 된다. 앞으로 넘어질 수도 있는 위험을 느끼는 주자는 두 가지 방법 중 하나를 이용하여 자세를 보완하게 된다.

  (1) 러너는 전방 회전 모멘트를 보상하기 위해서 반대 방향(위 방향 및 후방)으로 추가적인 힘을 가할 수 있다. 달리기 경주는 출발 동작에서의 첫 번째 보폭과 같이 주자에게 충분한 시간이 주어진 경우 러너는 전방 회전 모멘트에 관한 적절한 보상을 찾을 시간이 충분하다. 보상 작용으로 후방으로 힘을 전달하는 방법 외에도 추가적인 수직(위 방향) 힘을 생성할 수 있다. 하나 기억해야 할 것은 고속으로 달리는 동안에는 발의 지면 접촉 시간이 매우 짧다는 사실이다(고속에서 0.07~0.11초). 지면 접촉 시간이 짧으면 전방 회전을 보상하기 위한 추가적인 힘의 생성(후방으로 추력 하는 힘)이 불가능하다. 따라서 주자는 더 많은 수직 힘을 유도하기 위하여 추력에 더 적은 힘을 사용해야 하므로 전진 속도가 감소한다.

  (2) 러너들은 발을 더 앞으로 내 딛을 수 있다. 즉 자신의 무게 중심 투영선projection

of center of mass이 발을 지면에 심는 곳 앞에 위치하지 않도록 한다. 이런 방식은 전방 회전 모멘트가 발생하지 않도록 한다. 그러나 러너는 발과 어깨를 앞쪽으로 내밀고, 엉덩이를 뒤로 젖힌 자세를 취하게 되어 발을 지면에 심는 동안 발생한 착지 에너지를 더 이상 추력을 위해서 적절하게 '재사용'할 수 없게 된다. 발이 엉덩이보다 너무 앞쪽 지면에 놓이기 때문에 착지 에너지를 잃지 않기 위해서 발을 지면으로 강하게 내려치고 러너의 속도는 느려진다. 많은 양의 에너지가 손실될 수 있도록 발이 엉덩이 아래 위치할 때까지 기다려야 한다('출발 및 가속 중 오류' 185쪽 참조).

- 앞서 언급했듯이, 고속의 달리기에서는 지면 접촉 시간이 매우 짧다. 전방 회전을 보상할 시간이 없을 뿐만 아니라 세로축을 중심으로 한 회전을 보상할 시간적 여유도 없기 때문에 주의를 기울여야 한다. 이러한 축 회전axial rotation은 일반적으로 많은 힘이 가해지는 푸시오프의 끝에서 발생한다. 오른쪽 다리를 과도하게 신전하였을 때 이러한 현상이 발생하며, 오른쪽 어깨는 앞쪽으로, 왼쪽 어깨는 뒤쪽으로 움직이면서 축회전이 발생한다. 이처럼 장축long axis 중심의 회전은 다음 보폭인 왼쪽 다리의 보폭을 길어지게 해야만 보상할 수 있다. 왼발은 몸보다 더 앞쪽으로

그림 3.2 고속 달리기 중 몸통의 위치

(a) 고속으로 달리는 동안 몸통이 앞으로 기울어진다. 그 결과 전방 회전 모멘트가 발생한다. 발을 엉덩이 바로 아래 놓게 된다면 회전을 보상하기 위해서 푸시오프가 이전보다 더 수직으로 향해야 한다. 당연히 추력 방향에서 불리해진다.
(b) 전방 회전 모멘트는 발을 엉덩이 바로 밑이 아닌 앞쪽 지면에 놓으면서 보상할 수 있다. 발이 지면에 강하게 부딪히면 몸이 감속되며, 발을 부드럽게 지면에 부딪히면 착지 에너지가 손실된다.
(c) 상체를 앞쪽으로 유지하면 후방을 향한 푸시오프가 길어질 수 있다. 추력이 끝날 때 힘을 가하면(길어진 푸시오프) 장축을 중심으로 회전이 일어난다. 왼발의 길어진 푸시오프로 인해 발생하는 왼쪽 어깨의 전방 회전의 단점은 다음 스텝에서 보상 작용이 발생한다는 점이다.

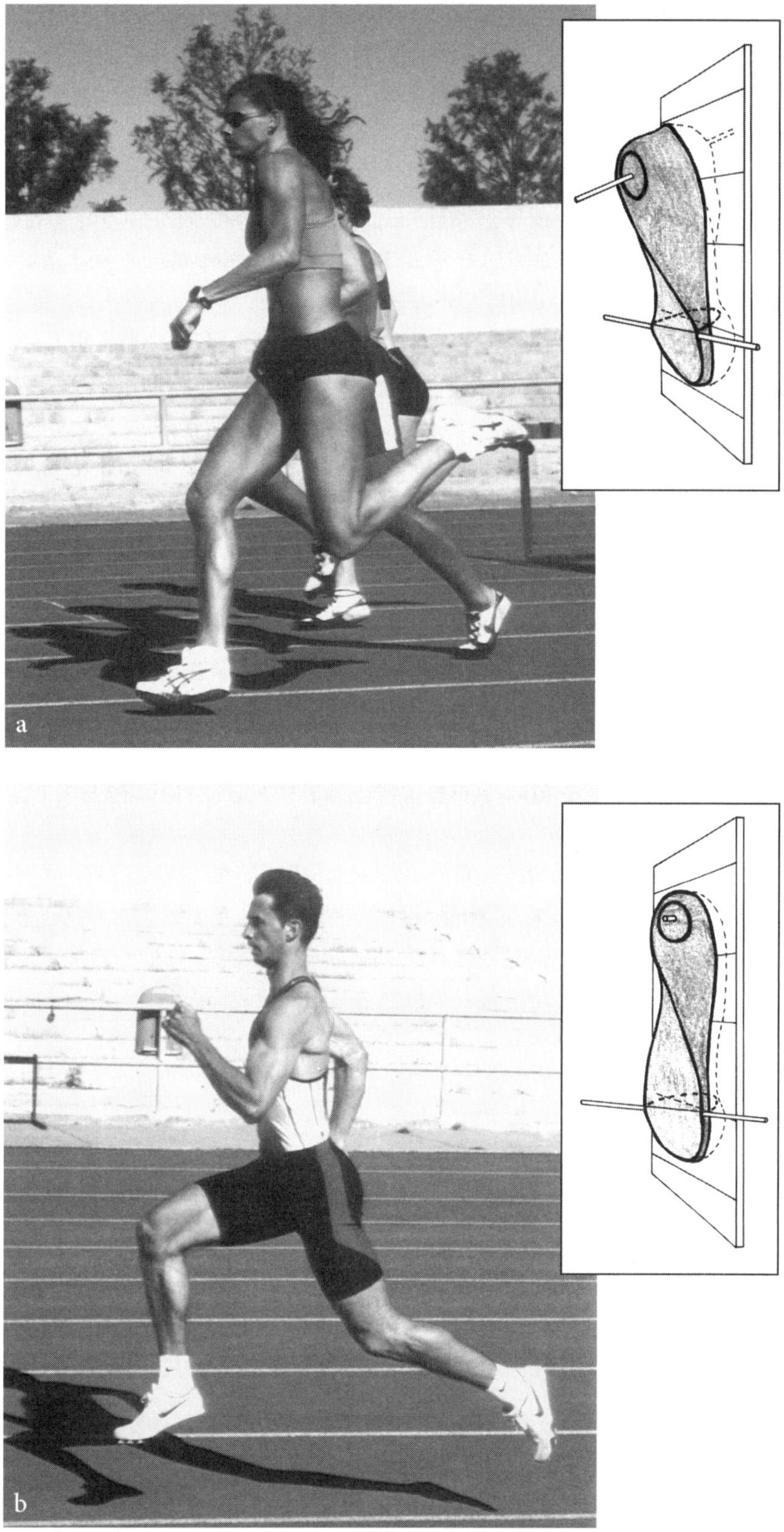

그림 3.4 장축의 회전과 비틀림의 차이점

신체가 장축 중심의 회전을 할 때(a), (왼쪽) 어깨의 전방 회전은 (오른쪽) 엉덩이의 반작용 움직임으로 보상 되지 않는다. 비틀림이 완벽하게 균형을 이루게 되면(b), 어깨와 엉덩이의 합은 0이다. 따라서 다음 지지 구간에서는 보상이 필요하지 않다. 비틀림이 완벽하게 균형을 이루면(b), 어깨와 엉덩이의 회전 합은 0이 된다. 따라서 다음 지지 구간에서 보상이 필요하지 않다.

지면에 닿아야 한다. 왼발의 스트라이크(지면으로 내리찍는 동작)는 엉덩이보다 훨씬 앞쪽에 위치한다. 발의 지면 착지를 강하게 하면 주자의 스피드가 느려질 수 있어 발의 지면 접촉을 부드럽게 한다. 그러나 착지를 부드럽게 하면 착지에 의해서 방출된 에너지가 근육 탄성 조직에 다시 저장되지 않고 '썰물처럼' 사라진다. 이미 기술했지만 이와 같은 에너지 손실은 속도에 매우 좋지 않다. 푸시오프가 끝나는 시점에서 몸은 장축을 중심으로 회전하기 때문에 지지 구간이 종료될 때 발을 땅에서 즉시 떼어내는 것이 중요하다. 발을 지면에서 빠르게 들어 올리는(접촉 시간이 짧은) 동작은 고속의 달리기 중 몸통을 똑바로 세우는 것으로 조정할 수 있다. 상체를 똑바로 세우는 동작은 장요근과 특히 복부 근육의 예비 신장pre-stretch을 일찍 발달하게 한다. 특히 복부 근육은 센서 역할을 하여 예비 신장이 있을 때 닫힌 사슬closed chain에서 열린 사슬open chain로의 전환을 시작하게 한다.

장축을 중심으로 한 회전을 비틀림torsion과 혼동해서는 안 된다. 비틀림이 발생하면 오른쪽 다리의 푸시오프 동안 왼쪽 어깨가 뒤로 움직이고 오른쪽 어깨가 앞으로 움직인다. 그러나 회전에서의 어깨 움직임은 반대 방향으로 골반의 움직임을 보상한다(푸시오프 다리 엉덩이의 내 회전). 세로축을 중심으로 한 회전과 달리 비틀림의 경우 신체의 회전 모멘트는 0이다. 고관절의 내측 회전(따라서 비틀림 또한 발생)은 지지 구간의 첫 번째 부분에서 발생한다. 지지 구간이 끝나는 지점에서 고관절을 강하게 역굴곡되어 내측 회전의 가능성을 제한한다. 결과적으로, 지지 구간의 첫 번째 부분에서는 비틀림이, 지지 구간이 끝나는 시점에는 축 방향 회전이 발생한다고 표현할 수 있다. 달리는 중에는 축방향 회전이 아닌 비틀림이 바람직하다.

- 스윙 구간의 마지막, 즉 발을 지면에 심기 직전에 고관절은 강력한 후방 굴곡backward flexion이 있다. 해당 동작은 반대편 다리의 강력한 전방 굴곡forward flexion이 있어야 온전하게 수행될 수 있다. 이러한 전방 굴곡은 닫힌 사슬에서 열린 사슬로 전환된 직후에 시작된다. 몸통을 똑바로 세우면 이 동작을 시작해야 하는 근육이 예비 신장을 통해 필요한 장력을 제공받을 수 있다. 몸통이 너무 앞으로 숙여지면 고관절의 전방 굴곡이 충분히 빨리 일어나지 않는다.

고속으로 달리는 동안 많은 힘을 신체에 가하는 것도 중요하지만 힘을 빠르게 저장하는 것 또한 중요하다. 따라서 종축 또는 횡축을 중심으로 회전하는 것을 보상하기 위해서 시간을 낭비하지 않아야 한다. 회전을 피하는 방법을 익히는 것은 주자가 더 좋은 성적을 거두기 위해서 매우 중요한 요소이다. 따라서 몸통을 똑바로 세우는 자세는 고속의 달리기를 위한 중요한 요소이다. 또한 위의 추론을 통해서 몸통이 약간 뒤로 기울어져서는 안 된다는 의견을 뒷받침하는 논거를 찾을 수 없다.

근전도

근전도(EMG)를 통해 근육의 활동을 측정할 수 있다. 달리기 중 근육의 운동 단위 활동에 관한 근전도 측정은 자주 기록되었다. 그러나 장요근은 신체 깊숙이 위치하고 있기 때문에 피부 전극을 사용해야만 활동이 측정 가능하였으며 따라서 근육의 근전도 기록에서 항상 배제되어 왔다.

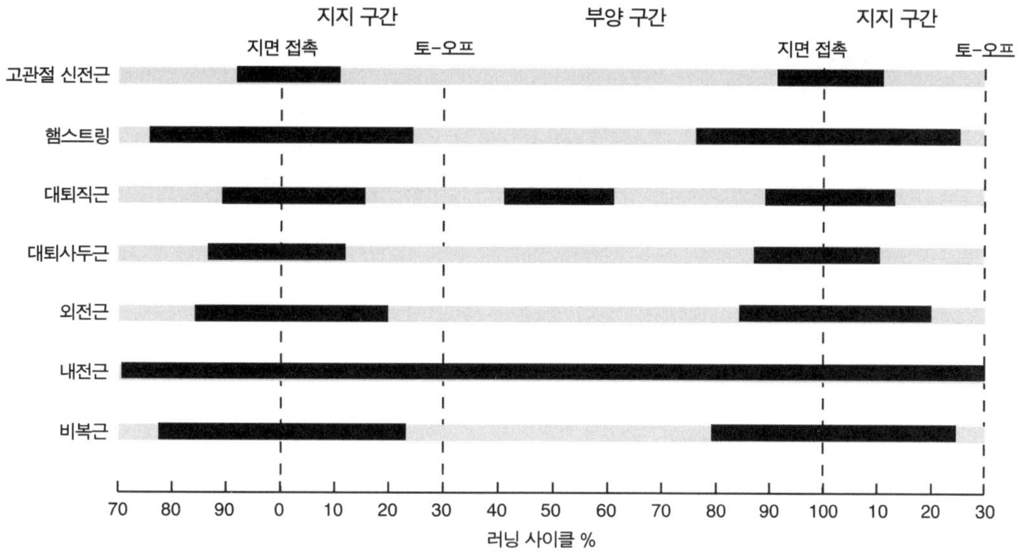

그림 3.5 러닝 동안 기록된 EMG

가장 중요한 근육은 특히 부양 구간이 끝나는 시기와 지지 구간이 시작될 때 활성화된다 (Novacheck, 1995의 EMG 데이터).

또한, 다양한 근전도 측정은 생성된 힘이 활성 되거나 비활성 되는 서로 다른 패턴을 보여준다. 근육 섬유는 근육 전체에 걸쳐 한 번만 수축하거나 동시에 수축하지 않고 특정 패턴에 따라 수축한다. 명백한 것은 기록하는 전극을 근육의 어디에 배치하는가에 따라서 큰 차이가 있을 수 있다(Mann 등, 1986; Hinrichs, 1990; McClay 등, 1990; Miller, 1990; Jacobs 등, 1993). 그러므로 근전도 측정은 달리기 중 근육에서 실제로 발생하는 일에 대한 완전한 통찰력을 제공하기 어렵다.

무엇보다 빠른 속도의 달리기에서는 근전도가 기록되기 어렵다. 만약 달리기 속도가 변하면 달리기 사이클 내에서 특정한 근육 그룹이 활동하는 범위로 바뀐다. 일반적으로 달리기 속도가 증가하면 근육 그룹의 활동이 달리기 사이클의 초기 시점으로 바뀌는 경향이 있다(속도가 증가하면 햄스트링이 스윙 구간에서 더 일찍 활성화됨). 또한 속도가 증가하는 동안 근육의 활동은 달리기 사이클의 더 많은 부분에서 활성화된다.

달리는 동안 기록된 근전도를 관찰해 보면 엉덩이와 다리에 가장 중요한 근육 그룹이 푸시오프가 끝나는 시점에서 더 이상 전기적 활동을 보이지 않는다는 것을 바로 알 수 있다. 이러한 현상은 후방 굴곡을 담당하고 있는 근육 그룹에만 해당되는 것이 아니라, 푸시오프의 종료 시점의 무릎 신전 근육들도 전기적으로 비활성화 된다. 이런 결과가 의미하는 것은 달리기 선수가 지지 구간이 종료하는 시점에서 추가적인 푸시오프에 힘을 가하려고 해서는 안 됨을 분명이 알려준다. 또한 단관절 대퇴사두근과 같은 중요 근육의 활동이 지지 구간이 끝날 때 제한되는 점도 중요하다. 지지 구간에서 단관절 대퇴사두근의 중요 근육들은 신체의 체중을 지지해야 하는 초기 순간에만 역할을 수행한다.

스윙 구간이 끝나면 많은 근육들의 활동을 관찰할 수 있다. 지지 다리의 발은 이미 많은 장력이 존재한 상태로 지면을 접촉하게 된다. 발이 지면과 처음 접촉하기 바로 직전과 직후에 근육의 많은 활동이 존재하기 때문에 반사성 근육 활동을 위한 착지 에너지의 사용은 매우 중요하다. 이런 사실은 다음 달리기 기술에 관한 설명에서 두드러진다.

근전도에서 얻은 데이터는 지지 구간의 종료 시점에서 힘을 가하지 않음으로써 장축 중심의 회전을 피하는 것이 중요하다는 증거와 중요성을 알려준다. 탄성 수용력elastic capacity을 아주 짧은 시간 안에 부하 및 무부하loading and unloading하는 원리는 추진력이 추력의 시작 구간에서 가장 잘 수행된다는 생각과도 잘 맞아떨어진다. 짧은 시간 안에 부하와 무부하가 수행되는 발의 원리는 아래 설명된 달리기 기술 모델의 기초를 형성한다.

달리기 기법의 설명

지지 구간 토-오프의 마지막 모멘트

토-오프 순간 신체의 자세는 두 가지 요건에 의해서 결정된다. 장축을 중심의 신체 회전을 피하고 닫힌 사슬에서 열린 사슬로의 전환을 빠르게 진행한다. 축회전을 피하기 위해서는 몸통의 자세가 핵심이다. 몸통을 똑바로 세우면 스윙 구간 동안 엉덩 관절의 전방 굴곡을 발생시키는 근육(장요근 및 복부 근육)의 우수한 예비장력과 적절한 타이밍에 동작을 할 수 있다. 몸통을 똑바로 세우기뿐만 아니라 발목 관절 주위의 장력 또한 스윙을 빠르게 시작하는 데 중요한 역할을 한다. 발목의 배측굴곡은 지지 구간에서 먼

그림 3.6 토-오프에서 올바른 신체 자세

후행 다리trailing leg는 완전히 신전하지 않고 상체는 우수한 직립 자세를 고정한다. 이것은 장축 회전을 피하고 스윙 다리가 선형적으로 앞으로 이동할 수 있게 한다. 팔을 후방으로 올바르게 움직여 비틀림을 만든다. 선행 발leading foot이 올바른 위치에서 지면을 단단하고 반사성 있게 타격한다.

저 나타나며, 푸시오프의 종료 시점 족저굴곡이 된다(정확한 진행은 달리기 속도에 따라 변화한다). 만약 종아리 근육에 충분한 활동이 일어나면 푸시오프의 끝 지점에서 족저굴곡이 미미하게 일어나거나 전혀 발생하지 않을 수 있다. 이런 경우에는 무릎 신전에서 발바닥의 족저굴곡으로 이어지며 에너지를 전달하는 메커니즘(비복근을 통해서, '생체역학적 측면' 61쪽 참조)이 최적으로 작동하지 않을 것이다. 결과적으로 닫힌 사슬에서 열린 사슬로의 전환이 지연된다. 발을 지면으로 들어 올린 후 스윙 다리는 전방 굴곡이 시작되기 직전에 관성의 모멘트 또는 데드 모멘트(활동이 거의 또는 전혀 없는 시간)를 경험한다. 발목의 장력이 적절하게 유지되고 몸통이 똑바로 세워지면 엉덩 관절의 전방 굴곡이 강력하게 시작될 수 있다. 이러한 과정에서 반사 신경 패턴이 결정적인 역할을 할 수 있다.

토-오프 모멘트 지점에서 무릎의 구부림 각도는 러너의 기술적 숙련도에 따라 다소 다르다. 한 선수의 무릎은 명백히 구부러진 것처럼 보일 수 있으며, 다른 선수의 무릎은 슬로우 모션 비디오를 보기 전까지(실제로는 구부러져 있음) 펴져 직선으로 보일 수 있고 또 다른 러너의 무릎은 실제로 완전히 펴져 있다. 무릎이 완전히 펴지는 러너도 푸시오프의 끝 지점에 수동적으로 과도한 힘을 가하지 않으면 장축 중심의 불필요한 회전을 피할 수 있다. 무릎과 엉덩 관절의 신전이 다소 수동적으로 이루어지면 스윙 구간의 시작이 지연된다. 이와 같은 상황에서 스윙 구간이 다소 오랫동안 지속될 수 있기 때문에 보폭이 길어지는 기술적 변형이 발생한다. 무엇보다도 피로가 시작되면 푸시오프를 위해서 추가적인 힘을 가하게 되므로 장축을 중심으로 더 많은 회전이 일어난다. 따

그림 3.7 스탠스 구간에서의 배측굴곡
푸시오프 중간에 스탠스 다리의 발에 배측굴곡이 너무 과도하게 발생한다(메인 사진: 삽입된 올바른 자세와 비교). 결과적으로 추력이 너무 오래 지속되며 장축을 중심으로 너무 많은 회전이 발생한다(그림 3.4a 참조).

라서 해당 기술은 선수에게 '위험'하다. 400m 육상 종목은 피로로 인한 협응 상실이 큰 문제가 될 수 있다. 이런 종목의 경우 토-오프 모멘트에서 무릎을 상대적으로 더 구부리는 경향이 있다. 이렇듯 장축 중심의 회전을 피하려는 노력은 트랙의 마지막 직선 구간에서 달리기 속도의 감소를 방지하는 데 중요한 도움이 된다.

몸통의 자세, 토-오프에서 무릎의 각도, 발목 주변의 장력은 모두 서로 밀접한 연관성을 지니고 있다. 따라서 달리기 방법을 지도할 때는 세 가지 측면을 항상 고려해야 한다. 예를 들어 발목 관절 주변의 장력이 충분하지 않으면 몸통의 자세가 올바르다 해도 토-오프 모멘트에 미치는 영향이 제한적이 된다.

토-오프 중 오류

- 발목 관절 주위에 장력이 없다. 러너의 자세가 매우 낮다. 발목의 배측굴곡이 심하여 지면 접촉 시간이 길고 푸시오프에서 수직 요소가 작아지면서 지면 접촉 시간이 늘어나며 스윙 구간이 짧아 높은 빈도의 보폭으로 달리도록 강요된다. 장력의 부족 때문에 스윙 다리가 지면을 떠난 후 충분히 빠르게 움직이지 못한다.
- 몸통이 너무 앞으로 숙여져 있으면 토-오프에서 다리가 지면을 떠난 후 스윙 레그가 즉시 앞으로 나오지 않는다. 따라서 스윙 레그는 다음 착지에 너무 늦게 도달한다. 빠른 속도로 달리는 동안 상체를 똑바로 세우려면 러너는 몸통에 많은 장력 및 긴장을 유지할 수 있어야 한다. 복부 근육은 이런 작업을 충분히 수행하지 못하는 경우가 많으며, 달리는 선수는 상체를 앞으로 기울여 긴장을 풀어버린다. 달리기 중에 형태도 매우 중요하다.
- 러너는 지지 구간이 끝나는 지점에서 추력을 가하려고 한다. 이후 적극적으로 무릎을 뻗는다. 스탠스 다리 방향의 어깨가 앞으로 움직인다. 푸시오프 다리의 엉덩 관절 내측 회전으로 움직임을 보상해야 한다. 몸통의 비틀림이 발생해야 하는데 다리가 뒤로 강하게 굴곡되어 있기 때문에 이와 같은 보상은 거의 불가능 하여, 장축을 중심으로 발생한 회전은 다음 보폭 동안 보상되어야 한다.

스윙 구간

달리기 기술에 대한 저명한 여러 의견들에 의하면 스윙 다리는 독립적으로 관찰해야 한다. 스윙 구간의 가장 중요한 기능은 토-오프 후 다리를 다시 제자리로 가져오는 것이다. 일반적으로 스윙 구간의 두 번째 부분에서는 자유 다리free leg가 푸시오프하는 스탠스 다리를 도와주는 역할을 하는 것으로 알려져 있다. 그렇지 않으면 두 다리의 동작 사이에 거의 연관성이 발견되지 않는다. 열린 사슬에 있는 다리(스윙)는 상대적으로 수동적인 반면에 닫힌 사슬에 있는 다리 지지하는 역할을 한다.

스탠스 다리가 지면을 지지하고 반대쪽 다리가 스윙하는 동안 스윙 다리의 기능은 매우 복잡하다. 추력을 빠르게 제거하여 러너에게 유리한 상황을 만들기 위해서는 스윙 다리 동작이 가장 중요하다. 스윙 및 지지 구간에서 스윙 다리가 어떻게 작동하는지에 관한 좋은 분석을 위해서는 다양한 움직임이 어떻게 상호 연관되어 있는지 결정해야 한다. 이러한 상호 작용이 밝혀지기 전까지는 스윙의 효과를 확인하기 어렵다.

부양 구간: 공중에 떠 있는 상태

부양 구간에서 후행 다리의 엉덩 관절과 무릎은 굴곡되고 선행 다리의 무릎은 신전된다. 두 다리의 가위와 같은 움직임은 반사적, 무의적으로 연결되어 있다. 가위 움직임은 스텀블 반사stumble reflexes와 역신전 반사inverse-extension reflexes에 지나지 않는다. 즉 한쪽 다리의 엉덩 관절과 무릎을 구부리면 반대쪽의 엉덩 관절과 무릎의 신전이 강화된다. 그 반대의 경우도 마찬가지이다. 이것을 비자발적 강화 효과involuntary, reinforcing effect라고 하며 가위 움직임에서 매우 중요하다. 발을 지면에 놓기 직전 앞발의 진자 작용은 이와 같은 강화 효과로 인해 더 큰 힘으로 수행된다. 앞쪽으로 멀리 진자 운동을 하는 동안 햄스트링은 반작용 힘 모멘트counteractive force moment로 인해 긴장을 경험하게 된다. 근육 섬유가 가능한 동일한 길이를 유지하게 되면 탄성 근육 요소elastic muscle components가 늘어나게 된다. 이러한 구성 요소는 근육의 수축성 분절이 빠르게 높은 수준의 파워를 얻을 수 있도록 사전 부하된다('근육의 구조와 분화, 관절 모멘트, 그리고 수동 조직 기능' 33쪽 참조).

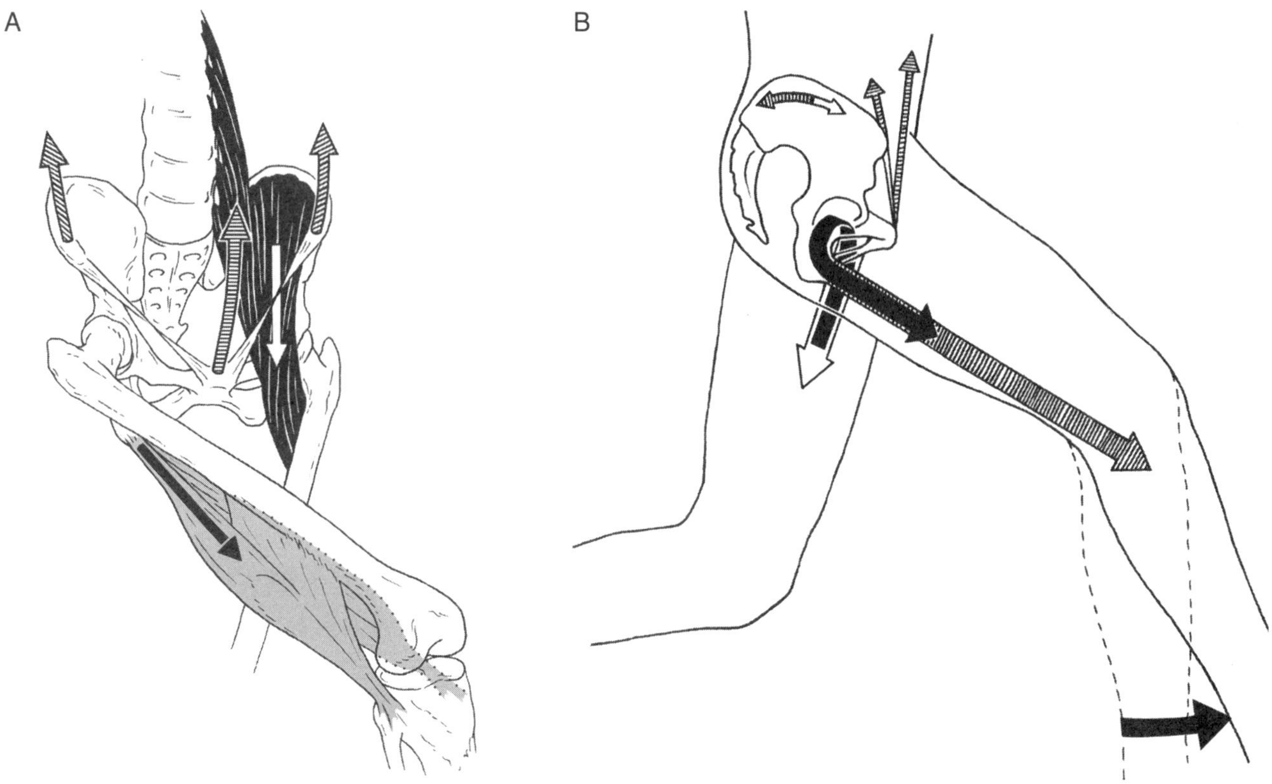

그림 3.8 햄스트링의 예비장력 준비 과정

(A) 부양 구간의 가위 움직임 동안 발달한 힘은 골반을 앞뒤로 기울인다. 햄스트링(검은 화살표)과 복부 근육(위 화살표)은 골반을 뒤로 기울이는 반면, 스윙 다리 쪽의 장요근(흰색 화살표)은 골반을 앞으로 기울인다.
(B) 스윙 다리가 멀리 앞쪽으로 진동할 때, 햄스트링(복부 근육과 함께)은 골반을 뒤로 기울이는 힘으로 작용한다(골반 화살표). 장요근은 뒤로 기울여지는 힘의 크기를 다소 낮출 수 있다(흰색 화살표). 이런 움직임은 햄스트링의 예비 신장을 유발할 수 있다. 해당작용은 골반을 지렛대처럼 작동하여 기울기 에너지가 후행에서 선행 다리로 전달될 수 있게 한다(검은색 화살표).

약 5m/s의 속도로 달리는 중 이미 다리의 앞쪽으로 진자 운동이 진행되는 동안에 햄스트링은 경골 고평부에 몸무게와 같은 힘을 가하고 있다. 고속으로 달릴 때 이 힘은 더욱 증가한다. 그러므로 착지 후 적절한 방향으로 반사적인 토-오프를 수행하기 위해서는 근육(즉, 햄스트링)에 발생하는 예비장력이 필요하다. 착지 중 무릎 관절의 모멘트 변화가 매우 빠르게 일어나기 때문에(25m/s 이내), 러너가 이러한 변화에 반응하여 영향을 미치는 것은 불가능하다(Bobbert 등, 1992; Pink 등, 1994). 따라서 부양 구간이 끝날 때까지 근육에 충분한 장력이 이미 있어야 하며, 러너는 착지 중 급격한 변화가 발행할 것으로 미리 예상해야 한다. 진자 운동을 수행하고 장력을 최적으로 구성하기 위해서 빠른 속도로 달릴 때 후행 스윙 다리trailing swing leg의 움직임이 선행 다리의 움직임을 빠르게 뒤쫓아야 한다. 다시 말해, 토-오프 후 후행 다리의 전방 굴곡을 최대한 강력하고 빠르게 가져와야 한다. 후행 다리가 너무 천천히 느린 속도로 전방 굴곡되면 선행 다리는 반드시 후행 다리가 도달할 때까지 기다려야 한다. 따라서 근육의 장력이 더 이상 최적으로 구성되지 않는다. 그러한 결과 강력한 착지보단 약한 착지를 하게 되며 착지 에너지가 제대로 전달되지 않으면 손실은 당연하게 일어난다. 또한 발이 지면에 닿기 직전에 엉덩 관절에 후방 굴곡이 너무 느려지고 발이 엉덩이 앞쪽 지면에 닿게 되어 속도가 느려진다. 선행 다리의 앞쪽 진자 운동이 느려져 탄성 에너지로 햄스트링에 사전 부하를 가하는 과정이 최적화되지 않는다. 햄스트링에 사전 부하를 가하는 능력이 가능한 최고 속도에 도달하기 위한 가장 중요한 제한 요소로 간주된다(Chapman & Caldwell 등, 1983).

착지하는 동안 발목의 에너지 손실(탄성)을 최소화하기 위해서는 하체 근육에 많은 장력이 필요하다. 그러므로 지면에 접촉하는 처음 순간 직전에 발목 관절은 중립이거나 약간 배측굴곡된 자세를 취해야 하체에 충분한 예비장력을 쌓을 수 있다('느린 근섬유와 빠른 근섬유' 31쪽 참조). 토-오프 바로 뒤에 매우 강력한 가위 움직임이 만들어져야 한다. 이것은 후행 스윙 다리의 움직임을 가능한 선형으로 유지함으로써 가장 잘 달성된다. 움직임이 선형이면 무릎과 엉덩 관절이 동시에 구부러지기 시작한다. 후행 다리의 '원형' 움직임(먼저 무릎을 구부린 다음 순서대로 엉덩 관절을 구부리는 방법)은 전방으로 나아가는 움직임일 때 후행 다리의 움직임 속도를 낮추고 결과적으로 선행 다리 또한 느리게 한다. 스윙 다리의 첫 번째 부분(토-오프 후) 동안 발목이 강한 족저굴곡 자세를 유지하면 일반적으로 움직임이 너무 원형이 된다. 발목은 중립 또는 배측굴곡된 자세를 유지하는 것과 선형적인 움직임은 상호 호환되는 과정으로 여겨진다. 발이 지면을 떠난 직후의 전방 굴곡 또한 필요한 움직임이다. 달리는 동안 활성화된 운동 사슬로부터 다음 이동 움직임으로 전환하는 동안 약간의 관성이 있는지 또는 전환이 일시적으로 중단 없이 최적의 속도로 흐르는지 눈으로는 관찰하기 어렵다. 트레이너는 시각적으로 관찰의 경험이 풍부 하거나 슬로우 모션으로 처리된 영상이나 이미지를 활용할 수 있어야 사소해 보이지만 중요한 실수를 발견할 수 있다.

토-오프 이후 후행 스윙 다리의 무릎을 앞으로 가져오는 속도는 엉덩 관절의 각도(전방 굴곡)의 변화 속도에 의해서만 결정되지 않는다. 토-오프 직후 일어나는 골반이 후방으로 기울어지는 현상 또한 무릎 가속에 영향을 준다. 골반의 후방 기울기는 복부 근육 활동(몸통을 똑바로 세우는 동작은 복부 근육을 팽팽하게 조여 골반이 뒤로 기울어지는 역할에 참여한다)뿐만 아니라 선행 스윙 다리의 햄스트링 장력에 의해서도 발생한다. (햄스트링은 엉덩 관절의 신전 근육으로 작동하므로 골반을 후방으로 기울인다). 햄스트링을 경유하여 선행 스윙 다리의 무릎이 신전되면 후행 스윙 다리의 무릎을 앞으로 가져오는 데 도움이 될 수 있다. 그러나 선행 다리의 햄스트링을 뒤로 기울이지는 능력은 햄스트링 근육 그룹의 장력을 희생하여 사용된다. 골반이 다른 근육으로부터 저항을 받지 않는다면 햄스트링의 장력은 거의 전적으로 골반의 후방 기울기로 전환될 것이다.

하지만 골반을 뒤쪽으로 기울이는 것은 큰 힘 없이는 쉽지 않다. 선행 다리의 복부 근육과 햄스트링은 골반의 후방 기울기를 유발하지만 후행 다리의 장요근은 골반의 전방 기울기를 만드는 데 효과적이다. 또한 장요근은 대퇴골을 전방 굴곡하는 역할도 하지만 골반을 앞으로 당기는 기능도 가지고 있다. 장요근에 의한 이러한 대항 움직임counter movement은 선행 다리 아래쪽의 멀리 앞쪽 진자 운동이 후방 골반 기울기를 초래할 뿐만 아니라 햄스트링의 후방 골반 기울기와 탄성 스트레칭 사이에서도 부분적으로 구분되도록 한다.

따라서 부양 구간에서의 가위 움직임은 매우 일관성이 있어 골반이 지렛대 역할을 할 수 있다(Chapman & Caldwell, 1983; Ounpuu, 1994). 골반 기울기, 하체의 멀리 앞쪽으로 스윙하는 속도, 선행 다리의 후방 굴곡, 후행 다리의 전방 굴곡 사이에는 밀접한 관계가 있다. 장요근에 의해서 후행 다리에 생성된 에너지는 선행 다리(햄스트링의 예비 장력을 위해)로 전달될 수 있다. 따라서 가위 동작의 에너지는 후행 스윙 다리를 앞쪽으로 가져올 뿐만 아니라 발을 지면에 심는 순간 추력을 담당하는 근육에 많은 에너지를 저장할 수 있다. 달리기 기술이 좋고 착지 중 발생하는 모든 중요한 근육과 힘줄에서 작용하는 작용들 사이의 정확한 협응이 이루어지면 추력이 이상적인 자세로 이어지며 근육은 최적의 예비장력이 존재하게 된다(McMahon & Cheng, 1990).

그림 3.9 후방 원형 진자 움직임

토-오프 이후 무릎은 굴곡되지만 엉덩 관절은 전방 굴곡되지 않는다. 따라서 스윙이 원형이 되어 너무 앞으로 가져오는 데 너무 많은 시간이 소요된다. 선행 다리는 후행 다리를 기다려야 되기 때문이다.

부양 구간에서 힘과 움직임 사이의 이상적인 협력은 다각적인 측면에서 기술적으로 올바른 움직임 패턴을 제공할 수 있다. 좋은 달리기 기술의 한 가지 큰 특징은 지지 구간에서 부양 구간으로의 전환이 항상 정확하고 빠르며 선형적인 것이다. 반면에 스윙하는 동안 무릎의 굽힘 정도는 덜 중요하다. 무릎의 굴곡 각도가 크거나 90° 인지 상관없이 좋은 달리기 기술을 달성할 수 있다. 90° 보다 큰 굴곡 각도는 다리를 지면으로 내리는 진자 운동을 너무 느리게 만들기 때문에 권장하지 않는다.

스윙 구간에서 무릎을 얼마나 구부릴 수 있는지에 관한 적용뿐만 아니라 스윙을 마무리하는 단계에서 엉덩 관절을 뒤쪽으로 굴곡하고 무릎을 앞쪽으로 멀리 진자 운동

그림 3.10 선행 다리의 움직임

선행 다리는 기술적으로 올바른 기법으로 간주되는 다양한 방식으로 움직일 수 있다. 엉덩 관절의 후방 굴곡이 시작되기 전 하부 다리가 앞쪽으로 멀리 진동하거나(b), 무릎과 고관절이 더 동시에 움직일 수 있다(c). 후행 다리를 앞으로 가져오는 방식을 비교해보자. (a) 그림의 두 번째 러너와 (b) 그림의 러너의 선행 다리는 동일하다. (b)의 후행 다리(발목의 좋은 중립 위치)는 (a)(발목의 족저굴곡)보다 훨씬 더 전진하여 이동하였다. (b)의 주자는 훨씬 뛰어난 (가위) 기술을 가지고 있다.

을 하는 동작을 협응하는 방법에도 다양한 변화의 여지가 있다. 일부 러너들은 다리를 뒤쪽으로 스윙하기 전에 무릎을 먼저 구부리는 경향이 있다. 또 다른 러너들은 엉덩 관절의 뒤쪽 굴곡을 일찍 시작한 다음 발을 위로부터 더 수직으로 지면에 놓는다. 다양한 움직임의 협응이 잘 이루어져 지면의 무게 중심을 투영하는 위치에(지지 구간) 놓인다면 큰 문제가 없을 것이다.

부양 구간에서 움직임이 충분한 힘으로 시작되었는지 여부를 측정하는 방법은 다음과 같다. 총 착지 중량이 스탠스 다리의 발에 놓이는 순간, 무릎은 최소한 나란히(발과) 위치해야 한다. 이런 상황에서 착지 에너지는 상당 부분이 손실되기 때문에 스윙 다리의 무릎이 스탠스 다리의 무릎 뒤에 위치하는 상태에서 착지 충격을 흡수해야 한다면 심각한 기술적 오류를 보여주는 것이다. 일부 운동선수들은 발을 지면에 딛는 순간 스윙 다리의 무릎이 이미 스탠스 다리의 무릎 앞에 명확하게 위치해 있음을 확인할 수 있다. 이런 기술적인 특징을 보이는 선수들은 일반적으로 반사성 잠재력을 아주 잘 활용하는 선수들로서 흔히 재능이 있는 선수로 분류된다.

스윙하는 동안 후행 다리와 선행 다리의 움직임 사이의 일관성은 달리기 지도에서 중요한 결과를 가져온다. 한쪽 다리만 독립적으로 연습하는 것은 의미가 없다. 독일의 달리기 지도 방법론은 전체 다리를 포함하지 않고 앞다리를 뒤쪽으로 '잡아당기는' 것에 중점을 두는 것으로 유명하다. 반사성 달리기를 향상시키기 위해서 지면으로 강한 발 타격을 사용하는 방법은 토-오프 이후 전방 굽힘이 시작되는 순간부터 실시하는 것이 가장 좋다(5장 참조). 또한 부양 구간이 스탠스 구간보다 더 오래 지속되고, 부양 구간 동안 푸시오프 추진력의 핵심적인 부분이 생성된다는 것을 러너가 깨닫게 된다면

그림 3.11 좋지 않은 달리기 기법의 예시

착지하는 동안 체중은 스탠스 다리의 발에 완전히 실린다. 상체가 앞으로 기울어지며 후행 다리의 진자 운동이 원형이기 때문에 스윙 다리의 무릎은 자세 다리의 무릎보다 여전히 뒤쪽에 위치한다. 그러므로 달리기 기술이 좋지 않은 것으로 여겨진다.

올바른 러닝 기법에 대한 이해가 높아질 것이다. 달리기 방법에 관한 올바르지 않은 관점을 가진 많은 러너들은 부양 구간에는 주된 관심이 없으며 지지 구간에서 장력과 힘을 찾기 시작한다. 이런 상황들은 스프린트에서 발이 지면을 떠날 때 발생하는 일이다.

부양 구간에서의 오류

- 스윙 구간이 너무 원형적으로 시작한다. 전방 스윙이 시작하기 전 무릎이 뒤에 위치해 있다. 따라서 발목은 빈번하게 족저굴곡이다.
- 전진 움직임은 실제로 선형적일 수 있으나 너무 적은 힘으로 수행된다.
- 무릎이 충분히 구부러지지 않았다(90° 작은 각도).

다음 오류로 인해 선행 다리가 후행 다리를 '기다리게' 될 수 있다. 이런 상황은 착지가 너무 수동적으로 변하여 발이 신체의 무게 중심에 투영되는 것보다 너무 멀리 떨어지게 된다.

- 앞으로 멀리 스윙하는 동안 근육에 장력이 너무 적게 발생하여(햄스트링), 탄성 에너지가 최적으로 사전 부하되지 않는다.
- 선행 다리의 족저굴곡이 심하여 발목의 장력이 너무 적다.

발 심기: 초기 접촉 순간

발이 처음 지면에 닿는 순간 어느 정도의 착지 에너지가 러너의 몸으로 전달된다. 이 에너지는 푸시오프의 추력을 발휘하는 동안 재사용되기 위하여 운동 장치의 탄성 구성 요소에 잘 저장되어야 한다. 가능한 적은 에너지가 이동하거나 마찰열로 변환되도록 해야 한다. 근육 및 힘줄 조직을 올바르게 사전 부하하기 위해서는 근육의 등척성 수축이 필요하다('근육의 구조와 분화, 관절 모멘트, 그리고 수동 조직 기능' 33쪽 참조). 다음은 초기 접촉 시 신체 자세에 대한 요구 사항이다.

- 착지 전 발목의 족저굴곡이 과도해서는 안 된다. 이런 자세에서는 하체의 근육이 충분한 긴장과 장력을 만들 수 없다. 발이 지면에 접촉하기 직전에 다리가 엉덩이의 강력한 후방 굴곡을 일으키기 때문에 발목 주변의 근육이 경직되어 착지가 어렵다.
- 착지가 어렵다고 해서 발을 지면의 신체 무게 중심 투영보다 앞에 놓아서는 안 된다. 빠른 속도로 달리는 동안 발을 적절한 위치에 놓지 못할 수도 있으나 발을 지면에 심을 때 압력은 전족forefoot에 위치해야 한다. 스프린트 중에서는 발뒤꿈치는 지면에 닿지 않는다. 착지가 어려울 때는 즉시 지면에 강한 힘이 가해져 발을 전방으로 너무 멀리 놓아 몸의 속도가 느려진다.
- 이미 설명했듯이, 발을 지면에 타격하는 순간 무릎은 대략적으로 나란히 위치한다. 발을 지면에 심는 순간 무릎의 위치는 달리기 기술의 품질을 보여준다.
- 초기 접촉 자세에서 무릎과 엉덩이의 위치는 밀접하게 연관되어 있다. 발을 지면으로 내릴 때 대략적으로 신체의 무게 중심이 지면에 투영되는 위치에 놓이기 때문에 무릎을 신전하면 엉덩 관절도 신전하게 되고 무릎을 구부리면 엉덩 관절을 구부리게 된다(즉, 런 하이runs high 또는 싯 로우sits low). 런 하이(초기 지면 접촉 시 무릎

과 엉덩 관절이 거의 신전된 상태)가 표준인 것처럼 간주되는 경우가 많다. 그러나 달리기를 잘하는 선수가 그렇지 못한 선수보다 다소 깊게 앉는 경향이 있다는 사실을 입증한 연구도 있다.

- 초기 접촉 시 무릎과 엉덩 관절의 각도는 햄스트링의 기능과 직접적으로 연관이 있다. 무릎과 엉덩 관절에 대한 중력 모멘트와 엉덩 관절과 연계된 햄스트링의 지레팔lever arm은 무릎과 엉덩 관절의 위치에 따라 달라진다. 따라서 햄스트링을 잘 활용하기 위해서는 운동선수가 자신의 신체 기능적 특징에 맞는 무릎 및 엉덩 관

그림 3.12 올바른 자세 교정
신체의 체중이 스탠스 다리의 발에 완전하게 실려 있는 아주 좋은 4가지 달리기 자세. 스윙(c, d)의 무릎은 이미 상당히 높게 이동한다.

a

b

c

그림 3.13 신체 자세

(a, b) 상대적으로 깊게 앉는 최고 수준의 스프린터.
(c) 그림의 러너는 바른 자세가 아니다. 엉덩이가 약간 뒤쪽으로 너무 멀리 고정되어 있으며 착지 동안 반사성 기능이 최적으로 사용되지 않는다.

절의 각도를 찾는 것이 필요하다. 어떤 선수는 햄스트링에 가해지는 다소 큰 외력을 추력으로 변환시킬 수 있지만(다소 깊게 앉아야 한다), 다른 선수는 사전 신장이 적을 때 햄스트링을 더 효과적으로 활용하여 착지 중 에너지를 좀 더 일찍 무부하할 수 있다(결과적으로 러닝 하이).

- 러닝 하이와 시팅 딥(무릎과 다리를 구부린 낮은 달리기 자세)의 차이는 생각보다 크지 않다. 두 자세 모두 엉덩 관절의 위치는 몇 cm 차이에 불과하다. 엉덩 관절의 전후방 방향 또한 마찬가지이다. 몇 cm 차이로 위치가 잘못되거나 혹은 정확해질 수 있다.(엉덩이가 뒤로 멀리 위치해 있다). 이런 유형의 기술적 세부 요소를 완전하게 수행하려면 깊은 통찰력이 필요하며 가장 상위 수준의 기술 지도에 속한다. 고속 달리기를 하는 동안 햄스트링은 마치 거미줄을 컨트롤하는 거미와 같은 역할을 한다. 햄스트링이 올바르게 작동해야만 운동성의 품질이 효과적일 수 있다는 사실을 반드시 기억해야 한다.

발을 지면에 심는 초기 시점에 몸통의 자세는 똑바로 서 있어야 하며, 장축 근처로 가능한 많은 신체 질량을 유지시킨다(즉, 무릎을 나란히 하고 팔을 몸통 가까이에 고정). 이 자세에서는 근육의 긴장이 더 잘 팽팽해져 외력을 더 잘 흡수하고 탄성 에너지로 저장할 수 있다. 한쪽 다리로 반사적으로 점프를 수행할 때도 같은 신체 자세를 볼 수 있다. 따라서 추진력이 어떻게 작용하는지 이해하기 위해서는 모든 신체 부위가 세로축에 정렬되었을 때 정확히 촬영한 사진이 토-오프 동안 촬영한 사진보다 더 유용하다(일반적인 경우와 마찬가지로).

초기 접촉의 오류

- 처음 접촉하는 순간 스윙 다리의 무릎이 여전히 스탠스 다리보다 훨씬 뒤에 있다. 동시에 발은 신체의 무게 중심의 투영보다 앞에 놓이게 된다. 결과적으로 착지 동안 신체의 속도가 느려지지 않도록 소프트한 착지를 하게 되어 착지 에너지가 소멸된다.
- 발목 주위에 장력이 너무 적고 착지에서 배측굴곡이 너무 과도하다. 그 결과 푸시오프의 끝 지점이 늘어져 지면을 늦게 박차게 된다.
- 무릎과 엉덩 관절은 햄스트링의 기능과 일치하지 않는 각도를 만든다. 따라서 햄스트링의 밀어내는 추력 동작은 여전히 제한적이다.

추력 단계

부양 구간 동안 이미 앞다리의 후방 굴곡이 시작되었기 때문에 발을 지면에 심는 순간 스탠스 다리의 추력 구간은 이미 시작되었을 것이다. 지면 접촉 시간ground contact time, 즉 추력을 생성할 수 있는 시간은 매우 짧다. 지지 구간이 시작될 때 많은 힘을 가하는 경향은 최고 수준의 러너들에게 더 자주 나타난다. 단거리 선수가 고속으로 달리는 동안 지면 접촉 시간은 러너의 달리기 기술 수준을 측정하는 척도로 간주된다. 좋은 러너의 지면 접촉 시간은 0.07~0.09초이다. 장거리 달리기 선수들 또한 지면 접촉 시간을 짧게 유지하는 것이 중요하다고 생각하기 시작했다. 일부 러너들은 10000m 경주 동안 전족으로 착지하기도 한다. 이처럼 빠르게 부하하고 빠르게 부하를 없애는 동작에 가장 적합한 것은 반응적으로 작동하는 근육이다. 햄스트링은 고속의 달리기 동안 추력을 후방으로 향하게 하는 매우 중요한 역할을 한다('양관절 근육의 작용' 61쪽 참조). 고속 달리기에서 추력의 핵심은 햄스트링의 반사성에서 찾을 수 있다.

근육의 반사성(근육 섬유에서 가능한 많은 등척성과 결합) 외에도 중요한 동심성 활동이 있으며, 특히 엉덩이의 단관절 후방 굴곡근(대둔근)이 해당된다.

지지 구간 동안 고관절의 후방 굴곡 방향의 각속도는 특히 고속 달리기 중에 빠르게 증가한다. 각속도가 빠를 때 힘을 발휘할 수 있는 것은 최고 속도 달성에 있어 가장 제한적인 요소 중 하나이다. 스탠스 다리의 발이 지면에 닿는 순간 속도는 0이 된다. 이와 동시에 고관절(엉덩이)의 전진 속도가 상승하여 허벅지가 뒤로 당겨진다.

발이 뒤로 처지기 때문에 스탠스 다리의 엉덩이에서 후방 굴곡이 발생한다. 엉덩이의 후방 굴곡 동안 후방 굴곡 방향으로 추가적인 힘을 발휘해야 하는 경우의 수축 속도는 이미 엉덩이에 존재하는 각속도와 일치해야 한다. 빠른 속도의 달리기에서 '지정'된 빠른 수축 속도는 많은 힘을 가하는 데 적합하지 않다. 결국 근육에 관한 속도와 힘은 상호 양립할 수 없다는 결론을 낼 수 있다(이런 경우 특히 대둔근).

스탠스 다리가 뒤로 처질 때 근육에 가해지는 높은 수축 속도는 골반을 움직여 부분적으로 보상할 수 있다. 달리는 동안 이러한 보상은 특히 중요하고 효과적이다. 골반이 움직일 수 있는 방법은 시상면, 횡단면, 전두면의 움직임 관점에서 아래에서 논의된다. 시상면과 횡단면에서의 움직임은 종종 엉덩이의 높은 각속도로 보상된다(Ounpuu, 1994).

시상면에서의 움직임

시상면에서 골반의 움직임은 스탠스 단계에서 고관절 후방 굴곡근에 '부과된' 수축 속도를 보상할 때 가장 크게 기여한다. 골반은 전방뿐만 아니라 후방으로도 기울어질 수 있다. 지지 구간 동안 골반은 전방으로 기울어진다. 따라서 달리기 속도에 의해 다리의 움직임 범위가 여러 관절, 즉 고관절과 척추의 요추 부분에 걸쳐 분산되기 때문에 후방 굴곡 방향으로 고관절의 각속도는 감소한다. 후방 굴곡을 만들어야 하는 단관절 근육(특히 대둔근)은 상대적으로 느리게 수축해야 하므로 더 많은 힘을 발휘할 수 있다.

사람에게서 관찰되는 자연스러운 움직임의 패턴에서 고관절의 후방 굴곡과 골반의 전방 기울기가 항상 함께 발생한다. 후방 굴곡이 가능한 고관절의 움직임 각도는 13°에 불과하며 고관절 앞쪽의 강한 인대에 의해서 억제된다. 골반이 앞으로 기울어져 있을 때만 다리를 뒤로 멀리 움직일 수 있다.

골반의 전방 기울기는 등쪽 근육(척추기립근)과 장요근이 스윙 다리 측면에서 작용할 때 발생한다. 척추기립근의 특성은 고관절과 관련된 강하고 큰 지레팔을 가지고 있다. 척추기립근의 기능에 대한 연구는 항상 느린 움직임 중에 진행된다. 근육 섬유는 큰 힘을 발휘할 수 있을 뿐만 아니라 그것이 가지고 있는 수동적인 구조 또한 중요한 기능을 한다는 사실이 밝혀졌다. 이를 통해 알 수 있는 것은 등쪽 근육이 반사적으로 작동할 수 있으며, 푸시오프 과정에서 짧은 강력한 힘의 방출에 기여할 수 있다는 결론을 내릴 수 있다.

장요근은 스윙 다리가 지면을 떠난 후 스윙 다리의 고관절 전방 굴곡을 책임진다. 특히 스윙 다리의 전진 방향 속도를 크게 증가시킨다. 그러나 스탠스 다리는 지지 구간에서 뒤처지며(지지 구간에서의 발의 속도는 0m/s), 다음 스윙 구간의 절반이 지나면 스윙 다리의 전진 속도가 달리기 스피드보다 훨씬 빨라진다. 스윙 다리의 장요근이 허벅지에

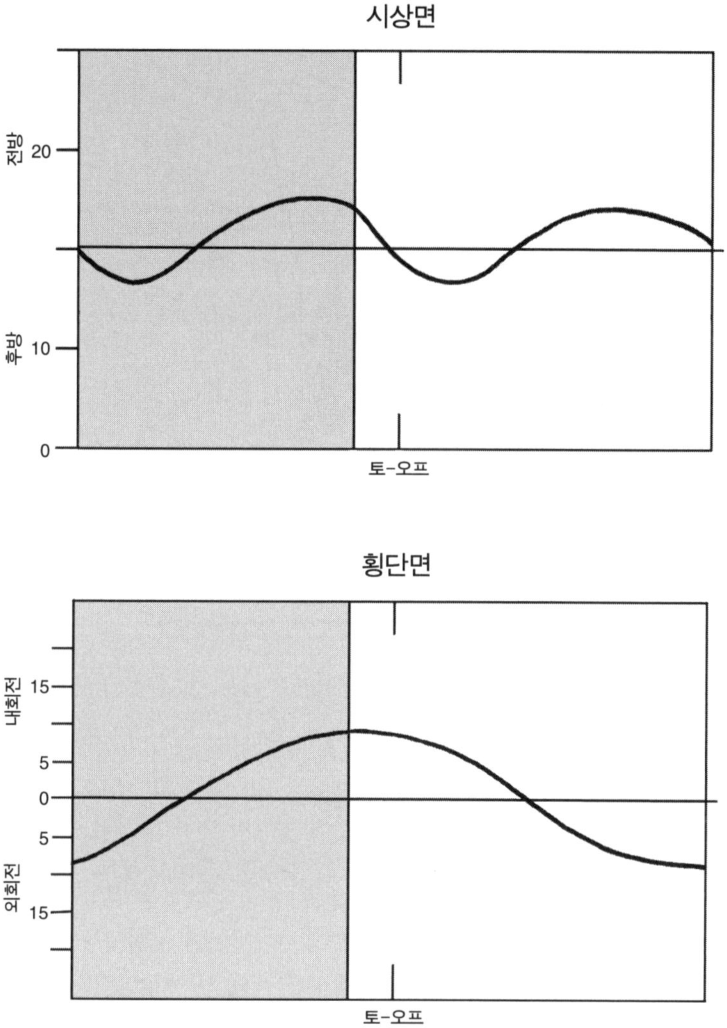

그림 3.14 저속 달리기 중 골반의 움직임

저속 달리기 중 골반은 시상면과 횡단면에서 움직인다. 움직임의 특성은 개인마다, 속도에 따라 다르다.

가하는 큰 힘은 골반에도 작용하여 골반이 전방으로 기울어질 위험이 있다.

골반의 전방 기울기는 장요근이 조금이라도 작용할 때 발생하는데 이것은 스탠스 다리가 지지하는 동안 골반이 앞으로 당겨져 '뒤로 밀리기' 때문이다. 해당 근육이 잘 작동하면 앞서 설명한 움직임 패턴뿐만 아니라 추력도 강화된다.

골반이 전방으로 기울어지면 스탠스 다리의 햄스트링이 팽팽해지면서 더 반사적으로 작동할 수 있다. 스윙 다리의 장요근과 등쪽 근육의 강력한 작용은 스탠스 다리의 햄스트링 반사성을 강화한다. 골반의 전방 기울기는 대둔근의 동심성 수축으로 작용할 수 있게 하며 햄스트링의 반사성 작용 또한 촉진한다. 푸시오프 동안 추력은 스탠스 다리뿐만 아니라 스윙 다리와 몸통을 포함한 전체 근육의 운동 사슬의 연쇄 작용에 의해 생성된다. 부양 구간과 같이 골반은 지렛대 역할을 하여 작은 각도의 움직임을 통해 신체의 한 부분에서 다른 부분으로 많은 에너지를 전달한다. 이런 맥락에서 달리는 동안 골반이 움직이는 범위와 근육의 직렬 연결 탄성 요소(SEC)에서 mm당 늘어나는 저장 능력을 비교하는 것은 흥미로운 일이다. 골반에 부착된 근육은 골반이 피벗을 기준으로 큰 지렛대를 가진 경우가 많다. 골반에 부착된 SEC 분절(실제로 늘어나기-스트레치에 유

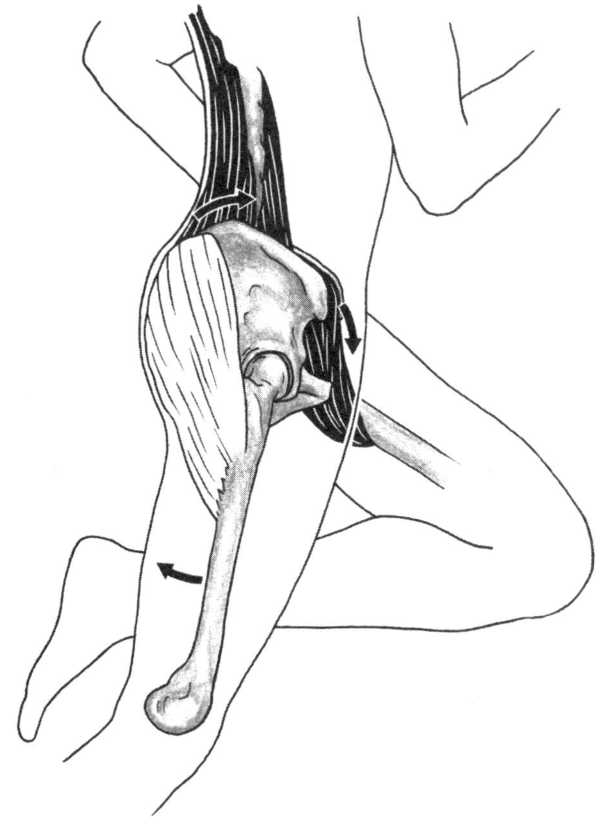

그림 3.15 대둔군의 수축 속도 촉진
스윙 다리의 등쪽 근육과 장요근은 골반을 전방으로 기울이는 역할을 한다. 따라서 '지정된' 각속도가 감소하여 대둔근이 더 낮은 수축 속도로 힘을 발휘할 수 있다.

리한 범위 안에 있는 경우)에 많은 양의 탄성 에너지를 부하하기 위해서는 단 몇 각도만 움직이면 된다. 이러한 양적 범위positive range 안에서 필요한 예비장력은 고속 달리기에서 매우 높다. 작은 움직임도 중요하기 때문에 간과해서는 안 된다.

횡단면에서의 움직임

횡단면에서의 골반 움직임 또한 '지정된' 빠른 수축 속도를 어느 정도 보상할 수 있다. 지지 구간에서 스탠스 다리의 고관절에서 내측 회전이 발생한다. 이 내측 회전은 능동적으로 수행되며 내측 회전을 생성시키는 근육(앞쪽 둔부 분절)의 작용과 부양 및 지지 구간에서 발생하는 축 방향 비틀림axial torsion으로 인해 일어난다. 축 방향 비틀림은 오른쪽 다리가 한 스텝을 내디딜 때 발생하며, 이때 왼쪽 골반이 반쯤 움직이면서 동시에 오른쪽 어깨와 팔이 앞으로 움직이고 왼쪽 어깨와 팔이 뒤쪽으로 움직인다. 상체가 강하게 움직이면 엉덩이의 내측 회전이 강해진다. 이런 효과는 두 가지 방식으로 발생한다.

- 달리는 동안 복사근oblique abdominal muscle이 각 보폭 동안 반응적으로 스트레스를 받기 때문에 비틀림이 발생한다. 지지 구간이 끝나면 복사근은 스트레칭에 의한 반복적인 사전 부하를 받는다(오른쪽 다리가 지지하는 동안 대각선으로 사전 부하가 오른쪽 엉덩이에서 왼쪽 위쪽으로 이어진다). 이후 이어지는 부양 및 지지 구간에서 대각선 스트레칭 부하에서 힘이 방출된다(오른쪽 엉덩이와 몸통의 왼쪽이 앞으로 이동).

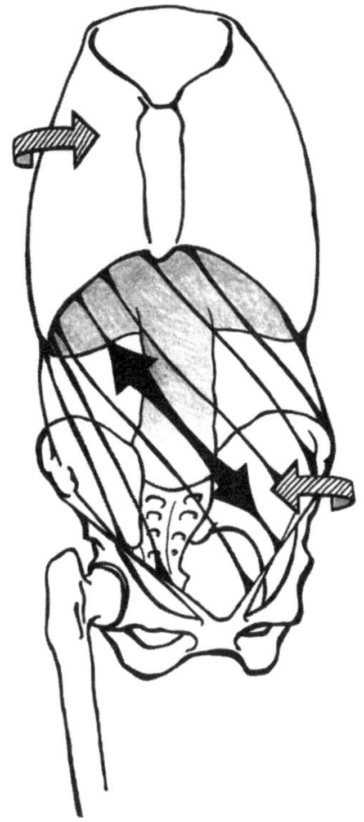

그림 3.16 횡단면에서의 골반의 움직임
대각선으로 움직이는 복부 근육(검은색 화살표)과 유사 회전(가로 화살표)의 작용으로 골반이 횡단면(고관절의 내측 회전과 같은)에서 움직이게 된다.

그 이후 반대쪽 대각선은 미리 스트레칭된다. 이러한 방식으로 복사근의 두 대각선이 차례로 작동한다.

- 비틀림, 따라서 고관절의 내측 회전은 유사 회전pseudo-rotation으로 인해 발생한다. 유사 회전 중에 신체의 한 부분을 회전하면 다른 부분의 반작용 회전을 일으킨다. 회전할 수 있는 책상 의자에 앉아 있는 사람을 상상해보자. 오른쪽 팔을 빠르게 앞으로, 왼쪽 팔을 뒤로 움직인다. 그 반응으로 무릎과 몸의 아래쪽 부분이 오른쪽으로 움직인다. 오른쪽을 향하는 하체의 움직임은 오른쪽 다리로 지면에 서 있을 때 고관절의 내측 회전과도 비교할 수 있다(Cappozzo, 1983).

달리는 동안 능동적인 내측 회전을 통해 대둔근이 수축하고 고관절의 빠른 후방 굴곡에 필요한 속도를 어느 정도 보상할 수 있다. 그러므로 대둔근의 위치는 고관절에 대해 후방 굴곡될 뿐만 아니라 측면으로 회전할 수 있다. 결과적으로 내측 회전은 대둔근과 관련하여 편심성 수축으로 작동하므로 이 근육은 빠르게 단축될 필요가 없으며 외측 회전 및 후방 굴곡보다 내측 회전 및 후방 굴곡에서 더 강력하게 작동할 수 있다. 우리가 소위 '힙 스윙hip swing'이라고 부르는 동작을 수행하려면 몸통에 비틀림을 발생시키는 근육 그룹(예: 등쪽 및 복부 근육, 어깨를 둘러싼 근육, 엉덩이 주변 근육)에 많은 힘과 우수한 협응이 필요하다. 골반의 이러한 움직임은 골반의 전방 기술기보다 효과가 적을 수 있다. 단거리 선수의 엉덩이 스윙 정도는 육안으로 확인되지 않는 선수부터, 눈에 띄게 드러나는 것까지 다양하다(예: 단거리 선수 멀린 오티Merlene Ottey와 도노반 베일리Donovan Bailey). 그러나 달리기 수행 능력이 높다면 엉덩이 스윙에 주의를 기울일 가치가 충분하다.

전두면에서의 움직임

전두면에서의 골반 움직임은 고관절의 각속도를 촉진하는 데 도움이 되지 않지만 푸시오프 중 수직 구성 요소에는 중요하다. 발을 지면에 심은 후 자유 엉덩이 관절free hip은 스탠스 다리의 둔근과 스윙 다리 쪽의 등 근육 작용에 의하여 위쪽으로 움직인다. 수직 구성 요소가 증가하면 부양 단계가 더 오래 지속되며 보폭이 길어진다. 전두면에서의 움직임은 다른 추력 움직임과는 다르게 상대적으로 독립적이다. 전두면 움직임의 크기 정도는 육안으로 보이지 않는 정도부터 아주 강력하게 표현되는 것까지 선수마다 크게 다르다. 움직임의 크기는 그 움직임이 효과적인지 여부를 판가름하지 않는다. 작은 움직임이지만 강력한 동작도 우수한 수직 임펄스를 유도할 수 있다. 달리는 동안 전두면에서의 골반 움직임은 역신전 반사 기능이 얼마나 잘 작동하는지와 관련이 있다. 다리가 지면을 떠난 후(스텀블 반사) 특히 전방으로 움직이면서 무릎을 강력하게 구부리지 않는 달리기 선수는 전두면에서 골반을 움직일 때 수동적이다. 가장 안 좋은 경우는, 지지 구간 동안 자유 고관절이 계속 처지게 된다.

골반을 지렛대로 잘 사용할 수 있는 러너는 고속에서 덜 움직일 필요가 있다는 느낌을 줄 수 있다. 푸시오프는 몸통, 팔 그리고 골반대pelvic girdle에서 발생하는 많은 양의 힘을 다관절 근육(햄스트링과 비복근)을 통해 0.07~0.11초 이내에 지면으로 내려보내는 잘 조준된 강력한 타격이다('생체역학적 측면' 354쪽 참조). 사슬에서 가장 약한 고리link가 추력의 효과를 결정한다. 실제로 골반의 지렛대 효과는 일반적으로 약한 고리이기 때문에 러너에게 해당 기능을 자세하게 가르치는 것이 좋다.

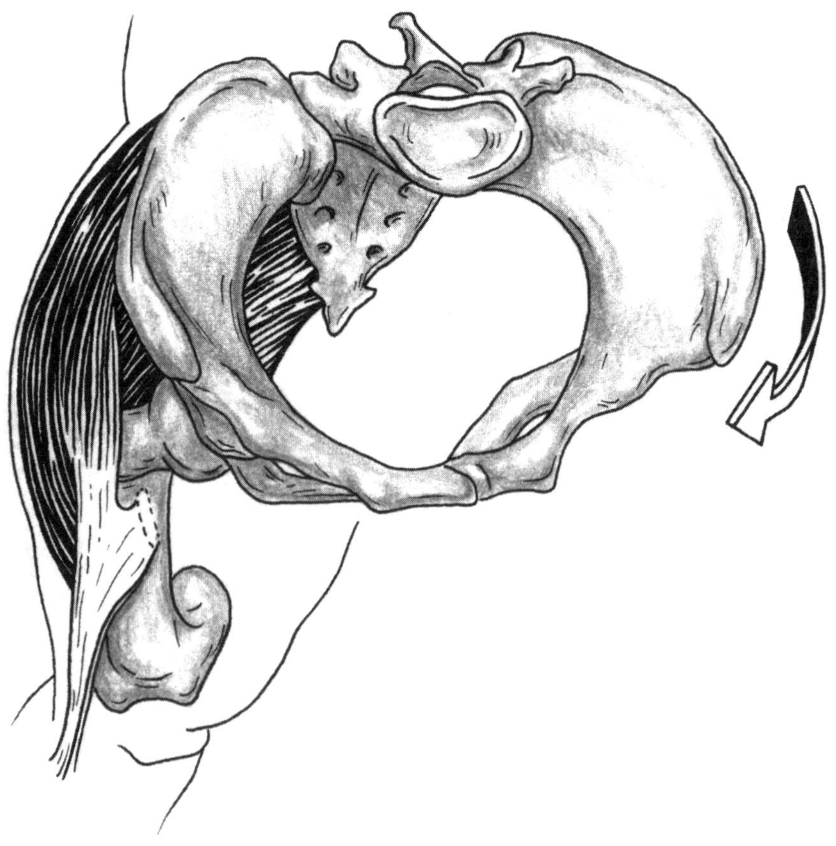

그림 3.17 골반 위에서 옆으로 바라본 모습

대둔근 섬유는 내측에서 기시되어 측면을 향해 아래 방향으로 이어진다. 이런 대각선 궤도는 고관절에 회전(자유 고관절의 전방 이동)을 일으켜 근육이 편심성으로 기능한다.

비복근과 햄스트링은 지지 구간에서 동시 작용하면서 중요한 역할을 한다. 비복근은 무릎 관절을 움직이고 햄스트링은 엉덩이 관절 신전근으로 작용하여 엉덩이 관절과 발목으로 에너지를 전달한다. 이 에너지가 얼마큼 엉덩이 관절이나 무릎에 전달되는지는 좋은 협응에 달려 있다. 햄스트링의 활동이 비복근과 비교하여 너무 지배적이면 배측굴곡이 너무 과도하게 발생하고 오래 지속된다. 결과적으로 지지 구간에서 스윙 구간으로의 전환이 늦어져 축 회전이 발생할 수 있다('토-오프 모멘트' 182쪽 참조). 비복근과 햄스트링이 함께 잘 작동할 수 있도록 협응하는 법을 배우면 발목의 움직임을 제어하는 방법을 배울 수 있다(발목을 안정적으로 고정하는 방법을 배우다).

저장된 모든 에너지가 빠르게 방전된 후에는 지지 구간이 짧게 유지된다. 토-오프 순간 열린 사슬로 빠르게 선형적으로 전환된다.

추력의 오류

- 선수는 다리만 이용하여 달리기 때문에 지지 구간의 상당한 부분에 걸쳐 푸시오프가 길어진다. 말하자면 몸통이 척추에 수동적으로 매달려 있는 상태이다. 복부와 둔근에 긴장이 너무 적다.
- 운동선수는 종아리에 충분한 장력을 구성하지 않아 고관절의 힘이 지면으로 전달되지 못하고 오히려 무부하되어 발목에서 소멸된다. 비복근의 힘을 전달하는 체계가 올바르게 작동하지 못한다.
- 지지 구간 동안 '자유' 엉덩이(스윙 다리 쪽)가 스탠스 다리를 뒤따라오면 운동선수

그림 3.18 전두면에서 골반의 움직임이 큰 러너

약간의(아마도 관찰하기 어려울 정도의) 움직임만으로도 수직으로 푸시오프를 하기에 충분한 임펄스를 제공할 수 있다.

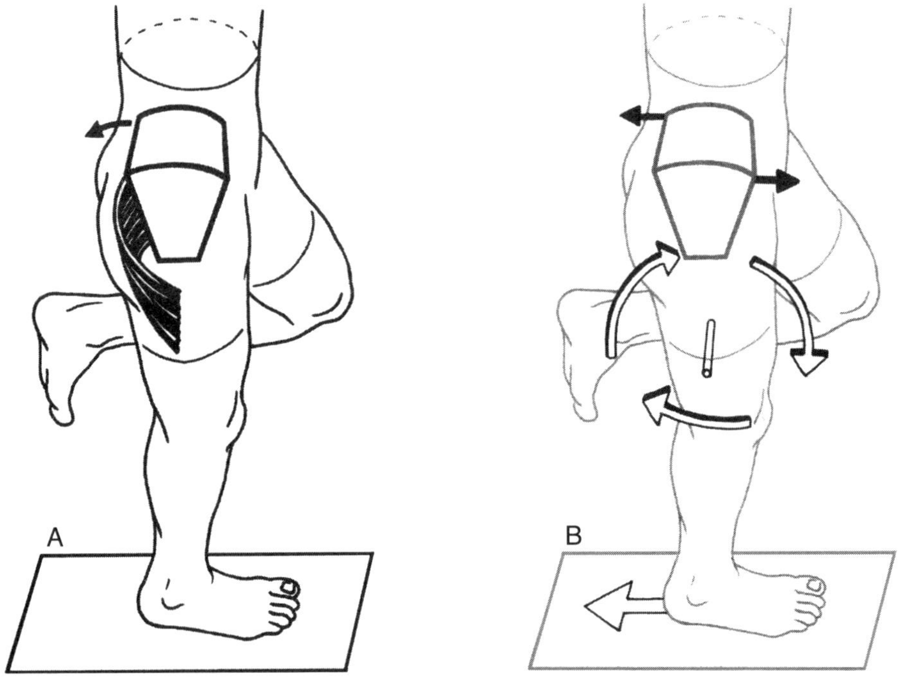

그림 3.19 다리의 진자 운동

골반을 고정시키는 힘이 작용하지 않으면 대둔근은 골반의 자유면을 후방으로 당긴다(A). 동시에, 스탠스 다리의 후방 진자 운동은 골반의 동측 절반을 앞으로 밀어낸다(B). 사실 이러한 진자 진동은 다리의 회전으로, 회전축이 다리의 무게 중심 방향으로 이동하려 시도한다. 스윙 다리는 반대 방향으로 진동하여 자유 골반의 반을 뒤로 밀어 내려고 시도한다. 이런 시도는 스탠스 다리의 고관절에 강력한 외회전을 일으킬 수 있다.

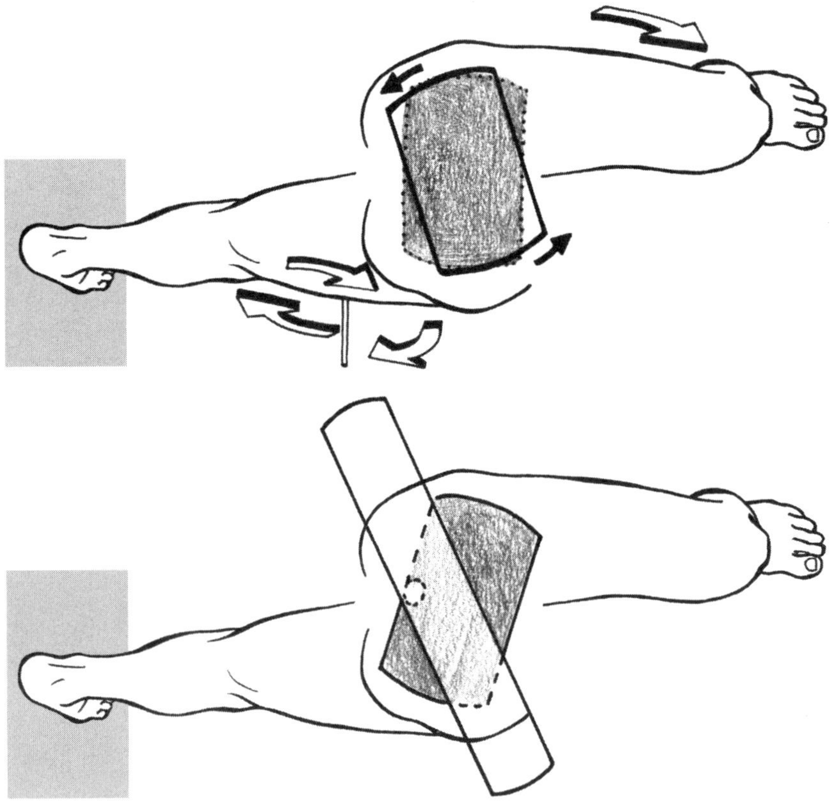

그림 3.20 내측 회전

다리와 대둔근의 움직임은 스탠스 다리(위)의 고관절에서 외회전을 담당한다. 그러나 달리는 동안 스탠스 다리의 엉덩이에서 내측 회전이 일어난다. 이 내측 회전을 달성하기 위해서는 상대적으로 많은 양의 힘(복부 근육과 유사 회전)이 필요하다. 강한 상체와 넓은 어깨를 가진 선수가 스프린트(아래)에서 특히 유리하다.

그림 3.21 햄스트링과 비복근의 작동 방식

햄스트링과 비복근은 지지 구간에서 동시에 작용한다. 두 근육 모두 무릎을 천천히 신전시킨다. 에너지가 햄스트링에 의해서 엉덩이 관절로 전달되고 비복근에 의해서 발목으로 전달된다. 두 근육 그룹이 함께 기능을 잘하기 위해서는 협응이 일어나야 한다.

는 지면 반력에서 파생된 에너지를 잃게 된다. 스탠스 다리의 쪽에서 어깨와 엉덩이는 스윙 다리 쪽에 있는 어깨와 엉덩이보다 더 가깝다. 이러한 에너지의 '무효화'로 인해 고속 달리기 속도를 유지할 수 없다. 이제 선수는 매우 빈도가 높은 보폭으로 달려야 하기 때문에 짧은 시간 동안만 속도를 유지할 수 있다.

- 햄스트링의 긴장이 너무 적다. 러너가 스트라이드 빈도가 높고 몸의 자세는 올바르지만 전방 추력은 거의 없다.

팔 동작

빠른 속도로 달릴 때 팔을 파워풀하게 움직임 필요가 있다(Cavanagh, 1990; Bhowmick 등, 1998). 우수한 단거리 선수는 항상 몸통이 잘 발달되어 있음을 확인할 수 있다. 달리는 동안 팔의 동작은 단순히 균형을 유지하거나 신체 자세의 작은 교란을 보상하는 것보다 더 큰 기능을 한다. 팔의 동작은 실제로 세 가지 방식 중 하나로 달리기 선수가 발전시킬 수 있는 속도에 기여한다.

- 진행 방향으로 추력을 높임. 속도로 달릴 때는 상체를 똑바로 세운 채로 유지한다. 그 결과, 한 팔이 푸시오프를 지원하기 위해서 제공하는 전진력은 반대 방향으로 다른 팔을 움직이는 반작용력$_{\text{counteractive force}}$만큼 크다. 전진 방향의 최종 결과는 0과 같다. 속도 달리기 중에는 전방 추력에 직접적인 기여는 없다.
- 푸시오프의 수직 성분을 증가시킨다. 팔이 몸통을 지나서 스윙한 후에 스윙 임펄스에 수직 요소가 주어진다. 이것은 몸 전체의 수직 임펄스를 지지하고 보폭의 길이에 기여한다. 기여도의 크기는 전체 수직 임펄스의 약 7~10% 정도이다.

- 장축 주위의 움직임에 영향을 준다. 팔의 가장 중요한 기능은 장축을 중심으로 일어나는 움직임(회전 및 비틀림)과 관련이 있다. 가장 큰 추력을 발휘하는 순간, 팔은 몸 옆에 위치하며, 한 팔은 앞쪽을 향하고 다른 팔은 뒤쪽을 향한다. 러너가 오른쪽 다리로 서 있을 때, 결합된 힘으로 인하여 왼쪽으로 회전하려는 임펄스가 발생하여 축 회전을 보상하고 장축을 중심으로 비틀림이 발생할 수 있다. 운동선수의 기술이 뛰어나면 보상해야 할 축회전이 굉장히 미미하거나 전혀 없을 수 있다. 이런 경우에는 주로 팔 동작을 사용하여 비틀림을 증가시켜 스탠스 다리의 후방 굴곡을 촉진한다. 비틀림에 의한 스탠스 다리의 고관절 내측 회전을 수행하는 데 필

그림 3.22a 달리기 중 팔의 움직임

비틀림은 팔의 움직임이 좋을 때 신체의 안정성을 제공한다. 팔이 몸 옆에 위치할 때 팔의 움직임이 강조된다(왼쪽 러너). 특별히 팔을 뒤쪽으로 움직이는 것은 강력하게 진행해야 한다. 팔을 스윙하면 뒤 팔의 팔꿈치가 높이 들어지고, 앞 팔의 팔꿈치는 몸통 바로 앞(오른쪽 러너)에 놓인 자세가 된다.

그림 3.22b 달리기 동안 팔의 움직임

러너는 팔을 스윙하면서 수직 임펄스를 증가시키려 한다. 앞 팔의 손은 높이 휘두르는 반면, 뒤에 있는 팔의 팔꿈치는 다소 낮다(왼쪽 러너). 자세 교정 후, 러너는 오직 비틀림만을 증가시키기 위해 팔을 스윙한다(오른쪽 러너). 팔을 몸 옆에 놓으면 팔의 뒤쪽 움직임이 강조된다. 스윙이 끝날 무렵에 팔의 위치가 바뀌고 러너는 몸에 더 많은 장력을 느낀다. 선수는 팔의 움직임에 의해서 추력이 뒷받침된다는 것을 깨닫는다.

그림 3.22d,e 달리기 동안 팔 움직임

러너는 팔을 스윙하면서 수직 임펄스 증가를 시도하므로 약간의 비틀림만 발생한다(왼쪽 러너: 기술적으로 부정확함). 그러나 극도의 비틀림(오른쪽 러너 기술적으로 정확함)이 유도되면 거의 동등한 정도의 움직임이 발생한다.

그림 3.22f 달리기 동안 팔 움직임

러너는 진행 방향으로 푸시오프를 지지하려고 하며 앞 팔을 높이 스윙한다. 몸통은 앞으로 기울어져 장축을 중심으로 회전이 발생한다.

그림 3.22g 달리기 동안 팔 움직임

팔꿈치 자세는 변경될 수 있는데 거의 신전되었다가 90° 정도 구부러질 수 있다. 스프린터는 가속하고 있다. 지지 구간이 더 오래 지속되기 때문에 팔의 움직임이 완전한 선형이 아닌 원형이 될 수 있는 충분한 시간이 있다(비틀림에 유리한). 팔은 몸과 약간 더 가깝게 유지된다.

요한 힘은 매우 크다. 왼쪽 다리를 강력하게 앞으로 가져오면 골반의 동측이 뒤쪽으로 꼬일 위험이 있다. 반대쪽 다리의 후방 굴곡(스윙 구간의 끝 지지 구간 동안)이 강력하면 골반의 오른쪽이 앞쪽으로 움직이려는 위협을 받는다. 따라서 다리가 가위 움직임을 할 때 전달되는 임펄스는 비틀림에 의해 생성되는 방향과 반대이다. 골반은 관성을 극복하는 데 필요한 힘보다 비틀림의 반작용력(엉덩이 관절 주위의 내측 회전을 생성하는 근육의 힘과 함께)이 훨씬 더 커야 한다. 이로써 견갑대에 의해서 발생하는 힘이 커야 한다는 결론이 나온다. 달리기 선수는 강한 상체 근육을 가져야 한다.

팔 동작에 관한 결론

속도로 달릴 때 푸시오프의 선형 지지력은 미미(수평 0%, 수직 7~10%)하다. 비틀림은 푸시오프에 많은 지지를 제공한다. 결과적으로 스프린터가 상체의 힘을 발달시켜야 하는 가장 중요한 이유는 비틀림을 강력하게 생성할 수 있기 때문이다. 이러한 비틀림은 부분적으로 유사 회전(작용–반응action-reaction)의 결과이며 부분적으로는 복부 근육에 의한 힘 전달에서 비롯된다. 비틀림을 올바르게 수행하기 위해서는 견갑대를 둘러싼 근육과 복부 및 작은 둔근 사이의 협응이 중요하다.

속도로 달리는 동안 팔의 동작은 가능한 시상면에서 유지된다. 회전을 생성하기 위한 힘의 결합은 팔이 장축을 중심으로 원형으로 움직일 수 있다면 가장 유리할 것이다. 그러나 움직임이 너무 빠르기 때문에 이런 상황은 불가능하다. 따라서 팔의 움직임은 선형적이어야 한다. 팔이 몸 앞에서 위아래로 선형적으로 진동할 때, 결합력은 시상면에서 동작이 발생하는 경우보다 비틀림에 덜 유리하므로 전자의 동작은 권장할 수 없다.

트레이너들은 속도로 달릴 때 팔꿈치를 90°로 지도하는 데 많은 중점을 둔다. 그러나 실제 우수한 러너(예: 린포드 크리스티Lynford Christie)들은 다소 팔을 쭉 뻗은 자세를 자주 취하는 것을 볼 수 있다. 실제 러닝으로의 실행에는 많은 다양한 변동들이 있다. 팔의 작용이 좋은 비틀림을 야기하고 시상면에서 수행되며 다리의 움직임과 잘 동기화되는지 여부에 주의를 기울이는 것이 좋은 방향이다.

팔 동작 중 오류

- 팔이 시상면에서 올바르게 움직이지 않으며 비틀림이 최적화되지 않는다.
- 팔의 움직임이 다리의 움직임과 협응되지 않는다.
- 복부 근육에 장력이 너무 적기 때문에 힘의 전달이 제한된다. 팔의 스윙 동작은 짧고 강력하지 않고 최적의 시간보다 오래 지속된다.

요약

고속 러닝의 첫 번째 조건 중 하나는 장축을 중심으로 회전하는 것을 피하는 것이다. 이것을 위해서는 발이 지면을 일찍 떠나고, 스윙이 빠르게 시작되어 선형으로 유지되는 것이 매우 중요하다. 발목의 충분한 장력, 몸통에 대한 올바른 수직 자세, 반응적으로 작동하는 복부 근육이 필요하다. 스윙 구간에서는 선행 다리의 탄성 요소가 사전 부하된다. 발은 지면에 놓기 직전에 선행 다리가 강력하게 후방 굴곡된다. 스윙 구간 후 초기 지면 접촉은 단단하게 구성되어야 하며 이후 즉시 힘이 적용되어야 한다. 초기 접촉 순간부터 이미 푸시오프가 시작되며 무릎은 스탠스 다리 무릎과 나란히 위치해야 한다. 이 순간 팔은 몸과 나란히 위치하여 푸시오프를 용이하게 하는 능동적인 움직임인 비틀림을 지지한다. 추력 동안 탄성 에너지는 부하되지 않는다. 햄스트링은 푸시오프의 힘을 후방으로 향하게 하는 중요한 기능을 담당한다. 햄스트링 작동을 제어하기 위해서는 등쪽 근육과 스탠스 다리의 발목에 충분한 장력이 필요하다. 대둔근은 동심성으로 작용하는 주요 운동 모터이다. 비복근(장딴지근)은 푸시오프에서 에너지를 전달하는 데 중요한 기능을 한다. 추력 순간에 골반은 지렛대로 작동하여 몸통과 스윙 다리에서 스탠스 다리로 힘을 전달한다. 골반은 시상면, 횡단면, 전두면에서 움직일 수 있다. 푸시오프가 올바르게 작동되면 전체 움직임 범위를 다양한 관절로 나눌 수 있으며, 선수는 매우 짧은 시간 안에 많은 에너지를 지면에 방출할 수 있다. 푸시오프가 짧아짐에 따라 장축 주위의 회전을 피할 수 있다.

1a

1b

1c

1d

1e

1f

1g

1h

2a

2b

2c

2d

2e

2f

2g

2h

S3.1 연속 사진 1a~h, 2a~h

달리기 기술이 매우 우수한 두 명의 정상급 육상 선수 부양 구간에서 신체의 수직 변위가 다소 높다. 이러한 결과로 많은 양의 착륙 에너지를 재사용할 수 있다. 두 선수의 달리기는 매우 반응적이다(스윙 다리에 의한 좋은 진자 운동에 의해서 조절된다). 비틀림 또한 과도하지 않으며 타이밍이 적절하다. 연속 사진 2번째는 힘을 더 많이 사용하려는 강한 러너의 모습을 보여준다. 이 선수는 지지 구간에서 더 많은 스프링을 가지고 있으며 더 많은 비틀림이 있다.

a

b

c

d

e

f

g

S3.2 연속 사진 a~g

기술적으로 우수하다. 몸통을 똑바로 세우고(장축의 회전 없이), 비틀림과 팔 움직임이 정확하다. 특히 발의 지면 심기 위치가 매우 훌륭하다(지속적인 중립 자세). 그러나 수직 변위가 크지 않음으로 케이던스cadence가 매우 빨라야 한다. 수직 임펄스(전두면에서의 골반 움직임)를 개선하는 것은 기술의 변화에 유용하다.

S3.3 연속 사진 a~g

매우 뛰어난 스프린트 기술. 푸시오프에서 무릎이 완전히 신전되지 않고 몸통이 잘 세워진다. 장축 회전이 없다(a). 수직 변위는 부양 구간 동안 상당히 높다. 후행 스윙 다리는 빠르게 선형적으로 앞으로 움직인다(다소 과도한 족저굴곡이 관찰되지만)(c, d). 결과적으로 가위 움직임은 매우 강력하며 착지 전에 푸시오프에 대한 준비가 완전히 시작되었다(팔 움직임 주목). 발을 지면으로 내리 찍는 풋 스트라이크foot strike는 단단하며 스윙 다리의 무릎은 특히 앞쪽에 위치한다(e). 이러한 방식을 통해 발 스트라이크의 에너지를 빠르고 정확하게 되돌려줄 수 있다. 푸시오프는 짧고 비틀림이 제한적이지만 타이밍이 좋다(f, g).

1a 1b 1c 1d

1e 1f 1g 1h

S3.4 연속 사진 1a~h와 2a~h

스트렝스와 훈련이 필요한 두 명의 어린 러너. 두 러너 모두 몸통이 앞으로 기울어져 있어leaning forward 전방 및 장축 회전의 위험이 있다. 스윙이 너무 늦게 시작하고 발이 엉덩이의 지면 투영선 앞에 놓이게 된다(1a와 2a). 연속 사진 1a~h에서 관찰되는 러너(선천적 재능)는 푸시오프 중 무릎이 완전히 신전되기 전에 스윙을 시작하였다. 좋은 선형 스윙은 발이 지면을 떠난 직후(1c)에 시작된다. 따라서 가위 움직임은 강력하고 엉덩이 아래 지면에 발을 딛게 된다(속도를 늦추지 않음. 1e에서 발은 아직 지면을 딛지 않았다). 스윙 다리의 무릎은 위쪽으로 앞으로 멀리 위치한다. 전방 회전을 보상하는 데 필요한 추가적인 수직 임펄스는 스윙 다리의 위치 때문에 가능하다. 사진의 러너는 타고난 재능으로 인하여 몸통의 잘못된 위치가 착지 에너지 손실로 이어지지는 않는다. 러너는 상체를 더 똑바로 세우고 수평 방향으로 더 강한 추력을 만들어 비틀림을 더 효과적으로 만드는 법을 배울 필요가 있다.

2a

2b

2c

2d

2e

2f

2g

2h

연속 사진 2a~h의 러너는 연속 사진 1a~h의 러너와 유사한 기법을 사용한다. 그러나 세부적으로는 몇 가지 주요한 차이점이 존재한다. 다리의 스윙 시작은 다소 느리고 덜 선형적이며(2c) 이로 인하여 진동의 파워가 다소 약해진다. 스윙 다리의 무릎은 지지 구간 후반에 더 높이 이동하기 때문에 푸시오프의 수직 변위가 줄어든다. 따라서 선행 다리의 발은 엉덩이의 지면 투영선 앞에 있는 상태에서 지면에 닿게 된다(2e, 1e 비교). 여기서 발의 지면 타격은 1a~h보다 부드럽게 이루어져야 하며 착지 에너지가 손실된다. 몸통의 잘못된 자세는 반사성을 감소시킬 것이다. 반사성은 몸통의 위치를 수정하고 스윙을 구현하는 방식을 지시함으로써 향상될 것이다. 두 개의 연속 사진을 비교한 결과, 기술의 아주 작은 차이도 중요한 결과를 초래할 수 있음을 보여준다.

S3.5 연속 사진 a~h

후행 다리는 직선으로 스윙하며, 푸시오프 직후에 움직이기 시작한다(발목은 올바르게 중립 위치로 돌아간다). 따라서 착지 동안에는 다리가 잘 위치한다(e). 팔이 다리의 움직임과 비교하여 너무 늦게 움직여서(e,f), 너무 과도한 비틀림이 너무 늦은 타이밍에 발생한다(g,h). 팔의 움직임을 다소 일찍(몸통 옆에) 시작하면 다리의 움직임을 효과적으로 지지할 수 있다.

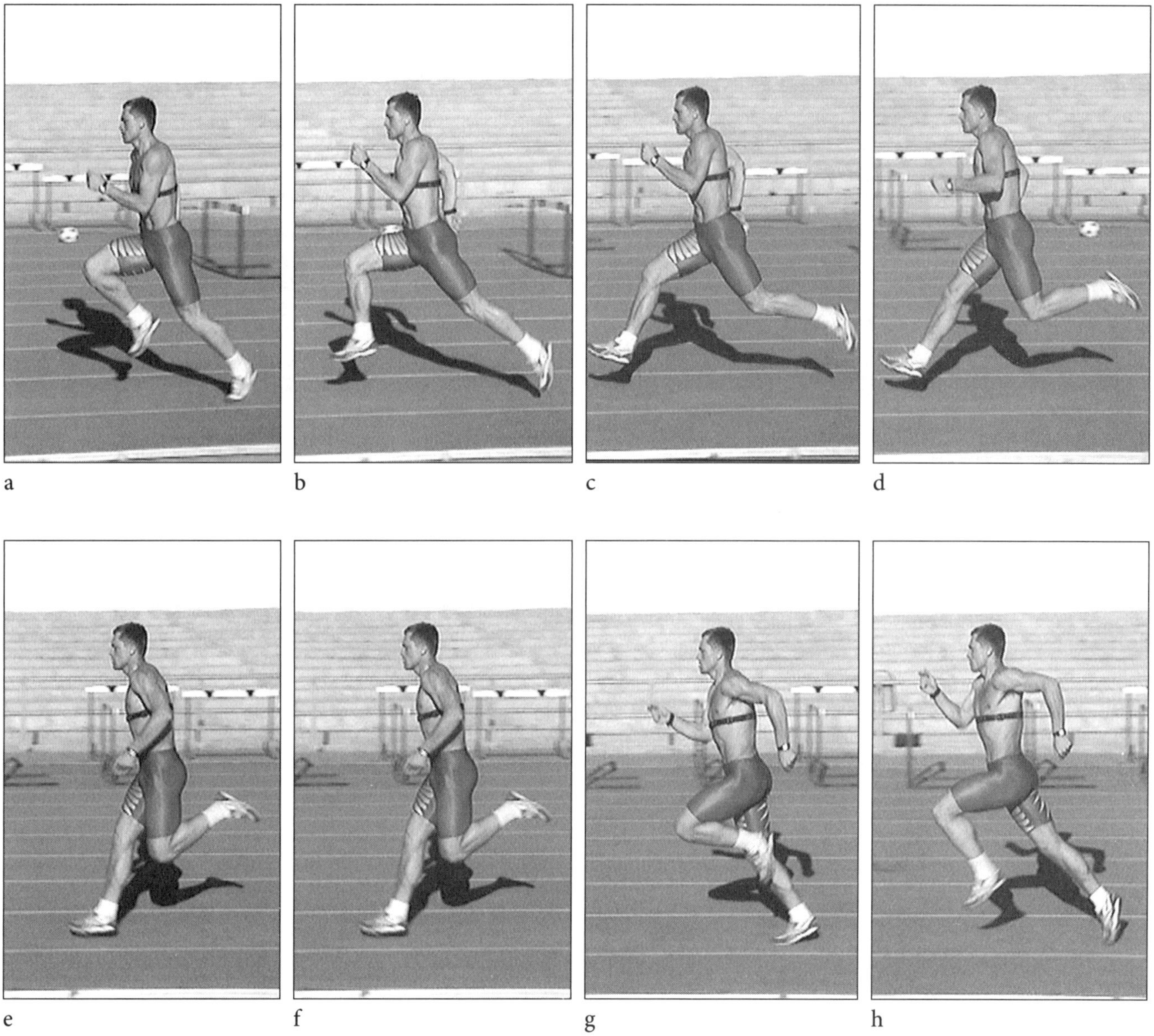

S3.6 연속 사진 a~h

선행 다리가 앞쪽으로 멀리 극단적으로 스윙하고 후행 다리의 앞쪽으로 되돌아감이 지연되는 강력한 힘의 러너이다(c, d). 부드러운 착지로 인하여 에너지가 손실된다(착지 직전 발의 족저굴곡(e)).

a

b

c

d

e

f

g

h

i

j

S3.7 연속 사진 a~j

앞선 러너의 후행 스윙 다리는 앞쪽으로 늦게 '원형'으로 되돌아오며 발목의 족저굴곡 정도가 극도로 심하다. 선행 다리는 고관절의 후방 굴곡이 시작되기 전에 약간 위로만 스윙한다. 선행 다리는 후행 다리를 '기다려야' 하기 때문에 진동하는 동안 후방으로 가속할 시간이 거의 없다. 따라서 동작의 파워가 부족하다. 팔의 동작은 작은 범위 내에서만 움직이며 임펄스가 거의 나타나지 않는다. 뒤의 러너는 스윙 구간을 훨씬 더 잘 시작하며 발이 올바른 중립 위치(e)에 고정한다. 그럼에도 불구하고 이어지는 진동은 너무 수동적이며 강력하고 짧은 푸시오프가 발생하지 않는다[연속 사진 S3.2의 (d) 및 (j)와 비교]. 팔의 움직임을 교정하는 것(신체를 뒤쪽으로 향하는 몸 옆의 강력한 출발)은 푸시오프를 개선하는 데 도움이 될 수 있다.

a

b

c

d

e

f

g

h

i j k l

m n o p

S3.8 연속 사진 a~p

스윙 구간이 너무 원형이고 발이 지면을 떠난 후 바로 직후에 시작되지 않는다. 다음 발의 지면을 향한 스트라이크가 최적으로 단단하지 않다(제동 모멘트). 또한, 상대적으로 장력이 적기 때문에 지지 구간에서 신체 질량이 깊게 처지고(f) 푸시오프가 뒤로 길어지게(늘어진다) 된다. 이 두 개의 조건 모두 달리기 사이클을 느리게 만들고 푸시오프의 반사성을 감소시킨다.

S3.9 연속 사진 a~h

러너의 상체가 기울어져 앞으로 매달려 있는 인상을 주며 뒷다리도 뒤로 멀리 신전되어 있다. 관찰되는 장축 및 전방 회전은 보상되어야 한다. 따라서 발은 엉덩이의 지면 투영선 앞에 있어야 한다(e). 발의 지면 타격은 신체를 감속시키고 지면 반력의 대부분을 잃는다.

S3.10 연속 사진 a~h

몸통은 잘 세워져서 고정되어 있다. 발이 지면을 떠난 후의 후행 다리의 진자 진동은 비교적 좋다. 그러나 지지 구간이 끝나는 시점에서 추가적인 추력을 가하려고 하기 때문에 장축 회전이 많이 발생하여 다음의 지지 구간에서 이것을 보상해야 한다. 발을 엉덩이의 지면 투영선 앞에 놓기 위해서 앞다리의 후방 굴곡이 느려진다(감속을 위해 작동한다). 지면 접촉을 짧게 유지하면 달리기를 크게 향상시킬 수 있다.

a

b

c

d

e

f

g

h

i

j

k

l

m

n

o

p

S3.11 연속 사진 a~p

사진의 러너는 장축 회전이 없고 착지에서 신체 자세가 좋은 중립 기술을 보여준다. 무릎을 전방으로 들어 올렸을 때 지면과 완전한 수평을 이루지 않는다. 그러나 연속 사진 s3.2와 비교하여 다리의 진동은 더 좋다.

S3.12 연속 사진 a~h

몸통이 앞으로 기울어지고 후행 다리의 원형 진자 진동이 지연된다. 지지 구간에서 장축 회전과 배측굴곡이 너무 심하다. 다리는 강하게 진동하지 못하며 러너는 착지 에너지를 효과적으로 사용하지 못한다.

출발 및 가속

출발 및 가속 구간에서 자세와 신체가 움직이는 방식은 고속으로 달릴 때와 크게 다르다. 출발과 가속에는 고유한 특성이 있으며 특정 패턴을 따른다. 러너는 앞으로 매달리는 듯 상체를 크게 기울이고 스탠스 다리를 지면에 놓고 반대 다리를 강하게 전방으로 구부린다. 관절이 움직이는 범위는 크고 강해야 한다. 속도로 달리는 경우 움직임 패턴은 특별히 회전을 피해야 하며 탄성 에너지를 방출해야 할 필요성에 의해서 결정된다.

그림 3.23 출발 블록을 떠난 후 러너는 넓은 범위의 움직임을 사용한다.

출발 구간

출발에서 움직임 패턴에 큰 영향을 미치는 두 가지 요소는 긴 지면 접촉 시간과 폭발적인 동심성 근육 작용이다.

긴 지면 접촉 시간

출발에서는 전진 속도가 상대적으로 낮다. 따라서 운동선수가 지면과 접촉하는 시간(특히 첫 보폭, 0.12~0.18)이 속도로 달릴 때(0.07~0.09)보다 출발에서 훨씬 더 길어진다. 지면과의 접촉 시간이 길수록 이전 푸시오프 과정에서 발생한 회전을 보상할 수 있어 푸시오프의 힘을 줄일 필요가 없다. 축 회전과 전방 회전은 푸시오프의 '부산물'로 발생하는데 그 이유는 방향이 가장 유리하고 추력의 크기가 최대한 커지도록 하기 위해 신체를 위치시켜야 하기 때문이다. 러너는 출발 직후 가장 멀리 몸을 기울이는 것을 관찰할

그림 3.24 출발에서 신체 자세

전진 속도가 낮으면, 선수는 추력을 최적화하기 위해서 앞쪽 방향으로 몸을 매달리듯 기울여야 한다. 이런 자세는 지면 접촉 시간이 길기 때문에 가능하며 이것은 많은 전방 회전을 보상할 수 있는 충분한 조정 시간을 제공한다. 전진 속도가 빠르면 선수는 전방 회전을 보상할 시간이 부족하기 때문에 몸통을 더 똑바로 세워서 달려야 한다.

그림 3.25 출발 후 신체 자세

15m를 지나면 이미 속도가 너무 빨라 러너는 회전을 보상할 시간이 거의 없어 몸을 앞으로 기울이지 않아야 한다.

수 있다. 무릎이 가장 굴곡되는 자세에서 스탠스 다리는 가장 멀리 뻗는다. 해당 위치에서 가장 큰 회전 모멘트가 발생한다. 지지 구간이 길기 때문에 이와 같은 큰 회전 모멘트를 잘 보상할 수 있다. 이후 가속하는 동안 전진 속도가 더 빨라지고 결과적으로 지면 접촉 시간이 더 짧아진다. 러너는 달리는 동안 몸을 더 똑바로 세워야 하기 때문에 지지 구간이 끝날 때 많은 힘을 발휘할 수 없다. 따라서 회전 보상을 성공적으로 하지 못한다. 이런 방식이 되면 신체의 자세가 덜 극단적으로 보이며 스프린트에서 사용되는 자세와 비슷해지기 시작한다.

폭발적인 동심성 근육 동작

빠른 속도로 달리는 동안 근육의 반사성 측면에서 어떻게 활용 가능한지에 따라 움직임 패턴이 결정한다. 출발에서 첫 보폭을 내딛을 때 동심성으로 강하게 작용하는 근육 그룹이 최적으로 가능할 수 있는 신체 자세가 선택되어진다. 이 구간에서는 반사성의 중요성이 떨어지며 또한 드롭(신체 무게 중심이 수직으로 이동)이 적다. 속도 달리기보단 출발과 가속에서 사용된다. 다른 특징은 다리가 처음에 빠르게 진동하지 않는다는 점이다. 이러한 두 가지 이유로 인하여 근육에 사전 부하를 주기 더욱 어려워져 고속 달리기보다 덜 반응적으로 작용하게 된다. 출발 구간에서는 발이 앞쪽으로 멀리 진자 운동을 하는 동작과 햄스트링의 사전 부하 작용이 없다.

그림 3.26 출발 동안 발의 위치

출발에서 발은 지면 반력이 무릎 뒤와 엉덩이 앞쪽으로 전달되도록 위치시킨다. 이런 방식을 통하여 단관절 무릎과 엉덩이 관절 신전 근육이 최적의 파워를 생성할 수 있다('양관절 근육의 작용' 61쪽 참조).

그림 3.27 잘못된 발의 위치

러너가 앞쪽으로 멀리 매달려 있지만 전진 속도가 너무 빨라서 전방 회전이 보상되지 않는다. 따라서 발은 엉덩이의 지면 투영선 앞에 위치해야 한다. 지면 반력이 엉덩이와 무릎 앞을 통과한다. 햄스트링은 무릎의 굴곡 작용을 해야 하고 추력은 뒤쪽으로 유지되어야 한다. 지면 반력은 엉덩이와 무릎 앞을 지나간다.

출발 퍼포먼스는 얼마나 많은 동심성 '파워'가 출발에서 존재하는지에 따라 결정된다. 이러한 파워를 생성하는 근육이 최적의 기능을 발휘할 수 있는지 여부가 중요하다. 둔근뿐만 아니라 대퇴사두근이 주로 관여한다. 발의 지면 초기 접촉 순간, 무릎은 출발의 첫 보폭 동안 강하게 구부러져 무릎과 고관절의 결합된 신전에서 발생하는 추력에 최적화된다. 대퇴사두근은 무릎의 신전에 엄청난 파워를 제공한다. 이후 달리기 속도가 빨라지면서 초기 접촉 순간의 무릎 굴곡 정도가 적어지고 속도가 달성된 후(최대 속도)에는 대퇴사두근이 매우 제한된 수준에서 작용하게 된다.

출발에서 가속으로 전환하는 동안은 긴 지면 접촉 시간에서 짧은 접촉 시간, 폭발적으로 작용하는 근육에서 반응적으로 작용하는 근육, 많은 회전에서 최소 회전으로 변화하는 과정으로 진행된다. 이런 세 가지 변수들은 서로 밀접한 관계를 가지고 있다. 이 변수들이 함께 잘 작동하도록 협응(조정)할 수 있는 능력에 따라 출발과 가속의 기술적 품질이 결정된다. 예를 들어 더 많은 추력을 확보하기 위해서 상체를 기울이고 앞으로 매달리는 자세를 길게 끌고 가는 러너는 결국 지면 접촉 시간이 줄어 회전을 보상할 시간이 부족해지는 문제에 직면하게 된다. 따라서 가속 구간 초기에 몸을 똑바로 세우는 법을 배워야 한다. 우수한 러너의 신체 자세는 출발의 첫 보폭부터 최대 속도에 도달할 때까지 점진적으로 전환하는 것을 관찰할 수 있다. 신체 자세와 추력은 지면 접촉 시간에 정확히 순응할 수 있기 때문에 지면 접촉 시간이 점진적으로 짧아질수록 신체 위치도 변경된다.

그러나 최근의 시류는 조금 다르다. 요즘에는 속도가 거의 최대치에 도달하는 순간 한 번에 갑작스럽게 전환하는 경향이 있다(가속에서 최대 속도). 이렇게 되면 몸통은 더 똑바로 세워지고 골반은 더 앞으로 밀려간다. 속도가 빨라지면, 특히 상체 앞부분에 상당한 양의 긴장이 가해져야 한다. 갑작스러운 전환은 신체의 긴장을 쉽게 증가시킨다. 전환이 점진적으로 이루어지면 일부 선수들이 필요한 긴장을 쌓는 데 너무 오랜 시간이 걸린다.

가속 단계

출발 및 가속 구간을 분석하기 위해서는 출발에서 첫 보폭에 주의를 충분히 기울여야 한다. 이미 앞서 언급했듯이, 출발과 가속에서는 근육이 제공하는 힘이 매우 높으며 횡축과 종축을 중심으로 생성되는 회전이 방해가 되지 않는다. 지면 접촉 시간은 길며(0.12~0.18) 자세는 신체가 다른 평면에서 움직이는 방식에 영향을 미친다.

시상면에서의 신체 자세와 움직임

첫 지면 접촉의 순간

몸이 앞으로 멀리 기울어져 있기 때문에 신체의 무게 중심이 지지 포인트보다 훨씬 앞쪽의 지면에 투영된다(즉, 강한 전방 회전 모멘트가 발생한다). 지면 접촉 시간이 길기 때문에 지지 구간에서 전방 회전을 잘 보상할 수 있다. 지면에 처음 접촉하는 순간 스탠스 다리의 무릎과 엉덩이를 강하게 굴곡시킨다. 몸이 앞으로 기울어지고 엉덩이와 무릎이 구부러져 있기 때문에 추력의 지면 반력이 무릎 뒤와 엉덩이 앞을 지나간다. 무릎과 엉덩이가 잘 협응되면 두 관절의 방향을 바꾸지 않고도 지면 반력 부하를 증가시킬 수 있다. 많은 동심성 힘(대둔근과 대퇴사두근)을 사용하여 고관절과 무릎을 신전할 수 있는 근육이 활성화된다.

출발에서 무릎 신전이 엉덩이의 신전보다 더 빠르게 발생하면 지면 반력이 더 수직으로 향하게 된다(이것은 유리하지 않게 작용한다). 추력 방향을 유리하게 유지하기 위해서는 무릎과 고관절 신전이 잘 협응되어야 한다. 대퇴직근은 이와 같은 움직임을 보다 더 정확하게 협응(조정)하는 데 매우 중요한 역할을 한다('생체역학적 측면' 354쪽 참조). 출발 동안 대퇴직근은 엉덩이에서 무릎으로 에너지를 전달할 수 있다. 대퇴직근은 전달되는 에너지의 양을 변화시킴으로써 무릎의 움직임을 엉덩이 관절 신전의 움직임과 정확하게 협응을 할 수 있다. 일반적으로, 햄스트링은 출발(무릎 신전+엉덩이 관절 신전)과 마찬가지로 대퇴직근이 지배적인 역할을 하는 상황에서는 조금만 작용하거나 전혀 작동하지 않는다(Jacobs & Ingen Schenau, 1992). 그 반대의 경우도 마찬가지이다. 속도로 달리는 동안(엉덩이 관절 신전+무릎을 구부린 상태로 유지) 햄스트링은 중요한 역할을 하지만, 대퇴직근은 부분적으로 작용하거나 전혀 작동하지 않는다.

초기 지면 접촉 순간 스탠드 다리의 무릎 각도는 출발 후 첫 보폭에서 약 90° 이다. 그러나 이상적인 가속을 달성하기 위해서 필요한 무릎의 정확한 각도는 개인마다 다르다. 엉덩이의 높낮이를 어떻게 유지해야 하는지, 몸을 얼마나 앞으로 기울여야 하는지 또한 마찬가지로 개인마다 다르다. 러너가 제공할 수 있는 지레팔과 힘의 양과 같은 다른 요소도 고려해야 한다. 힘이 매우 강한(근력 또는 스트렝스) 러너는 약한 러너와 달리 엉덩이를 낮게 유지할 수 있으며 초기 접촉 순간에 스탠스 다리의 무릎 각도를 더 예각(銳角)으로 만들 수 있다. 이러한 방식으로 강한 러너는 약한 러너에 비해 보폭당 더 많은 추력을 발휘할 수 있다.

등은 대각선으로 일직선을 유지해야 하는데 이 자세에서 등쪽 근육이 가장 효과적으로 작용할 수 있다. 둥근 등이 되면 등쪽 근육이 효과적으로 작동하지 않는다. 따라서 푸시오프의 힘에 대한 기여도가 줄어들게 된다.

스윙 구간이 끝나는 시점에서 선행 다리의 후방 굴곡이 상대적으로 제한되기 때문

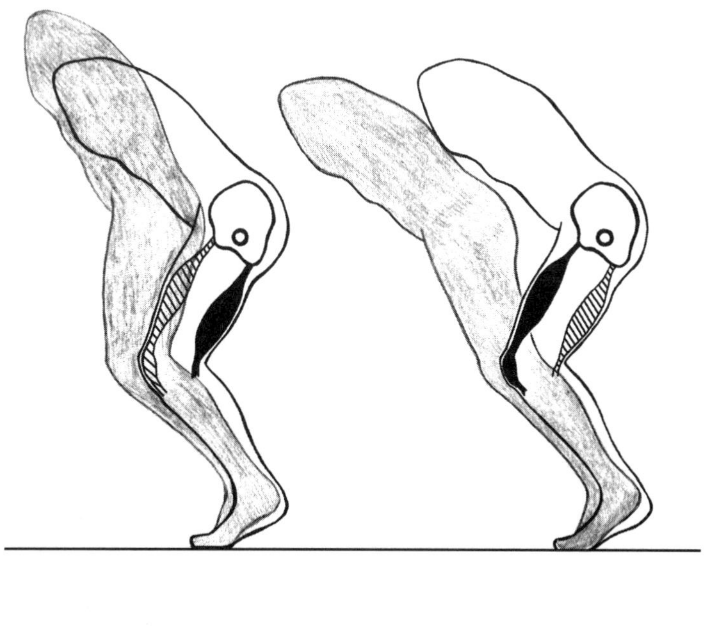

그림 3.28 초기 지면 접촉 순간의 이중 관절 작용

햄스트링과 대퇴직근은 출발에서 신체 자세를 조절하는 중요한 근육이다. 햄스트링은 무릎에서 엉덩이로 에너지를 전달하고 몸통을 세워 고정시키는 데 도움을 준다(왼쪽 사진). 대퇴직근은 엉덩이에서 무릎으로 에너지를 전달하고 무릎은 신전시키는 동안 몸통이 계속 앞으로(오른쪽) 기울어지도록 한다. 출발 동안 햄스트링이 대퇴직근의 역할을 점차적으로 수행한다.

에 초기 지면 접촉 순간에 후행 다리의 무릎이 아직 선행 다리의 무릎을 따라잡거나 지나가지 못한다. 이것은 다음 지지 구간이 길고 생성된 추력은 대부분 동심성 폭발적이며 아주 약간만 반사성이기 때문에 해롭지 않다. 초기 지면 접촉 순간 스탠스 다리의 발은 강하게 배측굴곡되며, 특히 출발 후 첫 보폭에서 더 두드러진다. 따라서 발목에 상당한 장력이 필요하다.

추력 구간

스탠스 다리의 무릎은 추력 구간에서 거의 완전히 신전된다. 또한 러너는 추력 구간에서 특히 신전이 끝날 때까지 가능한 긴 시간 동안 최대한 많은 힘을 가하려고 시도한다. 무릎의 완전한 신전은 스윙 다리 동작과 밀접한 관련을 맺고 있다. 스윙 다리가 출발과 가속 동안 고관절의 전방 굴곡이 더 이상 일어나지 않으면 스탠드 다리의 신전은 멈춘다. 두 가지 동작은 불수의적으로 서로 결합되어 있다. 스윙 다리를 더 멀리 위로 움직이라는(전방 굴곡) 지침이 내려졌을 때, 스탠스 다리 자체를 신전하라는 직접 지시가 내려졌을 때보다 스탠스 다리가 더 빠르게 잘 펴질 것이다. 또한, 스윙 다리의 발은 족저굴곡 자세에서 너무 멀리 유지되지 않을 수 있다. 그 이유는 다음 지면에 발 심기 자세를 지지하기 위해서 하부 다리의 근육에 장력이 충분하지 않기 때문이다.

많은 운동선수들이 출발 후 첫 보폭을 내딛는 동안 고관절을 완전히 신전하지 않는다. 이런 작용은 선수의 상체가 앞쪽으로 꽤 멀리 유지될 때 발생한다. 몸통이 더 수평으로 지탱되면 신체의 무게 중심이 지지 포인트 앞에 더 잘 투영되어 지면 반력의 방향이 더 유리해진다. 이러한 자세에서 고관절을 완전하게 신전시키려면 엉덩이가 상당히 낮게 유지되어야 한다. 그러나 엉덩이를 위치를 낮게 유지하면 초기 지면 접촉 순간 무릎의 급격한 각도에서 몸을 일으키기 위해서 엄청난 양의 힘을 필요로 한다. 선수들이 사용 가능한 힘이 충분치 않은 경우가 많기 때문에 선수들은 엉덩이를 다소 높이는 쪽을 선택한다. 그들은 전체 지지 구간 동안 더 경제적인(에너지 소모가 적은) 반사성을 얻기 위해서 지지 구간이 끝나는 지점에서 엉덩이의 추력을 약간 포기한다.

출발 후 첫 보폭 동안 스탠스 다리의 발은 속도로 달리는 동안 보다 더 많은 배측굴곡을 보인다. 이것은 하체 근육의 장력이 사라질 수 있음을 암시하진 않는다. 출발 동안 무릎 신전에서 비복근을 거쳐 발로 힘을 전달하는 것도 매우 중요하다.

토-오프 모멘트

스탠스 다리의 무릎 관절은 완전히 신전된다. 엉덩이 관절의 신전은 몸통의 위치나 자세에 따라 달라진다. 스윙 다리의 무릎은 스탠드 다리의 무릎이 완전히 신전될 때까지 전방으로 스윙한 상태를 유지한다. 무릎은 최소 90° 이상 굽혀져 있고, 골반은 전방 경사되어 있으며, 등은 곧게 펴져 있고 팔은 높이 스윙을 하고 있다.

부양 구간

부양 구간은 푸시오프의 수직 성분이 제한되어 있기 때문에 상대적으로 짧다. 이것은 몸이 앞으로 멀리 유지될 때 발생한다. 선행 다리의 발은 스탠스 다리의 토-오프 순간 이미 지면에 가깝기 때문에 빠르게 지면에 놓을 수 있다. 전진 움직임이 많지 않음에도 불구하고 많은 탄성 구성 요소들의 사전 부하를 위하여 발의 지면 타격은 가능한 강하게 이루어진다. 후행 스윙 다리는 가능한 빠르고 선형적으로 작동한다.

전두면에서의 자세와 움직임

출발 후 첫 보폭 동안 가장 눈에 띄는 움직임은 골반과 몸통의 전두면에서의 움직임이다. 초기 지면 접촉 순간 스탠스 다리 부분이 스윙 다리 부분보다 전두면에서 더 낮게 위치한다. 이 자세는 스탠스 다리의 고관절 내전과 일치한다. 스탠스 다리의 발이 지면에 놓일 때 발을 약간 바깥쪽으로 돌리면 스윙 다리 쪽의 엉덩이를 더 낮게(스탠스 다리와 비교하여) 유지하기가 쉬어진다. 자유 엉덩이free hip를 낮게 푸시하기 위해 지지 다리의 발을 이런 방식으로 지면에 위치시키는지, 아니면 출발에서 이러한 전형적인 자세를 유지하는 다른 이유가 있는지(예: 내전근을 더 잘 조여 더 많은 힘을 발휘하기 위해) 여부는 중요하지 않다. 그럼에도 불구하고 초기 지면 접촉 순간 스탠스 다리 쪽의 어깨가 스윙 다리 쪽의 어깨보다 전두면에서 더 낮다. 다시 말해, 초기 지면 접촉 순간 스탠스 다리 쪽의 어깨와 엉덩이가 서로 더 가까워진다. 토-오프 순간 상황이 역전되어 스윙 다리 쪽의 어깨와 엉덩이가 서로 더 가까워진다.

골반과 몸통에 의해서 만들어지는 움직임은 특히 스탠스 다리의 외전을 유발하는 근육(둔근)과 스윙 다리의 등쪽 근육의 작용으로 인해 발생한다. 골반과 몸통의 움직임은 스탠스 다리의 푸시오프를 강화한다. 이러한 동작을 실현하기 위해 요구되는 힘은 골반의 관성 질량을 극복하는 데 필요한 힘보다 크다. 푸시오프의 힘 때문에 골반은 이제 스탠스 다리 쪽에서 위쪽으로 움직여 스윙 다리 쪽을 더 아래로 떨어뜨릴 위험이 있다. 따라서 불리한 움직임unfavorable을 극복하기 위해 둔근과 등쪽 근육이 가하는 힘은 상당히 크다. 반대로 볼 때 해당 근육 그룹이 푸시오프를 지원하는 데 큰 힘을 제공할 수 있음을 의미하기도 한다.

부양 구간 동안, 전두면에서의 큰 움직임은 필요가 없다. 토-오프 순간 몸통에 대한 골반의 위치는 초기 지면 접촉의 다음 순간에 필요한 위치와 동일하다.

그림 3.29 전두면에서의 움직임 1
출발 동안 전두면에서의 움직임은 추력에 크게 기여한다.

그림 3.30 전두면에서의 움직임 2

왼쪽 러너는 전두면에서의 움직임 가능성을 잘 활용한다. 착지 동안 스탠스 다리의 외전(외회전)이 있어 푸시오프 동안 반대쪽 골반이 좋은 궤적을 따라 들어 올려질 수 있다. 오른쪽 러너는 이러한 가능성을 덜 활용하고 등을 둥글게 만드는 경향이 있다. 이것은 등 근육이 작동하는 방식에 안 좋은 영향을 미친다.

가속 구간의 후반에 골반과 몸통의 움직임은 눈에 띄게 줄어든다. 그러나 속도로 달리는 동안 스윙 다리 쪽 골반의 위쪽 움직임은 지속된다. 이 움직임은 지지 구간 동안 수직 구성 요소의 발달에 매우 중요하다.

횡단면에서의 자세와 움직임

출발 후 첫 보폭 동안 횡단면에서의 움직임은 고속 달리기 중 횡단면에서 발생하는 움직임과 비교할 수 있다. 출발에서 전형적인 움직임은 강한 고관절 외회전과 초기 지면 접촉 순간의 하부 다리의 외회전이다. 이런 회전이 발생하는 이유는 알려져 있지 않다. 고관절과 하부 다리의 외회전의 목적은 지지 구간에서 고관절의 내측 회전을 촉진하는 것일 수 있다. 또한 이러한 외회전으로 인해 강력한 내전근이 추력에 참여하도록 요청을 받을 수 있다. 경험적으로 스탠스 다리의 외회전을 변경하는 것은 거의 소용이 없다. 언뜻 보기에는 발을 일직선으로 배치하는 것이 기계적 관점에서 더 유리한 것으로 보일 수 있다. 하지만 푸시오프의 힘에 영향을 미칠 수 있는 추가적인 요소가 너무 많기 때문에 외회전의 크기 정도는 각 러너의 직관에 맡기는 것이 가장 좋다.

출발 동안 팔 동작

출발 후 첫 번째 보폭 동안 팔의 움직임 범위는 속도로 달릴 때보다 넓다. 첫 보폭 동안 지면 접촉 시간이 속도에 도달한 후보다 오래 지속되기 때문에 팔이 더 오랜 시간 동안 출발 움직임에 도움을 줄 수 있다. 몸통이 전방으로 유지되어 있기 때문에 팔 움직임의 마지막 부분은 수직 동작을 지원하는 데 덜 도움이 되지만, 직선 진행 방향의 동작을 지원하는 데는 큰 도움을 준다. 팔 스윙의 끝 지점에 좀 더 중점을 두어 의식하면 어깨를 들어 올리게 되는 경우가 많다. 이런 자세는 잘못된 자세로 알려져 있다. 팔 스윙의 마지막 부분의 기능과 실행은 푸시오프 중에 추가적인 지원을 제공하는 것 외에도 빠른 속도 달리기 중 필요한 것과 동일하다.

출발 및 가속 중 오류

- 달리는 속도와 지면 접촉 시간과 연계하여 신체의 자세가 올바르지 못한 경우, 러너가 몸을 너무 일찍 일으켜 최적의 추력을 발휘할 수 없거나 너무 오랜 시간 동안 몸을 앞으로 숙이고 있으면 속도가 증가함에 따라 지면 접촉 시간이 감소하기 때문에 수정할 수 있는 충분한 시간적 여유가 없어져 회전이 발생할 수 있다. 이와 같은 회전은 러너가 초기 지면 접촉 순간에 엉덩이 관절의 지면 투영선 앞에 발을 놓는 경우에만 보상될 수 있다.
- 엉덩이 관절이 올바른 높이로 유지되지 않는다. 엉덩이 관절을 너무 높게 위치시키면 초기 지면 접촉 순간에 무릎의 각도가 둔각이 되어 무릎 신전이 제공하는 힘을 제대로 활용하지 못한다. 엉덩이 관절을 너무 낮게 잡으면 무릎의 각도가 너무 예각이 되어 충분히 빠르게 신전할 수 있는 힘이 부족하게 된다.
- 초기 지면 접촉 순간에 엉덩이 관절이 스탠스 다리의 발 뒤로 너무 멀리 떨어져 있다. 무릎 신전이 지연되어야만 추력이 적절하게 전달될 수 있다. 초기 지면 접촉 직후 무릎이 신전되면 몸의 속도가 느려진다. 엉덩이 관절의 신전은 무릎 신전의 지연됨과 결합되어 있기 때문에 반사적으로 작용하는 것을 선호하고 동심성 작동에 힘을 공급하는 데 적합하지 않은 햄스트링에 많은 활동이 요구된다.
- 발목 주변에 장력이 너무 적어 출발이 강력하지 않다.
- 스윙 다리의 무릎이 스탠스 다리가 완전히 신전될 때까지 움직이지 않아 결과적으로 신전이 완료되지 않는다.
- 시상면에서 팔 동작이 충분하지 않고(앞쪽으로 너무 많이), 지지 구간 동안 비틀림이 최적으로 지원되지 않는다.
- 등이 너무 둥글게 굽어 푸시오프 중에 상체가 너무 수동적으로 반응한다.
- 전두면에서 골반과 어깨의 움직임이 충분하지 않아 푸시오프에 대한 일부 지원이 손실된다. 골반과 어깨 사이의 움직임 부족은 지지 구간의 중간 지점에 무릎이 서로 너무 가까이 위치하였을 때 자주 관찰된다. 이러한 무릎의 위치는 특별히 출발 후 첫 보폭 동안 정면에서의 움직임을 제한한다(즉, 무릎 사이를 더 벌린 상태에서 출발해야 한다).
- 러너는 출발 후 첫 보폭 동안 진행 라인에서 무릎을 전방으로 향하게 유지하려고 노력하기 때문에, 완전한 푸시오프와 장축 주위의 비틀림은 결합할 수 없다. 비록 케이던스(보속$_{\text{stride frequency}}$과 다리의 움직임 범위 보폭의 조합)가 높지만, 힘은 거의 없다.

요약

출발과 가속 구간의 첫 부분은 파워(동심성 폭발)가 제한 요소인 유일한 시간이다. 지면 접촉 시간이 길기 때문에 발생하는 회전을 보상해야 하는 단점이 없다. 따라서 동심성 파워를 제공하는 근육이 진행 방향에서 최적의 추력을 발휘할 수 있도록 배치할 수 있다. 엉덩이 관절에서 발생하는 약간의 외전과 외회전(하부 다리의 외회전과 결합)은 스탠스 다리에 의한 최적의 푸시오프가 가능하도록 한다. 달리기 속도가 빨라지면서 결과적으로 지면 접촉 시간이 감소하면 보상해야 하는 회전의 양도 감소해야 한다. 앞으로 나아갈수록 몸이 점점 똑바로 세워진다. 반사성 근육 활동은 점차적으로 중요해지는 반면, 폭발성 근육 활동은 덜 중요해진다. 대퇴사두근은 속도가 증가함에 따라 그 역할이 줄어든다. 햄스트링은 출발과 가속에서 어느 정도 기능하지만 몸체를 더 똑바로 세울수록 활동이 증가한다.

a b c d

e

f

g

h

i

j

k

l

S3.13 연속 사진 a~l

출발 동안 러너는 할 수 있는 한(시상면에서) 진행 방향으로 잘 이동하여 추력을 효과적으로 만들려고 노력한다. 선수는 엉덩이 관절을 매우 낮게 유지하면서 푸시오프의 힘을 증가시키려고 노력한다. 이것의 결과로 다른 평면(특히, 전두면)에서의 다양한 추력의 가능성을 활용하지 못하고 등이 둥글게 굽는다(등 근육을 제대로 사용하지 못한다). 연속 사진 속의 선수는 효과적으로 출발하는 방법을 잘못 적용하였기에 다음으로 진행되는 푸시가 올바로 실행될 수 없다. 선수의 엉덩이 관절이 매우 낮기 때문에 스윙 다리의 발을 너무 빠르게 이동해야 한다. 결과적으로, 푸시오프의 다리가 완전히 신전되기 전에 스윙 다리가 이미 엉덩이 관절의 뒤로 굴곡된다(k, l). 당연히 추력은 최적화되지 않는다.

a

b

c

d

e

f

g

h

S3 3.14 연속 사진 a~h

출발 후 약 15m 지점에서부터 전진 속도가 증가한다. 러너는 여전히 많은 힘을 발휘하고 싶어 하며 앞으로 계속 몸을 기울여야 하지만, 가능한 시간 내에 회전을 거의 보상할 수 없다. 발은 엉덩이 관절의 지면 투영선(d) 앞에 위치해야 한다. 발의 지면 타격은 부드러워야 하며 무릎의 신전은 연기된다.

지속적인 저속 달리기

많은 트레이너들은 에너지의 소비라는 관점에서만 선수의 지구력 달리기 수행 능력을 관찰한다. 가장 먼저 결승선을 통과한 선수는 최고의 컨디션을 유지하고 있으며 따라서 전체 경주 거리에서 가장 높은 평균 에너지 생산량을 유지하는 데 가장 능숙하다고 여겨진다. 대다수 트레이너들은 기술적인 스킬이 경제적으로 에너지를 사용하는 데 있어서 조금만 중요하다고 생각하며, 운동선수가 어떤 방식을 통해서든 효율적인 느낌을 줄 수 있는 방식으로 달릴 수 있다면 만족스럽다고 생각한다. 전형적인 표준에서 벗어난 자세와 움직임은 선수의 '개인 스타일'로 분류된다. 러너의 달리기 스타일이 기술적으로 부정확하다고 평가되고 낮은 수행력 수준이 잘못된 기술로 인해서 야기되려면 실제로 러너가 전형적인 표준에서 크게 벗어나야 한다. 이런 관점에서 볼 때 선수의 대사 능력이 달리기 속도와 거의 선형적으로 관련이 있으며, 움직임 역학의 영향을 조금만 받는다고 가정한다. 따라서 훈련은 주로 신체의 대사 과정을 목표로 하고, 생체역학에는 거의 주목하지 않는다.

실제로 무엇이 올바른 기술인지 그렇지 않은지에 관한 다소 모호한 통찰력만으로 만족하는 경우가 많을 뿐만 아니라, 기술에 대한 생각 그 자체가 잘못된 경우가 대부분이다. 예를 들어 일부 트레이너들은 발의 지면 타격을 부드럽게 흡수하여 착지 에너지의 상당 부분이 사라지도록 하는 방식을 지나치게 중요하게 생각하기도 한다. 바퀴와 같은 원형 움직임이 이상적인 예시로 간주된다. 스텝을 굴리고 원형이어야 하며 충격 없이 조용히 진행되어야 한다. 이러한 관점에서 볼 때 움직임 패턴의 피크가 적을수록 더 경제적인 이동이 가능하다고 가정할 수도 있다.

기술 및 수행

기술적 측면이 장거리 달리기에서 수행력에 큰 영향을 미칠 것이라는 생각을 뒷받침하는 많은 논거들이 소개될 수 있다. 기술의 영향력은 매우 커서 경기에서 승리한 사람의 체력이 가장 높은 러너가 아니라 (낮은) 지구력을 능숙하고 효율적으로 속도로 전환할 줄 아는 러너일 수도 있다.

지구력 달리기에서 사용되는 올바른 기술과 고속 달리기에 사용되는 기술 사이에는 큰 차이가 없다. 지구력 달리에서의 똑바로 선 자세, (충분히) 강하게 발을 지면에 내딛는 것, 착지 에너지를 잘 사용하는 것 또한 중요하다. 고속 달리기에서 사용되는 기술과 지구력 달리기에서 사용되는 기술 사이의 유사점은 주목할 만하다. 하지만 고속 달리기의 목표는 할 수 있는 한 많은 에너지를 추력으로 전환하는 것이지만 지구력 달리기의 목표는 가능한 경제적으로 에너지를 사용하는 것이다. 두 가지 기술이 서로 다르지 않은 이유는 반사성과 회전을 피하는 방법이 두 가지 타입의 달리기 모두에서 중요한 과정이기 때문이다. 지구력 달리기와 관계하여 반사성과 회전 회피의 중요성은 다음과 같이 설명할 수 있다.

- 연구 자료에 따르면 지구력 러너가 달리는 동안 수행되는 모든 움직임이 유산소 에너지의 생성만으로 이루어진다고 가정하면 필요한 산소의 약 절반 정도만 섭취할 수 있다고 한다. 그러므로 나머지 절반의 에너지는 다른 과정을 통해서 얻어야

한다. 이들 중 하나의 에너지 과정은 발의 지면 타격 동안 탄성 조직에 저장된 에너지에서 얻어야 한다고 가정할 수 있다(Cavagna 등, 1964). 그러므로 발은 지면에 심는 동안 탄성력을 유지할 수 있는지 여부가 운동 수행력에 큰 영향을 미친다.

달리는 동안 제공되는 총 파워를 정량화하는 것은 매우 어렵다는 점을 언급해야 한다. 달리는 동안 다양한 움직임(다리의 진동, 수직 푸시오프, 수평 추력, 팔 동작 등)을 수행하는 데 얼마나 많은 힘이 필요한지 추정할 수는 있지만 이것은 부분적으로만 정확할 것이다. 양적 작업positive work에 기여하지 않는 내부 프로세스(예: 수축 후 다시 근육을 펴는 것)에 에너지를 공급하는 데 필요한 파워를 결정할 수 없다.

- 특히 인간은 달리기 전문 동물이 아니며 다리의 원위distal 분절에 상대적으로 많은 조직량이 있다는 사실을 비추어볼 때 달리는 동안 다리의 위아래 진동은 많은 에너지를 요구한다. 따라서 인간의 달리기 모습은 앞으로 전진하는 데 다소 비효율적인 방법으로 보인다. 그러나 효율성을 두 가지 방법을 통해서 높일 수 있다.
  - 에너지를 '재사용'함으로써 다리는 지속적으로 가속과 감속을 반복한다. 움직이는 다리가 특정한 순간에 가지는 키네틱 에너지는 감속하는 동안 근육 조직에 탄성 에너지로 저장되었다가 다음 동작을 시작하기 위해서 '재사용'(반응적으로)될 수 있다. 이런 키네틱 운동 에너지는 마찰열로 변환(사용할 수 없는)되지 않는다. 부양 구간에서 가위 동작으로 생성된 에너지를 근육에 저장함(선행 다리가 전방으로 길게 스윙 하는 동안 햄스트링)으로써 에너지가 손실되지 않고 다음 푸시오프 중에 추력을 위해 재사용(반사성)된다.
  - 다리를 위아래로 진동시키는 데 필요한 에너지의 양은 전체 진자 동작의 움직임 정도를 제한하여 줄일 수 있다. 이것을 위한 가장 좋은 방법은 지지 구간을 짧게 유지하고 반응적으로 푸시오프를 하는 것이다. 근육을 반응적으로 사용할

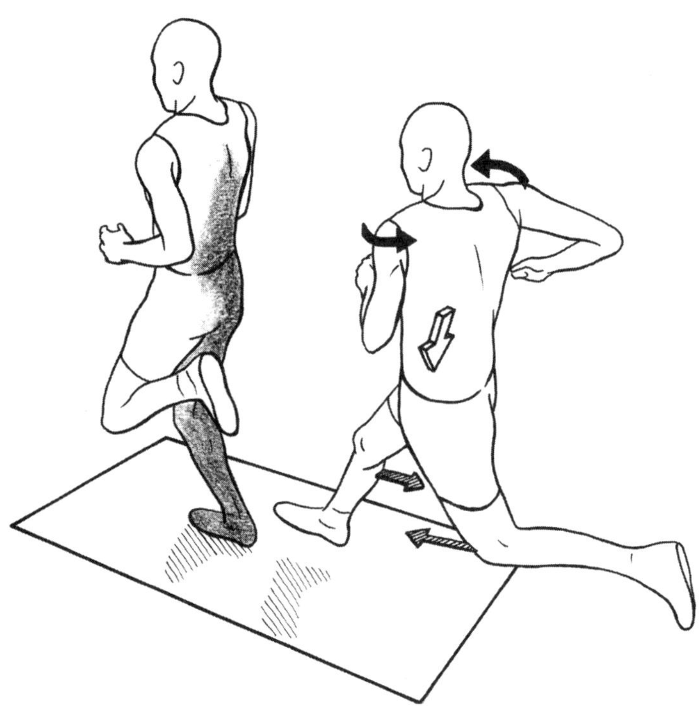

그림 3.31 달리기의 경제성

인간 이동의 경제성은 움직임의 정도가 제한되는 방식에 의해서 달성되기도 하며 다른 한편으로는 달리기 사이클 동안 에너지가 재사용되는 방식에 의해 결정된다. 비틀림, 다리의 진동, 신체의 질량이 지면으로 떨어짐에서 파생되는 에너지는 착지 동안 가능한 탄성(신장stretching) 에너지로 변환된다.

수 있다면 다리를 위아래로 진동시키는 데 에너지를 '재사용'할 수 있다. 이런 방식으로 다리를 진동시키는 동작은 에너지 효율이 높다. 총 에너지가 적게 필요하고 탄성 에너지의 경제성이 높기 때문에 이와 같은 에너지 일부의 경제성은 '무료'이다(Williams & Cavanagh, 1987; Simon & Mendoza, 1998).

- 달리는 동안 전방 및 축회전이 없으면 러너는 더 강한 푸시오프를 할 수 있으며 빠른 속도로 달릴 수 있다. 지구력 달리기 동안 회전을 피하면 보상을 위해 반복적으로 수행해야 하는 동작을 회피할 수 있어 에너지를 절약할 수 있다는 장점이 있다.

고려해야 할 사항

우수한 능력을 가진 운동선수라도 경주 동안 속도가 서서히 감속하지 않고 갑자기 감소하는 것을 종종 관찰할 수 있다. 이런 현상은 에너지 생산의 급격한 감소로 설명할 수 없다. 오히려 반사성 달리기 기술을 유지할 수 없기 때문에 동일한 속도를 유지하기 위해 훨씬 더 많은 에너지 요구가 발생하는 것으로 설명할 수 있다. 유산소 능력은 훈련을 통해 무한하게 향상될 수 없으며, 특정 시점에서 정체 상태에 도달하기 때문에, 기술적 스킬과 반사성 사용에 영향을 미칠 수 있는 요소들(협응, 파워 등)을 훈련시키는 것이 지구력 달리기 선수의 이득에 부합한다. 기술적 요인은 전체 지구력 달리기에서 큰 영향을 주고, 마지막 스프린트에서 결정적인 영향을 미치며 경주의 승패를 결정지을 수 있다.

달리기 기술의 몇 가지 측면

지구력 템포로 달리는 것은 여러 측면에서 스프린트와 유사하다. 따라서 지구력 달리기를 위한 기술을 분석할 때는 빠른 속도 달리기를 위한 기술부터 시작할 수 있다. 두 가지 유형의 달리기 사이의 차이는 생각보다 적으며, 차이의 정도도 생각보다 크지 않다.

푸시오프와 발 지면 심기의 반사성

지구력 달리기의 경우 뒤꿈치 착지가 가장 중요한 특징 중 하나로 간주되는 경우가 많다. 발뒤꿈치의 지면 타격(착지)과 함께 발의 회내는 착지 충격을 흡수하는 중요한 기능을 한다. 발뒤꿈치 지면 타격 후 발이 어떻게 움직임을 완성하는지에 대한 세부적인 사항 또한 관심을 기울여야 한다. 표준 동작은 뒷부분이 측면으로 향하고 앞쪽이 내측으로 움직이는 것이다. 이 동작의 완성은 보폭의 롤링과 인체 공학적인 진행 과정과 관련이 있기 때문에 매우 중요하다

이러한 생각이 실제 달리기 상황과 부합하는지, 그리고 발 지면 심기 및 움직임의 완성과 관련하여 표준화가 가능한지 우리 스스로에게 끊임없이 질문할 필요가 있다. 실제로 지면반력기를 사용하여 측정한 결과 지지 구간에서 발 밑의 압력이 움직일 수 있는 다양한 방법이 있는 것으로 나타났다. 발 밑의 압력의 흐름 차이는 개개인뿐만 아니라 한 개인의 왼쪽과 오른쪽에서도 다르게 나타날 수 있다(Hinrichs, 1990; McClay 등, 1990; Miller, 1990). 푸시오프의 힘을 지면으로 전달할 때 발의 압력이 정확히 어떻게 이동하는지 여부는 중요한 요소가 아닌 것으로 보인다.

발뒤꿈치는 발에서 지면에 닿는 첫 번째 부분이며 실제로 상대적으로 그 중요성이 높지 않다. 착지의 모든 무게가 발에 닿는 순간의 신체 자세가 전체 움직임의 진행에 훨

그림 3.32 반사성 달리기

발이 지면을 타격하기 직전에는 몸의 체중이 발뒤꿈치에 의해 완전히 흡수되는 것처럼 보인다. 그러나 엉덩이 관절(흰색)의 후방 굴곡이 충분히 빠르게 움직여야만 발은 엉덩이 관절 바로 아래에 위치하게 되며, 몸의 총 체중이 발에 실리게 된다. 후방 굴곡, 즉 다리의 진동이 너무 느리면(검은색) 발이 엉덩이 관절 앞쪽에 위치하게 되어 반응적으로 잘 달릴 수 없게 된다.

씬 더 큰 영향을 미친다. 착지 순간(체중이 실리는) 발 전체가 지면에 닿아 신체의 무게 중심이 지면에 투영되는 거리와 발 사이의 거리는 발의 뒤꿈치 타격 동안과는 상이하다. 발뒤꿈치가 지면에 닿는 순간 촬영된 사진은 정확히 무슨 일이 벌어지는지에 관해 결정적인 해답을 제공하지 못한다. 그 순간에도 여전히 엉덩이 관절의 후방 굴곡이 없다면, 몸의 전체 무게가 '착지' 다리의 발에 실릴 때 발이 여전히 엉덩이보다 훨씬 앞에 위치하여 전진 속도가 크게 감소한다. 뒤꿈치가 지면에 닿는 순간 엉덩이 관절이 충분한 후방 굴곡이 있다면, 몸의 전체 무게가 발에 실릴 때 발이 앞쪽으로 덜 멀리(적절한 거리)에서 발 심기를 하거나 엉덩이 관절 바로 아래에 위치하여 반사성 근육 활동을 위한 더 좋은 자세가 된다. 따라서 뒤꿈치 지면 타격이 반드시 에너지를 손실하게 하거나 반사성에 반작용을 초래하지는 않는다. 우수한 러너들은 발뒤꿈치 지면 타격 전에 엉덩이 관절의 후방 굴곡을 너무 빠르게 수행하기 때문에 더 이상 발뒤꿈치 타격에 대해서 왈가왈부할 수 없다. 또한 그들은 몸의 전체 무게가 자세 다리의 발이 지면에 닿는 순간 발이 엉덩이 바로 아래 위치하게 한다. 더욱 놀라운 경우는, 발뒤꿈치 지면 타격 없이 실제로 전족으로 착지할 정도로 빠르게 후방 굴곡 동작을 할 수 있는 장거리 러너도 있어 반사성에 훨씬 더 큰 이점이 있다. 해당 러너들은 실제 단거리 선수들이 사용하는 동작 패턴과 동일하다.

추력 동안 엉덩이 관절의 각도 및 햄스트링의 기능

지구력 러너는 단거리 러너보다 다소 깊은(낮은) 자세를 유지한다. 움직임의 리듬이 느리기 때문에 발이 지면을 타격하기 직전 엉덩이 관절의 후방 굴곡이 더 느리게 발생한다. 결과적으로 탄성 조직에 저장되는 에너지가 줄어든다. 이 에너지의 방출 조절은 속도 달리기와 다른 방식으로 진행된다. 에너지를 방출하는 순간과 추진 방향은 지지 구간에서 무릎을 다소 더 예각으로 하거나 둔각으로 유지하여 조절 가능하다. 다시 말해 약간 더 높은 자세 또는 낮은 자세로 달리며 조절할 수 있다. 달리는 동안 엉덩이 관절

그림 3.33 지구력 템포 달리기

지구력 달리기를 하는 동안 깊은(낮은) 자세를 유지하는 것이 반드시 기술적으로 잘못된 것은 아니다. 결정적인 요인은 착지 에너지를 재사용해야 한다는 것이다.

을 낮게 유지하는 것을 반드시 오류로 간주해서는 안 된다. 그러나 초기 지면 접촉 순간에 에너지를 저장했다가 추력을 위해서 에너지를 무부하$_{unloading}$하는 메커니즘은 그대로 유지되어야 한다. 에너지의 저장과 무부하 과정에서 장력이 손실되면 많은 양의 에너지가 손실되기 때문에 관성 모멘트가 발생해서는 안 된다. 낮은 자세와 에너지 저장과 방출 사이의 장력 손실은 특히 파워 수준이 너무 낮거나 반사적으로 작동하는 근육 그룹(예: 햄스트링)의 협응이 크게 잘못된 선수에게 나타난다.

토-오프에서 무릎의 위치

달리는 중 대부분의 우수한 러너들은 토-오프 순간에 무릎이 신전되지 않고 180° 보다 훨씬 작은 각도를 유지한다. 이것은 햄스트링이 무릎과 연관되어 후방으로 추력을 전달하는 데 중요한 역할을 한다는 것을 보여준다. 동시에 햄스트링의 동작을 대퇴직근의 동작에 맞춰 조절하면 푸시오프의 수직 요소를 제어하는 데 도움이 된다. 대퇴직근이 더 많이 활동할수록 수직 성분이 커지고 햄스트링이 더 많이 활동할수록 수직 성분이 작아진다(1장 '양관절 근육의 작용' 61쪽 참조). 지지 구간에서 무릎이 구부러지는 것은 햄스트링의 활동과 관계가 있다. 따라서 푸시오프의 수직 구성 요소를 제한하는 것과도 관련이 있다. 신체의 무게 중심을 수직으로 진동시키는 데 많은 에너지가 필요하기 때문에 이러한 제한 요소는 유리한 측면이 있다. 신체의 무게 중심에는 최소한의 수직 변위가 존재해야 한다. 특정 속도에서 최소한의 수직 변위보다 적으면 보폭이 줄고 케이던스가 증가해야 한다. 특정 거리를 커버하기 위해 다리를 위아래로 더 빈번하게 진동해야 하므로 에너지 소비 측면에서 좋지 않다. 따라서 신체의 무게 중심에 대한 수직 변위의 정확한 양은 절충에 있다. 햄스트링은 추력을 유리한 방향으로 유도하기 위해 작

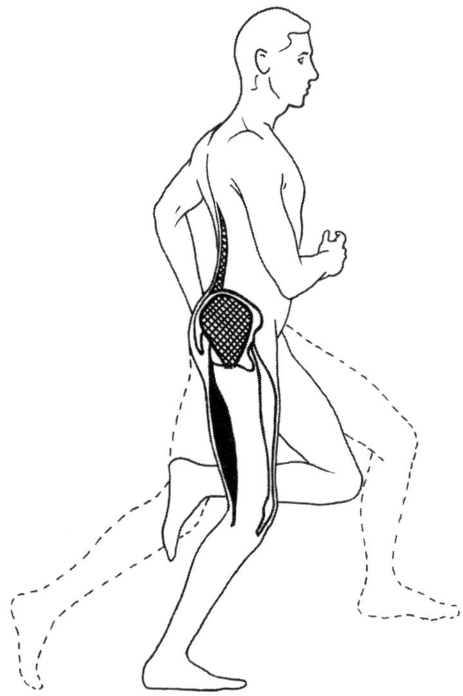

그림 3.34 토-오프 동안 무릎의 위치

햄스트링은 푸시오프의 힘을 후방으로 향하게 하고 무릎을 구부리게 한다. 작은 둔근과 등쪽 근육은 전두면에서 기능하며 전진 속도를 늦추지 않으면서 수직 충격을 제공한다.

용해야 하기 때문에 시상면에서의 움직임(햄스트링과 대퇴직근을 조절)을 통해 수직 변위를 적게 생성하고, 전두면에서의 움직임(즉, 스탠스 다리 쪽의 작은 둔근과 스윙 다리 쪽의 등쪽 근육을 사용하여)을 통해 수직 변위를 더 많이 생성하는 것이 좋다. 따라서 이러한 근육 그룹에서 파워와 협응력을 발달시키면 달리는 동안 햄스트링이 잘 기능하는 데 도움이 된다. 선수가 달리는 동안 지지 구간에서 스윙 다리 쪽 골반의 위쪽 기복(파동)을 관찰하면 근육 그룹이 올바르게 사용되고 있는지 확인할 수 있다. 지지 구간에서 스윙 다리의 골반이 계속 밑으로 떨어지면 시상면에서 푸시오프의 수직 성분이 생성되어 대퇴직근에 많은 노력이 필요하다. 따라서 햄스트링이 최적으로 작동하지 않는다.

토-오프에서 여전히 구부러져 있는 무릎은 러너가 장축 중심의 회전하는 것을 피할 수 있을 뿐만 아니라 수직 성분을 제한선 이내로 유지하는 데 도움이 된다. 또한 지지 구간 이후에는 허벅지를 뒤쪽에서 멀리 앞으로 가져올 필요가 없다. 이 같은 햄스트링 활동의 두 가지 효과는 모두 에너지 소비에 유리하다.

회전과 비틀림

몸통을 세우고 달리는 기법은 전방 회전 모멘트의 발달을 방해한다. 러너는 충분한 시간이 있기 때문에 엉덩이 관절 앞 지면에 발을 위치시켜 보상을 받을 수 있다. 그러나 이런 주법은 햄스트링에 더 많은 것을 요구한다(엉덩이 관절의 후방 굴곡은 무릎의 굴곡을 더 많이 수행해야 한다). 또한 해당 자세의 달리기는 반사성을 유지하기 어렵다. 상체가 지속적으로 앞으로 기울어지면 햄스트링이 지구력 러너의 경기력 제한 요소가 된다.

팔은 더 이상 시상면에서 움직이지 않고 신체 앞쪽을 따라 움직인다. 팔의 움직임은 스프린트에서보다 지구력 달리기에서 덜 빠르게 움직이기 때문에 엄격하게 선형일 필요가 없다. 골반의 자유 측면을(스윙) 앞으로 밀어내는 비틀림은 장축을 중심으로 몸

그림 3.35 지구력 템포를 위한 팔의 움직임

통의 원형 동작을 통하여 이루어질 수 있다. 움직임을 수행하기에 충분한 시간이 존재하기 때문에 몸통은 고속의 달리기보다 더 멀리 회전할 수 있다. 따라서 스탠스 다리 쪽 어깨가 앞으로 움직인다. 지구력 달리기에서는 팔과 몸통의 움직임은 장축 주위의 회전을 보상하기 위해서 가능한 적게 사용해야 하지만 스프린트의 경우 팔과 몸통은 오히려 척추에 최대한 많은 비틀림을 생성하는 데 사용해야 한다. 견갑대와 몸통 사이의 근육은 아마도 중요한 역할을 하는 반면, 견갑대와 팔 사이의 근육은 다소 덜 활동적이다.

요약

지구력 달리기를 위한 우수한 기술은 여러 가지 명확한 요구사항을 충족해야 하지만, 속도로 달리는 것보다는 더 많은 변형이 가능하다. 지구력과 빠른 속도 달리기의 기술은 비슷하다. 가장 중요한 문제는 회전을 피하고 근육이 반응적으로 작동하도록 하여 착지와 진자 운동의 에너지를 최적으로 재사용하는 것이다. 발을 지면에 심는 동안 뒤꿈치가 가장 먼저 땅에 닿는지 여부는 크게 중요하지 않다. 우수한 러너는 이따금 뒤꿈치 지면 타격을 사용하지 않는다. 푸시오프의 수직 성분의 크기는 절충점이다. 한편으로는 에너지 절약을 위하여 수직 운동을 제한하는 반면, 다른 한편으로는 충분한 수직 변위를 통해 낮은 케이던스를 유지하려고 노력한다. 이러한 절충점은 수직 변위가 주로 전두면에서의 움직임에 의해서 발생하고 햄스트링 진행 방향으로 잘 기능할 수 있는지에 따라 최적으로 작동된다. 그러면 지지 구간에서 무릎이 잘 구부러져 푸시오프의 수직 구성 요소는 보폭이 길어질 수 있을 만큼 강력해진다. 지지하는 동안 무릎이 구부러지기 때문에 지구력 달리기에서 엉덩이 관절은 스프린트보다 다소 낮게 유지된다. 비틀림을 주로 세로축을 중심으로 몸통과 팔의 회전으로 발생한다.

Chapter 4
훈련과 적응

서론

훈련의 본질은 수행 능력을 향상시키고, 적절한 순간에 최고의 퍼포먼스를 발휘하는 법을 배우는 데 있다. 이를 위해 과학적 지식뿐만 아니라, 코치와 트레이너들이 수년간 쌓아온 경험을 바탕으로 몇 가지 훈련 원칙이 정립되었다. 이러한 원칙들은 러너의 훈련 계획을 설계하는 데 유용하게 활용될 수 있다. 훈련 원칙들은 세 가지 중요한 생물학적 원리(과부하, 특이성, 가역성)에 기반을 두고 있으며, 각각 수확 체감의 법칙law of diminishing returns, 최적 운동 부하optimum workload, 개별성의 원칙individuality에서 유래한다. 추가적으로, 훈련 원칙에서 도출할 수 있는 요소로는 점진적이고 지속적인 운동 부하, 특이적 운동 부하, 주기적 및 순환적 훈련 구성, 그리고 훈련 유형의 다양화 등이 있다(Swinkels, 1980).

모든 생물학적 법칙의 기원은 '적응'이라는 개념에서 비롯된다. 인체는 다양한 형태의 스트레스에 적응할 수 있는 놀라운 능력을 지니고 있으며, 달리기와 같은 신체 운동은 이러한 스트레스를 유발하는 자극으로 작용한다. 이는 움직임과 관련된 적응 과정을 촉진하는 역할을 한다. 훈련의 출발점은 신체의 내부 환경의 항상성을 깨뜨릴 수 있는 최적의 자극을 제공하는 데 있다. 항상성이 방해를 받으면, 회복 과정이 시작된다. 회복 기간이 지나면서 신체는 동일한 자극에 더 효과적으로 대응할 수 있도록 적응하게 되며, 결과적으로 운동선수는 이전보다 더 높은 신체 수준에 도달하게 된다.

자극의 유형에 따라 신체 적응은 심장, 혈관, 폐의 기능, 에너지 생성 과정, 또는 근육의 변화를 포함할 수 있다. 이 장에서는 훈련 원칙과 이에 따른 훈련 방법을 설명하는 동시에, 훈련으로 인한 심폐 및 대사 적응에 대해 다룰 것이다. 신체 적응을 연구할 때, 신체 운동과 회복 과정은 핵심적인 요소로 작용한다. 선수의 달리기 훈련에서는 다양한 에러가 발생할 가능성이 있다. 예를 들어 운동 후 다음 자극이 너무 이른 시점에 반복적으로 주어질 경우, 오버리칭이나 심각한 오버트레이닝을 초래할 위험이 있다('오버리칭과 오버트레이닝' 240쪽 참조).

훈련의 원칙

배경

훈련 원칙은 주로 훈련 과정에서의 시행착오를 통해 개발되었다. 트레이너들은 운동선수의 신체에 자극을 가한 후, 그 효과를 평가하며 훈련 방식을 점진적으로 발전시켰다. 특히 우수한 러너들의 훈련 방식은 많은 주목을 받으며 주요 참고 자료로 활용되었다. 트레이너와 선수들의 개별적인 경험은 훈련의 과학적 접근을 향한 첫걸음이 되었으며, 이를 '훈련에 대한 지식과 기술'로 정의할 수 있다. 다음 단계는 이러한 개인적 경험을 체계적으로 수집하고 공통된 특징을 도출하는 것이었다. 이러한 공통점을 바탕으로 훈련 이론, 즉 훈련 원칙이 공식화되었다. 이후 훈련 지식을 더욱 체계적으로 연구하기 위한 과학적 접근 방식이 도입되었다. 최근 수십 년 동안 인간의 수행 능력은 과학적 연구의 중심 주제로 자리 잡았으며, 심리학, 사회학, 생리학과 같은 다양한 학문이 스포츠 연구에 폭넓게 활용되고 있다.

오늘날 스포츠 세계에서는 최고의 퍼포먼스를 달성하기 위해 달리기가 과학적 접근에 의해 뒷받침되어야 한다는 인식이 널리 퍼져 있다. 그러나 러너를 훈련시키는 과정에서 100% 과학에만 의존할 수는 없다. 훈련 과정에서 트레이너와 선수들의 경험은 개인의 적응 과정에서 매우 중요한 역할을 한다. 현장에서의 스포츠 수행과 스포츠 과학은 상호 보완적 관계로 여겨지지만, 여전히 두 영역 간에는 차이점과 논쟁의 여지가 있다(표 4.1 참조). 과학은 일반화하려는 경향이 있는 반면, 스포츠 현장에서는 개별 선수의 특성에 집중한다. 과학자는 특정 문제를 이해하고 이를 가능한 한 많은 연구로 발표하려 노력하는 반면, 트레이너는 오직 경기력 향상에 초점을 맞추며, 훈련 방법은 종종 오픈하지 않는다. 또한, 트레이너는 선수 지도 과정에서 다양한 문제에 직면하지만, 결코 의구심을 드러내서는 안 된다는 특징이 있다. 반면, 과학자는 자신의 연구 결과에 항상 의문을 품는다. 이 두 영역 간의 또 다른 차이점은, 과학자는 자신의 연구가 실무에서 제대로 이해되지 않는다고 느끼는 경우가 많은 반면, 트레이너는 과학적 접근이

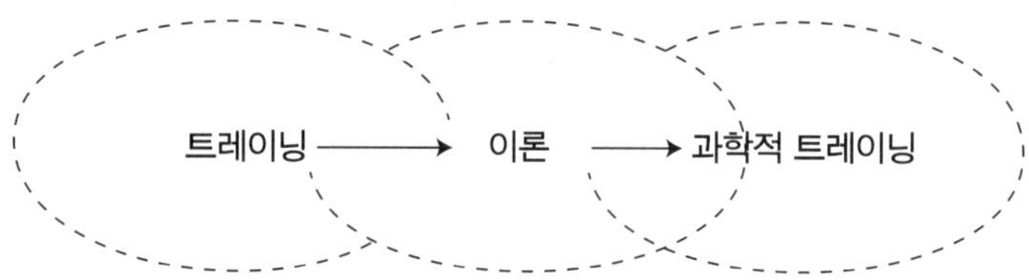

그림 4.1 과학적 트레이닝 발전의 다양한 단계

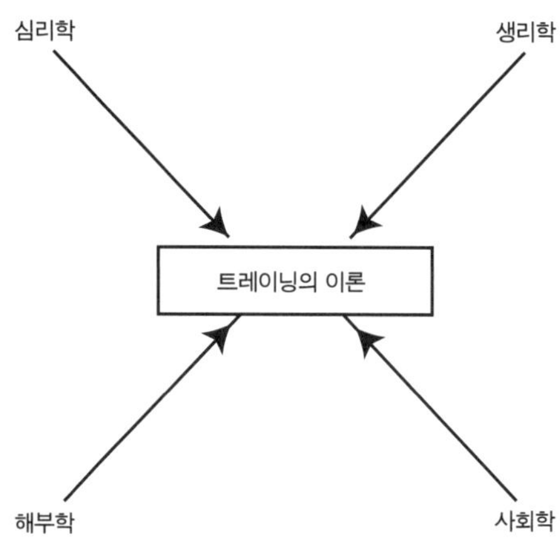

그림 4.2 트레이닝 이론에 영향을 미치는 학문 분야

트레이닝 이론은 다양한 학문에 의해 뒷받침되며 그중 4가지 학문 분야의 예시를 보여준다.

표 4.1 과학과 스포츠 현장 간의 차이점

과학	스포츠 현장
• 일반화 • 지식 • 확신하지 못함 • 논문 게재 • 현장에서 오해가 생김 • 구체적인 문제	• 개인차 • 퍼포먼스(경기력) • 확신 없어 보이면 안 됨 • 비밀 유지 • 과학적 접근으로 현장이 위협을 느낌 • 다양한 문제

자신의 역할을 위협한다고 느낄 수 있다는 점이다. 그럼에도 불구하고, 과학과 현장에서의 훈련 사이에는 여러 생물학적 법칙을 공유하는 공통점이 존재한다.

생물학적 원칙

과부화의 원칙

훈련 중 최적의 자극이 가해지면 항상성이 깨지게 된다. 여기서 '최적'이란 훈련 중 적용되는 자극이 과부하의 원칙을 충족한다는 의미이다. '과부하overloading'는 자극이 신체의 순간적 부하 수용 능력을 초과하여 더 큰 신체적 노력을 요구하는 상태를 말한다(Roovers, 1999). 이러한 평형 상태의 붕괴는 다양한 회복 과정을 촉진한다. 예를 들어 회복 기간 동안 고갈된 글리코겐이 다시 보충되며, 근육과 간의 글리코겐 저장량은 초기 수준보다 더 높아지는 것으로 알려져 있다. 회복 과정이 끝날 무렵 간과 근육에 글리코겐이 더 많이 저장되기 때문에 동일 자극에 대한 운동선수의 신체적 극복 능력이 향상된다.

근력 훈련으로 손상된 근육 조직의 회복 과정도 이와 유사한 패턴을 따른다. 예를 들어 근력 훈련 중에는 근육 단백질의 분해(이화 작용) 속도가 합성(동화 작용) 속도를 초과하지만, 회복 과정에서는 동화 작용이 우세해진다. 그 결과, 근육 단백질의 합성량이 초기 수준을 초과하게 되어 해당 근육이 비대(근비대)해진다. 이러한 적응 현상은 훈련 이론에서 초과보상supercompensation으로 설명되며 이는 단일 요인 모델이라고도 불린다. 초과보상 모델은 시간이 지남에 따라 훈련의 즉각적인 효과와 특정 생화학적 지

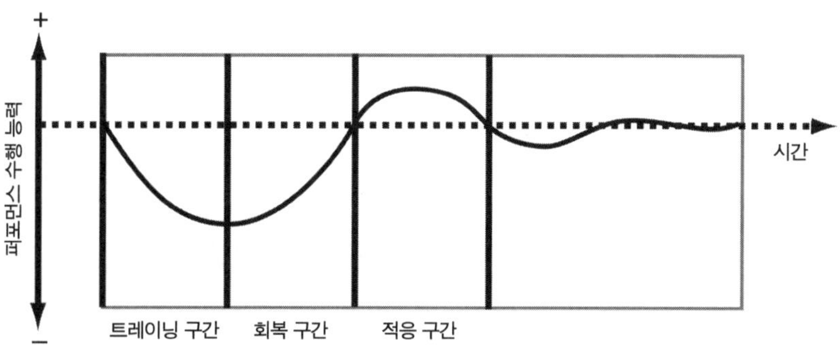

그림 4.3 초과보상 혹은 단일 요인 모델
훈련 자극이 가해져 항상성(평형 상태)이 깨지는 순간부터 시간이 지남에 따라 점진적으로 퍼포먼스 수행 능력이 변화하는 과정.

표 고갈로 인해 신체가 스트레스를 얼마나 견딜 수 있는지에 중점을 둔다(Zatsiorsky, 1995).

앞서 언급된 글리코겐 보충은 초과보상의 가장 잘 알려진 사례이다. 그러나 다른 생화학적 지표에 대한 초과보상의 존재는 실험적으로 명확히 입증되지 않았다. 또한 초과보상 모델에 따르면 다양한 물질의 대사가 초기 수준으로 회복되는 데 걸리는 시간이 서로 다를 수 있다. 이러한 현상은 회복 과정의 비동시성asynchrony of recovery processes으로 설명된다. 이 개념은 다양한 훈련 방법이 존재할 수 있다는 아이디어로 이어졌다(Swinkels & Goolberg, 1994). 일반적으로 스트렝스 훈련 후 스피드와 기술에 대한 초과보상은 지구력 훈련 후보다 더 빠르게 나타나는 것으로 알려져 있다. 이러한 회복 과정의 비동시성을 고려하면, 초과보상을 최적화하기 위해 서로 다른 유형의 훈련 자극을 계획적으로 배치할 수 있다. 예를 들어 스트렝스 훈련을 수행한 다음 날에는 지구력 향상을 목표로 하는 훈련 세션을 진행할 수 있다.

이처럼 지나치게 단순화된 적응 과정의 설명은 다양한 생화학적 지표들이 서로 다른 회복 속도를 가진다는 사실을 고려하지 않는다. 따라서 두 훈련 세션 사이의 이상적인 휴식 기간을 결정할 수 있는 명확한 기준을 설정하기는 어렵다. 일반적으로, 초과보상 모델은 지나치게 단순화되어 있어 정확성이 떨어진다(Zatsiorsky, 1995). 실제로 '초과보상'이라는 용어 자체도 부정확하다. 이는 훈련 자극에 의해 부담을 받은 생리적 과정 이외의 다른 생리적 과정이 항상성 회복을 책임지고 있다는 것을 시사하기 때문이다(Roovers, 1999). 이러한 관점은 훈련 원칙, 예를 들어 특이성의 원칙을 위배하는 결과를 초래한다(203~204쪽 참조).

이중 요인 모델은 초과보상 모델보다 적응 과정을 더 정밀하게 설명한다. 이 모델은 시간에 따른 수행 능력의 변화를 설명할 때 체력과 피로 두 가지 요소를 포함한다(Morgan 등, 1987). 이 모델에서 체력은 수행 능력을 구성하는 비교적 천천히 변화하는 요소로 설명되며, 반대로 피로는 빠르게 변화하는 요소로 간주된다. 훈련은 두 가지 생리적 반응을 유발하는 자극으로 정의되며, (1) 체력의 증가와 (2) 피로의 증가, 이 두 반응의 합산이 최종적으로 수행 능력으로 나타난다. 훈련 직후에는 체력이 일부 향상될 수 있지만, 피로 요소의 증가로 인해 전체 수행 능력은 일시적으로 감소한다. 이후 회복 기간 동안 피로는 빠르게 감소하고, 체력은 서서히 증가하여 결과적으로 수행 능력이 향상된다.

얼핏 보기에, 신체 운동과 회복을 변수로 훈련을 계획할 때 초과보상 모델과 이중 요인 모델 간에 큰 차이는 없어 보인다. 초과보상 모델을 따르는 트레이너는 초과보상 단계에서 다음 훈련 세션을 계획하는 데 중점을 둔다. 반면, 이중 요인 모델을 선호하는 트레이너는 피로로부터 충분히 회복할 시간을 제공하면서 체력 손실을 최소화하기 위해 두 훈련 세션 간의 휴식 기간을 전략적으로 조정하려고 노력한다.

두 모델의 차이는 중요한 대회를 대비한 훈련을 계획할 때 특히 두드러진다. 단일 요인 모델을 지지하는 이들은 레이스 전 마지막 주에 훈련 세션의 횟수를 크게 줄이면서도, 계획된 세션에서 상대적으로 높은 강도의 자극을 유지하려 한다. 이 접근 방식의 목표는 강도 높은 훈련과 충분한 휴식을 번갈아 제공함으로써 초과보상을 최적화하는 것이다. 반면, 이중 요인 모델을 따르는 경우, 훈련 빈도는 크게 줄이지 않지만 개별 훈련 세션의 운동 강도를 상당히 낮춘다. 이 접근법의 목표는 대회 전 주에 피로를 최소화면서, 이미 형성된 체력을 유지하는 데 중점을 둔다(Zatsiorsky, 1995).

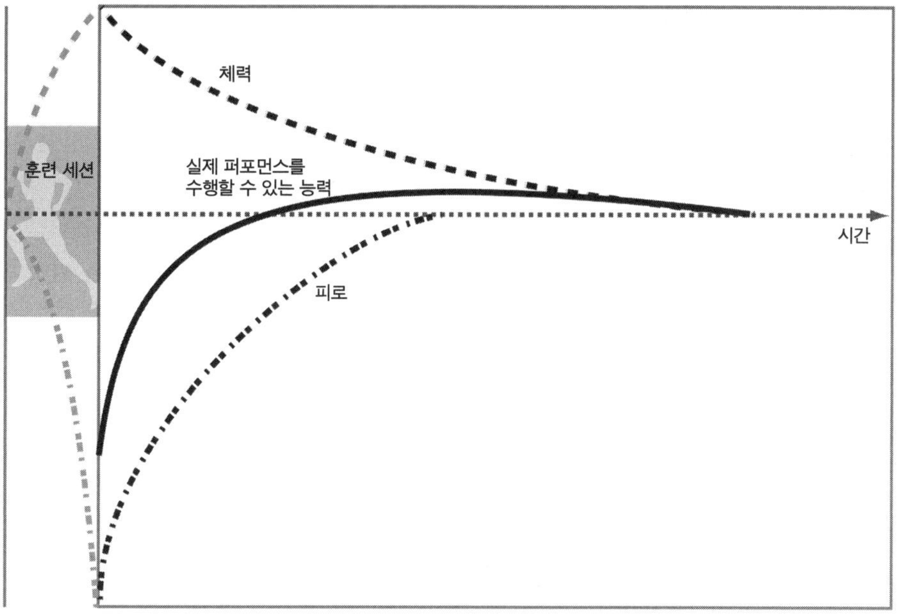

그림 4.4 이중 요인 모델
훈련 세션 종료 후 시간이 흐름에 따른 체력과 피로의 변화를 설명하는 모델. 체력과 피로는 함께 러너의 실제 수행 능력을 결정짓는 주요 요인이다.

과부하 훈련 원칙을 효과적으로 적용하려면, 적응을 위한 생리적 과정이 어떻게 진행되는지에 대한 명확한 이해가 필요하다. 특히, 회복에 필요한 생리적 과정의 시간이 다음 훈련 자극을 적용할 수 있는 시점을 결정한다. 두 훈련 세션 사이의 최적 휴식 기간을 파악하는 것뿐만 아니라, 신체가 부하를 감당할 수 있는 능력이 어떻게 발달하는지를 이해하는 것도 중요하다. 이를 통해 신체 운동의 강도를 적절히 조정할 수 있다. 이 과정에서 가역성 원칙은 중요한 역할을 한다.

가역성의 원칙

가역성이라는 훈련 원칙은 종종 부정적인 의미를 내포하는데, 이는 주로 부상과 연관되기 때문이다. 부상은 운동선수로 하여금 훈련을 조정하거나 중단하게 만들 수 있다. 가역성은 훈련으로 인해 향상된 신체의 구조적 혹은 기능적 변화가 훈련에 의한 자극이 사라질 경우 원래 수준으로 되돌아감을 의미한다(Swinkels, 1980). 그러나 현대 트레이닝 이론에서는 가역성을 단순히 부상이나 훈련 중단의 결과로 나타나는 불가피한 원칙으로 보지 않는다. 대신, 이를 훈련 프로그램을 설계할 때 충분히 고려하고 활용할 수 있는 중요한 개념으로 접근한다. 전통적인 훈련 프로그램과 현대적인 훈련 프로그램을 비교해보면, 가역성이 현대 훈련 이론에서 더 이상 단순히 부정적인 요소로 간주되지 않는 이유를 명확히 이해할 수 있다.

전통적인 훈련 방식에서는 초기 단계에서 비특이적이고 저강도의 훈련 방법이 주로 적용된다(Matveyev, 1972). 이 시기의 훈련은 근력, 스피드, 지구력, 기술에 초점을 맞춘 다양한 자극을 제공하며, 이를 복합-병행$_{\text{complex-parallel}}$ 훈련 계획이라 한다. 이러한 훈련 주기는 일반적으로 4~6개월 동안 지속되며(Verchoshansky, 1992), 훈련이 진행됨에 따라 훈련 영역을 점진적으로 확대하면서도, 강도는 비교적 낮게 유지한다. 다음 단계에서는 훈련 영역을 좁히고 강도를 증가시키며, 이 시기에는 보다 특이적인 훈련 방법이 훈련 프로그램 내에서 더 중요한 역할을 한다. 이러한 전통적인 접근에서는 가역성의 역할이 크게 중요하지 않다. 반면, 현대적인 훈련 방식은 이와 크게 다르다. 현대 훈련 프로그램은 4~12주의 짧은 주기로 구성되며, 각 주기마다 특정 기본 운동 능력을 강조한다. 이 접근 방식의 핵심원리는 복합-병행 훈련 계획에서 동시에 발생할 수 있는 여러 적응 과정을 분리하여 서로 간섭을 최소화하는 것이다. 이를 통해 연속적으로 연결된 훈련 계획에서는 적응 과정이 보다 최적화된다(Verchoshansky, 1992). 결과적으로, 특정 기본 운동 능력을 강화하는 훈련 효과가 전통적인 방식보다 더 크게 나타난다.

가역성의 개념은 특정 기본 운동 능력을 강화하기 위한 집중 훈련 기간을 결정할 때 중요한 요소로 적용될 수 있다. 다음 집중 훈련을 계획할 때, 이전 집중 훈련 기간 동안 획득한 훈련 효과가 점차 감소할 가능성을 고려해야 한다. 여기서 핵심 질문은 이전 훈련 효과가 얼마나 빠르게 감소하는가에 있다. 훈련 프로그램을 진행하면서 특정 기본 운동 능력에 대한 훈련 효과가 어느 정도까지 감소하는 것을 허용할 수 있는지 명확히 결정해야 한다. 일부 상황에서는 특정 기본 운동 능력을 무시할 수 없으며, 이러한 경우 유지 훈련을 반드시 포함해야 한다.

훈련에 의한 신체 능력의 향상이 얼마나 빠르게 감소하는지는 선수의 연령, 훈련 기간, 그리고 훈련하는 기본 운동 능력의 종류에 따라 달라진다. 예를 들어 근력의 경우 장기간의 훈련으로 증가한 근력은 훈련을 중단하더라도 서서히 감소하는 경향이 있다. 반면, 단기간의 파워 트레이닝으로 증가한 근력은 상대적으로 빠르게 감소하는 경향을 보인다(Hettinger, 1966). 이러한 현상은 미국 속담 "빨리 익은 과일은 빨리 썩는다soon ripe, soon rotten"라는 표현으로 설명되기도 한다. 따라서 육상 경기에서 준비 기간이 길고, 대회 기간이 상대적으로 짧을 경우, 특정 형태의 근력 훈련을 줄여도 근력 손실을 최소화할 수 있다. 훈련 중단 기간이 짧으면 근력 감소도 적게 나타난다. 또한 근력이라는 기본 운동 능력은 지연 효과delayed effect 원칙에 따라 적응한다(Verchoshansky, 1987). 강도 높은 근력 훈련 기간 동안에는 누적된 피로와 자극에 대한 신체의 적응 과정으로 인

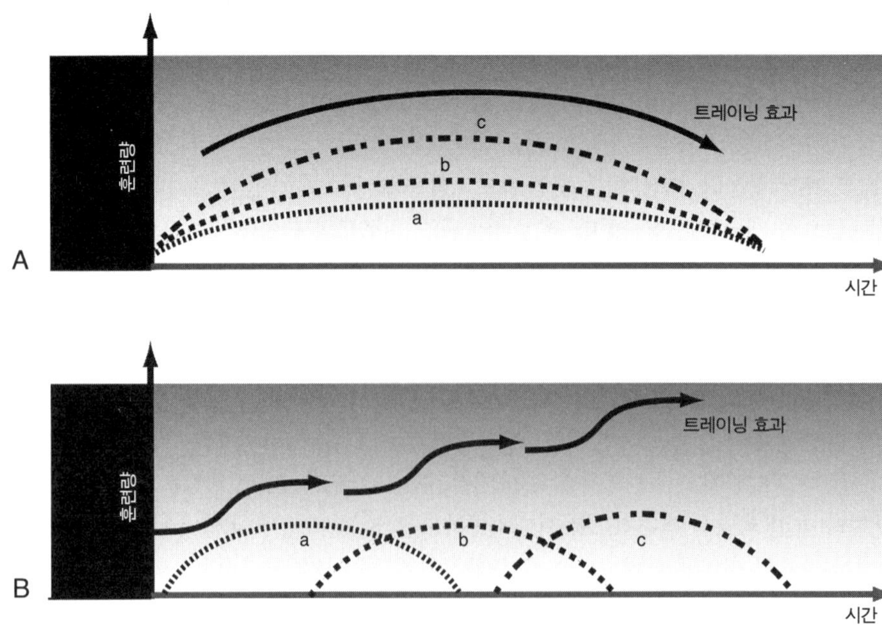

그림 4.5 시간의 흐름에 따른 훈련 효과
복합-병행 훈련(A)과 연속적 연결 훈련(B)의 효과가 시간에 따라 어떻게 변화하는지를 나타낸다.

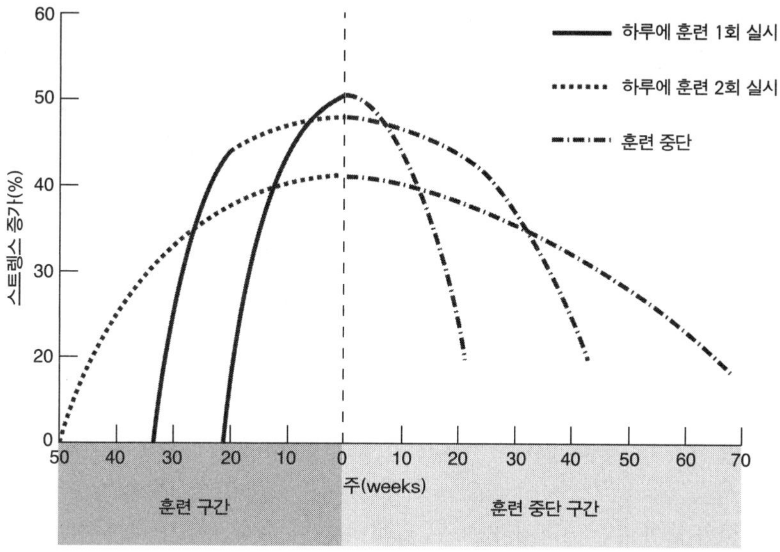

그림 4.6 훈련과 훈련 중단의 관계
약 20주 동안 하루 1회, 주 2회 훈련하여 얻은 근력 증가가 훈련 중단 후 어떻게 변화하는지를 보여준다. 또한 약 50주 동안의 더 긴 훈련 기간 이후 얻은 근력 증가가 훈련 중단 후 어떻게 감소하는지도 비교한다.

해 수행 능력이 일시적으로 감소할 수 있다. 그러나 이후 근력 훈련 자극을 크게 줄이는 회복 중심의 훈련 기간을 가지면, 신체는 더 높은 수준의 근력을 가지며 적응하게 된다. 이러한 긍정적 적응은 훈련 기간과 강도에 따라 달라지지만, 일반적으로 4주간의 회복기 이후에 나타난다고 보고된다(Zatsiorsky, 1995).

장기간 훈련한 운동선수는 단기간 훈련한 선수들보다 훈련을 중단했을 때 훈련을 통해 향상된 신체 능력이(적응)이 더 천천히 감소하는 경향이 있다. 장기간 훈련한 운동선수들은 훈련을 하지 않아도 비교적 안정적으로 수행 능력을 유지할 수 있는 특징을 보인다. 그러나 이러한 주장은 훈련 효과의 감소 속도가 훈련하는 기본 운동 능력의 종류에 따라 다르다는 점을 고려해야 한다. 예를 들어 무산소 지구력은 훈련 중단 후 빠르게 감소하는 반면, 속도, 최대근력, 유산소 지구력은 비교적 천천히 감소한다. 특히 유산소 지구력은 훈련 효과가 안정적으로 유지되는 능력 중 하나로 알려져 있다. 다만, 유산소 지구력의 유지 여부는 평가 기준에 따라 다르게 나타날 수 있다. 최대 산소 섭취량을 기준으로 하면, 훈련 중단 후 6주 동안 비교적 안정적으로 유지되는 것으로 보고된다(Viru, 1995). 하지만 유산소 대사 효소의 활성을 기준으로 평가할 경우, 훈련 중단 후 2주 이내에 현저한 감소가 관찰된다.

특이성의 원칙

훈련으로 인해 다양한 신체 조직과 기관에서 발생하는 적응은 특이적이다. 근육을 예로 들면 즉, 적응은 자극을 받은 근육에서만 일어난다. 하지만 이러한 적응은 단순히 특정 근육에만 국한되지 않으며, 근육이 어떻게 사용되는지가 훈련 부하의 특이성을 결정짓는 핵심 요소가 된다.

훈련 부하가 특이적이기 위해서는, 경기 중 경험할 부하와 얼마나 일치하는지 평가할 수 있는 몇 가지 기준이 충족되어야 한다. (1) 특정 훈련 부하는 동작의 구조와 관련하여 경기 중 나타날 동작과 유사해야 한다. (2) 근육 수축 유형이 경기 중 발생하는 것과 유사해야 한다. (1)과 (2)는 각각 동작의 외적 구조와 내적 구조를 의미한다. (3)

훈련 부하는 경기 중 가장 많이 사용될 에너지 시스템을 활용해야 한다.

많은 트레이너들이 "실제 레이스가 최고의 훈련이다"라고 말하는 것은 이제 흔한 표현이 되었다. 경기가 가장 특이적인 부하라는 점은 사실이지만, 이 표현은 부분적으로만 옳다. 훈련 프로그램에 준비 경기build-up competitions를 포함하는 것은 선수의 강점과 약점을 파악하는 데 유용하며 특정 레이스 전략을 테스트하는 데도 활용될 수 있다. 그러나 여러 차례 레이스를 반복하게 되면 생리학적 적응이 급격히 감소한다는 점에서, 많은 훈련을 반복함으로써 훈련 효과를 극대화할 수 있다는 기존의 개념과는 반대된다. 이 접근 방식의 한계점은 일정 횟수를 초과해 레이스를 반복하면 과부하가 부족해진다는 점이다. 예를 들어 800m 종목의 선수가 경기 속도에 가깝게 800m를 계속 달린다면, 그 이상의 향상을 기대하기 어려울 것이다. 이는 경기력을 결정하는 요인들이 그 이상으로 충분히 자극받지 않아 지속적이고 긍정적인 적응을 이끌어내지 못하기 때문이다.

훈련 프로그램을 구성할 때는 먼저 특정 달리기 종목의 경기력을 결정하는 요인을 파악하는 것이 효과적인 전략이다. 이후, 특정 경기력 결정 요인이 과부하 상태에 도달할 수 있도록 훈련 부하를 구성하는 방법을 결정해야 한다. 복합-병행 또는 연속적 연결 방식을 활용한 주기화 방법에 따라, 하나 이상의 경기력 결정 요인을 동시에 강조할 수 있다. 이 과정에서 훈련의 특이성은 훈련 효과의 전이 정도에 의해 결정된다. 즉, 특정 훈련이 퍼포먼스 수행 수준 향상에 얼마나 기여하는지를 평가한다. 예를 들어 싱글레그 스쿼트 같은 훈련이 러너의 기록 단축에 얼마나 효과적인가? 이 운동이 숙련될수록 다른 경기력 변수에 긍정적 영향을 미칠 수 있는가? 이러한 질문은 트레이너가 지속적으로 고민해야 하는 핵심 주제지만, 답을 찾는 것은 쉽지 않다. 훈련 부하의 효과를 평가하는 일은 더욱 복잡하다. 그 이유는 훈련 효과가 신체 능력이나 경기 결과의 향상으로 나타나기까지는 일반적으로 몇 달의 시간이 소요되기 때문이다(Viru, 1995). 이로 인해 트레이너는 달리기를 지도할 때 지연된 피드백에 의존해야 하는 경우가 많다. 또한, 달리기 자세와 신체 기능의 변화는 훈련 중 사용된 다양한 수단과 방법들의 종합적 효과를 반영한다.

중심-주변 모델

이미 언급한 바와 같이, 훈련은 과부하와 특이성의 원칙을 충족할 때 효과적이다. 따라서 이상적인 훈련은 높은 과부하와 최적의 특이성을 동시에 제공해야 한다. 즉, 운동선수가 현재 감당할 수 있는 스트레스 처리 능력을 초과하는 부하를 제공하면서도, 훈련 전이 효과를 극대화할 수 있는 방식이어야 한다. 그러나 과부하와 특이성은 상호 양립하기 어려운 개념이다. 훈련에서 높은 과부하를 제공하고자 한다면, 경기 목표나 대회 중심의 훈련 특성을 일부 희생해야 한다. 반대로, 훈련에서 특이성을 유지하고자 한다면, 높은 과부하를 적용하기 어렵다. 중심-주변 모델은 이러한 과부하와 특이성 간의 상충 관계를 설명한다. 이 모델에서 목표로 하는 움직임은 중심에 위치한다. 예를 들어 육상 트랙에서 800m를 가능한 한 빠르게 달리는 것이 중심에 해당한다. 중심에서 약간 벗어나면, 경사로에서 800m를 가능한 빠르게 달리는 훈련이 포함될 수 있다. 중심에서 더 멀어지면, 200m를 최대 속도로 달리는 훈련이 위치하며, 그보다 바깥쪽에는 허들을 이용한 훈련이 있으며, 모델의 가장 외곽에는 최대 근력을 향상시키기 위한 데드리프트와 같은 훈련이 자리한다. 이 모델에서 중심에서 주변으로 갈수록 훈련의 특이성은 감소하지만, 과부하를 증가시킬 수 있는 잠재력은 높아진다. 이러한 과부하와 특이성 간

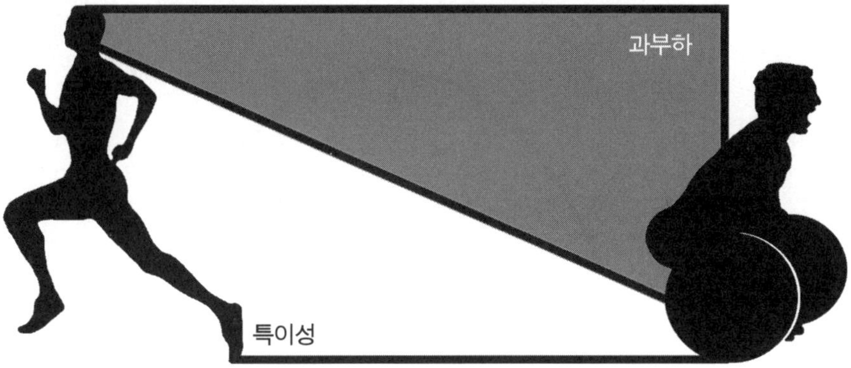

그림 4.7 중심-주변 모델
훈련의 특이성은 중심에서 주변으로 갈수록 감소하지만, 경기력을 구성하는 특정 요소(예근력, 파워 등)에 더 큰 과부하를 집중적으로 가할 수 있다.

의 상반된 영향은 양방향으로 작용한다. 뒤의 '훈련의 경제성'(249쪽)에서는 협응 훈련이 처음에는 높은 과부하와 특이성을 동시에 만족하는 것처럼 보이지만, 자세히 분석해 보면 그렇지 않다는 사례를 다룬다. 이와 같은 동시에 충족하기 어려운 상황의 생리학적 예로는 지구력 훈련을 들 수 있다. 지구력 훈련에서는 피로에 대한 저항력을 확보하는 것이 가장 중요한 목표이다. 운동선수를 훈련 중에 극도로 피로하게 만드는 것은 높은 과부하를 제공하는 것처럼 보일 수 있다. 그러나 지구력을 향상시키기 위해 필요한 특이성 조건은 단순히 항상성을 깨뜨리는 것을 넘어서는 더 정교한 접근이 요구된다.

중심-주변 모델을 사용하는 이유는 특정 훈련 방식이 얼마나 효율적이고 에너지를 절약할 수 있는지를 평가하기 위해서이다. 이 질문은 특이성과 과부하의 관계로 요약될 수 있다. 특이성을 고려하지 않는다면, 훈련 중 과부하를 극대화하는 것은 어렵지 않다. 예를 들어 5000m 러너가 낮은 강도의 지구력 훈련에서 무한히 달리는 거리를 늘리는 것은 과부하를 제공할 수 있지만, 특이성이 부족한 훈련이 될 수 있다. 훈련의 핵심은 특이성과 과부하가 균형을 이루면서도 최대치로 활용될 수 있도록 훈련 방식을 선택하는 것이다. 이를 위해 특정 훈련의 특이성을 정확히 평가하는 것이 중요하다. 모호한 표현이나 포괄적인 용어(예: 지구력, 템포 강도, 지구력 근력 등)를 사용하는 것은 피해야 한다. 훈련 형태가 얼마나 특이적인지, 그리고 그 방식이 적절한지를 정확히 분석해야 과부하가 충분히 크고 훈련이 효과적인지를 결정할 수 있다.

개별성의 원칙

각각의 러너들은 저마다 다르다. 예를 들어 모든 사람은 생리학적, 해부학적, 심리적으로 서로 다른 특성을 지니고 있다(Bon, 1998). 따라서 비슷한 수준의 두 운동선수에게 동일한 유형의 훈련을 적용하더라도 결과는 크게 달라질 수 있다. 따라서 훈련의 출발점은 항상 개인의 특성을 기반으로 설정해야 한다. 훈련 중 각 개인에게 적합한 부하 유형을 구분할 때, 연령, 재능, 적응 속도와 같은 요인이 중요한 역할을 한다.

수확 체감의 법칙

훈련을 오랫동안 해온 선수일수록, 기존 수준의 연습만으로 퍼포먼스 수행 능력을 향상시키는 것이 점점 어려워진다. 훈련 프로그램을 처음 시작할 때는 목표 지향적인 훈련 계획을 통해 신체 능력 향상이 빠르게 나타난다. 그러나 이후 지속적인 향상을 위해

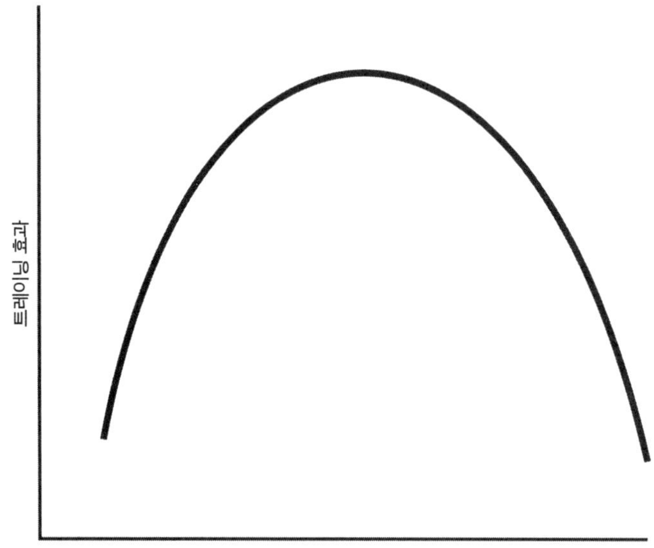

그림 4.8 훈련 부하의 강도와 그 효과의 크기 간의 관계

운동 부하는 강도, 지속 시간, 그리고 훈련 적용 범위scope라는 구성 요소를 기반으로 설정할 수 있다. 또한, 인터벌 트레이닝이나 스트레스와 회복이 교대로 이루어지는 다른 훈련 방식을 활용할 경우 자극 밀도라는 요소도 포함되어야 한다. 일반적으로 훈련 강도를 결정할 때 훈련 빈도 역시 중요한 요소로 고려된다.

서는 훈련의 강도와 양을 증가시켜야 한다. 초기 훈련에서 관찰된 큰 향상 폭은 훈련 기간이 길어질수록 점차 줄어들며, 훈련 프로그램이 점점 더 어려워지더라도 마찬가지다. 이로 인해 최고 수준의 러너들은 퍼포먼스 수행 능력의 미세한 향상을 위해 훨씬 더 강도 높은 훈련을 해야 한다. 또한, 달리기 속도를 증가시킬수록 에너지 소모량이 기하급수적으로 증가하는 추가적인 부담이 따른다. 다시 말해, 속도의 미세한 증가를 이루기 위해서는 불균형적으로 더 많은 에너지가 필요하다.

최적 운동 부하

훈련의 목표는 긍정적인 적응을 유도하는 것이다. 이를 위해 사용되는 자극은 너무 강하지도, 너무 약하지도 않아야 한다. 운동 부하의 강도와 훈련 효과의 크기 사이의 관계는 역 U자 곡선을 따른다. 운동 부하가 항상성을 거의 방해하지 않을 정도로 약하면, 훈련 효과는 미미하거나 아예 나타나지 않을 것이다. 반대로, 신체에 과도한 스트레스가 가해질 경우에도 훈련 효과는 감소한다. 결과적으로 최적의 운동 부하 범위는 상당히 좁다. 이 범위를 유지하기 위해서는 훈련 부하를 결정하는 요인을 정확히 파악하고 조절하는 것이 중요하다.

도출된 훈련 원칙

훈련 부하의 유형

점진적 부하

과부하의 원칙, 최적 운동 부하의 원칙, 수확 체감의 법칙은 신체가 훈련을 통해 점진적으로 스트레스를 받아야 한다는 기본 원칙의 기반을 형성한다. 러너는 훈련 중 신체에 과부하를 가해야 하며, 이 과부하를 피해야 한다는 가정은 잘못된 것이다. 과부하 원칙에 따르면, 신체에 적절한 자극을 가하는 것은 훈련의 필수 요소이다. 그러나 자극이 잘못 적용되면, 신체는 부적절한 방식으로 스트레스를 받을 수 있다. 따라서 훈련 중 사용되는 자극은 러너가 부하를 감당할 수 있는 능력에 맞춰 신중히 조정되어야 한다. 최적 운동 부하의 원칙은 부하의 크기와 훈련 효과 간의 관계를 설명한다. 적응을 위해서는 훈련 자극이 항상성을 방해할 정도로 충분히 강해야 한다. 하지만 동일한 자극도 어떤 상황에서는 항상성을 방해할 수 있지만, 다른 상황에서는 그렇지 않을 수도 있다. 이는 신체가 스트레스에 적응하면서 더 큰 부하를 견딜 수 있게끔 적응되었기 때문이다. 결과적으로 퍼포먼스 수행 능력을 지속적으로 향상시키기 위해서는 훈련 과정 전반에서 점진적으로 강도를 증가시키는 접근이 필요하다.

지속적 부하

노크스Noakes(1992)는 그의 저서 『Lore of Running』에서 훈련의 첫 번째 법칙을 훈련의 일관성으로 설명했다. 오늘날 최상위 수준의 러너들에게 있어 훈련을 중단하거나 거의 하지 않는 기간이 생기면 경기력을 유지하는 것은 사실상 불가능하다. 최상위 러너의 훈련 프로그램은 일반적으로 1년 내내 지속되는 체계적인 훈련으로 구성되며, 이 과정에서 3~6주의 상대적 휴식기relative rest periods가 포함된다. 그러나 중·장거리 러너들은 이러한 상대적 휴식기 동안에도 주 3회 정도의 저강도 지구력 훈련을 유지하는 것이 일반적이다.

특이적 부하

특이성에 대한 단락을 참조하라(203~204쪽).

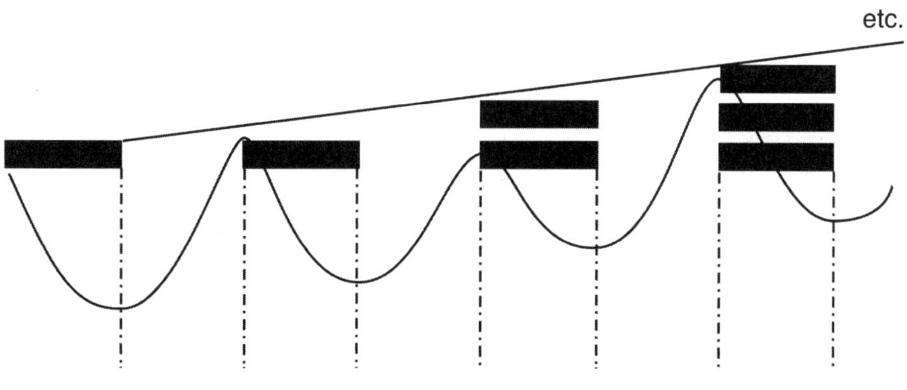

그림 4.9 과부하 상황 창출

신체는 훈련 자극에 지속적으로 적응하기 때문에, 과부하 상태를 만들기 위해서는 점진적으로 스트레스를 증가시켜야 한다. 검은 상자의 수는 훈련의 강도를 나타낸다.

훈련 방식의 변동

생물학적 법칙에서 도출된 모든 훈련 원칙의 궁극적 목표는 훈련 부하를 최적화하는 것이다. 훈련 방식은 러너를 과부하 상태로 유도해야 하며, 특정 훈련 방식이 특정 효과를 유발하도록 설계되어야 한다. 하지만 앞서 언급했듯이, 과부하의 증가와 특이성의 증대는 상호 양립하기 어려운 특성을 가지고 있어, 적절한 훈련 방식을 선택하는 데 제약이 발생한다. 훈련 선택의 폭이 지나치게 좁아질 경우, 훈련 방식은 비효율적이 될 수 있으며, 이 경우 수확 체감의 법칙이 빠르게 작용하게 된다. 따라서 훈련 효과를 제한된 범위 내에서 최적화하기 위해서는 훈련 방식에 변화를 주어야 한다. 훈련 방식의 변화는 훈련 방법을 변경하거나 훈련 부하의 크기를 조정함으로써 이루어진다. 단기 훈련 주기(4주 이내)에서는 훈련 방법을 유지하면서 훈련 적용 범위, 지속 시간, 부하 강도와 같은 자극 요소를 다양화할 수 있다. 장기 훈련 주기(4~12주)에서는 다양한 훈련 방식과 방법을 적용할 수 있다.

주기화 및 순환적 구성

경기 당일에 최고의 퍼포먼스를 발휘하기 위해서는 주기화와 순환적 훈련 구성cyclic organization이 필요하다. 잘 계획된 훈련 프로그램의 성공 여부는 선수가 전국 선수권 대회나 올림픽 경기와 같은 중요한 시점에 실제로 최고의 기량을 발휘할 수 있는지에 따라 결정된다. 더 낮은 수준의 경기에서도 러너들은 정확히 적절한 순간에 최상의 컨디션을 맞추기 위해 노력한다. 예를 들어 마라톤에 출전하는 러너는 대회 당일에 좋은 기록을 세우기를 기대한다. 그러나 이러한 계획은 종종 실패할 수 있으며, 선수가 목표한 시점 직전이나 직후에 최고의 퍼포먼스를 발휘하는 경우도 있다(Os, 1999). 이로 인해, 주기화와 순환적 훈련 구성만으로 반드시 성공을 보장할 수 없다는 점이 분명해진다. 또한, 러너가 1년 내내 높은 경기력을 유지하는 것은 거의 불가능하다. 따라서 훈련 중에는 정신적, 육체적 휴식을 위한 기간을 반드시 포함해야 한다.

주기화는 1년을 훈련 기간으로 세분화할 수 있다는 개념을 의미한다(Swinkels, 1980; Bompa, 1999). 순환적 훈련 구성은 훈련 과정에서 특정 훈련 단계를 반복적으로 적용하는 것을 뜻하며, 여기에는 특정 훈련 수단의 활용이나 특정 운동 능력을 강조하는 것이 포함된다. 이 개념의 핵심에는 경쟁력 컨디션competitive form이라는 마트베예프Matveyev(1972)의 개념이 있다. 마트베예프는 1952년 헬싱키 올림픽에서 러시아 선수들이 다양한 종목에서 69개의 메달(금메달 21개 포함)을 획득하며 탁월한 성과를 거둔 사례를 분석했다. 마트베예프는 선수들이 올림픽 훈련 과정을 기록한 설문지를 바탕으로 주기화 모델이라는 이론적 시스템을 고안했다. 이 고전적 주기화 모델은 오늘날까지도 널리 사용되며, 훈련의 영향을 받은 경쟁력 컨디션이 특정 방식으로 변화하고, 이를 조절하여 대회 기간에 최고의 수준에 도달하도록 만들 수 있다는 개념을 설명한다. 이후 마트베예프의 기본 모델은 이후 다양한 방식으로 수정 및 변형되었다(Tschiene, 1989). 또한 마트베예프의 비평가들은 생리학적 적응 과정을 더욱 강조한 대안적 주기화 모델을 제안하기도 했다(Verchoshansky, 1987).

주기화와 순환적 훈련 구성은 경기력을 최고 수준으로 끌어올리고 선수의 퍼포먼스 수행 능력을 최적으로 향상시키는 것을 목표로 한다(Swinkels, 1980). 이러한 경기력의 최적화는 경기 직전에 연습 경기를 포함한 다양한 요소에 의해 가능해진다.

훈련 과정의 주기화는 여러 수준에서 이루어질 수 있다. 거시적 수준에서는 1년 또는 그 이상의 장기적인 훈련 계획을 수립한다. 중간 수준에서는 4~26주간의 훈련 주기를 설정하는 데 중점을 둔다. 마지막으로 미시적 수준에서는 4주 이하의 짧은 주기를 대상으로 구체적인 훈련 방식과 방법을 계획하며, 훈련과 회복의 균형을 최적으로 조절하는 데에도 주의를 기울여야 한다. 마트베예프, 치에네Tschiene, 베르코샨스키Verchoshansky의 주기화 모델은 다음 단락에서 자세히 설명된다.

마트베예프의 모델

훈련 중 신체에 스트레스를 가하는 방식을 결정하는 가장 중요한 두 가지 요인은 부하의 적용 범위와 강도이며, 이는 마트베예프의 모델 전반에 걸쳐 일관되게 적용된다(최적 운동 부하, 206쪽 참조). 적용 범위와 강도는 반비례 관계를 보인다. 훈련 초반 경기 준비 단계에서는 적용 범위를 넓게 설정하고 강도를 낮게 유지한다. 두 번째 훈련 단계에서는 강도가 급격히 증가하는 반면, 적용 범위는 동일한 속도로 줄어든다. 적용 범위와 강도의 변화선이 교차하는 시점에 대회 준비를 하는 러너들은 일반적으로 해외 훈련 캠프를 계획한다. 예를 들어 3월에서 5월 사이, 북반구의 트랙 운동선수들은 따뜻한 기후의 장소를 찾아 훈련하며, 이 시기에 높은 강도와 비교적 넓은 적용 범위의 훈련을 성공적으로 수행한다. 반면, 네덜란드에서는 이 시기에 날씨가 여전히 춥기 때문에 이러한 유형의 신체 훈련은 진행이 어려우며 부상의 위험도 크게 증가할 수 있다. 경기 기간 동안에는 훈련의 적용 범위가 더욱 감소하는 반면, 강도는 최고 수준으로 증가한다.

적용 범위와 강도는 특이성 개념과 밀접하게 연관되어 있다. 넓은 적용 범위와 낮은 강도를 특징으로 하는 훈련 초반 경기 준비 단계는 비특이적 성격을 띠는 반면, 높은 강도와 좁은 적용 범위를 강조하는 경기 단계는 매우 특이적이다.

마트베예프는 그의 고전적인 주기화 모델에서 준비 기간을 한두 개, 경기 기간을 하나, 그리고 전환 기간을 하나로 구분했다. 준비 기간이 두 단계로 나뉘는 경우, 첫 번째 준비 기간은 일반적으로 3~4개월 동안 지속되며, 비특이적 체력 훈련에 중점을 두

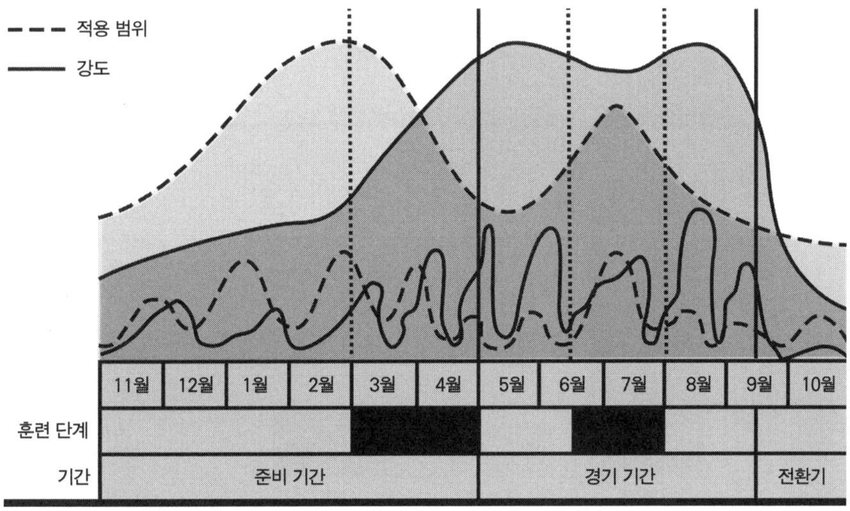

그림 4.10 고전적 주기화 모델
마트베예프가 고안한 단일 주기화

는 것이 특징이다. 이 시기에는 기술 훈련의 비중이 매우 낮다. 이 기간 동안 비특이적 체력 훈련과 기술 훈련의 비율은 대략 80:20이며, 전체적으로 특이적 성격을 띠는 부분은 약 35%에 불과하다. 두 번째 준비 기간에는 기술 훈련이 더 강조되며, 체력 훈련의 약 65%가 특이적인 성격을 띤다. 이 기간은 6~12주 동안 지속되며, 체력 훈련과 기술 훈련의 비율은 60:40이다. 경기 기간에는 체력 훈련의 비중이 이전 준비 기간에 비해 절반 이하로 줄어든다. 훈련의 대부분은 대회 준비 훈련과 연습 경기에 집중된다. 육상 종목에서는 야외 트랙 경기 시즌이 보통 5월부터 9월까지 지속된다. 그러나 운동선수가 이렇게 긴 시간 동안 높은 경쟁 수준의 신체 준비 상태를 유지하는 것은 현실적으로 불가능하다. 이에 따라 경기 기간은 두 기간으로 나뉜다. 두 경기 기간 사이에는 3~4주 정도 지속되는 소규모 준비 기간이 주기화 프로그램에 포함되며, 이 짧은 전환 기간 동안 훈련은 두 번째 준비 기간에 적용된 신체적 스트레스에 초점을 맞춘다. 즉, 첫 번째 경기 단계와 비교해 적용 범위는 넓어지고 강도는 감소한다.

경기 기간 내내 높은 수준의 수행 능력을 지속적으로 유지하는 것은 현실적으로 불가능하다. 이를 보완하기 위해 소규모 준비 기간이 활용되며, 첫 번째 경기 기간에서 나타난 부정적인 결과를 바탕으로 훈련 프로그램을 조정하는 데 사용된다. 경기 기간이 길어짐에 따라 운동선수의 수행 능력이 감소하는 이유는 다양한 정신적 및 신체적 측면으로 설명할 수 있다. 정신적 측면은 '지속력staying power', 즉 신체 능력을 100% 발휘하기 위한 정신적 지구력의 부족과 관련이 있다. 신체적 측면은 유산소 지구력처럼 경

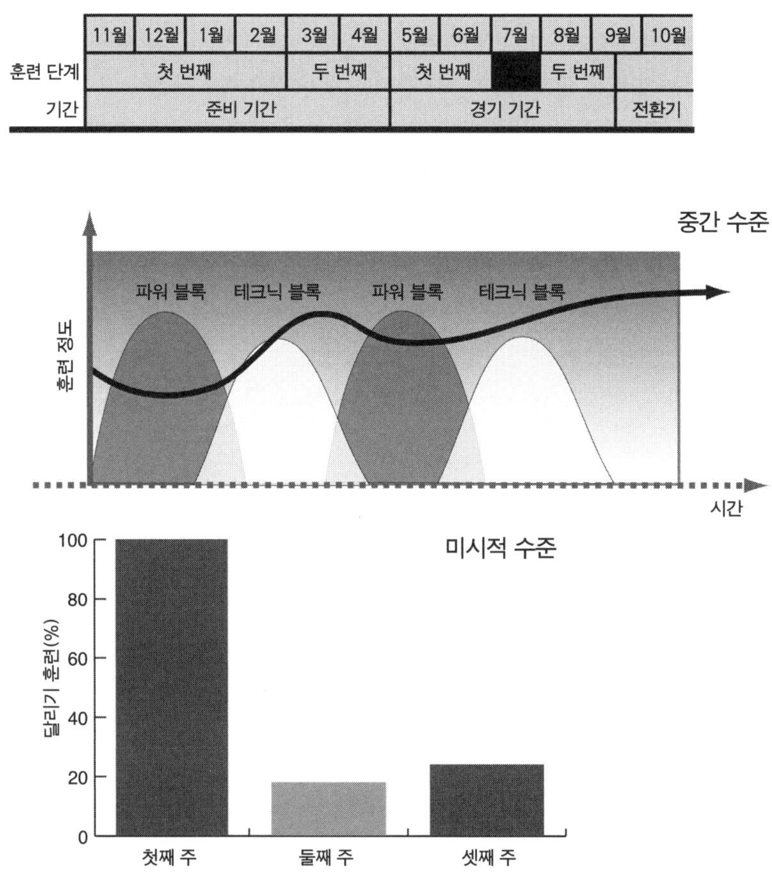

그림 4.11 주기화의 예시

주기화는 다양한 수준에서 이루어질 수 있다. 거시적 수준, 중간 수준, 미시적 수준에서의 주기화를 예로 들 수 있다.

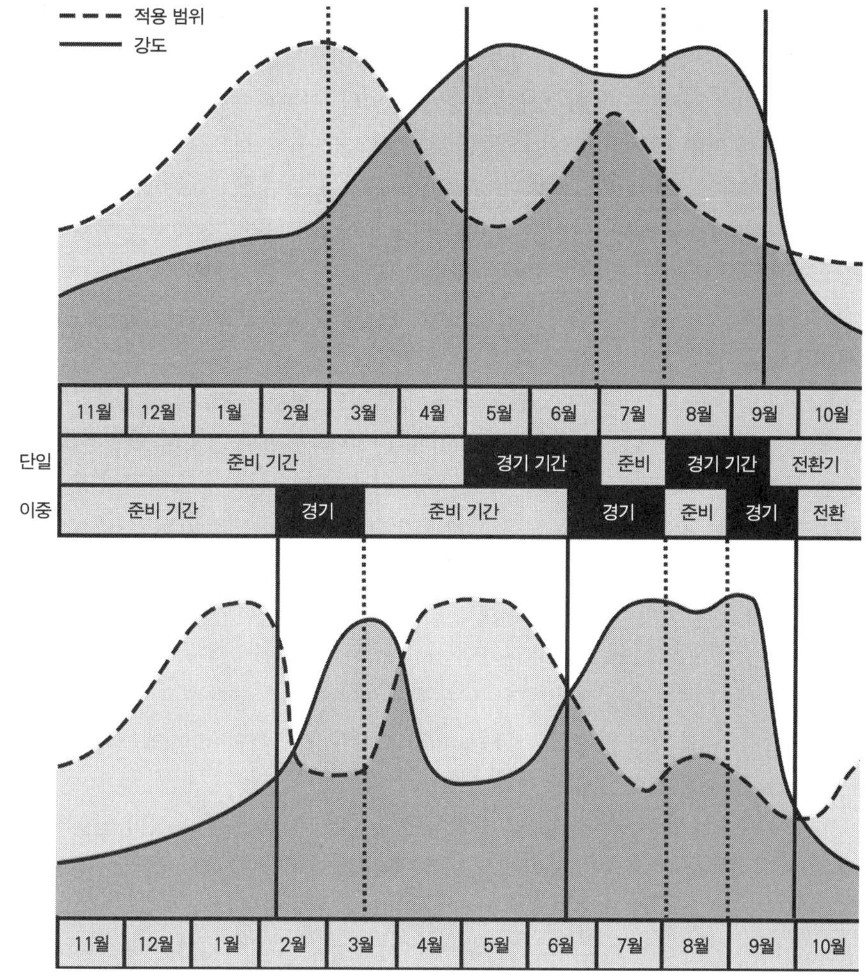

그림 4.12 마트베예프가 제안한 단일 및 이중 주기화 모델
단일 주기화에서는 하나의 경기 기간이 포함되며, 이중 주기화에서는 두 개의 경기 기간이 포함된다.

기 기간 동안 다소 소홀히 다뤄지는 훈련 가능한 요소와, 추가적인 향상이 힘든 특정 요소들과 관련이 있다. 이 특정 요소들은 두 번째 준비 기간과 첫 번째 경기 단계에서 매우 큰 부하를 받기 때문에, 회복 기간이 필요하다. 한편, 앞서 언급한 유산소 지구력 같은 경기 기간 동안 다소 소홀히 다뤄지는 훈련 가능한 요소들은 심각한 저하로 인해 경기 결과에 부정적인 영향을 미칠 수 있다. 그러나 적용 범위를 점진적으로 증가시키는 4주간의 훈련 기간 동안 유산소 지구력을 수용 가능한 수준으로 회복시키는 것이 가능하다.

전환 기간 동안 훈련의 적용 범위는 경기 기간 중 적용되던 수준의 약 15%로 감소한다. 이 기간은 3~5주 동안 지속되며, 활동적 회복$_{\text{active recovery}}$에 중점을 둔다. 이 시기에는 가벼운 달리기 외에도 운동선수가 다른 스포츠에 참여하여 정신적으로 재충전하며 새로운 훈련 준비 기간에 대비할 수 있도록 돕는다.

위에서 설명된 마트베예프 모델은 단일 주기화 모델이다. 이 모델은 하나의 경기 기간이 포함되며, 이 기간이 중간에 소규모 준비 기간으로 나뉘더라도 여전히 단일 주기화로 분류된다. 반면, 운동선수가 1년 안에 두 차례 최고 수준의 경기력을 달성해야 하고, 이 시점들이 몇 달 간격으로 나뉜 경우에는 이중 주기화가 더 적합하다. 이중 주기화의 예로는 러너가 실내 시즌과 야외 시즌을 모두 소화하거나, 봄과 가을 마라톤에 모두 참여하는 경우를 들 수 있다. 이중 주기화는 여러 해 동안 관찰한 결과, 단일 주기화에 비해 경기력을 더 크게 향상시키는 장점이 있다. 마트베예프는 이러한 효과가 특히 최대 근력과 빠른 에너지 공급이 경기력을 결정하는 요인으로 작용하는 달리기에서 더욱 두드러진다고 설명했다. 경험적으로, 이중 주기화 모델은 중·장거리 달리기에서 성공적으로 적용될 수 있다. 이러한 효과는 연간 기준으로 특정 신체 운동량의 증가가 훈련 효과를 극대화할 수 있다는 점에서 설명될 수 있다.

치에네의 모델

치에네는 마트베예프의 고전적 모델이 최상위 엘리트 운동선수들에게는 적합하지 않다고 판단했다. 마트베예프가 사용한 비교적 넓은 적용 범위와 강도의 변동은 짧은 기간 동안 특정 유형의 훈련에만 효과적이다. 최상위 운동선수들에게 효과적인 훈련을 제공하려면, 높은 강도의 특이적 훈련 부하에 특별히 중점을 두어야 한다. 따라서 마트베예프의 모델은 젊은 선수와 초보자에게는 적합하지만, 최상위 선수에게는 적합하지 않다고 여겨졌다.

치에네는 전환 기간을 제외하고, 1년 내내 소폭 변동하는 적용 범위와 높은 강도가 적용되는 주기화 모델을 설계했다. 이 모델은 예외적으로 높은 강도의 훈련 프로그램을 요구하며, 이를 완수하려면 다양한 회복 조치가 필수적이다. 치에네의 모델에서 회복 속도는 훈련 세션 간 중요한 제한 요인으로 작용한다.

미시적 수준에서 치에네는 복합 훈련을 강조한다. 이는 훈련 세션이 일반적인 신체 운동과 대회에서 사용되는 동작에 특화된 훈련을 모두 포함해야 한다는 개념이다. 예를 들어 단거리 선수가 체육관에서 무릎 굽히기 세션을 먼저 수행한 뒤, 점프 세트를 진행하고, 마지막으로 육상 트랙에서 가속 달리기로 훈련을 마무리하는 방식이다.

치에네의 주기화 모델은 훈련 중 신체에 지속적으로 강도 높은 특이적 스트레스를 가하기 때문에 선수에게 훨씬 더 큰 부담을 준다. 마트베예프의 모델과 비교했을 때, 치에네의 모델에서는 짧은 훈련 주기 내에서 신체 운동과 회복이 자주 교대로 진행된다. 또한, 제한된 고강도 특이적 부하 훈련을 유지하되, 그 안에서 사용되는 훈련 방식과 방법을 다양화하는 것이 특징이다.

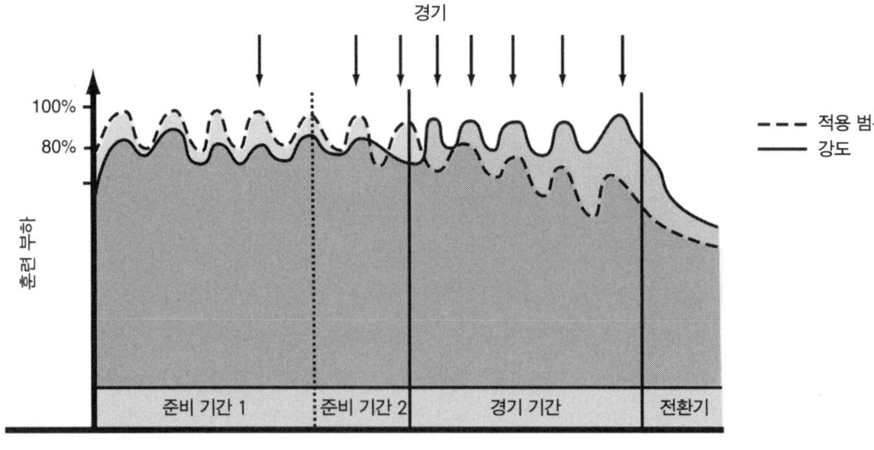

그림 4.13 치에네의 주기화 모델

이 모델의 특성에 따라 훈련하는 러너는 높은 강도를 유지하며, 적용 범위는 소폭 조정된다.

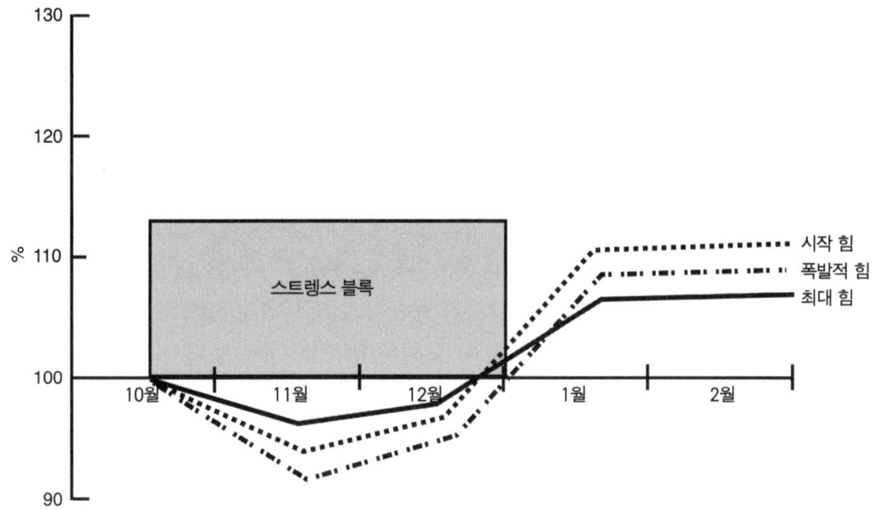

그림 4.14 스트렝스 훈련의 지연 효과
시간에 따른 세 가지 힘의 변수들의 변화: 시작 힘starting force, 폭발적 힘explosive force, 최대 힘maximum force.

베르코샨스키의 모델

베르코샨스키가 제안한 주기화 모델은 신체 적응 과정을 출발점으로 한다. 베르코샨스키는 연간 훈련 동안 폭발적인 근력 형성과 신속한 에너지 공급 능력의 발달에서 일정한 패턴을 발견했다. 초기에는 많은 양의 근력 훈련이 적용되면서 폭발적 근력과 신속한 에너지 공급 능력이 약간 증가했으나, 이후 발달이 정체되는 현상이 나타났다. 그러나 근력 훈련이 종료된 후 근력을 나타내는 변수들이 크게 증가하는 현상이 관찰되었다. 베르코샨스키는 이를 장기 훈련의 지연 효과delayed effect of long-term training라고 칭했다. 이러한 적응 메커니즘은 강도 높은 훈련 기간 동안 가해진 자극에 근력이 적응하는 데 시간이 필요하다는 점으로 설명된다. 또한, 강력한 근력 훈련은 피로를 축적시켜 일시적으로 수행 능력을 저하시킬 수 있다. 훈련 효과를 최적화하려면, 이후 훈련 기간은 더 낮은 강도의 부하로 구성되어야 한다.

강도 높은 근력 훈련 기간을 기술 및 스피드 훈련 기간과 분리하면, 장기 훈련의 지연 효과를 최대한 활용할 수 있다. 이러한 주기화 방식은 근력 및 기술 훈련의 블록 구성으로 잘 알려져 있다. 근력 블록에서는 비특이적 근력 훈련 세션이 상대적으로 많고, 기술이나 스피드 훈련 세션은 거의 포함되지 않는다. 집중적인 근력 훈련은 기술과 스피드로 이어지는 훈련 전이에 부정적인 영향을 미쳐 폭발적 근력이 일시적으로 감소할 수 있다. 하지만 근력 훈련 블록이 잘 설계되었을 경우, 폭발적 근력이 최적으로 증가한다. 그러나 이러한 근력 향상은 근력 훈련 중이나 이후에 관찰되며, 이를 나타내는 변수들을 구체적으로 측정하기가 쉽지 않다(6장 '서론' 341쪽 참조). 따라서 근력 발달을 측정하는 데 사용되는 테스트 또한 의심스럽다. 근력 훈련 블록의 기간은 4~12주로 다양하며, 훈련의 최대 효과는 최소 4주 이상의 기간이 지난 후에 나타난다. 집중된 근력 훈련 블록 이후, 운동선수는 특정 근력 훈련과 함께 기술 및 스피드 훈련을 병행한다. 이는 향상된 근력을 기술에 통합하기 위해 필수적이다. 파워와 기술의 올바른 통합은 경기력의 향상을 보장하는 핵심 요소다. 경기 기간의 수에 따라 1년 훈련 동안 약 3회의 집중 근력 훈련 기간이 계획된다. 각 근력 블록 내에서는 근력 훈련 방법을 번갈아 적용되어야 긍정적인 효과를 얻을 수 있다.

베르코샨스키는 자신의 주기화 모델에 강한 신뢰를 가지며 치에네가 제안한 복합 훈련 방법에 대해 강하게 반대한다. 또한 베르코샨스키는 마트베예프의 복합-병행 부하 구성 방식이 최적의 적응을 위해 적합하지 않다고 판단한다. 베르코샨스키의 관점에 따르면, 마트베예프의 주기화 모델은 생물학적 법칙에 기반한 것이 아니라, 경기 성적이 우수하거나 꾸준히 높은 경기력을 발휘하는 성공적인 엘리트 선수들의 일반적인 훈련 계획을 단순히 정리한 것에 불과하다(Verchoshansky, 1998).

베르코샨스키는 단일 방향 부하가 순차적으로 연결된 주기화 모델을 설계했다. 그의 주기화 모델은 폭발적인 파워가 필요한 종목에만 국한되지 않으며, 중거리 러너의 훈련에도 효과적으로 적용될 수 있다. 이 모델은 집중된 근력 훈련 블록과 유산소 능력을 증가시키는 부하를 포함한 훈련을 결합한 뒤, 스프린트 훈련과 '빠른' 해당과정 glycolysis을 향상시키는 부하로 이어지는 훈련 기간을 계획한다. 이러한 계획 방식을 적용한 결과, 800m, 1500m, 3000m 중거리 러너 그룹의 달리기 성과가 크게 향상되었다.

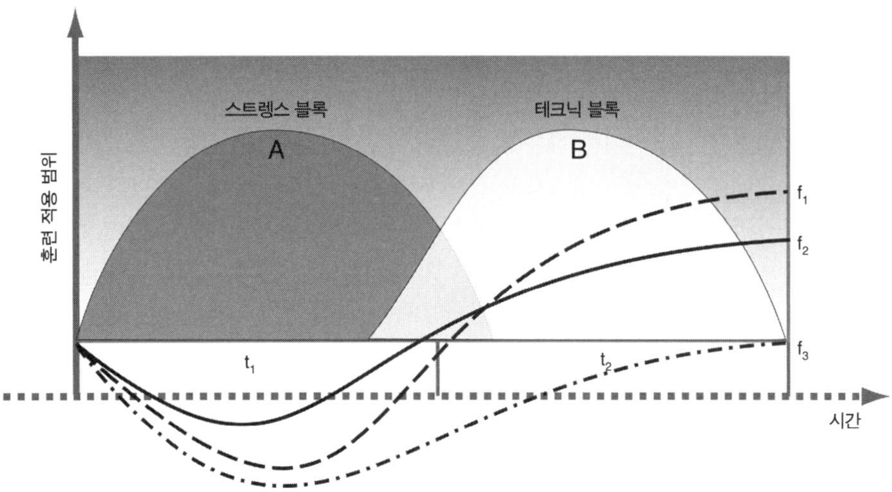

그림 4.15 장기적 훈련 효과

근력 훈련 기간 이후 근력보다는 기술 및 스피드 훈련에 초점을 두는 예시. 특정 힘 매개변수(f)에 대한 적응은 이전 스트렝스 훈련 블록의 강도에 따라 달라진다. f_1 곡선은 최적의 강도를 나타내며, f_2 곡선은 스트렝스 블록의 강도가 너무 낮았을 때, f_3 곡선은 스트렝스 블록이 지나치게 높았을 때를 나타낸다.

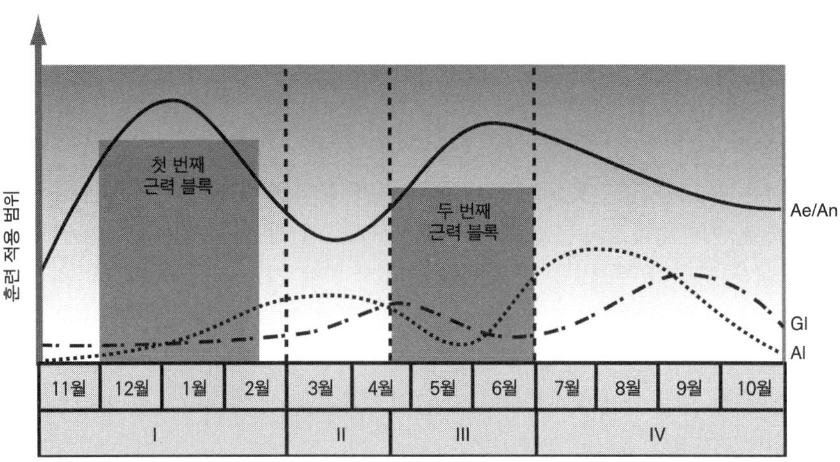

그림 4.16 주기화 예시

중거리 러너를 위한 근력 훈련이 블록으로 구성된 주기화 예시. Ae/An: 집중적인 지구력 부하, GI: '빠른' 해당과정을 통한 에너지 생성 능력을 향상시키는 훈련, AI: 크레아틴-키네이스 반응을 통한 에너지 생성 능력을 향상시키는 훈련.

적응

최소 자극 기준을 초과하는 부하는 즉각적인 적응 과정을 유발한다. 인간 신체를 구성하는 각 세포는 부하로 인해 발생하는 스트레스에 민감하며, 특정 반응을 통해 스트레스에 대처한다. 훈련 자극이 적용된 후 나타나는 즉각적인 적응은 특히 에너지 대사의 증가와 관련된 생리학적 변화를 포함한다(Viru, 1984). 이러한 적응은 신체 내부에 해로운 변화 방지하기 위해 필수적이다. 또한, 즉각적인 적응은 항상성을 유지하거나 회복하는 데 초점을 맞추며, 캐논Cannon(1929)은 이를 항상성의 조절이라고 설명했다.

구조화된 방식으로 스트레스를 반복적으로 적용하면 장기적으로 안정적인 적응이 이루어진다. 항상성은 주로 최적의 효소 활성을 유지하기 위해 조절되어야 한다. 예를 들어 온도와 pH를 일정하게 유지하면 다양한 생화학적 과정이 원활하게 진행될 수 있다. 인간 신체는 내부 환경에서 동적인 요소와 고정적인invariable 요소 간의 균형을 이루는 시스템을 통해 항상성을 유지할 수 있다. 온도와 pH 레벨 외에도 신체 내에서 일정하게 유지되어야 하는 요소로는 산소 분압(pO_2), 이온 농도, 수분 함량, 삼투압 등이 있다. 동적인 내부 요소는 일정한 범위 내에서 크게 변동할 수 있으며, 이는 고정적인 요소를 가능한 한 안정적으로 유지하기 위한 메커니즘이다. 예를 들어 혈류의 변화는 국소 혈관 확장에 의해 발생할 수 있는 동적 요소 중 하나다.

또한, 호르몬은 항상성을 조절하는 데 중요한 역할을 한다. 호르몬은 적응의 정도를 좌우할 수 있으며, 부하는 적응이 진행될 방향을 결정한다(Bon, 1998). 예를 들어 근육 조직의 비대 정도는 회복 단계에서 동화 호르몬anabolic hormones의 작용에 크게 영향을 받는다.

심혈관계 적응

심혈관 적응은 근력 훈련과 지구력 훈련 모두에 의해 유발될 수 있다. 그러나 심장과 혈액 순환 관련 적응은 일반적으로 유산소 지구력 훈련에서 주로 관찰된다. 특히, 훈련된

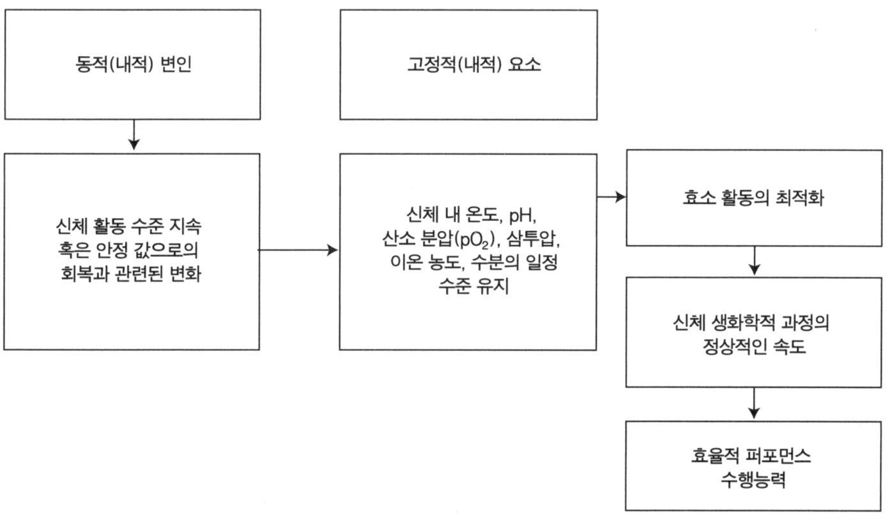

그림 4.17 신체 내부 환경과 항상성 유지의 관계

신체 내부 환경에서 동적 요소와 고정적 요소가 항상성을 유지하며, 효소 활동을 최적 상태로 유지하는 메커니즘의 도식화.

장거리 러너는 훈련의 결과로 '스포츠 심장'을 가지고 있는 것으로 진단되곤 한다. 과거에는 의사들이 이러한 운동선수들에게서 비대해진 심장 근육을 발견하고 큰 우려를 나타냈다. 그러나 오늘날 스포츠 심장은 장거리 러너에게서 나타나는 정상적인 적응 현상으로 받아들여진다(Costill & Wilmore, 1994). 한편, 근력 훈련으로도 심혈관 적응이 비슷하게 발생할 수 있는지에 대해서는 아직 충분히 밝혀지지 않았다.

근력 훈련에 의한 적응

근력 훈련에서는 높은 저항을 극복하기 위해 근육 수축이 생성되므로, 심장은 좌심실에서 혈액을 방출할 때 높은 말초 저항peripheral resistance에 직면하게 된다. 이러한 높은 후부하afterload는 심장의 수축력이 증가해야만 극복할 수 있다. 심장 근육은 이러한 증가된 부하에 대해 골격근과 유사하게 반응하며, 근비대가 나타난다. 좌심실 벽이 두꺼워지고 강해진다. 이는 초음파 검사를 통해 보디빌더들에게서 입증되었다(Urhausen & Kindermann, 1989).

지구력 훈련과 비교했을 때, 근력 훈련 중 기록되는 심박수는 더 낮다. 파워 훈련 중 심박수는 근육량과 사용된 최대 수축력의 비율에 비례하여 증가한다(Brooks 등, 1996).

유산소 부하에 의한 적응

이번에는 유산소 부하 적용 이후 심혈관계의 산소 운반 능력에 대한 생리학적 적응을 살펴본다. 장거리 달리기를 훈련한 운동선수의 심혈관 적응은 일반적으로 최대 산소 섭취량($\dot{V}O_{2\,max}$)의 발달과 관련하여 관찰된다. 이 관계는 명확한데, 심혈관계가 산소를 운반하는 역할을 하기 때문이다. 산소 섭취량($\dot{V}O_2$)은 순환 혈액량(V_{circ})과 동정맥 산소 차이($_{a\text{-}v}\dot{V}O_2$)의 곱으로 정의될 수 있다.

$$\dot{V}O_2 = V_{circ} \times {}_{a\text{-}v}\dot{V}O_2$$

다음은 산소 섭취량을 결정하는 매개변수에 대해 논의하며, 특히 이러한 매개변수들이 유산소 능력을 향상시키기 위한 훈련의 결과로 어떻게 적응하는지에 초점을 맞춘다.

순환 혈액량

순환 혈액량(V_{circ})의 개념은 이미 2장에서 언급되었다. 순환 혈액량은 심박수(HR)와 1회 박출량(V_{stroke})을 사용하여 산출할 수 있다.

$$V_{circ} = HR \times V_{stroke}$$

V_{circ}는 매분 심장을 통해 펌프질되는 산소가 풍부한 혈액의 양을 측정하는 지표다. V_{circ}의 적응은 심박수와 1회 박출량의 적응과 밀접하게 관련되어 있다. 그림 4.18은 러너가 훈련 초기 상태에서 3개월 동안 규칙적인 훈련을 진행한 후, 심박수와 달리기 속도 간의 관계를 보여준다. 이 운동선수는 강도 높은 인터벌 트레이닝과 다양한 유형의 지구력 훈련을 수행했다. 훈련 후 눈에 띄는 변화는 안정 시 심박수(HR_{rest})와 최대하 운

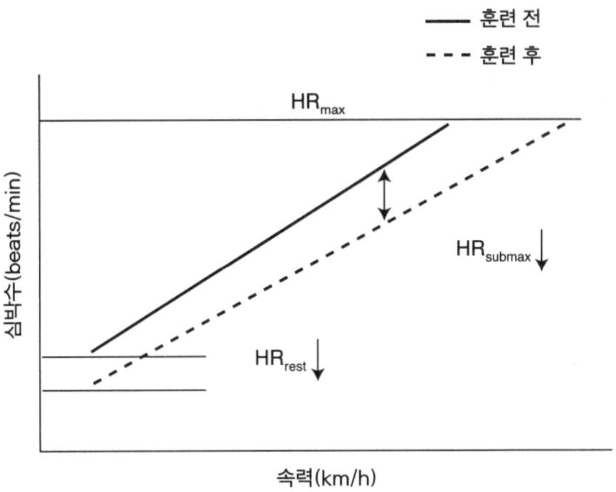

그림 4.18 3개월간의 규칙적인 훈련 전후 심박수와 달리기 스피드의 관계

HR_{max}: 최대 심박수, HR_{submax}: 최대하 심박수, HR_{rest}: 안정 시 심박수.

동 시 심박수(HR_{submax})가 감소한 것이다. 반면, 최대 심박수(HR_{max})에는 차이가 없었다.

1회 박출량(V_{stroke})의 적응은 HR_{rest}와 HR_{submax}에서 관찰된 변화의 주요 원인이다. 그림 4.18은 훈련을 통해 전부하, 즉 심장이 혈액으로 채워질 때 심장의 팽창 정도가 증가했음을 보여준다. 정맥을 통해 심장으로 되돌아오는 혈액량이 증가하면 우심방으로 유입되는 혈액이 늘어난다. 이로 인해 우심실로 전달되는 혈액량도 증가하고, 우심실 또한 확장된다. 이전에 설명된 프랭크-스타를링 기전에 따르면, 확장된 우심실은 더 강하게 수축한다. 우심실에서 혈액 흐름이 증가하면 즉각적으로 좌심실에서도 더 많은 1회 박출량이 나타난다. 확장기말용적$_{\text{end-diastolic volume}}$의 증가는 혈장량의 증가에 기인한다.

훈련으로 인해 혈장량이 증가하는 데는 두 가지 생리학적 메커니즘이 있다. 첫째, 강도 높은 인터벌 및 지구력 훈련 기간 이후, 알도스테론과 항이뇨 호르몬의 분비가 증가한다. 혈액 내 이러한 호르몬의 증가는 신장이 더 많은 수분을 보유하도록 하여 혈장량을 증가시킨다. 둘째, 혈장 내 단백질 농도가 증가함에 따라 혈액의 삼투압이 상승한다. 혈장 내 단백질 농도의 증가는 혈장량의 증가로 이어진다(Costill & Wilmore, 1994). 전체 혈액량의 약 55~60%는 혈장으로 이루어져 있다. 러너는 위에서 언급된 유형의 훈련을 통해 혈장량을 약 10% 증가시킬 수 있다. 예를 들어 혈액량이 5L일 때 혈장량은 약 300ml 증가한다. 추가적으로, 혈액 내 적혈구 수도 증가하지만, 그 증가 폭은 혈장량보다 적다. 그 결과 적혈구와 총 혈액량 간의 비율(적혈구 용적률$_{\text{hematocrit}}$)이 감소하게 된다. 예를 들어 한 러너의 총 혈액량이 훈련 후 5.2L에서 6.0L로 증가했다고 가정하자. 이 과정에서 혈장량은 3.1L에서 3.6L로 증가했고, 적혈구의 볼륨은 2.3L에서 2.5L로 증가했다. 결과적으로 적혈구 용적률은 44.0%에서 41.6%로 감소했다(표 4.2 참조).

적혈구는 혈액 내에서 산소를 운반하는 역할을 담당하기 때문에, 적혈구 용적률의 감소가 러너의 수행 능력에 부정적인 영향을 미칠 것처럼 보일 수 있다. 그러나 혈장량의 증가로 인해 혈액의 점도가 낮아져 혈액이 덜 끈적해지기 때문에 흐름에 대한 저항이 감소하며, 활성화된 근육으로의 혈액 순환이 개선된다. 모세혈관을 통한 혈류가 원활해지고, 근육으로 산소가 더 효과적으로 운반된다. 반대로, 적혈구 용적률이 높아지면 혈액의 점도가 증가하고, 모세혈관을 통한 혈액 흐름이 제한되고, 이로 인해 근육으로의 산소 공급이 어려워질 수 있다.

표 4.2 훈련에 따른 혈액량, 혈장, 적혈구 볼륨 및 적혈구 용적률의 변화

측정 항목	혈액 용적(L)			적혈구 용적률 (%)
	전체 혈액량	혈장	적혈구	
훈련 기간 전	5.2	3.1	2.3	44.0
훈련 기간 후	6.0	3.6	2.5	41.6

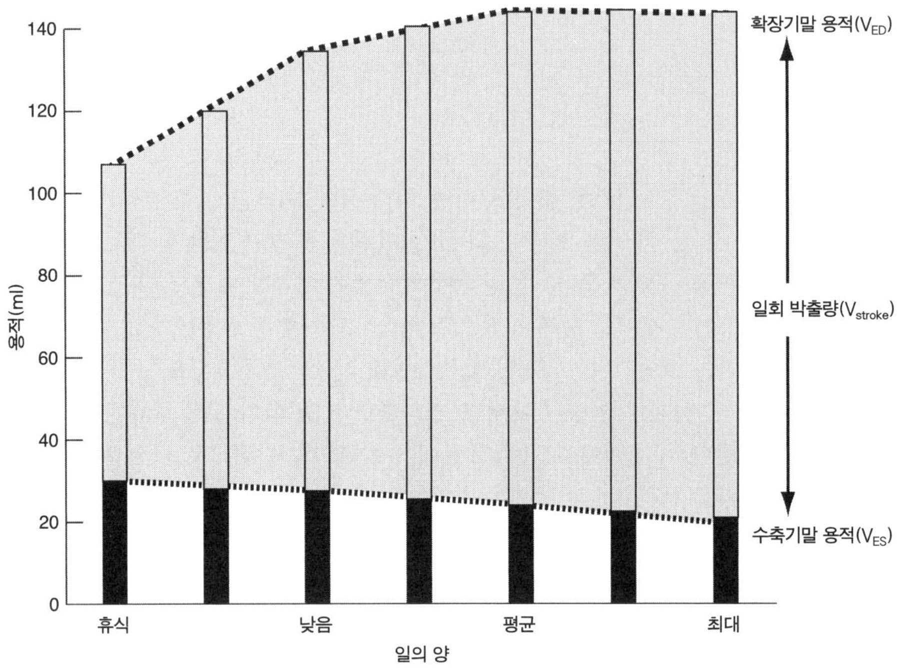

그림 4.19 1회 박출량과 달리기 강도의 관계

다양한 달리기 강도에서 좌심실의 1회 박출량$_{stroke\ volume}$, 확장기말 용적(EDV$_{end\text{-}diastolic\ volume}$), 수축기말 용적(ESV$_{end\text{-}systolic\ volume}$) 변화

훈련 부하에 의한 1회 박출량(V_{stroke}) 증가의 주요 요인은 혈장량의 증가다. 해부학적으로는 좌심실확장이 심장의 적응 과정에서 중요한 역할을 한다. 1회 박출량을 결정하는 또 다른 요인은 좌심실의 수축력이다. 근력 훈련으로 인한 심혈관 적응과 마찬가지로, 유산소 능력을 향상시키기 위한 훈련에서도 좌심실의 비대가 발생한다. 좌심실 근육량이 증가하면, 대동맥으로 혈액을 더 강한 수축력으로 내보낼 수 있게 된다. 이 두 요인은 상호 보완적으로 작용하여 1회 박출량을 증가시킨다. 즉, V_{stroke}의 증가는 확장기말 용적(V_{ED}) 증가와 수축기말 용적(V_{ES}) 감소로 인해 발생한다.

$$V_{stroke} = V_{ED} - V_{ES}$$

유산소 달리기 부하를 사용한 훈련이 안정 시 심박수(HR_{rest})에 미치는 효과는 단순히 1회 박출량 증가만으로 설명할 수 없다. 이 과정에서 자율 신경계도 중요한 역할을 한다. 자율 신경계는 내 의지와 관계없이 신체 내부 기능을 조절하며, 부교감 신경

계와 교감 신경계로 구성된다. 부교감 신경계는 주로 안정 상태에서의 신체 과정(예: 소화)을 조절하며, 교감 신경계는 행동 준비 과정(예: 심박수 증가)을 활성화하는 데 관여한다.

대부분의 경우, 자율 신경계의 두 신경 시스템의 상반된 효과를 일으키며, 최종적인 신체 반응은 이 두 시스템 활동 간 균형에 의해 결정된다. 훈련으로 인한 HR_{rest} 감소 현상은 부교감 신경계의 활동의 증가와 교감 신경계의 활동 감소로 인해 발생한다. 러너의 달리기 최대 능력의 50%에 해당하는 최대하 운동submaximum exercise에서도 이러한 자율 신경계의 조절 효과는 지속적으로 심박수에 영향을 미친다.

1회 박출량(V_{stroke})과 심박수 간의 상호작용이 최대하 및 최대 운동 부하에서 안정 상태의 순환 혈액량(V_{circ}) 발달에 미치는 관계는 운동생리학에서 여전히 해결되지 않은 문제로 남아 있다. 원인과 결과를 명확히 구분하기 어렵다. 예를 들어 V_{stroke}의 증가는 심박수 감소를 유발하는가, 아니면 낮은 심박수가 V_{stroke} 증가를 가능하게 하는가? 확실하진 않지만 그럼에도 불구하고, 최적의 V_{circ}를 달성하기 위해 에너지 효율을 고려한 최선의 방법을 모색해야 한다. 일반적으로, 심박수가 낮아지고 V_{stroke}가 증가하면 V_{circ}는 더 효율적으로 유지된다. 예를 들어 달리기 부하가 최대일 때에도, 훈련되지 않은 상태에서 심박수가 높은 러너(〉180bpm)의 경우 HR_{max}가 소폭 감소하는 현상이 관찰되며, 이는 V_{stroke}와 V_{circ}를 최적화하기 위한 것이다. HR_{max}가 지나치게 높으면 심실이 최적으로 혈액을 채울 시간이 부족해져 V_{stroke}가 감소한다. V_{circ}를 유지하기 위해 심박수를 더 증가시키면 심실 충전에 필요한 시간이 더욱 줄어들고, 에너지 효율 측면에서도 불리하다. 반면, 심박수를 낮춰 이전 수준으로 되돌리면 V_{circ}가 최적의 값에 도달할 수 있다. 운동선수의 훈련을 통한 V_{stroke} 증가는 최대 V_{circ}를 크게 향상시킬 수 있다. 비훈련 상태의 사람에서 측정된 최대 V_{circ}는 약 20L/min이며, 최상위 마라톤 러너에서는 40L/min에 이를 수 있다. 최대 부하 운동 중 잘 훈련된 장거리 러너의 V_{stroke}는 약 200ml이며, 비훈련자는 약 100ml이다.

혈장량 증가와 자율 신경계 외에도, 전부하, 후부하, 심장 수축력, 심박수와 같은 여러 다른 요인들이 V_{circ}에 간접적으로 영향을 미칠 수 있다. 그러나 이러한 요인들의 복잡성과 다양성으로 인해 본문에서는 자세히 다루지 않는다.

동정맥 산소 함유량 차이

유산소 능력 향상에 중점을 둔 훈련 부하, 특히 최대 달리기 부하를 적용한 이후에는 동정맥 산소 함유량 차이가 증가하는 것으로 나타난다. 이러한 증가를 이해하기 위해 훈련 전후 동맥혈과 정맥혈의 산소 농도를 비교할 수 있다.

동맥혈의 산소 농도는 안정 상태와 최대 부하 상태 모두에서 거의 100%에 이른다. 즉 동맥혈은 산소로 거의 완전히 포화될 수 있다. 이는 해수면에서는 폐포 환기alveolar ventilation는 산소 운반을 제한하는 주요 요인이 아니라는 점을 보여준다. 왜냐하면 최대 산소 요구 상황에서도 폐의 산소 공급 능력은 충분히 유지된다. 반면, 훈련 후 정맥혈의 산소 농도는 감소하는 경향을 보인다. 이는 근육 조직이 혈액에서 산소를 더 효과적으로 추출할 수 있게 되었음을 의미한다. 또한, 활동 중인 조직은 훈련 후 혈액 공급이 더욱 풍부해진다.

유산소 부하를 이용한 호흡계 적응

유산소 부하가 호흡계 변수에 미치는 영향은 제한적이다. 훈련의 결과로 적응이 관찰되는 주요 요소는 폐활량vital capacity과 최대 환기량maximum ventilatory capacity이다. 장거리 러너의 경우, 폐활량(깊게 들이마신 후 최대한 내쉴 수 있는 공기량)은 훈련 경력이 쌓이면서 점진적으로 증가한다(Costill, 1986). 이러한 증가는 호흡근의 근력과 지구력 향상과도 밀접하게 연관되어 있다. 이로 인해 안정 상태에서 최대한 들이마시고 내쉴 수 있는 공기량인 최대 환기량 역시 증가하는 경향을 보인다.

그러나 심혈관 시스템과는 달리, 호흡계는 상당한 기능적 예비력(신체의 기능적 능력을 나타내는 지표)을 보유하고 있다. 따라서 중거리 및 장거리 러너의 퍼포먼스 수행 능력에서 호흡 시스템이 실제로 제한 요인인지에 대한 의문이 제기된다. '기체의 확산'(116쪽)에서 언급했듯이, 환기 능력 자체는 제한 요인이 아니다. 이는 최대 운동 상태에서도 동맥혈의 산소 농도가 거의 100%에 이르기 때문이다. 폐포 환기를 통해 최대 운동 상태에서도 폐포 내 산소 분압partial pressure of oxygen을 유지하거나 오히려 증가시킬 수 있다. 또한, 폐에 혈액을 공급하는 모세혈관을 통과하는 적혈구는 폐포에서 충분한 산소를 공급받을 수 있을 만큼 충분히 오래 머문다. 폐에서 가스 교환이 이루어지는 표면적 즉, 폐포의 총 표면적은 약 70kg의 정상 체격을 가진 남성을 기준으로 약 50m^2 정도이다. 최대 운동 강도 시, 폐에 혈액을 공급하는 모세혈관에는 순간적으로 약 200ml의 혈액이 흐른다. 폐포-모세혈관 막alveolocapillary membrane을 통한 산소 흡수 과정에서 총 가스 교환 표면적과 폐안의 모세혈관 내 혈액량 간의 관계는 산소 흡수에 충분한 여유 용량을 제공한다.

추가적으로, 러너는 안정 상태에서 최대 운동 상태에 이르기까지 산소 섭취량에 비례하여 환기량을 증가시킬 수 있다. 안정 상태에서는 약 5L/min의 공기를 환기하며, 산소 섭취량은 0.25L/min이다. 체중 70kg의 잘 훈련된 러너의 최대 환기량과 산소 섭취량은 각각 200L/min과 5L/min로 측정된 바 있다. 유산소 대사는 환기량에 비해 비교적 소폭 증가하며. 최대 200L/min의 환기량은 의도적으로 더 높일 수도 있다. 안정 상태 시 의식적으로 최대한 내쉴 수 있는 공기의 양을 측정한 결과, 최대 운동 상태 시 측정된 값보다 훨씬 높은 것으로 나타났다. 이처럼, 환기량이 수행 능력의 제한 요인이 아님을 보여주는 이러한 데이터에도 불구하고, 잘 훈련된 러너는 최대 환기 중에 여전히 한계를 경험한다. 특히 환기량이 약 200L/min에 이르고 이를 장시간 유지해야 할 때, 호흡근(특히 횡격막)이 골격근과 유사하게 피로를 느낄 수 있다. 또한, 최대 운동 상태에서 총 에너지의 약 10%가 호흡근 활동에 소비된다. 환기량이 더 증가하여 추가적인 에너지가 공급되더라도, 이 에너지는 전적으로 호흡근의 활동 증가에 의해 소모된다. 따라서 훈련을 통해 호흡근의 근력, 지구력, 효율성을 향상시켜야 한다는 점이 강조된다. 이를 위해 고지대에서의 훈련을 제안할 수 있다. 고지대에서는 러너의 호흡이 낮은 강도의 달리기에서도 어려움을 겪을 수 있지만, 호흡근이 더 효과적으로 훈련될 가능성이 높다. 이는 저지대에서의 훈련과 달리, 고지대에서는 호흡근이 과부하 상태에 더 자주 노출되기 때문이다.

유산소 부하를 이용한 대사 적응

심혈관 시스템의 산소 운반 능력을 증가시켜 유산소 지구력을 향상시키는 것은 항상 훈련의 중요한 목표로 여겨져왔다. 심혈관 적응과 산소 섭취량 발달 간의 강한 상관관계로 인해, 이는 합리적인 접근으로 보인다(Fallowfield & Wilkinson, 1999). 훈련을 받지 않은 러너는 규칙적인 훈련을 통해 빠르게 지구력을 개선할 수 있다. 오랜 기간 동안 이러한 향상이 유산소 부하 훈련으로 인한 심폐 능력 적응의 결과라고 생각되었다. 특히, 활동 중인 근육으로 산소를 운반하는 능력의 향상은 $\dot{V}O_{2\,max}$의 급격한 증가의 원인이라 여겨졌다. 이 과정에서 개선된 심장의 혈액 방출 능력이 더 중요한 역할을 수행해야 한다. 훈련되지 않은 러너가 3~4주 동안 훈련한 후 $\dot{V}O_{2\,max}$를 측정하면, $\dot{V}O_{2\,max}$ 값의 증가가 수행 능력의 향상과 함께 나타난다. 그러나 이후에는 $\dot{V}O_{2\,max}$ 값이 더 이상 증가하지 않더라도 수행 능력은 계속해서 향상되어 더 높은 수준에 도달한다(Viru, 1995). $\dot{V}O_{2\,max}$ 값의 증가는 훈련을 하지 않은 러너가 3~4주 동안 훈련을 수행했을 때, 혹은 잘 훈련된 러너가 휴식기를 가진 후 훈련을 재개했을 때만 나타난다. 특히, 매우 잘 훈련된 러너의 경우, 달리기 수행 능력의 향상은 $\dot{V}O_{2\,max}$ 증가와는 무관한 것으로 보인다(Verchoshansky, 1992). 더 나아가, $\dot{V}O_{2\,max}$는 달리기 퍼포먼스 수준을 직접적으로 반영하지 않는다는 것이 입증되었다. 중거리 및 장거리 경기 기록이 국제적으로 크게 향상되었음에도, 최상위 러너들의 $\dot{V}O_{2\,max}$ 값은 여전히 약 80ml/kg/min 수준에 머물러 있다. 또한, 경기 기간 동안 훈련된 중거리 및 장거리 러너의 $\dot{V}O_{2\,max}$ 값은 실제로 약간 감소하는 경향을 보인다(Verchoshansky, 1992).

이 데이터를 기반으로 훈련된 러너의 $\dot{V}O_{2\,max}$ 값과 달리기 퍼포먼스 사이에는 밀접한 관계가 없다는 결론을 내릴 수 있다. 따라서 일부 트레이너들이 중·장거리 러너들의 훈련 목표로 $\dot{V}O_{2\,max}$ 값을 증가시키려는 것은 다소 놀라운 일이다. 현대 훈련 이론은 $\dot{V}O_{2\,max}$가 훈련 효과를 평가하는 데 미치는 역할을 과거와는 근본적으로 다른 관점에서 접근한다. 이러한 관점의 변화는 산소 섭취량을 가솔린 공급에 비유한 가솔린 엔진 모델을 통해 설명될 수 있다. 훈련을 통해 연료 공급(산소 섭취량)은 늘릴 수는 있지만, 엔진(근육 조직)이 낼 수 있는 최대 파워는 여전히 제한 요소로 작용할 수 있다. 다시 말해, 퍼포먼스의 제한 요인은 에너지 공급이 아니라 근육 수준에서 발생하는 문제라는 것이다. 이는 $\dot{V}O_{2\,max}$를 제한 요소로 여기면 안 되며, $\dot{V}O_{2\,max}$를 증가시키는 것을 훈련의 주요 목표로 삼는 것이 적절하지 않다는 점을 시사한다. 실제로, 뛰어난 러너는 강력한 파워를 생성할 수 있는 근육을 보유한 경우가 많다. 이는 단거리(800m, 1500m)에서 뛰어난 성과를 내는 러너들이 장거리(3000m, 5000m, 10000m)에서도 우수한 성과를 거두는 사실로 입증된다. 그들이 높은 $\dot{V}O_{2\,max}$ 값을 보유한 이유는 그들의 '엔진'이 더 큰 파워를 생성할 수 있기 때문이다. 훈련에서 해결해야 할 핵심 과제는 근육이 생성할 수 있는 파워를 어떻게 향상시킬 것인가이다. 그러나 이를 명확히 평가할 수 있는 기준은 아직 제시되지 않았다.

무산소성 역치에 관한 논의

훈련에서 $\dot{V}O_{2\,max}$ 증가를 중요한 목표로 설정하는 것은 종종 근본적인 생리학적 메커니즘에 대한 오해에서 비롯되었다. 이러한 잘못된 접근은 산소 섭취량과 달리기스피드 간의 관계를 바탕으로 형성된 이론과 연결된다. 일반적으로 산소 섭취량은 달리기 스피드가 증가함에 따라 비례적으로 증가한다고 알려져 있다(Astrand & Rodahl, 1986). 스피드가 빨라지면 더 많은 근육이 동원되고, 수축력이 증가하며, 이에 따라 에너지 소비량도 늘어난다. 이 추가적인 에너지 요구는 산소 섭취량의 증가를 통해 충족된다. 다양한 운동 테스트 결과, $\dot{V}O_{2\,max}$에 도달하면 산소 섭취량과 달리기 속도 간의 선형적 관계가 사라진다는 것이 확인되었다. 즉, $\dot{V}O_{2\,max}$에 도달한 이후에는 산소 섭취량이 일정 수준에서 더 이상 증가하지 않는다. $\dot{V}O_{2\,max}$에 도달했는지를 판단하는 한 가지 기준은 운동 강도를 더욱 증가시켜도 산소 섭취량이 더 이상 증가하지 않는 상태다. 이 기준을 바탕으로 $\dot{V}O_{2\,max}$는 점진적으로 부하를 증가시키는 프로토콜을 통해 측정된다.

산소 섭취량의 정체 현상은 1927년 생리학자 힐Hill과 럽톤Lupton에 의해 처음으로 관찰되었다(Noakes, 1988). 그들은 연구를 통해 달리기 속도가 점진적으로 증가할 때 산소 섭취량이 일정한 한계에 도달하며 더 이상 증가하지 않는다는 사실을 발견했다. 이를 설명하기 위한 간결한 모델을 제안했는데, 달리기 속도가 빨라질수록 일정 시점에서 활동하는 근육에서 산소 부족 현상hypoxia이 발생하며, 산소에 의해 공급받을 수 있는 에너지가 부족해진다는 것이다. 이 부족한 에너지는 무산소성 대사를 통해 보충되고, 그 과정에서 젖산이 빠르게 축적된다. 이 모델은 현재까지도 '무산소성 역치'라는 개념을 설명하는 데 자주 사용된다. 그러나 이 개념은 무산소성 역치의 존재를 증명하기에

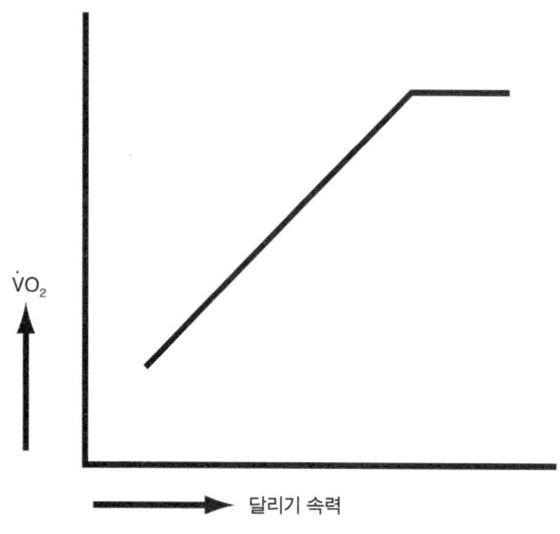

그림 4.20 산소 섭취량과 달리기 스피드 간의 관계

스피드가 증가함에 따라 산소 섭취량($\dot{V}O_2$)이 변화하는 특성을 나타낸다. 높은 운동 강도에서는 산소 섭취량과 스피드 간의 관계가 더 이상 선형적이지 않으며, $\dot{V}O_2$가 정체 상태에 도달한다. 신체 운동을 연구하는 많은 실험실에서는 $\dot{V}O_2$의 이러한 정체 상태 형성이 $\dot{V}O_{2\,max}$를 계산하기 위한 기준으로 사용된다.

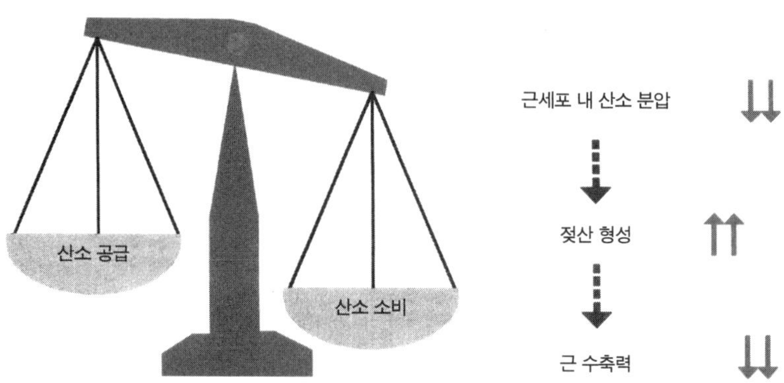

그림 4.21 무산소성 역치

산소 공급이 부족하여 근세포에서 산소 결핍 상태가 발생한다는 간결한 모델이 무산소성 역치를 설명하는 데 사용된다. 이로 인해 무산소성 대사 과정을 통한 에너지 생성이 증가하고, 더 많은 젖산이 형성된다. 젖산의 축적은 근육의 수축력을 감소시키는 결과를 초래한다.

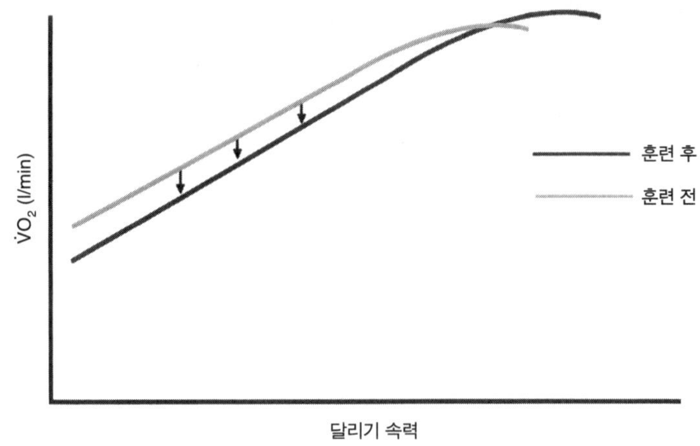

그림 4.22 산소 섭취량, 달리기 속도 그리고 훈련의 영향 간의 관계

훈련의 결과로, 최대하달리기 강도에서 $\dot{V}O_2$는 감소하거나 일정하게 유지된다.

는 충분하지 않으며, 아래에서 이에 대한 논의가 이어진다.

이러한 논리에 따르면, 훈련을 통해 신체의 산소 운반 능력을 향상되면 유사한 최대하달리기 스피드에서 산소 섭취량이 증가해야 한다. 그러나 실제로는 훈련된 러너와 훈련되지 않은 러너 모두에서 최대하 부하 운동 시 산소 섭취량이 일정하게 유지되거나 오히려 감소하는 경향을 보인다. 이는 유산소 지구력의 증가와 훈련으로 인한 젖산 생산 감소가 근육 내 생화학적 적응으로 인한 대사 변화에서 비롯되었을 가능성이 크다는 점을 시사한다.

또한, 최근 연구에 따르면 부하를 단계적으로 증가시켰을 때 산소 섭취량의 정체 현상은 실험 대상자의 50% 미만에서만 관찰되었다. 산소 섭취량이 최대치에 도달하지 않았음에도 불구하고, 이 러너들 역시 극도의 피로로 인해 테스트를 중단해야 했다. 이 결과는 높은 운동 강도에서 근육 내 산소 부족이 발생한다는 기존 이론을 뒷받침할 근거가 거의 없음을 시사한다.

운동생리학 분야에서는 무산소성 역치의 존재에 대해 많은 논의가 있어왔다. 오

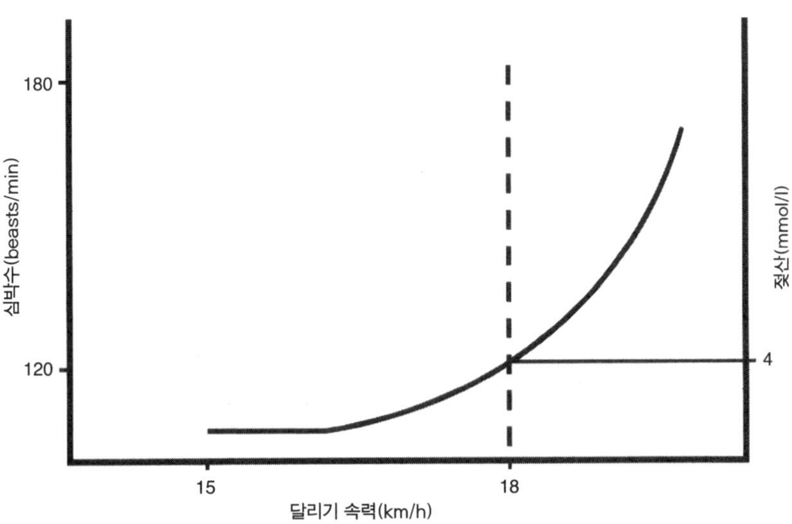

그림 4.23 혈중 젖산 농도

혈중 젖산 농도가 기하급수적으로 증가하기 시작하는 지점은 일반적으로 무산소성 역치로 여겨진다.

랜 동안, 신체 운동 중 혈중 젖산 농도의 갑작스러운 증가는 근육 내 산소 부족과 관련이 있다고 여겨져왔다(Wasserman & McElroy, 1964; Myers, 1996). '무산소성 역치'라는 용어는 이러한 관점에서 유래했으며, 근육 내 산소 부족으로 인해 에너지가 무산소적으로 생성될 수밖에 없다는 개념을 내포하고 있다. 혈중 젖산 농도의 비선형적 증가는 무산소성 역치의 존재를 설명하는 주요 특징으로 여러 정의에서 찾아볼 수 있다. 비루Viru(1995)는, 무산소성 역치를 피루브산 형성이 산화적 인산화oxidative phosphorylation 과정의 최대 속도를 초과하지 않는 가장 높은 운동 강도로 정의했다. 이 단계에서는 생성된 젖산이 덜 활동적인 근육, 심장, 간에 의해 산화되거나 포도당신생합성gluconeogenesis에 사용될 수 있다. 이 지점까지는 젖산의 생성과 제거가 균형을 유지한다.

데이비스Davis(1985)에 따르면, 무산소성 역치는 운동 강도가 특정 수준에 도달했을 때 혈중 젖산 농도가 증가하기 시작하는 지점을 나타낸다. 운동 강도가 이보다 더 증가하면 혈중 젖산 농도도 점진적으로 증가한다. 이 두 정의의 결과는 젖산 생성 속도가 제거 속도를 초과하는 시점부터 부하가 약간만 증가하더라도 운동선수의 지구력이 약 1시간에서 15분으로 급격히 감소한다는 것이다(Astrand & Rodahl, 1986). 따라서 여러

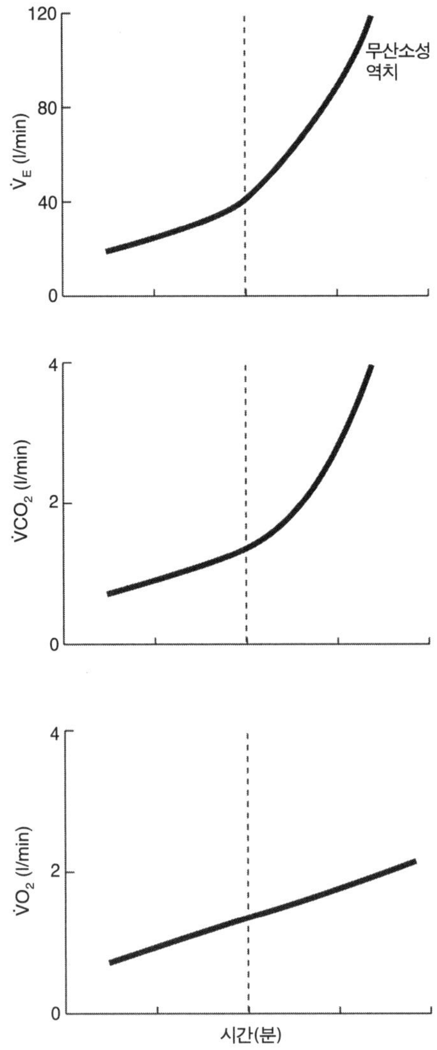

그림 4.24 무산소성 역치 감지

무산소성 역치 감지를 위한 환기 변수의 사용.
VE: 환기량(호기), $\dot{V}O_2$: 산소 섭취량, $\dot{V}CO_2$: 이산화탄소 배출량.

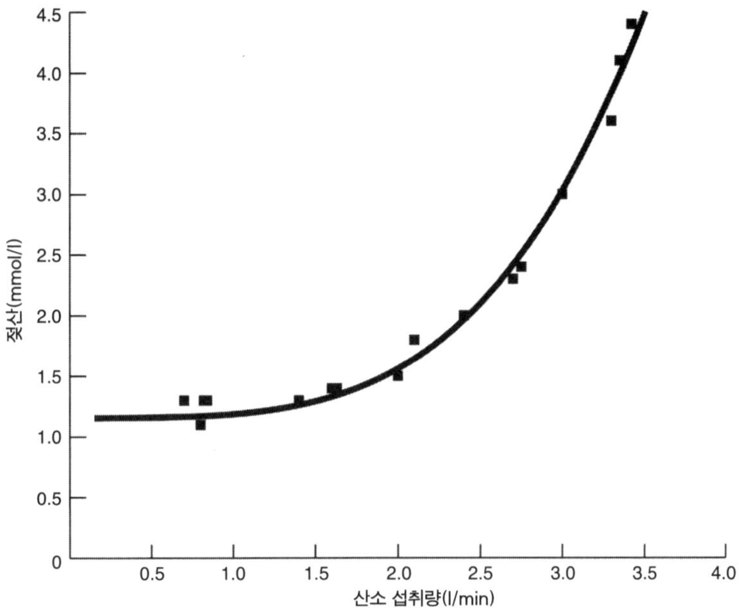

그림 4.25 혈중 젖산 농도와 $\dot{V}O_2$의 관계

달리기 속도가 증가함에 따라 혈중 젖산 농도와 $\dot{V}O_2$ 간의 관계. 속도가 점진적으로 증가할 때, 혈중 젖산 농도가 기하급수적 상승하기 시작하는 지점에서 곡선의 명확한 변곡점이 나타나지 않는다.

연구에서 지구력 지속 시간은 무산소성 역치의 정의에 포함되기도 한다. 훈련 분야에서는 무산소성 역치 개념이 훈련과 대회에서 훈련 강도를 최적화하는 것과 관련하여 많은 관심을 받아왔다. 그러나 특히 비평의 초점은 혈중 젖산 농도의 갑작스러운 증가, 근육 내 산소 부족, 환기 능력 변화 간의 인과관계를 가정하는 점에 집중되어 왔다.

무산소성 역치에 대한 또 다른 설명에서는 이러한 요인들이 환기가 갑작스럽게 증가하는 지점, 즉 환기 역치ventilatory threshold와 동일시되었다(Simon 등, 1986). 환기 역치를 감지하는 데는 다양한 매개변수가 관련된다(Wasserman 등, 1997). 이러한 매개변수는 중탄산염bicarbonate의 완충 작용에서 기원한다. 이는 혈액의 pH를 유지하고 이산화탄소(CO_2) 생성을 조절한다. 환기는 중탄산염 완충 작용에서 발생하는 추가적인 이산화탄소 생성뿐만 아니라, 무산소성 대사가 증가하면서 젖산과 함께 생성되는 양성자(H^+)로 인해 증가한다.

무산소성 역치가 존재하지 않는다는 증거

맥아들병McArdle's disease을 앓고 있는 환자들을 대상으로 한 연구에서는 환기 매개변수를 통해 무산소성 역치를 감지할 수 없다는 증거가 제시되었다. 이 환자들은 가인산분해효소phosphorylase가 없기 때문에 글리코겐을 젖산으로 분해할 수 없다. 그러나 운동 강도가 증가함에 따라, 특정 시점에서 환기량은 효소가 있는 사람들에서 나타나는 패턴과 유사하게 기하급수적으로 증가하는 양상을 보인다. 또한, 여러 연구에서 환기 역치가 혈중 젖산 농도의 기하급수적 증가와 일치하지 않는다는 사실이 밝혀졌다(Gaesser 등, 1984; Gaesser & Poole, 1986). 그렇기 때문에 운동 강도가 단계적으로 증가할 때 혈중 젖산 농도의 기하급수적인 증가는 명확하게 나타나지 않으며(Myers, 1996), 따라서 무산소성 역치를 정확히 측정하는 것이 어려워진다. 또한, 젖산 농도의 갑작스러운 증가는 실험 프로토콜, 주변 온도, 그리고 개인의 영양 상태에 크게 영향을 받는 것으로 보인다(Brooks 등, 1996).

추가적으로, 혈중 젖산 농도는 근육 내에서 실제로 일어나는 대사 과정을 정확히 반영하지 못한다고 할 수 있다. 첫째, 혈중 젖산 농도는 근육에서 생성된 젖산과 활동이 상대적으로 적은 근육, 심장, 간에서 제거된 젖산의 차이로 나타난다. 예를 들어 혈중 젖산 농도가 4mmol/L로 측정되었을 때, 근육 생검을 통해 측정된 값은 2.5~9mmol/L로 나타났다. 또한, 근육에서 생성된 젖산이 혈액으로 운반되는 데에는 항상 지연이 발생한다. 따라서 혈중 젖산 농도는 무산소 대사에 대한 명확한 정보를 제공하지 못한다고 결론지을 수 있다(Brooks 등, 1996). 따라서 이 장의 후반부에서 논의되는 훈련의 수단과 방법('훈련의 수단과 방법' 229쪽 참조)에서는 운동 강도가 무산소성 역치와 관련된 기준으로 평가되지 않는다. 그러나 앞서 주장되는 무산소성 역치에 근접한 달리기 강도는 중거리 및 장거리 러너에게 훈련-민감 구역을 반영한다는 점을 유념해야 한다. 훈련-민감 구역이란 무산소성 역치에 근접한 달리기 강도에서 훈련이 상당한 효과를 낼 수 있음을 의미한다. 그럼에도 불구하고, 생리학적 메커니즘을 기반으로 한 무산소성 역치 개념은 여러 한계가 있다는 결론을 내릴 수 있다.

대사 적응의 유형

훈련 정도는 특정 운동 부하에서 높은 $\dot{V}O_{2\,max}$의 비율을 유지할 수 있는 능력에 영향을 미친다. 훈련된 러너는 $\dot{V}O_{2\,max}$의 80~90%를 유지할 수 있는 반면, 훈련되지 않은 러너는 $\dot{V}O_{2\,max}$의 약 50~80% 부근에서 앞서 언급된 무산소성 역치에 도달한다. 훈련이 잘 된 상태에서 신체는 $\dot{V}O_{2\,max}$의 더 높은 비율을 유지할 수 있게 되며, 이를 대사 적응이라고 한다(Bunc & Leso, 1993). 유산소 부하에 의한 주요 적응은 미토콘드리아 크기와 수의 증가(Holloszy & Coyle, 1984)와 근육 조직의 모세혈관의 증가다. 또한 지구력 훈련을 받은 러너들은 미토콘드리아 밀도와 근육 모세혈관의 증가 외에도, 지방산 산화, 크렙스 회로, 및 호흡 사슬respiratory chain과 관련된 주요 효소들의 증가도 관찰된다. 이로 인해 유산소 운동 시, 신체는 글리코겐과 혈당을 더 천천히 사용하게 되며, 이는 지방산 산화의 에너지 기여 비율이 더 높아지고, 동일한 최대하달리기 부하에서 젖산 생산이 감소하기 때문이다.

훈련의 결과, 근섬유 수준에서 특히 제2형 근섬유(type-II, $FT_{fast\text{-}twitch}$)에서 미토콘드리아 밀도가 증가하는 것으로 확인되었다. 제1형 근섬유(type-I, $ST_{slow\text{-}twitch}$)는 본래 미토콘드리아가 가장 많지만, 집중적인 지구력 훈련과 인터벌 훈련을 거친 후에는 제2형 a 근섬유(type-IIa)와 제1형 근섬유 간의 미토콘드리아 밀도 차이가 줄어든다. 그 결과, 일정한 달리기 강도에서 훈련되지 않은 사람은 훈련된 러너에 비해 항상성의 유지에 더 어려움을 겪는다. 훈련된 러너는 에너지 생성과 사용을 더 효율적으로 조절할 수 있다. 특히, 미토콘드리아 밀도의 증가는 최대하달리기 속도에서 호흡 사슬의 각 효소에 대한 기질(생화학적 반응에서 효소가 작용하는 물질)의 흐름을 감소시킨다. 이로 인해, 훈련되지 않은 사람들과 달리, 훈련된 러너는 아데노신삼인산(ATP) 재합성을 위해 기질과 효소 농도를 크게 변경할 필요가 없다(Holloszy & Coyle, 1984).

2장에서 미토콘드리아의 호흡이 시작되기 위해서는 아데노신이인산(ADP)이 필요하다고 설명되었다. 훈련된 러너는 근육 조직 1g당 미토콘드리아 수가 더 많기 때문에, 최대하달리기 부하에서 호흡 사슬당 산소 섭취량이 줄어든다. 앞서 언급했듯이, 최대하달리기 부하에서 훈련된 러너와 훈련되지 않은 러너의 산소 섭취량은 동일하다. 그래서 훈련된 러너는 동일한 산소 섭취를 달성하기 위해 ADP 농도를 크게 증가시킬 필

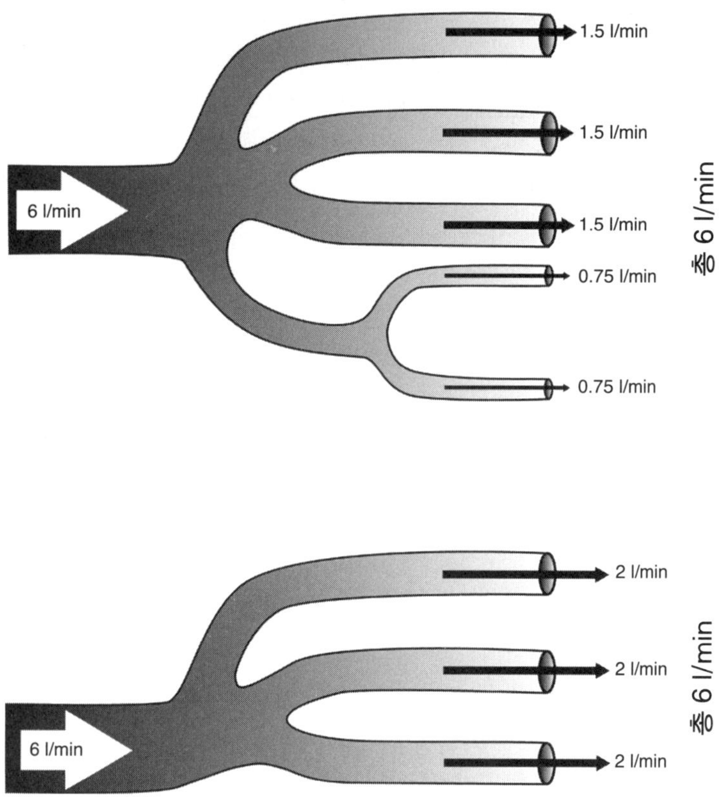

그림 4.26 훈련이 근육 내 모세혈관 밀도에 미치는 영향

훈련의 결과로 모세혈관 단면적이 증가하면, 모세혈관 내 혈류 속도가 감소하여, 가스 및 영양소 교환이 더 효과적으로 이루어지게 된다.

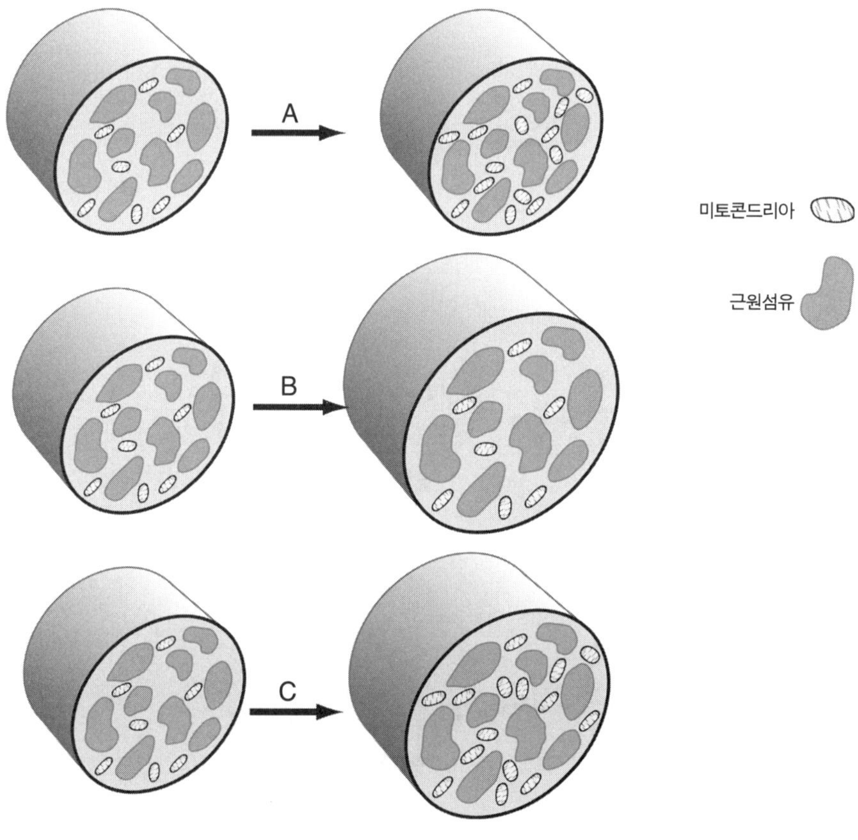

그림 4.27a 러너의 대사 적응

중거리 및 장거리 러너를 훈련시킬 때, 대사 변화와 근력 훈련을 통한 적응 간의 최적의 균형을 이루는 것이 중요하다.

(A) 미토콘드리아 밀도가 증가하면서 근섬유의 직경은 일정하게 유지된다.

(B) 근섬유의 직경이 증가하고, 미토콘드리아의 수는 일정하게 유지되며, 이로 인해 밀도가 감소한다.

(C) 두 가지 적응의 최적 균형: 약간 비대해진 근섬유와 증가된 미토콘드리아 밀도.

요가 없다. 이러한 차이점 중 하나는, 훈련된 러너처럼 ADP의 농도가 덜 증가한 상태에서 ATP 농도를 더 높게 유지할 수 있다는 것이다. 그 결과, 해당과정의 주요 효소인 포스포프럭토키네이스phosphofructokinase가 억제되며, 이는 훈련된 운동선수들이 최대하속도로 달릴 때 글리코겐 사용량과 젖산 생산량이 적은 이유를 설명할 수 있다. 포스포프럭토키네이스의 억제는 지방 대사에 관여하는 효소의 증가로 인해 총 에너지 공급에서 지방산 산화가 차지하는 비율이 높아진다는 사실과 일치한다. 또한, 훈련된 상태에서는 세포 내 중성지방triglycerides 공급이 늘어나고, 지방 조직에서 유리지방산free fatty acids의 방출이 증가해 지방 대사가 촉진된다.

이러한 대사 적응은 결국 유산소 지구력을 향상시킨다. 훈련된 운동선수는 높은 $\dot{V}O_{2\ max}$ 비율을 유지하면서 더 오랫동안 달릴 수 있으며, 글리코겐 소모 속도는 줄어들며 젖산 생성량도 감소한다. 이러한 적응의 변화는 훈련되지 않은 러너와 비교했을 때, 훈련된 러너가 간과 근육에 저장된 글리코겐의 양이 많이 증가함으로 더욱 뚜렷해진다. 이는 템포 지구력 훈련과 같은 글리코겐을 소모하는 훈련 유형에 신체가 적응한 결과다.

모세혈관 혈류 속도의 영향

유산소 달리기 부하로 발생하는 또 다른 적응은 근육 조직의 모세혈관 밀도가 증가하는 것이다. 모세혈관 밀도가 증가하면 혈액이 모세혈관을 통해 더 천천히 흐르게 되어 산소와 이산화탄소의 교환이 더욱 효율적으로 이루어진다. 처음에는 모세혈관의 직

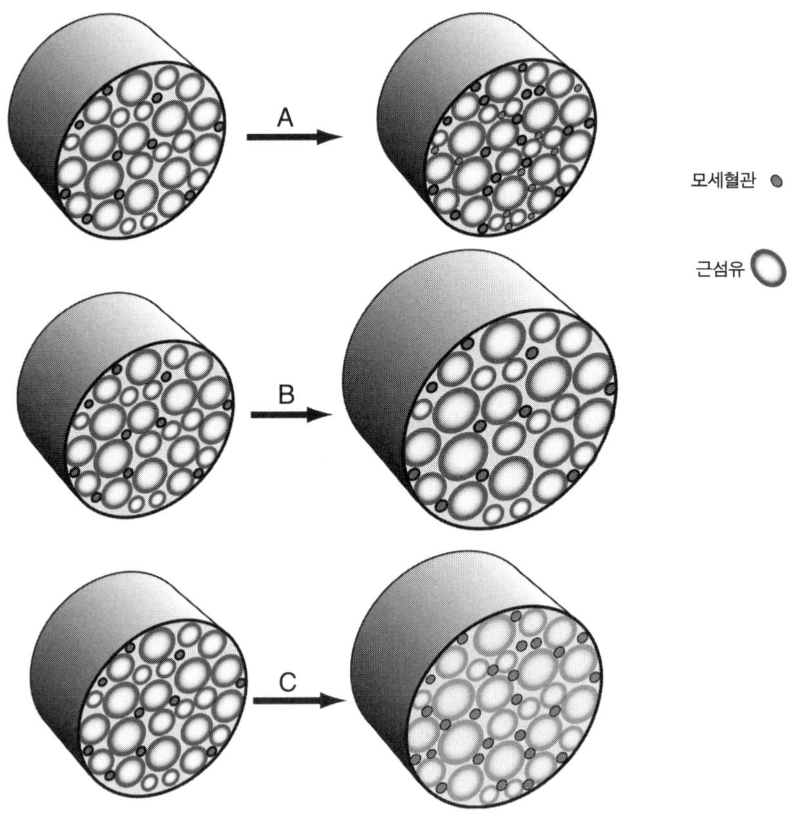

그림 4.27b 러너의 대사 적응

중·장거리 러너를 훈련시킬 때, 대사 변화와 근력 훈련을 통한 적응 간의 최적의 균형을 이루는 것이 중요하다.
(A) 모세혈관 밀도가 증가하는 반면, 근섬유의 직경은 일정하게 유지된다.
(B) 근섬유의 직경이 증가하면, 모세혈관의 수가 일정할 경우 밀도가 감소한다.
(C) 두 가지 유형의 적응 간 최적의 균형: 약간 비대해진 근육과 증가한 모세혈관 밀도.

경이 심장에 가까운 혈관보다 작기 때문에 모세혈관을 통과하는 혈류 속도가 더 빠를 것 같지만, 실제로 혈류 속도는 혈관의 총 단면적에 따라 결정된다. 모세혈관의 단면적은 정맥을 포함한 다른 어떤 혈관보다도 크기 때문에 혈류 속도는 더 낮다(Silverthorn, 1998). 유산소 달리기 부하는 근육 조직에서 모세혈관 밀도를 증가시키고, 이는 모세혈관 내 혈류 속도의 감소로 이어진다. 훈련된 러너는 모세혈관이 더 완전히 열려 혈액 순환이 더 효과적으로 이루어진다. 이 과정은 특히 모세혈관 앞에 위치한 세동맥에 적용되며, 세동맥은 특정 모세혈관으로의 혈액 공급을 제한하거나 자유롭게 허용할 수 있다. 이러한 적응 덕분에 적혈구가 모세혈관을 통과하는 데 더 많은 시간이 걸리며, 그 결과 혈액 내 가스 교환이 더욱 최적화된다.

요약

지금까지 설명된 대사 적응은 중거리 및 장거리 러너의 근력 훈련을 통한 적응과는 별개로 고려해서는 안 된다(6장 참조). 즉, 운동에 사용되는 근육의 파워가 증가하면서 모세혈관과 미토콘드리아 밀도가 동시에 증가한다면, 이는 중거리 및 장거리 러너에게 바람직한 적응을 가져온다. 또한, 해당 근육의 파워 증가는 과도한 근비대가 일어나지 않는 범위에서 이루어져야 한다(6장 참조).

훈련의 수단과 방법

이미 언급된 바와 같이, 러너가 훈련을 통해 기량을 향상하려 한다면, 훈련은 항상 특정 거리에서 스피드를 증가시키는 데 집중해야 한다. 이는 스프린터뿐만 아니라 장거리 러너에게도 해당된다. 따라서 훈련 프로그램을 설계하고 구체적인 계획을 세울 때, 항상 다음과 같은 질문에서 시작해야 한다. "움직이는 신체가 속도를 어떻게 증가시킬 수 있을까?" 이 질문에 답하기 위해서는 먼저 퍼포먼스를 제한하는 요인들이 무엇인지 분석해야 한다. 속도를 높이는 문제는 역학적 파워를 증가시키는 것과 밀접하게 관련이 있기 때문에, 여러 관점에서 종합적으로 접근하는 것이 효과적이다. 생체역학적 접근에서는 특정 기술 및 근력 훈련을 통해 더 많은 역학적 파워를 생성할 수 있다. 이는 5장과 6장에서 자세히 다루어진다.

이 문제는 운동생리학적으로도 접근할 수 있다. 여기서 중요한 포인트는 신체의 대사적 적응과 자율신경계 적응에 있다. 운동선수가 훈련을 통해 신체에서 생성되는 에너지 양을 증가시키면, 그에 따라 역학적 파워와 달리기 속도도 증가한다. 자율신경계는 에너지 전달 시스템의 기능에 큰 영향을 미친다. 예를 들어 심폐 시스템은 유산소 에너지를 생성하는 과정에서 중요한 역할을 하며, 심장과 폐는 호흡 사슬이 원활하게 작동할 수 있도록 필요한 산소를 공급한다. 이 단락에서는 대사적 및 심폐 적응을 위한 훈련의 수단과 방법에 대해 논의한다. 반면, 운동선수가 육상에서 스프린트를 어떻게 훈련할 수 있을지에 대한 문제는 생체역학적 관점에서 접근하는 것이 더 적합하므로 여기서는 자세히 다루지 않는다. 스프린트 훈련은 신체가 더욱 협응적으로 움직일 수 있도록 훈련하는 것을 목표로 하며, 이 과정에서 기술 훈련과 근력 훈련이 모두 적용될 수 있다. 스프린트에 훈련에 적합한 달리기 부하는 운동선수가 자신의 협응 능력을 유지할 수 있는 정도에 따라 결정된다. 따라서 스프린트 훈련 프로그램을 설계하거나 조정할 때 에너지 생성 과정이나 심폐 시스템의 역할은 거의 고려되지 않는다. 훈련의 효과도 협응 능력에 기반한 기준으로 평가될 수 있다. 스프린트 훈련 방법에 대한 더 자세한 설명은 5장과 6장에서 다룬다.

훈련 중 단일한 유형의 연습이나 방법만으로는 최적의 효과를 달성할 수 없다. 생물학적 패턴에서 유도된 훈련 원칙을 논의할 때, 최적의 효과를 달성하려면 변화를 제공하는 것이 중요하다는 점이 강조된다. 다양한 방식으로 훈련할 때 가장 높은 수준의 적응이 이루어진다. 예를 들어 지구력 부하만을 지속적으로 사용할 경우, 첫 번째 적응 기간 이후에는 달리기 퍼포먼스의 추가적인 향상이 나타나지 않는다. 시간이 지나면 지구력 훈련은 더 이상 항상성을 방해하지 않게 되고, 결국 훈련 효과는 사라지게 된다. 훈련 방법을 변화시키는 범위는 제한적이다. 이는 최적의 효과를 얻기 위해 특이성의 원칙을 반드시 준수해야 하기 때문이다. 이러한 원칙에 따라 15가지 훈련 방법을 구분할 수 있으며, 이는 5가지 훈련 방법으로 그룹화할 수 있다. 이 다섯 가지 방법은 각 달리기 부하의 특정 특성에 따라 분류될 수 있으며, 각 달리기 부하는 스트레스와 관련된 다섯 가지 고유한 특성을 가진다.

부하의 특성

강도

강도는 달리기 부하의 세기를 나타내며, 절대적 또는 상대적으로 정의할 수 있다. 여기서 '절대적' 강도는 운동선수와 관계없이 일정한 강도를 의미하며, '상대적' 강도는 개인의 특성과 관련된 강도를 뜻한다. 예를 들어 절대적 강도는 초당 미터(m/s) 또는 시간당 킬로미터(km/h)로 표시되는 달리기 속도다. 반면, 상대적 강도는 개인의 최대 심박수나 최대 산소 섭취량의 일정 비율에서의 달리기 속도나 특정 혈중 젖산 농도로 표현될 수 있다. 달리기 부하의 강도는 훈련의 효과를 결정짓는 중요한 요소로, 많은 문헌에서 강도는 다양한 훈련 유형을 분류하는 기준으로 사용된다(Zintl, 1995).

훈련에서 최적의 강도를 찾아 운동선수가 가장 빠르게 퍼포먼스를 향상시킬 수 있도록 하는 것이 훈련 프로그램의 성공 여부를 결정하는 중요한 요소인 것 같다. 장거리 러너들은 훈련의 총량에 중점을 두는 경향이 있지만, 훈련 강도가 더 중요한 요소일 수 있다(Foster 등, 1999). 실제로, 중거리 및 장거리 러너들은 많은 양의 강도 높은 달리기 부하를 수행하는 데 어려움을 겪는 경우가 많다. 트레이너의 경험에 의한 데이터는 총 훈련량 중 5~20%만이 강한 달리기 부하로 구성될 수 있음을 분명히 보여준다(Daniels, 1998). 그러나 강한 부하의 훈련 세션의 수를 늘리거나 기존의 강한 부하 훈련 기간을 연장한 실험 결과는 달리기 퍼포먼스가 향상된다는 결과를 보여주었다(Lehmann 등, 1991). 이러한 연구는 실험을 위한 훈련 기간이 8주를 넘지 않았다는 한계점이 존재하며, 더 긴 훈련 기간에 대한 결과를 일반화하기는 어렵다. 실제로 달리기 성과를 향상시키기 위해 상대적으로 강도 높은 훈련이 사전 기간에 필요하다는 것이 일반적으로 알려져 있다. 러너는 대회에서 요구되는 특정 강도에 적응할 시간이 필요하며, 이는 4~12주 동안 대회 거리와 유사한 강도의 훈련 세션이 이루어진다.

지속 시간

여기서 말하는 지속 시간은 달리기 부하 내에서 단일 반복이 지속되는 시간이나 거리를 의미한다. 예를 들어 운동선수가 1분씩 10회를 달리며 중간에 2분 휴식을 취하는 인터벌 훈련의 경우, 해당 달리기 부하의 지속 시간은 1분이다.

볼륨

훈련 부하의 특성인 볼륨은 하나의 훈련 세션에서 달린 총 거리와 관련이 있다. 일반적으로 이는 미터(m), 킬로미터(km), 또는 시간 단위로 표현된다. 예를 들어 2km씩 3번을 달리며 중간에 500m의 휴식 거리가 포함된 인터벌 훈련의 경우 총 볼륨은 7km다. (3×2km) + (2×500m) = 7km.

장거리 러너에게 "훈련이 강도 높게 이루어졌는가?"라고 물으면, 대부분 훈련의 볼륨에 대해 언급할 것이다. 매주 달린 총 km 수가 중요한 핵심이 되고, 훈련 강도는 러너의 능력을 높이는 수단으로 여겨진다(Foster, 1998). 이는 마라톤을 2~3시간 안에 완주하고자 하는 아마추어 러너에게는 완벽한 출발점이 된다. 영Young(1973)이 제안한 '붕괴점collapse point 가설'에 따르면, 2~3시간 지속되는 대회에 적합한 준비를 위해서는 주당 2.5배 더 많은 훈련 볼륨이 필요하다. 따라서 마라톤을 준비하는 아마추어 러너는 훈련 기간 동안 주간 부하가 최소 105km 이상이어야 한다. 이보다 적은 훈련 거리를 달리면, 마라톤 마지막 구간에서 속도를 유지하기 어려울 수 있다. 아마추어 마라톤 러너에게는 훈련 볼륨과 퍼포먼스 수준 사이에 강한 연관성이 있다. 그러나 주간 훈련 부하가 140km를 초과하면 이 관계는 약해진다. 이 시점부터 주간 km 수를 무제한으로 늘려도 퍼포먼스 향상에 도움이 되지 않으며, 오히려 역효과를 초래할 수 있다. 많은 연구에서 훈련 볼륨 증가가 실제로 오버트레이닝으로 이어질 수 있음을 보여준다(Lehmann 등, 1991)('오버리칭과 오버트레이닝' 240쪽 참조).

훈련 밀도

'훈련 밀도'는 운동과 회복 간의 관계를 의미한다. 예를 들어 운동/회복 비율이 1:1인 경우, 각각의 훈련 반복 지속 시간과 휴식 시간과 동일하다(예: 10회×2분 운동, 2분 휴식).

빈도

훈련 빈도는 앞서 언급된 다른 훈련 부하의 특성들과는 달리, 일정 기간(일반적으로 1주일) 동안 이루어지는 훈련 세션의 수와 관련이 있다. 이때 빈도는 일정 기간 내에 진행된 훈련 세션의 횟수로 정의되며, 장기적인 관점에서 훈련 부하의 크기를 결정하는 데 중요한 요소로 작용한다. 훈련 경험이 풍부한 중·장거리 러너들은 매주 10~14회의 훈련 세션을 소화하기도 한다. 그러나 이런 고 빈도 훈련에서는 수확 체감의 법칙이 적용된다. 즉, 훈련이 진행될수록 적응에 따른 퍼포먼스 향상은 점점 줄어든다. 이 운동선수들은 훈련을 통해 신체가 적응하고, 그로 인해 조금씩 퍼포먼스가 향상되기를 기대하며 훈련에 몰두한다. 그럼에도 불구하고, 고빈도 훈련에서는 운동과 회복을 적절히 번갈아 가며 진행해야 한다는 점이 매우 중요하다.

훈련 방법

다섯 가지 특성에 따라 구분할 수 있다.

- 지구력 방법
- 인터벌 방법
- 반복 방법
- 대회 또는 통제 방법
- 기타 방법

다음은 각각의 방법에 대한 설명이다.

지구력 훈련

지구력 훈련을 수행할 때, 운동선수는 휴식 없이 지속적으로 달려야 한다. 이 훈련 방식은 지속적인 달리기로 이루어지며, 강도에 따라 세 가지 템포의 지구력 달리기를 구분할 수 있다.

- 지구력 템포-1
- 지구력 템포-2
- 지구력 템포-3

지구력 훈련을 세 가지 템포로 나누는 것은 유산소 경로에서 사용되는 기질의 종류에 기반을 두고 있다. 지구력 훈련의 강도가 증가함에 따라, ATP 재합성을 위해 상대적으로 더 많은 글리코겐이 사용된다. 지구력 훈련 부하가 가장 클 때는 ATP 재합성에 사용되는 기질로 유리지방산의 비율이 더 높아진다. 또한, 세 가지 달리기 템포를 번갈아 적용하는 다양한 형태의 지구력 훈련도 존재한다.

지구력 템포-1

가장 느린 템포이다. 이 템포의 훈련 강도는 심박수로 표현되며 러너가 목표로 하는 심박수는 최대 심박수(HR_{max})의 65~75% 또는 예비 심박수(HRR)의 60~70%에 해당한다. 최대 산소 섭취량($\dot{V}O_{2\,max}$)을 기준으로 훈련 강도를 설정할 때, 달리기 강도는 $\dot{V}O_{2\,max}$의 60~70% 또는 $_{v}\dot{V}O_{2\,max}$의 65~75%로 설정할 수 있다('최대 산소 섭취량' 123쪽 참조).

훈련 거리는 5~40km 사이에서 다양하게 설정할 수 있다. 이와 같은 훈련 거리의 차이는 지구력 템포-1이 단기적으로 사용되는지(예: 전날 힘든 훈련이나 대회 후) 아니면 장기적으로 사용되는지(예: 마라톤 준비 중)에 따라 달라진다. 첫 번째 경우, 지구력 템포-1의 목적은 능동적 회복이다. 두 번째 경우에는 마라톤을 준비하기 위한 구체적인 훈련이 목적이다. 장기적인 지구력 템포-1 훈련에서는 신체의 총 에너지 공급 과정에서 지방산 산화의 비율이 높다. 마라톤 러너가 이러한 지구력 훈련을 훈련에 포함시키는 이유는 지방산 산화가 총 에너지 생산에서 더 큰 비율을 차지하도록 자극하는 데 있다. 결과적으로, 증가한 지방산 산화는 글리코겐 절약 효과를 가져오며, 근육 내 글리코겐이 더 천천히 소모된다. 장기적인 지구력 템포-1 훈련 중에는 지근섬유 내 글리코겐 공급이 크게 감소하는데, 이는 크렙스 회로에 유리지방산만을 공급하는 것이 불가능하기 때문이다('ATP 재합성' 92쪽 참조). 또한 지구력 템포-1의 강도는 글리코겐도 유산소 경로의 기질로 사용해야 할 만큼 충분히 강하다. 스피로미터spirometer를 사용하여 다양한 달리기 속도에서 산소 섭취와 이산화탄소 배출을 측정할 수 있다. 이산화탄소 배출과 산소 섭취 간의 관계는 비율로 나타낼 수 있으며, 이를 통해 유산소 에너지 생성의 기질로 글리코겐과 유리지방산이 어느 정도 관여하는지를 추정할 수 있다. 이 비율은 호흡 교환비(RERRespiratory Exchange Ratio)로 불리며, 날숨 성분에서 측정할 수 있다. 이는 근육 수준에서의 산소 섭취와 이산화탄소 배출을 반영한다.

$$RER = \dot{V}CO_2/\dot{V}O_2$$

RER(호흡 교환비)의 값이 0.7일 때, 유리지방산만이 산화된다. 아래는 0.7이라는 값이 어떻게 도출되었는지를 설명하는 계산 방법이다. 팔미트산palmitic acid의 산화에는 23개의 산소 분자가 필요하며, 이 과정에서 16개의 이산화탄소 분자가 방출된다.

$$C_{1}6H_{32}O_2 + 23O_2 \rightarrow 16H_2O + 16CO_2$$
$$RER = \dot{V}CO_2/\dot{V}O_2 = 16/23 = 0.7$$

유리지방산의 산화는 유산소 경로에서 글리코겐의 산화보다 더 많은 산소를 필요로 한다. 글루코스나 글리코겐의 산화 과정에서는 산소 섭취와 이산화탄소 방출의 비율이 1:1이다.

$$C_6H_{12}O_6 + 6O_2 \rightarrow 6H_2O + 6CO_2$$
$$RER = \dot{V}CO_2/\dot{V}O_2 = 6/6 = 1.0$$

RER 값이 0.85일 때, 유리지방산, 글루코스 또는 글리코겐의 에너지 생성에서의 기여도는 동일하다. 지구력 템포-1훈련에서는 이 RER 값에 빠르게 도달한다. 지방산이 기질로 사용될 때는 산소 1리터당 4.69kcal의 에너지가 생성된다. 반면, 글루코스나 글리코겐이 기질일 때는 산소 1리터당 5.05kcal의 에너지가 생성된다. 따라서 글리코겐 또는 글루코스의 산화는 지방산 산화에 비해 산소 1리터당 6.4% 더 많은 에너지를 제공한다. 그러나 1g의 지방은 1g의 탄수화물보다 2.3배 더 많은 에너지를 포함하고 있다. 실제로, 달리기 부하가 강도는 높지만 지속 시간이 짧을 때(2~45분), 산소 섭취의 역할이 상대적으로 적기 때문에 글리코겐과 글루코스가 더 사용된다. 반면, 부하가 길게 지속되면, 장기적인 지구력 템포-1 훈련에서 지방산 산화의 비율이 증가하여 글리코겐 절약 효과가 나타난다. 지구력 템포-1 훈련을 유리지방산 산화가 유산소 대사에 기여하는 비율의 증가시키는 목표로 설정하는 것은, 대회에서 달릴 동안 산소 섭취보다는 글리코겐 공급의 역할이 상대적으로 적을 경우에만 적절하다.

생리학적 측정 방법으로는 간접 열량 측정법indirect calorimetry이 있다. 이 방법을 사용하기 위해서는 몇 가지 가정이 필요하다. 첫째, 빠른 해당과정의 기여는 무시해야 한다. 달리기 중 운동 부하가 최대하 부하이며 일정한 상태일 때, 내쉬는 숨에서 방출되는 이산화탄소의 양과 산소 섭취량을 측정하는 것이 유산소 대사의 정확한 지표가 된다.

빠른 해당과정은 H^+ 농도를 증가시켜, 중탄산염 완충 작용을 일으키며, 그로 인해 추가적인 이산화탄소가 방출된다. 이 이산화탄소는 유산소 대사의 직접적인 산물이 아니다. RER 값이 1에 가까울 경우, 유산소 대사에서 글리코겐과 글루코스의 기여도가 과대평가될 가능성이 있다. 둘째, 단백질 산화의 기여는 총 에너지 생산량에서 무시되어야 한다. 그러나 달리기 부하가 길어질 경우, 단백질 산화의 기여도는 약 10%로 추정된다. 요약하면, RER은 지나치게 길지 않은 일정한 상태 달리기 부하에 사용되는 기질의 유형을 추정하는 데 유용하다.

지구력 템포-2

중간 템포에 해당한다. 달리기 강도는 예비 심박수(HRR)의 70~80% 또는 최대 심박수(HR_{max})의 75~85%로 설정된다. 최대 산소 섭취량($\dot{V}O_{2\,max}$)과 관련이 있으므로 강도는 $\dot{V}O_{2\,max}$의 70~80% 또는 $_v\dot{V}O_{2\,max}$의 75~85%로 설정된다.

지구력 템포-2의 훈련 거리는 훈련의 목표와 정도에 따라 5~30km 사이로 설정된다. 이 템포는 장거리 러너를 위한 훈련으로 가장 자주 사용되며, 훈련 볼륨을 증가시키기 위한 효과적인 방법이다. 특히, 개별 훈련 세션의 횟수를 늘리거나 훈련 빈도를 높이는 방식으로 훈련량을 증가시킬 수 있다. 지구력 템포-2의 강도는 지구력 템포-1보다 높기 때문에, 유산소 경로의 기질로서 유리지방산의 기여도는 적고, 글리코겐이 더 많이 사용된다.

지구력 템포-3

가장 빠른 템포의 훈련이다. 이 템포는 종종 집중 지구력 훈련이라고 불리며, 지구력 템포-1과 템포-2는 광범위 지구력 훈련으로 불리기도 한다. 훈련이 잘된 러너의 경우, 지구력 템포-3의 훈련 강도는 약 1시간 동안 유지할 수 있는 강도로 설정한다. 이때 달리기 강도는 예비 심박수의 80~90% 또는 최대 심박수(HR_{max})의 85~90%에 해당한다. 최대 산소 섭취량($\dot{V}O_{2\,max}$)을 기준으로 할 경우, 강도는 $\dot{V}O_{2\,max}$의 80~90% 또는 $_v\dot{V}O_{2\,max}$의 85~90%에 해당한다.

지구력 템포-3의 적용 범위는 훈련의 목적과 수준에 따라 4~15km까지 다양하게 조절된다. 이 훈련에서 유산소 대사에 사용되는 주요 기질은 거의 전적으로 글리코센이다. 근육 내 글리코겐의 공급이 크게 감소하므로, 이를 보충하는 능력의 향상이 지구력 템포-3 훈련의 핵심 목표라 할 수 있다.

더 수준 높은 러너들은 지구력 템포 훈련을 더욱 세밀하게 구분할 수 있다. 유산소적 에너지 생성 대사를 사용할 경우, 적용되는 템포는 10~21km/h 사이일 것이다. 당

표 4.3 다양한 지구력 훈련의 유형과 훈련 강도

유형	HT_{rest}(%)	HR_{max}(%)	VO(%)	vVO_2max(%)
지구력 템포 1	60~70	65~75	60~70	65~75
지구력 템포 2	70~80	75~85	70~80	75~85
지구력 템포 3	80~90	85~95	80~90	85~95

연히 퍼포먼스가 낮은 러너일수록 더 세분화된 훈련 템포를 적용하는 것이 효과적일 것이다. 이 경우, 일반적으로 지구력 템포는 다섯 가지로 나눌 수 있다.

- 회복 지구력 훈련
- 지구력 템포-1
- 지구력 템포-2
- 지구력 템포-3
- 템포 지구력 달리기

이 세분화된 훈련 템포에 대해서는 책의 뒷부분에서 더 자세히 다룬다.

가변 지구력 훈련

위에서 언급된 지구력 달리기 유형 외에도 훈련을 변형된 형태로 진행할 수 있다. 이러한 변형은 지구력 템포-1, -2, -3을 조합하여 이루어진다. 지구력 훈련에서 템포를 다양하게 설정함으로써 새로운 자극을 추가할 수 있다. 이를 통해 지구력 훈련이 일정한 템포로만 진행될 경우 발생할 수 있는 훈련 효과 감소를 방지할 수 있다.

변형된 지구력 달리기 훈련 유형은 다음과 같이 분류될 수 있다.

- 인터벌 지구력 달리기Interval endurance running: 이 훈련 형태에서는 세 가지 지구력 템포를 무작위로 번갈아 사용한다. 특정 템포가 적용되는 시간 블록은 보통 2~5분 동안 지속된다. 블록 템포는 직관적으로 선택되며, 예를 들어 러너가 달리기를 상대적으로 수월하다고 느낄 때는 지구력 템포-3 블록을 더 많이 포함시킬 수 있고, 반대로, 달리기가 힘든 경우에는 지구력 템포-1 블록을 더 많이 포함시킨다.
- 교차 템포 지구력 달리기Alternating-tempo endurance running: 지구력 템포-1, -2, -3은 최소 5분 동안 지속되는 템포 블록에서 번갈아가며 사용된다. 실제로 템포를 번갈아 사용하는 지구력 달리기의 예시는, 2-2-2-2-2km 달리기 구간을 설정하고, 각 구간에서 지구력 템포 -1-2-3-1-3을 적용하는 방식이다.
- 클라이맥스 지구력 달리기Climax endurance running: 이 방법은 훈련 거리와 달리기 템포를 러너가 가장 느린 템포로 시작하여 가장 빠른 템포로 마무리할 수 있도록 설정하는 방식이다. 클라이맥스 지구력 달리기의 예시는 4-4-2km 달리기 거리를 설정하고, 지구력 템포 -1-2-3을 순차적으로 적용하는 방식이다. 훈련 강도가 점진적으로 증가하면서 훈련 후반에는 러너가 최대 산소 섭취량의 높은 비율로 달리게 된다. 최대 산소 섭취량의 높은 비율로 오랜 시간 달릴 수 있는 능력은 마라톤 러너에게 중요한 요소이다('$\dot{V}O_{2\,max}$: 달리기 재능의 예측 지표로서의 역할' 123쪽 참조).

인터벌 훈련

인터벌 훈련 방법은 운동과 회복 기간이 체계적으로 번갈아가며 이루어진다. 회복 기간 동안에는 일반적으로 완전한 회복이 이루어지지는 않는다. 인터벌 훈련 방법의 큰 장점은 동일한 강도의 단일 부하를 지칠 때까지 지속하는 훈련 방법에 비해, 높은 템포를 유지할 수 있는 시간을 증가시킬 수 있다는 점이다(Astrand & Rodahl, 1986). 또한, 인터벌 훈련은 심혈관 시스템에 독특한 효과를 준다. 심혈관 시스템의 가장 중요한 역할은 혈압을 유지하는 것이며. 혈압은 순환 혈액량(V_{circ})과 총말초저항(TPR)에 의해 결정된다.

$$\text{Blood pressure} = V_{circ} \times TPR$$

V_{circ}은 1회 박출량(V_{stroke})과 심박수(HR)의 곱으로 계산된다.

$$V_{circ} = V_{stroke} \times HR$$

인터벌 훈련의 첫 번째 구간 동안, 활성화된 근육에서 혈관 확장이 일어나 총 말초 저항(TPR)이 감소한다. 혈압을 유지하기 위해 순환 혈액량(V_{circ})이 증가해야 한다. 첫 번째 구간이 끝난 후, 심박수(HR)는 짧은 시간 내에 급격히 감소한다. 순환 혈액량(V_{circ})의 급격한 감소를 방지하고, 정맥혈의 많은 양이 심장으로 되돌아오기 때문에, 1회 박출량(V_{stroke})이 일시적으로 증가해야 한다. 이 현상으로 인해 인터벌 훈련은 심장 근육 강화를 위한 근력 훈련과 같다. 결과적으로, 좌심실의 부피가 증가하고 근비대가 일어난다. 1회 박출량(V_{stroke})의 일시적 증가 시간은 매우 짧으므로, 2분 이상의 휴식을 반복하는 것은 효과적이지 않다.

인터벌 훈련 방식은 두 가지 방법으로 나눌 수 있으며 첫 번째 방법은 훈련 부하의 강도에 따라 나뉜다.

- 광범위 인터벌 훈련: 낮은 부하 강도, 짧은 휴식 시간, 일반적으로 연속적인 휴식은 사용하지 않음.
- 집중적 인터벌 훈련: 높은 부하 강도, 긴 휴식, 피로 발생 여부에 따라 연속적인 휴식이 사용될 수 있음.

두 번째 방법은 훈련 부하의 지속 시간에 따라 구분되며 두 가지 종류의 인터벌 훈련으로 나뉜다.

- 단거리 인터벌short intervals
- 중거리 인터벌medium-length intervals

많은 트레이닝 관련 문헌에서 세 번째 유형으로 분류되는 장거리 인터벌long intervals은 여기서 제외되었는데, 장거리 인터벌 훈련에서 사용되는 휴식 시간이 일반적으로 최적의 휴식 시간으로 여겨지는 2분을 초과하는 경우가 많기 때문이다. 이 책에서는 2분 이상의 휴식을 포함하는 장거리 인터벌 훈련을 '템포 훈련'으로 구분한다(기타 훈련 방법, 239쪽 참조). 이 책에서는 부하 강도를 기준으로 분류한 인터벌 훈련만 다룬다.

광범위 인터벌 훈련

광범위 인터벌 훈련의 특징은 많은 반복과 짧은 휴식을 적용하는 것이다. 짧은 휴식으로 인해 러너는 자신이 해당 거리를 달릴 수 있는 최대 속도의 70~80% 템포로 달리게 된다. 예를 들면 400m를 60초 이내에 달릴 수 있는 러너는, 광범위 인터벌 훈련에서 400m를 75~85초에 12회 반복하며, 각 반복 사이에 1분의 휴식을 취하게 된다.

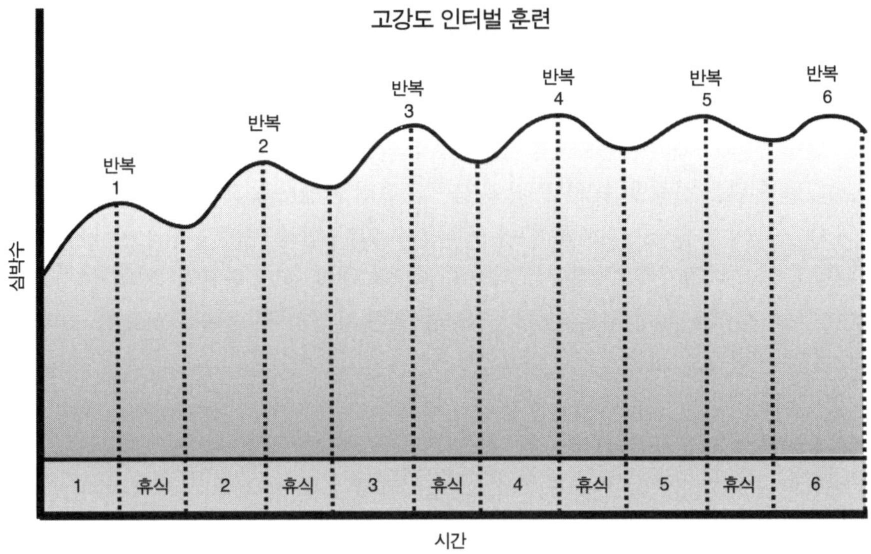

그림 4.28 심박수와 인터벌 훈련

광범위 인터벌 훈련에서는 3~4회의 반복 후에 목표 심박수에 도달한다. 그 이후부터는 심박수를 측정하여 훈련 강도를 조절하는 것이 효과적이다.

이때 심박수는 훈련 강도가 적절한지 확인하는 지표로 사용될 수 있다. 3~4회 반복 후, 심박수는 최대심박수(HR_{max})보다 10~15beats/min 낮아야 한다. 심박수를 3~4회 반복 후에 확인하는 이유는 산소 운반 시스템이 최적으로 작동하는 데 시간이 필요하기 때문이다. 첫 번째 반복에서는 심박수를 HR_{max}보다 20~25beats/min 낮게 유지하는 것이 좋다. 산소 운반 시스템이 적응된 후에는, 훈련 강도가 일정하더라도 목표 심박수가 HR_{max}보다 10~15beats/min 낮은 수준으로 증가하게 된다.

훈련 중 각 반복의 거리는 50~800m 사이로 설정된다. 회복을 위한 휴식 시간은 2분을 넘지 않아야 하며, 휴식 시간이 더 길어지면 훈련 효과가 최적화되지 않는다. 인터벌 훈련은 달리는 거리가 50m 이상일 때 특별한 효과가 있다. 처음에는 이 훈련이 크레아틴-포스포키나아제 반응('ATP 재합성' 92쪽 참조)과 '빠른' 해당작용에 관여할 것으로 보일 수 있다. 그러나 근육 내에는 미오글로빈에 결합된 소량의 산소가 존재한다. 이 산소 비축분은 단기적인 달리기 부하를 사용할 때 필요에 따라 활용될 수 있으며, 짧은 휴식 후 보충된다. 운동 부하의 지속 시간이 10초(약 50m)이고 반복 사이의 휴식 시간이 5초인 인터벌 훈련은 30분 동안 지속할 수 있는 반면, 동일한 강도의 지속적인 부하는 약 4분 후에 러너가 피로로 인해 중단하게 된다(Astrand & Rodahl, 1986). 이 유형의 인터벌 훈련에서는 혈중 젖산 농도가 눈에 띄게 낮으며, 크레아틴 인산의 감소는 유산소 대사 과정에 의해 빠르게 보충된다. 이는 미오글로빈의 소량 산소 비축분이 효과적으로 작용하는 결과이다. 휴식 시간은 15초를 넘지 않아야 하며, 그 이후에는 혈중 젖산 농도가 상승하고, '빠른' 해당작용이 더 큰 기여를 하게 된다. 결과적으로 러너가 달리기를 지속할 수 있는 시간이 크게 단축된다. 광범위 인터벌 훈련의 총 볼륨(훈련량)은 러너의 훈련 상태에 따라 2~8km 사이로 설정할 수 있다.

집중적 인터벌 훈련

집중적 인터벌 훈련은 광범위 인터벌 훈련보다 더 높은 템포로 진행된다. 이 훈련의 템포는 해당 거리를 달릴 수 있는 최대 속도의 80~90% 수준이다. 예를 들어 300m를 36초로 달릴 수 있는 선수가 300m를 40~45초로 달리는 4회 반복의 3세트로 구성된 집중적 인터벌 훈련을 진행할 수 있다. 반복 사이의 휴식 외에도 높은 달리기 템포를 유지하기 위해 연속적인 휴식(시리즈 휴식)이 포함될 수 있다. 반복 사이의 휴식 시간은 광범위 인터벌 훈련과 마찬가지로 2분을 초과하지 않도록 해야 한다. 단일 반복의 지속 거리는 100~800m 사이로 설정되며, 집중적 인터벌 훈련 세션의 총 볼륨은 5km를 초과하지 않도록 해야 한다.

반복 훈련

이 방법은 고강도 달리기 부하를 반복적으로 수행하고, 각 반복 사이에 충분한 회복 시간을 두는 것이 특징이다. 일반적으로 이 훈련 방법은 잘 훈련된 러너들에게 적합하다. 반복의 강도는 매우 높아 특정 거리에서 달릴 수 있는 최대 템포의 90~95%에 해당한다. 예를 들어 1000m에서 최고 기록이 2분 32초인 선수가 2분 40초에서 2분 49초 사이의 템포로 3회 반복을 완료하는 방식이다. 이 훈련 방법을 사용할 때는 반복 훈련 부하의 지속 시간에 따라 훈련 목표를 설정하는 것이 일반적이다.

- 단거리 반복 훈련
- 중거리 반복 훈련
- 장거리 반복 훈련

표 4.4는 세 가지 유형의 반복 훈련에 대한 반복 거리와 총 볼륨(훈련량)의 개요를 제공한다. 대회에서 달릴 거리를 기준으로 특정 유형의 반복 훈련은 훈련 프로그램에 더 자주 포함될 수 있다.

반복 훈련 중 생성되는 총 에너지 양에서 크레아틴-포스포키나아제 반응과 '빠른' 해당작용의 기여도는 인터벌 훈련보다 훨씬 크다. 이는 ATP/ADP 비율이 신체가 완전한 회복 상태에서 스스로 조절되기 때문이다. ATP/ADP 비율은 유산소 경로가 시작되기 전에 먼저 다소 감소해야 한다(2장 참조).

표 4.4 반복 훈련 방법

반복 유형	반복 거리(m)	총 거리(m)
짧은 거리	100~300	500~2,000
중간 거리	300~800	1,000~3,000
장거리	800~3,000	2,000~6,000

경기 또는 컨트롤 훈련

단일 경기-특화 훈련 부하를 사용한다. 이 훈련은 경기 중에 예상되는 상황을 시뮬레이션하거나, 실제 경기에서 특정 과제를 수행하며 달리는 방식으로 이루어진다. 이 방법은 중요한 경기를 앞두고, 선수의 컨디션을 점검하고 보완할 점을 확인하는 데 목적이 있다. 예를 들어 마라톤을 준비하는 선수가 실제 마라톤에서 사용할 템포로 하프 마라톤을 달리며 자신의 컨디션을 점검할 수 있다. 이를 통해 의도한 달리기 템포가 실제 상황에서 적절한지 확인할 수 있다. 또한, 경기를 앞두고 실제 환경과 비슷한 조건에서 특정 전술을 테스트하고 연습할 수 있다. 이러한 경기 특화 훈련은 메인 경기에서 높은 수준의 퍼포먼스를 발휘하기 위해 필수적이다.

기타 훈련 방법

이 훈련 방법들은 기존에 언급된 방법에 포함되지 않는 훈련 방법으로 구성된다.

- 템포 훈련
- 파틀렉$_{\text{Fartlek}}$: 러너가 달릴 지형(예: 언덕, 모래 등)에 의해 템포 변화를 결정하는 방식
- 언덕 훈련

템포 훈련

인터벌 훈련과 지구력 훈련을 연결하는 역할을 한다. 부하의 지속 시간이 길어지기 때문에, 인터벌 방법에서 사용되는 2분 이내의 짧은 반복 휴식 시간은 충분하지 않다. 대신 2~4분의 휴식을 취하면서, 러너가 고강도 반복 훈련을 지속할 수 있도록 돕는다. 이 훈련의 목표는 유산소 시스템을 환전하게 활성화시키는 것이다. 따라서 훈련 강도는 $\dot{V}O_{2\,max}$의 95~100% 또는 $_{v}\dot{V}O_{2\,max}$의 100%로 설정된다. 심박수 기준으로는 HR_{max}의 98~100% 또는 HRR의 95~100%로 설정할 수 있다. 강도는 또한 해당 거리에서의 최고 기록 대비 75~90%로도 설정될 수 있다. 예를 들어 1200m 최고 기록이 3분 10초(190초)인 경우, 5×1200m에 4분 휴식을 포함한 템포 훈련의 강도는 3분 31초(211초)에서 4분 13초(253초) 사이가 된다.

훈련 부하의 지속 시간은 최소 2분, 최대 6분을 초과하지 않아야 한다. 그렇지 않으면 유산소 시스템이 최고의 성과를 발휘하지 못한다. 훈련 부하의 거리는 훈련 부하 지속 시간에 따라 3~8km 사이로 설정된다.

파틀렉

이 훈련 형태는 템포 변화가 있다는 점에서 지구력 달리기와 유사하다. 템포의 변화는 지형의 상태에 따라 결정된다. 이를 통해 스프린트 훈련, 언덕 훈련, 템포 훈련과 다양한 지구력 달리기 유형을 혼합한 훈련을 구성할 수 있다. 따라서 이 훈련 방법은 기존의 훈련 부하 구분 기준에 맞춰 분류하기 어렵다.

언덕 훈련

과부하가 매우 낮은 형태의 근력 훈련이다. 언덕 훈련은 신체의 전체적인 움직임이 목표로 하는 움직임과 유사할 때, 운동 목표와 더 잘 일치할 수 있다. 언덕의 경사는 최대

10%를 초과하지 않아야 하며, 경사가 너무 가파를 경우 올바른 달리기 기술을 유지하기 어려워진다('훈련 전이' 248쪽 참조). 경사가 가파를수록 과부하가 커져 특정 움직임의 협응 패턴을 방해할 수 있다. 또한, 가파른 언덕에서 달릴 때는 지면 접촉 시간이 길어지도록 움직임 패턴을 조정해야 하며, 그로 인해 햄스트링, 대둔근, 대퇴사두근 등의 근육들이 더 많이 사용되어야 한다. 운동생리학적 관점에서, 언덕 훈련을 달리기 프로그램에 포함시킬 때 유리한 점은 평지에서 달릴 때보다 관련 근육에서 더 많은 파워가 요구되기 때문이다. 이러한 관점으로 볼 때 언덕 훈련의 거리는 300~2000m 사이가 적당하다. 이 훈련의 목적은 유산소 지구력을 향상시키는 것이다. 이 형태의 언덕 훈련의 강도와 밀도는 템포 훈련과 동일하다. 훈련 중 반복 사이의 휴식 시간은 훈련의 구성에 따라 길어질 수 있으며 이때 훈련의 부하는 2000~8000m 사이로 설정된다.

짧은 거리의 언덕 훈련(100~300m)을 실시할 때는 앞서 언급한 낮은 특이성과 높은 과부하에 주의해야 한다. 경사가 너무 가파를 경우, 언덕을 오를 때 발생하는 추가 저항을 평지에서 바람을 맞으며 달리는 것으로 대체하는 것이 더 효과적일 수도 있다.

오버리칭과 오버트레이닝

운동과 회복의 균형이 맞지 않으면 목표한 적응을 얻을 수 없으며, 이로 인해 퍼포먼스가 일시적으로 감소하게 된다. 오버리칭의 경우, 이러한 퍼포먼스 감소는 몇 주간의 회복기간을 필요로 한다. 따라서 오버리칭은 단기적인 오버트레이닝으로 정의할 수 있다. 그러나 오버리칭이 장기간 지속되면, 이는 오버트레이닝 증후군으로 발전할 수 있으며, 이 경우 회복에 몇 주에서 몇 달이 걸릴 수 있다.

강도 높은 훈련, 오버리칭, 오버트레이닝을 구분하는 것은 어려운 경우가 많다. 특히, 오버리칭에 직면했을 때 러너는 일반적으로 퍼포먼스 감소를 경험하며 이를 극복하려는 목적으로 훈련 강도를 더욱 높이려는 경향이 있다. 이로 인해 러너는 연습이나 경기에서 얻은 결과를 잘못 해석하고 문제를 악화시킬 수 있다. 게다가, 트레이너들은 오버리칭을 의도적으로 적용하여 최적 범위 내의 훈련으로는 얻을 수 없는 더 큰 적응 효과를 이끌어내려고 한다. 운동과 회복 간의 균형이 깨지는 것이 오버리칭의 주요 원인이 될 수 있지만, 유일한 원인은 아니다. 달리기 훈련 중 부하 스트레스를 증가시키는 추가적인 요인으로는 감정적 및 사회적 스트레스, 기후 조건, 훈련의 단조로움, 그리고

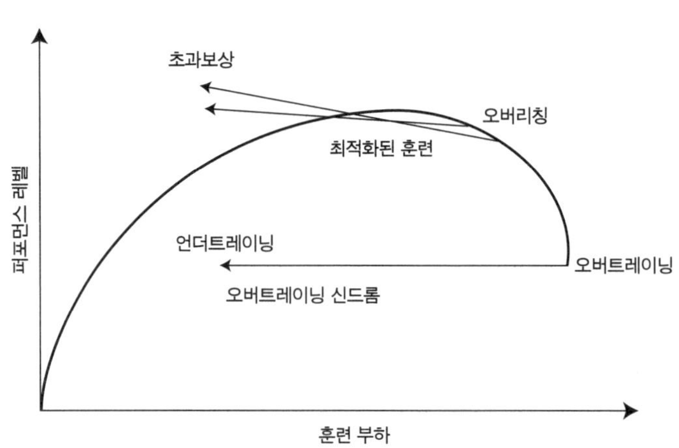

그림 4.29 훈련 부하와 퍼포먼스 향상 간의 관계

훈련의 최적화는 좁은 범위 내에서 이루어진다. 오버리칭은 최적의 훈련 범위 내에서 훈련하여 달성할 수 있는 퍼포먼스를 넘어서는 퍼포먼스 향상을 목표로 적용될 수 있다.

대회 일정이 빡빡한 경우 등이 있다.

오버트레이닝 문제는 러너들 사이에서 광범위하게 발생한다. 장거리 러너를 대상으로 한 인터뷰에서, 60%의 러너들이 오버트레이닝을 경험한 적이 있다고 답했다(Hooper 등, 1995). 오버트레이닝에 관한 연구에서 주목할 만한 점은, 일반적인 훈련 프로그램의 적용 범위를 크게 늘리는 것이 오버리칭과 오버트레이닝을 초래할 수 있다는 것이다. 반면, 훈련 강도를 높여 구성한 훈련 프로그램은 실제로 퍼포먼스 향상으로 이어진다(Lehmann 등, 1991). 이러한 차이는 훈련 프로그램의 강도를 높인 러너에게 더 자주 발생하는 현상으로, 강도 높은 훈련일과 낮은 훈련일이 번갈아 진행되기 때문이다. 그러나 훈련 적용 범위를 늘리면, 개별 훈련 세션들이 서로 비슷해져 강도 높은 훈련과 낮은 훈련을 번갈아 진행하는 것이 어려워진다. 즉, 훈련이 점점 더 단조로워진다는 의미다.

훈련 중 단조로움

훈련 중 단조로움은 스트레스를 증가시킬 수 있는 요인으로, 오버트레이닝을 예방하는 데 중요한 역할을 하기 때문에 특별히 주의를 기울여야 한다. 또한, 이 요인은 훈련 일지를 통해 쉽게 모니터링할 수 있다.

포스터Foster의 여러 연구에 따르면, 일일 훈련 부하는 훈련 지속 시간의 합과 러너가 경험한 노력 정도exertion experienced를 곱하여 정량화할 수 있다. '경험된 노력 정도(MEEmeasure of exertion experienced)'는 0~10 사이의 숫자로 표현되며, 0은 휴식을 취할 때 같은 안정 상태를, 10은 최대 노력 상태를 의미한다. 주간 총 훈련 부하는 하루의 훈련 부하에 점수를 매겨 결정할 수 있다. 주간 점수는 피로를 측정하는 유용한 척도가 될 수 있지만, 절대적인 측정값으로는 큰 의미가 없다. 대신, 훈련에서 발생하는 스트레스를 계산할 때는 가변성(변동성)이 훨씬 더 중요하다. 일주일 간의 훈련 부하에 대한 표준편차(SD)를 계산할 수 있으며, 이는 평균에서 얼마나 벗어났는지를 측정하는 값이다. 즉, SD 값이 작을수록 평균에서의 편차가 적다는 의미이다. 주간 점수를 SD로 나누면

점수	상태 서술
0	휴식 상태
1	매우 쉬움
2	쉬움
3	보통
4	약간 힘듬
5	힘듬
6	
7	매우 힘듬
8	
9	극도로 힘듬
10	최대

훈련 종료 후 30분 이내에 실시

그림 4.30 Forster가 제안한 MEE 정량화 차트

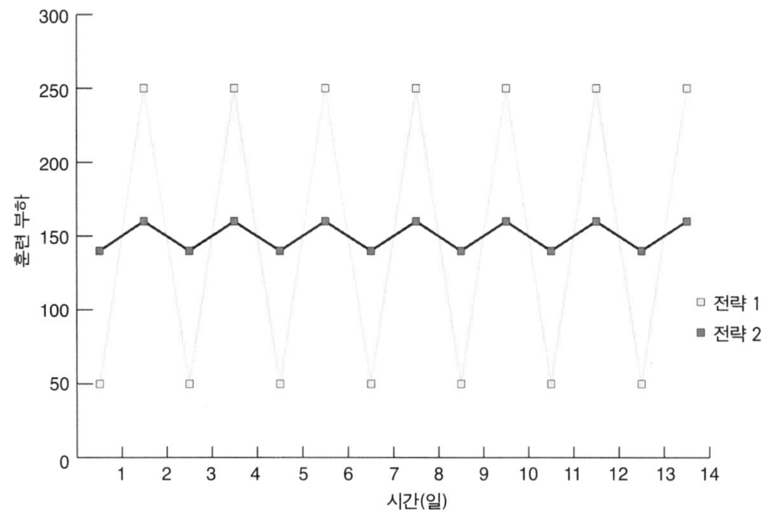

그림 4.31a 훈련 전략

동일한 총 훈련 부하를 사용하는 2가지 다른 전략. 전략 1: 훈련 중에 강한 부하와 가벼운 부하를 지속적으로 번갈아 사용. 전략 2: 거의 동일한 강도로 설정된 훈련 부하의 사용.

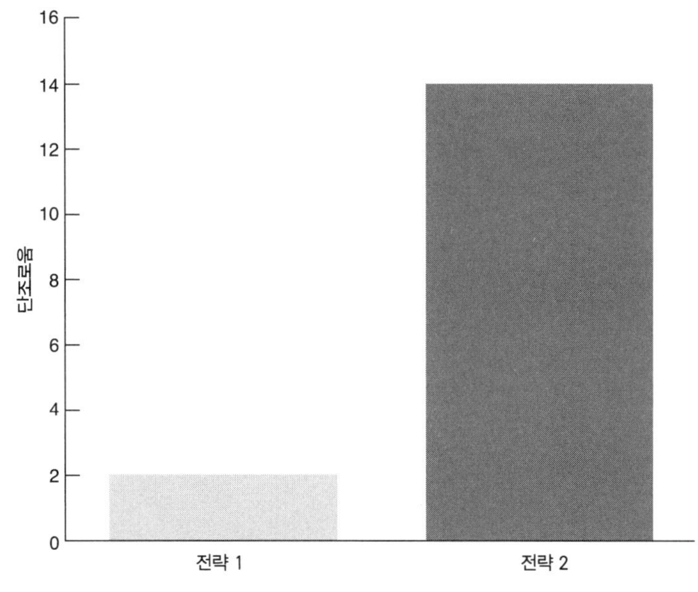

그림 4.31b 훈련 전략

전략 1과 전략 2의 단조로움 차이. 단조로움은 주간 훈련 부하를 표준 편차(SD)로 나누어 정의할 수 있다. 훈련 전략이 더 단조로울수록, 훈련 부하는 더 무겁게 느껴질 것이다.

새로운 측정값인 단조로움 점수monotony score를 얻을 수 있다. 단조로움 점수가 높을수록 훈련 부하가 비슷하게 유지되고 있다는 의미이다. 일일 평균 훈련 부하, SD, 단조로움 점수를 이용해 일주일 간의 훈련 부하를 쉽게 계산할 수 있으며, 이는 일일 평균 훈련 부하를 7을 곱해서 구한다.

훈련을 모니터링하는 데 사용되는 마지막 지표는 훈련 부하로 인한 스트레스 레벨이다. 스트레스는 훈련 부하에 단조로움 점수를 곱한 값으로 정의된다. 포스터의 한 연구에 따르면, 러너는 일정 수준의 스트레스는 견딜 수 있지만, 이 수준을 초과하면 감기와 같은 감염에 취약해지는 것과 같은 부정적인 결과가 발생할 가능성이 크게 증가한다고 한다.

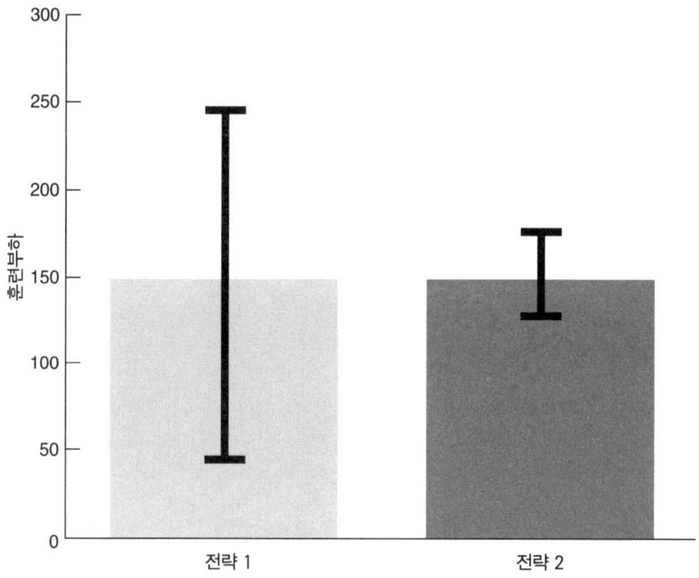

그림 4.31c 훈련 전략

전략 1과 전략 2에서 사용되는 일일 평균 훈련 부하는 동일하지만 전략 1의 표준 편차가 훨씬 더 크다.

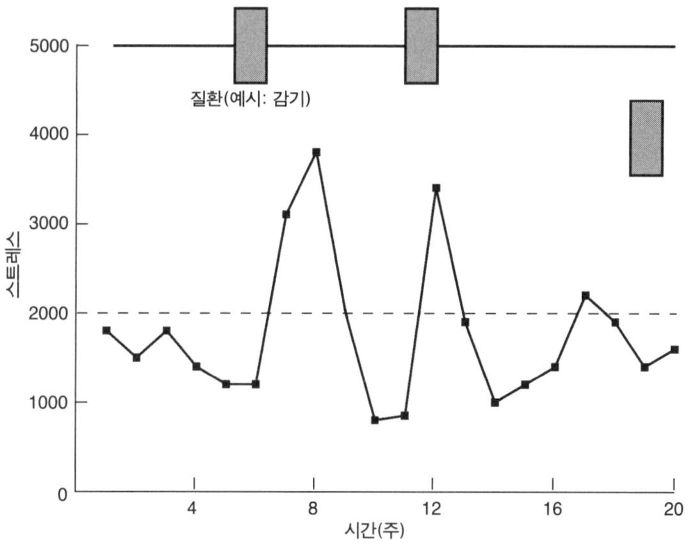

그림 4.31d 훈련 전략

훈련의 스트레스는 20주 동안 매주 기록된다. 각 러너는 자신이 감당할 수 있는 스트레스 수준을 가지고 있다. 이 예시의 러너의 경우, 그 수준은 2000이다. 이 수준을 초과하면, 러너는 감기나 독감과 같은 감염성 질환에 걸릴 위험이 커진다. 이 예시의 러너는 2000을 초과한 약 일주일 후에 세 번 병에 걸렸다.

훈련 부하, 가변성, 스트레스 간의 관계를 통해, 훈련 프로그램에 다양성이 필요하다는 결론을 내릴 수 있다. 훈련 부하를 신중하게 모니터링하면 오버트레이닝을 예방할 수 있는 가능성이 높아진다.

Chapter 5
실전 달리기 기술을 위한 훈련

서론

운동 기술을 배우는 과정은 단순한 하나의 과정으로 이루어지는 것이 아니다. 보행 시스템은 신체의 감각 시스템과 신체 조건이 서로 깊이 연결되어 있으며, 이 관계는 매우 복잡하다. 따라서 근력, 스피드, 지구력과 같은 체력 요소와 협응을 명확히 구분하는 것이 어렵거나 불가능할 뿐만 아니라, 오히려 비효율적일 수도 있다. 보행 시스템을 훈련할 때는 감각 시스템과 협응, 그리고 협응과 신체 컨디션 사이의 강한 상호작용이 나타난다. 효율적인 움직임을 익히려면 이 요소들이 조화를 이루며 작용해야 한다. 감각 시스템을 학습 과정에 포함하면 협응이 향상되고, 이는 신체 조건을 개선하며 궁극적으로 경기력 향상으로 이어진다. 반대로, 선수가 자신의 최대 퍼포먼스 수준에서 협응을 유지하려면 좋은 신체 조건이 필수적이다. 이러한 상호 관계는 허들 달리기와 같은 복잡한 움직임 패턴에서 더욱 두드러진다. 예를 들어 균형 감각, 고유수용성 감각을 통한 무릎 각도의 인식, 허들을 넘을 때 상체와 스윙 다리의 올바른 위치 조정, 그리고 3보 리듬을 유지할 수 있는 충분한 스피드와 근력이 필요하다. 심지어 협응이 크게 강조되지 않는 것처럼 보이는 특정한 형태의 근력 훈련에서도 감각 시스템, 협응, 신체 조건 간의 상호작용은 중요한 영향을 미친다. 근력 훈련에서도 기본적인 운동을 수행할 때와 마찬가지로 퍼포먼스 향상의 핵심 요인은 협응의 발전이다. 따라서 훈련을 진행할 때는 감각 시스템, 협응, 신체 조건이라는 세 가지 요소가 조화를 이루도록 유지하는 것이 중요하다.

감각 시스템과 협응

신체적인 부담이 크지 않은 운동은 감각 정보와 협응을 효과적으로 결합하는 방법을 익히기에 적합할 뿐만 아니라 반드시 필요한 과정이다. 달리기는 반복적인 움직임으로 이루어지며, 그 패턴을 조절하는 데 필요한 정보의 상당 부분은 달리기 동작 자체에서 나온다('러닝의 조절 방식' 70쪽 참조). 따라서 감각 시스템이 운동 패턴에 미치는 영향은 매우 크다. 이러한 감각 정보가 언제 제공되는지를 인지하는 것은 달리기 기술을 체계적으로 향상시키는 데 필수적이다. 또한, 관절의 위치나 근육의 예비장력과 같은 협응 관련 감각 데이터를 해석하는 능력은 달리기 기술을 지도하는 과정에서도 중요하다. 보행 시스템과 감각 시스템 간의 상호작용을 이해하는 것은 단순히 움직임 관련 발생하는 오류를 인지하고 수정하는 데 그치지 않고, 애초에 오류가 발생하지 않도록 동작 패턴을 개선하는 과정에서도 필요하다. 감각 정보를 적절히 활용하는 능력은 러너가 신체의 균형을 더욱 안정적으로 유지하고 추진력을 보다 효율적으로 사용할 수 있도록 돕는다.

이는 다음 예시를 통해 설명할 수 있다. 발이 지면에 닿는 순간($IC_{Initial\ contact}$)의 무릎 각도는 연부 조직의 탄성 요소에 에너지가 어떻게 저장되고 방출되는지를 결정한다. IC 순간 무릎 주변에 작용하는 힘의 크기와 방향은 매우 빠르게 변화하기 때문에, 선수는 IC 순간에 발생하는 정보를 즉각적으로 활용하여 반응하기 어렵다. 따라서 IC 순간 발생할 상황을 정확히 예측하기 위해서는 사전에 준비된 움직임 계획이 필요하다(Bobbert 등, 1992). IC 순간 최적의 무릎 각도를 형성하기 위해 필요한 정보는 외적 요인(지면의 상태, 바람 등)과 내적 요인(근육 내 긴장 형성 과정 등)을 통해 얻을 수 있다. 이 모든 정보를 정확히 통합한 후에야, 탄성을 최적화하여 활용할 수 있는 움직임 패턴을 만들 수 있다. 타이밍과 효율성 측면에서 보면, 햄스트링의 역할은 IC 직전 다리 스윙이 어떻게 조정되는지, IC에서 외부 힘이 어떻게 흡수되는지, 그리고 햄스트링이 에너지를 어떻게 전달하는지에 의해 결정된다. 이러한 과정은 이전 동작에서 얻은 감각 정보를 얼마나 효과적으로 분석하고, 이를 다음 움직임 패턴에 반영하느냐에 크게 좌우된다(Cranenburgh, 1997).

햄스트링은 달리기 중 생성하는 힘의 크기뿐만 아니라, 퍼포먼스의 수준을 결정하는 중요한 요소인 힘을 정교하게 조절하는 능력에도 영향을 미치는 근육이다. 감각 시스템과 보행 시스템 간의 미세한 컨트롤 능력을 향상시키려면, 신체에 큰 부담을 주지 않는 낮은 강도의 다양한 달리기 동작 패턴을 연습하는 것이 필요하다. 만약 훈련이 항상 높은 신체적 부담 속에서 이루어진다면, 선수는 자신의 기술을 절대로 정교하게 다듬을 수 없다. 달리기 기술의 세밀한 부분은 매우 복잡하여, 완벽하게 익히기기 쉽지 않다. 게다가, 꾸준히 연습하지 않으면, 정밀하게 다듬어진 기술도 금방 무뎌질 수밖에 없다. 따라서 낮은 강도의 훈련은 모든 단계와 수준의 선수에게 의미 있는 훈련 방법이다. 핵심은 선수가 자신의 몸에서 전달되는 감각을 더욱 민감하게 인지하도록 만드는 것이다.

이 과정에서의 다음 단계는 선수들이 최대 스피드나 극도의 피로와 같은 신체적 부담이 큰 상황에서도 감각 시스템과 운동 시스템을 효과적으로 연결하는 방법을 배우는 것이다.

컨디션과 협응

좋은 신체 협응은 신체 조건이 충분히 발달했을 때 가능하다. 예를 들어 높은 스피드에서 올바른 달리기 기술을 구사하기 위해서는 짧은 시간 내에 충분한 힘을 생성할 수 있어야 하며, 관련 근육들도 빠르게 수축해야 한다. 반대로, 좋은 협응 자체가 신체 능력을 향상시키는 중요한 요소가 되기도 한다. 근육의 수축 속도나 높은 수준의 반력은 정확한 움직임 패턴 속에서 이루어질 때 비로소 효과적으로 발휘된다(예: 반사 작용이 움직임 패턴에 미치는 영향, '러닝의 조절 방식' 70쪽 참조).

협응과 신체 컨디션은 밀접하게 연결되어 있으며, 훈련 과정에서 두 요소가 함께 발전하는 경우가 많다. 예를 들어 스프린트를 할 때 상체를 곧게 유지하려면 복부 근육이 강해야 한다. 하지만 단순히 근력이 강한 것만이 아니라, 몸을 지탱하는 코르셋처럼 특정한 기능을 수행할 수 있어야 한다. 스프린트 시 올바른 자세를 유지하면 복부 근육이 더욱 활성화되고, 반대로 근력 훈련을 통해 복부 근육을 단련하면 달리기 시 더 안정적인 자세를 유지할 수 있다. 복부 근육이 강해지는 것은 단순히 생리학적 특성이 발달한 결과가 아니라, 근육을 더 효과적으로 조절하는 능력이 향상되면서 협응이 함께 개선되는 것이 핵심이다.

이러한 관점에서 보면, 신체 컨디션과 협응을 함께 향상시키는 것이 바람직하다는 것은 분명하다. 그러나 많은 지도자가 운동선수가 훈련 퍼포먼스를 단순히 스톱워치 기록만으로 평가하는 경향이 있는데, 이는 적절하지 않을 수 있다. 예를 들어 1500m를 탄성을 활용하여 달린 선수와 비효율적인 기술로 동일한 기록을 낸 선수는 기록한 선수는 에너지를 소모하는 방식과 협응을 활용하는 방식이 전혀 다를 것이다. 따라서 같은 거리와 기록이라도 훈련의 효과는 크게 달라질 수밖에 없다. 첫 번째 경우에는 탄성, 근력, 그리고 빠른 힘 생성 능력이 더 많이 요구되지만, 두 번째 경우에는 주로 심폐 기능과 대퇴사두근이 더 많이 사용되며, 이는 탄성을 활용한 달리기에서 부분적으로만 활성화되는 근육이다.

어떤 경우에는 신체 컨디션 향상과 올바른 달리기 패턴을 결합하는 것이 오히려 비효율적일 수 있다. 예를 들어 무거운 중량을 사용하는 근력 훈련 중에는 올바른 달리기 패턴과 유사한 움직임을 구현하는 것이 거의 불가능하다. 이러한 상황에서는 훈련의 효율성을 고려할 때, 달리기를 위한 협응과 신체 컨디션 향상을 동시에 추구하기보다 각 요소를 분리하여 훈련하는 것이 더 효과적일 수 있다. 이럴 때는 근력 훈련에 달리기 기술의 일부 요소, 즉 한두 가지 핵심 동작만 적용하는 것이 바람직하다. 또한, 근력 훈련의 효과를 극대화하려면 달리기 기술과 신체 컨디션을 무리하게 결합하기보다, 필요한 요소만 선택적으로 적용하는 것이 중요하다.

과부하의 원칙

훈련의 효과는 신체가 주어진 훈련 자극에 어떻게 적응하느냐에 따라 달라진다. 만약 신체가 요구되는 동작을 수행할 준비가 충분히 되어 있지 않다면, 그 동작을 할 수 있도록 적응하는 과정이 필요하다. 하지만 일단 신체가 해당 동작을 수행할 수 있게 되면, 더 이상 추가적인 적응이 일어나지 않고 정체 상태에 머물게 된다. 선수가 자신의 퍼포먼스를 더욱 발전시키고 싶다면, 훈련 자극의 강도를 높여야 한다. 새로운 강한 자극이 주어지면 신체는 다시 적응 과정을 거치며 퍼포먼스가 향상된다. 따라서 신체는 지속적으로 더 강한 훈련 자극을 받아야 하며, 이를 과부하의 원칙이라고 한다. 과부하와 적응의 원리는 단순히 생리학적 측면에서만 적용되는 것이 아니라, 러너의 협응 방식에도 동일하게 적용된다. 이는 신체 컨디션과 협응이 밀접하게 연결되어 있기 때문이다. 협응 패턴을 개선하려면, 신체가 전체적인 협응 패턴(즉, 달리기 자체) 또는 달리기 패턴을 구성하는 일부 요소에 집중된 과부하를 경험해야 한다.

훈련이 단순히 달리기 동작만 반복하는 방식으로 이루어진다면, 협응 능력이 장기적인 측면에서 효과적으로 향상되기 어렵다. 따라서 실제 훈련에서는 달리기뿐만 아니라 다양한 움직임을 함께 적용하는 것이 더 효과적이다. 즉, 달리기의 여러 요소를 균형 있게 발전시키는 데 초점을 맞추는 것이 중요하다. 장기간에 걸쳐 특정 움직임 패턴에 적응하려면, 훈련 과정에서 다양한 자극을 활용하는 것이 필요하다.

훈련 전이

강한 훈련 자극이 항상 달리기 퍼포먼스를 향상시키는 것은 아니다. 단순히 과부하를 적용한다고 해서 원하는 움직임 패턴이 자연스럽게 개선되는 것도 아니다. 예를 들어 스프린터가 웨이트 트레이닝만 집중적으로 한다고 해서 협응이 향상되거나 스피드가 좋아지는 것은 아니다. 훈련을 통해 신전 동작에서 더 강한 힘을 만들어낼 수 있도록 근력을 발달시켰더라도, 이 힘을 달리기에 효과적으로 활용하려면 협응 훈련이 반드시 필요하다. 훈련을 통해 단련한 동작이 실제 퍼포먼스와 관련된 움직임으로 전환되는 과정을 훈련 전이라고 하며, 이는 다음 세 가지 특이성 요구 조건이 충족될 때만 효과적으로 이루어진다.

- 움직임을 생성하는 신체 내부 구조가 유사해야 한다.
- 움직임의 외형적 형태가 비슷해야 한다.
- 에너지 생성 방식이 유사해야 한다.

어떤 움직임 패턴이 다른 움직임 패턴을 향상시키려면, 두 움직임 패턴의 구성 요소가 서로 비슷해야 한다. 따라서 달리기 동작과 유사한 형태의 운동일수록 달리기 기술로 효과적으로 전이될 가능성이 높다. 반면, 바벨을 밀어 올리는 운동처럼 달리기와 동작이 크게 다른 운동은, 달리기와 일부 비슷한 요소에만 부분적으로 도움을 줄 수 있다.

따라서 훈련을 할 때는 과부하의 원칙과 특이성의 원칙이라는 두 가지 상반된 요소를 균형 있게 적용해야 한다. 이러한 상반된 요소들은 중심-주변 모델('생물학적 원칙' 199쪽 참조)에 기반한 훈련에 적용할 수 있다. 목표 움직임과 거리가 먼 주변부 운동은 높은 과부하를 제공하지만, 특이성이 낮다. 반면 목표 움직임과 유사한 중앙 운동은 특이성이 높지만, 과부하는 상대적으로 낮다.

협응의 관점에서 보면, 달리기 동작과 거리가 먼 운동을 할 때는 먼저 훈련의 목표와 수행 방법을 명확히 정하고, 이를 철저히 따라야 한다. 그렇지 않으면, 원래도 낮은 특이성이 더욱 감소하여 훈련이 본래 의도했던 움직임 개선에 도움이 되지 않고, 단순한 개별 운동으로 끝날 가능성이 높다.

무거운 무게를 드는 웨이트 트레이닝을 예로 들어보자. 그중에서도 양발로 수행하는 수직 신전 운동(스쿼트 중 올라오는 동작)은 달리기 동작과의 유사성이 낮은 편이다. 따라서 협응의 전이를 효과적으로 이루려면, 운동의 세부 동작을 정확하게 수행해야 한다. 이 운동에서는 등 근육이 척추를 곧게 유지하도록 돕는 방식으로 동작을 수행해야 한다. 척추가 곧게 유지되면 골반의 움직임(앞쪽 기울어짐)을 보다 효과적으로 조절할 수 있으며, 그 결과 햄스트링이 신장성 수축을 경험하게 된다. 바벨의 무게를 밀어 올리는 과정에서 햄스트링은 등척성과 반사성 방식으로 작용하게 되며, 이를 통해 등 근육과 햄스트링 간의 협응이 향상된다.

달리기 동작과 유사한 운동을 할수록 훈련 조건이 상대적으로 더 간단해진다. 예를 들어 한 발 또는 두 발로 수행하는 반사성 점프는 지면 접촉 시간과 신체 자세 측면에서 달리기 동작과 유사하다. 스프린트 시 지면 접촉 시간은 약 0.07~0.11초이며, 이와 비슷한 접촉 시간을 유지하면서 고관절과 무릎을 거의 편 상태로 유지하는 반사성 점프 운동은 달리기 기술로 효과적으로 전이될 수 있다. 달리기 동작과 더욱 유사한 형태의 운동일수록 수행 방식에 대한 제한이 줄어들지만, 훈련 동작을 명확히 정의하고 올바르게 수행하는 것은 여전히 중요하다. 동작을 정확히 실행할수록 목표 움직임으로 전이 효과가 커지며, 훈련의 효율성도 극대화될 수 있다.

훈련의 경제성

운동을 선택할 때 마지막으로 고려해야 할 요소는 경제성의 원칙이다. 부상 위험이 높거나 신체에 큰 부담을 주어 긴 회복 기간이 필요한 운동은 피해야 한다. 예를 들어 무거운 중량을 사용하는 스트렝스 훈련에서 특정 움직임에 집중하기 위해 선수가 기울여야 하는 노력과 감수해야 하는 위험이 크기 때문에, 비용과 효과의 균형이 쉽게 무너질 수 있다. 이런 경우, 목표 움직임에 필요한 신체 조건과 협응 요소를 한꺼번에 결합하려는 시도를 자제하는 것이 더 현명하다. 대신, 신체 조건과 협응 요소 중 한 가지 요소에만 전이를 집중하고, 다른 요소들은 별도의 운동으로 훈련하는 방법이 더 효과적이다.

협응이 스피드와 결합되는 상황, 예를 들어 초최대 달리기supramaximal running과 같은 경우에서는 문제가 더 복잡해진다. 이러한 운동은 부상의 위험이 높고 긴 회복 기간이 필요할 가능성이 크기 때문에, 운동 방식과 목표 움직임 간의 강한 연계가 없다면 경제적이지 않다. 다시 말해, 초최대 달리기는 훈련의 전이 효과가 충분히 가치 있을 때만, 즉 특이성이 높을 때만 투자할 가치가 있는 훈련이다. 초최대 달리기는 선수들이 내리막길을 달리거나 다른 사람이 끌어주며 달리는 방식으로 이루어진다. 하지만 선수가 너무 빠르게 달리게 되면, 스피드 달리기에 필요한 올바른 자세를 유지하기 어려워진다. 이런 방식은 부상의 위험이 크고, 목표로 하는 움직임과 차이가 커서 시도하는 데 따른 위험을 감수할 필요가 없다. 반면, 초최대 달리기 중 속도를 약간 낮춰 최대 속도보다 약간 빠른 속도로 달린다면, 움직임 패턴은 스피드 달리기에서 사용되는 동작과 상당히 유사하게 나타날 것이다(보행 시스템의 가장 바깥 층 구조, 그림 3.1 참고). 그러나 여기서 중요한 점은, 내부 움직임 패턴도 스피드 달리기에서 나타나는 패턴과 동일한지를 확인해야 한다는 것이다(보행 시스템의 두 번째 층 구조, 그림 3.1 참고).

특히 햄스트링이 스피드 달리기에서처럼 푸시오프(추진을 위해 지면을 미는 구간) 동안 무릎 신전을 효과적으로 제어하는지 확인해야 한다. 또는 초최대 달리기에서는 대퇴직근이 더 적극적으로 작용하여 고관절과 무릎 신전을 통해더 큰 수직 충격을 생성하는 역할을 하는지 살펴볼 필요가 있다(Jacobs & Ingen Schenau, 1992; Cranenburgh, 1997). 만약 실제로 근육 활성도가 햄스트링에서 대퇴직근으로 이동한다면, 부상의 위험과 훈련 효과 간의 균형이 적절한지를 따져볼 필요가 있다. 즉, 이러한 변화가 초최대 달리기를 여전히 효과적인 훈련 방법으로 적용할 수 있는지 검토해야 한다. 이러한 근 활성 변화(햄스트링에서 대퇴직근으로의 이동)가 발생하지 않도록 하려면, 초최대 훈련 시 다른 사람의 보조 없이 최대 속도에 얼마나 가깝게 접근해야 움직임 패턴을 유지할 수 있을까? 초최대 속도로 달리는 것은 비용과 효과 측면에서 매우 높은 수준의 특이성을 요구하기 때문에, 과부하를 크게 적용하기 어려운 운동이다. 또한 초최대 훈련은 훈련의 경제성 측면에서 평가하기 어려운 운동 방식이며, 매우 신중하게 적용해야 한다.

달리기의 기본 구성 요소

인체의 해부학적 구조가 개인 간에 큰 차이가 없듯이, 움직임 패턴이 형성되는 방식도 거의 모든 사람에게 공통적이다. 기능적 움직임은 개개인마다 다르게 보일 수 있지만, 기본적으로 동일한 근육 활성화 패턴을 따른다. 즉, 모든 기능적 움직임 패턴은 일정한 기본 메커니즘의 연속적인 조합으로 이루어진다. 이러한 원리는 달리기에도 적용되며, 대부분 달리기 동작 역시 고정된 일련의 기본 메커니즘을 바탕으로 형성된다(Doorenbosch 등, 1997). 달리기에서 중요한 몇 가지 핵심 메커니즘은 다음과 같다.

- 특정 근육군의 반사성 기능
- 움직임을 지원하는 고정된 반사 작용 패턴
- 복부 근육이나 발바닥과 같은 부위의 감각 기능
- 근위에서 원위로의 힘 전달

달리기는 매우 자연스러운 형태의 움직임이기 때문에, 이러한 기본 메커니즘은 곧바로 개인의 움직임 패턴에 영향을 미친다.

실제로 이러한 기본 메커니즘을 개별적으로(부분적인 움직임을 통해) 훈련하는 것은 매우 유용할 뿐만 아니라 필수적이다. 러너가 기본적인 움직임 요소를 잘 활용할 수 있게 되면, 이를 달리기에 자연스럽게 적용하여 퍼포먼스를 향상시키는 것이 상대적으로 쉬워진다. 반대로, 러너가 목표로 하는 움직임의 기초가 되는 메커니즘을 제대로 조절하지 못한다면, 달리기 기술을 향상시키는 것도 어려울 것이다. 예를 들어 러너가 보폭을 늘리는 방법을 배우고자 하지만, 착지 에너지를 반사적으로 수직 충격으로 전환하는 메커니즘을 아직 충분히 익히지 못했다면, 보폭을 늘리려는 시도가 더 빠른 달리기 스피드로 전이되지 않을 것이다. 그러나 반사성 점프를 올바르게 연습하면, 유능한 러너들은 자연스럽게 착지 에너지를 달리기 중에 다시 활용할 수 있게 된다. 이 과정이 제대로 이루어지면, 보폭을 늘리는 것은 비교적 쉽게 달성할 수 있으며, 결과적으로 퍼포먼스 향상으로 이어질 수 있다.

기본적인 움직임 메커니즘은 다양한 훈련을 통해 연습할 수 있으며, 근력, 점프, 또는 스피드 훈련을 진행하는 동안에도 가능하다. 이 장에서는 육상에서 선수들이 수행하는 훈련 운동에 대해 다룬다. 스트렝스 훈련에서 활용되는 기본 드릴 요소는 6장에서 자세히 설명된다.

여러 메커니즘이 서로 영향을 주고받기 때문에, 운동 수행이 올바르게 이루어지지 않을 경우 원인과 결과를 명확히 구분하기 어려운 경우가 많다. 트레이너는 움직임 간의 상호 관계를 이해하고, 오류가 발생한 부분을 정확히 파악한 뒤, 이를 수정하기 위한 효과적인 재훈련을 진행할 수 있어야 한다. 또한 기본적인 움직임 메커니즘이 어떻게 작용하는지를 이해하는 것뿐만 아니라 직관적으로 파악하는 능력도 큰 도움이 된다. 아직 밝혀지지 않은 요소들이 많다는 점도 인식해야 한다. 따라서 다음 세부 항목에서 제공하는 정보는 과학적 연구 데이터뿐만 아니라, 달리기 지도 과정에서 얻은 실제 경험과 중요한 실무적 지식을 기반으로 한다. 이 책은 달리기에 대한 모든 내용을 제공하는 것이 목표가 아니라 달리기의 실제의 실제 적용을 다양한 관점에서 충분히 탐색하는 것을 목표로 한다. 제시된 훈련 방법들은 일반적으로 달리기의 한 가지 기본 요소만을 개선하는 것이 아니라, 여러 측면을 함께 향상시키는 데 효과적이다. 또한, 훈련은 다양한 관점에서 접근하는 것이 효과적이기 때문에 일부 운동은 여러 기본 메커니즘을 향상시키기 위해 반복적으로 사용된다.

발목과 발의 기능

달리기 중 발의 기능은 스윙 구간$_{\text{open chain}}$과 스탠스 구간$_{\text{closed chain}}$ 모두에서 신체 전체 움직임 패턴에 큰 영향을 미친다. 발의 위치와 움직임을 적절히 조절하면 전체적인 움직임 패턴도 효과적으로 컨트롤할 수 있다. 따라서 발의 움직임을 조절하는 능력을 훈련하는 것은 필수적이다. 발의 기능과 이에 따른 훈련 방식은 다음과 같이 구분할 수 있다.

- 관절과 발바닥에서 얻은 감각 정보를 활용하여 보행을 조절하는 기능
- 에너지를 저장하고 반발력으로 전환하는 기능
- 무릎 신전에서 발생한 에너지를 종아리 근육을 통해 지면으로 전달하는 기능

감각 정보

발바닥을 포함한 발의 구조에서 얻는 정보는 보행 중 정밀한 움직임을 조절하는 데 중요한 역할을 한다. 예를 들어 발바닥에 가해지는 압력이 이동하는 과정은 닫힌 사슬에서 열린 사슬로 전환되는 타이밍을 조절하는 신호 역할을 한다. 하지만 이러한 신호를 정확하게 감지하는 능력은 충격 흡수 기능이 강한 신발을 착용할 경우 제한될 수 있다. 또한 러너가 기술 훈련 과정에서 이러한 신호를 인식하고 해석하는 법을 배우지 않았다면 신호의 조절 기능이 제대로 작동하지 않을 가능성이 크다. 그리고 이러한 신호를 올바른 달리기 패턴에 적용하는 것 또한 생각보다 쉽지 않다. 발이 땅에 닿을 때 가해지는 압력은 이후 발을 따라 전달되지만, 이는 단순히 신체가 수평 및 수직 방향으로 움직이는 속도만으로 결정되지 않는다. 재입력 감각 시스템을 통해 전달되는 관절이 신체의 다른 부위와 어떻게 정렬되고 움직이는지 정보뿐만 아니라, 외수용 감각 시스템을 통해 전달되는 외부 환경 정보 또한 스탠스 구간에서 발을 따라 압력이 전달되는 방식에 영향을 미친다. 또한, 스탠스 구간 동안 발목 배측굴곡이 상대적으로 크게 이루어지면, 족저굴곡이 일찍 일어날 때와는 다른 압력 전달 패턴이 발생한다. 따라서 발에서 발생하는 신호를 인식하고 이를 전체 움직임 패턴에 올바르게 반영하는 것이 효과적인 달리기 패턴을 형성하는 데 필수적이다. 경험적으로도, 발의 위치를 조절하는 능력은 보행의 움직임을 조절하는 중요한 메커니즘 중 하나로 작용한다(Pink 등, 1994).

움직임이 뛰어난 러너들은 지면이 단단하든, 부드럽든 혹은 합성 트랙이든 표면의 상태를 민감하게 감지하고, 이에 맞춰 달리기 기술을 조정하는 능력을 갖추고 있다. 예를 들어 부드러운 지면보다 단단한 지면에서 달릴 경우, 신체가 더 빠르게 반발하면서 지면 접촉 시간이 짧아지고 달리기 타이밍도 달라진다. 따라서 훈련 과정에서는 발에서 전달되는 신호를 해석하고 활용하는 능력을 기르는 것에 집중해야 한다.

이 책에서 소개하는 운동 프로그램은 다양한 방식으로 확장할 수 있다. 소개된 운동을 수행하는 것은 큰 노력이 필요하지는 않지만 신체 협응을 더욱 정교하게 만드는 데 도움이 된다. 따라서 엘리트 수준의 선수들 역시 이러한 기본 운동을 꾸준히 반복하는 것이 중요하다.

그림 5.1 운동1: 한 발로 홉핑하기

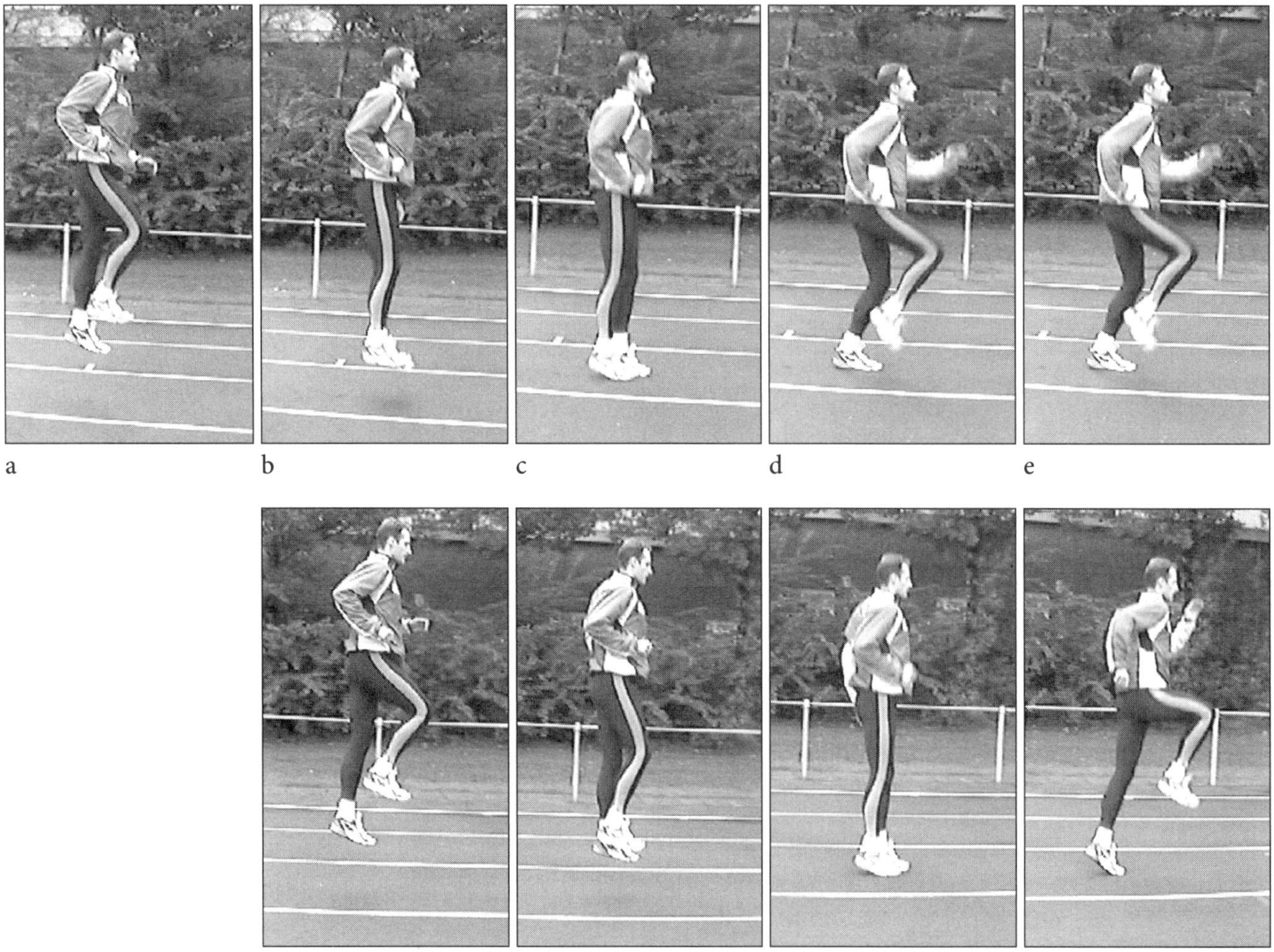

a b c d e f g h i

운동1: 한 발로 홉핑하기

선수는 한 발로 점프하며 천천히 앞으로 이동한다. 점프를 지속하는 동안, 공중에 있는 자유 발이 점프하는 지지 발과 함께 반복적으로 가볍게 지면을 터치한다. 이때 공중에 있는 자유 다리는 가능한 한 가볍게 지면을 터치해야 하며, 지지하는 다리에 체중이 실려야 한다. 상체는 최대한 곧게 유지하고, 지지하는 다리의 무릎은 최소한으로만 굽혀야 한다. 이른바 싱글 레그 홉은 반사적으로 수행해야 하며, 지면 접촉 시간을 최대한 짧게 유지하는 것이 중요하다. 선수가 운동의 리듬을 익힌 후에는, 공중에 떠 있는 동안 자유 다리의 무릎을 반복적으로 수평 방향으로 들어 올리는 동작을 추가할 수 있다. 또한, 지지 다리를 단단히 유지하면 반발력이 커져 점프 높이가 증가한다. 싱글 레그 홉은 달리기 훈련에서 중요한 기본 운동으로, 두 다리를 번갈아 들어 올리는 투 레그 홉과 유사한 원리를 따른다. 선수는 자유 다리를 크게 움직이면서 지면 접촉 시간을 짧게 유지하고, 자유 발이 가능한 한 가볍게 지면을 터치해야 한다. 5m 이후에는 자유 발이 더 이상 지면에 닿지 않도록 하면서 다리를 같은 방식으로 위아래로 움직인다. 10m 이후에는 다시 자유 발이 가볍게 지면을 터치하는 동작을 반복한다. 지면을 터치하면서 점프하면 반사적인 점프 수행이 더 쉬워진다. 자유 발이 지면을 터치할 때 감지되는 신호는 지지 다리가 반사적으로 작용하는 데 중요한 역할을 한다. 이 훈련을 통해 러너는 자유 다리에서 전달되는 신호를 인식하는 법을 배우고, 이를 지지 다리의 반사성과 연결하는 능력을 향상시킬 수 있다.

그림 5.2 운동 2: 높이에 작은 변화를 주며 한 발로 홉핑하기

a b c d e f

운동 2: 높이에 작은 변화를 주며 한 발로 홉핑하기

선수는 한 발로 점프하며 전진하면서, 약 1m 간격으로 배치된 최대 20cm 높이의 장애물을 넘어간다. 자유 발은 장애물과 장애물 사이의 지면을 가볍게 터치하며 이동한다. 이러한 작은 높이 변화는 움직임의 리듬을 변화시키므로, 푸시오프 동작을 지속적으로 조정해야 한다. 또한, 자유 발이 장애물을 터치할 때 발생하는 신호는 계속해서 변화하는 움직임 패턴 속에 통합된다.

그림 5.3 운동 3: 단 높이를 활용한 한 발로 홉핑하기

a b c d e

운동 3: 단 높이를 활용한 한 발로 홉핑하기

두 번 점프한 후, 자유 발이 지면과 단 높이(예: 80cm의 허들)의 가장자리를 한 번씩 터치한다. 이 운동은 천천히 시작하며, 선수가 리듬을 익힌 후에는 최대한 빠른 속도로 수행하도록 빈도를 증가시킨다. 지지하는 다리의 푸시오프와 자유 발의 터치 동작이 정확하게 협응되어야 리듬이 흐트러지지 않고 동작을 성공적으로 수행할 수 있다. 이를 위해, 선수는 발이 지면을 터치하는 리듬에 집중해야 한다.

그림 5.4 운동 4: 부드러운 지면에서 단단한 지면으로 스킵하기

운동 4: 부드러운 지면에서 단단한 지면으로 스킵하기

운동하는 지면이 바뀌면 발에서 전달되는 신호도 변하게 된다. 따라서 움직임 패턴도 이러한 신호 변화에 맞춰 조정되어야 한다. 예를 들어 선수가 먼저 모래에서 스킵한 후 단단한 지면을 지나간다면, 지면 반력(GRF)이 달라지므로 이에 맞춰 움직임 패턴을 조정해야 한다. 이처럼 극명하게 다른 지면을 오가는 경우뿐만 아니라, 작은 차이가 있는 지면 변화에도 적응하는 것이 중요하다. 선수는 이러한 변화를 빠르게 감지하고, 작은 차이가 발생할 때도 움직임 패턴을 미세하게 조정하는 법을 익혀야 한다. 이러한 적응 능력은 다른 형태의 운동을 활용하여 훈련할 수도 있다. 예를 들어 발이 걸리는tripping 상황, 홉핑, 이중 접촉 스킵double ground contact skipping 등을 통해 다양한 지면 변화에 대한 감각을 익힐 수 있다.

그림 5.5 운동 5: 발뒤꿈치 접촉 포함 혹은 미포함 한 단일 지면 접촉 스킵

a b c d e f g

운동 5: 발뒤꿈치 접촉 포함 혹은 미포함 한 단일 지면 접촉 스킵

단일 지면 접촉으로 스킵하는 동작(왼발-오른발-왼발-오른발 반복)은 ‘니 레이즈$_{\text{knee raise}}$’라고도 불린다. 이 운동은 전진하는 동작을 최소화하면서 수행되며, 지면 접촉 방식과 움직임 범위는 실제 달리기 동작과 유사해야 한다. 선수는 지지 다리를 충분히 신전한 상태에서 상체를 곧게 유지하고, 스윙 다리의 무릎을 반복적으로 수평 위치까지 들어 올리는 방식으로 스킵을 수행한다. 착지는 항상 앞꿈치로 이루어진다. 이 운동은 약 10회 지면 접촉 후, 발뒤꿈치가 지면을 가볍게 터치하지만 체중을 실지 않는 변형된 스킵 동작과 번갈아 수행할 수 있다. 또한, 앞으로, 뒤로, 또는 대각선 방향으로 이동하며 변형하여 수행할 수도 있다. ‘니 레이즈’라는 용어는 다소 오해의 소지가 있다. 이는 마치 다리를 들어 올리는 근육(특히 장요근$_{\text{iliopsoas}}$)을 단련하는 것이 운동의 주된 목표인 것처럼 들린다. 하지만 무릎을 드는 것에만 집중하면, 지지 다리가 충분히 신전되지 않고 지면 접촉 시간이 길어지게 된다. 이런 방식으로 운동을 수행하면 장요근도 충분한 자극을 받지 못하며, 달리기 기술 향상보다는 부적절한 패턴으로 인해 오히려 실패할 가능성이 커진다.

그림 5.6 운동 6: 한 발로 홉핑하기(변형 동작)

a

b

c

d

e

f

운동 6: 한 발로 홉핑하기(변형 동작)

스윙 다리는 두 번의 홉마다 한 번씩만 지면을 터치한다. 첫 번째 점프에서는 스윙 다리의 허벅지가 수평으로 들어 올려진 상태가 된다. 이 상태에서 지지 다리는 작은 범위 내에서 매우 빠른 리듬으로 점프해야 한다. 또한, 이 리듬을 활용하여 운동 1과 2도 연습할 수 있다.

에너지 저장과 방출

발목과 발의 모든 기능을 올바르게 수행하려면 발목 움직임을 정밀하게 제어하는 능력이 필요하다. 발에 작용하는 외부 힘이 매우 크기 때문에, 착지 직전 하퇴부lower leg와 발의 근육을 단단히 조이는 것이 중요하다. 하퇴부 근육에 저장될 수 있는 긴장의 정도는 발목 관절의 위치에 따라 달라진다. 족저굴곡이 견고하게 이루어진 상태에서는 근 긴장이 관절이 중립 위치일 때보다 적다. 따라서 착지 직전에는 발을 중립 위치에 유지해야 하며, 초기 접촉(IC) 순간 발목 주변에 충분한 예비장력이 형성되도록 해야 한다. 발목 주변의 긴장 조절 능력을 향상시키려면, 발목 관절의 위치를 제어하는 훈련을 통해 근 긴장을 조절하는 법을 익혀야 한다.

그러나 발을 올바른 위치에 두는 것만으로 발목 주변의 긴장을 제대로 조절할 수 있다는 의미는 아니다. 특히 아킬레스건과 같은 부위에 부상을 입은 후(심지어 짧은 기간이라도), 많은 선수들이 필요한 예비장력pretension을 형성하는 데 어려움을 겪는 경우가 많다. 예비장력이 부족해지면 달리기 기술이 무너질 수 있으며, 특히 스피드 달리기에서는 작은 기술적 문제도 경기 결과를 크게 좌우할 수 있다. 따라서 선수가 컨디션이 좋지 않은 상태라는 것은 단순히 체력이 부족한 것만을 의미하는 것이 아니다. 아킬레스건 부상을 당한 후 단기간 회복한 선수에게는 강도 높은 체력 훈련보다는 협응 훈련이 달리기 퍼포먼스를 향상시키는 더 적절한 방법이 될 수 있다. 또한, 부상이 없는 동안에도 발의 움직임을 조절하는 능력에 지속적으로 집중하는 것이 중요하다. 발과 하퇴부 근육의 기능이 제대로 작동하면, 하퇴부와 발의 반사성이 향상되는 데 큰 도움이 된다. 특히, 타고난 재능이 다소 부족한 러너들에게는 하퇴부의 안정화 근육이 제대로 활성화되지 않고 둔화될 위험이 항상 존재한다.

하퇴부 근육에 요구되는 감각 시스템과 결합된 협응, 그리고 착지 시 높은 수준의 예비장력 형성은 훈련의 관점에서 다루기 까다로운 문제들이다. 예를 들어 협응 향상에 초점을 맞춘 균형 보드 위에서 균형 잡기 같은 운동은 필요한 근력 사용이 적어 달리기와의 연관성이 낮다. 반면, 근력이 더 요구되는 다양한 점프 운동들은 비복근-가자미근soleus-gastrocnemius 그룹의 강한 작용으로 인해 발목을 안정화하는 근육의 적절한 긴장 형성을 방해할 수 있다. 그 결과, 협응이 원활하게 이루어지지 않을 가능성이 크다. 이 문제를 해결하려면 달리기 훈련을 폭넓고 정밀하게 수행하는 것이 중요하다. 특히, 예비장력 조절, 즉각적인 지면 접촉, 그리고 발목 주변의 긴장이 부족할 때 보상 동작을 줄이는 것이 핵심적인 요소가 된다.

그림 5.7 운동 1: 이중 지면 접촉 스킵

운동 1: 이중 지면 접촉 스킵

스킵 동작을 수행하는 동안 전진은 최소화하며, 선수는 일반적인 왼발-오른발-왼발-오른발 패턴 대신 왼발-왼발-오른발-오른발-왼발-왼발 방식으로 지면을 접촉한다. 지면 접촉 시간과 접촉 간의 간격은 동일하게 유지하며, 리듬이 일정하도록 조절해야 한다. 상체는 곧게 유지하고, 스윙하는 다리는 무릎을 굽힌 상태로 수평으로 들어 올린다. 지지하는 발의 뒤꿈치는 지면에 닿지 않아야 하며, 운동 중 발목 움직임은 최소화해야 한다. 특히, 스탠스 구간이나 스윙 구간에서 발목이 움직이지 않도록(열린 사슬에서 족저굴곡 방지) 유지하는 것이 중요하다. 스킵 동작이 올바르게 수행되면 리듬을 점차 빠르게 조절할 수 있다. 선수는 균형을 유지하며 지지 지점(기저면)을 벗어나지 않도록 주의해야 한다.

그림 5.8 운동 2: 이중 지면 접촉 스킵

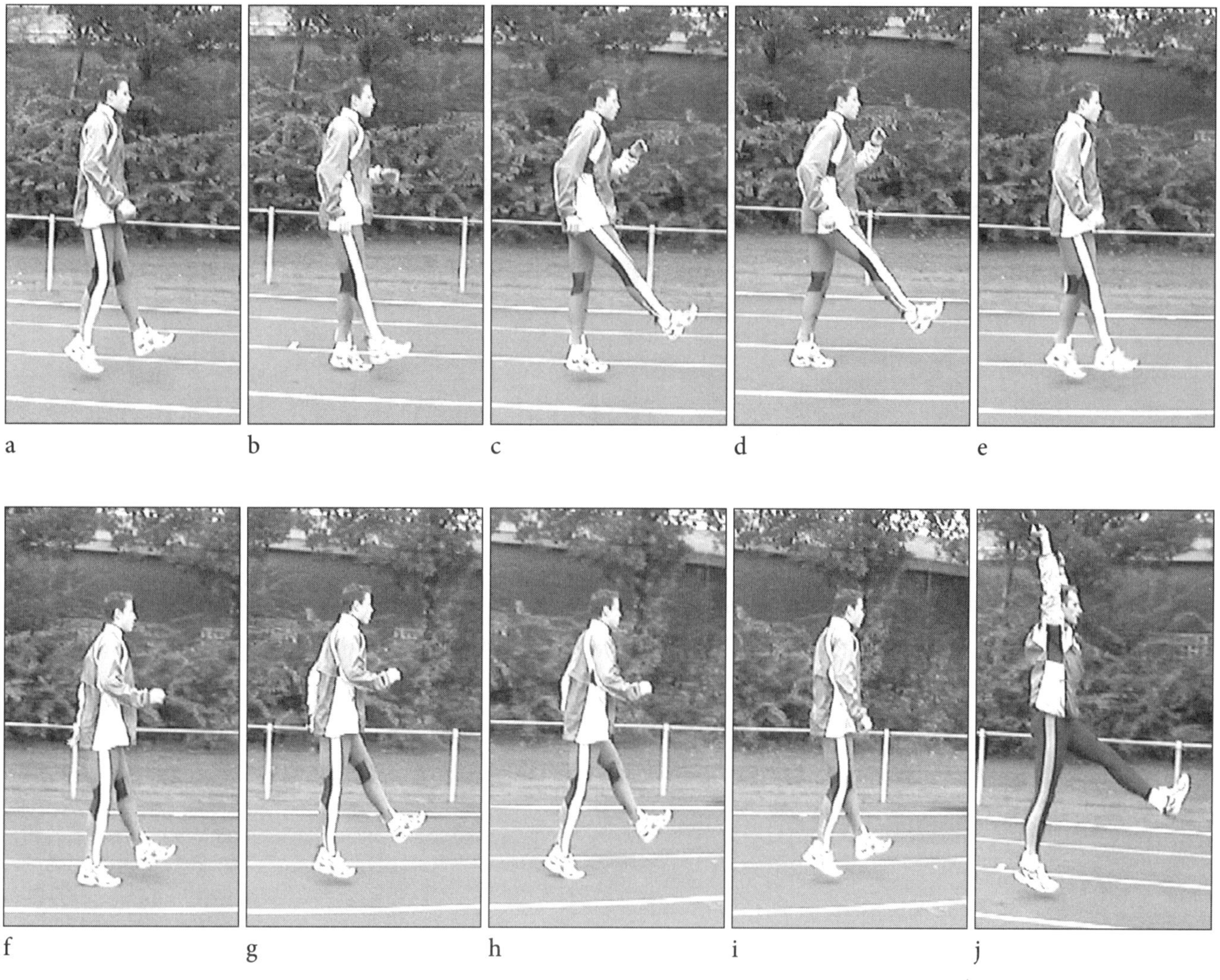

운동 2: 이중 지면 접촉 스킵

다리는 계속 신전된 상태를 유지하며, 스윙하는 다리는 발이 지면에서 약 10cm 높이에 도달할 때까지 반복적으로 앞쪽으로 들어 올린다. 또한, 10kg 바벨과 같은 중량을 가능한 한 높이 머리 위로 들어 올린 상태에서 운동을 수행한다. 선수는 앞꿈치로 스킵을 진행하며, 발목은 중립 위치를 유지해야 하며, 스윙 구간에서도 발목의 위치가 크게 변하지 않도록 조절해야 한다.

그림 5.9 운동 3: 단일 지면 접촉 스킵

운동 3: 단일 지면 접촉 스킵

한쪽 다리는 무릎을 굽힌 상태로 반복적으로 수평 방향으로 스윙하며, 반대쪽 다리는 무릎을 신전한 상태를 유지한다. 발목에는 최대한의 긴장을 가하며, 스윙 구간에서도 가능한 한 중립 위치를 유지해야 한다. 신전된 다리의 근육이 긴장 상태를 유지하고 있어야 반사적으로 작용할 수 있다. 동작에 충분히 익숙해지면, 전진하면서 스킵을 수행해도 좋다. 지면 접촉 시간을 최소화하는 것이 핵심이다.

그림 5.10 운동 4: 속도를 높이며 전방으로 스킵하기

a b c d e

운동 4: 속도를 높이며 전방으로 스킵하기

a~e: 단일 스킵을 수행하면서 전진 속도를 점차 증가시키되, 발목을 중립 위치로 유지하는 것에 집중한다. 이 운동은 특히 열린 사슬 동안 발의 긴장도가 낮아져 족저굴곡이 발생하는 러너에게 효과적이다.

운동 5: 속도 변화 달리기

속도를 변화시키며 달리기한다. 가볍게 가속한 후 감속하는 방식으로 진행하되, 무릎을 반복적으로 들어 올린다. 감속 시 스탠스 구간에서 배측굴곡이 과도하게 발생하는 경향이 있다. 그러나 발목을 안정적으로 유지하고, 속도가 줄어들더라도 뒤꿈치가 지면에 닿지 않도록 해야 한다.

운동 6: 한 발 및 두 발로 홉핑하기

이전에 설명한 한 발 및 두 발 점프 운동을 수행할 때, 발목이 움직이지 않게 고정하는 것에 초점을 맞추자. 공중에 떠 있는 동안floating phase, 어느 발도 아래도 처지지 않도록 유지해야 하며, 발목은 중립 위치를 유지해야 한다.

그림 5.11 운동 7: 홉-스트레치-점프

a b c d

운동 7: 홉-스트레치-점프

몸을 편 상태로 두 발로 점프를 수행한다. 공중에 떠 있는 동안, 발은 배측굴곡 상태를 유지하며(홉-스트레치-점프라 불린다), 지면 접촉 시간은 최대한 짧게 유지해야 한다. 이 운동은 수평 방향으로 이동하며 수행할 수 있으며(예: 앞으로 이동하거나 앞뒤로 반복 이동), 특히 중·장거리 러너에게는 줄넘기를 활용하는 것이 효과적일 수 있다.

그림 5.12 운동 8: 발목을 고정한 상태로 스킵하기

a b c d e

운동 8: 발목을 고정한 상태로 스킵하기

무릎은 약간만 들어 올려 착지 충격이 너무 강하지 않도록 조절한다. 매 두 번째, 세 번째 또는 네 번째 스텝마다 무릎을 빠르게 굽혀 수평으로 들어 올리는 동작을 추가하여 난이도를 높일 수 있다. 착지 충격이 강해질 경우, 배측굴곡이 과도하게 발생할 가능성이 높다. 이를 방지하기 위해 발에 적절한 긴장을 유지하는 것이 중요하다.

그림 5.13 운동 9: 한 발로 달리기 점프하기

운동 9: 한 발로 달리기 점프하기

15cm 높이의 장애물을 3~5m 간격으로 배치한다(러너의 운동 능력에 따라 조정 가능). 러너는 한 발로 수평 방향으로 밀어내며 점프하여 장애물을 넘고, 장애물 사이에서 두 번 연속으로 빠르게 착지한다(예: 오른발-왼발 반복). 동작의 핵심은 장애물 사이에서 두 번의 지면 접촉을 빠르게 연속으로 수행하는 것이다. 만약 착지 시 발목(예: 오른발)이 과도하게 아래로 처지면, 두 번의 지면 접촉이 원활하게 이어지지 않는다. 신체의 무게 중심이 하강하는 것을 빠르게 흡수하고, 발목이 중립 위치에서 최적의 예비장력을 유지할 때, 두 번째 착지가 더 빠르게 이루어진다.

에너지 전달

지지 구간에서 아킬레스건에는 엄청난 힘이 가해진다(Jacobs 등, 1993). 이 힘은 비복근이 무릎 신전 과정에서 에너지를 전달하면서 발생한다. 에너지 전달 메커니즘은 발목 관절의 움직임을 조절하여 최적화할 수 있다. 하지만 지지 구간에서 배측굴곡이 과도하게 발생하면, 종아리 근육이 적절한 장력을 생성하지 못하며 에너지 전달이 제한되거나 지연될 수 있다. 러너는 지지 구간에서 앞꿈치에 무게를 더 실어줌으로써 과도한 배측굴곡을 방지할 수 있다. 일반적으로 "발뒤꿈치에서 앞꿈치까지 롤링하며 착지하라"는 지침은 장거리 페이스 조절을 위한 기본 원칙처럼 알려져 있지만, 이는 잘못된 방식이다. 이 지침을 따르면 배측굴곡이 과도하게 발생하여 비복근이 힘을 전달하는 메커니즘을 방해하게 된다. 실제로, 러너가 일정 수준의 숙련도에 도달하면 평균적인 달리기 속도에서는 발이 착지하고 차는 동작이 완전히 구분되지 않을 정도로 자연스럽게 이어진다. 착지할 때 발뒤꿈치가 먼저 닿는 것은 사실이지만, 몸의 하중이 완전히 발에 실릴 때쯤이면 이미 앞꿈치에도 강한 압력이 가해지고 있다.

달리기 훈련을 받을 때, 무릎 신전과 함께 발목의 위치를 조절하는 연습을 하면 무릎에서 발로의 에너지 전달 능력을 향상시키는 데 도움이 된다. 이 기본 메커니즘은 높은 수준의 운동 제어력과 정밀성을 확보할 때까지 반복적으로 연습해야 한다. 무릎과 발목 사이의 에너지 전달 메커니즘은 전체 움직임 사이클의 흐름에 큰 영향을 미친다. 이 메커니즘은 닫힌 사슬에서 열린 사슬으로 전환되기 직전에 작용하며, 이는 달리기에서 가장 결정적인 순간 중 하나로,이 전환 과정을 일정 부분 조절하는 역할을 한다.

그림 5.14 운동 1: 허들 달리기

운동 1: 허들 달리기

우선 1.5m 간격으로 허들을 배치한다. 선수는 한 발로 두 번 연속 지면을 터치하면서 허들을 넘는다(예: 왼발-왼발 허들 통과, 오른발-오른발 허들 통과, 왼발-왼발 반복). 허들을 넘을 때 스윙하는 다리는 정면을 향해야 하며, 뒤따르는 다리의 무릎은 측면으로 유지해야 한다. 스탠스 다리는 허들 사이 두 번째 지면 접촉에서 강하게 밀어내야 하며, 푸시오프 시 발에 충분한 장력을 유지하여 무릎 신전에서 생성된 에너지가 지면으로 올바르게 전달될 수 있도록 해야 한다. 또한, 스탠스 다리의 무릎은 스탠스 구간에서 너무 많이 굽혀지지 않도록 조절해야 한다. 이 운동이 익숙해지면 실행 속도를 높이거나, 허들의 높이를 올리거나, 허들 간격을 넓혀 강도를 조절할 수 있다. 운동 강도를 더욱 높이려면 팔을 고정한 상태(예: 손을 머리 뒤에 두기)로 수행하거나, 중량을 들고 연습할 수도 있다. 허들 달리기는 고관절과 스탠스 다리 주변의 긴장이 많이 요구되는 운동으로, 부상 후 신체 균형과 형태를 회복하는 과정에서 자주 활용된다.

그림 5.15 운동 2: 한 발로 홉핑하며 전진하기

a b c d e

f

운동 2: 한 발로 홉핑하며 전진하기

이 동작에서는 점프의 추진력이 단순히 위쪽으로만 향하는 것이 아니라, 수직 및 수평 방향으로도 분산된다. 한 발로 점프할 때, 스탠스 다리는 항상 약간 굽혀진 상태를 유지해야 한다. 전진하며 점프를 수행하면, 무릎의 굽힘과 신전 움직임이 더욱 빠르게 이루어진다. 이 동작에서는 비복근의 힘 전달과 발의 움직임이 이러한 빠른 무릎 움직임과 잘 조화되어야 한다. 전진 속도가 증가하면 올바른 움직임 패턴을 유지하기 어려워지며, 속도가 너무 빠르면 패턴이 깨져 운동 효과가 감소할 수 있다. 따라서 단순히 속도를 높이는 것이 항상 좋은 결과를 가져오지는 않는다.

운동 3: 발목에 긴장을 유지하며 계단 스킵하기

한 번의 지면 접촉으로 계단을 스킵하며 올라간다. 이때 발목의 긴장 상태를 유지하며 열린 사슬 동안 발의 족저굴곡이 과도하게 발생하지 않도록 주의해야 한다. 운동에 익숙해지면 한 계단씩이 아니라, 두 계단씩 건너뛰며 스킵하는 방식으로 난이도를 높일 수 있다. 지면 접촉 시간은 짧게 유지해야 하며, 스탠스 다리의 무릎은 계단에 닿을 때 약간만 굽혀야 한다. 푸시오프 시에는 무릎이 충분히 신전된 상태를 유지해야 한다. 계단을 오르면서 스킵을 수행하므로, 더 큰 수직 변위로 인해 무릎 신전이 더욱 적극적으로 이루어져야 한다. 이러한 무릎 신전의 활용은 무릎에서 발목으로의 에너지 전달을 증가시키며, 특히 두 계단씩 건너뛸 때 효과가 더욱 극대화된다. 따라서 발목에 더 많은 예비장력이 필요하게 된다.

그림 5.16 운동 4: 반사적 한 발 스킵

a b c d e

운동 4: 반사적 한 발 스킵

왼발로 5~15cm 높이의 단에 서서 시작한다. 왼쪽 무릎과 고관절은 약간 굽힌 상태이며, 오른발은 단 옆에서 지면 위에 떠 있는 상태로 위치한다. 왼쪽 다리는 빠르게 굽히고, 동시에 오른쪽 다리는 신전된다. 단에서 내려오면서 오른발이 강하게 착지하게 되며, 발뒤꿈치는 거의 지면에 닿지 않거나 아주 가볍게 닿는다. 이때 오른발에 최대한 긴장을 유지해야 하며, 오른발의 스탠스 구간은 최대한 짧게 유지해야 한다. 강한 푸시오프를 이용해 다시 왼발로 단 위에 올라가면서 반대쪽 다리로 스탠스를 이동한다. 이러한 동작이 익숙해지면 빠른 템포로 연속 수행할 수 있으며, 동작이 매끄러울수록 운동 강도를 높이며 효과를 극대화할 수 있다. 이러한 형태의 스킵은 한쪽 다리(예: 오른쪽)에 과부하를 적용하는 동시에, 반대쪽 다리에는 상대적으로 가벼운 부하를 주어 훈련 효과를 극대화할 수 있다.

그림 5.17 운동 5: 두 번 지면을 터치하며 스킵하기

a b c

운동 5: 두 번 지면을 터치하며 스킵하기

허리에 드래그 웨이트를 부착한 상태에서 운동을 수행한다. 상체는 곧게 유지해야 하며, 두 번째 지면 접촉 시 강한 푸시오프를 통해 추진력을 생성한다. 두 번째 지면 접촉이 이루어지면서 근육의 사전 신장이 거의 없거나 최소화되므로, 무릎을 신전하고 에너지를 무릎에서 발목으로 전달하는 동안 발목을 의도적으로 고정하고 긴장 상태를 유지해야 한다.

그림 5.18 운동 6: 기본 스킵

a b c d e

운동 6: 기본 스킵

선수는 적은 빈도로 스킵을 수행하면서, 지면 접촉 시간을 짧게 유지하고 공중에 떠 있는 시간을 길게 가져가야 한다. 이를 가능하게 하려면, 착지 시 스탠스 다리의 무릎을 약간만 굽혀야 하며(무릎이 과도하게 굽혀지면 지면 접촉 시간이 길어짐), 푸시오프의 수직 방향 힘이 충분히 커야 한다. 따라서 고관절에서 지면으로 힘을 전달하는 모든 근육이 적절한 타이밍에 활성화되고, 충분한 예비장력을 유지해야 한다. 발의 예비장력을 제공하는 근육들도 동일하게 작용해야 한다.

그림 5.19 운동 7: 전방 도약

a b c d e f g h i

운동 7: 전방 도약

두 발을 모은 상태에서 시작하며, 무릎을 약간 굽히고 상체를 앞으로 기울이되, 등을 곧게 펴야 한다. 이 자세에서 몸을 강하게 신전하며 앞으로 폭발적으로 도약한다. 신전 동작이 절반쯤 진행되었을 때, 오른쪽 다리를 들어 올리고 왼쪽 다리는 강하게 지면을 밀며 몸을 앞으로 튕겨낸다. 이후 러너는 앞쪽으로 도약하여 착지하며, 오른발은 단 위에 놓고 왼발은 무릎과 고관절을 굽힌 상태로 앞으로 놓는다. 신전 순간 오른발에 충분한 텐션이 실리면 푸시오프가 더욱 강력해지고, 발이 지면을 떠난 후 더 빠르게 스윙 동작을 시작할 수 있다. 이 운동에 익숙해지면, 바벨(10~60kg)을 목 높이 정도에 들고 수행하여 강도를 높인다.

기술과 반사성

착지 에너지의 반사적 전환

반사성은 협응과 밀접하게 연관된 능력이다. 신전 동작과 근육의 탄성 요소에서 에너지를 효과적으로 방출하려면 정확한 타이밍을 예측하는 것이 필수적이다. 반사적인 움직임을 수행하려면 근섬유가 거의 등척성 상태에서 작용해야 하며, 탄성 조직이 최대한의 에너지를 저장할 수 있는 길이까지 늘어나야 한다('상승 지연, 사전 신장, 그리고 탄성' 42쪽 참조). 이를 위해 근육의 긴장은 정밀하게 조절되어야 하며, 움직임이 조화롭게 이루어져야 한다. 또한, 저장된 에너지를 방출할 수 있는 시간은 극히 짧기 때문에, 빠르고 효율적인 반사 반응이 요구된다. 달리기 중 에너지 조절에서 근육의 반사성이 중요한 역할을 하기 때문에, 반사성을 향상시키기 위한 협응 훈련은 매우 효과적인 방법이 될 수 있다. 훈련 동작이 반드시 달리기 동작과 직접적으로 연결될 필요는 없다. 예를 들어 양발로 수행하는 수직 점프는 달리기와 다른 움직임 패턴이지만, 반사성을 향상시키는 데 도움이 될 수 있다. 반사성 훈련을 할 때는 다음 세 가지 요소를 유의해야 한다.

- 자세는 곧게 유지해야 한다. 자세가 조금만 흐트러져도 반사성이 쉽게 저하될 수 있다. 예를 들어 골반의 움직임은 아주 작은 범위 내에서(단 몇 cm 내) 조절되어야 한다.
- 리바운딩 동작을 할 때는 지면 접촉 시간을 최대한 짧게 유지해야 한다. 달리기 중 신체에 저장된 에너지는 빠르게 방출되므로, 다양한 점프 동작에서 짧은 지면 접촉 시간을 유지하면 에너지가 저장과 방출 과정을 익히는 데 도움이 된다. 또한, 에너지가 저장된 후 방출되기까지의 시간을 늘리는 것도 가능하다. 그러나 반응 속도를 의도적으로 늦춰 조절하는 방식은 달리기 동작과 차이가 크기 때문에, 느린 반응 운동이 달리기 훈련으로 전이되는 효과는 제한적이다. 하지만 햄스트링을 훈련하기 위해서는 빠른 운동과 느린 운동을 모두 활용하는 것이 효과적이다. 햄스트링은 달리기에서 중요한 역할을 하기 때문에, 전이 효과가 낮은 운동이라도 훈련에 도움이 될 수 있다.
- 에너지가 저장되고 방출되는 동안, 힘이 작용하는 관절에서는 불필요한 움직임이 거의 없어야 한다. 이러한 움직임을 최소화하는 이유는 근육이 등척성 상태에 가깝도록 유지하기 위해서이다. 등척성 상태와 반사성 사이에는 밀접한 관계가 있으며, 반사 구간에서 불필요한 움직임을 줄이면 등척성을 유지하는 데 도움이 된다.

실제로 반사적 점프 운동은 신체에 큰 부담을 주거나 위험할 수 있다. 따라서 훈련 효과는 크더라도 부상의 위험이 높기 때문에, 반사적 점프를 훈련에서 제외하는 것이 더 나을 수도 있다. 그러나 앞서 언급한 세 가지 조건을 지키고, 훈련의 목적이 단순한 에너지 소모가 아니라 기술 향상에 있다는 점을 잊지 않는다면, 일부 점프 운동은 다른 훈련 방식보다 특별히 더 위험하거나 부담스럽다고 단정할 수는 없다. 위험과 효과의 관계는 경우에 따라 긍정적일 수 있다. 그러나 반사적 근육 활동과 폭발적 근육 활동이 결합된 점프 운동이거나, 너무 높은 곳에서 점프하거나 착지 시 무릎을 과도하게 굽히는 등 신장성 수축이 많이 발생하는 경우, 부상의 위험이 높아지는 반면 훈련 효과는 크지 않을 수 있다. 따라서 이러한 운동을 어떻게 정확하게 수행해야 하는지 이해하는 것이 필수적이다. 높이뛰기 선수들은 반사적 점프의 전문가지만, 오늘날 엘리트 선수들을 훈련할 때도 극단적인 부하(예: 매우 높은 곳에서 점프)를 적용하는 경우는 거의 없다. 대신, 다양한 운동을 정확하게 수행하는 방법을 익히는 것이 퍼포먼스를 향상시키는 데 더 효과적인 접근 방식이다.

반사적 점프는 특히 협응 훈련의 한 형태이므로, 선수의 신경근 피로가 심한 상태에서는 수행하지 않는 것이 좋다. 반복 횟수는 제한해야 하며, 반드시 훈련 세션의 초반에 배치하는 것이 바람직하다.

수직 점프

수직 반사성 점프에서는 선수가 일정한 높이에서 착지한 후, 착지 시 발생한 에너지를 이용해 수직으로 푸시오프하게 된다. 이 점프 동작의 가장 중요한 특징은 착지 시 저장되는 에너지의 양이 달리기 중 저장되는 에너지보다 더 크다는 점이다. 떨어지는 높이가 변할 때마다 근육의 수축 요소는 이에 맞춰 또 다른 조정을 필요로 한다. 떨어지는 높이가 증가할수록 더 많은 예비장력이 필요하다. 또한, 떨어지는 높이가 상당히 높아지면 탄성 섬유가 과도하게 신장될 위험이 있다. 따라서 근섬유가 등척성 기능을 하기 위해 요구되는 길이는 단순히 관절의 위치뿐만 아니라 직렬 탄성 요소(SEC)가 얼마나 늘어났는지에 따라 달라진다. 관절 위치와 근섬유가 신장되어야 하는 길이 사이에는 명확한 선형 관계가 존재하지 않기 때문에, 수축성 조직의 최적 길이를 결정하는 것은 쉽지 않다. 더불어, 협응을 통해 적절한 예비장력의 양과 근섬유의 신장 길이를 정확히 조절하는 것도 어려운 과제다. 따라서 수직 점프 훈련을 통해 이러한 조정 능력을 익히려면, 다양한 높이에서 연습하는 것이 필요하다. 반사성 협응 훈련에서는 선수가 도달할 수 있는 최대 낙하 높이뿐만 아니라, 최소한의 높이도 중요한 요소가 된다. 이는 앞서 언급한 반사성 훈련의 세 가지 요건을 충족하는 범위 내에서 이루어져야 한다. 낙하 높이를 조절하는 것 외에도 점프 수행 방식을 변화시키면 반사 패턴에 영향을 줄 수 있다. 예를 들어 수직 및 수평 이동을 혼합하면 근육이 작용하는 타이밍이 달라지게 된다.

이러한 다양한 변화를 효과적으로 조절할 수 있는 능력은 착지 시 발생하는 에너지를 보다 정밀하게 활용하는 데 도움이 된다. 개별 선수의 특성에 맞는 점프 유형을 선택하는 것은 매우 중요하다. 지구력 러너의 경우 최대 근력 발휘 지점이 낮기 때문에, 스프린터보다 상대적으로 낮은 높이에서 점프해야 한다. 또한, 신체 구조, 체중, 선천적인 능력 등 다양한 요소도 영향을 미친다. 반사성 점프 훈련이 효과적으로 이루어지려면, 선수의 특성에 맞춰 운동 프로그램을 맞춤 구성하는 것이 기본적인 필수 요건이다.

수직 반사 점프를 훈련할 때는 다양한 운동이 활용될 수 있다. 이러한 운동들은 이미 발목 위치 조절 방법을 설명할 때 다뤄진 바 있다(예: 양발을 사용하는 홉-스트레치-점프 또는 한 발 혹은 양발로 점프하기). 이러한 운동들은 여러 방식으로 수행될 수 있지만, 단순히 발의 긴장도와 움직임만 신경 쓰는 것이 아니라, 신전 동작이 전체적으로 어떻게 이루어지는지도 주의 깊게 살펴야 한다. 특히, 고관절과 코어 주변 근육이 반사적으로 작용하는 방식이 매우 중요한 요소다.

모든 종류의 점프에서 고관절의 전후 방향을 적절히 조절하는 것이 중요하다. 만약 고관절이 뒤로 빠지거나 몸통이 약간 앞으로 기울어진 상태라면 반사성이 저하될 수 있다. 따라서 고관절을 충분히 앞으로 유지하는 것이 중요하며, 이를 위해서는 복부 근육을 포함한 반사적으로 작용하는 근육에 충분한 예비장력이 형성되어야 한다.

한 발 또는 두 발로 점프할 때, 다리의 움직임은 스윙과 스탠스 패턴을 따르게 된다. 이 패턴에는 교차 신전 반사crossed-extensor reflex가 포함되어 있어, 푸시오프 다리는 정확하게 신전되고 긴장해야 하며, 스윙 다리는 빠르게 무릎과 고관절을 굴곡해야 한다. 한 발 또는 두 발로 리바운딩 점프를 수행할 때, 반사적인 푸시오프의 상당 부분은 골반의 전면 움직임에서 비롯된다. 착지 순간 골반의 자유로운 쪽이 아래로 내려갔다가 반발하여 다시 위로 상승하는데, 이를 위해서는 고관절 측면의 근육(소둔근 및 장경인대를 통해 작용하는 대둔근 상부)에 적절한 긴장이 필요하다. 특히 한 발로 점프할 때, 선수들은 종종상체를 지지하는 다리 쪽으로 비틀어 이러한 근육의 긴장을 풀려는 경향이 있다. 따라서 러너는 몸통을 곧게 유지하고, 해당 근육에 충분히 긴장된 상태를 유지하는지 지속적으로 신경 써야 한다.

그림 5.20 높은 리바운딩 점프, 정확한 기술 수행

그림 5.21 운동 1: 한 발 리바운딩 점프

a b c d e f

운동 1: 한 발 리바운딩 점프

일반적으로 이러한 운동은 연속적으로 수행된다. 한 번의 점프 높이는 다음 점프가 시작되는 낙하 높이와 동일하다. 점프 높이뿐만 아니라, 푸시오프 시 전진 속도도 반사적인 움직임에 영향을 미친다. 이 운동에서는 동작에 다양한 변화를 주어 수행하는 것이 효과적이며, 이를 통해 러너는 반사성을 조절하는 능력을 더욱 정밀하게 익힐 수 있다. 예를 들어 다음과 같은 변화를 줄 수 있다.

- 한 발로 연속 홉: 낮게–높게–낮게–높게–낮게–높게 반복
- 한 발로 홉: 낮게–낮게–높게–낮게–낮게–높게 반복
- 두 발로 홉: 낮게 그리고 멀리 위로 점프(앞뒤로 이동 없음)–높게 점프(앞뒤로 이동 없음)–낮게 그리고 멀리 반복
- 홉–스트레치–점프: 뒤쪽으로 낮게–앞쪽으로 낮게–높게(앞뒤로 이동 없음) 반복
- 교차 홉–스트레치–점프: 낮은 점프와 높은 리바운딩 점프를 한 발로 번갈아 수행

운동 2: 한 발로 점프 낙하 높이 변화시키며 홉

10cm 높이, 50×50cm 크기의 단을 1m 간격으로 일렬로 배치한다. 러너는 한 발로 최대한 높이 연속 점프하며, 단 위와 단 사이 지면에 번갈아 착지한다. 이때 이전 점프의 높이가 다음 점프의 낙하 높이와 같지 않기 때문에, 선수는 착지를 미리 예측하고 몸이 생성하는 예비장력을 다르게 조절해야 한다. 이 운동은 다양한 방식으로 수행할 수 있다. 예를 들어 단 사이의 간격을 2m로 늘려, 지면에서 두 번 점프한 후 단 위에서 한 번 착지하는 방식으로 변형할 수도 있다. 단 위에서 점프하는 것은 고관절 위치를 올바르게 조절하는 방법을 배우는데 효과적인 훈련법이다. 그러나 이 과정에서 러너는 고관절을 지나치게 뒤로 빼거나, 스탠스 다리 쪽으로 상체를 기울이는 경향을 보일 수 있다. 이를 방지하기 위해 올바른 자세를 유지하는 것이 중요하다.

그림 5.22 운동 3: 양발 지그재그 홉

운동 3: 양발 지그재그 홉

양발로 점프하며 앞으로 이동하기 시작한다. 점차 몸을 좌우로 번갈아 움직이며 진행한다. 다음 점프를 위해 왼발이 푸시오프할 때 몸은 왼쪽으로 이동해야 한다. 푸시오프 시 지면 접촉 시간은 최대한 짧게 유지한다.

그림 5.23 운동 4: 허들 넘으며 홉-스트레치-점프

a b c d e f

운동 4: 허들 넘으며 홉-스트레치-점프

이 운동은 반사적 점프를 익히는 데 중요한 기본 훈련이다. 허들은 약 1.2m 간격으로 배치되며, 무릎을 거의 굽히지 않고 넘을 수 있을 정도로 낮아야 한다. 러너는 몸의 움직임을 최소화하면서 허들을 넘고, 지면 접촉 시간을 짧게 유지해야 한다. 허들 사이에서는 단 한 번의 지면 접촉만 허용된다. 허들은 한 세트당 최대 여덟 개까지만 배치하는 것이 바람직하다. 허들 위에서 하는 홉-스트레치-점프 동작은 정확하게 실행해야 하며, 점프 높이나 수평 이동을 크게 변화하기 어렵다. 이러한 제한 사항은 반사적 점프 기술을 더욱 정교하게 다듬는 데 도움이 된다.

그림 5.24 운동 5: 단에서 허들을 넘는 홉-스트레치-점프

a b c d e

f

운동 5: 단에서 허들을 넘는 홉-스트레치-점프

이 훈련은 연속 점프보다 더 높은 낙하 높이로 진행할 수 있다. 하지만 잘못된 방식으로 수행될 위험이 크므로, 최상급 선수에게만 적합하며 기본 드릴로 활용해서는 안 된다. 또한, 반복 횟수는 최소한으로 제한해야 한다. 숙련된 선수라면 이 운동을 활용해 훈련의 마지막 단계에서 세부적인 기술을 다듬을 수 있다. 점프 높이는 개인별로 조정할 수 있지만, 일반적으로 50cm를 넘지 않는 것이 적절하다.

운동 6: 홉-스트레치-점프(변동성 추가)

반사성 점프의 기본 형태인 허들 넘기는 엘리트 선수를 포함해서 선수들에게 유용한 연습이지만, 다양한 변형을 추가하면 훈련 효과를 더욱 극대화할 수 있다. 몇 가지 변형 예시는 다음과 같다.

- 허들을 3m 간격으로 배치한다. 허들을 넘는 홉-스트레치-점프를 수행한 후, 착지 직후 평지에서 수평 이동을 포함한 홉-스트레치-점프를 수행하고, 다음 허들 앞에서는 약간의 수평 이동을 포함하여 더 높게 홉-스트레치-점프를 실시한다.
- 허들을 2.5m 간격으로 배치하고, 각 허들 앞에 10cm 높이의 단을 배치한다. 허들을 넘는 홉-스트레치-점프를 수행한 후, 착지 후 평지에서 한 번, 단 위에서 한 번 더 홉-스트레치-점프를 수행한 다음, 다음 허들을 넘는다.
- 네 개의 허들을 홉-스트레치-점프로 넘은 후, 모래 위로 길게 리바운딩 점프를 수행한다.

수평 점프

한 발로 수평 반사성 점프를 수행하면, 다리는 자연스럽게 스윙-스탠스 패턴을 따르게 된다. 훈련에서 수직 반사성 점프보다 수평 반사성 점프가 더 많이 활용되지만, 기술적으로는 수평 점프가 더 어렵다. 따라서 본격적으로 수평 점프를 연습하기 전에, 먼저 반사성을 효과적으로 조절하는 방법을 익히는 것이 중요하다.

수평 점프에서도 반사성 훈련의 세 가지 요건을 준수해야 한다. 특히, 지면 접촉 시간을 짧게 유지하는 것이 가장 어려운 부분이다. 착지와 푸시오프가 같은 다리에서 이루어지기 때문에, 근섬유의 수축성 조직에서 편심성 모멘트가 발생하지 않도록 하면서 착지 에너지를 흡수하고 즉시 방출하는 것은 매우 어렵다. 특히, 전형적인 달리기 점프에서는 근섬유에서 편심성 모멘트가 빠르게 형성되어 반사적인 푸시오프가 불가능해질 수 있다. 따라서 수평 점프를 수행할 때는 반사성 점프의 세 가지 기준이 제대로 충족되고 있는지 세심하게 점검해야 한다.

스프린트와 마찬가지로, 착지 순간(IC)에서 무릎의 위치는 점프의 질을 평가하는 중요한 기준이 된다. 착지 순간에 두 무릎이 가까이 위치해 있으면, 착지 에너지를 반사적으로 전환할 수 있다. 그러나 발이 착지할 때 스윙 다리의 무릎이 스탠스 다리의 무릎보다 뒤쪽에 위치해 있다면, 반사적인 점프를 수행하는 것이 불가능해진다. 이런 경우에는 해당 점프를 생략하고, 보다 쉬운 대체 동작을 선택하는 것이 바람직하다.

반사적으로 점프하는 것뿐만 아니라 점프 동작이 달리기 패턴을 방해하지 않도록 주의해야 한다. 달리기에서는 스윙 다리를 빠르게 앞으로 가져오는 것이 필수적이다. 그러나 일반적인 달리기 점프에서는 공중에 떠 있는 시간이 길어지면서, 스윙을 시작하기 전에 뒷다리를 끌게 되는 경향이 있다. 만약 선수가 이런 방식으로 달리기 점프를 수행한다면, 훈련에서 이 동작을 제외하고, 스윙 동작을 보다 빠르게 시작할 수 있는 다른 유형의 수평 점프를 선택하는 것이 바람직하다. 이러한 문제는 수평 홉에서도 발생하지만, 그 정도는 상대적으로 덜하다. 양발을 사용하는 달리기 점프나 홉 역시 높은 높이에서 수행하는 반사성 점프와 동일한 원칙이 적용된다. 즉, 이 운동은 엘리트 러너에게만 적합하며, 그들에게도 동작의 완성을 위해 세부적인 요소를 다듬는 용도로만 활용되는 것이 바람직하다.

그림 5.25 운동 1: 한 발 달리기 점프

a b c d e f

운동 1: 한 발 달리기 점프

가장 안전하면서도 기술적으로 효율적인 수평 점프는 한 발로 수행하는 달리기 점프이다. 선수는 3~5 걸음 달리며 스피드를 증가시킨 후, 한 발(왼발)로 푸시오프하여 달리기 점프를 수행한다. 공중에 떠 있는 동안, 스윙 다리(오른발)는 무릎과 고관절을 90°로 구부린 상태로 유지되며, 상체는 수직을 유지한다. 스윙 다리는 다음 착지를 위해 미리 준비된 자세를 취해야 한다. 착지는 오른발로 강하게 이루어지며, 지면 접촉 시간을 가능한 짧게 유지해야 한다. 오른발 착지 직후 왼발이 빠르게 지면을 스치듯 닿으며, 곧바로 다음 달리기 점프가 시작된다. 이때 오른발은 즉시 무릎을 구부려 '준비 자세'를 유지해야 한다. 달리기 점프의 높이를 높이면 '준비된' 다리로 착지할 때 낙하 높이도 증가한다. 훈련 강도는 점프 높이를 조정하거나 보다 수평적인 점프로 변형하여 조절할 수 있다. 높은 달리기 점프와 수평 달리기 점프 모두 훈련에 유용하다. 항상 스윙 다리를 어떻게 준비하는지, 그리고 푸시오프 후 얼마나 빠르게 다시 위치를 조정할 수 있는지에 집중해야 한다. 일반적으로 이 운동은 30m 거리 내에서 수행될 때 가장 효과적이다.

반사성과 닫힌 사슬에서 열린 사슬 동작으로의 전환

특히 햄스트링 협응이 뛰어난 러너들은 지면에서 발이 떨어진 직후 다리를 빠르게 굽히면 반사적인 점프를 더욱 효과적으로 수행할 수 있다. 이 과정에서 고관절과 무릎이 동시에 강하게 굽혀지는 동작이 자연스럽게 발생한다. 일반적으로, 다리를 굽히기 직전에 폭발적인 동심성 근육 수축을 통해 푸시오프를 수행하는 것은 쉽지 않다. 따라서 푸시오프 과정에서 가장 중요한 역할을 하는 것은 반사적인 근육 작용이다. 푸시오프 시 반사적으로 작용하는 근육의 움직임과 이후 다리가 빠르게 접히는 동작은 무의식적으로 연결될 가능성이 크다. 이러한 움직임 패턴은 신체가 우선적으로 실행하는 경향이 있으며, 반사 작용에 의존하지 않는 다른 패턴보다 더 빠르고 강하게 수행될 수 있다.

반사성 점프 후 다리를 접는 동작은 러너들에게 매우 효과적인 훈련 방법이다. 달리기에서도 동일한 움직임이 발생하기 때문이다. 하지만 이러한 반사성 점프가 효과적으로 이루어지려면 푸시오프 전에 발이 고관절 바로 아래에 위치해야 한다. 만약 발이 착지 시 고관절보다 앞쪽에 놓이면(브레이킹 스텝 동작), 전체 움직임 패턴이 흐트러져 푸시오프 후 다리를 접는 동작이 의미를 잃게 된다. 따라서 양발로 점프할 때는 전진 속도를 거의 0에 가깝게 유지해야 한다.

이러한 운동을 수행할 때는 목표에 따라 다양한 방식으로 접근할 수 있다. 목표가 단순히 반사적인 푸시오프를 익히는 것일 수도 있고(즉, 반사적 단계 이후 폭발적인 움직임이 따르지 않는 푸시오프), 닫힌 사슬에서 열린 사슬로 빠르게 전환하는 동작을 연습하는 것일 수도 있다. 이처럼 동작들이 밀접하게 연결되어 있기 때문에, 같은 운동이라도 다양한 방식으로 활용할 수 있다. 또한, 이러한 유형의 점프 훈련의 효과를 극대화하려면 점프 시작 높이를 다양하게 조정하는 것이 중요하다.

운동 1: 달리기 스타트와 한 발 점프

달리기 스타트 후 한 발 점프 동작은 반사성을 높이고 닫힌 사슬에서 열린 사슬로의 전환을 원활하게 연결하는 데 효과적이다. 특히, 공중에 떠 있는 동안 충분한 예비장력이 유지되어야 반사적인 푸시오프가 제대로 이루어진다.

그림 5.26 운동 2: 높은 허들을 이용한 홉-스트레치-점프

a b c d e f g

운동 2: 높은 허들을 이용한 홉-스트레치-점프

허들이 높기 때문에 푸시오프 직후 다리를 빠르게 굽혀야 한다. 이 훈련은 5~8개의 허들을 연속적으로 넘으며 진행한다. 연속 점프를 활용하여 같은 동작을 반복하면 반사성이 더욱 향상되는 효과가 있다. 일반적으로 8개의 허들로 구성된 세트에서는 3번째부터 7번째 허들 사이에서 가장 좋은 점프가 나오는 경향이 있다. 훈련에서는 다리를 최대한 빠르게 굽히는 것에 중점을 두지만, 착지 순간 몸이 충분히 신전된 상태를 유지하는 것도 중요하다. 허들을 넘을 때는 몸을 굽히지만, 착지 직전 충분히 신전되지 않으면 반사성이 저하되고 푸시오프 시간이 길어질 수 있다.

그림 5.27 운동 3: 반사성 점프 후 단 위에 착지하기

a b c

운동 3: 반사성 점프 후 단 위에 착지하기

허들을 넘을 때, 일부 선수들은 무릎이 굽혀진 상태에서도 고관절을 과도하게 신전한 자세를 유지하는 실수를 한다. 이는 달리기에서 푸시오프 후 무릎이 먼저 굽혀지고 이후 고관절이 따라 굽혀지는 잘못된 움직임 패턴과 유사하다. 단 위에 스쿼트 자세로 착지하면, 푸시오프 직후 자연스럽게 고관절을 즉시 굽혀야 하므로 이러한 실수를 교정하는 데 도움이 된다. 단을 향해 점프하기 전에 한 번 또는 여러 번의 점프 동작을 수행할 수 있으며, 예를 들면 다음과 같다. 허들을 넘는 반사성 홉-스트레치-점프 앞뒤로 이동하는 홉-스트레치-점프 발을 벌리고 무릎을 굽힌 상태에서 수행하는 수직 신전 점프.

그림 5.28 운동 4: 발을 벌린 상태에서 수행하는 리바운딩 점프

운동 4: 발을 벌린 상태에서 수행하는 리바운딩 점프

한쪽 발을 반대쪽 발보다 약 30cm 앞에 둔 상태에서 선다. 점프할 때 앞발과 뒷발의 위치를 번갈아 바꾸면서 앞으로 이동한다. 이 운동은 점진적으로 난이도를 높여 바벨을 목 뒤에 올려놓고 수행할 수도 있다. 점프할 때 무릎을 점점 더 높이 들어 올리며, 그에 따라 공중에 떠 있는 동안 고관절과 무릎이 더 크게 굽혀진다. 푸시오프 시 지면 접촉 시간은 짧게 유지해야 한다. 마지막 단계에서는 반사적인 푸시오프와 함께 다리를 최대한 강하게 접어 올리는 동작을 결합하여 수행한다.

그림 5.29 운동 5: 힐 스트라이크를 포함한 스킵

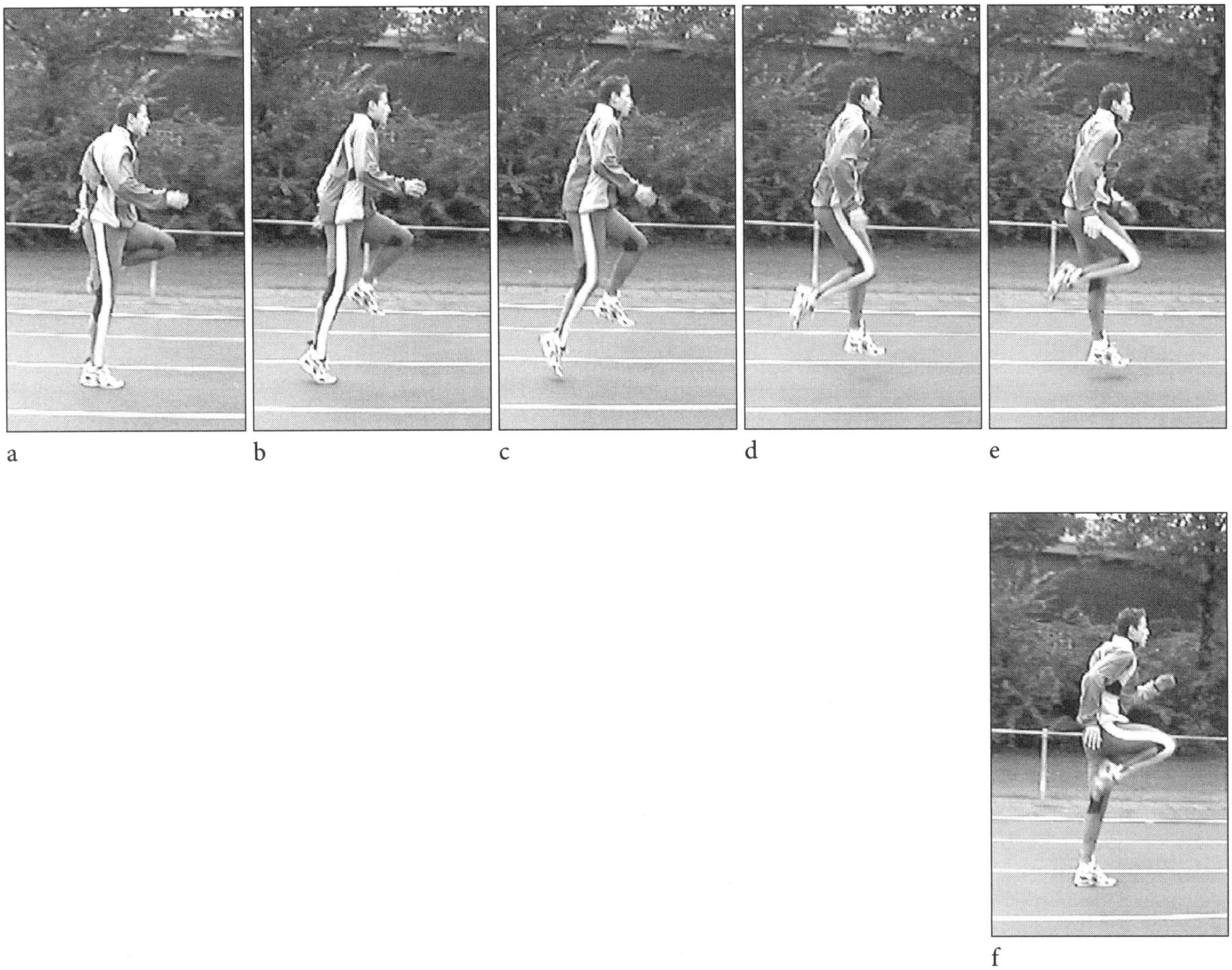

운동 5: 힐 스트라이크를 포함한 스킵

한 번의 지면 접촉으로 진행되는 스킵 동작이다. 스윙 다리는 고관절을 약 90°까지 굽히고, 무릎을 최대한 접어 발이 엉덩이에 닿을 정도로 들어 올린다. 지면 접촉 시간은 짧게 유지하며, 스탠스 다리는 거의 완전히 펴진 상태를 유지해야 한다. 이 운동은 천천히 전진하며 진행하며, 움직임의 빈도도 점진적으로 줄어든다. 하지만 빈도가 낮아져도 지면 접촉 시간은 계속 짧게 유지해야 하고, 다리는 지속적으로 뒤쪽으로 접혀야 한다. 이를 위해 푸시오프 동작이 더욱 강하게 이루어져야 한다. 이 운동을 마친 후에는 점차 속도를 높이며 달리기 속도에 도달할 때까지 이어서 진행할 수 있다.

그림 5.30 운동 6: 저항을 활용한 한 발 반사성 스킵

a b c d e

운동 6: 저항을 활용한 한 발 반사성 스킵

왼발로 선 상태에서 몸을 앞으로 기울인 자세로 시작한다. 보조자가 어깨를 밀어 저항을 제공하며, 오른발은 고관절과 무릎을 90°로 굽힌 상태에서 준비한다. 이후, 왼발을 빠르게 굽혀(고관절 약 45°) 스윙 동작을 수행하고, 동시에 오른발은 강하게 착지하며 신전된 상태를 유지해야 한다. 스탠스 구간은 짧게 유지하되, 착지 후 즉시 오른발을 다시 굽히면서 다리의 위치를 바꿔 시작 자세로 돌아간다. 이 운동은 반복적으로 진행되며, 왼발의 스탠스 시간이 오른발보다 길어질 수 있다. 러너는 오른발로 몸을 지지하면서 보조자의 손을 최대한 강하게 밀어야 한다. 높은 압력이 가해지면 스탠스 다리의 고관절이 굽혀지려는 경향이 생기지만, 이를 통해 고관절 신전력이 더욱 향상되고 강화된다. 운동이 진행되는 동안 보조자는 한 발씩 뒤로 이동하며, 러너는 빠른 템포로 동작을 이어간다. 이 운동에서는 한쪽 다리(오른발)에 더 큰 부하를 가하고, 반대쪽 다리에는 상대적으로 적은 부하를 주어 훈련 효과를 극대화한다(반사성 스킵 무저항 버전 참고).

신체 자세와 반사성

하체 근육은 어느 위치에서나 빠르고 반사적으로 작용할 수 있는 것이 아니다. 무릎과 고관절이 신전되고 발목이 중립 위치에 있을 때 반사성이 최적화되며, 이 상태에서 가장 빠른 반응이 가능하다. 하지만 신체 자세가 이 정렬에서 조금만 벗어나도 반사성 능력은 급격히 저하된다. 특히, 무릎과 고관절이 45° 정도 굽혀진 상태에서는 근육이 빠르고 반사적으로 작용하는 것이 거의 불가능하다. 따라서 달리기이나 점프 동작에서 고관절의 위치를 어떻게 유지하는지가 근육의 반사성에 중요한 영향을 미친다. 많은 러너들은 긴장 상태에서 고관절을 다소 뒤쪽으로 두는 경향이 있는데, 이 경우 반사성이 최적화되지 않는다. 특히 고속 달리기 시 올바른 신체 정렬을 유지하는 것이 쉽지 않기 때문에 자세가 무너지면 퍼포먼스에 부정적인 영향을 미칠 수 있다. 탄성 에너지는 추가적인 힘을 들이지 않고 활용할 수 있는 '자유' 에너지이므로, 압박이 있는 상황에서도 최적의 신체 자세를 유지하는 법을 익히는 것은 매우 가치 있는 훈련이 된다. 예를 들어 고관절을 단 몇 cm라도 더 앞으로 조정하는 법을 익히는 것만으로도 큰 효과를 얻을 수 있다. 골반의 정렬이 올바르면 복부 근육이 달리기 중 더 빠르고 강하게 작용하게 된다. 따라서 스프린트 자세를 개선하려면 복부 근육의 협응과 기능을 강화하는 것이 필수적이다.

그림 5.31 운동 1: 높은 빈도 스킵

a b

운동 1: 높은 빈도 스킵

상체를 약 45° 앞으로 기울인 상태에서 시작한다. 이때 허리는 곧게 펴야 한다. 이 자세에서 단일 지면 접촉 스킵을 수행하며, 움직임의 빈도를 높게 유지한다. 상체를 곧게 세운 상태와 비교하면, 몸을 앞으로 기울일수록 동작 빈도는 증가하지만 전진 속도는 느려진다. 훈련이 진행됨에 따라 상체를 점진적으로 세우면서 골반 위치도 앞으로 이동시킨다. 상체가 점점 수직에 가까워질수록 높은 빈도를 유지하기 어려워진다. 이 과정에서 러너는 빠른 움직임을 유지하기 위해 더 많은 반사성과 예비장력이 필요하다는 것을 체감하게 된다. 이 훈련은 상체가 완전히 세워질 때까지 계속된다. 변형된 방법으로는 상체를 세우는 동안 전진 속도를 점진적으로 높이는 방식이 있다. 이 경우, 훈련이 마무리될 때에는 반사성이 뛰어난 달리기 자세로 전환되며, 전진 속도가 증가하고 상체는 완전히 직립된 상태를 유지하게 된다.

운동 2: 양발 홉

시작 자세는 위의 운동 1과 동일하다. 하지만 이번에는 스킵이 아닌 양발로 홉을 수행한다. 상체를 앞으로 기울인 상태에서 너무 높이 뛰지 않도록 주의하며 빠르게 연속 홉을 진행한다. 훈련을 진행하면서 상체가 점차 펴지며, 신체에 의도적으로 긴장을 더해 점프 높이가 증가한다. 결국 상체가 완전히 직립되면 홉의 높이가 최대가 된다. 변형된 방법으로는 한 발로 수행하는 방식이 있다. 이때 상체가 푸시오프 다리 쪽으로 기울어지지 않도록 주의해야 한다. 상체가 한쪽으로 기울어지면, 둔근의 긴장이 감소하여 반사적인 움직임을 효과적으로 수행하기 어려워질 수 있다.

그림 5.32 운동 3: 양발 스쿼트 도약

a b c d e f

운동 3: 양발 스쿼트 도약

약 1.2m 간격으로 배치된 낮은 높이의 허들을 연속적으로 넘는 수직 점프 운동이다. 러너는 약 70cm 높이의 첫 번째 허들을 반쯤 스쿼트를 한 자세에서 점프하여 넘는다. 시작 시 무릎 각도는 90°이며, 상체는 약간 앞으로 기울이고 허리는 곧게 편 상태를 유지한다. 점프는 신체를 폭발적으로 신전하며 수행한다. 첫 번째 허들을 넘고 착지할 때는 지면 접촉 시간을 최소화한 후, 두 번째 50cm 허들을 반사적으로 점프하여 넘는다. 세 번째 점프는 다시 스쿼트 자세에서 출발하며, 네 번째 점프는 반사적으로 수행하는 방식으로 반복된다. 이러한 연속 점프는 자세가 계속 바뀌기 때문에 수행이 까다롭다. 특히 반사적인 점프를 할 때 신체를 곧게 유지하는 것이 중요하다.

그림 5.33 운동 4: 단일 지면 접촉 스킵

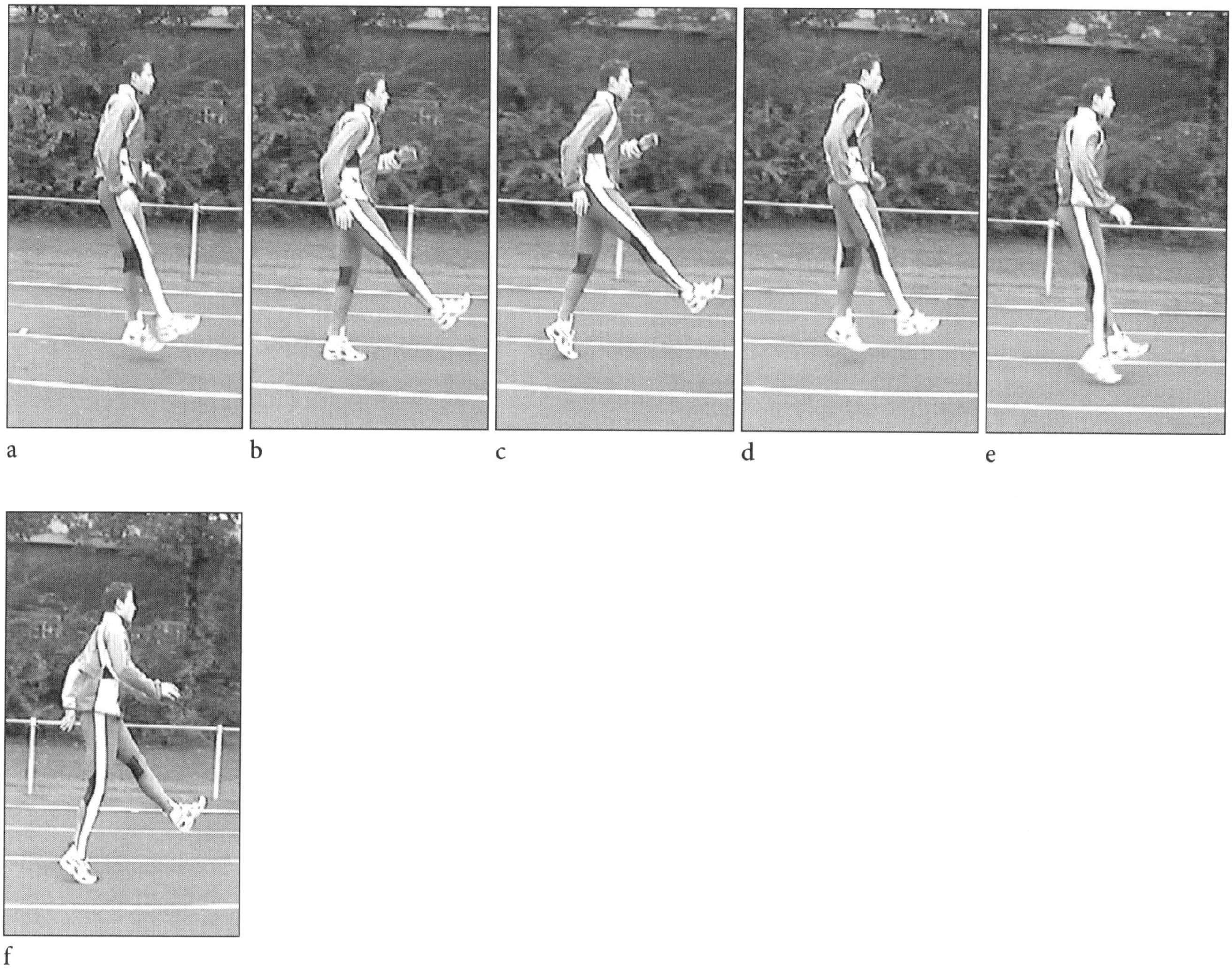

운동 4: 단일 지면 접촉 스킵

운동 내내 무릎은 완전히 펴진 상태를 유지해야 한다. 신체는 곧게 세우고 의도적으로 높은 긴장 상태를 유지해야 한다. 지면 접촉 시간은 최대한 짧게 유지해야 하며, 이후 운동 빈도는 점차 줄이되, 지면 접촉 시간이 길어지지 않도록 주의해야 한다. 이 훈련은 신체가 충분히 긴장된 상태에서 올바른 자세를 유지할 때만 반사적으로 수행될 수 있다. 변형된 방식으로는 운동 빈도를 서서히 조절하는 대신, 갑작스럽게 변경하여 수행하는 방법도 활용할 수 있다.

그림 5.34 운동 5: 무릎 펴고 달리기

a b

운동 5: 무릎 펴고 달리기

무릎을 완전히 신전된 상태로 유지한 채 달리기를 수행하며, 상체는 곧게 세운다. 어깨를 고관절보다 약간 뒤쪽에 두어도 괜찮다. 지면 접촉 시간은 최대한 짧게 유지해야 한다. 20m가 지나면 빠르게 일반적인 보행으로 전환한다. 이때도 상체는 수직을 유지하고, 지면 접촉 시간은 짧게 가져가며, 반사적인 푸시오프를 위한 긴장을 유지해야 한다. 이 훈련을 통해 러너는 달리기 중 신체에 긴장을 형성하는 법을 배우고, 푸시오프 시 반사성을 조절하는 능력을 키울 수 있다.

햄스트링의 협응 조절

달리기 중 햄스트링은 움직임 전체를 조율하는 중요한 역할을 한다. 햄스트링은 뛰어난 반사성을 가지며, 고관절과 무릎 사이에서 에너지를 전달해 푸시오프의 힘을 효과적으로 조절하는 기능을 한다. 특히, 빠른 스피드로 달리거나 피로가 누적될 때처럼 신체에 큰 부담이 가해지는 상황에서는 햄스트링의 작용 방식이 퍼포먼스를 결정짓는 핵심 요소가 된다. 햄스트링의 기능은 복잡하면서도 매우 중요하므로, 러너들은 다양한 방식의 훈련을 통해 이 근육의 협응 능력을 향상시키는 것이 큰 도움이 된다.

대부분의 선수들은 햄스트링의 기능을 정확히 이해하지 못한다. 대퇴사두근과 달리 햄스트링은 신체 후면 깊숙이 위치해 있어 그 작용을 인식하기 어렵다. 또한, 다른 근육에 비해 수축할 때 느껴지는 긴장의 정도를 인지하는 것도 어렵다. 햄스트링은 다관절 근육으로, 단관절 근육과 기능이 다르다. 단관절 근육은 주로 움직임을 시작하는 역할(양의 일)을 담당하는 반면, 다관절 근육은 외부의 힘을 흡수하고 움직임을 조절하는 역할을 한다. 이러한 특성 때문에 햄스트링의 기능이 저하되더라도 러너는 이를 쉽게 알아차리지 못하는 경우가 많다. 그 결과, 비효율적인 달리기 패턴이 형성될 가능성이 커지고, 다른 근육군에 비해 협응을 향상시키는 것도 더욱 어려워진다.

햄스트링 부상은 흔히 근력 부족 때문이라고 여겨진다. 또한, 대퇴사두근이 햄스트링보다 지나치게 발달해 근육 간 균형이 맞지 않는 것이 원인으로 지목되기도 한다. 하지만 대부분의 햄스트링 부상은 협응 부족에서 비롯된다. 근육이 잘못된 타이밍에 수축하거나, 부적절한 힘을 발휘하면서 스스로 손상을 입는 것이다. 따라서 협응 훈련은 햄스트링 부상을 예방하는 중요한 방법이다. 뿐만 아니라, 부상 이후 회복 과정에서도 협응 훈련은 핵심적인 역할을 한다. 햄스트링 부상은 회복 기간이 길어지는 경우가 많으며, 이 과정에서 선수의 협응이 크게 저하될 수 있다. 하지만 관련된 다양한 움직임을 훈련하면 회복 시간을 단축하고 부상 재발을 방지하는 데 큰 도움이 될 수 있다.

햄스트링을 다양한 방식으로 훈련하는 것이 효과적이므로, 달리기 동작과의 직접적인 연관성이 적은 협응 훈련도 포함하는 것이 필요하다. 햄스트링의 기능이 향상되면 어떤 형태로든 달리기에 긍정적인 영향을 미칠 수 있기 때문이다. 훈련의 중요한 부분 중 하나는 바벨을 활용한 근력 운동(6장 참고)이며, 또 다른 부분은 다양한 점프 및 달리기 동작을 포함하는 훈련이다. 이러한 운동은 두 가지 그룹으로 구분할 수 있다.

- 햄스트링은 다양한 움직임에서 반사적으로 작용한다. 특히, 지면 접촉 시간이 긴 점프 동작에서는 햄스트링에 큰 힘이 가해진다. 이때 햄스트링은 필요한 예비장력을 충분히 형성하기 어려울 수 있다. 이러한 점을 고려하면, 스프린터에게는 다양한 지면 접촉 방식을 활용한 폭넓은 훈련이 큰 도움이 될 수 있다. 장기적으로 보면, 이러한 훈련은 부상을 예방하는 것은 물론, 스피드 달리기에도 긍정적인 영향을 미친다.
- 햄스트링을 다양한 무릎과 고관절 각도에서 훈련하는 운동이다. 이 운동은 반사성 훈련에 비해 신체에 가해지는 충격이 적지만, 근육이 작용하는 타이밍을 조절하는 것은 오히려 더 어렵다. 이러한 방식의 훈련은 달리기 동작과 완전히 동일할 필요는 없지만, 올바르게 수행하면 달리기 퍼포먼스 향상에 충분히 기여할 수 있다.

러너가 다양한 훈련을 숙달하고 능숙하게 수행할 수 있게 되면, 달리기 중 햄스트링은 더욱 빠르고 자연스럽게 근 수축과 이완을 조절할 수 있다. 또한, 신전력을 보다 효과적으로 축적하고 방출하여 달리기 기술이 한층 더 효율적으로 개선된다. 햄스트링의 기능이 최적의 상태로 작동하면, 선수는 오랜 기간 동안 꾸준히 퍼포먼스를 향상시킬 수 있다.

햄스트링은 매우 특별한 근육이다. 효과적인 훈련을 위해서는 특정한 운동 방식이 필요하다. 이는 훈련 프로그램 구성에 여러 영향을 미치게 된다.

- 햄스트링은 깃근 구조를 가지고 있어, 강한 힘을 발휘할 수 있는 가동 범위가 제한적이다. 따라서 훈련할 때는 이 최적의 범위 내에서 운동을 수행하는 것이 중요하다. 햄스트링을 과도하게 수축시키는 동작(예: 레그 컬 또는 열린 사슬 운동)은 햄스트링의 균형을 무너뜨리고 탄성 조절을 방해할 수 있어 오히려 비효율적일 수 있다. 따라서 햄스트링 훈련은 닫힌 사슬 운동을 중심으로 진행하는 것이 더 효과적이다. 닫힌 사슬 환경에서는 무릎 각도의 변화가 고관절 각도의 변화로 보완될 수 있어, 햄스트링 전체 길이가 일정하게 유지되며 보다 안정적인 근육 작용이 가능해진다.
- 햄스트링은 스스로 힘을 생성하기보다는 다른 근육이 만들어낸 힘을 조절하는 역할을 한다. 따라서 햄스트링 협응을 훈련할 때는 햄스트링을 단독으로 운동하는 것이 아니라, 반드시 다른 근육군과 함께 훈련해야 한다. 훈련 중에는 햄스트링과 함께 작용하는 근육군과의 협응이 기능적으로 올바르게 이루어져야 한다. 예를 들어 햄스트링에 힘이 가해질 때 등 근육dorsal muscle이 이완되거나 척추가 굽어지는 것은 피해야 한다. 등 근육은 햄스트링의 예비 신장을 조절하는 중요한 역할을 하므로, 이를 적절히 유지하는 것이 중요하다.
- 햄스트링은 반사적으로 작용하도록 설계된 근육이다. 따라서 충격을 효과적으로 흡수하고 조절할 수 있는 능력을 갖추고 있다.

햄스트링 운동 1

첫 번째 훈련 방식은 다음 원리를 기반으로 한다. 무릎을 거의 편 상태에서 상체를 곧게 세운 후 앞으로 숙이면 햄스트링에 긴장이 가해진다. 이때 등 근육이 충분히 긴장된 상태를 유지하며, 척추가 곧게 펴진다. 상체가 앞으로 기울어지는 움직임은 고관절의 위치 변화에 의해 이루어진다. 골반이 앞으로 기울어지면 햄스트링이 예비 신장 상태가 되며, 이는 무릎을 약간 굽힘으로써 보완될 수 있다. 무릎이 신전되거나 약간 굽혀진 상태에서는, 고관절 위쪽에 위치한 무게 중심이 무릎 앞쪽을 따라 이동하게 된다. 이로 인해 발생하는 모멘트는 햄스트링의 근력으로 보상해야 한다. 반면, 무릎을 깊이 굽히면 무게 중심이 무릎 뒤쪽으로 이동하므로, 대퇴사두근이 반대 방향의 힘을 생성하여 몸을 지탱해야 한다. 즉, 상체를 앞으로 기울이는 동작은 햄스트링을 예비 신장시키며, 이후 신전 시 반사적으로 힘을 발휘하도록 유도하는 역할을 한다.

상체를 앞으로 숙였다가 다시 세우는 동작이 더 강할수록, 착지 시 햄스트링에 가해지는 부하도 커진다. 초보자는 동작을 지나치게 강하게 수행하기보다, 통제된 범위 내에서 조절하며 진행하는 것이 좋다. 반면, 숙련된 러너는 더 큰 힘으로 동작을 수행할 수 있으며, 이 과정에서 자연스럽게 점프에 가까운 움직임이 자연스럽게 발생한다. 그 결과 햄스트링은 반사적으로 더욱 큰 부하를 받게 된다.

이러한 훈련 방식에서 반사적인 움직임이 이루어지는 속도는 달리기보다 다소 느릴 수밖에 없다. 그러나 달리기에서 햄스트링이 중요한 역할을 수행하기 때문에, 이러한 방식의 훈련도 충분히 유용하다.

그림 5.35 운동 1: 상체 숙이며 도약

운동 1: 상체 숙이며 도약

곧게 선 자세에서 등 근육을 긴장시킨 상태로 시작한다. 상체를 천천히 앞으로 숙이며, 이때 골반의 움직임 범위 내에서만 기울어지도록 조절해야 한다. 이후, 신체를 강하게 신전시키면서 원래 자세로 돌아온다. 이 과정에서 척추는 안정적으로 펴진 상태를 유지해야 한다. 신전하는 힘이 충분하면 발이 지면에서 살짝 떨어질 수도 있다(그림 5.35d-g 참고). 이 기본 동작을 숙달한 후에는 더 큰 힘을 사용하여 점프를 수행하거나, 낮은 단에서 착지하는 변형 동작을 추가할 수 있다. 햄스트링 부상에서 회복 중인 선수가 협응 훈련을 시작할 때, 이 동작을 가벼운 강도로 오랜 시간 반복하면 효과적이다. 또한, 10kg의 바벨을 목 뒤에 들고 수행하면 추가적인 자극을 줄 수 있다. 운동의 강도를 높이려면 더 강한 힘으로 동작을 수행하거나, 팔을 고정한 상태(예: 손을 머리 뒤로 둔 자세)로 진행할 수 있다. 팔을 움직이지 않으면, 상체가 앞으로 기울어질 때 발생하는 에너지가 분산되지 않아 햄스트링에 더 큰 부하를 가할 수 있다.

운동 2: 단에서 상체 숙이며 도약

낮은 단(10cm) 위에 곧게 선 자세에서 시작한다. 이후 양발로 단에서 점프하여 착지한다. 착지 직전에 상체를 숙이기 시작하며, 낙하 속도로 인해 착지 후 상체가 강하게 앞으로 쏠리는 경향이 생긴다. 이때 햄스트링과 대둔근이 착지 시 발생하는 에너지를 탄력적으로 흡수한 후, 이를 수직 푸시오프로 전환한다(그림 5.35h-n 참고). 점프하는 단의 높이가 높을수록 햄스트링이 저장해야 하는 착지 에너지도 증가한다. 그러나 착지 시 발생하는 에너지가 햄스트링이 감당할 수 있는 한계를 넘지 않도록 주의해야 한다. 운동 중 등 근육은 척추를 곧게 유지하는 역할을 해야 하며, 만약 등이 구부러지거나 착지가 즉각적인 푸시오프로 전환되지 않는다면, 낙하 높이가 너무 높거나 운동 강도가 지나치게 높다는 의미다. 이처럼 올바르게 수행되지 않는다면, 지나치게 강도 높은 연습을 계속하는 것은 효과적이지 않으므로 보다 쉬운 형태의 훈련을 선택하는 것이 바람직하다.

운동 3: 단에서 연속적으로 상체 숙이며 도약

단에서 한 번만 점프하는 대신, 연속적으로 여러 번 점프하며 낙하 높이를 조절할 수 있다. 즉, 한 번의 점프로 도달한 높이가 다음 점프의 낙하 높이가 되는 방식이다. 상체를 기울이는 연속 점프를 올바르게 수행하려면, 착지 직전에 상체를 앞으로 움직이는 타이밍을 정확히 조절하는 것이 중요하다(그림 5.35a-n 참고). 이 운동은 숙련도가 높을수록 더욱 강도 높은 훈련이 될 수 있다. 최상급 선수라도 최대한 빠른 속도로, 그리고 가능한 높은 위치에서 점프를 반복하면, 12~15회만으로도 상당한 피로감을 느낄 만큼 강도 높은 훈련이 된다.

운동 4: 점프의 다양한 변형 방식

점프는 여러 방식으로 수행할 수 있다.

- 수직으로 반복 점프하는 대신, 수평 방향으로도 점프를 수행한다. 예를 들어 수직 점프와 수평 점프를 번갈아 수행하는 방식이 있다.
- 평평한 지면이 아니라 경사가 있는 지형에서 점프를 수행한다. 약간의 오르막이나 내리막에서 점프하거나, 작은 단과 지면을 번갈아 착지하는 방식도 가능하다. 이러한 변형을 활용하면 햄스트링에 다양한 부하를 가하며, 변화하는 부하를 탄력적으로 활용하는 방법을 익힐 수 있다.

그림 5.36 운동 5: 양발로 서서 메디슨 볼 뒤로 던지기

a b c d

운동 5: 양발로 서서 메디슨 볼 뒤로 던지기

육상 훈련에서 널리 사용되는 운동 중 하나는 양발로 선 상태에서 메디슨 볼을 뒤로 던지는 방식이다. 먼저 다리를 약간 벌리고 선 자세에서, 가슴 앞에 메디슨 볼을 들고 시작한다. 이후, 상체를 앞으로 숙이며 메디슨 볼을 발 쪽으로 이동한 뒤, 양손으로 메디슨 볼을 머리 위쪽으로 힘차게 던져 최대한 높고 멀리 보낸다. 이 과정에서 몸이 최대한 신전된다. 햄스트링에 더 강한 부하를 주려면, 상체를 숙일 때 무릎을 약간만 굽히고 허리를 곧게 편 상태를 유지하는 것이 중요하다. 특히, 메디슨 볼을 뒤로 던지는 동작에서 햄스트링이 더욱 활발하게 작용한다. 운동을 수행할 때는 상체를 숙이는 순간 근육에 충분한 예비장력이 형성되도록 주의해야 한다. 또한, 던지는 과정 내내 허리를 곧게 유지되어야 하며, 이 운동은 등 근육에도 큰 부담을 줄 수 있다. 만약 허리를 곧게 유지하기 어렵다면, 더 가벼운 메디슨 볼을 사용하는 것이 바람직하다.

그림 5.37 운동 6: 한 발로 서서 메디슨 볼 던지기

a b c d e

운동 6: 한 발로 서서 메디슨 볼 던지기

한 발로 균형을 잡은 상태에서 메디슨 볼을 던진다. 양발로 서서 던지는 경우보다 햄스트링에 더 큰 부하가 가해진다. 또한, 한 발로 던질 때는 달리기와 유사한 스윙/스탠스 다리 메커니즘이 활성화된다. 한 발로 선 상태에서 시작하며, 상체를 앞으로 기울이고 무릎은 너무 깊이 굽히지 않는다. 반대쪽 다리는 뒤로 뻗고, 발끝은 낮은 단(약 10cm) 위에 가볍게 올려둔다. 던지는 동작은 양발로 던지는 경우와 동일한 방식으로 진행된다. 던지는 과정에서 뒷다리를 앞으로 스윙하며, 착지할 때는 고관절과 무릎을 굽힌 상태에서 발을 약 40cm 높이의 단 위에 올린다. 스윙 다리는 강한 힘으로 움직이며, 햄스트링이 예비 신장된 상태에서 스탠스 다리는 신전된 자세를 유지해야 한다(77쪽 '비틀림 반사', 130쪽 '고속 달리기' 참조). 이 운동에서는 한 발로 균형을 유지해야 하기 때문에, 사용하는 메디슨 볼의 무게는 양발로 던지는 경우보다 가벼운 것이 적절하다.

그림 5.38 운동 7: 발을 앞뒤로 놓고 상체 숙이며 도약

운동 7: 발을 앞뒤로 놓고 상체 숙이며 도약

앞서 설명한 발을 좌우로 벌리고 수행하는 점프 운동(운동 1, 294~295쪽) 대신, 발을 앞뒤로 두고 수행할 수도 있다. 이때 앞발과 뒷발의 간격은 약 30cm 정도 유지한다. 점프하는 동안 상체가 앞으로 기울어지면 앞쪽 다리의 햄스트링에 더 큰 부하가 가해진다. 연속 점프를 수행할 때는 한쪽 다리를 계속 앞에 둔 상태로 진행하거나, 점프할 때마다 왼발과 오른발을 번갈아 바꿀 수도 있다. 점프의 이동 방향을 다양하게 조절할 수 있다.

- 수직 점프만 반복
- 처음에는 수직으로 점프하다가 점점 수평 방향으로 점프
- 최대한 멀리 수평 점프하기

점프 거리가 길어질수록, 푸시오프 시 햄스트링이 활성화되는 시점도 앞당겨진다. 즉, 뒤쪽으로 힘을 전달하는 햄스트링의 역할이 더욱 강조되며, 푸시오프 시점에서 보다 적극적으로 개입하게 된다.

그림 5.39 운동 8: 더 강도 높은 도약

운동 8: 더 강도 높은 도약

훈련 강도를 높이는 방법은 여러 가지가 있다. 푸시오프 후 다리를 폭발적으로 접는 방식(예: 허들을 넘는 점프)이 대표적이다. 그러나 이러한 동작을 수행한 후 착지 시 몸을 낮추는 것은 매우 어려우며, 최상위 엘리트 선수들만이 제대로 실행할 수 있다. 또한, 착지 시 발을 약 1m 정도 벌린 상태로 착지하는 방식(런지와 유사한 자세)도 운동 강도를 높이는 방법 중 하나이다. 이와 같은 변형된 방식을 추가하면 훈련이 더욱 강도 높은 형태로 변하게 된다.

햄스트링 운동 2

두 번째 훈련 방식은 햄스트링에 가해지는 부하는 상대적으로 낮지만, 협응 동작이 더 까다롭다. 특히, 추진력을 효과적으로 뒤쪽으로 전달하는 것과 무릎과 고관절이 익숙하지 않은 각도로 힘을 흡수하는 데 초점을 맞춘다. 아래에 소개된 운동 외에도 햄스트링의 협응을 향상시키는 다양한 방법이 있다. 예를 들어 상체를 곧게 유지한 상태에서 한 발로 달리기 점프를 수행하는 것도 효과적인 훈련법 중 하나다.

운동 1: 무릎 펴고 달리기

상체는 곧게 세우거나 약간 뒤로 기울인 상태를 유지하고, 무릎은 거의 펴진 상태(혹은 아주 약간 굽힌 상태)로 유지하며 최대한 빠르게 달린다. 이 자세로 최대 강도로 달릴 경우 약 40m 정도 유지할 수 있다. 무릎이 거의 펴진 상태에서는 대퇴사두근과 비복근이 제대로 작용하지 못해, 무릎에서 발목으로 힘을 전달하는 과정이 거의 차단된다. 또한, 상체를 곧게 세우거나 약간 뒤로 기울이면 추진력을 앞쪽으로 전달하기 어려워진다. 이러한 두 가지 요소로 인해, 목표 속도를 달성하려면 햄스트링 기능이 제대로 작동해야 한다.

운동 2: 다리를 번갈아 신전하며 달리기

달리기 중 발끝이 지면에서 떨어지는 순간, 무릎과 고관절을 매우 빠르게 번갈아 신전하고 굽히는 동작을 수행한다(예: 10m마다 동작 변경). 이 과정에서 햄스트링은 갑작스럽게 변화하는 서로 다른 움직임 패턴 속에서도 안정적으로 작용해야 한다. 높은 훈련 강도에서는 최대 60m 정도 지속하는 것을 권장한다. 또한, 상체 자세를 유지하려면 허리 주변 근육의 긴장이 충분히 확보되어야 한다.

운동 3: 정지 상태에서 가속하기

정지 상태에서 상체를 곧게 세운 자세로 가속을 시작한다. 이 자세에서는 추진력은 오직 햄스트링을 통해 뒤쪽으로 전달할 수 있다. 하지만 가속하는 동안 상체가 자연스럽게 앞으로 기울어지려는 경향이 있기 때문에, 러너는 이를 의식하여 자세를 유지해야 한다. 지면 접촉 시간은 짧게 유지해야 하며, 상체에는 충분한 긴장이 필요하다. 속도가 낮을수록 상체를 곧게 세운 상태에서 가속하는 것이 더욱 어려워지므로, 이 운동은 비교적 짧은 거리(예: 20m)에서 수행하는 것이 효과적이다. 또한, 허리에 가벼운 중량을 착용한 상태에서 더 긴 거리 동안 연습할 수도 있다. 이때도 상체는 곧게 유지하고, 지면 접촉 시간을 짧게 가져가며, 상체의 긴장을 유지하는 것이 핵심이다.

운동 4: 두 번의 지면 접촉을 포함한 스킵

허리에 중량을 착용하고wearing a drag weight 스킵을 시작하며, 한쪽 발이 두 번 연속으로 지면을 밟도록 한다(예: 왼발-왼발, 오른발-오른발). 상체는 곧게 유지하고, 지면 접촉 시간은 최대한 짧게 가져간다. 두 번의 지면 접촉이 이루어지므로 착지 후 강한 푸시오프를 만들기 어렵고, 반사적인 움직임도 제한된다. 따라서 햄스트링이 추진력을 뒤쪽으로 전달하기 위해 필요한 예비장력은 자연스럽게 형성되지 않으며, 의도적으로 생성해야 한다. 저항을 증가시키면 햄스트링의 긴장도를 더욱 강화할 수 있지만, 지면 접촉 시간이 길어질 정도로 저항이 과도해서는 안 된다.

운동 5: 한 번의 지면 접촉을 포함한 스킵

한쪽 다리는 무릎과 고관절을 굽히고, 다른 쪽 다리는 무릎은 펴고 고관절을 약간 굽힌 상태로 스킵을 수행한다. 전진 속도는 낮게 유지하며, 지면 접촉 시간은 짧게 가져간다. 약 5m 정도 이동한 후, 전진 속도를 최대한 빠르게 증가시킨다. 한쪽 다리의 신전 상태를 유지하면 상체가 자연스럽게 직립 상태를 유지할 수 있다. 또한, 지면 접촉 시간이 짧기 때문에 햄스트링의 움직임(굽힌 다리와 펴진 다리 모두)이 정확한 타이밍에 맞춰 작용해야 한다.

운동 6: 발을 넓게 벌린 상태에서 수행하는 운동

발을 넓게 벌린 상태에서 뒷다리는 신전하고, 앞다리는 무릎을 약 90°로 굽힌다. 이 자세에서 상체를 앞으로 기울이면(허리는 곧게 편 상태 유지), 앞쪽 다리의 햄스트링에 가해지는 부하가 증가한다. 따라서 발을 넓게 벌린 상태에서 수행하는 운동은 상체를 앞으로 기울일수록 햄스트링에 더 큰 부하를 주며, 강도가 높아진다.

- 발을 넓게 벌린 상태를 유지하면서, 다리의 위치를 빠르게 바꾸며 점프한다. 이때 수직 이동은 최소화해야 한다. 착지 시 앞쪽 다리의 무릎과 고관절은 반발 움직임 없이 거의 고정된 상태를 유지해야 하며, 뒷다리의 무릎은 최대한 신전된 상태를 유지해야 한다. 운동은 멈추지 않고 계속 수행하며, 지면 접촉 시간은 최대한 짧게 유지해야 한다. 지면 접촉 시간을 줄이고 반발을 최소화하면 허벅지 근육들이 협응하여 보다 효율적으로 작용하게 된다.
- 이번에는 점프할 때 스탠스 구간에서 뒷다리의 무릎이 신전된 상태를 유지해야 하며, 상체를 앞으로 기울인 채 허리를 곧게 편 상태를 유지해야 한다. 이 자세에서는 햄스트링에 가해지는 부하가 증가하여 반발 동작을 피하는 것이 더욱 어려워진다. 운동 강도를 높이기 위해 목 뒤에 약 40kg 이하의 바벨을 올린 상태에서 수행할 수도 있다(그림 5.40 참고).
- 이번에는 최대한 높이 점프한다. 착지 시 강한 파워가 필요하지만, 반발 동작 없이 수행해야 하며, 허리는 곧게 펴고 상체는 약간 앞으로 기울인 상태를 유지해야 한다(그림 5.41 참고).
- 발을 넓게 벌린 상태에서 푸시오프를 수행한다. 공중에 떠 있는 동안 양발을 가볍게 맞댄 후, 착지할 때는 다시 발을 약간 벌린 상태로 유지하며 점프하기 전에 앞쪽에 있던 발을 다시 앞쪽에 둔다. 운동 강도를 높이려면 상체를 앞으로 기울이고, 스탠스 구간에서 뒷다리의 무릎을 최대한 신전된 상태로 유지해야 한다.
- 발을 약간 벌린 상태에서 최대한 높이 수직 점프를 수행한다. 착지 후 발을 벌린 상태를 유지하며, 지면 접촉 시간을 짧게 가져간 뒤 가능한 한 빠르게 다시 점프한다(그림 5.42 참고)

위에서 설명한 운동들은 지면 접촉 시간, 상체의 포지션, 착지 시 무릎 각도 등의 세부 사항을 정확하게 수행할 때 햄스트링의 협응을 가장 효과적으로 향상시킬 수 있다.

그림 5.40 몸을 낮춘 상태에서 도약

a b c d

그림 5.41 몸을 위로 신전하며 도약

a b c d e

그림 5.42 몸을 굽혔다가 신전하며 도약

a b c d e

f

빈도와 반사작용

반사작용을 위한 신경 신호가 전달되는 경로는 중추신경계(CNS)의 고속도로와 같다. 이러한 반사 경로를 활용하는 운동motor 패턴은 그렇지 않은 운동 패턴보다 더 빠르게 전달되며, 더 강한 힘으로 실행될 수 있다. 달리기 중에는 다양한 근육들이 빠르게 번갈아 활성화된다. 따라서 근육의 긴장과 이완을 신속하게 전환하는 능력이 퍼포먼스를 향상시키는 핵심 요소가 된다. 반사 작용이 근육의 긴장과 이완을 자연스럽게 유도하는 원리를 훈련 방식에 최대한 적용하는 것이 중요하다. 특히, 운동을 수행할 때 한쪽 다리가 움직이면 반대쪽 다리도 동시에 반대 방향으로 균형을 맞추는 동작이 이루어져야 한다.

훈련은 근육이 얼마나 빠르게 긴장하고 이완하는지(빈도 훈련) 또는 반사와 최대 근력 생성 능력을 어떻게 결합하는지에 초점을 맞출 수 있다. 이러한 두 가지 운동 방식은 모두 중추신경계(CNS) 경로에 의해 조절되므로, 피로는 신경근 수준, 즉 자극 전달 과정에서 발생하게 된다. 이 훈련이 최적으로 수행되었을 때, 운동 직후 나타나는 특징적인 반사가 있다. 운동 직후 선수는 그 어떤 운동을 했을 때보다 극도로 피로한 상태처럼 보이지만, 회복 속도가 빠르며 곧 다시 운동할 수 있는 상태가 된다. 또한, 이러한 훈련을 가장 잘 수행하는 선수들(즉, 파워와 스피드가 뛰어난 선수들)은 숙련되지 않은 선수들보다 지속적으로 훈련을 버티기 어렵다. 이는 숙련된 선수일수록 신경계를 더 빠르게 소진할 수 있다는 것을 의미한다.

이 운동 프로그램에서는 달리기와 관련된 움직임 패턴에서 발생하는 반사 작용,특히 걸려 넘어질 때 나타나는 스텀블 반사 작용stumble reflex과 역신전 반사inverse extension reflex에 초점을 맞춘다. 빈도 훈련에서는 동작의 리듬이 달리기보다 더 빠르게 진행되며, 반사 작용과 강한 힘의 생성을 결합한 운동은 주로 근력 운동에서 활용된다(6장 참고). 이러한 운동 중 일부는 육상 트랙에서도 연습이 가능하다.

달리기와 유사한 기본 움직임 매커니즘을 운동 중에 정확하게 조절할 수 있어야 한다. 예를 들어 발목 주변의 움직임을 조절하는 능력은 반사 작용이 최적의 상태로 발휘되는 데 필수 요소다. 따라서 운동이 올바르게 수행되도록 주의해야 하며, 예를 들어 운동 중 발목 주변에 충분한 긴장을 유지해야 한다. 만약 선수가 기본 움직임에 신경을 쓰지 않으면 동작을 최적화하는 것은 불가능하다.

그림 5.43 운동 1: 힐 스트라이크가 결합된 한 번의 지면 접촉을 포함한 스킵

a b c d

운동 1: 힐 스트라이크가 결합된 한 번의 지면 접촉을 포함한 스킵

훈련에서 자주 사용되는 운동 중 하나는 힐 스트라이크 동작이다. 이 운동은 한 번의 지면 접촉을 포함한 스킵 동작으로 수행되며, 이때 고관절은 신전된 상태를 유지하고, 스윙 다리는 발이 지면에서 떨어진 후에야 무릎을 굽힌다. 무릎이 굽혀지면서 발뒤꿈치가 엉덩이에 닿는다(a, b). 이 운동은 널리 사용되지만 반사 작용 패턴(스텀블 반사 및 역신전 반사)과 연관성이 없어 효과가 제한적이다. 보다 효과적인 훈련 방식은 무릎과 고관절을 동시에 깊이 굽히는 동작(c, d)을 결합하는 것이다. 이 방식에서는 다리를 수평으로 들어 올리면서 발뒤꿈치가 엉덩이에 닿도록 한다(스킵-힐 스트라이크). 두 가지 운동을 최대한 빠른 속도와 최대한의 가동 범위로 수행하면, 스킵-힐 스트라이크는 반사 작용의 영향을 받지만 일반적인 힐 스트라이크는 그렇지 않다는 점이 명확해진다. 일반적인 힐 스트라이크는 오랜 시간 지속할 수 있지만, 스킵-힐 스트라이크는 신경근 피로를 빠르게 유발하는 특징이 있다.

그림 5.44 운동 2: 두 번의 지면 접촉을 포함한 스킵

운동 2: 두 번의 지면 접촉을 포함한 스킵

이 운동은 매우 높은 빈도와 큰 가동 범위를 활용해 수행된다. 스윙 다리는 움직임 사이클 중 가능한 한 빠르게 수평으로 들어 올려야 하며, 이는 몸의 전체적인 움직임을 앞으로 밀어주는 역할을 한다.

그림 5.45 운동 3: 한 번의 지면 접촉을 포함한 스킵

a b

운동 3: 한 번의 지면 접촉을 포함한 스킵

먼저 몇 차례 스킵을 수행한 후, 갑자기 정지한다. 이때 스탠스 다리는 신전된 상태로 유지하며 앞꿈치로 균형을 잡는다. 반대쪽 다리(스윙 다리)는 고관절과 무릎을 굽힌 상태에서 발을 들어 올리고, 상체는 곧게 세운다. 한쪽 팔은 앞쪽으로, 다른 팔은 스윙 다리 뒤쪽으로 위치시킨다. 운동이 올바르게 수행되면 스탠스 다리의 발이 지면에 닿는 순간, 이미 신체 정렬이 올바르게 유지된다. 착지 후에는 추가적인 움직임 없이 그대로 정지해야 하며, 약 1초간 정지한 후 다시 빠르게 스킵을 시작한다. 이때 스윙 다리의 무릎을 반복적으로 수평으로 들어 올리는 동작을 수행한다. 운동 중에는 상체가 스탠스 다리 방향으로 기울어지지 않도록 주의해야 한다. 또한, 운동의 리듬을 조절할 수 있는데, 예를 들어 매 두 번째, 세 번째, 또는 네 번째 스킵 후 정지하거나, 네 번째와 세 번째 스킵을 번갈아가며 정지하는 방식으로 변형한다.

그림 5.46 운동 4: 낮은 허들 넘으며 스킵하기

운동 4: 낮은 허들 넘으며 스킵하기

15cm 높이의 허들 10개를 1m 간격으로 배치한다. 한쪽 다리로 스킵하며, 각 허들 사이에서 한 번씩 지면을 터치한다. 전진 속도가 빠를수록 동작의 빈도도 증가해야 한다. 목표는 최대한 높은 빈도를 유지하면서도 충분한 가동 범위를 확보한 상태로 허들을 넘는 것이다. 허들 간 간격과 지면 접촉 횟수를 조정하면 다양한 변형이 가능하므로, 훈련 목적에 따라 여러 방식으로 응용할 수 있다.

운동 5: 탭핑

스프린터들은 흔히 탭핑tapping이라고 불리는 운동을 수행하는데, 이는 최대한 높은 빈도로 움직임을 반복하는 것을 목표로 한다. 즉, 무릎을 거의 들지 않은 상태에서 한 번씩 지면을 터치하며 스킵하는 방식이다. 이 운동의 원리는 빠른 리듬을 통해 신체의 전반적인 협응을 향상시키는 것이다. 하지만, 반사 작용을 충분히 활용하지 못한다는 한계가 있다. 보다 효과적인 방법은 고빈도 탭핑과 스킵 동작을 번갈아 수행하는 것이다. 이때 스킵 동작에서는 무릎을 수평으로 들어 올리는 것이 중요하다. 전환 과정에서 빈도는 다소 감소하지만, 반사 작용이 개입되면서 신경계의 활성도가 더욱 높아진다. 이 운동은 다양한 방식으로 변형하여 수행 가능하다. 예를 들어 상체를 약간 앞으로 기울인 상태에서 고빈도 탭핑을 수행한 후, 상체를 점차 세우면서 스킵 동작으로 전환하는 방법이 있다.

운동 6: 한 발로 달리기 점프

한 발로 수행하는 달리기 점프는 앞서 설명된 바와 같이(263쪽 참조) 가능한 한 높은 빈도로 수행된다. 동작은 오른발-왼발-부양 구간-오른발-왼발-부양 구간의 리듬으로 빠르게 반복된다. 이 운동에서 오른발에서 왼발로의 급격한 전환이 빈도수를 제한하는 요소가 된다. 또한, 부양 구간에서는 신체의 무게 중심이 약간 상승하게 되며, 이로 인해 달리기 점프의 수평 길이가 짧아지는 경향이 있다.

골반과 체간의 움직임

달리기 중 골반과 체간의 움직임은 크지 않지만, 퍼포먼스에 중요한 영향을 미치며, 그 중요성이 종종 간과되곤 한다. 따라서 골반을 효과적으로 움직이고, 체간의 비틀림(회전)을 조절하는 방법을 연습하는 것이 중요하다. 또한, 복부 근육이 이 과정에서 어떻게 작용하는지를 이해하는 것도 필요하다. 스피드 달리기에서는 체간을 곧게 세운 상태에서 복부 근육이 강하게 작용하며, 충분한 근력이 있어야 달리기 중 발생하는 강한 외부 힘을 효과적으로 견딜 수 있다. 이와 함께, 골반과 체간을 움직이는 근육들이 협응이 어려운 상황에서도 긴장을 유지하고 조절하는 법을 익혀야 한다. 이를 위해 복부 근육뿐만 아니라 등 근육과 골반 주변의 짧은 근육들도 함께 훈련하는 것이 필요하다.

그림 5.47 운동 1: 옆으로 달리기

운동 1: 옆으로 달리기

오른쪽 방향으로 이동하면서 왼발을 오른발 앞뒤로 교차시키며 달린다. 이 동작을 통해 골반이 좌우로 반복적으로 회전하게 된다. 반면, 체간은 회전하지 않고 고정된 상태를 유지해야 한다. 체간의 안정성을 높이기 위해 양팔을 어깨 높이까지 들어 올려 옆으로 뻗는 것이 도움이 될 수 있다. 이 운동은 여러 방식으로 변형할 수 있다. 뒷다리(왼발)의 무릎을 낮게 유지하면, 스텝 속도를 높이거나 골반의 회전 범위를 극대화할 수 있다. 또는 왼발이 오른발 앞을 교차할 때 무릎을 높이 들어 올리고 빠르고 강하게 앞쪽으로 휘두르면서 이동할 수도 있다. 이때 팔과 체간은 반대 방향으로 강하게 움직여 균형을 잡아야 한다. 어떤 방식으로 수행하든, 복부 근육에는 지속적인 긴장이 요구된다.

운동 2: 한 번의 지면 접촉을 포함한 스킵

이 훈련에서는 너무 빠른 빈도로 수행하지 않으며 무릎을 약 45°로 들어 올리며 수행한다. 스킵을 하는 동안 골반을 천천히 앞뒤로 기울이며 조절하는 것이 중요하다. 동작이 익숙해지면, 골반을 앞뒤로 몇 차례 기울인 후, 최대한 뒤쪽으로 고정한 상태에서 스킵 속도를 최대한 높이는 방식으로 변형할 수 있다.

그림 5.48 운동 3: 한 번 또는 두 번의 지면 접촉을 포함한 스킵

a b c

운동 3: 한 번 또는 두 번의 지면 접촉을 포함한 스킵

체간을 곧게 세운 상태에서 손을 머리 뒤로 두고 팔꿈치는 옆으로 벌린다. 스킵을 하면서 체간을 천천히 회전시키며 왼쪽과 오른쪽 팔꿈치를 번갈아 앞으로 향하게 한다. 이때 무릎은 진행 방향을 따라 움직이며 정렬을 유지해야 한다. 이 동작에서는 체간의 비틀림으로 인해 복부 근육에 강한 예비장력이 형성된다. 변형된 방식으로는, 먼저 왼쪽 팔꿈치를 천천히 앞으로 이동한 후, 오른쪽 팔꿈치를 갑자기 빠르게 앞으로 돌리는 방법이 있다. 이 과정을 반복하면서 복부 근육의 반사성과 협응을 더욱 향상시킬 수 있다.

운동 4: 양발로 바운싱

손을 머리 뒤로 두고 팔꿈치는 가능한 한 옆으로 벌린다. 홉할 때마다 체간에 회전이 발생하며, 오른쪽 다리가 위로 올라갈 때 왼쪽 팔꿈치를 앞으로 가져오고, 왼쪽 다리가 올라갈 때는 오른쪽 팔꿈치를 앞으로 이동시킨다. 팔꿈치가 수평을 유지하며 같은 선상에 있도록 주의해야 하며, 체간 전체를 회전시키는 것이 중요하다. 다만, 회전 범위는 너무 크게 설정하지 않도록 조절해야 한다.

그림 5.49 운동 5: 홉(변형 동작)

a b c d e

운동 5: 홉(변형 동작)

한쪽 다리로 선 상태에서 시작하며, 스윙 다리는 무릎과 고관절을 굽힌 후 발을 30cm 높이의 단에 올려둔다. 몸의 무게는 오직 스탠스 다리에 실려야 한다. 팔은 몸 옆으로 내리고, 근육은 긴장된 상태를 유지한다. 이후, 앞쪽 다리의 무릎을 안쪽으로 돌렸다가 다시 바깥쪽으로 회전시키며 홉 동작의 리듬에 맞춘다. 팔은 다리와 반대 방향으로 움직인다. 동작과 리듬에 익숙해지면 빈도와 강도를 점차 증가시킨다. 운동 중에는 체간을 곧게 유지해야 하며, 강한 강도로 동작을 수행하면 복부 근육이 더 활성화된다. 특히, 고관절 내회전 및 외회전을 담당하는 근육들에게 높은 부하가 가해지므로 강도 높은 운동이 될 수 있다.

그림 5.50 운동 6: 이중 지면 접촉을 포함한 허들 달리기

a b c d e f g h

운동 6: 이중 지면 접촉을 포함한 허들 달리기

허들을 넘을 때 각 허들 사이에서 지면을 두 번 터치하며 이동한다('발목 훈련' 251쪽 참고). 허들이 충분히 높게(약 1.2m 간격) 배치되었을 경우, 골반을 움직이는 근육(등 근육, 복부 근육, 그리고 고관절 주변의 근육)에 많은 부하가 가해진다. 허들 달리기는 여러 방식으로 변형시켜 수행할 수 있다. 예를 들어 앞으로 또는 뒤로 달리기, 팔을 자유롭게 움직이거나 고정한 상태에서 수행, 두 번이 아닌 세 번 또는 네 번 지면을 터치하면서 이동 등이 있다.

일정한 속도로 달리기

달리기의 기본 메커니즘을 연습할 때, 높은 특이성과 과부하를 함께 적용하여 훈련할 수 있다. 이를 통해 달리기 동작을 구성하는 기본 요소들의 질을 크게 향상시킬 수 있다. 그러나 달리기의 전체적인 움직임 패턴을 훈련할 때, 특이성이 너무 높아지면 강한 과부하를 강하게 적용하기 어려워진다. 과부하가 지나치면 협응이 흐트러지고, 기본적인 움직임 메커니즘이 예상대로 작동하지 않기 때문이다. 예를 들어 저항을 부여하는 훈련(신체에 밧줄을 연결해 무게를 끌면서 달리기 등)을 수행할 때, 부하가 너무 크면 착지 시 생성된 에너지를 활용하는 것이 어려워진다. 이런 경우, 달리기 중 반사적인 움직임이 줄어들고, 매 푸시오프마다 몸을 더 강하게 밀어야 하므로 달리기 기술이 오히려 저하될 수 있다. 초최대 달리기에서는 선수의 몸이 로프에 의해 끌려가는데('훈련의 경제성' 249쪽 참고), 이때 저항 무게(과부하)가 지나치게 크면 달리기 패턴이 비효율적으로 변할 수 있다. 착지 순간(IC)에는 햄스트링과 대퇴직근이 힘을 전달하는 방식이 달라진다. 푸시오프시 수평 방향의 힘은 감소하고, 대신 수직 방향의 힘이 증가하게 된다. 이로 인해 햄스트링의 기여도는 감소하고, 대신 대퇴직근이 더 많이 사용된다. 또한, 선수는 착지할 때 발을 고관절보다 앞쪽에 두는 경향이 생긴다. 그 결과, 착지 시 감속 효과가 증가하면서 푸시오프시 수직 방향 힘이 더 생성되고, 보폭이 길어지면서 결과적으로 케이던스가 감소한다. 겉으로 보기에는 이러한 변화가 스피드 달리기와 크게 다르지 않아 보일 수 있지만, 초최대 달리기에서는 비효율적인 달리기 기술이 유발될 가능성이 있다. 따라서 과부하는 최소한으로 조절해야 한다. 이러한 차이는 매우 미세하기 때문에, 초최대 훈련 시 신체에 밧줄을 연결해 무게를 끌면서 달리는 방식이 적절한지, 아니면 낮은 경사에서 뒷바람을 활용하거나 내리막에서 달리는 것이 더 나은 선택인지 고민해볼 필요가 있다.

따라서 달리기의 전체적인 움직임을 연습할 때는 과부하를 최소한으로 제한해야만 모든 기본 움직임을 올바르게 조절할 수 있다. 대부분의 숙련된 트레이너들은 경험을 통해 이 원칙을 자연스럽게 따르게 된다. 그러나 경험이 부족한 트레이너들은 과부하가 클수록 선수들이 더 피로해지는 모습을 보고 훈련 효과가 높다고 착각할 수 있다. 하지만 과도한 과부하는 오히려 퍼포먼스를 향상시키지 못할 뿐만 아니라 반대로 부정적인 영향을 미칠 수도 있다.

달리기의 전체 움직임 패턴을 훈련에 적용하는 목적은, 러너가 달리기에 필요한 모든 기본 움직임 메커니즘을 더욱 정밀하게 활용하고 통합하여, 최대한 효율적인 달리기 기술을 익히는 것이다. 이를 위해 (1) 동작을 특정 과제와 연결하는 방식, (2) 반복 훈련 두 가지 전략을 사용할 수 있다.

첫 번째 전략에서는 선수가 특정한 방식으로 달리기를 수행하도록 유도해야 한다. 선수의 숙련도에 따라 과제의 난이도를 조절할 수 있으며, 이는 기본적인 움직임을 익히는 방식일 수도 있고, 세밀하고 정확한 동작을 요구하는 방식일 수도 있다. 예를 들어 훈련 경험이 적은 선수에게는 속도가 증가함에 따라 체간을 천천히 세워는 과제가 적합할 수 있다. 반면, 숙련된 러너에게는 몸을 앞으로 기울인 상태에서 출발한 후, 정확히 30m 지점에서 골반을 한 번의 움직임으로 앞으로 가져와 스피드 달리기에 최적화된 자세를 만드는 과제가 주어질 수 있다. 수준 높은 러너일수록, 기술 향상을 위한 과제는 더욱 세밀하게 설정해야 한다. 이를 수행하기 위해 러너는 뛰어난 공간 감각과 신체 움직임에 대한 정확한 인식을 가져야 한다. 특히 가장 난이도가 높은 과제는 골반의 움직임을 중심으로 하는 동작이다. 예를 들어 스윙 다리 쪽의 골반을 들어 올리거나, 스탠스 구간에서 척추의 비틀림을 활용하여 내회전을 강화하는 동작 등이 이에 해당한다. 이러한 골반 움직임을 달리기 중 의도적으로 조절할 수 있는 선수는 매우 숙련된 수준의 러너이며, 이는 고도의 기술적 완성도를 요구하는 동작이다.

달리기 기술을 특정한 방식의 과제 수행을 통해 익히는 방법은 정확한 동작 수행을 요구하는 과제뿐만 아니라, 훈련 환경을 변화시키는 방식으로도 가능하다. 예를 들어 낮은 허들을 넘으며 달리도록 하면 보폭을 조절할 수 있다. 또한, 저항을 추가하거나, 가벼운 무게를 끌면서 달리는 방식, 오르막이나 내리막에서 달리기, 다양한 지면 조건에서 달리기 등의 방법을 활용해 기술을 수정할 수도 있다. 이러한 접근 방식은 단순히 코치의 언어적 지시를 따르는 것과는 다르며, 훈련 시 적용하는 과부하가 지나치지 않도록 조절하는 것이 중요하다. 과부하가 너무 크면 달리기 기술을 올바르게 수행하는 데 오히려 방해가 될 수 있기 때문이다.

달리기 기술을 가장 효율적으로 익히는 과정에서는 훈련 과제와 동작 수행을 통한 학습뿐만 아니라, 반복 학습도 중요한 역할을 한다. 달리기 경험이 적지만 재능이 있는 선수들의 경우, 명시적인 지시만으로도 시간이 지나면서 비교적 효율적인 기술을 습득하는 경향이 있다. 이는 신체 스스로 일정 수준까지는 자연스럽게 효율적인 움직임을 찾아가는 능력을 갖추고 있기 때문으로 보인다. 따라서 반복 훈련은 효과적인 학습 방법이며, 훈련 프로그램에 반드시 포함되어야 한다. 결과적으로 기술 훈련은 코치가 제공하는 외부적 지시와 신체 내부에서 자동적으로 이루어지는 움직임 발달 과정 간의 상호작용이라 볼 수 있다. 이러한 이유로, 훈련을 통해 기술을 익히고 개선시키는 과정은 단기간에 성과가 나타나는 것이 아니라 오랜 기간에 걸쳐 점진적으로 이루어진다는 것을 이해해야 한다.

이 과정을 쉽게 이해하기 위해 예를 하나 들어보자. 한 재능 있는 스프린터가 오랫동안 아킬레스건 부상으로 고생하고 있다. 그는 아직 빠른 속도로 달릴 수는 없지만, 달리기의 중요한 기본 메커니즘을 훈련할 수 있으며, 부하를 줄여 잔디 위에서 아킬레스건에 무리가 가지 않는 수준으로 달리기를 수행할 수 있다. 부상이 완전히 회복된 후, 그는 다시 최적의 조건에서 고속 달리기를 위한 훈련을 시작하고, 빠르게 좋은 기술을 되찾아간다. 하지만 달리기 시 착지 순간(IC)에서 무릎의 각도를 의식적으로 조절하는 것은 쉽지 않다. 착지 시 무릎 각도는 퍼포먼스를 결정하는 중요한 요소로 여겨지지만, 단순한 의식적인 노력만으로 즉각적으로 변화시키기는 어렵다. 그러나 시간이 지나면서(예: 2개월 후), 착지 시 무릎의 가동범위가 더 작아졌고, 스프린터의 퍼포먼스도 향상되었다. 이는 신체가 현재 사용하고 있는 달리기 기술 에 맞춰 무릎 주변의 움직임을 조절하는 데 시간이 필요했음을 의미한다. 이러한 적응 과정은 매우 복잡한 역학적 계산을 기반으로 이루어지며, 이는 트레이너나 일반적인 스포츠 과학자가 쉽게 분석할 수 있는 수준을 넘어선다(Bobbert 등, 1992). 특히, 착지 순간 무릎의 이상적인 각도는 신체가 움직임을 자동화하는 과정을 통해 자연스럽게 조정된다. 어떤 선수는 무릎을 거의 신전한 상태에서 더 효율적으로 달릴 수 있는 반면, 다른 선수는 무릎을 더 많이 굽힌 상태(소위 '앉은 자세'의 달리기 기술)에서 더 효과적으로 달릴 수도 있다. 따라서 스프린터에게 착지 순간 무릎을 최대한 신전한 상태로 "몸을 높게 유지하며 달려라"라고 직접적으로 지시하는 것이 반드시 효과적인 접근법이라고 보기 어렵다.

달리기의 전체적인 움직임을 효과적으로 훈련하려면 첫째, 신체가 자연스럽게(자동적으로) 가장 효율적인 기술을 익힐 수 있도록 충분한 여지를 주는 것, 둘째, 퍼포먼스에 부정적인 영향을 미칠 수 있는 요소를 명확하게 조절하는 것이다. 과거에도 달리기 메커니즘을 정확히 이해하지 못한 상태에서 잘못된 개념들을 기술 훈련에 도입된 사례가 여러 차례 있었다. 이러한 잘못된 개념 중 일부는 오랜 기간 동안 표준적인 훈련 방식으로 자리 잡기도 했다. 예를 들어 많은 코치들은 선수들에게 몸을 최대한 높게 유지하며 달리도록 지도했고, 특히 스프린트 마지막 구간에서 상체가 뒤로 기울어지는 것을 허용하지 않는 것이 일반적인 지침이었다. 하지만 실제로는 반사적인 달리기의 유도와 신체의 수직축 회전long-axis rotation을 억제하는 데 있어 이러한 자세가 오히려 도움이 될 수도 있다. 즉, 선수의 퍼포먼스가 한계에 도달한 상황에서 반드시 상체를 세워야 한다는 고정관념이 적절하지 않을 수도 있다. 달리기에 대한 기존의 관습적인 접근이 신체의 자연스러운 움직임을 제한하는 경우도 많다. 따라서 좋은 코치라면 달리기 기술의 전통적인 달리기 기술 훈련 방식과 신체의 자연스러운 움직임 사이에서 최적의 균형점을 찾아내는 능력을 갖춰야 한다.

달리기의 전체적인 움직임을 지도할 때는 다양한 요소에 초점을 맞출 수 있다. 이후 훈련 프로그램은 이러한 핵심 요소를 중심으로 세분화되어 진행된다.

신체의 수직축 회전 움직임 억제

달리기 중 스탠스 구간 후반부에도 힘이 가해지면 축 회전axial rotation 움직임이 발생할 수 있다. 이렇게 회전 움직임이 발생하면 다음 스탠스 구간에서 이를 보완해야 하며, 이 과정에서 속도가 감소될 가능성이 높아진다. 또한, 푸시오프 시 척추의 비틀림torsion이 나타날 수 있다('고속 달리기' 130쪽 참조). 이러한 비틀림은 적절하게 활용하면 추진력을 향상시키는 데 도움이 될 수 있다. 그러나 러너는 올바른 비틀림을 만들어내는 동시에 불필요한 축 회전 움직임은 억제하는 법을 익혀야 한다. 이를 위해서는 비틀림이 어떻게 작용하는지, 그리고 축 회전 움직임이 달리기에 미치는 영향을 이해하는 것이 중요하다. 또한, 스탠스 구간 초반에 추진력이 발생하면 축 회전 움직임이 감소하고, 일정한 달리기 패턴이 더욱 안정적으로 유지된다는 점을 신체적으로 인지할 수 있어야 한다.

축 회전 움직임이 달리기에 미치는 영향을 직접 경험하는 좋은 방법은 팔을 움직이지 않은 상태에서 달리는 것이다. 달리기 중 팔의 움직임은 비틀림을 증가시키는 동시에, 축 회전 움직임으로 인해 발생하는 신체 균형의 불 안정성을 완화하는 역할을 한다. 그러나 팔을 고정한 상태에서 달리면 보상 동작을 사용할 수 없게 되어, 축 회전 움직임의 부정적인 영향(신체 균형이 깨짐)을 직접 체감할 수 있다. 이 과정을 통해 러너는 균형을 방해하는 요소를 최소화하며 보다 안정적으로 달리는 방법을 찾아야 한다. 이후, 팔의 움직임을 다시 달리기 동작에 포함시키되, 움직임의 범위를 줄여 제한적으로 활용하는 것이 중요하다. 이때 팔을 움직이는 힘은 팔꿈치가 몸통 옆에 위치했을 때에만 사용해야 하며, 이러한 방식이 비틀림을 최적으로 활용하는 데 도움이 된다. 이 훈련을 통해 스탠스 구간의 길이를 줄일 수 있지만, 러너는 반드시 상체를 곧게 유지하는 법을 익혀야 한다. 만약 체간이 앞으로 쏠리게 되면, 훈련 효과가 제한될 수 있으며, 특히 반사적인 움직임을 자연스럽게 활용하지 않는 선수에게는 더욱 영향을 미칠 수 있다. 이미 달리기 기술이 잘 발달되어 있어 축 회전 움직임이 거의 나타나지 않는 선수들에게는 복부 근육과 고관절 회전근을 보다 효과적으로 활용하는 훈련으로 응용할 수 있다. 이 경우, 더 높은 속도로 훈련을 진행해 난이도를 높이는 것이 적절하다.

그림 5.51 운동 1: 팔을 고정한 상태에서 달리기

운동 1: 팔을 고정한 상태에서 달리기

팔을 다양한 방식으로 고정하고 약 40m의 거리를 일정한 속도로 달린다. 예를 들어 손을 깍지 끼고 머리 뒤에 놓기, 팔을 가슴 앞에서 교차해서 놓기, 양옆으로 뻗기, 막대나 로프를 양손으로 잡고 달리기 등이 있다. 이때 지면 접촉 시간은 짧게 유지하고, 체간을 수직으로 유지하는 것이 중요하다. 이 훈련이 느린 속도에서 익숙해지면, 복부와 등 근육이 수직축(축 회전)에 대한 움직임을 효과적으로 조절할 수 있게 된다. 이후 속도를 점진적으로 높이면서도 지면 접촉 시간을 최대한 짧게 유지하며 가장 빠른 속도로 달릴 수 있는 지점을 찾도록 한다. 하지만 속도가 너무 빨라지면 지면 접촉 시간이 길어지고, 하체의 강한 회전 움직임을 상체의 반대 움직임만으로 보상하기 어려워진다. 이 경우, 스탠스 구간에서 보상 동작이 이루어져야 하며, 속도 변화에 따른 지면 접촉 시간의 차이가 급격하게 나타날 수 있다. 이러한 훈련 과정을 통해 러너는 수직축 회전 움직임이 발생하는 순간을 직관적으로 파악하는 법을 익힐 수 있다.

운동 2: 팔을 고정한 상태에서 20m 달리기

팔을 움직이지 않는 상태로 20m를 달린 후 다시 팔을 움직인다. 이때 다리의 움직임 패턴과 체간의 자세는 그대로 유지해야 한다. 이렇게 하면 러너는 수직축 회전 없이도 달릴 수 있으며, 팔의 움직임은 단순히 체간의 비틀림을 증가시키는 역할을 하게 된다. 의도한 달리기 패턴을 익힌 후에는 보다 높은 강도의 조건에서도 올바른 기술을 유지하는 훈련이 가능하다. 예를 들어 러너가 팔을 움직이며 점진적으로 가속하여 최대 속도에 도달하도록 하는 방식이 있다. 또한, 보폭을 조절하는 훈련도 적용할 수 있다. 예를 들어 40m 이후에는 15cm 높이의 장애물을 일정한 간격으로 배치하고, 장애물 사이에서 한두 번의 지면 접촉을 하도록 유도하는 방법이 있다.

그림 5.52 운동 3: 정확히 제어된 팔의 움직임과 함께 스킵-힐 스트라이크

a b c

운동 3: 정확히 제어된 팔의 움직임과 함께 스킵-힐 스트라이크

스킵-힐 스트라이크 동작을 수행할 때, 팔의 움직임을 제한된 범위 내에서 정교하게 조절해야 한다. 특히, 팔이 몸 옆에 위치했을 때 강하게 뒤로 움직이는 것에 집중하는 것이 중요하다. 이 패턴을 유지한 상태에서 점진적으로 전진 속도를 높일 수 있지만, 기본적인 움직임 방식은 크게 변하지 않아야 한다. 처음에는 이 달리기 기술이 다소 어색하고 에너지가 낭비되는 느낌이 들 수 있다. 하지만 반복적으로 연습하면서 점차 자연스러운 흐름을 찾을 수 있다. 다만, 훈련을 진행하는 동안 짧은 지면 접촉 시간, 곧게 세운 상체, 최소한의 팔 동작이라는 기본 원칙은 반드시 유지되어야 한다.

그림 5.53 운동 4: 커브 달리기

운동 4: 커브 달리기

선수는 반경이 넓은 곡선을 따라 빠른 속도로 달린다. 곡선 주로에서는 수직축 회전 움직임이 달리기 동작을 방해하는 요인이 될 수 있다. 특히, 안쪽 다리가 지면에 지나치게 오래 힘을 가할 경우, 수직축 회전 움직임이 발생하여 달리기가 더욱 어려워진다. 따라서 안쪽 다리는 지면에 짧게 접촉하고 바깥쪽 다리는 반사적으로 강한 추진력을 발휘하는 달리기 패턴을 형성하는 것이 효과적이다. 이후, 30m 곡선 구간을 달린 뒤 30m 직선 구간을 이어서 달린다. 이때 곡선 구간에서 익힌 기술(반사적인 달리기, 수직축 회전 최소화)을 최대한 유지하는 것이 중요하다.

운동 5: 달리기 변형 동작

이전 훈련을 바탕으로 다양한 변형 동작을 적용할 수 있다. 예를 들어 먼저 30m를 직선으로 달린 후, 10걸음 동안 왼쪽으로 곡선을 그리며 달린다. 이때 왼발은 짧게 지면에 접촉하고, 오른쪽 방향으로의 수직축 회전을 최소화해야 한다. 이후, 방향을 바꿔 10걸음 동안 오른쪽으로 곡선을 그리며 달리고, 이번에는 오른발이 짧게 지면에 접촉하도록 한다. 마지막으로, 30m를 직선으로 달리면서 양발의 지면 접촉 시간을 짧게 유지하고, 팔은 뒤쪽으로 가볍게 흔든다.

그림 5.54 운동 6: 줄넘기하며 달리기

운동 6: 줄넘기하며 달리기

줄넘기를 잡고 달리기를 수행한다. 부양 구간 동안 로프가 몸 아래를 지나가며, 한 걸음마다 한 번씩 회전하도록 한다. 이때 팔을 흔들 수 없고 로프에 걸릴 위험을 피해야 하므로, 푸시오프는 짧고 반사적으로 이루어져야 한다. 따라서 수직축 회전 움직임이 발생하지 않으며, 스킵 동작을 하면서 전진 속도를 점진적으로 높일 수도 있다. 줄넘기를 활용하면 달리기의 전체적인 움직임 패턴이 자연스럽게 올바른 방향(즉, 반사적인 푸시오프와 축 회전 억제)으로 조정된다. 이 과정은 언어적 지시를 움직임으로 전환하는 데 어려움을 느끼는 러너나 어린 선수들에게도 효과적이다. 다만, 이 훈련 방식은 기술을 익히는 데 다소 시간이 걸릴 수 있다는 단점이 있다. 하지만 숙련된 선수들에게도 유용한 훈련 방법이 될 수 있다. 또한, 전진 속도와 줄넘기 빈도를 다양하게 조합할 수 있다. 예를 들어 높은 달리기 속도에서 줄넘기를 천천히 돌리면, 긴 보폭과 반사적인 푸시오프를 유도할 수 있다.

반사성 강조 훈련

달리기를 구성하는 다양한 움직임은 서로 밀접하게 연결되어 있기 때문에, 특정 요소를 강조하면 푸시오프 시 반사성을 효과적으로 향상시킬 수 있다. 이러한 훈련 방식은 반사적인 움직임을 다른 근육 작용(예: 폭발적인 동심성 수축)으로 대체하는 것을 어렵게 만들어 선수들이 자연스럽게 반사적인 달리기를 하도록 유도한다. 또한, 수직축 회전 움직임을 최소화하는 훈련 역시 반사적인 달리기를 향상시키는 데 기여할 수 있다. 축 회전을 억제하면 푸시오프 시간이 짧아지며, 이는 러너가 근육을 더욱 반사적으로 사용할 수 있도록 돕는다. 결국, 반사적인 달리기를 수행하려면 짧은 푸시오프 시간이 필수적이다. 반사성을 향상시키는 접근 방식은 축 회전 움직임 억제 외에도 다양하다. 중요한 것은 선수마다 개선이 필요한 움직임의 특징을 먼저 파악하고, 그에 맞는 적절한 훈련 방법을 선택하는 것이다.

반사적인 달리기와 무릎 동작

근육의 반사적인 작용 방식은 근육에 가해지는 에너지의 양에 따라 달라진다. 달리기에서는 발이 지면에 닿는 방식이 반사성을 결정하며, 이는 착지 순간 앞 다리가 뒤로 굽혀지는 속도와 밀접한 관련이 있다. 뒤로 접히는 동작은 곧 뒷다리의 앞으로 접히는 움직임과 직접적으로 연관되며, 두 다리는 스윙 단계에서 가위처럼 함께 움직인다. 이 움직임을 효과적으로 이해하려면, 뒷다리의 앞으로 접히는 동작에 집중하는 것이 중요하다. 이 동작은 빠르고 강하게 시작되어야 하며, 고관절과 무릎이 동시에 굽혀져야 한다. 만약 무릎이 먼저 굽혀진 후 앞으로 이동하는 동작이 이루어진다면, 시간이 낭비되고, 앞쪽 다리의 뒤쪽 굽힘도 느려진다. 올바르게 수행되면, 뒷다리를 지면에서 강하게 들어 올리는 순간이 생기며, 이때 앞으로의 굽힘 동작이 단순한 스윙이 아니라 강력한 추진력을 만들어내는 역할을 하게 된다.

그림 5.55 운동 1: 단일 지면 접촉을 포함한 스킵 동작

a b c d

운동 1: 단일 지면 접촉을 포함한 스킵 동작

처음에는 너무 높지 않은 빈도로, 한 번씩 지면을 터치하며 스킵을 수행한다. 이때 고관절의 굽힘이 적어 무릎이 낮은 자세를 유지한다. 이후, 미리 정한 리듬에 맞춰 힘 있게 스킵하며 무릎을 수평으로 들어 올리는 동작을 추가한다(예: 매 두 번째, 세 번째, 또는 네 번째 스킵을 강하게 수행하거나, 낮은 스킵 세 번 후 높은 스킵 두 번 반복 등). 강한 스킵을 할 때는 고관절과 무릎이 동시에 굽혀져야 하며, 발끝이 아래로 처지지 않도록(족저굴곡 방지) 주의해야 한다. 이러한 동작 패턴을 유지하면서 점진적으로 전진 속도를 높인다. 속도가 증가하면 낮은 스킵도 점점 더 큰 움직임 범위 내에서 수행될 수 있다. 결국, 두 다리는 동일한 움직임 패턴을 유지하며, 열린 사슬로 전환된 후 스윙 다리는 힘 있게 앞으로 이동하게 된다. 이러한 점진적인 전환이 완료되면 선수는 약 20m 동안 가속하며 달리기를 지속한다.

운동 2: 달리기 빈도 증가 훈련

최대하 속도로 달린 후, 전진 속도를 유지한 상태에서 달리기 빈도를 증가시킨다. 이때 스윙 다리는 최대한 직선적으로 움직여야 한다. 이후, 동작 패턴이나 리듬을 변화시키지 않으면서 전진 속도를 증가시킨다. 고속 달리기에서도, 해당 속도에서 요구되는 빈도보다 조금 더 빠르게 다리를 움직이려는 노력이 필요하다.

운동 3: 내리막 달리기 또는 강한 뒷바람을 활용한 훈련

빠른 속도로 달리면서, 보폭을 줄이고 무릎을 최대한 빠르게 앞으로 가져와 달리기 빈도를 높이는 데 집중한다. 내리막이나 뒷바람이 있는 상황에서는 수직 방향의 푸시오프보다 전방 추진력이 더 쉽게 확보되므로, 러너는 착지 시 발을 몸보다 다소 앞쪽에 두는 경향이 생긴다. 이는 수직으로 푸시오프를 하기 위한 보상 작용이며, 그 결과 스윙 다리가 더 뒤쪽으로 남겨지게 된다. 따라서 스윙 다리를 적극적으로 앞으로 가져오려는 의식적인 노력이 이 달리기 패턴을 조절하는 중요한 요소가 된다.

반사적인 달리기와 발목의 강성

푸시오프 직전 발목은 족저굴곡이 일어난다. 그러나 스탠스 구간 중반에서 과도한 배측굴곡이 발생하면, 발이 지면에서 떨어지는 시간이 길어질 수 있다. 따라서 발을 빠르게 들어 올리고 반사적인 달리기를 수행하려면, 스탠스 구간에서 배측굴곡의 범위를 적절히 조절하는 능력이 필요하다. 반사적인 달리기에서 발목의 움직임을 인식하는 것은 결국 발목을 일정한 강성 상태로 유지하는 것과 같다. 발목이 더 단단하게 고정되면 근육의 긴장이 증가하고, 스탠스 구간 중반에서 배측굴곡이 과도하게 발생하는 것을 방지할 수 있다. 그 결과, 족저굴곡이 더 빠르게 완료되며, 푸시오프 시점이 앞당겨지고, 무릎을 전방으로 이동시키는 동작이 더욱 신속하게 이루어진다.

발목의 긴장을 높이는 모든 훈련에서는 상체를 곧게 세우는 것이 중요하다. 몸의 움직임은 마치 상체와 긴장된 발목 사이에 위치한 스탠스 다리가 스프링처럼 작용하는 느낌을 주어야 한다. 즉, 스프링이 반복적으로 압축됐다가 다시 펼쳐지는 듯한 역학적 움직임이 자연스럽게 만들어져야 한다.

운동 1: 오르막 달리기, 맞바람 달리기, 또는 저항을 활용한 달리기

러너에게 가해지는 저항은 강해야 한다. 그러나 지면 접촉 시간은 반드시 짧게 유지해야 한다. 이로 인해 전진 속도가 다소 떨어지더라도 큰 문제가 되지 않는다. 이러한 저항이 있는 상태에서도 지면 접촉 시간을 짧게 유지하려면 발목에 충분한 긴장이 필요하다. 만약 발목의 긴장이 부족하면, 저항으로 인해 배측굴곡이 과도하게 발생하고, 결과적으로 지면 접촉 시간이 길어지게 된다.

운동 2: 빠른 트리플링

트리플링Tripling 동작을 수행하며 발목을 단단히 고정하고, 스윙 동작 동안 다리는 최소한으로 굽힌다. 이로 인해 무릎이 낮은 상태를 유지하게 된다. 이러한 트리플링 상태에서 전진 속도를 높이되, 가능한 한 오랫동안 무릎을 낮게 유지해야 한다. 지면 접촉 시간은 짧게 가져가며, 낮은 무릎 상태를 유지한 채 효과적으로 가속하려면 푸시오프가 짧은 순간에도 발목에 강한 긴장이 필요하다. 무릎이 낮은 상태에서 더 이상의 가속이 어려워지면, 무릎을 점진적으로 높이면서 속도를 더욱 증가시킨다. 이때도 발목의 긴장을 지속적으로 유지해야 한다.

운동 3: 100m 달리기 훈련

상체를 곧게 세운 상태를 유지하며, 너무 빠른 속도로 달리지 않도록 한다. 운동 내내 지면 접촉 시간을 짧게 유지하는 것이 핵심이다. 부양 구간이 길어지면서 보폭이 커지지만, 착지 시 에너지를 빠르게 수직 방향의 푸시오프로 전환해야 한다. 이를 위해 발목을 포함한 전체적인 신체 운동 체인의 근육을 적절하게 긴장시켜야 한다.

운동 4: 매우 짧은 지면 접촉 시간 유지하며 일정한 속도로 달리기

10m마다 다리를 신전한 상태로 높은 빈도의 달리기와 무릎을 굽힌 상태로 낮은 빈도의 달리기를 번갈아 수행한다. 무릎을 굽힌 상태에서는 발목에 더 큰 긴장이 필요하며, 이를 빠르게 조절해야 한다.

반사적 달리기 및 빈도 증가

일부 선수들은 선천적으로 반사적인 달리기 기술을 구사하지만, 잘못된 훈련 방식으로 인해 스탠스 다리와 스윙 다리의 움직임이 조화를 이루지 못하는 경우가 있다. 이들은 타고난 능력 덕분에 착지 직후 에너지를 빠르게 방출할 수 있지만, 스윙 다리의 타이밍이 이를 효과적으로 활용하지 못해 반사성이 저하된다. 그 결과, 스윙 다리는 반사성을 돕기보다 오히려 방해하며 스탠스 구간 초반에 과도한 수직 충격이 발생해 몸 전체로 전달된 후 소멸된다. 에너지가 비효율적으로 방출된 후에도 스탠스 발이 지면에 머무는 시간이 길어지면서 스윙 동작이 지연되고, 이로 인해 러너의 움직임이 끊기는 듯한 느낌을 준다. 특히 최대하 속도submaximal speed에서 부드러운 보폭을 유지하기 어려워진다. 이를 개선하기 위해, 속도를 일정하게 유지하면서 빈도를 조절하거나, 반대로 빈도를 유지하면서 속도를 변화시키는 방식으로 훈련하면, 스탠스 다리의 반사성과 스윙 다리가 미치는 영향을 조화롭게 조절할 수 있다. 이러한 조절 과정을 통해, 러너는 스윙 다리의 무릎이 스탠스 다리의 무릎과 어느 시점에서 나란히 위치해야 반사성을 최적화할 수 있는지를 직관적으로 이해할 수 있다. 이러한 달리기 훈련은 다른 보조 운동과 함께 병행할 때 더욱 효과적이다.

그림 5.56 운동 1: 낮은 허들 넘으며 달리기

운동 1: 낮은 허들 넘으며 달리기

허들은 1.8~2m 간격으로 배치한다. 먼저 20m를 달린 후, 허들을 넘으며 각 허들 사이에서 한 번씩 지면을 터치한다. 이때 지면 접촉 시간은 짧게 유지해야 한다. 보폭 조절은 빈도를 변화시키면서 자연스럽게 이루어져야 하며, 허들 간 간격을 다르게 설정하는 것도 가능하다. 예를 들어 가까운 간격으로 배치된 허들 구간과 먼 간격으로 배치된 허들 구간을 번갈아 조합할 수 있다. 중요한 점은 달리기 패턴의 적응이 오직 빈도의 조절을 통해 이루어지도록 해야 한다는 것이다.

운동 2: 3×80m 달리기

80m를 반사적인 달리기 기술을 유지하면서 최대하 속도로 세 번 달린다.

1. 첫 번째 달리기에서는 빈도를 일정하게 유지하면서, 보폭과 전진 속도를 10m마다 변화시킨다.
2. 두 번째 달리기에서는 속도를 일정하게 유지하면서, 빈도와 보폭을 10m마다 조절한다.
3. 세 번째 달리기에서는 속도와 빈도를 일정하게 유지한 상태에서, 스윙 다리의 움직임 범위를 10m마다 변화시킨다.

이러한 변화를 올바른 기술로 수행하면, 러너는 스탠스 다리와 스윙 다리의 움직임을 보다 정밀하게 조율하는 법을 익힐 수 있다.

운동 3: 느린 전진 속도와 낮은 빈도를 활용한 달리기

무릎은 절반 정도만 들어 올린 상태에서 먼저 세 스트라이드를 낮은 빈도로 달린 다음, 세 스트라이드는 높은 빈도로 수행하며 무릎을 높이 들어 올리고 전진 속도를 증가시킨다. 이후 다시 세 스트라이드를 낮은 빈도로 달리며 무릎을 낮게 유지하고 속도는 유지한다. 그런 다음, 다시 세 스트라이드를 높은 빈도로 수행하며 빈도와 속도를 높이는 방식으로 반복한다. 이 훈련은 빈도와 속도가 증가하는 활성 구간과 빈도는 낮추고 속도를 유지하는 비활성 구간의 차이를 분명히 구분하여 수행해야 하며, 전환과 가속이 급격하게 이루어지는 것이 중요하다. 이 과정을 통해 러너는 고속 달리기를 효과적으로 수행하게 된다. 또한, 이러한 급격한 반복적인 전환을 통해 스탠스 다리와 스윙 다리 간의 협응이 향상된다.

운동 4: 무게를 끌며 달리기

지면 접촉 시간은 짧게 유지하며, 속도를 일정하게 유지한 상태에서 빈도를 변화시킨다. 무게로 인한 저항의 영향으로 인해 푸시오프와 스윙 다리의 움직임을 정교하게 조절해야 한다. 타이밍이 맞지 않으면 빈도를 증가시키기 어려워지고, 작은 실수도 쉽게 드러난다.

높은 중압감에서의 반사적 달리기

러너, 특히 스프린터에게 자신의 신체 능력 한계까지 밀어붙이며 훈련하는 것이 반사성을 향상시키는 데 매우 효과적인 방법이 될 수 있다. 중량 조끼나 드래그 웨이트를 활용한 저항 달리기, 혹은 낮은 허들을 넘으며 보폭을 늘리는 훈련을 통해 반사적인 달리기와 그렇지 않은 달리기의 차이를 명확히 경험할 수 있다. 과부하는 적절한 수준으로 유지해야 한다. 과부하가 너무 커서 반사적인 달리기를 불가능하게 만들어서는 안 되며, 반대로 너무 약하면 달리기 패턴의 오류를 쉽게 수정할 수 있어 훈련 효과가 감소한다. 핵심은 지면 접촉 시간을 최대한 짧게 유지하는 것이다. 만약 특정 보폭이 지면 접촉 시간을 증가시키면, 러너는 다시 짧은 접촉 시간으로 돌아가기 어려워지고, 결국 반사적인 달리기를 유지할 수 없게 된다. 이러한 훈련을 통해 러너는 어떤 자세가 반사적인 달리기를 가능하게 하고, 어떤 자세가 방해가 되는지를 직접 체감할 수 있다. 이러한 훈련은 숙련된 러너들에게 특히 효과적이지만, 초보자나 아마추어 러너들에게는 부담이 클 수 있다.

그림 5.57 운동 1: 낮은 허들 넘으며 달리기

운동 1: 낮은 허들 넘으며 달리기

먼저 20m를 달린 후, 15cm 높이의 허들을 최대한 빠르게 넘는다. 이때 허들 사이의 지면 접촉 시간을 최대한 짧게 유지해야 한다. 허들은 점점 더 멀어지는 간격으로 배치되며, 러너가 반사적인 달리기를 유지할 수 있는 최대 거리까지 배치한다. 숙련된 러너의 경우, 이 거리는 약 2.5m에 이를 수 있다. 이 한계 거리를 넘어 지면 접촉 시간이 길어지면, 러너는 반사적으로 다음 발을 내디디기 어려워진다. 이를 통해 푸시오프 시 반사적인 근육 작용과 폭발적인 근육 작용(비반사적)의 차이를 명확하게 인식할 수 있다. 또한, 이 훈련은 특정한 신체 자세가 반사적인 달리기에 미치는 영향을 배우기에 매우 적합하다. 예를 들어 러너가 허들 간 거리를 메우기 위해 상체를 앞으로 뻗으면, 어깨가 고관절보다 앞에 위치하게 되어 착지 시 몸을 충분히 신전할 수 없게 된다. 이로 인해 반사적인 푸시오프가 어려워진다.

운동 2: 추가 중량 착용하고 달리기

추가 중량은 10kg의 중량조끼를 착용하는 방식으로 적용할 수 있다. 달리기 속도는 빠르지 않게, 지면 접촉 시간은 짧고 보폭은 길게 유지해야 한다. 이러한 조건을 충족하려면 신체에 충분한 긴장이 형성되어야 하며, 근육을 반사적으로 활용할 수 있도록 정확한 자세를 유지해야 한다. 추가된 중량은 움직임의 실수를 최소화하는 역할을 한다. 예를 들어 지면 접촉 시간이 길어지는 스텝과 같은 실수는 쉽게 보완하기 어렵기 때문에, 러너는 반사적인 움직임을 더욱 정밀하게 조절하는 법을 익혀야 한다.

운동 3: 드래그 웨이트를 끌며 달리기

드래그 웨이트로 인한 저항을 증가시키면 반사적인 달리기를 수행하기 더욱 어려워진다. 반사적인 달리기가 가능한 한계 지점 근처에서 훈련하면, 이전 훈련과 마찬가지로 러너는 반사적인 달리기와 비반사적인 달리기의 차이를 더욱 명확하게 체감할 수 있다.

스타트와 가속

스타트와 가속 기술은 스프린터에게 매우 중요한 요소다. 반면, 최대하 수준까지만 가속하면 되는 유형의 러너들에게는 스타트 블록 훈련이 큰 의미가 없다. 훈련 과정에서 코치는 가장 강한 힘을 최적의 추진 방향으로 효율적으로 전달하는 방법을 모색한다. 또한, 몸의 회전은 속도 저하를 초래하지 않는 범위 내에서만 허용되어야 한다. 가속 과정에서는 전진 속도가 지속적으로 변하기 때문에, 러너는 추진력의 크기와 방향을 조절하는 동시에 회전 움직임을 효과적으로 보완해야 한다. 이는 곧 최적의 신체 자세를 유지하는 과정과도 연결된다.

스피드 달리기에서는 반사성을 극대화하고 불필요한 회전 동작을 최소화하는 것이 최적의 자세를 유지하는 핵심 요인이다. 최적의 달리기 패턴을 위해 달리기 기술을 변형시킬 수 있는 범위는 매우 제한적이며, 이 범위를 벗어나면 효율성이 크게 떨어진다. 반면 스타트와 가속 구간에서는 더 넓은 범위에서 다양한 움직임 조정이 가능하다. 이 단계에서는 회전 동작을 보완할 수 있는 방법이 다양해 추진력을 효과적으로 생성하고 조절할 수 있는 방식도 더욱 유연해진다. 러너의 신체 구조와 운동 능력은 최적의 가속 기술에 큰 영향을 미치며, 이는 스피드 달리기보다 스타트와 가속 과정에서 더욱 중요하다. 따라서 스타트와 가속을 훈련할 때는 각 러너에게 가장 최적화된 기술을 찾아 조절하는 과정이 필요하다. 실제로 100m 경기를 보면, 선수들의 실력차가 크지 않다는 가정하에 스타트와 가속 구간에서의 기술적 차이가 크다는 것을 확인할 수 있다.

선수마다 신체 조건과 능력이 다르므로, 수많은 방식 중에서 자신에게 맞는 최적의 기술을 선택했는지를 판단하는 것은 쉽지 않다. 많은 선수들은 자신의 신체 조건과 맞지 않더라도, 성공한 선수들의 스타트 기술을 그대로 모방하려고 한다. 예를 들어 스타트 강한 힘이 요구되는 순간, 일부 선수들은 충분한 근력이나 적절한 모멘트 암이 없음에도 불구하고 무리하게 강한 추진력을 한번에 쏟아내려고 한다. 기술을 지도할 때는 목표를 달성할 수 있는 방법이 여러 가지라는 점을 꼭 기억하자. 특히, 달리기의 전체적인 움직임을 훈련할 때는 선수의 신체 조건과 달리기 기술이 서로 적합한지를 정확히 평가하는 것이 핵심이다. 아래에서는 스타트 및 가속과 관련된 몇 가지 중요한 요소를 더 자세히 살펴본다.

스타트와 가속의 기본 요소

전반적으로 스타트와 가속을 위한 기본 메커니즘은 스피드 달리기와 동일하다.

발목과 발의 위치

스타트와 가속 구간에서는 스피드 달리기보다 발목과 발의 관절 위치 변화가 더 크다. 이는 푸시오프 직후 힘을 효과적으로 전달할 수 있는 자세로 돌아갈 시간이 상대적으로 더 많기 때문이다. 따라서 스탠스 구간 중반에는 더 큰 배측굴곡 동작이 허용되지만, 이후 족저굴곡이 충분히 다시 이루어질 수 있어야 한다는 전제가 따른다. 스피드 달리기에서 발목 위치를 조절하는 훈련은 스타트와 가속 과정에서도 유용하게 적용될 수 있다.

폭발적인 푸시오프 기술

스타트와 가속 구간에서는 근육의 폭발적인 동심성 수축이 중요한 역할을 하며, 반사성은 속도가 증가한 이후에야 비로소 영향을 미친다. 폭발적인 근육 작용의 메커니즘은 반사적 근육 기능보다 비교적 단순하다. 동심성 수축을 통해 생성되는 양의 일 혹은 추진력은 주로 대둔근, 대퇴사두근, 장요근과 같은 단관절 근육에서 발생한다. 실제 훈련에서는 이러한 근육들이 적절한 타이밍에 작용하는 데 큰 어려움이 없다. 특히, 스타트와 가속 과정에서는 대퇴직근이 무릎과 고관절의 신전 움직임을 조율하는 중요한 역할을 하며, 이에 대한 높은 활동성이 요구된다. 따라서 무릎과 고관절의 신전 동작을 효과적으로 조율하는 운동을 훈련에 포함하면 스타트를 향상시키는 데 도움이 된다. 특히, 스타트 블록을 박차고 나간 직후 첫 번째 스트라이드에서 무릎과 고관절의 협응을 적절히 조정하는 능력은 가속을 극대화하는 데 핵심적인 요소가 된다.

그림 5.58 운동 1: 발을 단 위에 두고 수행하는 수직 점프

a b c d e

운동 1: 발을 단 위에 두고 수행하는 수직 점프

한쪽 발을 20~30cm 높이의 단 위에 올려놓고 곧게 선 자세에서 시작한다. 몸을 약간 낮춘 후 수직 점프를 수행하며, 착지 후 다시 시작 자세로 돌아간다. 이러한 점프는 연속적으로 수행할 수 있으며, 푸시오프 시 항상 등을 곧게 펴야 한다. 푸시오프 전에 체간의 자세를 조절하면 햄스트링과 대퇴사두근 중 어느 근육에 더 많은 부담이 가해지는지를 알고 조절할 수 있다. 예를 들어 푸시오프 전에 체간을 앞으로 기울이면 무릎 신전보다 고관절 신전에 더 많은 힘이 요구되므로 햄스트링이 더 강하게 작용해야 한다. 반면, 체간을 거의 직립한 상태에서 점프하면 고관절 신전보다 무릎 신전에 더 많은 힘이 필요하게 되며, 이때 대퇴사두근(특히 대퇴직근)이 더 많은 힘을 발휘해야 한다. 연속 점프는 다양한 방식으로 수행할 수 있다. 예를 들면 다음과 같다.

- 체간을 곧게 세운 상태에서 5회 점프 후, 앞으로 기울인 상태에서 5회 점프
- 체간을 직립 또는 기울인 상태로 앞뒤 방향으로 점프
- 처음에는 체간을 세운 상태에서 시작한 후, 점프를 반복할수록 점차 앞으로 기울이는 방식

특히, 마지막 방법은 스타트 동작에서 근육의 역할이 변하는 과정을 어느 정도 따라 할 수 있다. 즉, 스타트 초반에는 대퇴사두근이 강한 힘을 발휘하고 이후에는 햄스트링이 점진적으로 더 많은 부하를 담당하는 방식이다. 그러나 협응 관점에서 보면 이 동작은 스타트 및 가속 과정과의 차이가 크므로, 이 훈련이 스타트와 가속 기술로 직접 전이된다고 보기는 힘들 수 있다.

그림 5.59 운동 2: 스쿼트 점프로 허들 넘기

a b c d e

운동 2: 스쿼트 점프로 허들 넘기

스쿼트 자세에서 시작하여 일정한 간격(1.2m)으로 배치된 허들을 연속해서 점프하며 넘는다. 이 운동을 통해 러너는 허벅지 상부의 부하를 조절할 수 있으며, 시작 자세에서 체간을 더 앞으로 기울이면 부하가 허벅지 앞쪽에서 뒤쪽으로 이동하는 효과를 얻을 수 있다.

그림 5.60 운동 3: 스쿼트 점프(변형)

운동 3: 스쿼트 점프(변형)

스쿼트 자세에서 시작하여 낮은 허들을 넘으며 수평 방향으로 최대한 길게 점프한다. 점프는 멈추지 않고 연속적으로 수행되며, 수평 및 수직 이동이 결합된 형태로 진행된다. 또한, 푸시오프를 시작할 때의 체간 자세를 조절하여 다양한 변형을 적용할 수 있다. 이러한 방식으로 운동을 수행하면 고관절과 무릎의 신전 동작을 효과적으로 조율하는 훈련이 가능하다.

반사작용 테크닉과 폭발적인 동작

스타트에서 발생하는 대표적인 실수 중 하나는 스탠스 다리를 완전히 신전하지 않는 것이다. 이러한 실수는 대부분 스윙 다리를 충분히 높이 들지 않기 때문에 발생한다. 러너가 상체를 과도하게 앞으로 숙이면, 스윙 다리가 너무 빠르게 지면에 닿아버린다. 이로 인해, 특히 역신전 반사와 같은 반사적 메커니즘이 최적으로 활용되지 못하고, 스탠스 다리의 신전도 완전히 이루어지지 않는다. 이를 개선하려면, 특정 훈련을 통해 스윙 다리의 움직임을 활용하여 푸시오프(무릎과 고관절의 신전)를 올바르게 유도하는 방법을 익혀야 한다. 스타트 동작은 한 발로 수행하는 수평 점프와 유사하기 때문에 스탠스 다리를 올바르게 신전하는 기술을 점프 훈련을 통해 효과적으로 습득할 수 있다.

그림 5.61 운동 1: 단상 위에서 한 발로 수직 점프하기

a b

운동 1: 단상 위에서 한 발로 수직 점프하기

한쪽 발을 20~30cm 높이의 단상에 올린 상태에서 똑바로 선다. 몸을 약간 낮췄다가 푸시오프하여 수직 점프를 수행한다. 이때 단상에 놓이지 않은 다리는 무릎을 굽힌 상태로 빠르게 위로 스윙해야 한다. 착지 후 다시 시작 자세로 돌아가며, 점프를 연속적으로 수행할 수 있다. 시작 자세에서는 상체를 곧게 세울 수도 있고, 약간 앞으로 기울일 수도 있다. 푸시오프 동작은 무릎의 움직임과 정밀하게 조율되어야 하며, 스윙 다리는 수평 이상까지 들어 올릴 수 있다. 단상의 높이를 조절하면 푸시오프와 스윙 다리의 움직임을 보다 세밀하게 조정해야 하므로, 다양한 높이에서 연습하는 것이 효과적이다.

운동 2: 정지 상태에서 시작하는 수평 달리기 점프

달리기 점프는 5~6회로 제한하는 것이 좋다. 그 이후에는 달리기 속도가 너무 빨라져 푸시오프 시 반사적인 움직임이 주요하게 작용하게 된다. 그러나 달리기 점프는 반사적으로 수행하기 어려운 동작이므로, 스타트 구간이나 달리기 속도 향상에 충분한 전이 효과를 기대하기 어렵다.

운동 3: 계단 오르기

계단을 오를 때 한 걸음에 최대한 많은 계단을 오르도록 한다. 계단을 빠르게 오르려면, 매 스텝마다 스윙 다리를 충분히 높이 들어 올리고, 스탠스 다리를 올바르게 반복해서 신전해야 한다.

골반, 체간, 팔 움직임

스타트와 가속 구간에서는 스피드 달리기보다 체간과 골반의 움직임 범위가 더 크다. 하지만 일부 코치들은 이러한 움직임을 제한하고, 스타트 시 다리의 움직임만을 활용하도록 지도하는데, 이는 올바른 접근이 아니다. 러너는 일반적으로 수직축을 중심으로 발생하는 움직임을 인식할 수 있다. 예를 들어 대부분의 러너는 착지 시 발을 외전시키며, 푸시오프 동안 스탠스 다리의 고관절에서 강한 내회전이 발생한다. 그러나 많은 러너들은 신체가 관상면에서 어떤 움직임을 생성하는지 제대로 인식하지 못하는 경우가 많으며, 이에 대한 추가적인 지도와 훈련이 필요하다. 이를 보완하는 효과적인 방법 중 하나가 한 발로 수행하는 수직 점프이며, 이 동작은 세밀하게 수행되어야 한다.

그림 5.62 운동 1: 한 발 단에 올린 상태에서 수직 점프

a b c d e

f

운동 1: 한 발 단에 올린 상태에서 수직 점프

30cm 높이의 두 개의 단 사이에 서서 한 발을 단 위에 올린 상태로 시작한다. 먼저 가볍게 몸을 낮춘 후, 스쿼트 자세에서 수직 점프를 수행한다. 푸시오프 시점에는 단 위에 있는 쪽의 어깨가 올라가며, 동시에 스윙 다리 쪽의 고관절이 들어 올려진다. 발이 단에서 떨어지는 순간, 푸시오프 다리 쪽의 고관절과 어깨가 스윙 다리 쪽보다 더 벌어지게 된다. 이후, 스윙 다리의 발은 반대쪽 단 위에 착지하고, 푸시오프 다리는 지면에 착지한다. 이 동작을 반복하며, 푸시오프 다리 쪽 어깨를 위로 올리면서 다시 수직 점프를 수행한다.

그림 6.63 운동 2: 연속적인 스케이팅 점프

a b c d e

운동 2: 연속적인 스케이팅 점프

반복적으로 스케이팅 점프를 수행하며, 몸을 최대한 신전된 상태로 유지한다. 이후, 20m 거리를 가속하며, 스케이팅 점프 중에 발생하는 관상면 움직임을 스타트 동작에 자연스럽게 적용할 수 있도록 훈련한다.

전체적인 달리기 패턴: 스타트와 가속

스타트와 가속 방식은 선수마다 개인차가 크다. 따라서 특정한 스타트 기술을 미리 정해놓고 그대로 적용하는 것은 불가능하다. 대신, 훈련을 통해 점진적으로 러너에게 가장 적합한 방식을 찾아가는 과정이 필요하다. 이를 위해 먼저 발생할 수 있는 기본적인 실수를 제거하는 것이 중요하다. 선수가 이러한 근본적인 실수를 줄이고, 움직임의 메커니즘을 적절히 조절할 수 있게 되면, 그때부터 개인에게 최적화된 스타트와 가속 기술을 찾아가는 과정이 시작될 것이다.

스타트와 가속 구간에서의 오류

스타트와 가속 구간에서 발생할 수 있는 몇 가지 주요 문제들은 다음과 같다.

- 발이 지면에 착지하는 순간, 고관절이 스탠스 다리의 발보다 지나치게 뒤쪽에 위치하는 경우가 있다. 이로 인해 무릎 신전이 지연되며, 햄스트링이 과도하게 활성화된다. 이러한 스타트 방식은 일반적으로 스피드 달리기 시 올바른 자세를 유지하는 러너들에게서 자주 나타난다. 그러나 스타트 단계에서 햄스트링에 과도한 부담이 가해지면, 대퇴사두근(특히 대퇴직근)을 활용할 때보다 파워 생성과 가속이 떨어질 수 있다.
- 허리 대신 어깨에 드래그 웨이트를 어깨에 메고 과부하를 적용하면, 러너는 강한 힘을 발휘할 때 고관절을 뒤쪽으로 두는 자세가 효과적이지 않다는 것을 빠르게 배울 수 있다. 효과적인 추진력을 생성하려면 고관절을 보다 앞으로 위치시켜야 하며, 햄스트링보다는 대퇴사두근이 더 주도적으로 작용해야 한다.
- 러너들은 종종 큰 힘 생성에만 집중하여 동작을 신속하게 수행해야 한다는 점을 잊어버릴 때가 많다. 이러한 잘못된 생각을 가지고 있으면, 무릎이 충분히 굽혀지지 않은 상태에서 스윙 다리를 앞으로 가져오게 된다. 그 결과, 무릎이 충분히 높이 올라가지 못하고, 스탠스 다리도 완전히 신전되지 않는 문제가 발생한다.
- 스타트 직후 낮은 허들을 넘으며 달리면, 러너는 자연스럽게 무릎을 더 깊이 굽히는 법을 익히게 된다. 또한, 특히 스타트 초반에 다리를 완전히 신전하는 것이 효과적일 수 있다는 점을 깨닫게 되면, 신체의 회전 움직임을 줄이고, 빠른 동작 수행과 과도한 힘 사용 사이에서 더 적절한 균형을 찾는다.
- 팔다리가 긴 체형을 가진 러너의 경우 수직축 회전 움직임을 보완할 수 있는 여유 범위가 작아, 다리가 짧은 러너에 비해 신체 자세를 달리기 스피드에 더욱 최적화해야 한다. 상체를 너무 오랫동안 앞으로 숙이거나, 반대로 너무 일찍 세우면 가속이 즉각 감소하게 된다. 따라서 스타트 블록에서 균형을 잡는 감각을 익히는 것이 중요하다. 이를 효과적으로 훈련하는 방법 중 하나는 푸시오프 마지막 단계에서 스윙 다리의 무릎 위치를 조정하는 것이다. 무릎을 더 높이 들면 몸이 더 곧게 세워지고, 반대로 무릎이 처지면 상체가 더 앞으로 기울어진다. 그러나 균형을 잡는 법을 가르치는 것은 단기간에 이루어지기 어렵다. 그렇기에 일부 뛰어난 스프린터들은 스타트 블록에서 완벽한 기술에 연연하지 않고, 달리기 속도를 높이는 데 집중하기도 한다.

- 스타트 시 골반의 위치는 전후 방향뿐만 아니라 수직 방향으로도 적절해야 한다. 골반이 너무 낮게 위치하면, 착지 순간(IC) 무릎이 과도하게 굽혀져 빠르게 신전하기 어려워진다. 이로 인해 강한 힘을 발휘하더라도 반사 반응이 늦어질 수밖에 없다. 최적의 자세로 유지하는 능력은 전체적인 신체의 정렬과 러너의 신체적 역량에 따라 달라지며, 개인마다 차이가 클 수 있다.
- 스피드 달리기에서는 발을 잘 조절하지만 스타트 구간에서는 발의 움직임을 제대로 활용하지 못하는 러너들이 있다. 강한 배측굴곡과 발의 엎침, 다리의 외회전이 함께 발생하면, 스탠스 구간 후반에 필요한 족저굴곡으로 자연스럽게 전환하기가 어렵다. 이러한 문제는 스타트 시 발에 충분한 긴장을 유지하는 것에 집중하면 개선할 수 있다.

Chapter 6
달리기 선수를 위한 스트렝스 트레이닝

서론

운동선수, 특히 중·장거리 러너에게 스트렝스 트레이닝은 달리기의 본질과는 거의 관련이 없는 것처럼 보이는 분야이다. 스트렝스 트레이닝의 구성은 달리기 선수들에게 명확한 연관성을 제공하지 않는다. 많은 트레이너들이 스트렝스 트레이닝을 조심스럽게 사용해야 한다고 생각한다. 그러므로 많은 중거리 및 장거리 달리기 선수들은 스트렝스 트레이닝을 하지 않으려 하거나 익숙한 것에 따라 훈련 프로그램을 설정하려 한다. 단거리 선수의 경우는 다르다. 단거리 선수에게 스트렝스가 중요하다는 것을 이해하기 위해서는 최고 수준의 단거리 선수들의 근육 조직만 관찰하면 된다. 또한 비록 단거리 실력이 낮은 선수들조차도 일반적으로 챔피언이 된 선수만큼 근육질로 보일 것이라는 사실을 간과하는 경우가 많다. 다른 관점으로는, 근육량과 스트렝스의 중요성에 눈이 멀어 근육량의 증가(근비대)가 스트렝스 트레이닝을 성공적으로 완수하고 있음을 나타내는 신호라고 여기는 오류를 범한다.

결과적으로, 수년 동안 스트렝스 트레이닝 이후 스트렝스의 증가는 전적으로 오직 근비대의 결과라고 가정되었다. 몇 달간의 파워 트레이닝 후 스트렝스의 증가는 100%까지라는 극적인 수치까지 도달할 수 있다. 그러나 스트렝스의 증가가 항상 근육량의 증가를 수반하는지 질문을 제기해야 한다. 여러 상황에서 스트렝스의 증가는 더 많은 근육량의 증가로 설명할 수 없다. 예를 들어 여성 운동선수들의 경우 더 이상의 벌크업 없이도 동료 남성 선수들처럼 상당하고 점진적인 스트렝스를 향상시킬 수 있다. 또 다른 상황은 스트렝스 트레이닝의 첫 번째 단계 동안 평행하게 연결된 근원섬유 마디의 수가 증가하지 않고 스트렝스가 증가하는 것과 관련이 있다. 또한, 생명을 위협하는 상황 동안 한 개인이 초인적인 스트렝스를 가진 것처럼 보이는 수많은 사례를 볼 수 있다. 트레이닝 이론에서 이러한 스트렝스의 저장소를 '자율 보호 백업autonomous protective backup'이라고 한다.

끝으로, 스트렝스 트레이닝에 익숙한 운동선수들을 위한 6개월 동안의 스트렝스 트레이닝의 평가에서, 개인의 높은 스트렝스 수준이 단지 근비대뿐만이 아니라는 것이 밝혀졌다(Costill & Wilmore, 1994). 프로그램을 시작한 지 3개월이 되자마자, 근비대의 추가적인 변화는 관찰되지 않았지만 선수들은 계속 강해졌다. 이 연구는 근비대 외에도 스트렝스를 향상시키는 다른 과정이 반드시 있어야 한다는 결론을 뒷받침한다(Hakkinen 등, 1985). 근비대가 없는 상황에서의 스트렝스의 증가를 설명할 수 있는 유일한 가능성은 이러한 과정이 신경계의 기능인 협응력의 향상과 관련이 있다는 것이다. 많은 경우, 스트렝스의 향상은 신경 적응으로 설명할 수 있다. 따라서 다음 장에서는 근비대뿐만 아니라 스트렝스 트레이닝에 따른 신경 적응 또한 주의를 기울여야 한다.

개념의 정의

스트렝스 훈련을 트레이닝의 전체 구조에 통합할 수 있는 도구로 만들기 위해서는 먼저 몇 가지 개념에 대한 정의가 필요하다. 스트렝스란 무엇인가, 다양한 유형의 스트렝스는 어떻게 특징지을 수 있는가? 스트렝스는 기능적 움직임과 어떻게 관련이 있는가? 스트렝스와 협응의 관계는 무엇인가? 파워와 기타 다른 조건부 요구 사항 사이의 관계는 무엇인가? 스트렝스는 어떻게 적응을 유발하는가?

힘, 근육 스트렝스 그리고 스트렝스 트레이닝

물리학에서 힘은 동작 변화의 원인으로 정의된다(Ingen Schenau & Toussaint, 1994). 신체에 가해지는 힘(예: 뼈나 다리에 가해지는 힘)은 크기와 방향을 측정하는 척도이다. 힘을 표현하는 일반적인 방법은 벡터를 사용하여 크기와 방향을 변수로 지정할 수 있다.

달리는 동안, 근육의 힘과 마찰 및 중력에 의해서 발생하는 힘 사이에는 상호 교차 작용이 있으며, 이것은 신체 질량을 가속하고 늦추는 역할을 한다. 훈련 동안은 근육 스트렝스에 적절한 영향을 줄 수 있는 방법을 항상 고민한다. 1960년대 초반(Scholich, 1965; Nett, 1968; Schroder, 1969)에 스트렝스의 3가지 발현이 정의되었다. 이것은 오늘날에도 육상 분야에서 스트렝스 트레이닝에 사용되는 방법론에 큰 영향을 미치고 있다.

그림 6.1 힘이 러너를 작용하는 방식
묘사된 힘은 중력(Fz) 그리고 발의 반응(FR), 수평(Fx)과 수직(Fy)으로 나뉘어진다.

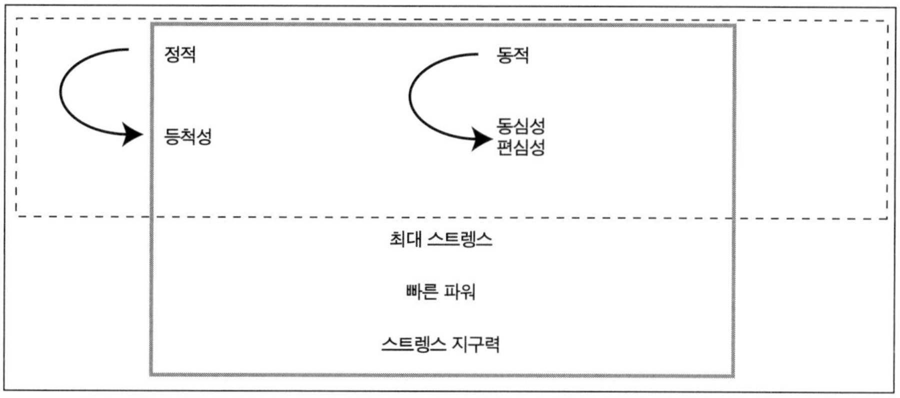

그림 6.2 다양한 유형의 힘의 분류
기본 모터(운동) 속성인 '힘'의 발현에 대한 전통적인 분류는 1960년대로 거슬러 올라가며 스트렝스 트레이닝의 방법론을 결정하는 데 여전히 사용되어지고 있다. '근육 수축'이라는 기준에 따라 정적 및 동적 근육 수축에 대한 3가지 발현(최대 스트렝스, 순발력, 근지구력)으로 결정할 수 있다.

근육 스트렝스의 발현을 분류하는 기준이 근육 수축의 특성인 경우에는 힘을 정적static 또는 동적dynamic으로 크게 세분화하며 최대 스트렝스(근력), 빠른 파워(순발력), 스트렝스 지구력(근지구력)으로 구분할 수 있다. 따라서 동적 힘은 동심성 수축과 편심성 수축으로 더 세분화될 수 있다는 점을 유의해야 한다.

> 최대 스트렝스의 정의: 극복할 수 없는 저항에 대한 무작위적인 근육 수축을 통해 가능한 높은 스트렝스 값을 실현하는 능력(Kibele, 1995).

> 빠른 파워(순발력)의 정의: 시간 단위당 가능한 최대의 힘을 실현하는 능력(Hollmann & Hettinger, 1980).

> 스트렝스 지구력(근지구력)의 정의: 한편으로는 최대 스트렝스와 빠른 파워에 의해서, 다른 한편으로는 지구력에 의해서 결정되는 힘에 대한 조건부 요건들(Harre & Leopold, 1986).

앞서 언급한 힘의 발현에 대한 구분화를 바탕으로 스트렝스 트레이닝을 여러 전통적인 범주로 세분화할 수 있다. 이 구분은 특히 근육 섬유와 관련된 힘과 속도 사이의 관계에 초점을 맞추고 있다. 근육이 짧아지는 수축을 발생시키지 않고 가능한 강하게 수행하는 운동은 최대 스트렝스 범주에 속한다. 최대 파워 출력을 위해 무거운 무게를 사용하여 동적으로 구현할 수 있는 수행은 최대 파워 훈련 범주에 속한다. 상대적으로 가벼운 바벨을 사용하여 빠르게 구현되는 수행은 빠른-힘 또는 폭발적인 파워의 범주에 속한다. 그 외에도 스트렝스 지구력 및 근비대 훈련과 같이 근육 섬유에 대한 힘-속도 관계를 기반으로 하지 않는 다른 범주도 있다.

이 세분화된 스트렝스 트레이닝 유형과 다양한 다른 유형 사이의 가정된 관계에 대한 몇 가지 중요한 의견을 제시할 수 있다. 1장('해부학과 훈련' 79쪽 참조)에서는 힘-속도 다이어그램의 규칙에 따라 근섬유를 수축시키고 고립된 영역과 기능적 운동의 영역 사이에 있는 많은 해부학적 데이터가 제시되었다. 기능적 움직임은 근섬유에 대한 힘-속도 다이어그램과 조금만 관련이 있으므로 이 다이어그램의 스트렝스 트레이닝은 거의 사용되지 않는다. 그럼에도 불구하고 다양한 형태의 스트렝스 트레이닝을 그룹화할 필요가 있다. 힘-속도 다이어그램을 근육의 방향점으로 삼는 것은 유용하지 않다. 따라서 특정 유형의 스트렝스 트레이닝을 훈련 프로그램에 통합하는 이유를 재구성해야 한다. 파워 트레이닝의 다양한 범주는 '다양한 형태의 스트렝스 훈련에 관한 설명과 정의'(346쪽) 부분에서 자세히 설명한다.

스트렝스와 협응

이전 장에서는 운동성 파워athletic power의 다양한 측면들(스태미나, 폭발력, 협응, 스트렝스)이 서로 강하게 영향을 미친다는 사실을 보여주었다. 그러므로 이런 다양한 측면들을 명확하게 구분 짓는 것은 어느 특정 시점까지만 가능하다. 또한 훈련의 질적 요건은 실제 연습 중에 일어나는 다양한 측면들이 상호 작용하는 방식에 따라 달라진다. 훈련 중 이와 같은 상호 작용이 일어나지 않고 각각의 측면들이 개별적으로 접근하면 효과가 거의 없으며 매우 위험한 상황이 된다. 스트렝스 트레이닝은 실제 달리기 활동과는 거리가 먼 환경에서 수행되기 때문에 특히 효과가 없을 확률이 높다. 또한 스트렝스 운동과 실제 러닝 연습은 러너가 경험하는 방식이 매우 다르다. 스트렝스 트레이닝의 특징은 달리기와 완전히 다르기 때문에 훈련의 전이 측면에서 방법론은 설계되지 않고 자동으로 이루어질 것으로 예상된다. 따라서 실제로 스트렝스 트레이닝은 단거리 선수들에게는 너무 자주 활용되고 장거리 선수들에게는 자주 사용되지 않는 편향된 의식을 가지게 되는 경우가 많다.

협응과 파워 사이의 관계성은 매우 강력하다. 실제로 파워 훈련의 상당 부분은 협응 훈련이라고 할 수 있다. 둘 사이의 관계량은 훈련을 통해 파워가 발달하는 방법을 통

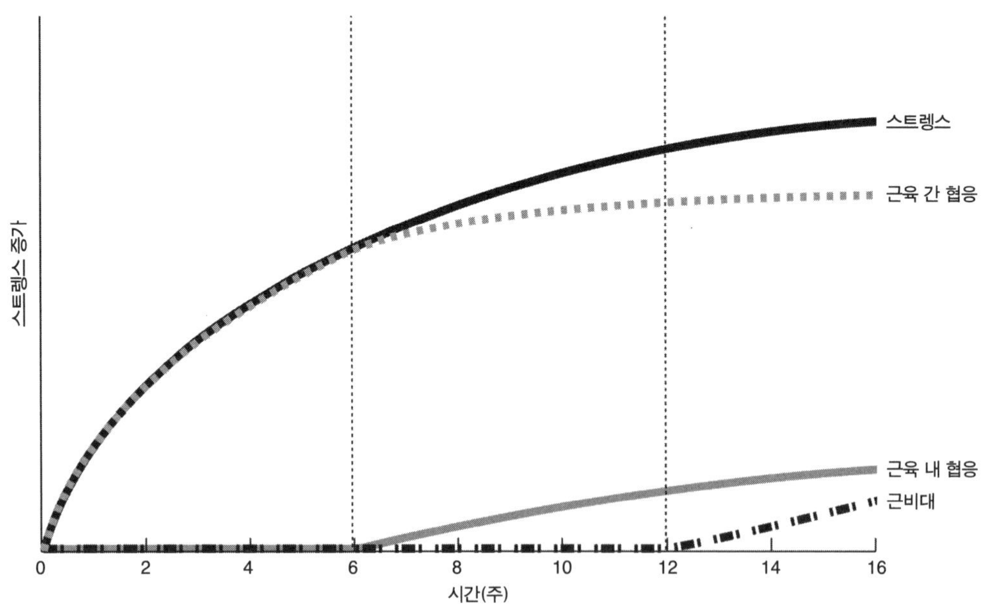

그림 6.3 시간 경과에 따른 스트렝스 발달의 세 단계

훈련을 통한 스트렝스 발달은 세 단계로 나뉠 수 있다. 첫째, 스트렝스 향상은 근육 간 협응의 향상에서 기인할 수 있다. 둘째, 근육 내 협응의 향상이다. 셋째, 스트렝스의 증가는 근비대의 결과이다.

해서 설명된다. 선수 개인이 파워 트레이닝을 시작하면 3단계에 걸쳐 수행 능력이 향상된다. 첫 번째 단계에서는 동작을 개선하고 목표한 동작을 더 효과적으로 수행하는 방식을 배우면서 수행 능력이 향상된다. 스트렝스는 변하지 않지만 근육이 함께 작용하는 능력 즉, 근육 간의 협응이 향상된다. 두 번째 단계에서 개별 근육의 생리학적인 단면적이 증가하지 않더라도 근육 내의 협응이 향상되어 근육이 더 강해진다. 이러한 메커니즘이 어떻게 작동하는지 아직 명확하게 밝혀진 것은 없다. 그 이유는 아마도 자극 전달 과정이 개선되었거나 근육의 능동 및 수동 조직의 '재배열' 때문일 수 있다. 세 번째 단계는 약 12주 후에야 수행 능력이 향상된다. 해당 시점에서만 스트렝스의 향상과 근육의 생리학적 횡단면적 증가가 모두 발견된다. 따라서 근육 간의 협응뿐만 아니라 한 근육이 더 큰 힘을 발휘할 수 있는 능력(1단계와 2단계) 또한 주로 협응 능력에 의해 결정된다.

훈련을 통해 스트렝스가 증가하는 전체 메커니즘에 대해서는 아직 많은 부분이 밝혀지지 않았다. 그러나 스트렝스 현상은 단순히 활성화된 근육 구조의 특성에만 의존해서는 안 되며, 신경계의 특성(중추 신경계에서 근육으로의 자극 전달이 일어나는 말초를 포함하는 낮은 수준의 신경)에 어느 정도 영향을 받기도 한다.

협응과 스트렝스의 개념은 서로 밀접하게 연관되어 있기 때문에 훈련의 효율성 또한 운동의 특이성에 따라 달라진다(5장 '서문' 245쪽 참조). 스트렝스 운동의 움직임 패턴은 내부 및 외부 구조와 에너지 제공의 영역과 관련하여 의도한 움직임(달리기)과 유사해야 한다. 유사성이 없다면 스트렝스 운동은 조금만 효과적일 뿐이다. 다시 말해 스트렝스 운동이 경기력 향상에 거의 기여하지 못할 것이다.

육상계에서는 바벨 아래서 챔피언이 된다는 오랜 격언이 존재하며 이것은 다양한 유형의 스트렝스 장비를 사용하는 비특이적 훈련과 비교하여 바벨 훈련이 협응의 영역에서 더 큰 가능성을 제공한다는 것을 보여준다. 바벨을 이용한 트레이닝은 달리는 동안 사용하는 근육과 신체의 움직임을 면밀히 시뮬레이션 할 수 있다. 달리기 동안의 반사성은 특정 근육 그룹에 매우 중요하다. 바벨로 트레이닝을 진행함으로써 이러한 근육의 사전 신장을 통해 부하를 받을 수 있으며 반응적으로 작동할 수 있다. 파워 장비를 활용할 때 기구의 구성 방식과 근육이 반응적으로 작동할 수 있는지 여부에 따라 움직임이 결정된다. 특히 근육에 장력을 매우 빠르게 부하하고 무부하 해야 하는 동작에 경우 더욱 두드러진다. 또 하나 주목해야 할 점은 파워 장비를 사용할 때 신체가 과도하게 빠르게 움직이게 되면 부상이 쉽게 발생할 수 있다는 사실이다. 협력근과 길항근이 필요에 따라 보충 작업을 수행할 수 없어 관절이 잘 보호되지 못할 수 있다. 파워 장비의 사용은 대둔근, 장요근, 단거리 선수의 경우(출발에서) 대퇴사두근의 광근 분절과 같이 협응하기 쉽고 달리는 동안 동심성으로 작용하는 근육을 훈련할 때만 적합하다. 이러한 몇 가지 근육군을 제외하고 바벨을 사용하는 것이 다른 훈련 장비보다 항상 선호된다. 바벨을 사용하면, 스트렝스의 구축, 외부 힘의 예측 그리고 반응적 근육 작용과 같은 협응이 중요한 측면을 잘 훈련할 수 있다. 실제로 바벨은 속도와 반사성이 중요한 모든 스포츠에서 모든 유형의 움직임을 훈련하는 가장 좋은 방법을 제공한다.

바벨을 우선적으로 활용하는 훈련법에 대해서 반대하는 가장 큰 이유는 다른 운동기구가 더 안전하다는 주장이다. 두 가지 반대되는 의견을 제시할 수 있는데, 첫 번째는 협응과 관계하여 필요한 힘을 조절할 수 없은 경우 고중량의 훈련으로 대부분의 근육 그룹을 훈련하는 방법은 유용하지 않다는 사실이다. 협응이 결여된 고중량과 관련된 훈련이 달리기 수행력의 향상으로 전이되는 경우는 없으며 항상 실패할 것이다. 비교적 가벼운 바벨을 활용하여 올바르게 협응된 스트렝스 훈련이 스트렝스가 약한 선수에게 효과적이며, 협응에 중점을 두지 않고 고중량을 사용할 때와 마찬가지로 안전할 것이다. 그러나 안전에 관한 의견은 부분적으로만 사실이다. 스트렝스 장비를 사용한 운동으로 인한 부상 위험은 낮아질 수 있지만(바벨 기술의 숙련도가 낮은 선수의 경우), 트레이닝 룸 밖에서 행해지는 실제 달리기에서 부상은 발생할 수 있다. 즉, 스트렝스 운동 동안 바벨 훈련을 할 때보다 달리는 도중에 부상이 더 빨리 발생할 수 있다. 이런 현상은 특히 햄스트링과 같이 복잡하면서 함께 작용하는 근육 그룹에 해당된다.

따라서 러너에게 적합한 모든 유형의 스트렝스 운동은 협응의 관점에서 목표한 동작으로의 명백한 전이가 발생해야 한다. 바벨 훈련은 선수의 근육이 달리는 동작과 유사한 동작 패턴 안에서 함께 작동하고 협력할 수 있다. 달리기 훈련 자체를 배울 때처럼 한 번에 전체 움직임을 훈련하는 것보다 동작의 부분적인 면을 개선하는 것이 더 효과적이다. 달리기는 다양한 측면과 방법을 통해서 효과적인 과부하가 주어질 수 있도록 다양한 운동을 사용하는 것이 유용하다.

스트렝스 훈련을 수행하는 동안 '멍청한' 근육과 '똑똑한' 근육을 구별해야 한다. 달리는 중에 근육 그룹을 협응하는 복잡성이 클수록 운동 프로그램의 다양성이 증가한다. 예를 들어 대둔근은 운동 프로그램의 변화가 거의 필요 없는 '멍청한' 근육인 반면, 장요근은 복부 근육과 정확하게 협응되어야 하기 때문에 다양한 방법으로 훈련해야 한다. 특히, 협응이 가장 복잡한 근육 그룹(예: '똑똑한' 다관절 햄스트링)의 경우 스트렝스 트레이닝을 위한 다양한 운동 프로그램을 제공하는 것이 좋다. 또한 해당 근육의 특이적인 구조에 따라 운동을 설정해야 한다.

다양한 형태의 스트렝스 훈련에 관한 설명과 정의

근비대 훈련

12주간의 스트렝스 트레이닝 이후 비로서 이전에 스트렝스 트레이닝을 거의 하지 않았던 운동선수의 근육에서 비대를 발견할 수 있다. 그러나 파워 트레이닝은 특이적인 방식으로 설정해야 한다. 비대를 위한 가장 중요한 요구는 스트레스가 적용되는 근육 섬유에서 근육 단백질이 크게 분해되는 것이다. 근육 섬유의 수축성 단백질의 양은 근육 단백질의 지속적인 분해와 합성의 결과이다. 스트렝스 트레이닝 중에는 근육 단백질의 분해가 지배적인 반면에, 회복 중에는 근육 단백질이 재합성된다. 근육 단백질의 분해 속도는 최대 힘 출력이 요구되는 운동을 할 때 가장 빠르다. 최대 힘의 비율이 낮으면 근육 단백질의 분해 속도가 감소한다. 근육 세포에서 마이오신 교차다리의 상호 작용에 필요한 에너지가 감소하면 근육 단백질의 재합성과 같은 동화 작용에 더 많은 에너지를 활용할 수 있게 된다(Zatsiorsky, 1995)

근육 단백질의 총 분해량은 분해 속도뿐만 아니라 수행된 기계적 작업부하(특정 워크 로드를 사용한 반복 횟수)에 따라 달라진다. 근육 단백질의 총 분해량은 평균 운동(최대 강도의 65~75%)과 평균 반복 횟수(6~12회) 동안 가장 많이 발생한다. 다른 강도와 반복 횟수의 조합은 항상 근육 단백질 분해가 적다. 따라서 스트레스를 받은 근육 섬유가 덜 비대해진다(표 6.1).

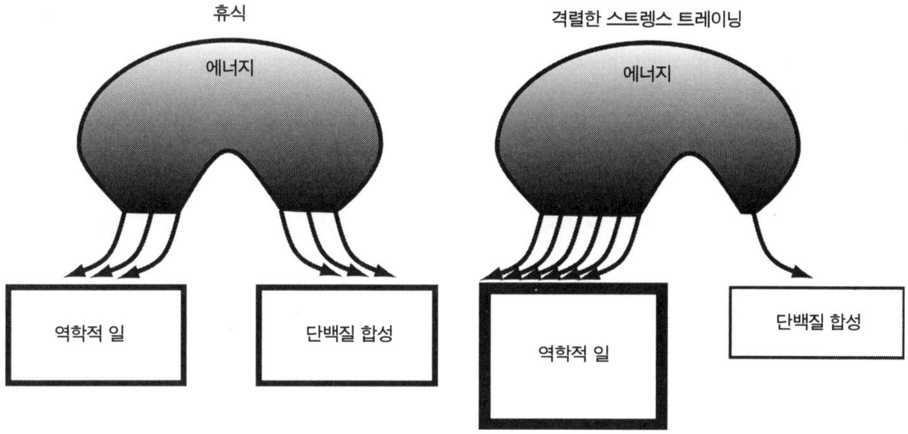

그림 6.4 휴식 상태와 운동 중 동화 과정에 사용 가능한 에너지

휴식 상태에서는 근육이 만들어지는 동안 단백질 합성 즉, 동화 과정을 위해서 근육 세포에 더 많은 에너지를 사용할 수 있다.

표 6.1 근육 및 파워 트레이닝에서 단백질 분해

작업부하 (반복 횟수)	분해 속도	역학적 일 (반복 횟수)	총 분해 근육 단백질
1	높음	적음	낮음
6~12	중간	중간	높음
〉25	낮음	많음	낮음

근비대는 두 가지 생리학적 적응으로 인해 발생한다.

- 근육 섬유의 숫자 증가(과형성)
- 개별 근육 섬유의 횡단면적 확대(근비대)

과형성

동물 실험에서 근육 섬유 수의 증가는 반복 횟수가 적고 매우 격렬한 작업량으로 구성된 스트렝스 운동 프로그램을 사용하여 입증하였다(Giddings & Gonyea, 1992). 지금까지의 스트렝스 운동의 결과로 인간의 근섬유도 분해되는지에 대한 불확실성이 많다. 개인의 일생 동안 근섬유의 수는 변하지 않는 것으로 보인다(Taylor & Wilkinson, 1986).

근섬유 비대

근섬유 비대에서 근육 질량의 증가는 액틴 및 미오신 세사 수의 증가와 일치하는 근육 섬유의 추가된 숫자로 설명된다. 이러한 방식으로 더 많은 교차-다리가 형성될 수 있고 병렬로 연결된 근원 섬유 마디의 수가 증가한다. 이 두 가지 현상 모두 근섬유가 제공할 수 있는 최대 힘을 증가시킨다.

비대는 지근 섬유($ST_{slow\text{-}twitch}$, type-I) 또는 속근 섬유($FT_{fast\text{-}twitch}$, type-II)의 근섬유에서 발생할 수 있다. 가장 큰 변화는 제한된 반복 횟수와 거의 최대 저항을 사용하여 다양한 유형의 스트렝스 운동을 받는 속근 섬유에서 발견할 수 있다. 두 가지 유형의 근육 섬유 중에서 저항이 최대하일 때 산화성 속근 섬유에서 가장 큰 비대가 발견된다. 거의 최대 저항과 한두 번의 반복을 활용하면 당분해성 속근 섬유에서만 비대가 발생한다. 지구력 훈련에 의해서 영향을 받는 속근 섬유의 비대는 과학적으로 검증되었다(Friden 등, 1983; Goldspink, 1992). 지구력 운동의 강도는 일반적으로 너무 낮아서 지근 섬유에서 이러한 적응을 발생하기에는 역치가 낮다. 장거리 달리기 동안 움직이는 근육의 수축력은 최대 수축력의 20~30%에 불과한다. 또한 지근 섬유는 피로에 강하기 때문에 쉽게 지치기 어렵다.

그림 6.5는 최대 작업부하(워크 로드)를 사용하여 한 번의 반복과 최대하 부하를 활용하여 12회 반복을 비교하여 다양한 유형의 운동 단위의 동원과 소진을 보여준다. 연구 대상 그룹의 운동 단위는 1~100초의 지구력을 가진 유형-I, 유형-IIa, 유형-IIb 근육 섬유로 구성되었으며, 초당 1회 반복의 속도로 12회 반복으로 수행하였다. 첫 번째 반복 동안 유형 I 근섬유를 가진 운동 단위가 동원되었다. 6초 미만의 지구력을 가진 해당 운동 단위는 6회 반복 후 소진(지치다)되었다. 피로가 쌓이면 필요한 힘을 생성하기 위해서 새로운 운동 단위를 불러내야 한다. 새롭게 동원된 운동 단위는 일반적으로 이전 반복 후에 소진된 II형 근육 섬유이다. 이러한 방식으로, I형 근육 섬유의 비대는 명백하게 피곤에 대한 저항이 높기 때문에(지치지 않기) 유형-II 근육 섬유로 구성된 운동 단위는 최대 저항으로 한 번의 반복을 사용하여 동원 및 소진될 수 있다. 이와 같은 형태의 스트렝스 훈련은 유형 II 근육 섬유에서만 비대를 유발한다(Zatsiorsky, 1995).

장거리 달리기 선수가 스트렝스 트레이닝을 통해서 비대를 목표로 두는 것은 바람직하지 않다. 비대가 발생하면 필연적으로 체중이 증가할 수밖에 없으며, 이런 현상은 에너지 효율 측면에서 바람직하지 않다. 비대가 달성되어 다리의 근육량이 증가하면 다리 움직임의 속도를 높이거나 줄이기 위해 훨씬 더 많은 에너지가 필요하다. 회전 중심으로부터 멀리 떨어진 곳에 근육량이 많은 것은 에너지 소비 측면에서 매우 바람직하지 않다. 이러한 이유로 종아리 근육에 비대를 유발하기 위한 스트렝스 운동은 심각한

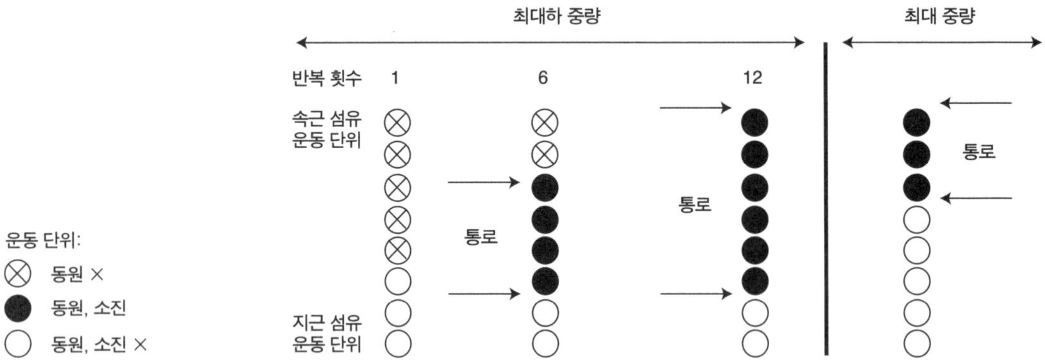

그림 6.5 최대하 및 최대 작업부하를 사용하는 다양한 유형의 운동 단위 동원

최대하 및 최대 중량을 사용하여 다양한 운동 단위(MU)의 동원이 설명한다. 최대하 중량의 경우, 지근 섬유(ST-MU) 또는 속근 섬유(FT-MU)의 근육 섬유로 구성된 운동 단위의 동원 및 소진 정도는 1회, 6회 또는 12회 반복 후에 결정된다. 동원된 운동 단위와 소진된 운동 단위를 운동 단위 동원을 위한 '통로'라고 부른다.

고민을 거쳐야 한다.

장거리 선수의 다리 근육 비대의 또 다른 단점은 모세 혈관과 미토콘드리아 접근성이 감소한다는 점이다. 확산이 일어나야 하는 거리가 더 멀기 때문에 산소와 이산화탄소 가스의 교환은 더 어렵게 된다.

스트렝스가 기능적인 움직임으로 전환되는 경우, 신경적 요인이 더 높은 수준의 스트렝스를 발전시키는 데 결정적인 역할을 한다. 비대 훈련 중 근육 섬유나 신경계가 영향을 받는 방식은 다소 독립적인 과정이다. 따라서 비대 훈련은 달리기 선수의 근육 조절 향상에 도움이 되지 않는다. 실제로 비대 훈련 자체는 협응에 매우 부정적인 영향을 미치는 것으로 보인다. 이런 사실은 근신경 조절 메커니즘에 대한 요구가 매우 높은 단거리 달리기와 같은 운동 형태에서 특히 두드러진다. 먼저 비대 훈련을 사용한 다음 근육 내 및 근육 간 협응력을 향상시키려는 시도는(아래 최대 스트렝스 참조) 훈련할 때 가지 말아야 할 우회 경로다.

스트렝스 지구력(근지구력) 트레이닝

스트렝스 지구력의 정의(343쪽 참조)는 한편으로는 최대 스트렝스와 빠른 파워 사이에 존재하는 간극을 다른 한편으로는 체력 사이에 존재하는 간극을 나타낸다. 따라서 스트렝스 지구력은 실제로 적용하기 어려운 매개변수이다. 스트렝스 지구력의 정의는 명확하지 않기 때문에 이 용어는 수행력을 결정하는 변수를 포괄하는 개념이 되었으며, 목표 지향적인 훈련 계획을 세울 때 사용하기에는 불투명하다.

스트렝스 지구력 개념과 체력 및 빠른 파워(순발력) 개념 사이에는 명확한 경계가 존재하지 않는다(Kibele, 1995). 작업부하의 강도와 지구력을 사용하여 스트렝스 지구력을 정량화하면 선수가 훈련하는 달리기 거리에 따라 항상 수많은 설명이 나올 수 있다. 스트렝스 지구력을 목표로 하는 훈련 프로그램은 마라톤 선수와 400m 달리기의 선수에게 상당히 다를 것이다. 따라서 최대 스트렝스에서 지구력과 주기적인 빠른 파워 지구력과 같은 새로운 개념이 도입되었다(Harre & Leopold, 1986). 이러한 개념은 사용 기간, 강도, 에너지 생성 과정을 따라서 구분할 수 있다. 공통분모는 피로를 견디는 능력이다. 스트렝스 지구력이 우수할수록 운동선수는 특정 출력에서 더 오랜 시간 동안 체력을 사용할 수 있다. 따라서 스트렝스 지구력의 정의가 너무 광범위하여 실제로는 훈련에 적용할 수 없는 개념이다.

최대 스트렝스

근비대로 직접 설명할 수 없는 훈련을 통한 스트렝스 향상은 신경 적응에 의해서 야기된다. 특별히, 스트렝스 트레이닝 세션으로 구성된 프로그램의 첫 12주 동안에는 스트렝스 증가가 관찰된다. 이것은 협응력 향상에 기여하는 것으로 보인다. 이러한 협응력의 향상은 두 가지 측면으로 나눌 수 있다.

- 근육 내 협응
- 근육 간 협응

근육 내 협응은 독립되고 고립된 근육 내에서 발생하는 반면에, 근육 간 협응은 주동근, 협력근, 길항근 간의 협력을 의미한다. 시간 순서대로 볼 때, 적응은 먼저 근육 간 협응 내에서 식별되어야 한다. 그렇게 된 후에야 근육 내 협응이 향상된다(Huijbregts & Clarijs, 1995).

훈련을 통하여 근육 내 협응을 향상시킬 수 있는 세 가지 가능성이 있다. 첫째, 더 많은 운동 단위를 동원할 수 있다. 운동을 시작할 때 힘을 생성하는 데 참여하지 못하는 '잠자는' 운동 단위가 활성화될 수 있다. 앞서 언급했듯이 운동 단위의 동원 패턴은 크기 원리에 의해서 결정된다. 자극 역치가 가장 낮은 운동 단위가 먼저 동원되고, 동원하기 매우 어려운 FT 근육 섬유로 구성된 큰 운동 단위는 더 높은 수준의 힘이 필요할 때만 작동한다.

크기의 원리는 실제로 발생하는 상황을 크게 단순화한 이론이다. 운동 단위가 자극을 받을 정도는 자극이 유무에 따라 달라진다. 가설은 자극이 더 강할 뿐만 아니라 억제하는 모든 자극이 억제되어 더 많은 운동 단위에서 자극 임계값을 초과할 수 있다는 것이다. 예를 들어 골지건 기관은 억제제 역할을 한다. 해당 수용체는 근육과 힘줄의 경계에 위치하여 근육-힘줄 복합체의 장력을 감지할 수 있다. 장력이 너무 심할 때 골지건 기관의 보호 작용으로 주동근(자가 억제)이 느려지고 길항근이 활성화된다. 골지-건 기관의 작용을 억제하려면 더 많은 힘이 발생해야 한다. 또한 골지-건 기관은 보호 기능 외에도 중요한 감각 기능을 가지고 있다('러닝의 조절 방식' 70쪽 참조).

달리기와 같은 주기적 동작의 경우, 운동에 관여하는 근육 내에서는 정형화된 모집 패턴이 있다. 이 패턴에 작은 변화(예: 사용하는 스트렝스 운동의 유형)가 생기면 다른 패턴의 동원이 발생할 수 있다. 앞서 설명했듯이, 달리는 동안 자극 임계값이 낮은 운동 단위는 움직임 패턴이 조금이라도 벗어날 때 실제로 자극 임계값이 높아질 수 있다. 따라서 동원이 불가능하진 않더라도 어려워질 수 있다. 이런 사실은 스트렝스 트레이닝의 특이성이 얼마나 중요한지 강조한다. 또한 운동 단위 동원을 늘려 근육 내 협응을 향상시키기 위한 노력을 할 때 가해지는 힘이 거의 최대에 가까워야 한다.

스트렝스 트레이닝을 통해 근육 내 협응을 향상하는 두 번째 방법은 자극의 빈도를 높이는 것이다. 또한 스트렝스 트레이닝은 최대 자극 빈도를 유지할 수 있는 시간도 길어진다.

스트렝스 트레이닝을 통해 근육 내 협응을 향상하는 세 번째 방법은 운동 단위 활동의 동기화를 개선하는 것이다. 정상적인 조건에서는 실제로 운동 단위가 비동기적으로 작동하는 움직임을 보인다. 큰 힘이 가해지면 훈련된 선수는 운동 단위를 동기적으로 더 잘 활성화할 수 있어 스트렝스를 더 빠르게 구축할 수 있다.

근육 간 협응력 향상에 영향을 미치는 두 가지 요인이 있다. 첫째, 스트렝스 트레이닝은 동시 수축의 감소로 이어진다(Huijbregts & Clarijs, 1995). 동시 수축은 관절이 움직일 때 주동근과 길항근이 동시에 팽팽해지는 것을 의미한다. 당연하게도 주동근이 더 큰 수축력을 생성한다. 이것으로 얻는 이득은 관절의 안정성을 높이는 것이다. 그러나 순 관절 모멘트(주동근의 힘에서 길항근의 힘을 뺀)는 길항근에 의해서 생성되는 대응력 때문에 감소한다. 둘째, 파워 트레이닝은 특정 움직임 패턴 동안 다양한 주동근 간의 협응을 향상시킨다. 근육 내 동원 패턴의 개선과 마찬가지로 주동근 간의 작용을 촉진하기 위해서 특이적 스트렝스 트레이닝도 필요하다.

파워트레이닝/최대 파워

최대 파워 트레이닝의 기본 개념은 '해부학과 훈련'(79쪽)에서 설명하였다. 훈련 중인 근육 그룹 내에서 제한 요인을 실제로 인식하는 방법과 에너지 소비(운동)의 비용과 이점(효과)을 비교하는 방법 등 수행 중 발생하는 다양한 실질적인 문제는 '개별 근육 그룹의 스트렝스 트레이닝'(361쪽)에 소개되어 있다.

파워 트레이닝/빠른 파워가 반사적 파워가 되다

반드시 답을 해야 할 핵심 질문은 스트렝스 트레이닝이 의도한 동작으로 어떻게 전이될 수 있는지에 대한 선택이다. 실제로 가벼운 중량(빠른 힘과 폭발력)으로 훈련하는 방식은 격렬한 스트렝스 트레이닝을 의도된 동작으로 전환하는 것으로 설명되어 왔다. 빠른 파워 훈련의 목표는 고중량의 파워 훈련과 스포츠에서 사용되는 동작의 훈련 속도 사이에 전이를 가져오는 것이다. 훈련 중 빠르게 움직일 때와 고중량 리프팅을 할 때 근육이 같은 방식으로 작용한다고 가정하는 경우가 많다. 그러나 명백하게 이것은 사실이 아니다. 최대 파워 트레이닝은 동심성 근육 작용을 통해 가능한 많은 힘을 생성하는 역할을 한다. 이와 반면에 가벼운 무게로 빠르게 움직일 때는 거의 항상 반사성이 지배적인 역할을 한다. 협응의 관점에서 보면 반사성 근육 작용과 폭발성 근육 작용에는 서로 다른 특성이 존재한다. 따라서 이 두 가지 협응의 작용 형태는 매우 다르다. 근육이 두 작용에서 다르게 작용한다는 사실 이외에도 다른 근육 그룹에 중점을 두어야 한다. 최대 파워 훈련 중에는 대둔근과 대퇴사두근과 같은 단관절 근육이 제한 요소이다. 가벼운 무게로 훈련을 할 때 동심성으로 작동하는 근육과 반응적으로 작동하는 근육은 항상 함께하지만 후자는 제한 요소가 된다. 따라서 훈련 세션에서는 햄스트링, 복부 근육 및 등쪽 근육과 같은 근육 그룹을 강조해야 한다. 그러나 성공적인 훈련 전이를 위해서는 서로 다른 형태의 훈련에 대한 협응이 유사해야 한다. 유사성은 저절로 발생하는 것이 아니다. 예를 들어 바벨을 사용하여 스쿼트 자세에서 신체를 힘껏 뻗는 것과 실제 동작과 비슷한 흉내를 내는 동작에서 나타나는 협응 사이의 유사점을 찾으려면 오랜 시간 동안의 관찰과 연구가 필요하다. 따라서 전통적인 방식에 의문을 제기할 수도 있다.

가벼운 무게를 사용하여 빠르게 움직이는 훈련은 스포츠 세계에서 관찰되는 빠른 동작에 최대 파워 훈련을 전이하는 데 거의 기능이 없다. 이러한 전이가 실제로 필요한지에 관한 의문을 품을 수도 있다. 동심성으로 작동하는 근육은 협응하기 쉽고 스포츠에서 사용되는 움직임에 상당히 쉽게 통합될 수 있다. 가벼운 무게로 훈련하는 이유는 의도한 움직임보다 힘이 더 클 때 반사성을 사용하는 방법을 배우기 위해서이다. 바벨을 사용하여 소위 충격의 스트렝스를 높이는 동안에는 사전 신장과 방출 구간 모두에서 더 큰 힘이 발생한다. 반사성에 사용되는 기술은 최대 힘이 낮을 때보다 높을 때 더 어려우며 테니스 경기 중 서비스 리턴에 사용되는 기술과 비교할 수 있다. 서비스가 부드러운 경우(반사성에 비해 외력이 작을 때 약간의 사전 신장이 있음) 공의 리턴 타이밍을 맞추는 것은 쉽지만, 강하게 리턴하기는 어렵다(반사성: 방출은 쉽지만 강하지 않음). 서비스가 강하며 어려울 때(외력이 클 때 사전 신장이 많음) 볼의 리턴 타이밍을 맞추기 어렵지만 볼에 더 많은 속도를 주는 것은 더 쉽다(반사성에 비해 방출을 협응하기는 어렵지만 큰 피크 힘으로 이루어짐). 따라서 과부하가 걸렸을 때 충격의 스트렝스를 다루는 방법을 배우는 것이 협응 훈련의 주요 관심사이다. 가벼운 무게를 사용한 훈련의 이와 같은 측면은 달리는 동안 반사성이 매우 중요한 역할을 하기 때문이다.

일반적으로, 가벼운 무게의 바벨을 사용한 운동과 충격 스트렝스 훈련은 반사성과 고정 반사 반응 패턴fixed reflex response patterns을 결합할 때 유리하며, 주요 반사 패턴

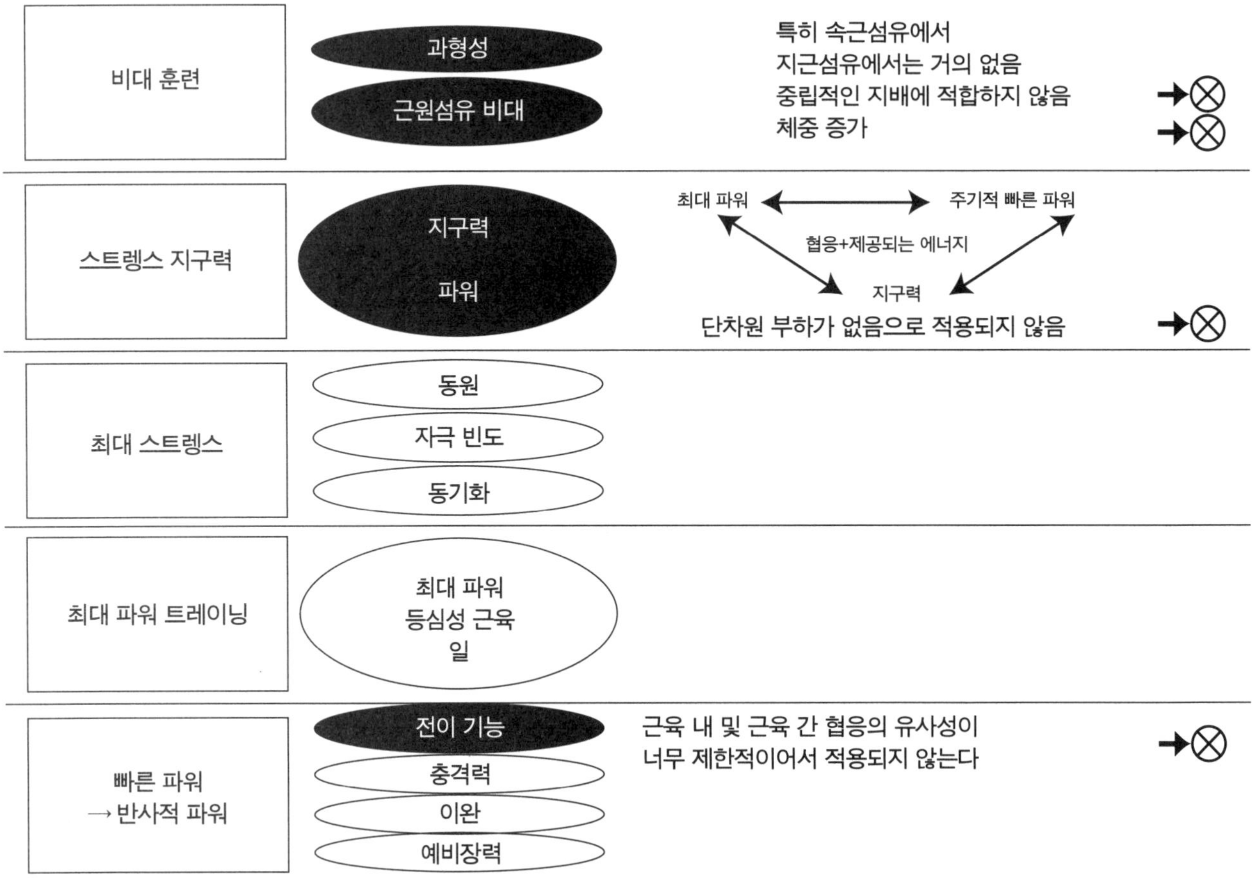

그림 6.6 설계 1 러너를 위한 스트렝스 트레이닝의 형태

검은색 타원은 달리기 선수가 실제로 사용할 수 없는 스트렝스 트레이닝의 측면을 보여준다. 흰색 타원은 달리기 선수의 스트렝스 트레이닝에 크게 통합될 수 있는 스트렝스 트레이닝의 측면을 보여준다.

이 주된 역할을 하지 않는 움직임 패턴보다 고정 반사 반응에 의해서 지원되는 움직임 패턴(스텀블 반사 및 역신장 반사)에서 훨씬 더 높은 피크 힘을 얻을 수 있다. 따라서 반사 작용에 의해서 지원되는 동작에 대해 달성할 수 있는 과부하는 반사 작용에 의해서 지원되지 않는 동작에 비해 더 크다. 그러므로 반사 작용에 의해서 지원되는 동작을 통합할 수 있는 훈련 유형(즉 움직임을 향상시키는 데 효과적인 훈련)은 매우 효과적이다. 달리기 동작은 반사 작용에 의해서 제어되는 일련의 동작으로 구성되어 있기 때문에 이러한 형태의 훈련은 의도한 동작에 대한 특이성을 높일 뿐만 아니라 추가 과부하를 허용한다. 큰 과부화와 큰 특이성과 결합될 수 있기 때문에 훈련이 특히 효율적일 것이다.

이러한 훈련에 적합한 용어는 '반사적 파워'로서, 움직임이 얼마나 잘 구현될 수 있는지 여부는 반사 패턴의 질적 요소에 따라 결정된다. 움직임은 가능한 빠르게 수행

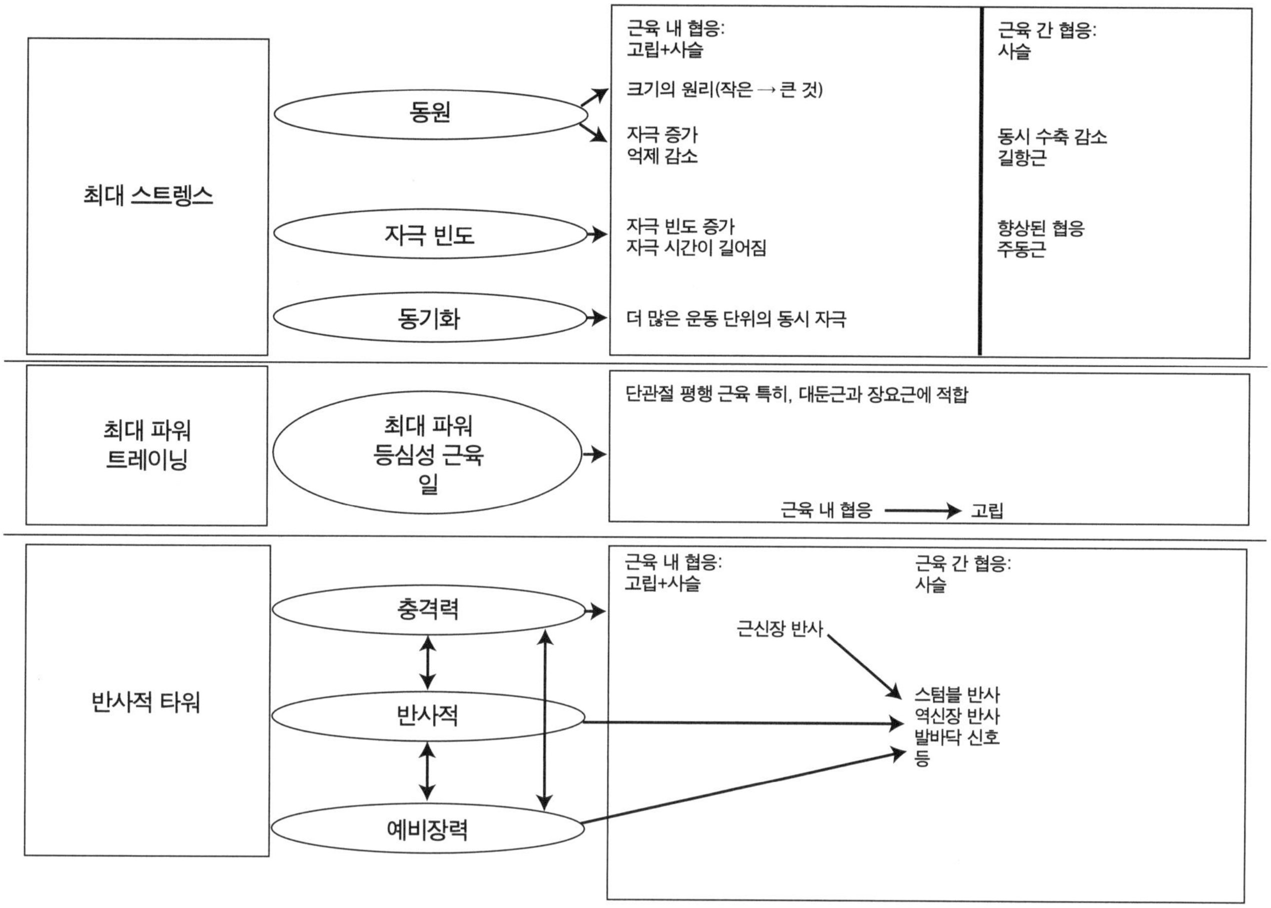

그림 6.7 설계 2 러너를 위한 스트렝스 트레이닝의 형태
달리기 선수에게 유용한 스트렝스 트레이닝의 측면과 근육 간 및 근육 내 협응에 미치는 영향

되어야 하며, 고립이나 독립적이지 않고 어느 정도 기능적으로 수행되어야 한다. 근육을 얼마나 잘 반사적으로 사용할 수 있는지 정도가 제한 요소가 될 것이다. 각각의 훈련 세션에서 5~10회 반복이 주로 사용되며 피로는 주로 근신경(극도의 피로 그러나 빠른 회복)에 집중된다. 사실, 이와 같은 형태의 훈련은 힘의 과부하를 이용한 복합 협응 훈련과 같다.

실제로 반사성 훈련 동안 반사 작용이 수행하는 역할에는 거의 주의를 기울이지 않는다. 그럼에도 불구하고 큰 피크 힘을 관련 근육의 동작과 결합할 수 있기 때문에 이러한 형태의 훈련은 수행력의 향상을 원하는 러너에게 다양한 가능성을 제공한다.

스트렝스 트레이닝과 기능적 해부학

생체역학적 측면

스트렝스와 협응은 밀접한 관계성을 가지고 있다. 따라서 스트렝스 및 협응 훈련 모두에서 동일한 기본 운동 메커니즘이 작용한다는 점이 분명하다. 이런 메커니즘(이것을 생체역학이라고 부르는 연구)은 인간 운동 장치locomotor apparatus(인간의 근육, 뼈, 인대 등)의 설계도에 의해서 크게 좌우된다.

3장의 '서론'(127쪽)에서 협응이 중앙 코어를 둘러싼 세 개의 겹(근육 내 및 근육 간 협응과 움직이는 분절)으로 어떻게 구성될 수 있는지 커널이라는 모델을 사용하여 움직임을 설명하였다. 협응을 위한 3계층 구조는 다른 방식을 통해서도 시각화할 수 있다. 협응 훈련을 3층짜리 '생체역학의 집'으로 상상할 수 있다. 한 층에서 만들어진 것을 다른 층으로 옮길 수 있도록 층과 층 사이에 계단이 만들어져 있다. 움직임의 계획(청사진)은 지상에서 설계되었다. 1층에서 개별 근육이 어떻게 기능하는지 보여주는 레이아웃(배치도)이 구성되어 있다. 2층에는 정해진 패턴에 따라 근육이 어떤 방식으로 함께 작동하는지 보여주기 위한 모형이 만들어진다. 집 꼭대기에는 이러한 패턴을 결합하여 기능적인 움직임이 만들어진다.

협응 훈련은 일반적으로 생체역학의 집 2층과 3층에서 실행된다. 개별 근육에 대한 협응 훈련(건물 1층에 만들어진 구조물)은 방법론의 관점에서 볼 때 거의 쓸모가 없다. 개별 근육을 훈련하기 위해서는 먼저 그 기능을 분리해야 한다. 이러한 운동을 특정 방식으로 구현하면 다른 근육 그룹을 사용하여 움직임을 수행하는 것이 불가능해진다. 근육을 분리하면 근육 기능과 전체 움직임의 패턴 사이에 더 이상 관계가 없어진다. 또한 근육이 고립되어 있을 때와 기능적 움직임 동안 수축하는 방식에서 항상 본질적인 차이가 나타날 것이다.

이것은 개인에게 달리는 방법을 지도할 때 항상 일반적으로 받아들여지는 생각이다. 이와는 대칭적으로, 개별 근육을 따로 독립적으로 훈련하는 것을 목표로 하는 스트렝스 훈련에는 여전히 많은 운동이 사용된다. 그러나 스트렝스와 협응은 서로 밀접한 관련이 있기 때문에 고립된 근육을 훈련하는 방식이 왜 유익한지에 대한 해답이 필요하다.

트레이너가 고립된 방식으로 근육을 훈련시키는 이유는 해당 방식이 단일 근육에 더 많은 스트레스를 줄 수 있고, 한 근육을 다른 근육과 함께 훈련하지 않을 때 신체가 부상으로부터 더 잘 보호될 수 있다고 가정하기 때문이다. 이 두 가지 가정(즉, 단일 근육이 더 큰 부하에서 훈련할 수 있고 이 방법이 더 안전할 것이라는 가정)에 의문을 제기할 수 있다. 복부 근육 훈련이 그 예시가 될 수 있다.

복부 근육을 따로 분리하여 훈련하는 방식은 마치 표준처럼 되어 있다. 복부 근육을 따로 운동하는 방법이 부상 위험이 가장 낮으면서 가장 큰 효과를 얻을 수 있는 것으로 알려져 있다. 특히 장요근이 전만증을 증가시키는 훈련 방식은 위험하다고 인식되어왔다. 따라서 장요근의 작용을 제거하여 복부 근육 연습 동안 동심성으로만 작동하도록 하는 여러 방법이 고안되어져 왔다. 그러나 척추는 주변의 모든 근육이 '코르셋' 역할을 할 수 있을 때까지 잘 보호되지 않아 척추 사이의 부적절한 전단력 및 회전 움직임뿐만 아니라 척추 내에 디스크에 가해지는 압력을 위험한 방향으로 이끌 수 있다. 실

그림 6.8 협응의 집

제로 복부 근육이 단독으로 작용하면 척추가 보호되지 않으며 부적절한 움직임을 발생시킬 수 있다. 따라서 척추 안정화에 작용하는 모든 근육(장요근을 포함한)이 강화될 수 있도록 복부 운동을 설계하는 것이 좋다.

또한 복부 근육을 단독으로 운동하는 것이 더 큰 근육 복합체를 훈련할 때보다 더 효과적인 방법이라는 생각은 잘못된 것이다. 개별 복부 근육 운동은 항상 동심성으로 진행된다. 달리는 동안에는 움직임이 빠르므로 복부 근육은 주로 '반사적으로' 작동한다. 기능적 움직임을 개선하고 싶을 때 한 단계 더 높은 수준의 통합이 불가능한 생체역학의 '1층'에서 훈련의 형태를 선택하는 것은 쓸모가 없다. 동심성 및 반사적 근육 작용은 두 가지의 개별 과정이므로 1층의 운동을 사용하면 훈련의 전이(층간 계단 위로)가 최소화된다. 또한 동심성 복부 운동은 잘 협응된 일련의 반사성 운동에 사용되는 큰 작업부하 피크로는 결코 수행할 수 없다. 잘 훈련된 운동선수는 빈번히 100회의 동심성 윗몸 일으키기를 할 수 있지만, 큰 스트렝스 피크가 있는 반사성 복부 운동을 20회 이상 수행하기는 거의 불가능하다.

몸통의 코르셋 메커니즘을 유지하기 위하여 함께 작동하는 모든 근육은 잘 조절되어야 한다. 이러한 방식으로 학습한 내용을 생체역학 '집'의 3층으로 옮기고 이 정보를 기능적 움직임에 통합하는 것이 더 쉽다. 복부 근육을 훈련할 때 다른 근육이 어떻게 함께 작동하는지 연구하기 위해 먼저 가벼운 작업부하를 사용하는 것이 좋다. 몸통의 근육이 충분히 협응되면 작업부하를 강화할 수 있다. 부상의 위험 없이 복부 근육은 목표하는 동작과 관련된 방식으로 스트레스를 받을 수 있다. 이와 같은 접근 방식은 복근을 따로 훈련할 때보다 훨씬 더 효율적이다.

스트렝스 트레이닝 중에 근육을 고립적으로 따로 훈련해야 하는지 아니면 협력 근육의 기본 메커니즘에 집중하는 것이 더 나은지에 대한 질문은 모든 근육의 훈련과 관련하여 제기되어야 한다. 경험의 법칙에 따르면 고립된 훈련은 쉽게 협응할 수 있는 근육(동심성으로 작동하는 단일 관절 근육)에만 적용된다. 다른 모든 근육은 2층에서 (다른 근육들과 함께) 훈련해야 한다. 그러나 다른 이유로 햄스트링 같은 근육 그룹은 고립 훈련에 적합하지 않다. 특히 인기 있는 레그 컬 운동은 스트렝스 운동 중 햄스트링에 사용해서는 안 된다. 급격한 동심성 단축 효과로 인해 레그 컬은 햄스트링의 구조와 기능에 완전히 역행하며 운동 능력의 향상보다는 부상을 초래할 가능성이 더 높다. 이 운동은 기능적이지 않으며 능동 및 수동 근육 분절 사이의 평형 상태를 방해한다. 그럼에도 불구하고 이러한 고립 운동이 여전히 훈련 프로그램에 자주 포함되는 이유는 일반적으로 부상이 실제로 운동을 수행하는 동안 발생하지 않고 나중에 발생하여 그 원인을 정확히 파악할 수 없기 때문일 것이다.

생체역학의 '집' 2층에서는 각자의 특성에 맞춰 기능하는 근육들이 고정된 메커니즘에 따라 함께 작동해야 한다. 예를 들어 대둔근은 수축력을 생성하는 역할을 담당하고, 대퇴직근과 햄스트링은 이 힘을 무릎과 엉덩이 관절 사이로 나눈다. 이러한 고정된 상호 관계는 장요근이 작동할 때 복부와 등 근육의 코르셋 기능 및 햄스트링과 등 근육 사이에도 존재한다. 스트렝스 트레이닝 중에는 일반적으로 더 큰 시스템이나 사슬을 사용하여 작업하므로 생체역학 집의 2층에 빠르게 도달한다. 바벨로 훈련할 때는 근육이 함께 작동하는 방식을 빠르게 조절한다.

생체역학의 집 3층에서는 근육의 특이적 기능과 기능적 움직임 동안 동작을 협응하기 위한 확립된 메커니즘을 연구할 수 있다. 이것의 의미는 목표가 있는 동작으로 정의할 수 있으며, 이를 통해 동작이 발생하는 조건(달리기, 점프, 공중제비 등)에 맞게 조절되어야 한다. 높은 특이성은 스트렝스 및 협응 훈련 모두에서 효과적으로 작용한다. 그러나 스트렝스 훈련에서는 의도한 동작과 유사한 전체 동작 패턴을 수행하는 것이 항상 가능하거나 효과적인 것은 아니다. 예를 들어 너무 무거운 바벨을 사용하여 전체 동작을 수행하면 1, 2층 협응에서 요구하는 대로 근육을 올바르게 사용할 수 없는 경우가 빈번이 존재한다. 따라서 달리기와 매우 유사한 동작은 큰 외부 작업부하(바벨)를 사용해서는 안 된다. 활성화된 근육 분절에서 편심성 모멘트로 빠르게 진행되는 사전 신장은 효과가 거의 없고 쉽게 부상을 입을 수 있다. 그러므로 스트렝스 트레이닝 중에는 항상 가벼운 작업부하를 사용하여 전체적인 움직임 패턴을 연습한다. 근육이 작동하는 방식이 반사적이고 기술적으로 정확하다면 구현 속도가 가능하다. 사용되는 무게가 상대적으로 가볍다는 사실과 관계없이 반사 작용의 지원에 의해 '급증'되는 작업부하는 상당히 높을 수 있다.

협응-'집'의 모든 레벨에서 효과적으로 작업하고 특히 쓸모없는 운동을 피하려면 (상위 층에서) 목표 움직임을 자세히 분석해야 한다. 우리는 앞서 운동 중에 근육이 어떻게 함께 작동하는지 확인하기 어렵다는 것을 확인했다(3장 '서론' 127쪽 참조). 또한 근육은 모두 동일한 구조를 지니고 있지 않으며 해부학적인 구조의 차이로 인해 각자 특정한 작업에 어느 정도 적합하다는 것을 인지하고 있다. 근육이 특정 유형의 수축을 수행할 수 있지만 이것이 자동으로 이런 방식으로만 작동할 수 있다는 것을 의미하지는 않는다. 링에 매달려 다리를 브래킷bracket 쪽으로 천천히 올리려는 체조 선수의 복부 근육은 반사적으로 작용하기보다는 동심성으로 작용하지만, 복부 근육은 긴 궤적을 따라 수축하도록 설계되지 않는다. 따라서 스포츠와 관련된 질문은 다음과 같다. 근육 그룹은 언제 자신의 구조에 맞는 특이적 작업을 수행하고 언제 다른 유형의 작업을 수행할 것인가?

이 질문에 대한 답은 밑에 원심 분리 모델을 고려하여 설명할 수 있다. 근육이 원심 분리 모델 중심에 위치하면 다양한 유형의 작업에 동원될 수 있으며, 심지어 혼합된 형태의 근육 활동도 수행할 수 있다. 예를 들어 근육은 서로 다른 길이에서 작업할 수 있으며, 동시에 외부 힘을 흡수(제한적)하면서 동심성으로 수축할 수 있다(즉, Hill 모델에서 부분적으로 수축 요소 CE와 부분적으로 직렬 연결된 탄성 요소 SEC 동작을 보이는 경우). 에너지를 전달하면서 양의 일을 수행할 수 있다(예: 햄스트링). 근육이 원심 분리 모델의 외부 맨틀(막) 근처에 위치할 때 근육은 자신의 특수한 구조에 따라 작업할 때만 잘 작동한다. 예를 들어 근육은 한 길이에서만 잘 작동하거나 탄성/등척성 또는 양적/동심성으로만 잘 작동한다. 원심 분리 모델이 천천히 회전할 때(즉, 스포츠에서의 느린 움직임), 근육은 중앙에 위치하게 된다. 원심 분리 모델이 더 빠르게 회전하기 시작하면 근육은 바깥쪽 맨틀 쪽으로 매달려 있게 된다. 회전 속도가 빠르면(즉, 고속 달리기와 같이 최대 속도를 사용하는 움직임), 근육은 맨틀에 눌려서 자신의 전문성을 통해서만 전체 움직임에 크게 기여하게 된다.

원심 분리 모델을 달리기에 적용하면 단거리 선수는 쉬운 지구력 템포로 달리는 선수보다 근육을 더 전문적으로 사용해야 한다는 것을 알 수 있다. 또한 일반적인 달리기 선수와 다르게 최고 수준의 단거리 선수는 자신의 전문 근육을 더 극한의 작업을 위해서 사용할 수 있다. 흥미로운 문제는 예를 들어, 800m 템포로 달릴 때 스핀 속도를 추정하는 방법이다. 근육이 이미 원심 분리 모델의 맨틀을 향해 꽤 먼 거리를 이동했다

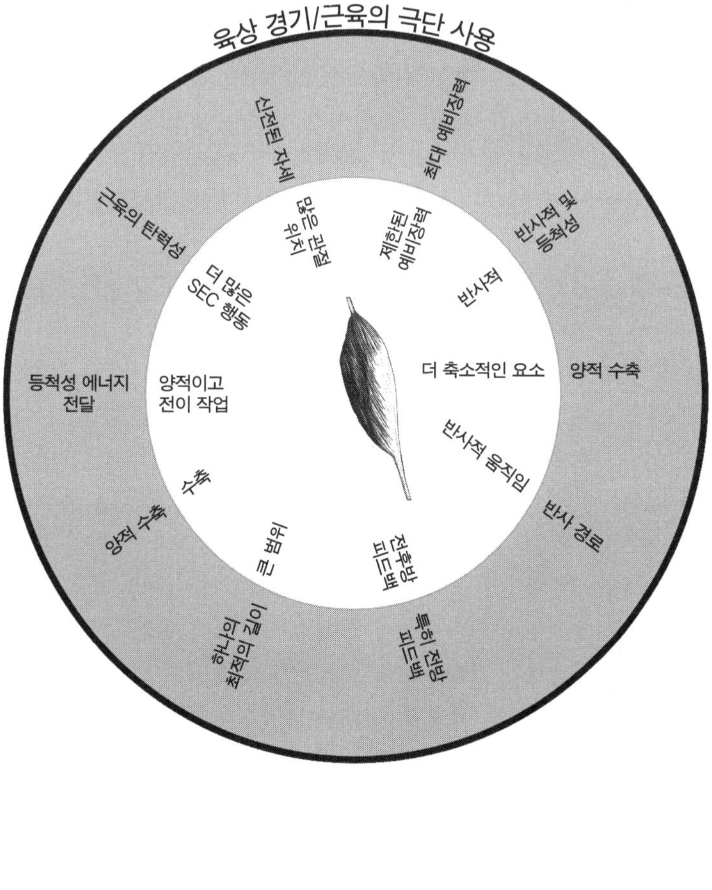

그림 6.9 근육 활동의 원심 분리 모델

면(즉, 지면 접촉 시간이 이미 짧다면) 스트렝스 및 기술 훈련 중에 근육 자신의 특이적 기능에 따라 근육을 훈련하는 것이 가치가 있다고 가정할 수 있다. 장거리 트레이너도 비슷한 분석을 하는 것이 유용하다.

스트렝스 트레이닝, 근육 구조 및 기능

앞서 언급했듯이, 근육의 구조와 근육에 적합한 작업 유형 그리고 달리는 동안 근육이 기능하는 방식 사이에 밀접한 관계가 있다. 또한 근육을 두 그룹으로 나누어야 한다. 첫 번째 그룹은 단축성 폭발(주로 양의 일)에 적합한 근육으로 구성된다. 해당 근육은 단관절이며 주로 평행 섬유 구조를 가지고 있다. 두 번째 그룹은 반사적으로 작동할 수 있는 근육으로 구성된다. 이 근육은 일반적으로 외부 힘을 흡수하고 처리하는 기능을 한다. 이러한 근육은 깃털 구조와 중요한 수동 구조를 가지고 있을 뿐 아니라 여러 관절을 제어한다. 당연히 이것은 대략적인 구분이다. 실제도 근육의 특성은 유연하여 두 그룹의 특성을 모두 다 가질 수 있다. 그러나 이 두 그룹으로 근육을 나누는 것은 특히 훈련 프로그램을 구성할 때 매우 유용하다. 스트렝스 훈련 동안은 두 그룹의 근육을 훈련시키기 위해 특이적 접근 방식을 사용해야 한다.

반사성 근육 작용

반사적으로 작용하는 근육들은 스트렝스 훈련 세션이 구현되는 방식에 직접적인 영향을 미치는 여러 특성을 보여준다.

- 근육은 등척성 상태에서도 어느 정도 작동한다. 활성된 분절을 빠르게 늘리거나 (길이를) 줄이는 것은 반사성과 양립할 수 없다. 그러나 반사적으로 작업한 후에는 동심성 움직임이 있을 수 있지만 달리기에는 크게 중요하지 않다.
- 근육은 모든 길이에서 똑같이 반사적으로 잘 작동할 수 없다. 반사성이 중요한 역할을 하는 기능적 움직임의 경우, 반사성에 가장 적합한 길이에서 근육이 작동해야 한다. 하체의 경우 신체가 거의 똑바로 서 있을 때 길이가 최적이 된다.
- 근육 섬유가 먼저 팽팽해진 상태라면 사전 신장과 방출 주기가 짧다.

이러한 근육 특성의 관점에서 스트렝스 트레이닝을 할 때 다음과 같은 유형의 작업부하를 고려할 수 있다.

- 최적의 작업 범위(근육이 가장 강한 길이)를 가진 등척성에서 최대 파워를 위한 훈련. 즉, 무거운 무게를 사용하는 운동은 매우 천천히 진행해야 한다. 어떤 움직임도 근육의 범위를 변경하는 것을 목표로 해서는 안 되며(다관절$_{\text{biarticular}}$) 근육에서 한 관절에 의한 움직임은 다른 관절에 의한 움직임을 보상하므로 길이의 변화가 거의 없다. 그 대신 훈련 중인 근육의 스트레스를 증가시키기 위해서 노력해야 한다(즉, 지레팔의 변화). 동원과 동기화는 매우 중요하며 근육이 반사적으로 작동하기 전에 충분한 자세를 구축하는 능력과 밀접한 관련이 있다.
- 충격 스트렝스(결국 반사적 파워)를 이용해 반사성 훈련을 한다. 가벼운 바벨을 이용한 사전 신장으로 빠르게 움직인다. 협응의 관점에서 보면 이러한 움직임은 주

로 생체역학 시스템의 1층에 위치한다. 가능하면 달리기 패턴(2층)의 요소와 유사해야 하며, 반사 작용에 의해서 지원되는 패턴에 따라 진행하는 것이 좋다. 피로는 근 신경이며 매우 큰 피크와 빠른 회복을 동반하는 전형적인 패턴을 보인다.

- 달리는 동안 반사적으로 작용하는 가장 중요한 근육 그룹은 다음과 같다.
  — 척추기립근 그룹
  — 햄스트링
  — 하퇴 삼두근 그룹(가자미근, 비복근)
  — 대퇴직근
  — 작은 하지 근육
  — 복부 근육

폭발적인 동심성 근육 작용

이 유형의 근육 활동에 대해 두 가지로 설명할 수 있다.

- 수축은 움직임에 의해서 특정 범위가 결정되는 동심성이다.
- 근육에 의해서 생성된 파워는 근육이 얼마나 스트레스를 받았는지를 측정하는 척도이다.

스트렝스 훈련 동안 이상적인 상황은 최대 파워(힘×가속)에 적합한 작업을 제공하는 것이다. 특정 외부 하중을 사용할 때 파워가 가장 크다('해부학과 훈련' 79쪽 참조). 훈련하려는 무게가 이상적인 훈련 부하보다 낮으면 가속도는 더 빨라지겠지만 가속도에 무게를 곱한 값은 이상적인 무게보다 작아진다. 무게가 너무 무거우면 최적의 무게를 적용할 때보다 가속력과 파워가 낮아진다. 이러한 데이터는 최소-최대 파워 곡선으로 표시될 수 있다. 우리는 훈련을 진행할 최적의 무게를 선별하는 매우 어려운 작업을 수행해야 한다. 첫째, 작업부하의 특이성을 생각해야 한다. 스트레스가 발생할 근육의 작업 범위를 고려해야 한다(이 길이는 달리는 동안 실제로 예측되는 거리와 거의 일치해야 한다). 둘째, 운동 수행 중 제한 요소가 실제로 최대 파워를 제공할 근육 내에 위치하도록 운동을 설정해야 한다. 파워를 생산하는 가장 주요한 근육은 대둔근, 장요근, 대퇴사두근의 광근 부분이다.

거의 모든 운동(장비를 사용하는 운동 포함)에서 '파워 근육'은 다른 근육(예: 대둔근에서 생산된 에너지를 무릎과 엉덩이에 분배하는 햄스트링과 대퇴직근)과 함께 작동한다. 따라서 특정 운동 중에 제한되는 요소는 훈련 중인 근육에 존재하는 것이 아니라 다른 곳에서 발생하는 문제일 수 있다.

가장 자주 사용되는 파워 운동은 목 뒤에 무거운 바벨을 위치시키고 스쿼트 자세에서 양쪽 다리로 몸을 빠르게 위로 펴는 것이다. 수행력에 관한 제한 요소가 파워를 생산하는 근육(대둔근과 대퇴사두근의 광근 머리)인지 의문을 가져야 한다. 해당 운동을 하는 동안 등쪽 근육은 엄청난 양의 힘을 받아야 하며 척추에서 보내는 강력한 억제 신호는 무시하고 진행해야 한다. 대둔근과 대퇴사두근의 동심성 힘보다 여기에서(등쪽 억제 신호) 제한 요소가 발견될 가능성이 크다. 더욱이 협응의 관점에서 볼 때 양쪽 다리로 힘을 생성하는 것보다 한쪽 다리로 최대의 힘을 생성하는 것이 더 쉽다. 이러한 요인들은 모두 종합해보면 훈련하는 근육에서 최대 파워를 출력하는 두 발 스쿼트가 가능할지 의문이다. 가벼운 바벨을 사용하는 한 다리 부하가 훨씬 더 효과적이다. 가벼운 바벨에서 등쪽 근육은 더 적은 부하를 견뎌야 하므로 한쪽 다리에 직접적으로 집중할 수 있다.

파워 트레이닝 중에 올바른 근육이 제한 요인이어야 한다는 사실 외에도 근육이 작동하는 범위의 관련성도 고려해야 한다. 달리는 동안 근육은 처음 일반적으로 가정했던 것보다 훨씬 좁은 범위에서 작동한다. 다른 동작을 보상작용으로 사용하면 관절의 움직임 정도가 제한될 수 있으며('고속 달리기' 130쪽 참조) 결과적으로 근육이 작동할 수 있는 범위가 좁아진다.

최대 파워 트레이닝이 보여주는 모든 문제와 그 이론에 대해 여전히 의문으로 남아 있는 모든 요건들을 합하면 과연 최대 파워 트레이닝이 가치가 있는지에 대한 질문이 남는다. 답이 무엇이든, 단관절 근육의 최대 파워 트레이닝의 일부를 최대 스트렝스 트레이닝으로 대체하는 것이 좋다. 이렇게 하면 근육이 기능할 수 있는 범위를 더 잘 조절할 수 있고 척추와 같은 중요한 구조를 더 쉽게 제어할 수 있다.

한 개인이 최대 파워 트레이닝을 위한 문제들을 우회하여 해결할 수 있게 되면 남아 있는 유일한 문제는 파워 출력을 측정하는 문제이다. 이것을 위한 좋은 기구를 찾기 어렵고 비용이 매우 높다.

지금까지의 내용을 숙고해보면 다양한 근육 그룹이 어떤 관계성에서 훈련해야 하는지 질문할 수 있다. 파워를 생성하는 근육이나 반사적으로 작동하는 근육에 얼마나 많은 훈련이 필요할까? 어떤 유형의 달리기 선수(단거리, 지구력 등)에 어떤 강조점을 적용해야 할까? 해당 질문에 대한 대답은 매우 어렵거나 불가능하다. 한 개인의 선수를 훈련할 때 어떤 조합의 훈련이 가장 적당한지 결정할 수 있는 요소가 많기 때문에 일반적으로 적용할 수 있는 원칙은 찾기 어렵다. 실제로 운동선수들은 같은 종목을 상당히 다른 방식과 방법으로 연습하지만 각 선수들 마다 개인의 방식을 성공적으로 전체 훈련 프로그램에 통합하는 것처럼 보인다. 어떤 선수는 스트렝스 트레이닝이 필요한 반면에 다른 선수에 경우에는 그렇지 않을 수도 있다. 따라서 무엇보다 개별화가 핵심 개념이다. 그러나 두 명의 선수 중 어떤 경우라도 출발에서 대퇴사두근과 대둔근의 폭발력이 중요하다. 빠른 속도로 달리면 햄스트링, 등 근육, 비복근 등의 반사성이 단거리에서 가장 중요한 요소가 된다. 중거리 및 장거리 달리기 선수의 경우 출발은 상대적으로 중요하지 않지만 수행능력을 결정하는 가장 중요한 요소는 결국 반사성이다. 중·장거리 선수는 가벼운 바벨을 사용하여 반사력과 함께 최대 스트렝스 훈련을 진행하는 것으로 충분하다. 실제로, 반사적 영역에서 기술 부족해서 수행력이 제한되는 장거리 선수는 쉽게 찾을 수 있지만 반사적 영역이 충분히 숙련된 선수가 단관절 근육의 힘이 부족하여 수행력이 제한되는 경우는 거의 없다.

개별 근육 그룹의 스트렝스 트레이닝

척추기립근

척추기립근은 비교적 작은 범위에서 작동한다. 척추가 구부러지면 그 작동은 꺼지며 부상에 취약해진다. 척추기립근과 관련된 스트렝스 트레이닝은 척추를 신전시킨 상태에서 해야 한다. 척추가 곧게 펴지면 등 근육을 최대 스트렝스로 다양하게 훈련할 수 있다. 등 근육의 강함은 모든 러너에게 중요하지만 특히 단거리 선수에게 더욱 그렇다. 달리는 동안 근육은 반사적으로만 작동한다. 이와 같은 근육이 반사적으로 작동할 때는 움직임의 정도가 매우 작아서 스트렝스 훈련 중에만 어렵게 모방할 수 있다. 따라서 고립된 운동으로는 사전 신장과 파워의 방출을 충분히 경험할 수 없다. 그러므로 다른 근육과 협력하여 등쪽 근육을 순차적으로 훈련(반사성으로)하는 것이 좋다. 움직임을 패턴으로 연습할 때 더 가치가 있으며 엄격하고 올바르게 구현된 훈련이 등 근육의 반사성을 적용시킬 수 있다.

우리가 소위 과신전이라고 부르는 운동은 논란의 여지가 있다. 무게를 적게 적용하더라도 등 근육은 가능한 짧아지고, 그로 인하여 척추가 요추 전만의 위치로 밀리게 된다. 이 운동은 척추의 건강에 해롭다고 알려져 있지만(외국인) 운동선수를 훈련할 때 여전히 자주 사용된다. 그러나 이러한 유형의 운동을 활용하는 이유는 근육이 작동해야 하는 범위와 관계가 없다. 달리는 동안은 강한 요추 전만이 발생하지 않기 때문이다. 이 운동은 척추와 관계하여 기능하는 근육 간의 협응을 향상시키는 것에만 목적이 있다. 모든 근육이 척추를 보호하기 위해 최적으로 작동하는 경우에만 문제없이 운동을 할 수 있다. 특히 복부 근육의 타이트함이 반드시 유지되어야 한다. 과신전 운동은 근육 간의 이러한 팀워크 활동이 매우 어려워지므로 이런 형태의 훈련은 숙련되고 협응력이 뛰어난 선수에게만 사용해야 한다.

등쪽 근육을 운동하는 데 활용되는 다양한 유형의 훈련은 목 뒤에 바벨을 위치시키고 서 있는 동작에서 수행된다. 일반적으로 운동선수가 두 다리로 서 있을 때 등쪽 근육이 제한 요소가 된다. 다리 근육을 제한 요소로 만들고 싶다면 한쪽 다리로 서 있는 형태의 바벨 운동을 해야 한다.

등 근육의 반사 작용이 운동 순서 내에서 어떻게 적용되는지는 매우 중요하다. 앞서 이야기했지만 이런 종류의 운동은 등을 쭉 펴서 수행하는 것이 중요하다.

그림 6.10 운동 1: 최대 스트렝스

운동 1: 최대 스트렝스

똑바로 서서 엉덩이를 벽에 대고 발을 벽에서 약 40~50cm 떨어진 곳에 놓고 어깨는 발 위치에 놓는다. 바벨을 목 뒤에 걸치고 무게를 선수에 맞게 조절한다. 등은 잘 펴야 한다. 무릎은 약간 구부려서 햄스트링이 수동적으로 움직이지 않게 하여 운동 중 불충분하게 작동하지 않도록 한다. 그런 다음 몸통을 앞으로 숙인다. 이 동작은 척추를 구부리는 게 아니라 골반을 전방으로 기울이는 방식으로 해야 한다. 바벨과 관계하여 몸통의 지레팔이 증가하고 등쪽 근육이 더 많은 힘을 받아야 한다. 바벨의 무게는 선수가 최대 골반 기울기를 달성하지 못할 정도로 무거워야 한다. 최대 수준의 움직임이 달성되면 몸통을 다시 똑바로 서는 자세를 취한다. 사용되는 바벨 무게는 무거워야 한다. 그러나 결과적으로 등 근육에 받아지는 긴장은 바벨의 무게뿐만 아니라 선수가 앞으로 구부리는 정도에 따라 달라진다. 무게가 무거우면 선수가 더 이상 앞으로 숙일 수 없는 지점에서 가벼운 무게를 사용할 때보다 더 빠르고 급작스럽게 도달한다. 따라서 사용하는 무게를 다양하게 하는 것이 효과적이다.

그림 6.11 운동 2: 벤치 백 익스텐션을 이용한 최대 스트렝스

운동 2: 벤치 백 익스텐션을 이용한 최대 스트렝스

다리를 고정하며 엉덩이를 지지하고 몸통을 움직일 수 있게 한 상태에서 엎으려 누운 자세로 시작한다. 수평 자세에서 상체를 대각선 아래로 내리고 다시 몸이 수평이 될 때까지 들어 올린다. 이 자세에서 몸통을 다시 아래로 내리기 전에 수평에서 잠시 유지한다. 근육의 코르셋 작용은 운동선수가 몸통을 최대한 길게 뻗은 자세에서 근육과 몸을 최대한 길게 만들려고 할 때 가장 잘 작동한다. 운동은 다양한 방법으로 더 힘들게 만들 수 있다.

- 처음 가슴 앞에서 시작 자세로 잡았던 팔을 이제 목 뒤에 고정시켜본다(결국 추가 무게를 사용하여).
- 몸을 쭉 뻗으면 다른 선수가 어깨뼈 아래쪽으로 누른다. 운동선수는 몸을 쭉 뻗은 상태로 유지한다. 그 후 누르는 압력이 없어지면 상체를 아래로 내린다.
- 훈련이 잘된 운동선수는 팔을 쭉 뻗은 상태에서 지면에 있는 바벨을 들어 올려 훈련을 진행할 수 있다. 몸을 쭉 신전시킨 상태에서 움직임 범위는 작아져야 한다. 이러한 방식으로 잘 훈련된 운동선수는 자신의 체중을 초과하는 부하를 들어 올릴 수 있다.

그림 6.12 운동 5: 과신전

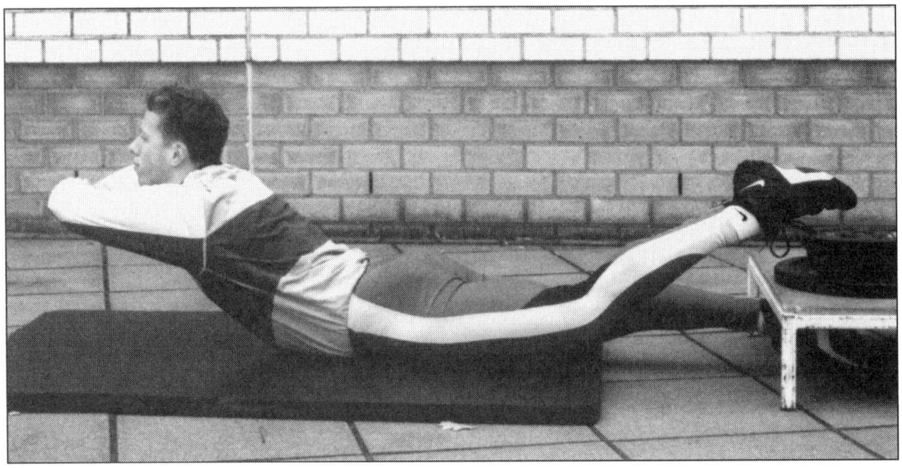

운동 3: 과신전

엎드린 자세에서 팔을 몸을 따라 신전시킨다. 한쪽 다리는 고정한다. 몸통과 자유 다리를 동시에 들어 올리면서 복부 근육을 타이트하게 한다. 이 자세를 몇 초 동안 유지한다.

그림 6.13 운동 4: 반사성

운동 4: 반사성

운동 1 또는 2에서와 같이 몸의 자세를 취하고 훈련을 진행한다. 가벼운 바벨을 사용한다. 동작을 빠르고 힘을 주어 진행한다. 몸을 앞으로 숙였다가 다시 뒤로 젖히는 동작을 가능한 빠르게 전환해야 한다. 등은 완전히 펴고 복부 근육은 팽팽하게 유지한다.

햄스트링

햄스트링 스트렝스 운동은 협응 훈련만 수행하는 것처럼 접근하는 것이 현명한 길이다. 다시 말해, 운동의 수행은 기술적으로 정확해야 하며 항상 최우선 중점이 되어야 한다(훈련 중 작업부하의 크기와 반복 횟수는 부수적인 관심사가 되어야 한다). 협응의 모든 면(올바른 장력 유지, 반사 작업 속도 제어, 다른 근육들에게 지시)이 잘 조절될 수 있을 때만 작업부하를 강화할 수 있다. 햄스트링 스트렝스 트레이닝은 협응 훈련과 정확히 동일한 요건을 갖추어야 한다(5장 2절). 유일한 차이점은 바벨을 사용하기 때문에 작업부하가 더 무거울 수 있다는 점이다.

협응을 훈련할 때와 마찬가지로 햄스트링과 관계된 운동은 가능한 다양한 방법으로 반사성 훈련을 하는 것이 좋다. 이것은 몸의 위치를 다양하게 바꾸고 다양한 무게로 훈련함으로써 달성할 수 있다. 무게가 무거우면 에너지를 저장하고 방출하는 과정이 상대적으로 오랜 시간이 걸린다. 신체 자세와 속도가 표준에서 벗어나는 운동은 달리기에 조금 특이적이지만 달리는 동안 햄스트링이 하는 역할을 고려할 때 다소 비특이적인 운동을 사용하면 수행력 수준에 영향을 미칠 만큼 충분히 기여할 것이다.

햄스트링이 반사적으로 작동하도록 훈련하는 가장 주요한 방식은 바벨을 들고 서서 하는 운동이다. 이 운동은 무릎을 약간 구부리고 엉덩이를 강하게 신전시키면서 움직임이 발생하도록 하여 햄스트링을 훈련할 수 있다. 예를 들어 무릎이 거의 펴졌을 때 바벨을 움직이는 동작을 하면 햄스트링이 스트레스(자극)를 적절히 받을 수 있다.

그림 6.14 운동 1: 최대 스트렝스

운동 1: 최대 스트렝스

등 근육의 최대 힘을 달성하기 위해서 등 신전 벤치에서 운동을 하는 동안 한쪽 다리는 고정하고 다른 한쪽 다리는 자유 상태로 움직일 수 있게 한다. 이때 자유 다리를 들어 올려 평형 추 역할을 하게 해서는 안 된다. 부하를 두 다리가 아닌 한쪽 다리의 햄스트링으로만 흡수해야 하기 때문에 햄스트링의 스트렝스가 제한 요소가 된다.

그림 6.15 운동 2: 최대 스트렝스 신체 스냅

운동 2: 최대 스트렝스 신체 스냅

등쪽 근육을 훈련하는 데 사용되는 이 운동은 한쪽 다리로 서 있는 상태에서도 수행할 수 있다. 다른 쪽 다리는 무릎을 지탱하는 수준에서 높이 벽에 대고 균형을 유지하는 역할만 진행한다. 또 이 운동 변형에서는 햄스트링의 스트렝스가 제한 요소가 될 수 있다.

그림 6.16 운동 3: 한쪽 무릎을 구부린 상태애서 최대 스트렝스

운동 3: 한쪽 무릎을 구부린 상태애서 최대 스트렝스

바벨을 목 뒤로 고정시켜 놓은 상태에서 발을 앞뒤 옆으로 벌리고(60cm) 선다. 좋은 운동선수는 짊어진 무게가 자신의 체중과 같거나 더 무겁다. 허벅지가 거의 수평이 될 때까지 선수는 아래로 숙인다. 이후, 몸통과 바벨이 앞으로 움직여 무게가 대략적으로 앞쪽 다리 무릎 위에 실릴 때까지 유지한다. 이 움직임으로 인하여 엉덩이 관절에 대한 지렛대가 더 커지고 무릎에 대한 지렛대는 더 작아진다. 무릎을 더 이상 구부러지지 않게 하려면 아주 적은 힘만 필요하지만, 엉덩이 관절이 구부러지지 않게 하려면 더 많은 힘이 필요하다. 이러한 상황에서 햄스트링은 엉덩이 관절을 신전시키기 위해서 대둔근과 함께 작동한다. 햄스트링이 계속 무릎을 구부리기 위해서 가하는 힘의 모멘트는 대퇴사두근 광근 분절의 작용으로 보상된다. 그러므로 햄스트링에 요구되는 힘의 양은 엉덩이 관절에 대한 지렛대의 무게와 크기에 따라 달라진다. 어깨를 앞으로 움직일 때에도 여전히 작동 한계에서 근육을 작동시킬 수 있는 만큼 무거운 무게를 찾아야 한다. 더 무거운 무게는 쓸모가 없다(어깨를 앞으로 멀리 움직일 수 없다).

그림 6.17 운동 4: 햄스트링의 최대 스트렝스

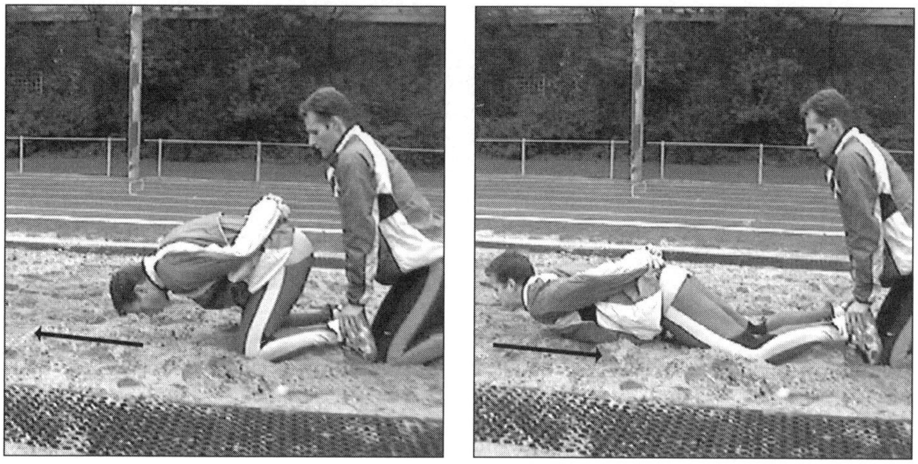

운동 4: 햄스트링의 최대 스트렝스

매우 부드러운 지면(모래)에 무릎을 꿇는다. 얼굴이 지면 바로 위에 위치할 때까지 몸통을 구부린다. 하체는 다른 선수가 고정시켜준다. 이후 몸통을 앞으로 이동시켜 엉덩이 관절과 무릎이 천천히 펴지도록 한다. 얼굴은 지면 바로 위에 유지한다. 햄스트링은 몸통을 원래 위치로 되돌리기 전에 점점 더 최대로 스트레스를 받는다.

그림 6.18 운동 5: 충격 스트렝스에 따른 반사성

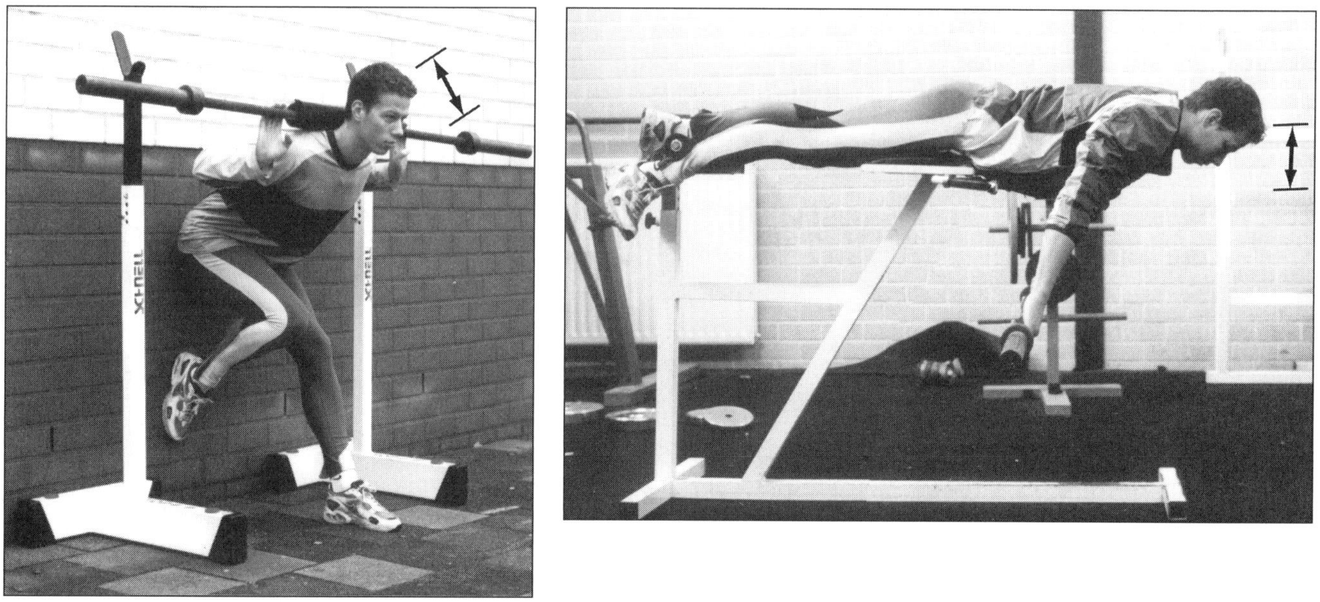

운동 5: 충격 스트렝스에 따른 반사성

이 연습은 운동 1 또는 2에서 설명한 변형 운동에 관한 것이며 바벨을 사용하여 수행된다. 바벨의 무게는 가볍게 진행한다. 우선 몸을 쭉 뻗은 상태에서 지면에 있는 바벨을 들어 올린다. 몸에 장력을 유지하면서 바운싱 동작을 한다. 아래로 내려갈 때 장력이 떨어지면 부하가 너무 무겁다. 따라서 무게가 없이 하거나 더 가벼운 바벨로 운동해야 한다.

그림 6.19 운동 6: 반사적 파워로 인한 반사성

운동 6: 반사적 파워로 인한 반사성

목 뒤에 바벨을 고정시키고 한쪽 다리로 지면을 지지한 상태로 시작한다. 자유 다리는 뒤쪽 선반 위에 놓는다(균형을 유지하기 위해서). 몸통은 앞으로(허리를 펴고) 구부리고 등은 쭉 뻗은 상태를 유지한다. 스탠스 다리의 무릎은 약간 굴곡시킨다. 이 후 뒷다리를 빠르게 들어 올린 후 무릎을 구부린 채로 앞에 놓인 높은 선반에 올려놓는다. 동시에 몸통을 똑바로 세운다. 스탠스 다리는 앞쪽으로 신전되지만 움직임은 강조되지 않으며 몸통이 똑바로 세워진 후에 동작이 이루어진다. 이 모든 움직임이 진행되는 동안 햄스트링은 무릎에서 엉덩이로 에너지가 전달되는 동안 매우 중요한 역할을 한다. 가벼운 바벨을 사용하여 운동을 할 때 짧지만 강력한 전진 동작을 사용하여 훈련할 수 있다. 몸통은 먼저 앞으로 떨어지기 전에 빠르게 뒤로 젖혀진다. 스윙 다리의 동작은 달리는 동안 움직이는 방식과 유사하여 다른 근육(대둔근, 등쪽 근육, 비복근 등)과 함께 효율적인 달리기 패턴을 만든다.

그림 6.20 운동 7: 앞뒤로 점프하기

운동 7: 앞뒤로 점프하기

목 높이에 바벨을 고정시키고(숙련된 운동선수의 경우 약 40kg) 발을 넓게 앞뒤로 벌린다. 운동하는 동안 상체를 앞으로 구부려 체중이 앞발(a) 위에 실리도록 한다. 이후 엉덩이 관절을 안정적으로 유지하면서 앞뒤로 빠르게 점프하며(수직 기울기 없음) 지면 접촉 시간을 짧게 유지한다. (b)에서는 엉덩이 관절 위치가 너무 높다. (c)에서 점프할 때 다른 발을 앞으로 가져오는 대신 같은 발을 앞으로 내밀어 착지하는 방식으로 운동을 변형할 수 있다. 부양 단계에서는 먼저 발을 더 가깝게 모았다가 더 벌린 다음 다시 시작 자세로 착지한다(d).

하퇴 삼두근 그룹(가지미근 및 비복근)과 같은 작은 하체 근육

하체 근육은 달리기 동작을 모방한 운동을 하는 동안 특히 중요하다. 스트렝스 트레이닝 중에 하체를 자주 운동해야 한다는 논리적 결론을 내릴 수 있다. 해당 근육과 반사성 특성은 기능에 따라 최대 스트렝스로 훈련해야 한다. 동심성 작업은 적합하지 않다.

그러나 이 근육을 강화하려고 할 때 큰 문제가 발생한다. 달리기와 점프를 수행하는 동안 근육이 흡수해야 하는 힘은 매우 크다('양관절 근육의 작용' 61쪽 참조). 특히 달리기 중 근육에 작용하는 힘이 너무 크다. 따라서 개별 스트렝스 트레이닝 세션 동안 똑같은 과부하를 발생시키는 것이 불가능하진 않더라도 매우 어려운 과정이다. 하체의 소근육 훈련은 주로 기능을 더 잘 조절하는 방법을 배우는 데 초점을 맞추어야 한다(협응 훈련). 티터 보드teeter boards에서 수행되는 운동은 실제로 근육을 더 강하게 만들지 않고도 하체 근육에서 더 큰 예비장력을 유지하는 데 도움이 된다(특히 숙련된 러너의 경우).

바벨을 활용하여 점프와 달리기에서 과부하를 발생시킬 때 필요한 엄청난 부하를 생각해보면 하퇴 삼두근 그룹을 위한 스트렝스 트레이닝을 사용하는 것은 절망적이며 잊는 것이 좋다. 대신 다른 유형 훈련을 통하여 하퇴 삼두근의 기능에 더 높은 요구를 주는 것이 효율적이다('발목과 발의 기능' 251쪽 참조).

과부하를 형성하는 것이 얼마나 어려운 일인지 관한 것은 선수와 트레이너들이 빈번하게 인정하는 문제로서 이따금 목 뒤에 바벨을 고정시키고 수직으로 리바운딩 점프를 통해 과부하를 만들려고 한다. 그러나 개인이 바벨을 들고 점프할 때 웨이트를 사용하지 않을 때보다 낙하량이 적다. 하체 근육의 경우 과부하가 거의 발생하지 않는다. 그러나 몸통 부위의 근육은 매우(때로는 위험할 수 있다) 스트레스를 받게 된다. 그러므로 바벨 무게를 통해 반사성 점프를 할 때는 매우 가벼운 무게(빈 바)를 사용하거나 완전히 피해야 한다.

복부 근육

달리는 동안 복부 근육은 탄성 밴드와 코르셋 역할을 동시에 수행해야 하며 다른 근육들 간에 예비장력과 협응이 중요하다. 운동 중 척추는 잘 보호되어야 한다. 근육 간 협응이 좋으면 신체를 위험한 상황에 직면하지 않게 하며 작업부하를 늘리기 위해서는 이러한 현상이 반드시 필요하다. 우선 근육의 코르셋 기능을 제어하는 방법을 배워야 한다. 그런 다음 작업부하를 증가시킬 수 있다. 이런 방법을 익히기 위해서는 천천히 운동을 연습해야 한다. 이러한 방식으로 복부 근육은 동심성, 편심성, 등척성으로 운동할 수 있다. 이 기술을 체득한 이후에야 운동선수는 달리는 동안 복부 근육의 기능을 개선하는 데 실제로 기여할 수 있는 훈련을 시작할 수 있다.

복부 근육은 반사적으로 작동하기 때문에 원칙적으로 최대 스트렝스와 반사력을 훈련할 때 주의 깊게 고려되어야 한다. 최대 스트렝스 트레이닝에 반대하는 두 가지 이유가 있다. 너무 무거운 작업부하를 사용하기 위해서 코르셋 영역 전체에 불균형이 나올 수 있다(등, 사타구니 문제). 또한 복부 근육에 장력이 너무 많이 적용되어 복강의 압력이 증가하고 작업부하가 극도로 높으면 압력이 선수의 건강에 해로운 수준까지 갈 수 있다. 따라서 최대 스트렝스 트레이닝은 피하는 것이 가장 좋다. 그러나 복근은 충격의 파워를 사용하여 반사적으로 발휘될 수 있다. 피크 힘은 짧은 시간 동안 지속되지만 매우 클 수 있다. 이 상황에서는 호흡을 잘 조절해야 한다.

근육 협응을 제어하고 복부 근육을 반사적으로 작동시키는 방법을 배우는 과정은 개인 간에 상당한 발달 차이를 보인다. 어떤 운동선수는 기분 훈련이 거의 필요하지 않고 어려움 없이 복부 근육을 즉시 훈련할 수 있지만, 또 다른 선수는 수년간의 훈련에도 불구하고 빠른 파워 충격을 흡수할 준비가 되어 있지 않을 수 있다. 관절의 민첩성(골반 기울기와 요추의 유연성)은 움직임을 쉽게 할 수 있는지 또는 어렵거나 불가능한지 여부를 결정하는 중요한 요인이다. 민첩성이 충분하지 않으면 일부 운동선수들은 간단한 윗몸 일으키기를 수행하는 동안에도 관성점을 넘어갈 수 없게 된다. 이런 경우 선수는 다른 형태의 운동을 선택하고 몸통과 골반의 민첩성을 개선하는 데 시간을 투자해야 한다. 따라서 복부 근육을 훈련할 때는 개인의 특별한 요구 사항에 초점을 맞춰 프로그램을 만들어야 한다.

아래에 설명된 일련의 운동은 복부 근육을 반사적으로 작동하는 데 특별한 주의가 필요한 운동이다. 기본 기술과 복부 근육과 다른 근육 간의 협력에 대한 많은 훌륭한 논문이 문헌에서 발견될 수 있다.

스트렝스 트레이닝 외에도 점프는 복부 근육이 반응적으로 더 잘 작동하도록 돕는 데 사용될 수도 있다. 특히 수평 변위가 큰 양쪽 다리로 스쿼트하고 점프하는 동작은 복부 근육에 영향을 미치는 큰 피크 힘을 발생시킨다.

그림 6.21 운동 1: 코르셋 기능 1

a

b

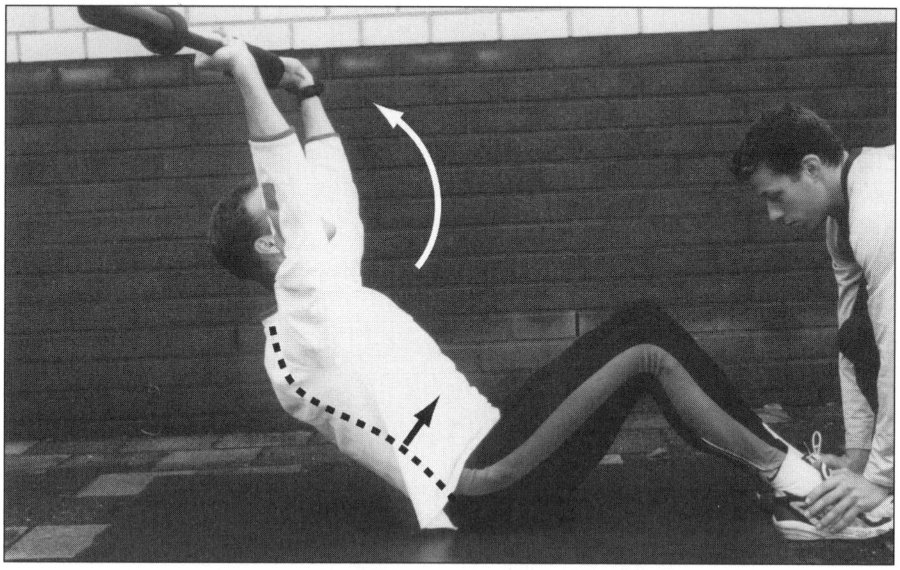

c

d

운동 1 : 코르셋 기능 1

상체를 윗몸 일으키기 자세로 취하고 다리를 약간 접은 채로 등을 뒤로 약간 눕히는 것으로 시작 자세를 취한다(a). 몸통을 곧게 세우기 직전에 등을 신전시켜야 한다(허리를 평평하게 하고 가슴을 앞으로 향하게 한다). 이때 팔꿈치는 뒤쪽으로 누른다(b). 그런 다음 몸통이 시작 위치로 돌아가면서 등이 다시 둥글게 된다. 전체 운동은 천천히 해야 하며 잘 통제되어야 한다. 특히, 신체가 시작 위치로 돌아가는 방식에 주의를 기울여야 하며, 동작을 잘 실행해야 한다.

- 무릎을 더 들어 올리면 운동의 난이도가 높아진다. 그러면 몸통이 상당히 뒤로 기울어진 상태에서 몸을 바깥쪽으로 신전시킨다.
- 바벨을 잡고 운동할 수도 있다. 시작 위치에서 팔을 뻗고 수직으로 들어 올린다. 팔은 윗몸 일으키기 동안 쭉 뻗은 상태를 유지한다. 등을 신전해야 하는 지점(몸통이 수직이 되는 직전)에서 팔은 몸통과 일직선이 되어야 한다(c).
- 등을 신전시킨 지점에서 한쪽 팔꿈치가 앞으로 움직이고 다른 팔꿈치가 뒤로 움직이면서 비틀림이 발생한다(d).

그림 6.22 운동 2: 코르셋 기능 2

운동 2: 코르셋 기능 2

다리를 쭉 뻗은 채로 등을 대고 누워서 시작한다. 두 다리와 상체를 들어 올려 엉덩이만 바닥에 놓는다. 두 발과 어깨를 지면에서 20~30cm 정도 들어 올린다. 골반은 먼저 후방 기울기를 하고 그 다음 전방으로 기울인다. 골반이 후방으로 기울어지면 등은 둥글게 된다. 골반은 앞으로 기울어지고 등은 근육을 타이트하게 해 곧게 펴진다. 등을 먼저 둥글게 만든 후 할로우hollow 자세를 취하려면 발과 어깨를 정지 상태로 유지해야 한다. 복부 근육과 등 근육이 함께 작용하면 몸을 움직일 뿐만 아니라 균형을 유지하는 역할도 한다. 이 운동은 천천히 수행하고 잘 조절해야 한다. 발목 무게 때문에 발을 내리거나 척추의 비틀림이 생길 때 등을 펴서 더 난이도를 높일 수 있다.

그림 6.23 운동 3: 강한 타격으로 인한 반사성 1

운동 3: 강한 타격으로 인한 반사성 1

다른 선수가 발 주변에 서서 공을 머리/가슴 방향으로 던져준다. 아래서 수행하는 선수는 공을 잡고 가능한 세게 다시 밀어 넣는다(던지는 동작이 아님). 복부 근육은 편심성으로 작용하는 충격을 반복적으로 흡수한 다음 공을 다시 밀어 에너지를 즉시 방출해야 한다. 볼을 잡고 다시 주는 사이의 시간은 가능한 짧게 유지한다. 운동의 변형으로 측면에서 수행할 수 있으며 이 경우 복사근에 부하를 더 줄 수 있다.

그림 6.24 운동 4: 강한 타격으로 인한 반사성 2

운동 4: 강한 타격으로 인한 반사성 2

무릎을 구부리고(90°) 등을 대각선으로 기댄 채로 시작한다. 발은 정지된 상태를 유지하고 양손으로 가슴 앞에 덤벨이나 원판 등의 무게를 잡는다. 무게를 바로 위로 올린 다음 머리 뒤로 움직이면서 반쯤 윗몸 일으키기를 한다. 그 후 체중은 몸이 시작 위치로 돌아가기 전에 가슴 앞에서 가능한 빨리 돌아간다. 무게는 위쪽과 측면으로 들어 올릴 수 있다. 움직임은 할 때마다 속도를 높이고 힘을 주어 가슴 앞에서 무게를 다시 당기는 방식에 중점을 두어야 한다. 이 운동은 다리를 지면에서 띄워서 수행할 수도 있다. 시작 자세에서 엉덩이만 지면에 놓고 무릎은 가슴으로 당긴다. 무게가 뒤로 밀리는 동시에 다리는 몸과 먼 쪽으로 뻗는다. 몸을 다 뻗은 후 다시 시작 위치로 돌아간다. 등과 발이 지면에 닿지 않고도 운동을 할 수 있도록 몸을 멀리 신전시켜야 한다. 발을 정지한 상태로 유지할 때는 발이 엉덩이보다 높도록 경사진 지면에서 연습해야 강화될 수 있다.

그림 6.25 운동 5: 강한 타격으로 인한 반사성 3

운동 5: 강한 타격으로 인한 반사성 3

양손으로 공을 들고 똑바로 선다. 공을 머리 위에서 발 바로 앞 지면으로 최대한 세게 던져 튕겨지게 한다. 공이 반등하여 올라오면 다시 볼을 잡는다. 운동은 가능한 빠르고 많은 힘으로 진행한다. 던지는 동안 복부 근육에 편심성 스트레스가 가해진다. 사전 신장이 반사적으로 전환되고 상체가 앞으로 스냅되어 공의 하강 속도가 증가한다. 이 운동은 팔과 복부 근육을 모두 강화한다. 중거리와 장거리 선수의 움직임 조건을 집중적으로 구현한다.

그림 6.26 운동 6: 강한 타격으로 인한 반사성 4

운동 6: 강한 타격으로 인한 반사성 4

무릎을 가슴 쪽으로 당긴 채로 등을 대고 눕는다. 엉덩이는 지면에서 떨어져 있으며 손은 머리위의 단단한 지지대를 잡는다. 하체 전체가 대각선 위쪽으로 뻗고 지면과 약 45°를 만들어 어깨만 바닥에 붙어 있다. 그 후 무릎은 다시 시작 위치로 빠르게 당긴다. 엉덩이가 바닥에 닿지 않도록 주의한다. 신전된 몸과 바닥 사이의 각도가 적을수록 복부 근육에 작용하는 힘이 커진다. 따라서 다리의 움직임은 가능한 균일해야 한다.

대퇴사두근

원칙적으로 대퇴사두근 세 개의 광근 분절은 최대 파워 훈련을 통해 강화할 수 있으며 최대 스트렝스 훈련 또한 유용하다. 또한 두 다리를 이용한 훈련보다는 한쪽 다리로 진행하는 운동이 항상 선호된다. 강한 광근 근육은 단거리 선수에게 특별히 중요하다. 이 근육은 전이에 많은 주의를 기울이지 않아도 된다('멍청한' 근육의 경우 전이가 쉽다). 즉, 운동하는 무릎과 엉덩이 관절의 각도가 훈련의 목표인 달리기 동작을 수행할 때 발견되는 각도와 너무 밀접하게 일치할 필요는 없다.

대퇴사두근의 다관절 부분인 대퇴직근의 경우는 그 반대이다. 이 근육의 구조는 햄스트링보다 훨씬 더 특이적(깃털 모양)이다. 다관절 근육은 등척성 및 반사성으로 작동하기 때문에 최대 스트렝스와 충격 훈련이 필요하다. 해당 근육의 기능은 다른 근육과 협력하여 어떻게 기능할 것인지가 내재되어 있다. 그러므로 근육을 단독적으로 훈련하려고 시도하는 것은 효율적이지 않다. 대부분의 운동에서 대퇴직근은 다른 근육과 함께 작동한다. 윗몸 일으키기 동작에서 발을 고정하면 장요근과 복부 근육이 함께 작동하고 스쿼트에서는 대둔근과 함께 작동한다.

대둔근

달리는 동안 가장 중요한 원동기는 대둔근이다. 이 근육의 특히 아랫부분은 동심성 작업에 적합하며 이것은 최대 파워 훈련에 적합하다는 것을 의미한다. 스트렝스 트레이닝 동안 대둔근을 고립시켜 운동하는 것은 거의 불가능에 가깝기 때문에 어떤 무게가 최적일지 결정할 수 없다. 그러므로 대둔근 자체를 강조하는 운동만을 찾는 것이 가장 좋다. 이런 운동을 찾아서 등척성에 가깝게 쉽게 수행할 수 있다면 속도 문제를 일단 뒤로 두고 근육은 최대 스트렝스로 훈련할 수 있다.

실제로 대둔근과 대퇴사두근을 함께 훈련하는 방식이 쉽고 효율적으로 보인다. 두 개의 근육은 팀으로 함께 작동하기 때문에 두 근육을 극단적으로 고립시켜 훈련하는 경우보다 전체 움직임이 더 좋아진다. 움직임이라는 것은 한 방향에만 국한되지 않고 전방위적으로 구성되기 때문에 단관절의 국한된 움직임보다 극한의 노력에 도달하기 더 쉽다. 근육 간 팀워크에서 항상 두 다리가 아닌 한쪽 다리로 운동하는 것이 선호된다.

그림 6.27 운동 1: 한쪽 무릎을 구부릴 때 최대 스트렝스

운동 1: 한쪽 무릎을 구부릴 때 최대 스트렝스

햄스트링에서 최대 힘을 만들기 위한 훈련을 진행할 때는 어깨를 앞으로 내밀면서 무릎을 구부린다. 사진의 운동에서 햄스트링 대신 대퇴사두근(대둔근과 함께)에 중점을 두고 어깨와 바벨을 엉덩이 바로 위에 위치시킨다. 이런 방식으로 뒷다리는 더 많은 무게를 흡수할 수 있으며 햄스트링을 훈련할 때보다 바벨의 무게가 더 증가하게 된다. 무릎에 작용하는 지렛대가 크고 대퇴사두근(대퇴직근 포함)과 대둔근에 가해지는 부하가 크다. 이 운동은 균형을 유지하기 다소 어렵기 때문에 최대 파워를 위한 훈련에는 적합하지 않다.

운동 2: 핵 스쿼트

레그 프레스 또는 핵 스쿼트 장비를 활용하여 훈련할 때, 하중을 발로 수평 또는 대각선으로 위로 밀어 올린다. 핵 스쿼트 장비를 사용하는 동안 부하는 어깨에 가해지고 무게추가 정해진 라인을 따라 위아래로 슬라이딩 된다. 스쿼트를 엉덩이와 무릎의 각도가 90°가 되도록 발을 위치시키는 것이 바람직하다. 발과 몸을 정렬시키면 스쿼트 자세로 앉을 때 무릎의 각도가 더 예각이 된다. 지렛대가 덜 유리할 뿐만 나이라, 무릎 각도가 90° 미만이므로 피해야 하는 자세이기 때문에 엉덩이를 많이 구부릴 수 없다. 가장 많은 힘을 가하기 위한 최적의 위치는 사용하는 훈련 장비의 유형에 따라 크게 다르다. 결국 기구가 움직임을 지시하는 것이다. 따라서 선수는 고중량의 작업부하를 성공적으로 활용하기 전에 먼저 훈련 장비에 익숙해져야 한다. 한쪽 다리로 훈련하는 것을 더 선호한다. 한쪽 다리에 집중하면 더 많은 힘을 생성할 수 있다. 장비가 좋다고 하지만 장비의 안전성을 너무 과대평가해서는 안 된다. 운동선수는 척추 주변 근육의 코르셋 기능을 잘 제어해야 한다. 움직임의 상호 작용의 특성으로 인해 바벨로 작업할 때보다 더 큰 사선 힘과 비틀림이 발생한다. 부하가 너무 무거워지는 것을 방지하기 위해 파워 운동(빠른 신전)은 항상 한쪽 다리로 서서 수행해야 한다.

그림 6.28 운동 3: 바벨을 이용한 핵 스쿼트

운동 3: 바벨을 이용한 핵 스쿼트

바벨로 훈련할 때는 무릎과 엉덩이의 각도가 90°이고 부하가 엉덩이 바로 위에 있는 스쿼트 자세로도 훈련할 수도 있다. 등을 벽에 기대고 서서 허리가 벽에 닿은 상태에서 목 뒤에 바벨을 고정시킨다(이 운동은 반드시 '올림픽 바벨'을 사용하여 수행해야 한다). 엉덩이는 어깨 바로 아래와 벽 앞에 위치시킨다. 한 발은 벽에서 약 2~3 발자국 떨어진 거리 지면에 위치시킨다. 다른 쪽 발은 낮은 높이의 선반 위에 올려 살짝 올려놓아 균형을 잡는 역할만 한다. 상체를 아래로 미끄러지듯 앉고 바벨의 원판은 벽을 따라 허벅지가 지면과 수평이 될 때까지 굴린다. 무릎의 각도는 90°가 되어야 한다. 그렇지 않은 경우 발을 다시 위치시켜야 한다. 이 운동은 몸통을 잘 제어하는 것이 중요하기 때문에 역도 선수들이 사용하는 벨트를 착용한 상태에서 수행해야 한다. 이 운동은 또한 최대 스트렝스와 파워를 훈련하는 데 사용할 수 있다.

그림 6.29 운동 4: 빠른 부하로 인한 반사성

운동 4: 빠른 부하로 인한 반사성

이 운동은 대퇴직근을 위한 것이다. 앉은 자세에서 시작한다. 한쪽 다리의 무릎을 구부리고 발을 바닥에 놓은 채로 고정한다. 다른 다리는 엉덩이와 무릎을 다소 많이 구부린 채로 자유롭게 둔다. 상체는 빠르게 앞뒤로 스윙한다. 움직임의 정도는 미약하며, 상체를 평균적으로 더 뒤로 잡아당기면 부하를 증가시킬 수 있다. 등 근육을 타이트하게 잘 조여야 골반을 기울여 움직임의 정도가 최대한 달성되도록 할 수 있다. 이 운동은 그림과 같이 단단한 표면이나 아래로 기울어진 경사 표면에서 수행할 수 있다.

장요근

달리는 동안이나 비현실적으로 느린 속도에서 장요근의 근전도는 기록되지 않는다. 따라서 장요근이 달리는 동안 어느 정도 기능을 할 수 있는지에 대한 통찰력은 없다. 훈련과 관련하여 근육이 수축하는 비교적 큰 궤적을 따라 근육을 단련하는 것이 가장 좋다. 엉덩이를 신전하면 근육의 범위에 관한 운동을 찾기가 더 어렵다. 장요근을 훈련할 때 최대 파워를 얻기 위한 정확한 부하 결정은 불가능하다. 그러므로 운동 중 어떤 작업부하나 속도를 사용하는지 여부는 그다지 중요하지 않다. 장요근을 빠르게 사용할 때는 척추를 보호하는 근육을 적절히 조여야 한다. 사용 속도로 인해 운동이 불가능하다면 더 무거운 작업부하를 사용하면서 천천히 운동한다.

운동 1: 엉덩이 관절 동심성 굽힘 1

시작 자세는 대퇴직근을 반사적으로 운동하는 자세와 동일하다. 가능하면 다리는 무릎 위에서 고정해야 한다. 템포가 느린 동안은 움직일 수 있는 공간이 많이 생긴다. 대퇴직근은 실제로 멀리까지 단축하는 데 적합하지 않기 때문에 주로 장요근에 의해서 움직임이 수행된다. 특히 골반이 기울어졌을 때 움직임이 발생할 수 있도록 등은 최대한 신전해야 한다.

그림 6.30 운동 2: 엉덩이 관절의 동심성 굽힘 2

운동 2: 엉덩이 관절의 동심성 굽힘 2

'슈넬 트레이너Schnell trainer'는 자주 사용되고 특히 장요근 운동에 효과적이다. 기구에서 허벅지에 롤러를 놓고 평행하게 유지한다. 이 롤러는 많은 힘으로 위로 누를 수 있다. 장요근은 척추에 큰 힘을 가하기 때문에 운동 중에는 상체에 대한 영향력 조절을 유지하는 것이 중요하다. 이것은 장요근이 척추에 많은 힘을 가하기 때문이다.

소둔근

소둔근과 대둔근의 가장 위쪽 부분은 달리기의 스탠스 구간에서 스탠스 다리가 아닌 쪽의 골반을 들어 올리는 역할을 한다. 이 움직임은 반대 방향에서 아래쪽으로 움직이기 전에 수행된다. 이러한 움직임이 순차적으로 일어나는 속도는 매우 빠르다. 이 근육은 달리는 동안 반사적으로 작동한다. 다리에 외전을 통해 최대 힘을 훈련할 수 있다. 달리기와 점프 운동을 통해 근육이 반사적으로 잘 작동하도록 훈련할 수 있다. 바벨을 사용하여 이 운동으로 생성된 파워 피크를 초과하는 것은 거의 불가능하다.

그림 6.31 운동 1: 슈넬 트레이너에서의 외전

운동 1: 슈넬 트레이너에서의 외전

소둔근도 슈넬 트레이너를 이용하여 훈련할 수 있다. 이 운동에서 롤러는 발목 외측에 놓고 선수는 엉덩이를 외전한다.

그림 6.32 운동 2: 저항을 이용한 외전

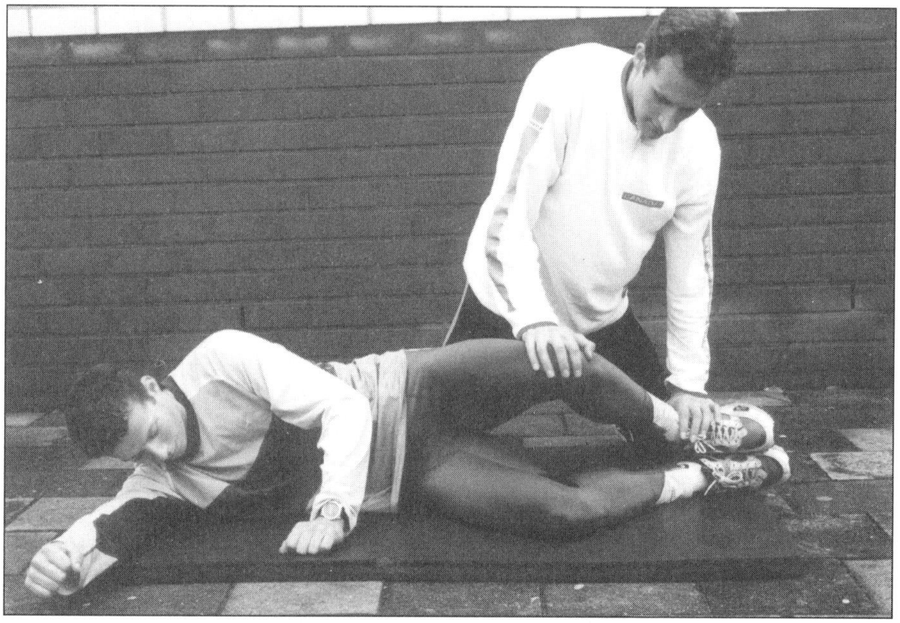

운동 2: 저항을 이용한 외전

엉덩이 관절을 45° 구부리고 무릎을 90°로 구부린 채로 한쪽으로 누워서 시작한다. 다른 운동선수가 보조를 해준다. 수행자가 무릎을 최대한 벌리려고 하는 동안 위쪽 무릎 외측에서 저항을 보조자가 제공한다. 보조자가 위쪽의 발목을 잘 잡고 있으면 운동을 잘 수행할 수 있다. 골반이 뒤쪽으로 회전하지 않게 해야 한다. 이 운동은 최대 스트렝스를 훈련하기에 적합하다. 무릎을 벌린 채로 시작할 수도 있다. 보조자가 수행자의 무릎을 힘껏 누르고 수행자는 이에 저항한다.

근육 사슬과 함께 작동하는 스트렝스 트레이닝

근육 사슬을 이용한 스트렝스 트레이닝은 다양한 운동을 수행할 수 있다. 운동의 질적 요소는 근육이 팀으로 작동하는 방식에 의해서 크게 좌우된다. 이와 같은 상호 협력은 생체역학의 '집'에서 2층(협응)을 형성하고 기능적 움직임에 선행되어야 한다. 상대적으로 무거운 바벨을 사용하여 협응을 훈련하는 것도 유익하다. 어떤 근육 그룹이 수행력을 제한하는지, 그리고 다양한 근육이 실제로 올바르게 함께 작동하는지(즉, 기술) 주의 깊게 관찰해야 한다.

그림 6.33 운동 1: 데드 웨이트

운동 1: 데드 웨이트

바벨을 두 개의 높은 패드 위에 올려놓고 바벨이 무릎 높이 바로 아래에 위치하도록 한다. 바벨은 믹스 그립으로 잡는다. 무릎은 바벨 근처에 있으며 발은 어깨너비로 벌린다. 바벨을 들어 올리면서 몸을 위로 신전시킨다. 똑바로 서 있는 동안 견갑대는 최종 위치에 도달할 때까지 뒤로 움직인다. 이 후 바벨을 잘 조절하며 시작 위치로 돌아온다. 등 근육은 제한 요소이며 대둔근과 햄스트링과 함께 작동한다.

그림 6.34 운동 2: 클래식 펌핑 웨이트

운동 2: 클래식 펌핑 웨이트

바벨을 지면에서 약 30~50cm 위에 잡고 시작한다. 등을 곧게 펴고 바벨은 무릎 근처에 위치하며 엉덩이는 가능한 낮게 유지한다. 팔을 쭉 뻗어 바벨 근처에 그립하여 어깨너비로 잡는다. 팔과 등을 최대한 펴서 바벨을 바닥에서 들어 올린다. 무릎과 엉덩이를 동시에 신전시킨다. 바벨은 몸통의 전면으로 속도를 높여서 이동한다. 바벨이 엉덩이 높이에 도착하면 팔로 바벨을 위로 밀어 올린다. 이때 팔꿈치가 앞쪽을 향하도록 한다. 이 동작은 몸통을 똑바로 세우고 바벨을 가슴 앞에서 잡는 것으로 끝난다. 동작은 첫 번째 부분에서 바벨을 빠르게 위로 들어 올려 반사적으로 작동하는 탄성 근육 분절에 사전 부하가 걸릴 수 있도록 한다. 바벨이 특정 속도에 도달하자마자 저장된 에너지가 무부하되어 가속된다. 이 패턴으로 운동하는 동안 신전 시퀀스에 관련된 모든 근육이 함께 작동하며 반사성이 중요한 역할을 한다. 이 운동은 큰 피크 힘으로 반사성 근육 작용을 협응하는 것을 지도하는 데 매우 용이하다.

그림 6.35a-d 운동 3: 펌핑 웨이트(변형)

a

b1

b2

c

d

운동 3: 펌핑 웨이트(변형)

이런 유형의 운동은 일반적으로 기본 형태로 실행된다. 그러나 일부 변형은 달리기 선수들에게 매우 중요하다.

- 무릎을 어느 정도 신전시킨 상태에서 동작을 수행한다('햄스트링' 365쪽 참조). 그리고 햄스트링에 중점을 두고 등은 신전시킨다(a).
- 한쪽 다리로 서서 동작을 수행한다. 시작 위치에서 바벨은 무릎 바로 위에 위치시킨다. 한쪽 다리는 무릎을 강하게 구부리고 발을 높이 들어 뒤로 놓는다. 뒷다리는 균형을 유지하는 역할만 한다. 다른 쪽(지지) 무릎은 바벨 근처에 위치한다. 동작은 기본 운동 동작과 동일하다. 한쪽 다리로 몸을 지탱하기 때문에 햄스트링(b1, b2)의 반사성 동작이 강조된다.
- 바벨을 엉덩이 앞쪽에 놓고 몸을 거의 신전시킨 상태에서 시작한다. 가능한 전방으로 움직이지 않고 동작을 수행한다. 바벨을 처음 가속하는 동안에는 사전 신장을 할 수 없기 때문에 동작을 시작하기 전에 일부로 몸에 사전 신장을 만들어야 한다(c).
- 몸을 신전시킨 자세에서 천천히 앞으로 구부리면 신체의 사전 신장을 쉽게 만들 수 있다. 무릎은 곧게 유지하면서 엉덩이를 구부린다. 몸통이 약 45° 앞으로 기울일 때 특히, 햄스트링에 많은 장력이 가해진다. 그 후 몸통을 천천히 직립 자세로 되돌리면 근육의 장력이 의식적으로 최대한 유지된다. 거의 직립 자세에 도달하면 바벨의 전진 동작이 이어진다. 좋은 자세를 유지하면 바벨은 특히 동작이 시작된 직후에 추가적인 자세를 취하지 않았을 때보다 더 빠르게 가속된다.
- 클래식 패턴, 손목이 비틀어지면서 발이 잠시 지면에서 떨어진다. 그러므로 반사성은 다소 빠르게 무부하되어야 한다(d).
- 발이 잠시 지면을 떠나는 신전된 자세.

그림 6.36 운동 4: 신전 연습 1

운동 4: 신전 운동 1

한쪽 발로 서서 무거운 바벨을 목뒤에 고정시킨다. 다른 쪽 다리는 무릎을 구부리고 앞쪽 발은 높은 박스에 올려놓는다. 자세를 잡은 다리는 발목과 무릎을 완전히 펴서 무게가 전족에 실리도록 한다. 동시에 구부러진 다리는 무릎을 펴지 않고 최대한 높이 들어 올린다. 이 자세는 1초 동안 유지된다. 운동은 둔근, 햄스트링 및 (한쪽으로) 등쪽 근육에 많은 노력이 필요하다. 바벨은 무거울 수 있다.

그림 6.37 운동 5: 신전 운동 2

운동 5: 신전 운동 2

시작 자세는 운동4의 자세와 동일하다. 자세를 잡은 다리의 무릎을 약간 구부린다. 다른 쪽 다리는 구부려서 높은 곳에 올려놓는다. 이 다리를 지면에 두드려 높은 박스에 올려놓는다. 탭핑 후 발을 가능한 가볍게 높이 들고 스탠스 다리를 최대한 힘껏 신전시킨다. 이제 신전 동작이 스탠스 다리의 위쪽 스윙(역신전 반사)과 결합된다.

운동 6: 햄머 던지기

무거운 웨이트를 사용한 햄머 던지기('햄스트링의 협응 조절' 291쪽 참조). 이 운동은 그림 6.34(운동 2)에 표시된 고전적인 운동 패턴과 어느 정도 비교할 수 있으며 두 운동 모두 신전 동작을 사용한다. 운동의 첫 번째 부분에서는 탄성 조직이 미리 부하되고 두 번째 부분에서는 저장된 에너지가 방출된다.

그림 6.38 운동 7: 충격 파워로 인한 반사성

운동 7: 충격 파워로 인한 반사성

몸을 신전시킨 상태에서 등을 박스에 기대어 시작한다. 어깨와 한쪽 발은 높은 박스에 올려놓는다. 나머지 몸 부분은 바닥에서 떨어지지 않게 유지한다. 앞다리는 무릎과 엉덩이를 90° 구부린다. 발끝에 서 있는 다른 선수가 훈련 공을 선수의 손에 던져주면, 선수는 팔을 뻗어 공을 잡고 재빨리 최대한 힘을 주어 다시 던져준다. 공을 던지는 동작은 특히 햄스트링과 등 및 복부 근육에 반사적으로 스트레스를 준다.

달리기와 유사한 움직임 패턴을 위한 스트렝스 트레이닝

전체 움직임 패턴은 인간 운동 장치 요소에 의해 형성되며 반사 신경에 의해서 지원된다. 실행 강도는 항상 높다. 일부 운동은 무거운 무게를 사용하여 수행할 수 있는 반면에 다른 운동은 가벼운 무게만을 사용한다. 이와 같은 운동을 수행할 때 협응은 항상 중요한 문제이다. 근신경 수준에서의 노력은 매우 높다. 그림에서는 스텝업 운동과 관련된 일련의 운동을 설명한다.

그림 6.39 운동 1: 스텝업

운동 1: 스텝업

무릎보다 낮은 높이의 바벨을 목 뒤에 고정시킨다. 그런 다음 오른쪽 다리를 들어 올려 높은 박스 위에 올려놓는다. 스텝업 동작은 가능한 힘차게 수행한다. 오른발을 받침대에 놓기 직전에 왼쪽 다리를 최대한 힘껏 밀고 빠르게 위로 스윙해야 한다. 이러한 상방향 스윙은 무릎과 엉덩이를 90°로 구부린 상태에서 발을 들어 올리면서 종료된다. 자유 다리의 강력한 푸시오프와 상방향 스윙은 스텝업 다리의 신전 동작을 강화한다. 또한 푸시오프와 스윙 동작의 끝에서 다리의 구부러진 위치는 스텝업 중에 등이 강하게 전만되는 것을 방지하는 데 도움이 된다. 이 운동은 다양한 바벨 무게를 사용하여 수행할 수 있다. 반사 패턴과 관계되어 있기 때문에 무거운 무게를 사용하는 것이 유리하며 바벨 부하와 실행 속도에 변화를 주는 것이 좋다.

그림 6.40 운동 2: 스텝업 전 바디 스냅

운동 2: 스텝업 전 바디 스냅

바벨을 목 뒤에 고정시키고 높은 박스 앞에 두 발로 똑바로 선다. 다음으로 몸을 전방으로 스냅 한다. 등을 신전시킨 상태에서 골반을 전방으로 기울여 움직임을 만들어야 한다. 그리고 몸을 쭉 뻗는다. 몸통을 들어 올리면서 한쪽 다리를 바닥에서 들어 올려 스텝업 동작을 한다. 스텝업은 운동 1에서와 동일한 방식으로 수행된다. 이 운동은 다양한 바벨 무게를 사용하여 수행할 수 있다. 무게가 무거울 때는 몸 스냅 중 움직임의 정도가 상당히 적기 때문에 높이를 낮추어야 한다. 이때 특히 스냅 동작을 빠르게 구현하는 것이 중요하다. 부하가 가벼울 때 몸통의 스냅 동작을 더 빨리 수행할 수 있다. 움직임 정도가 너무 커서는 안 된다. 발을 밟아야 하는 높이는 무거운 무게보다 가벼운 무게일 때 더 높을 수 있다. 또한 이 운동을 위해서 무게와 높이를 다양하게 조절하는 것이 유용하다. 동작을 멈추지 않고 연속적으로 이루어져야 하며, 선수는 몸 스냅 중에 저장된 에너지가 스텝업 중에 방출되는 것을 느껴야 한다.

그림 6.41 운동 3: 바디 스냅과 전방 도약

운동 3: 바디 스냅과 전방 도약

이 운동은 기본적으로 운동 2와 동일하다. 그러나 바벨이 더 가볍고(결국 바벨에 무게가 부착되지 않을 수 있음) 높이는 20cm에 불과하다. 이 동작은 부양 구간이 있으며 도약 동작이 된다. 지면으로부터의 푸시오프가 더 강력하며, 부양 구간에서 앞쪽 다리가 엉덩이를 후방으로 굽힘 한다. 이 다리를 후방으로 당기면 스윙 다리가 앞으로 가속하게 된다. 발이 지면에 닿는 순간, 스탠스 다리는 엉덩이에서 완전히 펴진다. 이 연습에서 최대 힘이 운동 2보다 다소 낮지만, 에너지의 부하와 방출 과정이 더 빠르게 발생한다. 훈련 중에 이 운동을 더 빠르게 실행할 수 있는 방법을 찾아야 한다.

그림 6.42 운동 4: 위로 푸시하고(밀고) 전방으로 도약하기

운동 4: 위로 푸시하고(밀고) 전방으로 도약하기

바벨을 목 뒤에 고정시키고 똑바로 서는 대신 바를 무릎 바로 아래에서 잡는 운동 2(그림 6.34)와 시작 자세가 동일하다. 바벨의 무게는 다소 가볍다. 도약 동작은 바벨을 위로 밀면서 시작하고 바벨을 가슴 앞에 들고 종료한다. 실행 속도가 중요하다.

그림 6.43 운동 5: 한쪽 다리로 서 있는 동안 변형하기

운동 5: 한쪽 다리로 서 있는 동안 변형하기

앞의 두 가지 운동은 한쪽 다리로 서 있는 동안에도 수행할 수 있다. 몸을 스냅하고 밀어서 들어 올리는 동안 스윙 구간이 시작되기 전에 뒤쪽으로 뻗어 있는 자유 다리를 들어 올린다. 자유 다리는 높은 박스에 착지할 다리이다.

참고 문헌

Chapter 1. 운동 기관의 해부학과 기본 운동 원리

Aruin AS, Prilutskill BI. Relationship of biomechanical properties of muscles to their ability to utilize elastic deformation energy. Human Physiol 1985;11:8-12.

Bobbert MF, Huijing PA, Ingen Schenau GJ van. An estimation of power output and work done by the human triceps surae muscle-tendon complex in jumping. J Biomech 1986;18:899-906.

Bobbert MF, Yeadon MR. Nigg BM. Mechanical analysis of the landing phase in heel-toe running. J Biomech 1992;25:223-34.

Bobbert MF, Gerritisen KGM, Litjens MCA, Soest AJ van. Why is countermovement jump height greater than squat jump height? Med Sci Sports Exerc 1996;28(11): 1402-1412.

Bogduk N. Clinical Anatomy of the lumbar spine and sacrum. London; Churchill Livingstone 1997.

Brooks GA, Fahey TD, White TP. Exercise physiology, human bioenergetics and its applica-tions. Mountain View: Mayfield 1996.

Burgerhout WG, Mook GA, Morree JJ de, Zijlstra WG. Fysiologie. Utrecht: Bunge 1995.

Gavagna GA. Storage and utilization of elastic energy in skeletal muscle. Exerc Sports Sci Rev 1997;5:89-129.

Cavagna GA, Kaneko M. Mechanical work and effciency in level walking and running. J Physiol 1997;268:467-81.

Cavagna GA, Saibene FP, Margaria R. Mechanical work in running. J Appl physiol 1964;18:1-9.

Chapman AE, Caldwell GE. Kinetic limitations of maximal sprinting speed. J Biomech 1983;16(1):79-83.

Cranenburgh B van. Neurowetenschappen. Maarssen: De Tijdstroom 1997a.

Cranenburgh B Van. Schema's Fysiologie. Maarssen: Elsevier/De Tijdstroom 1997b.

Doorenbosch CAM, Welter TG, Ingen Schenau GJ van. Intermuscular co-ordination during fast contact leg task in man. Brain Res 1997;751:239-46.

Fox EL, Bowers RW, Foss ML. Fysiologie voor lichamelijke opvoeding, sport en revalidatie. Maarssen: Elsevier/De Tijdstroom 1996.

Gollnick PD, Piehl K, Saltin B. Selective glycogen depletion pattern in human muscle fibers after exercise of varying intensity and at varying pedal rates. J physiol 1974;241:45-7.

Henneman E, Clamann HP, Gillies JD, Skinner RD. Rank order of motoneurons within a pool, law of combination. J Neurophysiol 1974;37:1338-49.

Hof AL, Geelen BA, Berg JW van den. Calf muscle moment, work and effciency in level walking: role of series elasticity. J Biomech 1983;16:523-37.

Huijbregts PA, Clarijs JP. Krachttraining in revalidatie en sport. Utrecht: De Tijdstroom 1995.

Huxley AF, Huxley HE. Muscle structure and theories of contraction. Prog Biophys Biophys Chem 1957;7:255-318.

Ingen Schenau GJ van. Kracht en senlheid 1: het moment-hoeksnelheidsdiagram. Geneeskunde Sport 1983;16:173-6.

Ingen Schenau GJ Van, Tousaint H. Biomechanica. Amsterdam: Vrije Universiteit 1994.

Ingen Schenau GJ van, Boer RW de, Vergoesen I. Kracht en snelheid 3: de counterbeweg-ing. Geneeskunde Sport 1984;17(2):44-8.

Ingen Schenau GJ van, Dorssers. WMM, Welter TG, Beelen A, Groot G de, Jacobs R. The control of monoarticular muscles in multijoint leg extensions in man. J physiol 1995;484(1):247-54.

Jacobs R, Ingen Schenau GJ van, Intermuscular co-ordination in a sprint push-off. J Biomech 1992;25:953-65.

Jacobs R, Bobbert MF, Ingen Schenau GJ van. Function of mono-and biarticular muscles in running. Med Sci Sports Exerc 1993;25:1163-73.

Jacobs R, Bobbert MF, Ingen Schenau GJ van. Mechanical output from individual muscles during explosive leg extensions: the role of biarticular muscles. J Biomech 1996;28:513-22.

Jones DA, Round JM. Skeletal muscle in health and disease. Manchester: University Press 1990.

Ker RF, Bennet MB, Bibby SR. The spring in the arch of the human foot. Nature 1987;325:147-9.

Kraaijenhof H. Powertraining, een nieuwe ontwikkeling binnen de krachttraining. Richting Sportgericht 1997;48(3):122-4.

Lohman AHM. Vorm en Beweging. Utrecht: Bohn, Scheltema & Holkema 1977.

Loo H van der. Krachttraining? Powertraining! Specialisatie krachttraining 1-7.

Nieuwegein: KNAU 1996.

Mann RA, Moran GT, Dougerty SE. Comparative electromyography of the lower extremity in jogging, running and sprinting. Am J Sports Med 1986;8:345-50.

Martin PE, Cavanagh PR. Segment interactions within the swing leg during unloaded and loaded running. J Biomech 1990;23:529-36.

Martini FH. Fundamentals of anatomy and physiology. Upper Saddle River, NJ: Prentice Hall 1998.

McNiell Alexander R. The spring in your step. New Scientist 1987;42-4.

McNiell Alexander R. Elastic mechanisms in animal movement. Cambridge: University Press 1988.

Prilutskii BI, Zatsiorsky VM. Tendon action of two-joint muscles: transfer of mechanical energy between joints during jumping, landing and running. J Biomech 1994;27(1):25-34.

Poel G van der. De kracht-snelheidsrelatie van een spier. Versus, Ned T Fysiother 1993;5:258-65.

Rozendal RH, Huijing PA. Kinesiologie van de mens. Houten: Robijns 1996.

Snijders CJ, Nordin M, Frankel VH. Biomechanica van het spierskeletstelsel. Utrecht: Lemma 1995.

Tittel K. Beschreibende und funktionelle anatomie des menschen. Jena/Stuttgart: Gustav Fischer Verlag 1990.

Williams KR, Cavanagh PR. Relationship between distance running mechanics, running economy, and performance. Am Physiol Soc 1987;63:1236-46.

Wilmore JH, Costill DL. Physiology of sport and exercise. Champaign, IL: Human Kinetics 1994.

Wingerden BAM van. Voetspieren in revalidatie en preventie. Sportgericht 1999;1:29-34.

Zuurbier CJ, Huijing PA. Influence of muscle geometry on shortening speed of fiber, aponeurosis and muscle. J Biomech 1992;25:1017-23.

Chapter 2. 에너지 생성

Anderson GS, Rhodes EC. A review of blood lactate and ventilatory methods of detecting transition thresholds. Sports Med 1989;8(1):43-55.

Art FJP, Kuipers H. The relation between power output, oxygen uptake and heart rate in male athletes. Int J Sports Med 1994;15(5):228-31.

Balsom PD, Söderlund K, Ekblom B. Creatine in humans with special reference to creatine supplementation. Sports Med 1994;18(4):268-280.

Bassert JR, Howley ET. Limiting factors for maximum oxygen uptake and determination of endurance performance. Med Sci Sports Exerc. 2000;32(1):70-84.

Bernús G, Conzález de Suso JM, Alonso J, Martin PM, Prat JA, Arús C. ^{31}P-MRS of quadri-ceps reveals quantitative differences between sprinters and long distance runners. Med Sci Sports Exerc 1993;25:479-84.

Billat VL, Flechet B, Petit B, Muriaux G, Koralsztenin JP. Interval training at VO_{2max}: effects on aerobic performance and overtraining markers. Med Sci Sports Exerc. 1999;31(1):156-63.

Billat V, Renoux JC, Pinoteau J, Petit B, Koralsztein JP. Reproducibility of running time to exhaustion at Vo_2 max in sub-elite runners. Med Sci Sports Exerc 1994;26(2):254-7.

Billeter R, Hoppeler H. Conditions for oxygen and substrate transport in muscles in exer-cising mammals. J Exp Biol 1991;160:263-83.

Bon M van. Wielrentraining. Haarlem: De Vrieseborch 1998.

Brooks GA. Anaerobic threshold: review of the concept and directions for future research. Med Sci Sports Exerc 1985;17(1):22-34.

Brooks GA, Fahey TD, White TP. Exercise physiology, human bioenergetics and its applica-tions. Mountain View: Mayfield 1996.

Cheethan, ME, Boobis LH, Brooks S, Williams C. Human muscle metabolism during sprint running. J Appl Physiol 1986;61(1):54-60.

Connett RJ, Honig CR, Gayeski TEJ, Brooks GA. Defining hypoxia: a system view of Vo_2, glycolysis, energetics, and intracellular PO_2. J Appl Physiol 1990;68(3):833-42.

Costill DL, Wilmore JH. Physiology of Sport and Exercise. Champaign, IL; Human Kinetics 1994.

Costill DL, Winrow, E. Maximal oxygen intake among marathon runner. Arch Phys Med Rehab 1970;51(6):317-20.

Fox EL, Bowers RW en Foss ML. Fysiologie voor lichamelijke opvoeding, sport en revali-datie. Edited and translated by J de Bruijne and HCG Kemper. Maarssen: Elsevier/De Tijdstroom 1997.

Goolberg T van de, Swinkels JM. De basisprincipes van de training. Voorburg: Isidoro 1994.

Greenhaff PL. Creatine and its application as an ergogenic aid. Int J Sport Nutr 1995;5:S100-10.

Greenhaff PL, Casey A, Short AH, Harris R, Söderlund K, Hultmasn E. Influence of oral creatine supplementation of muscle torque during repeated bouts of maximal voluntary exercise in man. Clin Sci 1993;84-565-71.

Harris R, Söderlund K, Hultman E. Elevation of creatine in resting and exercise muscles of normal subjects by creatine supplementation. Clin Sci 1992;83:367-74.

Hitchcock HC. Recovery of short-term power after dynamic exercise J Appl Physiol 1989;67(2):677-81.

Hoogeveen AR, Hoogsteen J, Schep G. The maximal lactate steady state in elite endurance athletes. Jpn J Physiol 1997;47(5):481-5.

Howley ET, Bassett JR, Welch DR, Welch HG. Criteria for maximal oxygen uptake: review and commentary. Med Sci Sports Exerc 1995;27(9):1292-301.

Ingen Schenau GJ van, Toussaint H. Biomechanica, Amsterdam: Vrije Universiteit 1994.

Jeukendrup AE, Hesselink MKC, Snyder AC, Kuipers H, Keizer H. Physiological changes in male competitive cyclists after two weeks of intensified training. Int J Sports Med 1992;13(7):534-41.

Kloosterboer T. Elementaire trainingsleer en trainingsmethoden. Haarlem: De Vrieseborch 1996.

Loat CE, Rhodes EC. Relationship between the lactate and ventilatory thresholds during prolonged exercise. Sports Med 1993;15(2):104-15.

Marsh GD, Paterson DH, Potwarka JJ, Thompson RT. Transient changes in muscle high-energy phosphates during moderate exercise. J Appl Physiol 1993;75(2):648-56.

Martini FH. Fundamentals of anatomy and physiology. Upper saddle River, NJ: Prentics Hall 1998.

Maughan RJ. Creatine supplementation and exercise performance. Int J Sport Nutr 1995;5:94-101.

Meyer RA, Sweeney HL, Kushmerick J. A simple analysis of the 'phosphocreatine shuttle'. Am J Physiol 1984;246:C365-77.

Myers J, Ashley E. Dangerous curves. A perspective on exercise, lactate and the anaerobic threshold. Chest 1997;111(3):787-95.

Newsholme E, Leech T, Duester G. Keep on running. New York: Wiley 1994.

Noakes TD. Implications of exercise testing for prediction of athletic performance: a con-temporary perspective. Med Sci Sports Exerc 1988;20(4):319-30.

Noakes T. Lore of running. Champaign, IL: Leisure Press 1991.

Ohira Y, Tabat I. Muscle metabolism during exercise: anaerobic threshold does not exist. Ann Physiol Anthropol 1992;11(3):319-23.

Rehunen S, Näveri H, Kuoppasalmi K, Härkönen M. High-energy phosphate compounds during exercise in human slow-twitch and fast-twitch muscle fiber. Scand J Clin Lab Invest 1982;42:499-506.

Silverthorn DU. Human Physiology: an integrated approach. Upper Saddle River, NJ: Prentice Hall 1998.

Söderlund K, Greehaff PL, Hultman E. Energy metabolism in type I and type II human muscle fibres during short term electrical stimulation at different frequencies. Acta Physiol Scand 1992;144:15-22.

Spurway NC. Aerobic exercise, anaerobic exercise and the lactate threshold. Br Med Bull 1992;48(3):569-91.

Stryer L. Biochemistry. New York: WH Freeman 1995.

Swinkels JM. Tendensen in de periodisering en hun rol in de blessurepreventie. In: Brouns F, JM Swinkels (eds), Congresverslag blessurepreventie. De Haarlem: Vrieseborch 1980.

Tanaka K. Lactate-related factors as a critical determinant of endurance. Antropol 1990;9(2):192-202.

Tesch PA, Thorsson A, Fujitsuka N. Creatine phosphate in fiber types of skeletal muscle before and after exhaustive exercise. J Appl Physiol 1989;66(4):1756-9.

Thoden JS. Testing aerobic power. In: MacDougaII JD, Wenger HA, Green HJ (eds), Physiological testing of the high performance athlete, 2nd edn. Champaign, IL: Human Kinetics 1991.

Vandenberghe K, Gillis N, Leemputte van, Hecke M van, Vanstapel P, Hespel FP. Caffeine counteracts the ergogenic action of muscle creatine loading. J Appl Physiol 1996;80(2):452-7.

Vander AJ, Sherman JH, Luciano DS. Human physiology: the mechanism of body function. New York: McGraw-Hill 1994.

Vrijens J. Basis voor verantwoord trainen. Gent: Publicatiefonds voor lichamelijke opvoeding 1984.

Westra H. Spiervermoeidheid: zijn we dichter bij de oplossing van het raadsel spierver-moeidheid? Richting Sportgericht 1993:47(5):273-6.

Zintl F. Duurtraining. Harrlem: De Vrieseborch 1995.

Chapter 3. 달리기 기술

Bhowmick S, Bhattacharyya AK. Kinematic analysis of arm movement in sprint start. J Sports Med Phys Fitness 1998;28:315-23.

Bobber MF, Yeadon MR, Nigg BM. Mechanical analysis of the landing phase in heel-toe running. J Biomech 1992;25:223-34.

Cappozzo A. Force actions in the human trunk during running. J Sports Med 1983;23:14-22.

Cavagna GA, Saibene FP, Margaria R. Mechanical work in running. J Appl Physiol 1964;18:1-9.

Chapman AE, Caldwell GE. Kinetic limitations of maximal sprinting speed. J Biomech 1983;16(1):79-83.

Hinrichs RN. Upper extremity function in distance running. In: Cavanagh PR (ed), Biomechanics of distance running Champaign, IL: Human Kinetics 1990.

Jacobs R, Ingen Schenau GJ van. Intermuscular co-ordination in a sprint push-off. J Boimech 1992;25:953-65.

Jacobs R, Bobbert MF, Ingen Schenau GJ van. Function of mono-and biarticular muscles in running. Med Sci Sports Exerc 1993;25:1163-73.

Mann RA, Moran GT, Dougerty SE. Comparative electromyography of the lower extremity in jogging, running and sprinting. Am J Sports Med 1986;8:345-50.

McClay IR, Lake MJ, Cavanagh PR. Muscle activity in running. In: Cavanagh PR (ed), Biomechanics of distance running, p 173. Champaign, IL: Human Kinetics 1990.

McMahon TA, Cheng GC. The mechanics of running: how does stiffness couple with speed? J Biomech 1990;23:65-78.

Miller D. Ground reaction forces in distance running. In: Cavanagh PR (ed), Biomechanics of distance running. Champaign, IL: Human Kinetics 1990.

Ounpuu S. The Biomechanics of walking and running. Clin Sports Med 1994;13(4):843-63.

Pink M, Perry J, Houglum PA, Decine DJ. Lower extremity range of motion in the recre-ational sport runner. Am J Sport Med 1994;22:541-9.

Simon C, Mendoza L. Effizienz und ökonormie im mittel und langstreckenlauf. Leistungssport 1998;4:35-40.

Williams KR, Cavanagh PR. Relationship between distance running mechanics, running economy, and performance. Am Physiol Soc 1987;63:1236-45.

Chapter 4. 훈련과 적응

Åstrand P-O, Rodahl K. Textbook of work physiology. Singapore: Mcgraw-Hill 1986.

Bompa TO. Periodization, theory and methodology of training. Champaign, IL: Human Kinetics 1999.

Bon M van. Wielrentraining. Haarlem: De Vrieseborch 1998.

Brooks GA, Fahey TD, White TP. Exercise physiology, human bioenergetics and its applica-tions. Mountain View, CA: Mayfield 1996.

Bunc V, Leso J. Ventilatory threshold and work effciency during exercise on a cycle and rowing ergometer. J Sports Sci 1993;11:43-8.

Cannon WB. Organization of physiological homeostasis. Physiol Rev 1929;9:398-402.

Costill DL, Wilmore JH. Physiology of sport and exercise. Champaign, IL: Human Kinetics 1994.

Costill DL. Inside running: basics of sports physiology. USA: Benchmark Press 1986.

Daniels J. Running formula. Champaign, IL: Human Kinetics 1998.

Davis JA. Anaerobic threshold: review of the concept and directions for future research. Med Sci Sports Exerc 1985;17(1):6-18.

Fallowfield JL, Wilkinson DM. Improving performance in middle and long distance run-ning. New York: Wiley 1999.

Foster C. Monitoring training in athletes with reference to overtraining syndrome. Med Sci Sports Exerc 1998;30(7):1164-8.

Foster C, Daniels JT, Seiler S. Perspectives on correct approaches to training. In: Lehmann M, Foster C, Gastmann U, Keizer H, Steinacker JM (eds), Overload, performance, incompetence and regeneration in sport. pp. 27-41. New York: Kluwer/Plenum 1999.

Gaesser GA, Poole DC, Lactate and ventilatory thresholds: disparity in time course of adap-tations to training. J Appl Physiol 1986;61(3) 999-1004.

Gaesser GA, Poole DC, Gardner BP. Dissociation between VO_{2max} and ventilatory thresh-old responses to endurance training. Eur J Apple Physiol 1984;53:242-7.

Hettinger T. Isometrisches muskeltraining. Stuttgart: Thieme Verlag 1966.

Holloszy JO, Coyle EF. Adaptations of skeletal muscle to endurance exercise and their metabolic consequences. J Appl Physiol 1984;56(4):831-8.

Hooper SL, Mackinnon LT, Howard A, Gordon RD, Bachmann AW. Markers for monitor-ing overtraining and recovery, Med Sci Sports Exerc 1995;27:106-12.

Lehmann M, Dickhuth HH, Gendrisch G, Lazar W, Thum M, Kuminski R, Aramendi JF, Peterke E, Wieland W, Keul J. Training-overtraining: a prospective, experimental study with experienced middle and long distance runners. Int J Sports Med 1991;12:444-52.

Matveyev LP. Periodisierung des sportlichen trainings. Berlin: Bartels & Wernitz 1972.

Morgan WP, Brown DR, Raglin JS. Psychological monitoring of overtraining and staleness. Br J Sports Med 1987;21:107-14.

Myers JN. Essentials of cardiopulmonary exercise testing. Champaign, IL: Human Kinetics 1996.

Noakes TD. Implications of exercise testing for prediction of athletic performance: a con-temporary perspective. Med Sci Sports Exerc 1988;20(4):319-30.

Noakes T. Lore of running. Kaapstad: Oxford University Press 1992.

Os AG van. Men wordt niet als marathontopper geboren. Arnhem: NOC*NSF-publication BOK, January 1999.

Roovers M. Voorwaarden voor supercompensatie, deel 1. Richting Sportgericht 1999;1:25-7.

Silverthonr DU. Human physiology: an intergrated approach. Upper Saddle River, NJ: Prentice Hall 1998.

Simon J, Young JL, Blood DK, Segal KR, Case RB, Gutin B. Plasma lactate and ventilation thresholds in trained and untrained cyclists. J Appl Physiol 1986;60(3):777-81.

Swinkels J. Tendensen in de periodisering en hun rol in de blessurepreventie. In: Brouns F, JM Swinkels JM (eds), Congresverslag blessurepreventie. Haarlem: De Vrieseborch 1980.

Swinkels JM, Goolberg T van de. De basisprincipes van de training. Voorburg: Isidoro 1994.

Tschiene P. Die neue 'theorie des trainings' und ihre für das nachwch-straining. Leistungssport 1989;23(6):4-6.

Urhausen A, Kindermann W. One and two-dimensional echocardiography in body builders and endurance-trained subjects. Int J Sports Med 1989;10:139-44.

Verchoshansky J. Das ende der 'periodisierung' des sportlichen trainings im spitzensport. Ieistungssport 1998;(5):14-19.

Verchoshansky J. Effektiv trainieren. Berlijn: Sportverlag 1987.

Verchoshansky J. Ein neues trainingssystem für zyklischen sportarten. Münster: Philippha Verlag 1992.

Viru A. The mechanism of training effects: an hypothesis. Int J Sports Med 1984;5:219-27.

Viru A. Adaptation in sports training. Boca Raton, FL: CRC Press 1995.

Wasserman K, McElroy MB. Detection the threshold anaerobic metabolism. Am J Cardiol 1964;14:844-52.

Wasserman K, Hansen JE, Sue DY, Whipp BJ, Casaburi R. Principles of exercise testing and interpretation, 2nd edn. Philadelphia, PA: Wiliams & Wilkins 1997.

Young K. The theory of collapse. Runners World, September 1973.

Zatsiorsky VM. Science and practice of strength training. Champaign, IL: Human Kinetics 1995.

Zintl F (trans. Jeukendrup AE, Kuipers H) Duurtraining. Haarlem: De Vieeseborch 1995.

Chapter 5. 실전 달리기 기술을 위한 훈련

Bobbert MF, Yeadon MR, Nigg BM. Mechanical analysis of the landing phase in heel-toe running. J Biomech 1992;25:223-34.

Cranenburgh B van. Neurowetenschappen. Maarssen: De Tijdstroom 1997.

Doorenbosch CAM, Welter TG, Ingen Schenau GJ van. Intermuscular co-ordination during fast contact leg tast in man. Brain Res 1997;751-239-46.

Jacobs R, Ingen Schenau GJ van. Intermuscular co-ordination in a sprint push-off. J Biomech 1992;25:953-65.

Jacobs R, Bobbert MF, Ingen Schenau GJ van. Function of mono-and biarticular muscles in running. Med Sci Sports Exerc 1993;25:1163-73.

Pink M, Perry J, Houglum PA, Decine DJ. Lower extremity range of motion in the recre-ational sport runner. Am J Sports Med 1994;22:541-9.

Chapter 6. 달리기 선수를 위한 스트렝스 트레이닝

Costill DL, Wilmore JH. Physiology of sport and exercise. Champaign, IL: Human Kinetics 1994.

Friden J, Seger J, Sjoestroem M, Ekblom B. Adaptive response in human skeletal muscle subjected to prolonged eccentric training. Int J Sports Med 1983;4:177-83.

Giddings CJ, Gonyea WJ. Morphological observations supporting muscle fiber hyperplasia following weight-lifting exercise in cats. Anat Record 1992;233:178-95.

Goldspink G. Cellular and molecular aspects of adaptation in skeletal muscle. In: Komi PV(ed), Strenght and power in sport, pp. 211-29. Oxford: Blackwell Scientific 1992.

Häkkinen K, Alén M, Komi PV. Changes in isometric force and relaxation-time, electromyographic and muscle fiber characteristics of human skeletal muscle during strength training en detraining. Acta Physiol Scand 1985;125:573-85.

Harre D, Leopold W. Kraftausdauer und kraftausdauertraining. Theor Prax Körperkult 1986;35:335-59.

Hollmann W, Hettinger TH. Arbeits-und Trainingsgrundlagen. Stuttgart: Sportmedizin 1980.

Hujibregts PA, Clarijs JP. Krachttraining in revalidatie en sport. Utrecht: De Tijdstroom 1995.

Ingen Schenau GJ van, Toussaint H. Biomechanica. Amsterdam: Vrije Universiteit 1994.

Kibele A. Bedingungsfaktoren von kraftausdauerleistungen. Frankfurt am Main: Verlag Harri Deutsch 1995.

Nett T. Zum begriff 'schenllkrafttraining'. Lehre der Leichtathletik 1968;25:743-6.

Scholich M. Die Bewegungseigenschaften und ihre komplexität. Theor Prax Körperkultur 1965;14:481-95.

Schröder W. Die erscheinungsformen der kraft und ihre ausbildung. Theor Prax Körperkultur 1969;18:1076-85.

Taylor NAS, Wilkinson JG. Exercise-induced skeletal muscle growth: hypertrophy or hyper-plasia. Sports Med 1986;3:190-200.

Zatsiorsky VM. Science and practice of strength training. Champaign, IL: Human Kinetics 1995.

저자에 대하여

프란스 보쉬(1954년생)는 1977년 네덜란드 틸부르크 가톨릭체육대학에서 체육교육학 학위를 취득했다. 이후 체육 교사로 근무하다가 1985년부터는 개인 예술가로 활동을 시작하여 주로 그림을 그렸다. 그의 화풍은 사실주의 학파에 속한다고 평가된다. 1980년부터 육상 코치로 활동을 시작했으며, 현재는 스프린터와 높이뛰기 선수를 주로 코칭하고 있다. 그가 지도한 선수들 중 올림픽 높이뛰기 선수인 윌버트 페닝스와 토라 해리스가 유명하다. 또한 KNAU에서 생체역학, 파워-스피드-점프, 달리기 기술 등을 강의한 경험이 있다. 그 외에도 보쉬는 예술가로서의 재능과 해부학 지식을 결합하여 의학-생물학 일러스트레이터로도 활동했으며, 1998년에는『Anatomie op het oog』을 출판하였다(Elsevier Gezondheidszorg, Maarssen).

이메일: fmpbosch@xs4all.nl

로날드 클롬프(1962년생)는 1984년 틸부르크 가톨릭체육대학에서 체육교육학 학위를 취득했다. 1985년부터 1996년까지 체육 교사로 근무하였고, 교사로 재직한 마지막 몇 년 동안 운동생리학을 전공하며 보행을 연구했다. 1993년부터 2000년까지는 운동선수들을 대상으로 체력 검사를 전문적으로 제공하는 센터를 공동으로 운영하였다. 1983년부터 중장거리 러너들의 코치로 활동을 시작했으며, 최근 10년 동안은 특히 최고의 엘리트 선수들을 코칭하고 있다. 그가 지도한 선수들 중 유명한 선수들로는 엘렌 반 랑언, 마르셀 라로스, 시몬 브로에멘, 짐 스벤윙이 있다. 현재는 코치로 활동하는 동시에 다양한 스포츠 단체에서 강사로 활동하고 있으며, 인터넷 애플리케이션 개발에도 참여하고 있다.

이메일: rldomp@mac.com

러닝
Running

1판 1쇄 펴냄: 2025년 11월 7일

지은이: 프란스 보쉬, 로날드 클롬프
옮긴이: 장은욱, 성종훈
펴낸이: 권오현
펴낸곳: 대성의학사

출판등록 2009년 6월 22일(제301-2013-095호)
서울특별시 중구 을지로 126-1 (을지로3가, 3층)
전화 02)2279-3444 / 팩스 02)2285-0108
Homepage www.medibook.co.kr

값 48,000원

ISBN 979-11-90868-51-8(13690)